崇仁文化丛书编委会

顾　问　周国华　黄志刚
主　任　张春明
副主任　廖素芬　方丽萍

编　委　张春明　廖素芬　方丽萍　陈来昌
　　　　李海华　杨志海　黄勇辉

崇仁先贤暨文献览略

黄勇辉 编著

上海三联书店

序 一

江西是中国古代著名的文章节义之邦,地方典籍数量极为庞大。以《四库全书总目》为例,《四库全书总目》共收录清乾隆以前的历代书籍 10254 种,其中江西籍作者的著作即有 1133 种,占 11％。江西人的著述之勤,从一个侧面反映了古代江西文化的昌盛。

对于江西文献的研究,1985 年出版了真安基、王河主编的《江西地方文献索引》;2017 年出版了康芬、龙晨红主编的《江西历代著作考》;2020 年出版了何发甦、王桃英编著的《四库江右先贤著作题录》,这些著作,让我们比较全面地了解到古代江西学者著述的概貌。然而,我们要做更细致更深入的地方文化研究,尤其是县域文化研究,则还需要依靠更加翔实的古代县域人士著作的工具书。

崇仁地属抚州,是临川文化乃至江右文化的重要代表,其初成于秦汉,繁荣于宋元,兴盛于明清,影响所及,延绵至今。更难得的是,崇仁历史上是著名的"理学之乡",元代吴澄的"草庐学派",集朱陆和会学术之大成;明代吴与弼的"崇仁学派"开明代理学风气之先,"二吴"的影响所及,享誉中外。

然而,我愧疏浅,至今还没有看到对古代崇仁学者文献进行全面梳理后的著作,这对我这个热爱崇仁文化的读书人来说,毕竟是个遗憾。孔子云:"工欲善其事,必先利其器",我们读书学习,总希望有几部精良的工具书,以免走弯路,取得事半功倍的效果。

崇仁学者黄勇辉老师,有感于崇仁地方先贤的著作因朝代更替、战乱外侵、自然灾害而散佚阙失,亟待深入搜检集合的现状,自 2017 年初就开始对其进行全面搜辑梳理,日复一日,年复一年,历近四载,反复考校,脱稿付梓之际,我有幸拜读其电子稿,获益良多,不胜欣喜。

本书虽曰"览略",却收录了崇仁先贤的著作共 498 部,分别收录于多种典籍和其他各类藏书楼,其中收录到《永乐大典》和《四库全书》里的就有千余卷;其人物多达 185 位(含合著者),其中包括乐史、乐黄目、李阳孙、黄裳、欧阳澈、吴曾、吴澄、虞集、虞槃、周昂宵、吴溥、虞堪、刘绍、李镐、刘濬、吴与弼、杨汝良、陈蜚英、刘寿祺等一大批著名或不太著名学者的著作。洋洋大观,规模宏大,既为当下学习研究地方乃至中国古代文化提供了查找原始文献的"利器",也为将来标点、校勘、注释、编纂江西古代文献提供了良好的线索。在我的读书经历中,曾涉及古代崇仁的多位学者,探讨过吴曾、吴澄、虞集、吴与弼等人的思想,阅读过他们各种版本的著作文献,当我读到勇辉老师对他们的著作的叙述,倍感亲切。

勇辉老师是研究崇仁地方文化的一位学者,2016 年《宋明理学之桥——元草庐吴澄》由中国文史出版社出版后,受到学术界的广泛好评;他对江西文化、临川文化、崇仁文化的探讨,成果丰硕,多有独到的见解。近年来,勇辉老师又埋头崇仁的古籍辑录整理,这的确是一项"存亡继绝"的工作,它不仅向人们展示历史、更重要的是挖掘历史和保留历史。然而,整理地方文献又是一件"坐冷板凳"的事情,勇辉老师不甘寂寞,勇于担当,在整理地方古籍中又寻找到了连接历史与现实的桥梁。

更加可喜的是,崇仁县领导高瞻远瞩,热情鼓励扶持了勇辉老师的这项研究,使这部《崇仁先贤暨文献览略》能够及时问世。崇仁是"江右名邑、文献之邦、抚郡望县",是中国著名的"理学之乡",我想,勇辉老师的这部著作,一定会为崇仁的文化增添异彩,一定会对中国的地方文献整理产生重要而深远的影响。

是为序。

胡 青

2022 年 7 月 22 日

胡青:第九届国家督学
　　　江西省人民政府文史研究馆馆员
　　　江西师范大学二级教授

序　二

文化是一个国家、一个民族的灵魂，是一个国家综合国力和国际竞争力的深层支撑。任何一个民族现有的文化都不是凭空产生的，而是优秀传统文化的传承延续和丰厚积淀。

中国古代文献如山似海，时隔数百乃至数千年接续，历代学者编纂的各类丛书，官府、私家为藏书楼阁之典籍编纂的各类书目等等所记载，起到了重要的作用。他们搜求众书，收藏、编目或校注、刊刻，既便于学人查阅使用，又利于保存流传，功德匪浅。

崇仁立县 1430 年有余，是个文化积淀深厚的千年古县，历代大儒与大贤辈出，形成了丰瀚的传统思想宝库，可谓鸿函巨椟，充箱盈架。在崇仁历史文化画卷里有着浓墨重彩的绚丽，因此，获得"文献之邦"的美誉。

据现有资料，自宋以来，崇仁先贤文献叠出，地负海涵，蔚为大观。然时至今日，除了乐史的《太平寰宇记》、吴曾的《能改斋漫录》、李刘的《四六标准》、吴澄的《五经纂言》、虞集的《道园学古录》、吴与弼的《吴康斋集》等这些大家的主要著作外，崇仁，到底还有哪些先贤为我们留下了文献和著作？这些先贤又撰写了什么著作？老实说，绝大多数人知道得不多。而如何使大多数人较为简约地去了解千年的历史文化，这是新时代赋予我们的新课题。

新时代下的中共崇仁县委、县政府领导十分重视我县传统文化的挖掘、整理，推动传统文化于现时代的承继和教化工作，业已取得不菲成绩。这种氛围下，黄勇辉老师自 2017 年始，用了近四年时间编纂了《崇仁先贤暨文献览略》，将目前能查阅到的，从宋初至清末，将有著作的先贤及他们的著作，经、史、子、集几百部，数千卷（册），几乎囊括其中，洋洋洒洒地展列出来，成绩是显然的。

翻阅《崇仁先贤暨文献览略》，才知道崇仁原来有那么多的先贤，撰写了那么多的著作，涵盖儒学、教育、文学、天文、地理、中医学等等诸多领域，令人目不暇接。很多著作都得到历代官府、私家藏书楼的收藏，在给予高度评价的同时，又有不断选编、再版、点校等举措，承继与接续至今，从首都到各省图书馆及大学院校多有藏本。这些,本书都收集了并记录下来,而且在"补编"中还列出了十多部有待继续考证的著作,以及数十位应是写作者却未能记载著作名称的先贤,使得本书作者浓郁的家乡情怀和细致的学术态度藏匿其中。我想,文化的自信,这便是基础。

中国共产党建立已逾百年,恰逢党的二十大即将召开,《崇仁文库》待梓,《崇仁先贤暨文献览略》出版,皆是崇仁历史文化保护与传承之盛事,又悉全国古籍普查、保护工作开展和省《江右文库》项目启动,本书对崇仁历史文化传承和对外宣传定大有助益。

是以为序!

张春明[①]

2022 年 8 月 19 日

---

① 张春明:中共崇仁县委宣传部部长

凡　　例

1. 本书为江西省崇仁县有著作记载的先贤及其书目、著作的简介,从北宋初,历宋、元、明至清末共四朝,时间跨度千年有余,是古代崇仁先贤暨文献信息资料的汇集。虽有"目录学"或"文献学"相关内容,但非传统"目录学"或"文献学"书籍。

2. 因崇仁自南朝(522)立巴山县设政区至宋嘉定初,近六百年方有第一部县志——《罗山志》,且宋、元、明三朝所修县志不存,致北宋以前隋、唐等朝代史料、文献基本阙失。故本书正文只限按宋、元、明、清各朝代编排。

3. 本书收录时间段为宋代至清代,原则上按著作者生年先后顺序排列,生年不详者,按大致所处年代排列。

4. 凡纪录为崇仁籍(作者当代行政区域)的先贤,有一种(部)或以上著作记载的,不论题材内容及表现方式、卷数多寡或记录简繁、是否刊刻,均收录本书中。

5. 本书每一位人物独立成节(二人或以上合著的,不另列);宗教人物在俗名后注明"释"或"道",不知俗名者直接用法名。以著作者为中心,有个人简介(略别于人物小传)、著作名录、著作简介三部分组成。正文亦按此顺序排列。

6. 人物简介:以各朝代正史列传和《崇仁县志》资料为主,亦有人物"行状""年表""神道碑""族谱"及相关文献等补充,以所引原文为主。其人物、事件及较特殊的字词给予注释,并注明出处。人物简介无法获取资料信息的,注明"待考"或"缺"。

7. 著作目录:分列各种文献记载的人物著作名称、卷数等,记载有不一致情况时,将在其名称后以"亦名""一名"方法注明。著作不论重刻本、增修本、翻印本、钞本均已录入。

8. 著作简介:包括著作名、卷数、内容简介、版本留存或失佚及历代藏目、收录的状况;历代各辑本、各刻本和版本的简介、说明的情况,及不同人物、版本的评价、介绍。文献记载与此著作有关的,收集时一般全文引录。著作查无信息但存有"序"或"叙"者等资料,以"序"或"叙"等资料充之。无上述资料的著作注明"资料暂缺"或"待考"。

9. 本书按序、凡例、目录、正文、附录、引用文献、后记排列。分编为宋代、元代、明代、清代、补编五部分和附录。正文人物原则上按本朝代出生年份远近(含大约年份)排序。

10. 本书基本采用简体字,凡遇古今字、通假字、异体字、避讳字等部分繁体字,依行文或改或存。

11. 词(字)语的注释内容,多参考汉语《词典》《辞海》及学者对古代文献的点注或本书编纂者以行文实际意义释之。因著作的不同,不同人物节间词语和人物的注释内容或有差异。

12. 正文中人物的故里表述,依此人物所属朝代崇仁县政区形制。凡载明人物故里的,完善乡、都、村名称后并以括号标明现代归属乡镇名称。无资料而未载明的,以"崇仁人"统称之。人物故里为崇仁而又误记为"临川"或他处的,改为"崇仁",但在注释加以说明。人物的生卒年份,不能确定年份的,一般安排在其朝代活动的大约帝号年份中,以"约某年前后在世"记之,以作参考;无法推算者,注明"生卒年不详"。

13. 正文内容人物简介、著作简介中所关联的他邑人物,以注释方式介绍,一般摘录各朝代正史列传资料,正史无传的,采用其他文献或现代学者著作、论文、网站等所及资料补充并在注释后注明。

14. 正文内容纪年照录原文,并括号标明公元纪年。注释中纪年依正文内容例。

15. 正文内容中插入有人物画像、著作影印图片等,均来自古籍或资料照片(含网站资料)。

16. 第五编补编 1:待考著作,2:著作暂无考的先贤。仅供参考用。

17. 附录:附一、著作者、著作目录表。附二、先贤诗文选摘。附三、部分官名、身份名称注释参考(仅供参考)。

前　言

中华民族文明延绵数千年，已形成当今世界独一无二睿智、深厚之文化。人类之中华民族之人文素养，历数千年冬与春的跌宕、蹒跚，在深耕、茁壮的根基上，具有中华民族鲜明特征的儒学、道学及文学等粗壮的主干始终耸立；就中华民族的整体而言，其思想、智慧和适用性，已达世界其他民族难以逾越的层级。

世界上哪个民族有中国这样浩如烟海的文献？哪个民族有如此丰富的成语和典故？又有哪个民族在民间有那么多数不清的谚语、歇后语？只有中华民族有！无论如何侵蚀，都不能伤及这已深入骨髓的强大生命力。相反，外来如西方文明、佛教或其他宗教，其强悍的包容力，都将其逐步中华民族化或中国特色化并融入中国文化中。所以，从历史时空上，最悠久中华民族大文化之思想、之智慧，事实上已逐渐成为当今世界多数民族思想和智慧的母源；由此在不同地域生成的思想和追求，看似大相径庭，实在根源处都有与我中华民族大文化不同程度的痕迹，因无法做到融会贯通而被切割得零零碎碎。

东方中国的文化特征是别于西方文明的分科的，讲究综合、贯通和融会。但这并不是说就没有分科，分科是有的，如经、史、子、集四部，这是大分，也有二、三级的小子目，如经部有易类、礼类、乐类等等，史部有正史、编年史、杂史等等，子部有儒家、农家、医家等等，集部有总集、别集、词曲等类别。但无论思想类还是知识类，都是融会贯通的大的综合体，而不是如哲学、物理、化学等完全独立于其他的分科之学。这种贯通和融会的特征使得中国文化始终运行于世界各民族文化中的高位，成为世界文化中数千年来传续不断且不断完善、提升的唯一。

中国文化是先贤在政治、经济及各行业生活中思索、探研和经验积累的思想总成，这些思想最重要也最主要的载体就是书籍，而组成这些书籍的，是一个个本身具有本义、引申义等活性元素的方块汉字，不是毫无意义的符号组合。如"一"，除为汉字的基本笔画外，同样或近似的还有"元""始"等，具有"开始""第一""源头"等意义；又如西文字母"A"，除可作排列数序外，只是拼音文字一个声音符号而已。所以，阅读、了解中国古代这些书籍，就是汲取中华民族的高智养分,就可以夯实你的文化自信,即便在科技发达的现代社会里,亦可举一反三,丰富、提高你的生活智慧,国内现代高科技运用中汲取中华先贤智慧的事例已不胜枚举。

《诗》《书》《礼》《乐》《易》和《春秋》,称之为"六艺",这是自孔子以降,中华民族文化数千年来的学术之源。马一浮先生说:"吾敢断言:天地一日不毁,人心一日不灭,则六艺之道炳然长存。世界人类一切文化最后之归宿,必归于六艺。而有资格为此文化之领导者,则中国也。"

1945年5月31日,毛泽东主席在《在中国共产党第七次全国代表大会上的结论》中说:"预见就是预先看到前途趋向。"并指出"没有预见就没有领导。"

中华民族文化在整个人类各民族文化中就具有这种预见性、领导性,也只有这种预见性和领导性的优秀文化才能数千年传续不断。

人是有寿命的,现在的我们不可能享受到先辈贤者的言传身教,但先贤用笔墨,将自己的思想、见解、感受或技能,用精炼的文字语言书写于帛、纸,流传给后代。就是这些先贤的著作,使得我们还有幸来认识数百年乃至千年前不同的先贤,了解他们的人生,感悟他们的思想,获取他们的教诲,体味他们的情感,延续他们的文脉。善或恶,智与慧,爱或恨,弱或强。一代一代地传承,使得历史上每一代人的人文情怀始终丰满充盈而不至干涸。

时间最有义,时间最无情;它毁灭了许多,它也留下来许多。在历史的时光隧道中,对中华民族文化毁灭最重的是战火。就近一百多年来,西方列强所掠夺、所焚毁,已然触目惊心;仅看馆藏,现存在美、英、法、日等等国家图书馆、博物馆的中华珍稀古籍、字画、金石等文献、文物不计其数。致使今天我们能够看到的先贤文献很少,或不到实际拥有量的十分之一。

当时的列强们不仅掠夺,还大肆焚毁这些文献。

1932年1月28日,日军进犯上海。当年1月29日,日军连投6枚重磅炸弹,轰炸商务印书馆及藏书楼,纸灰遮天蔽日,长达三天。日军之所以要炸毁商务印书馆和藏书楼,时任日军海军陆战队司令盐泽幸一讲得很明白:"烧毁闸北几条街,一年半年就可恢复。只有把商务印书馆这个中国最重要的文化机关焚毁了,它则永远不能恢复。"这句"永远不能恢复"暗藏了西方所谓文明里的多少野蛮和阴毒?

1932年2月1日,日本浪人又潜入未被殃及的东方图书馆纵火。东方图书馆的全部藏书46万册,包括善本古籍3700多种,共35000多册;当时中国最为齐备的各地方志2600多种,共25000册,悉数烧毁,化为灰烬。五层大楼成了空壳,其状惨不忍睹。当时号称东亚第一的图书馆一夜之间突然消失,价值连城的善本孤本图书从此绝迹人寰,这是中国文化史上的一大劫难。这些地方志古籍里面或许就有罗鉴的《罗山志》、彭寿卿的《宝塘拾遗》和宋、元、明时期的《崇仁县志》等等。

轰炸过后,印书馆负责人张元济在给胡适的回信中说:"若从此隔灭,未免太为日本人所轻。"轰炸第二天,张元济便组织编写"复兴版"新教材,封面是被炸后的断壁残垣。半年后,印书馆重开张,挂出十二字标语"为国难而牺牲、为文化而奋斗",路人无不动容。复兴版教科书流传各地,里面有铮铮铁骨,有军马萧萧,有岳飞和文天祥,有浩气长存。最重要的是,表现了中华文化大难以绵而不屈的文化精神!

这还仅是上海商务印书馆、东方图书馆之损失!

该是来盘一下古籍宝库的家底了。哪怕是含着泪来做。

自秦以来,中国政区是由郡县(现在是市县)构成的,历史上每个县有多少古籍文献,寻找并编辑出来,市县统计,那么,整个中国的文献可以有个基本了解。这也是编撰这部《崇仁先贤暨文献览略》的初衷。

崇仁立县以来有近 600 年无历史记载,且宋朝至明末有记载已修撰的县志版本至今未能找到。清朝修撰的县志道光元年版和同治十二年版两个版本所载稍详,前者甚至在十九卷"艺文志"中还专门设了"书目"小节,这也是清朝四次修纂的县志版本中唯一设置此小节的,后者是按经、史、子、集四部方式排列,但都是以著作为重点来记叙。因朝代更迭或时代久远或是否载全,亦未知,只能是能收集多少就收集多少了。崇仁是"文献之邦",将先贤有记载的著作遗存情况尽可能地收集起来,经、史、子、集,历史上有过多少,现在还存有多少,应该有个数;虽然总体所剩有限,总要去了解一下,失去是如何失去?留下的我们怎么去吸收?历史上朝代的变更,外族的入侵,不肖子孙的败坏等等,史迹清晰。历史往往会重演,总要吸取教训。做这些以史鉴今、面向未来的工作,本也是在凸显吸纳先贤的思想和智慧,从这个角度,意义或就不一般了。

目　　录

第一编　宋代

第二编　元代

第四编　清代

第五编　补编

附录

第一编 宋代

（宋）乐 史

一、人物简介

乐史①（928—1005）②，字子正，号月池，宋地理学家、文学家、方志学家。崇仁北市③（今属巴山镇）人，也一说是"青云乡"④人的。

民国十四年（1925）《乐氏重修族谱》载：乐史生于五代后唐明宗天成三年戊子（即 928年），卒于宋真宗景德二年乙巳（即 1005 年）。宋、元、明及清初编撰的《江西通志》《崇仁县志》《林志》⑤俱载为崇仁北市人，到清康熙后期白潢所编《西江志》⑥改宜黄霍源⑦人。

乐史画像

---

① 乐史：《宋史无传》。人物简介参考《东都事略》卷一一五、《宋史》卷三〇六附见《乐黄目传》、康芬、龙晨红《江西历代著作考》。

② 乐史的生卒年份多采用（930—1007），这里选用（928—1005），此为明弘治《抚州府志》卷四八及清光绪三十三年《乐氏十三修宗谱》的记载。罗伽禄所撰《乐史及其家世述略》一文亦为考证。

③ 北市：据乐氏族谱记载及县志舆图显示，乐史年少时以北耆文巷以北不过百米的玉清观为读书处，化龙池离此约二华里，文巷又与古十字街相连，而十字街大多为集市，北城之市，或指十字街区域。

④ 青云乡：包括今三山乡现在的"中乐村"，但谱载该村乐氏乃明朝中期迁入，是乐史之后裔。古"青云乡"地域大部今分属今三山、白陂两乡及马鞍镇。

⑤ 林志：指明嘉靖癸未年（1523）参政林廷防实辑成书的《江西省志》，以主编姓氏简称为《林志》；而后康熙二十二年（1683）巡抚安世鼎修《江西通志》是为《安志》；林志今已不存。仅见于《安志》《白志》中所引其体例条目。

⑥ 《西江志》：康熙五十九年（1720）巡抚白潢增修名之曰《西江志》，今称《白志》。宜黄立县前，霍源是为当时崇仁崇贤乡十四都之一村。

⑦ 《宋史·地理志》载："宜黄，望。开宝三年，升宜黄场为县。"开宝三年（970）前宜黄属崇仁县宜黄场，宜黄升县后霍源划属宜黄。宜黄霍源古属崇仁十四都。在明弘治、崇祯、清康熙《抚州府志》中"乐史"俱载为崇仁人。道光元年版《崇仁县志·艺文志》十卷，吴草庐先生《上方观记》已叙述明确。

　　乐史的父亲乐璋,字朝辑,号玉常,先居河南南阳邓州。五代梁时,即公元907到922年时期,由河南游仕①江右,获得抚州临川县尉之职,故举家迁临川,徙居崇仁。谱载后唐明宗天成三年(928)乐史降生,由此,乐璋成了崇仁乐氏始迁祖,乐史系一世祖。

　　清同治版《乐安县志》载述,乐史进士及第前,也应是后周显德八年(961)第一次进士及第前隐居读书时,曾在原崇仁县乐安乡建"慈竹书院"②,"慈竹书院在县西,慈竹出自陵州,连理而无旁枝,乐侍郎史移植庭阶,枝干森耸,迥异凡竹,此书院由名也。"

　　后周显德五年③后,乐史仕南唐秘书郎,《宋史·乐黄目》本传记载:"齐王景达镇临川,召掌奏笺,初授秘书郎。"④在此期间,后主李煜⑤嗣位后,尝命给事中乔匡舜⑥主持贡士选举,又在其中拔得进士十五人,乐史居其中;陆游《南唐书》载"后主嗣位,以司农少卿乔匡舜知贡举,及第乐史等"⑦。这些记载认定了乐史的第一次进士及第,从时间上说,是现抚州区域历史上有记载的第一位进士。开宝八(975),宋平南唐,入宋后乐史为平原县(山东)主簿。太平兴国五年(980),"覆试⑧进士。有颜明远、刘昌言、张观、乐史四人,以见任官⑨举进士,特授近藩掌书记。"⑩乐史第二次进士及第,擢为著作佐郎、知陵州,又向朝廷献上自己的著作《金明池赋》而诏为三馆编修。雍熙三年(986)升迁直史馆,转太常博士、水部职方员外郎后,到舒州(安徽)任知州;淳化四年(993),巡抚两浙,释逋负⑪六万缗,迁都官员外郎,知黄州(河南)。咸平元年(998)再升迁尚书职方员外郎,这是乐史一生最高官阶(从五品上);二年,出知商州(陕西)。宋真宗赞赏

① 游仕:离开居住地,到别处求官。
② 慈竹书院:清同治《乐安县志》载:"慈竹书院在县西,慈竹出自陵州……"云。然乐史知陵州是在他第二次以"见任官"身份进士及第后的事,即在980年后,之后乐史一直任职在外。故清同治《乐安县志》所记可能存误。待考。
③ 后周显德五年:即公元958年,南唐中宗李璟即位之十六年后。
④ 参见《宋史·卷三百六·列传第六十五·乐黄目》。
⑤ 李煜(937—978),初名从嘉,字重光,号钟隐、莲峰居士,徐州彭城县(今江苏徐州)人,南唐末代国君。参考陆游《南唐书》卷三。
⑥ 乔匡舜(898—972),字亚元,广陵高邮人。五代南唐文学家,著《拟谣》十卷,《古今语要》十二卷等。参考词典网·历史人物。
⑦ 见道光元年版《崇仁县志·选举志》卷十(上)。其及第时间(962)已为宋建隆二年。
⑧ 覆试:以见任官再举甲科进士;时乐史为德州将陵县主簿。
⑨ 见任官:指在职官员。
⑩ 指太平兴国五年(980)庚辰苏易简榜。见《宋史·卷一百零八》。
⑪ 逋负:拖欠的赋税、债务。

乐史的笃学博闻,尽取其所著之书藏于秘府。重新调入直史馆时,与子黄目同在文馆①;父子同馆,人以为荣。景德二年(1005)出掌西京磨勘司,再改判留御史台,便选择洛阳居住下来,因居住处有亭榭竹树之胜景,在皇帝车驾洛②(视察)时,召封"金紫"。当年卒③,年七十八。真宗悼之,赐钱10万,敕葬原籍。卒后,以子贵追赠为兵部侍郎,谥"文庄"。

乐史学识渊博,生平雅好著述,著作宏富。其巨著《太平寰宇记》二百卷,是继唐代《元和郡县志》④以后的又一部采摭繁富的地理总志。"万里山河,四方险阻,攻守利害,沿袭根源,伸纸未穷,森然在目。不下堂而知五土,不出户而观万邦,图籍机权,莫先于此。"⑤除详细记述全国各府、州、县建置沿革、地名、山川、人口、风俗文化等,并列出割于契丹的燕云十六州之地名。

乐史又是文学家,有《广卓异记》《诸仙传》《神仙宫殿窟宅记》等传奇小说200余卷,另《绿珠传》《杨太真外传》等。乐史著作浩繁,涉及诸多门类。同乡王安石⑥赞其"文辞博赡,材器恢宏"。

有点奇怪的是,乐史这样的人物,其传在史书中竟缺载,《东都事略》卷一一五载其小传,而此书乃属别史,与正史差别甚大。《宋史》卷三〇六中其子《乐黄目传》所附却较为详细:

父史,字子正。齐王景达镇临川,召掌奏笺,授秘书郎。入朝,为平原主簿。

太平兴国五年,与颜明远、刘昌言、张观并以见任官举进士。太宗惜科第不与,但授诸道掌书记。史得佐武成军,既而复赐及第。上书言事,擢为著作佐郎、知陵州,献《金明池赋》,召为三馆编修。

雍熙三年,献所著《贡举故事》二十卷,《登科记》三十卷,《题解》二十卷,《唐登科文选》五十卷,《孝弟录》二十卷,《续卓异记》三卷。太宗嘉其勤,迁著作郎、直史馆。转太常博士、知舒州,迁水部员外郎。

---

① 文馆:宋太宗太平兴国三年(978),创立昭文馆、集贤院、史馆三馆书院,当时称为三馆",是北宋时期开封城内一个全国最大的图书馆。此应指"昭文馆"。
② 车驾洛:皇帝的车驾来到洛阳。
③ 当年卒:《宋史》卷七载:真宗于景德四年(1007)二月幸洛,三月返京。则史卒于其年,年七十八,上推生为930年。此以谱载相左。
④ 《元和郡县图志》:为唐李吉甫撰,是现存最早的古代地理总志,完成于唐宪宗元和八年(813),故名。是中国唐代的一部地理总志,对古代政区地理沿革有比较系统的叙述。
⑤ 摘自《太平寰宇记·乐史自序》。
⑥ 王安石(1021—1086),字介甫,号半山,汉族,临川(今江西抚州市临川区)人,北宋著名的思想家、政治家、文学家。参考《宋史·卷三百二十七·列传第八十六》。

淳化四年春,与司封员外郎、直昭文馆李蘒同使两浙巡抚,加都官、知黄州。又献《广孝传》五十卷,《总仙记》一百四十一卷。诏秘阁写本进内。史好著述,然博而寡要,以五帝、三王,皆云仙去,论者嗤其诡诞。

咸平初,迁职方①,复献《广孝□新书》五十卷,《上清文苑》四十卷;出知商州。史前后临民,颇以贿闻。俄以老疾为言,听解职,分司西京。五年,郊祀②毕,奉留守司表入贺,因得召对。上见其矍铄③不衰,又知笃学,尽取所著书藏秘府,复授旧职,与黄目同在文馆,人以为荣。出掌西京磨勘司,黄目为京西转运。改判留司御史台。

车驾幸洛,召对,赐金紫。史久在洛,因卜居,有亭榭竹树之胜,优游自得。未几卒,年七十八。

二、著作名录

《太平寰宇记》·二百卷(存一百九十七卷半)

《广卓异志》·二十卷

《续卓异志》·三卷

《广卓异记》·三卷

《孝悌录》·二十卷

《唐孝悌录》·十五卷

《孝悌赞》·五卷

《登科记》·三十卷(唐武德至天佑末)

《唐登科文选》·五十卷

《登科记题解》·二十卷

《江南登科记》·一卷

《宋朝登科记》·三卷(一名《圣朝登科记》)

《复位科第录》·十卷

《广孝传》·五十卷

《广孝□新书》·五十卷

---

① 职方:古代管理舆图(地图)的官名。一般为员外郎。

② 郊祀:古代于郊外祭祀天地,南郊祭天,北郊祭地。郊谓大祀,祀为群祀。因例于都城之郊,故称郊祀。

③ 矍铄:形容老年人很有精神的样子。

《总仙记》·一百四十一卷(含《目录》四卷)

《上清文苑》·四十卷

《总仙秘录》·一百三十卷

《总记传》·一百三十卷

《坐知天下记》·四十卷

《杏园集》·十卷

辑《李翰林集》·二十卷

辑《李翰林别集》·十卷

《商颜杂录》·二十卷

《诸仙传》·二十五卷

《宋齐丘文传》·十三卷

《神仙宫殿窟宅记》·十卷

《掌上华夷图》·一卷

《仙洞集》·一百卷

《贡举故事》·二十卷(考宋史艺文志编)

《柘枝集》·一卷

《小名录》·三卷

《洞仙集》·一卷

《唐滕王外传》·一卷

《李白外传》·一卷

《许迈传》·一卷

《杂编》·四百九十卷

《文集》·一百卷(同《乐侍郎文集》)

《杨太真外传》·二卷

《绿珠传》·一卷

《李白别集》·十卷

三、著作简介

《太平寰宇记》·二百卷(存一百九十七卷半)

《太平寰宇记》是北宋初期乐史所撰的一部著名的地理总志。

《太平寰宇记》继承了唐李吉甫《元和郡县图志》的体裁,记述了宋初十三道

资料图片:《太平寰宇记》乾隆癸丑(1793)刊本,化龙池藏版;
纸质:竹纸;装订:线装;规格:24.4×15.7cm

范围的全国政区建置。所载政区取自于太平兴国后期,载唐以前地志佚文甚多,可补后《元丰九域志》[①]《舆地广记》[②]所无载;其所载府州县沿革,多上溯周秦汉,迄五代、宋初,尤其是对东晋南北朝、五代十国的政区建置,较其他志书详尽;包括"琉求国"(现日本管理的"琉球县"部分列入《台湾文献丛刊总目》[③]);可补史籍之缺。府州下备载领县、距两京里程、至邻州的四至八到、土产,县下记录距府州方位里数、管乡及境内山川、湖泽、城邑、乡聚、关塞、亭障、名胜古迹、祠庙、陵墓等。篇帙浩繁,内容详瞻,是考察北宋初期政区建置变迁的主要资料,为后来总志体例所沿据,亦是研究历史人文、自然地理的宝贵文献。

---

① 《元丰九域志》:是北宋王存主编,曾肇、李德刍共同修撰的历史地理名著。全书分为十卷,始于四京,次列二十三路,终于省废州军、化外州、羁縻州,分路记载所属府、州、军、监及其距京里程、四至八到、主客户数、土贡、领县数和名称。
② 《舆地广记》:是北宋欧阳忞(学术界对作者存疑)编撰的一部历史地理著作,成书于政和(1111—1117)年间,共三十八卷。前四卷专门概述上古至宋的历代政区之纲要,分列《禹贡》九州岛、舜十二州、七国、秦四十郡、汉十三郡以及三国晋十九道、唐十五道采访史、唐藩镇、五代、皇朝郡国;对古地名,皆注以宋代之名称。
③ 《台湾文献丛刊》:是台湾的重要史料。收录了自唐、宋、元、明、清以及日本非法占领时期的台湾文献资料,集台湾之历史、地理、风俗、民情、政治、经济、社会、文化、法制等文献之大成,是史学界公认现今收录最齐全、最权威的台湾史料。

乐史于雍熙三年(986)迁著作郎,直史馆,转太常博士,即序所云"职居馆殿"①。又《太平寰宇记》大宁监原附所作校勘记云:"按今图经,开宝六年(973)置监,端拱二年(989)以大昌县来属。详此,则置监时,县犹属夔州,而今记作于大昌县未来属之前也。"据此,《太平寰宇记》应撰成于雍熙末至端拱初期间,也就是986年至989年之间②。

宋晁公武《郡斋读书志》③着录:

《太平寰宇志》二百卷,皇朝乐史撰。太平兴国中,尽平诸国,天下一统。史悉取自古山经地志,考正谬误,纂成此书,上之于朝。

宋陈振孙《直斋书录解题》④着录:

《太平寰宇记》二百卷,太常博士直史馆宜黄乐史子正撰。起自河南,周于海外。当太宗朝上之。

宋王尧臣等编《崇文总目》⑤着录:

《太平寰宇记》二百卷,乐史撰。绎按:读书后志、通考、记并作志,今本一百九十三卷。

当代陈光贻著《稀见地方志提要》⑥著录:

《太平寰宇记》二百卷,首二卷抄本(北京图书馆藏朱彝尊原抄本,上海图书馆藏传抄朱彝尊藏本。原缺卷一百十一至一百十九)。宋乐史纂。

---

① 馆殿:昭文馆、集贤院、史馆和集贤殿、右文殿的统称。

② 《太平寰宇记》成书时间有研究者各推算结论有六七种之多。这里采用的与李裕民《四库提要订误》一书结论同。

③ 《郡斋读书志》:是我国现存最早的、具有提要内容的私藏书目,该书收入的图书达1492部,基本上包括了宋代以前各类重要的典籍,尤以搜罗唐代和北宋时期的典籍最为完备。作者晁公武(1105—1180)字子止,巨野(今山东巨野县)人,著有《昭德文集》六十卷、《石经考异》,存于今者唯《郡斋读书志》。参考李玉安、黄正雨《中国藏书家通典》。

④ 《直斋书录解题》:南宋陈振孙撰私家藏书目录。是第一部以"解题"为书名的目录,即于书名之下记载篇帙、作者、版本等情况,并评论图书得失。原本五十六卷,分经、史、子、集四录,故书名中称"书录"。

⑤ 《崇文总目》:是宋代官修书目,着录经籍3445部,30669卷,是北宋最大的目录书,共六十六卷,按四部四十五类。其编纂体例,有叙有释,主要为欧阳修所撰写。

⑥ 《稀见地方志提要》:是陈光贻创作的中国史类书籍。记述一定行政单位政治的、经济的、文化的情况的综合著述。

今此本首有目录二卷,缺卷亦如汪氏进本之数,考诸家藏书目皆有缺,其佚七卷,由来已久矣。

考史①纂书之时,太宗始平闽、越,并北汉。史因合舆图所隶,考寻始末,而成此书,始东京迄四裔。然是时幽、妫、营、檀等十六州,实未入版图,史因贾耽《十道志》、李吉甫《元和郡县志》之旧,概列其名。史进序又讥贾耽、李吉甫为漏缺,故其书采摭繁复,于列朝人物一一并登,至于题咏古迹,亦皆并录。地理之书至是始详,体例亦自是而大变矣。后来方志必列人物艺文者,其体皆始于史。

元、明以来,是书为州县志之滥觞。体例相沿,而艺文溢于全集,末大于本,而舆图反若坿录。其间假借夸饰,以侈风土,至是而流弊生,艺文则为题咏而设,而不为考据。其鄙俚者,文移案牍,江湖游乞,随俗应酬而已耳,方志不纯史法矣。章学诚《方志立三书议》②有言曰:"方志既不为国史所凭,则虚设门类而不得其用。所谓瓻而不瓻也,方志乎哉。"

版本及整理点校情况简介③:

《太平寰宇记》初刻本极少,流传不广,到明代海内宋版已无踪影。

明末清初刊本不一,已残缺不全,无足本。清赵氏小山堂抄本(卷十三至十八、九十二至九十三、一百四十至一百四十二、一百五十七至一百五十九、一百八十二至一百八十五、一百九十七至二百配清丁氏八千卷楼抄本,卷一百十三至一百十八配日本抄本,清吴焯④、赵一清⑤、王鸣盛⑥校并跋,丁丙⑦跋)

---

① 史:指乐史。本节后文同。
② 《方志立三书议》:中国的方志编纂一直被视为杂学,或视为传统史书、地理书的分支。直到清乾隆年间章学诚创立了一套完整的修志义例。清末民初,"方志学"的概念才被梁启超提出来,且认为史学家章学诚是传统方志学的奠基人。
③ 本节参考中华书局《太平寰宇记》点校本简介、王文楚撰《〈太平寰宇记〉成书年代及版本问题》、张保见著《乐史〈太平寰宇记〉的文献学价值与地位研究》等。
④ 吴焯(1676—1733),字尺凫,号绣谷,晚号绣谷老人,藏书家、学者。清钱塘(今杭州)人。参考《杭州府志·文苑》。
⑤ 赵一清(1709—1764),字诚夫,号东潜,浙江仁和(今杭州城区东)人,所著有《东潜诗文稿》与《水经注释》四十卷等。参考《清史稿·卷四百八十五·列传二百七十二》。
⑥ 王鸣盛(1722—1798),字凤喈,晚号西庄居士。江苏太仓州嘉定县(今上海市嘉定区)人。为"吴派"考据学大师。著有《十七史商榷》《耕养斋诗文集》等。参考《清王西庄先生鸣盛年谱》。
⑦ 丁丙(1832—1899),字松生,号松存,别署钱塘流民、生老等。钱塘(今浙江杭州)人。清末著名藏书家。参考李玉安、黄正雨《中国藏书家通典》。

现代《中国古代地理总志丛刊》①之《太平寰宇记(全九册)》是 2008 年中华书局出版的图书,复旦大学王文楚②教授整理点校,以金陵书局本为底本,原缺卷一百十三至一百十八凡五卷半,以宋版补入,取宋版残存部分及万廷兰③本通校,以中山大学藏本、文渊阁四库全书本、傅增湘④《太平寰宇记校本》参校,并参校《舆地纪胜》《松元方舆胜览》《永乐大典》《嘉庆重修一统志》,参考唐宋总志、宋元方志及宋以前史籍,予以校勘。

四库馆臣⑤对《太平寰宇记》评价极高,其文云:"其书采摭繁复,惟取骇博,于列朝人物,一一并登,至于题咏、古迹,若张佑《金山诗》之类,亦皆并录。后来方志必列人物、艺文者,其体皆始于史,盖地理之书,记载至是书而始详,体例亦自是而大变。"

《太平寰宇记》·一百九十三卷(浙江汪启淑家藏本)⑥

宋乐史撰。史有《广卓异记》,已着录。

宋太宗时,始平闽、越并北汉,史因合舆图所隶,考寻始末,条分件系,以成此书。始于东京,迄于四裔。⑦ 然是时幽、妫、营、檀等十六州,晋所割以赂辽者,实未入畈章⑧。史乃因贾耽《十道志》⑨、李吉甫《元和郡县志》⑩之旧,概列其名。盖

---

① 《中国古代地理总志丛刊》:包括从唐至清所著九种七十九部(册)地理志。由中华书局于 1983—2008 年间出版。

② 王文楚,1933 年生,浙江南浔人。现任复旦大学历史系历史地理研究所教授,中国古都学会理事、历史地理专业委员会委员。参考百度百科。

③ 万廷兰(1719—1807),清刻书家、志书家,南昌县人。乾隆十七年(1752)进士,年 63 始潜心学问,被聘为瑞州书院主事。著有《太平寰宇记补》《俪紫轩偶存纪年诗》等,曾刻印《太平寰宇记》,并纂《南昌府志》。参考《江西省南昌市志》1997 年版。

④ 傅增湘(1872—1949),字润沅,号沆叔,别署双鉴楼主人等,中国近代著名藏书家。四川省江安县人。光绪二十四年(1898)进士。著有《藏园瞥目》《藏园东游别录》《双鉴楼杂咏》等。参考李玉安、黄正雨《中国藏书家通典》。

⑤ 这里的"馆臣"指永瑢(爱新觉罗·永瑢)等。《四库全书总目》卷 68"史部·地理",中华书局,1965 年。

⑥ 参考《四库全书总目提要》。

⑦ 始于东京,迄于四裔:始于东京汴梁(今河南开封),第 172—200 卷述东夷、南蛮、西戎、北狄四夷。"裔"同"夷"。

⑧ 畈章:大明也。或曰,畈当作版,版章,犹版图也(朱熹《诗集传》)。出自《诗·大雅·卷阿》:"尔土宇畈章,亦孔之厚矣。"

⑨ 贾耽(730—805),字敦诗,沧州清池人。唐代最重要的地理学家。有《海内华夷图》及《古今郡国县道四夷述》四十卷。参考《新唐书·卷一百六十六·列传第九十一》。

⑩ 李吉甫(758—814),字弘宪,赵州赞皇人。有《元和郡县图志》四十卷。参考《新唐书·卷一百四十六·列传第七十一》。

太宗置封桩库①,冀复燕、云,终身未尝少置。史亦预探其志,载之于篇,非无所因而漫录也。史进书序讥贾耽、李吉甫为漏阙②,故其书采撷繁复,惟取赅博。于列朝人物,一一并登。至于题咏古迹若张佑③《金山诗》之类,亦皆并录。后来方志必列人物、艺文者,其体皆始于史。

盖地理之书,记载至是书而始详,体例亦自是而大变。然史书虽卷帙浩博,而考据特为精核,要不得以末流冗杂、追究滥觞之源矣。原本二百卷,诸家藏本并多残阙。惟浙江汪氏进本,所阙自一百十三卷至一百十九卷,仅佚七卷。又每卷末附校正一页,不知何人所作。辨析颇详,较诸本最为精善,今据以着录。

《文献通考》作《太平寰宇志》。此本标题实作《太平寰宇记》。诸书所引,名亦两岐。今考史进书原序亦作"记"字,则《通考》为传写之误,不足据也。

资料图片:《影宋本太平寰宇记补阙》遵义黎氏刻本;

    纸质:纸本;装订:2厚册线装;
规格:28.6×20.8cm;

    此为《古逸丛书》之最后一种。

《太平寰宇记》残六卷,(宋)乐史撰。

由《中华书局》《商务印书馆》列入《丛书集成》,影《古逸丛书》本排印史地类第3098册。

清黎庶昌辑《古逸丛书》④着录:

《太平寰宇记》残六卷,宋乐史撰。景宋本。

清瞿镛《铁琴铜剑楼藏书目录》⑤着录:

《太平寰宇记》二百卷(旧钞本),题:"朝奉郎太常博士直史馆赐绯鱼袋乐史撰并序。"

① 封桩库:宋代内库之一。北宋在统一南方割据势力的过程中特设封桩库,把征南所得的财富统一存放,以作日后恢复幽燕之费。
② 阙:同"缺"。本篇下同。
③ 张佑(? —853年前后)(新唐书、全唐诗等书均作张祜),字承吉,全唐诗作清河人。初寓姑苏,称处士。工诗,有诗集一卷(全唐诗作十卷)传于世。参考《全唐诗》。
④ 《古逸丛书》:清光绪间黎庶昌在日本编辑精刻。共26种,200卷。
⑤ 《铁琴铜剑楼藏书目录》:瞿镛延请季锡畴、王振声厘定撰成,凡二十四卷,收书一千三百余种,辨析版本尤精当,为世人所称道。

此秀水朱氏藏本。竹垞跋云,钞自济南王祭酒池北书库,阙七十余卷,借传是楼本补之。尚阙《河南道》第四卷,《江南西道》第十一至十七卷,凡八卷。各家藏本俱同。盖佚去已久,世无完本矣。每卷末有《校勘》数条,亦出旧本,不详何人。(卷首有"曝书亭珍藏""朱彝尊印"二朱记)

清莫友芝撰《邵亭知见传本书目》[1]着录:
《太平寰宇记》一百九十三卷,宋乐史撰。

活字板本。乾隆癸丑乐氏刻本。钱遵王家有足本。江西万庭兰重刻宋本,附《大清一统志表》,校正舛误,又补《四库》本所缺,定为一百九十二卷,《补缺》八卷,《纪元表》一卷。王渔洋云,金陵焦氏有宋刻。今藏吴庐侍郎家。季氏抄卷第四及一百十三至一百十九,凡八卷。近刊本。

清杨守敬著《日本访书志》[2]着录:
《太平寰宇记》残本(宋刻本刻入《古逸丛书》)。此书《太平寰宇记》,中土宋刊本久不存。
《四库》著录据浙江汪氏所进钞本,阙一百十三至一百十九,凡七卷。而乾、嘉间江西万氏乐氏两刊本更缺《河南道》第四一卷。考曝书亭所见池北书库本,亦缺《河南道》第四,则审缺八卷矣。余于森立之《访古志》见有此书宋椠残本,藏枫山官库,意或有足以补中土所佚者。因托修史馆监事严谷修探之,并告知星使黎公,行咨于其太政大臣,借之以出。计原书凡二十五册,为蝴蝶装,其存者不及半焉。乃以近刻本校一过,其一百十三至一百十八(一百十四尾缺"湘乡"以下五县)(则重刊之《古逸丛书》中;并刊其卷首一表。虽尚佚其二卷有半,《江南道》第四一卷、一百十九一卷、一百十四尾数叶)未为完书,亦足以慰好古之怀矣。世传《岣嵝禹碑》始自宋何致一,多有疑其伪造者。

今按,此书于《潭州》下引庾仲雍《湘州记》云:"夏禹刻石书,名在山之上。"而不敢质言之,则乐氏初不见此碑审矣。又钱竹汀《养新录》称,《元史·地理志》于郴州之郴阳县云:"旧敦化,至元十三年改今名。"疑"敦"字犯宋讳,湖南为宋土,不得有"敦化"县。因据《舆地纪胜》引《寰宇记》为晋天福初所改,汉初复旧,以订

① 《邵亭知见传本书目》:清代莫友芝撰版本目录书,十六卷。
② 《日本访书志》:著者杨守敬自序:"光绪庚辰之夏……赴日本充当随员。于其书肆颇得旧本。旋交纂国医员森立之,见所著《经籍访古志》,遂按录肃之。会遵义黎公使庶昌接任,议刻《古逸丛书》……原书多藏黄洲……厘为十六卷。"

其误。今此书与《纪胜》悉合。其他所引逸书、逸事,不遑缕述,固非后人所得臆补者也。至江西两刻本皆据传钞及活字本入木,互有脱误,而万氏本臆改尤甚。

世有好事君子,因此所存残本,以正江西两刻,又以两刻互校,而一一考乐氏所引原书,虽未必尽复旧观,亦庶几十得八九。若陈氏兰森臆补之卷,固无论焉。光绪癸未九月记。

附宋刊原本存佚卷数。

序、目录(全)。

一卷(全)。

二卷(全)。

三卷(存前十三叶①)。

四卷(缺)。

五卷(存十四、十五两叶)。

六卷(存校勘一叶)。

七卷(全)。

八卷(全)。

九卷(全)。

十卷(存前九叶)。

十一卷(缺)。

十二卷(存一至五,又存第七一叶)。

十三至三十六(并缺)。

三十七(存前九叶)。

三十八至四十三(并缺)。

四十四(存七叶)。

四十五、四十六(并缺)。

四十七(第四叶以下存)。

四十八(存前三叶)。

四十九(缺)。

五十存(第十三一叶)。

五十一至七十一(并缺)。

---

① 叶:同"页",以下同。

七十二(存第二、四、五、六四叶)。

七十三至七十六(并缺)。

七十七(第三叶以下存)。

七十八(缺第七一叶)。

七十九至八十八(并缺)。

八十九(存第七、第十两叶)。

九十(存前三叶)。九十一(全)。

九十二至九十五(并缺)。

九十六(存前八叶)。

九十七、九十八(并缺)。

九十九(全)。

一百(全)。

一百二(全)。

一百三(缺)。

一百四(全)。

一百五(存前九叶)。

一百六(八叶以下存)。

一百七(全)。

一百八(全)。

一百九(全)。

一百十(存前七叶)。

一百十一(第八叶以下存)。

一百十二(全)。

一百十三(全)。

一百十四(存前九叶)。

一百十五(全)。

一百十六(全)。

一百十七(全)。

一百十八(全)。

一百十九至一百廿三(并缺)。

一百廿四(存十三、十四两叶)。

一百廿五(全)。

一百廿六至一百三十二（并缺）。

一百三十三（全）。

一百三十四（全）。

一百三十五（全）。

一百三十六（全）。

一百三十七（全）。

一百三十八（存前六叶）。

一百三十九、一百四十（并缺）。

一百四十一（全）。

一百四十二（缺三、四、五、六四叶）。

一百四十三（存前七叶）。

一百四十四至一百四十六（并缺）。

一百四十七（第三叶以下存）。

一百四十八（缺六、七两叶）。

一百四十九（存前八叶）。

一百五十至一百五十四（并缺）。

一百五十五（存第七、第八两叶）。

一百五十六至一百六十（并缺）。

一百六十一（存第七一叶）。

一百六十二至一百八十六（并缺）。

一百八十七（存前四叶）。

一百八十八（第七叶以下存）。

一百八十九（存前九叶）。

一百九十至一百九十三（并缺）。

一百九十四（第二叶以下存）。

一百九十五（全）。

一百九十六（全）。

一百九十七（全）。

一百九十八（全）。

一百九十九（全）。

二百（存前六叶）。

刻成后，乃知金陵书局已据乐氏祠堂本重刻，校订颇审，惜乎其未见此宋残本也。

案:此本日本森立之《访古志》①载之,但云残本,不记卷数。及余借得重校,及将其全部残叶记之,并附刊余跋语。乃余归后,姚君子良刻《访古志》,但见《古逸丛书》有《补阙》六卷,遂改《访古志》残本为六卷,并不详观余跋尾记其全书存佚,若日本只存此书六卷者,岂非读首不读尾者乎!

又《访古志》载绍熙壬子(1192)黄唐刊本《礼记注疏》七十卷,与曲阜孔氏藏本同,姚君但见通行《礼记注疏》六十三卷,遂悍然据改之。计姚君刻《访古志》只改此二处,乃皆大谬,附订于此。

《广卓异记》·二十卷

《广卓异志》·二十卷(浙江鲍士恭家藏本)。是笔记体小说。

清修《四库提要》评介:

编前有《自序》,称唐李翱②《卓异记》三卷③,述唐代君臣卓绝盛事,中多漏录。

史初为《续记》三卷,以补其阙。后复以仅载唐代,未为广博,因纂集汉魏以下迄五代并唐事,共为一帙,名《广卓异记》,分为二十卷。首卷记帝王,次卷记后妃、王子、公主,三卷杂录,四卷至十七卷皆记臣下贵盛之极与显达之速者,十八卷杂录,十九卷举选,二十卷专记神仙之事。大抵牵引驳杂,讹谬亦多。

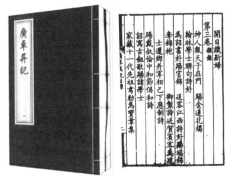

资料图片:《广卓异记》清康熙刻本(现代影印);

纸质:米黄色纯质纸;装订:仿古胶装;规格:17.5×25cm。

---

① 森立之(1807—1885),号枳园居士,出生于日本七代世医之家。是江户后期日本杰出的医学家、文献学家与考据学家,是日本考证医学的泰斗级人物。森立之与涩江抽斋合作编撰了《经籍访古志》,在日本和中国文献学界产生了很大的影响。
② 李翱(772—841),字习之,陇西狄道(今甘肃省临洮县)人。唐朝思想家。散文家,著有《复性书》《李文公集》。参考《旧唐书·列传·卷第一百一十》。
③《卓异记》三卷:史载非李翱作,史盖考之未详,谨附订于此。

如所称《晋书》王导①以下至王褒②九世，皆自有史传。中有"俭子仲宝，仲宝子规"云云。案史，仲宝乃王俭字，非其子名也。俭之子名骞，骞之子名规，非仲宝子名规也。且规子褒附见《规传》，亦非自有传。诸传杂见于《宋》《齐》《梁书》及《南史》，亦非全在《晋书》。

舛谬③殊甚。又石勒④每更间鼓鼙声，武士𫎠⑤闻空中言唐公为天子，与梦高祖乘白马上天之类，神怪无稽，颇为芜杂。至引录传称周时尹氏贵盛，会食家数千人，遭饥荒，罗粟作糜饫之，饫糜之声闻于数十里，亦不近事理之谈。

其末卷则于自撰《总仙记》中撮其殊异者入此书。所言不出全家登仙，祖孙兄弟登仙，及三世四世五世登仙，四人六人七人登仙之类，重复支离，尤不足信。

《自序》称采自汉魏而下，而编中乃及楚孙叔敖⑥、周尹氏。末卷所列神仙，并及尧、舜之时，与《序》自相矛盾，又其小失矣。

宋王尧臣等编《崇文总目》着录：

《广唐卓异记》三卷，乐史撰，原释雍熙三年正月上。

（见玉海艺文志。）侗按：《玉海》引《崇文目》同，宋志、上有续字，又一部无续字，二十卷，今本亦同，诸家书目并无"唐"字。

清瞿镛《铁琴铜剑楼藏书目录》着录：

《广卓异记》二十卷（旧钞本），题："朝散大夫行尚书都官员外直史馆上柱国乐史撰。"自序谓，尝以李翱《卓异记》未博，撰《续唐卓异记》三卷，继复即汉、魏至五代并唐事为《广卓异记》。

《卓异记》非習⑦之作。此书芜杂舛谬，并阑及神仙灵异之事，疑亦非正

---

① 王导（276—339），字茂弘，小字赤龙、阿龙。琅玡郡临沂县（今山东省临沂市）人。东晋时期政治家、书法家。参考《晋书·卷六十五·列传第三十五》。

② 王褒（前90—前51），字号不详，蜀郡资中（今四川省资阳市雁江区）人。西汉时期辞赋家，与扬雄并称"渊云"。参考《汉书·王褒传》。

③ 舛谬：音 chuǎ miù，差错，错误。

④ 石勒（274—333），字世龙，上党武乡（今山西榆社）人，中国历史上唯一一位奴隶皇帝。参考《晋书·卷一百四·载记第四》。

⑤ 武士𫎠（577—635），字信明，并州文水（今山西省文水县）人。唐朝开国功臣。参考《新唐书·列传一百三十一》。（𫎠音：yuē）

⑥ 孙叔敖（约公元前630—前593），芈姓，蔿氏，名敖，字孙叔，河南省淮滨县人。春秋时期楚国令尹。治水名人。见《中国历史大辞典》（上海辞书出版社2010年版）。（敖音：áo）

⑦ 習："习"字繁体字。指李翱；李翱，字习之。

子①笔也。旧为金坛王氏钞本,每叶板心有"郁冈斋藏书"五字。(卷首有"周春""松霭"二朱记)

《续卓异志》·三卷(资料暂缺)

《广卓异记》·三卷(资料暂缺)

《孝悌录》·二十卷
宋王尧臣等编《崇文总目》着录:

《孝悌录》二十卷,乐史撰,原释阙。(见天一阁②钞本。)绎按:《玉海》引《崇文目》同。

《唐孝悌录》·十五卷
宋王尧臣等编《崇文总目》着录:

《唐孝悌录》十五卷,乐史撰,原释阙。(见天一阁钞本。)绎按:《玉海》引《崇文目》同。

《孝悌赞》·五卷
宋王尧臣等编《崇文总目》着录:

《唐孝悌赞》五卷,乐史撰。诸家书目无"唐"字。

《登科记》·三十卷(唐武德至天佑末)
宋晁公武《郡斋读书志》着录:

《登科记》三十卷,右皇朝乐史撰。记进士及诸科登名者,起唐武德,迄天佑末。

宋王尧臣等编《崇文总目》着录:

《重修登科记》三卷,乐史撰。绎按:通志略、三十卷,宋志无"重修"二字,亦三十卷。

---

① 正子:此应为乐史字"子正"之误抄。
② 《天一阁》:位于浙江省宁波市海曙区,由当时退隐的明朝兵部右侍郎范钦主持建造,占地面积约40亩,已有400多年的历史。是一个以藏书文化为核心,集藏书的研究、保护、管理、陈列、社会教育、旅游观光于一体的专题性博物馆。是我国现存历史最悠久的私家藏书楼,也是世界上最古老的三大家族图书馆之一。

《唐登科文选》·五十卷

宋王尧臣等编《崇文总目》着录：

《唐登科文选》五十卷，乐史编。

《登科记题解》·二十卷

宋王尧臣等编《崇文总目》着录：

《登科记题解》二十卷，乐史撰。

《江南登科记》·一卷

宋王尧臣等编《崇文总目》着录：

《江南登科记》一卷，乐史撰，原释阙。（见天一阁钞本）

《宋朝登科记》·三卷（一名《圣朝登科记》）

宋王尧臣等编《崇文总目》着录：

《圣朝登科记》三卷，乐史撰。绎按：读书后志、上无"圣朝"二字。

《复位科第录》·十卷

宋王尧臣等编《崇文总目》着录：

《复位科第录》十卷，乐史撰，原释阙。（见天一阁钞本）

《广孝传》·五十卷（资料暂缺）

《广孝□新书》·五十卷

宋王尧臣等编《崇文总目》着录：

《广孝□新书》五十卷，乐史撰，原释阙。（见天一阁钞本）绎按：

孝下阙①一字，旧本如此，宋志作《广孝悌》，新书空处应是"悌"字，然玉海引崇文目止作《广孝新书》五十卷，则宋时"悌"字已阙矣，今故仍之，通志略、广作唐，盖因上唐《孝悌录》而误，旧本亦讹为唐，今校改。

《总仙记》·一百四十一卷（含《目录》四卷）

---

① 阙：同"缺"。

《上清文苑》·四十卷（资料暂缺）

《总仙秘录》·一百三十卷
宋王尧臣等编《崇文总目》着录：
《总仙记》一百三十卷，乐史撰。锡鬯按：
宋志作《总仙秘录》。

《总记传》·一百三十卷（资料暂缺）
《坐知天下记》·四十卷（资料暂缺）
《杏园集》·十卷（资料暂缺）
辑《李翰林集》·二十卷（资料暂缺）
辑《李翰林别集》·十卷（资料暂缺）
《商颜杂录》·二十卷（资料暂缺）
《诸仙传》·二十五卷（资料暂缺）
《宋齐丘文传》·十三卷（资料暂缺）
《神仙宫殿窟宅记》·十卷（资料暂缺）
《掌上华夷图》·一卷（资料暂缺）
《仙洞集》·一百卷（资料暂缺）
《贡举故事》·二十卷（考宋史艺文志编）（资料暂缺）
《柘枝集》·一卷（资料暂缺）
《小名录》·三卷（资料暂缺）
《洞仙集》·一卷（资料暂缺）
《唐滕王外传》·一卷（资料暂缺）
《李白外传》·一卷（资料暂缺）
《许迈传》·一卷（资料暂缺）
《杂编》·四百九十卷（资料暂缺）
《文集》（同《乐侍郎文集》）·一百卷
乐史工于考据，不以诗文见长，然所作典赡①有则，非率尔操觚②者可比。

---

① 典赡：谓文辞典雅富丽。
② 率尔操觚：原形容文思敏捷，后指写作态度不严肃，没有慎重考虑就轻率地写，随意着笔。

《杨太真外传》·二卷①

宋代传奇小说,分上下两篇。

收入明顾元庆《顾氏文房小说》②《唐人说荟》③。鲁迅④校辑《唐宋传奇集》收入此篇。

作品写杨贵妃⑤原为寿王妃,后归玄宗,册封为贵妃。玄宗宠爱异常。贵妃姐妹兄弟皆受封,一时杨氏权倾天下。后安禄山⑥起兵,潼关失陷,"六军不发无奈何,宛转蛾眉马前死"⑦。后肃宗即位,大驾还京,太上皇日夜思念贵妃,有蜀中方士,在蓬莱仙阁寻得杨太真,"钿合金钗寄将去"。把玄宗、贵妃生死相恋写得回肠荡气。

唐代大诗人白居易⑧著名的《长恨歌》也是这类题材的作品。

宋晁公武《郡斋读书志》着录:

《杨贵妃外传》二卷:叙唐杨妃事迹,迄孝明之崩。

宋陈振孙《直斋书录解题》着录:

《杨妃外传》一卷,直史馆临川乐史子正撰。

《绿珠传》·一卷

收入宋晁公武《郡斋读书志》、明陶宗仪《说郛》⑨。

---

① 《杨太真外传》:光绪《江西通志》载为《杨贵妃外传》,卷数同。
② 《阳山顾氏文房小说》:为明代顾元庆所编明代以前诸小说四十种,共五十八卷,二十册。
③ 《唐人说荟》:一名《唐代丛书》。小说丛书名。清陈世熙编。共十六集,一百六十六种。
④ 鲁迅(1881—1936),曾用名周樟寿,后改名周树人,浙江绍兴人。著名文学家、思想家。著有《呐喊》《彷徨》《朝花夕拾》《野草》《华盖集》《中国小说史略》等。
⑤ 杨玉环(719—756),号太真。唐朝时期后妃、宰相杨国忠堂妹。性格婉顺,姿质丰艳,擅长歌舞,通晓音律。嫁给寿王李瑁为妃。参《新唐书·本纪第五·睿宗·玄宗》。
⑥ 安禄山(703—757),本姓康,字轧荦山,营州柳城县(今辽宁省朝阳市)人,粟特族。唐朝时期藩镇、叛臣。参考《旧唐书》。
⑦ 选自白居易《长恨歌》。
⑧ 白居易(772—846),字乐天,号香山居士,祖籍山西太原。唐代三大诗人之一。有"诗魔"和"诗王"之称。代表作《长恨歌》《卖炭翁》《琵琶行》等。参考《新唐书·白居易传》。
⑨ 《说郛》:是明代陶宗仪所著的文言大丛书,多选录汉魏至宋元的各种笔记汇集而成。书名取扬子语"天地万物郭也,五经众说郛也",《说郛》意思就是五经众说。共 100 卷。

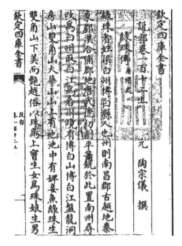

资料图片:《绿珠传》钦定四库全
书说郛卷一百十二上

资料图片:《绿珠传》艺文印书馆印行·百部
丛书集成

此书在乐史著作中分量虽小,却是名篇传奇,
记述了西晋时期美女绿珠的离奇经历。绿珠本姓
梁,以美艳而成为西晋名宦石崇①的爱妾。"八王
之乱"中,权臣孙秀②向石崇索取绿珠,为石崇所
拒。不久,石崇陷罪被逮,绿珠坠楼自杀。传中还
附录了石虎的爱妾翾风的传说。

《李白别集》·十卷
（资料暂缺）

资料图片:乐史序言《分类
补注李太白诗》明嘉靖二
十五年玉几山人刊本

---

① 石崇(249—300),字季伦,小名齐奴。渤海南皮(今河北南皮东北)人。西晋时期文学家。参考《晋书·
卷三十三·列传第三》。
② 孙秀(？—301年或302年),字彦才。吴郡富春县(今浙江杭州富阳区)人。三国西晋时孙吴宗室、将
领。参考余嘉锡《世说新语笺疏》,北京:中华书局,2011年。

(宋)乐黄目

一、人物简介

谱载乐黄目画像

乐黄目①(971—1027),字公礼。侍郎乐史次子。

淳化三年(992)与兄长乐黄中同登进士孙何榜。先补伊阙②尉后升迁大理寺丞,改任寿安县知县,又任数届漕③官,大中祥符年间任兵部员外郎,再升迁右谏议大夫并权知开封府;仁宗时又拜"给事中兼左庶子",再知亳州府,在亳州知府任上病逝。

《宋史·列传第六十五》卷三百六载:

黄目淳化三年举进士,补伊阙尉。迁大理寺丞、知寿安县。咸平中,徙知壁州,未行,上章言边事,召对,拜殿中丞。久之,直史馆、知浚仪县。

俄④上言曰:"伏⑤以从政之原,州县为急;亲民之任,牧宰居先。今朝官以数任除知州,簿尉以两任入县令,虽功过易见,而能否难明。伏⑥见唐开元二年选

---

① 乐黄目:人物简介参考《宋史·列传第六十五·乐黄目》卷三〇六。
② 伊阙:即今洛阳市区南约2公里处的龙门。两山对峙,伊水中流,如天然门阙,故曰伊阙。
③ 漕:形声。从水,从曹,曹亦声。"水"指"水运","曹"意为"粮草"。"水"与"曹"联合起来表示"水运粮草"。本义:通过水道运送粮草。
④ 俄:短暂的时间。
⑤ 伏:司也;从事。
⑥ 伏:通"服"。佩服,信服。

群官,有宏才通识、堪致理化者①,授刺史、都督。又引新授县令于宣政殿,试'理人策'②一道,惟鄄城令袁济及格,擢授醴泉令,余二百人,且令赴任,十余人并放令习学③。臣欲望自今审官院差知州,铨曹注县令、候各及三二十人,一次引见于御前,试'时务策'一道。察言观行,取其才识明于吏治、达于教化者充选;其有不分曲直、罔辨是非者,或黜之厘务④,或退守旧资⑤。如此,则官得其人,事无不治。"

上颇嘉其好古。历度支⑥、盐铁判官,迁太常博士、京西转运使。丁内艰,时真宗将幸洛,以供亿务繁,起令莅职。史寻卒,上复诏权夺。

大中祥符中,使⑦契丹还,改⑧工部员外郎、广南西路转运使。就拜起居郎,改陕西转运使,赐金紫。

陈尧咨⑨知永兴,好以气凌黄目,因表⑩求解职,不许。尧咨多纵恣不法,有密言其事者,诏黄目察之,得实以闻,尧咨坐罢龙图阁职,徙知邓州。八年,黄目入判三司三勾院⑪。

天禧初,马元方⑫奏黄目职事不举,遂分三勾院,以三人掌之。黄目罢任,奉朝请⑬。逾月,拜兵部员外郎、知制诰,充会灵观判官。黄目属辞⑭淹缓⑮,朝议以为不称职。时以盛度知京府,辞不拜,即迁黄目右谏议大夫、权知开封府,度为会灵观判官,两换其任。

---

① 理化者:理化意治理与教化。这里指受教育有才能的人。

② 理人策:指治理与教化社会的策略。

③ 放令习学:意为暂停任命,继续学习。

④ 厘务:líwù,意为管理政事。

⑤ 退守旧资:退回原来的资历上。

⑥ 度支:古代官署名。掌管全国财赋的统计和支调,故名。

⑦ 使:出使。

⑧ 改:改任、升迁官职。

⑨ 陈尧咨(970—1034),字嘉谟,北宋新井县(现四川南部县大桥镇)人。真宗咸平三年状元。历官陕西缘边安抚使、开封知府。参考《宋史·陈尧咨传》。

⑩ 表:上表、上奏。

⑪ 三司三勾院:官署名。宋置,或称三司都勾院,为三司所属机构,掌审核各地上报三司的钱粮百物出纳账籍。

⑫ 马元方:字景山,濮州鄄城人。官至兵部侍郎。参考《宋史·卷三百〇一·马元方传》。

⑬ 奉朝请:汉晋时期给予闲散大官的优惠待遇。古称春季的朝见为"朝",秋季的朝见为"请"。奉朝请者,即有以加朝会的资格。使得岁时朝见,以示优待。

⑭ 属辞:撰写诗文。

⑮ 淹缓:迟缓;延缓。

仁宗升储①,拜给事中兼左庶子。入内副都知张继能②,尝以公事请托黄目,至是未申谢③,事败,降左谏议大夫、知荆南府。明年,复为给事中,徙潭州。长沙月给,减于荆渚,特诏增之,又谕以兵赋繁综寄任之意。五年,代还④,知审官院。

黄目以风疾题品乖当⑤,改知通进、银台司兼门下封驳事。数月,求外任,得知亳州。俄而幼子死,闻讣恸绝,所疾加甚,卒,年五十六。录其子理国为卫尉寺丞,定国为大理评事。

黄目面柔简默⑥,为吏处剧⑦,个性较强。有集五十卷,又撰《学海搜奇录》四十卷,《圣朝郡国志》二十卷。

黄目兄黄裳,弟黄庭,黄裳孙滋,并进士及第。黄裳、黄庭皆至太常博士。

二、著作名录

《学海搜奇》·四十卷(亦名《学海搜奇录》)

《文集》·五十卷(疑为《公礼先生文集》同治卷八记三十卷)

《乐太傅文集》·五十卷(光绪《江西通志》集部 1)

《圣朝郡国志》·二十卷

《杂编》·六十卷

《皇览总论》·十卷

三、著作简介

《学海搜奇》·四十卷(资料暂缺)

(亦名《学海搜奇录》今佚)

---

① 升储:意思是正式升为太子、皇储。

② 张继能(957—1021),字守拙。并州太原人。北宋初年将领。参考张㧑之、沈起炜、刘德重主编《中国历代人名大辞典》,上海古籍出版社,1999 年。

③ 申谢:表示谢意。

④ 代还:指朝臣出任外官者重新被调回朝廷任职。

⑤ 乖当:不顺,不和谐。

⑥ 简默:简静沉默。

⑦ 处剧:意为"处事"中含有个人的性格和原则。

《文集》①·五十卷《杂编》·六十卷

《文集》(疑为《公礼先生文集》同治卷八记"三十卷")《东都事略》言黄目性深沉,为吏以静胜,饰以文雅,所作风力特超,气势特胜。文集 50 卷,今佚。

《乐太傅文集》·五十卷

(光绪《江西通志》集部 1)载。与前《(公礼先生)文集》是否为同一集,待考。

《圣朝郡国志》·二十卷

黄目淹博②亚于其父,其父《太平寰宇记》多详古而略今,是书便于考核一王之制。今佚。

《皇览总论》·十卷(资料暂缺)

---

① 《文集》:应为《公礼先生文集》,道光元年版《崇仁县志》载五十卷,同治十二年版《崇仁县志》载为三十卷。

② 淹博:意学识渊博。

（宋）李阳孙

一、人物简介

李阳孙①（约990—约1070），字祖德，崇仁人。五次参加科举考试不第。

庆历二年（1042）以多次参加举试被恩赐同《三礼》②出身，任广东封川县主簿③，官职任满后，挈④妻子徒步以归，途中偶逢晏元献公殊⑤，相与款语⑥，深器重之，临别赠与诗曰：

"不忍与君别，怜君仁义人。

三年官满后，依旧一家贫。"⑦

后官升迁至殿中丞。享年八十有二。有古律诗数百篇，名《挂冠集》。

二、著作名录

《挂冠集》（亦名《挂冠诗集》·卷数不详）

---

① 李阳孙：参考清康熙、道光、同治版《崇仁县志》《林志》及《词典》网等。

② 《三礼》：指三礼科，科举考试项目之一，又称三礼举。唐贞元五年（789）设立。参见曹胜高《国学通论》，北京大学出版社。

③ 主簿：部分官署与地方政府设置的事务官。

④ 挈：同带、领：挈妻荷子。

⑤ 晏殊（991—1055），字同叔，抚州临川人。北宋著名文学家、政治家。十四岁以神童入试，赐进士出身，谥号"元献"，世称晏元献。参考《宋史·晏殊传》。

⑥ 款语：真诚、亲切交谈。

⑦ 参见明凌迪知《万姓统谱》卷七二。

三、部分著作简介

《挂冠集》(亦名《挂冠诗集》)

阳孙性情恬淡,不乐仕进,诗境仿佛似之[1],同郡晏殊赠句云:"不忍与君别,怜君仁义人。"可想见其品学。[2]

钦定《古今图书集成·理学汇编·文学典》着录:

按《江西通志》:

阳孙,字祖德,崇仁人。庆历二年(1042)三礼出身,主封川簿官满,挈妻子徒步归,道逢晏元献,深器重之,赠诗,有三年依旧一家贫之句。官至殿中丞,有古律诗号挂冠集。

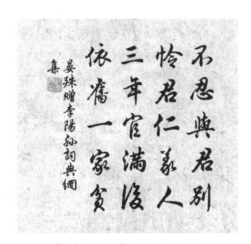

资料图片:诗词网刊书法作品:晏殊赠李阳孙

---

[1] 仿佛似之:仿佛,似有若无貌,隐约像诗人本人。
[2] 见清道光元年版《崇仁县志》。

(宋)黄　裳

一、人物简介

谱载黄裳画像

黄裳①(1044—1130)②,字冕仲,一字道夫,号演山,又号紫玄翁③。延平(今福建南平)人④。宋神宗元丰五年(1082)壬戌科状元。最后官做到端明殿学士。去世后追赠"少傅"。

程瑀撰《神道碑》⑤记载他出身寒门,父亲在其十岁时去世。《南平县志》记载,"为诸生时,常有魁天下志。博学多通,尤邃⑥礼经"。可见黄裳在少年读书时期,成绩应该不错。但他的科举之路,却坎坷无比。《神道碑》记载,英宗治平元年(1064),20岁的黄裳参加解试,就是"州试",未中;治平四年(1067)再考,又未中。神宗熙宁五年(1072),他西上汴京,入太学,为太学生。同年,黄

---

① 黄裳:史载定位为"词人",宋史无传。而史载相隔约百年后,四川剑阁亦有一黄裳,号兼山,生卒年为1146—1194年,宋史有传,两者历官及所好颇有接近处,后者尤喜道术,所作太极等八图,现仍有二图存苏州博物馆。后人于研究中,两位黄裳的混淆时有出现。人物简介参考"南平市人民政府网",鲍睿涵论文《黄裳生平及学术思想考论》,《寿冈黄氏十五修族谱》等。
② 崇仁许坊寿冈黄氏认黄裳为始迁祖,族谱载黄裳生卒年为1066—1134年,与历史文献记载不同,且族谱有待考证者不止生卒年。
③ 谱载:号元吉。
④ 谱载黄裳的墓葬原在抚州宜黄县区域,清道光十八年因宜黄迁县(迁县:待考)而改葬崇仁县黄坊村锅形山。后来,黄裳墓葬被盗,其崇仁县黄坊村的后裔进行了重修。史料记载黄裳是福建南平人,为何安葬宜黄,而后又归葬崇仁,邑志均无记载,此事有待考证。因墓冢在崇仁,后裔亦在崇仁,故录归崇仁先贤之列。
⑤ 宋程瑀撰《宋端明殿学士正议大夫赠少傅黄公神道碑》;参见鲍睿涵论文《黄裳生平及学术思想考论》。
⑥ 邃:精深。

裳应开封府解试①,这次考得了第一名。但在次年的礼部试中,他又落第了。此后,黄裳曾经北上澶州为州学教授,不到一年,便离任还乡。

黄裳为儒生时,在门状②上自叙:予家剑潭之滨,斗牛③之光,上下相照,风雷之信,时有变现。又"题黄龙州"云:"看取黄龙沙斗起,满城风雨入丰年。"元丰四年(1081),他家乡的谯门④,忽然被风雷所击,黄裳闻之,赋诗道:"风雷昨夜破枯株,借问天公有意无,莫是卧龙踪迹用,放教头角入亨衢⑤。"⑥元丰五年(1082),黄裳再战考场,进士及第,并被神宗钦点状元。

宋神宗在部试前就读过黄裳的文章,且喜之,礼部奏进士,有黄裳名,及进读试策,前几位皆不合神宗之意,神宗等黄裳名出现,但末甲⑦才始听到,黄裳对策,果然不凡,遂亲擢为第一。考官还因为没分出考生实际高下而被处罚金。

黄裳远见卓识,居安思危,为官"清正恬退"⑧。"圣人不畏多难,而畏无难,备豫不虞⑨,古之善教;天下无事而为有事之备,则可以坐享太平。"⑩又说:"东南城池颓毁无战守具⑪,万一奸人窃发,惧无以制。"⑫后来,金人撕毁盟约,长驱直入,正中黄裳所言。但对王安石推行新政,废科举,以"三舍法"取士,则持反对态度。黄裳认为"宜近不宜远,宜少不宜老,宜富不宜贫,不如遵祖宗科举之制。"⑬政和间(1111—1118),两任福州知府,颇有政绩,而已过七旬的黄裳,特别喜好释、道两家,对道家的玄秘之书颇有研究,自号紫衣翁,连说话都常带道家腔。倒是其禅道词创作形成"清淡"之风,词体"雅化",然他禅性、道心与俗缘并存,终究是一"蓬莱"看客⑭。宣和七年(1125)黄裳任端明殿学士、礼部侍郎,后晋升礼部尚书。

---

① 解试:又称州试;是科举时代唐、宋州府举行的考试,即后来明、清的乡试,是科举程序中的第一级,由地方学正监考,历考三天,共考三场。

② 门状:又称名帖,古代交际礼仪,拜谒时用的帖子。宋朝古人的名片。这里指主动介绍自家的状况。

③ 斗牛:二十八宿中的斗宿和牛宿。

④ 谯门:建有瞭望楼的城门楼,亦可称望楼,古代为防盗和御敌,京城和州郡皆在城门上建有望楼。

⑤ 亨衢:指四通八达的大道。

⑥ 黄裳诗《雷击南剑州谯门柱》。

⑦ 末甲:科举制度,殿试录取的等级称甲。最低一等叫末甲。

⑧ 恬退:淡于名利,安于退让。

⑨ 备豫不虞:事先防备意外之事。就是提前做好防范,以备不测。"备豫"就是预防,"不虞"就是意料不到的东西。

⑩ 见清人陆心源《宋史翼》卷二十六。

⑪ 守具:守卫用的战具。

⑫ 见清人陆心源《宋史翼》卷二十六。

⑬ 见民国《南平县志》。

⑭ 蓬莱看客:蓬莱,是古代中国神话传说中的神山名,常泛指仙境。看客:未入的门外人。

黄裳享年 87 岁，为宋代状元中最长寿者。宋程瑀①为其撰《宋端明殿学士正议大夫赠少傅黄公神道碑》。

黄裳著有《演山集》六十卷行于世。其词结为《演山词》。其词语言明艳，如春水碧玉，让人心醉、观赏把玩不已。代表作有《卖花声》《永遇乐》《宴琼林》《喜迁莺》《减字木兰花》《渔家傲》《蝶恋花》等，其中以《减字木兰花》为最著名，流传很广。该词写龙舟竞渡夺标的场景，以红旗、绿柳、烟波、金碧西楼等富有特色的景物和鼓击、欢声等震耳欲聋的声响来渲染热烈的气氛和紧张的行动，再现了当时的火暴场面："欢声震地，惊退万人争战气"，其震动人心的效果可与潘阆②那首著名的描写钱塘江潮的《酒泉子》相媲美。

二、著作名录

《演山先生文集》·六十卷(亦名《演山文集》《演山集》)
《演山词》·二卷(一名《演山先生词》)
《言意文集》·卷数不详

资料图片：《演山先生文集》《四库全书》本

《长乐诗集》·卷数不详
《演山居士新词》·卷数不详

三、著作简介

《演山先生文集》·六十卷
别集名《演山集》。北宋黄裳作。
黄氏原有《演山集》四十卷，收其未及第前之诗文，南宋干道③时其季子黄玠收集散佚，增补其仕宦后之作，重辑成六十卷。凡诗十二卷，词二卷，文四十六卷。有明影宋抄本、《四库全

---

① 程瑀(1087—1152)，字伯寓，号愚翁，饶州浮梁(今景德镇)人。历官兵部员外郎、兵部侍郎兼侍读、兵部尚书。有《奏议》六卷。参考《宋史·列传·卷一百四十》。
② 潘阆(971—1009)，宋初著名隐士、文人。字梦空，号逍遥子，大名(今属河北)人。有诗名，风格类孟郊、贾岛，亦工词，今仅存《酒泉子》十首。参考宋·文莹《续湘山野录》。
③ 南宋干道：疑误，应为"乾道"。乾道元年至九年为公元 1165 至 1173 年。

书》本。黄玠在《演山先生文集·跋》中云：

"建炎丁未(1127)，寓居钱塘，会兵乱，陷围城中，悉皆散亡。比寇平，凡历年求访，仅得二十余万言，其不存者奏议表章居其半，竟不能成全集。然玠窃观古经书及后世名人所为，文必待圣贤删削订正，以取重当世，如先君之文，虽未经先哲去取，然皆自得于胸襟。故尽以其所求访之文，厘为六十卷。迄干道改元初夏，玠被命来守是邦，会乡人廖挺①为军学教授，惜其文不传，请校勘舛讹②，镂板③于军④学，庶传之永久，为学者矜式⑤。"

南宋高宗绍兴间，其季子黄玠历年求访，仅得二十余万言，其不存者奏议、表章居其半。遂将访得之文，厘为六十卷，建昌军教授廖挺订其舛误。《直斋书录解题》卷十八、《文献通考》卷二百三十八、《宋史》卷二百八《艺文志七》皆着录为六十卷。是集宋本至明代犹存，《文渊阁书目》卷九着录"黄氏《演山文集》一部十册，全"，《内阁书目》卷三云："《演山先生文集》十册，全，……凡六十卷。"其后宋本散佚，唯谢在杭小草斋⑥影宋钞本传至清代，为陆心源⑦所得，每叶二十行，每行二十字，版心有"小草斋抄本"五字，"晋安谢氏家藏图书"朱文大方印，"周元亮钞本"白文方印，"曾在李鹿山处"朱文方印。盖此书本谢在杭所钞，入清朝归周亮工⑧，后又归李鹿山⑨、陆心源，该本今藏日本静嘉堂文库⑩。除影宋本外，国内仅藏清钞本数部，亦多源于宋本。

---

① 廖挺：南剑(今福建南平)人。高宗绍兴二十一年(1151)进士，曾为建昌军学教授。参考《宋诗纪事补遗》卷四三。
② 舛讹：音 chuǎ né，意思是错乱；错误。出自《辽史·太祖纪·下》。
③ 镂板：指雕刻以印书的木板，引申为雕版印刷。
④ 军：指建昌军。参见鲍睿涵论文《黄裳生平及学术思想考论》。
⑤ 矜式：意思是敬重和取法；意为示范。
⑥ 小草斋：明谢肇淛室名。肇淛，字在杭，福建长乐人，万历进士。收藏宋人诗文集颇富。著作有《小草斋稿》《五杂俎》等。
⑦ 陆心源(1838—1894)，字刚甫，刚父，号存斋，晚号"潜园老人"。归安(今浙江湖州)人。清末四大藏书家之一。参考李玉安、黄正雨《中国藏书家通典》。
⑧ 周亮工(1612—1672)，字符亮，又有陶庵、栎园等别号，学者称栎园先生。明末清初文学家、篆刻家、收藏家。河南祥符(今河南开封祥符区)人，著有《赖古堂集》《读画录》等。参考李玉安、黄正雨《中国藏书家通典》。
⑨ 李馥：清藏书家，字汝嘉，号鹿山。福州福清(今属福建)人。李馥工于诗，著有《鹿山诗钞》传于世。参考李玉安、黄正雨《中国藏书家通典》。
⑩ 《静嘉堂文库》：是日本收藏日文古籍的专门图书馆，在东京都。创始人岩崎弥之助从明治二十五年(1892)前后开始搜集中国和日本的古籍。其子岩崎小弥太扩充了藏书。中国清末藏书家陆心源去世后，其皕宋楼所藏宋元版刻本和名人手抄本 4146 部 43218 册于 1907 年为岩崎所购，运往日本，成为静嘉堂文库的基本藏书。

《四库全书总目》卷一百五十五着录为汪如藻①家藏本,当亦源自宋本。该本文字尚佳,仅偶有讹异。又集中卷三十、卷三十一为词,清江标②辑《宋元名家词》,收为《演山词》二卷。

北京图书馆藏:
《演山先生文集》六十卷,宋黄裳撰,旧抄本,列入《全宋词》引用书目。

《演山集》·六十卷(编修汪如藻家藏本)

《四库全书总目提要》:宋黄裳撰。裳字冕仲,南平人。元丰五年(1082)进士第一。累官礼部尚书。《宋史》列传别有一黄裳,普城人。乾道五年(1169)进士。光宗时官至显谟阁待制。名姓偶同,非一人也。

其集见于陈振孙③《书录解题》者六十卷。今此本卷目相符,盖犹宋时原本。《国史经籍志》作"黄裳《兼山集》四十卷"。书名卷数俱不合,盖焦竑④传录之误耳。

裳,《宋史》无传,其行事不甚可考。《福建通志》称"政和、宣和间三舍法行。裳上书谓宜近不宜远,宜少不宜老,宜富不宜贫。不如遵祖宗科举之制。人以为确论"。要亦伉直有守之士。故其诗文俱骨力坚劲,不为委靡之音。同时庄念祖⑤《述方外志》乃谓"裳为紫薇天官九真人之一。因误校籍,堕人间"云云。说殊诞妄。盖以裳素喜道家玄秘之书,又自称紫元翁,往往爱作尘外语。故从而附会之耳。兹编为乾道初其季子玶裒⑥辑,建昌军教授廖挺订其舛误,刻于军学。

① 汪如藻:字念孙,孟鋗子。乾隆乙未进士。先世裘杍楼藏书甚富,四库馆开,献家藏书百三十七种。参考《嘉兴府志》。
② 江标(1860—1899),字建霞,号师郧,江苏元和(今苏州)人。光绪进士。编有《丰顺丁氏持静斋书目》,辑有《士礼居藏书题跋记补遗》1卷。著《宋元行格表》《黄尧圃年谱》《沅湘通艺录》等。参考李玉安、黄正雨《中国藏书家通典》。
③ 陈振孙(1183—?),字伯玉,号直斋,安吉梅溪邸阁山(又名仓山、廪山)人。性喜藏书,为南宋藏书家、目录学家。著《直斋书录解题》56卷《吴兴人物志》《氏族志》和《书解易解》等。参考李玉安、黄正雨《中国藏书家通典》。
④ 焦竑(1540—1620),字弱侯,号漪园、澹园,明代著名学者,著作甚丰,著有《澹园集》(正、续编)《焦氏笔乘》《焦氏类林》《国朝献征录》《国史经籍志》《老子翼》《庄子翼》等。参考李玉安、黄正雨《中国藏书家通典》。
⑤ 庄念祖:宋清源人,《灸膏肓俞穴法》撰著者庄绰之子。
⑥ 裒:聚集,音 póu,如裒集、裒辑、裒敛。

前有王说序,亦称其渊源六经,议论悉出于正云。

今所选初清钞本卷首有王悦序及自序,卷末附神道碑、塑像记、题跋等,曾经钱谦益[①]、朱彝尊[②]等收藏,世所罕见,故据此影印。

明杨寓《文渊阁书目》着录:

黄氏《演山文集》一部十册(全)。

清莫友芝撰《邵亭知见传本书目》着录:

《演山集》六十卷,宋黄裳撰。抄本。宋乾道初季子炌刊本。

《演山集》一卷,宋黄裳撰,编入《豫章丛书》(清陶福履、胡思敬编著)。

资料图片:四川大学古籍研究所宋集珍本丛书《演山先生文集》(内页)

《演山词》

《演山词》是黄裳创作的诗词歌赋类书籍。

"化工多事了,却收天巧,都与西风。数峰云如扫,闲垂六幕,初见秋容。昨夜烦襟顿释,一雨洗遥空。偏有银蟾好,千里人同。"[③]

民国王文进撰《文禄堂访书记》[④]之《宋二家词》,清劳舜卿校赵氏小山堂钞本著录:《演山先生词》二卷(黄裳)。

---

① 钱谦益(1582—1664),字受之,号牧斋,晚号蒙叟,东涧老人。学者称虞山先生。苏州府常熟县鹿苑奚浦(今张家港市塘桥镇鹿苑奚浦)人。是清初诗坛的盟主之一。著有《初学集》《有学集》《投笔集》。参考《南明史·钱谦益传》。

② 朱彝尊(1629—1709),字锡鬯(chàng),号竹垞(chá),浙江秀水(今浙江省嘉兴市)人。为"浙西词派"的创始人,清初著名藏书家之一。著有《曝书亭集》80卷,《日下旧闻》42卷,《经义考》300卷;选《明诗综》100卷,所辑成《词综》36卷是中国词学方面的重要选本。参考李玉安、黄正雨《中国藏书家通典》。

③ 此为黄裳词《八声甘州·化工多事了》上阕,下阕是:引起游人多感,为静中景色,悲思无穷。傍雕栏怀古,谁问紫元翁。也难逢,金华时候,又岂知,幽会水晶宫。尘缘满,指烟霞去,多在江东。

④ 《文禄堂访书记》:王文进是民国时期的著名书商,时人将其与王子霖、王富晋并称书业"三王",在当时颇具影响。《文禄堂访书记》是王文进版本目录学成就之代表作。

近人周叔弢藏,冀淑英辑《自庄严堪善本书目》①着录:

《演山先生词》二卷,清抄本,劳权校,与《相山居士词》合一册。十行二十字,无格。劳氏倩人传抄小山堂抄本。北京图书馆藏。

清朱学勤撰《别本结一庐书目》、清彭元瑞撰《知圣道斋书目》、民国叶德辉撰《观古堂藏书目》着录:

《演山词》一卷,黄裳撰。

清吴昌绶撰《宋金元词集见存卷目》着录:

《演山词》二卷,传钞《演山集》本。

《言意文集》《长乐诗集》《演山居士新词》

黄裳平生所为诗文词自编、自序数集,主要有《演山集》《言意文集》《长乐诗集》《演山居士新词》等。除《演山集》外,后三种皆不详卷数。

自序称旧居延平北山演峰之下,《演山集》乃为布衣时所为文,收拾遗稿,得四十卷,以"自古善阐阴阳者及今日事,皆如其说,故以'演山'名其集"。

《长乐诗集》乃徽宗政和五年(1115)"以长乐所为词章书刻于石"。

《演山居士新词》乃闲居无事时所为长短篇及五七言。黄裳生前似未将其所著汇为全帙。以上诸集北宋时有无刻本不详,其子孙尝编为家集,几三十万言,建炎兵火,悉皆散亡。

---

① 《自庄严堪善本书目》:是近代周叔弢于 1985 年编著的善本书目。1952 年将其多年珍藏善本书七百一十五种,二千六百七十二册,捐给北京图书馆。

（宋）陈正宗（释）

一、人物简介

　　陈正宗①（约 1086—约 1165），字季渊，号随隐，崇仁乡三十八都苦竹（今属相山镇浯漳村委会）人。年幼时凸显其聪慧、颖敏过人之处；出家在龙兴寺②，接受禅业于宣化寺。

　　建炎间祝发③后，即到名山大川遍访著名寺庙诸高僧，见佛鉴勤④长芦⑤，一心想着参透佛念"卓⑥，皆不契⑦"但并未遂愿。最后，参考夅⑧（峰）禅师，才大觉大悟，一直隐居在江西和安徽的西南交界处池州梅山，非所乐⑨。乾道初年，在一次沐浴中跌坐而逝，阅世七十九。

　　正宗素来工诗，有《愚邨诗集》；作品虽不多，但敦厚之旨，且语多禅机，故自隽快⑩。当时吕本中⑪、曾几⑫、韩驹⑬都住在临川，正宗都曾多次拜访受学。

---

① 陈正宗：人物简介参考清道光元年版《崇仁县志·外志》、2004 年《抚州宗教集要》。
② 龙兴寺：本邑古青云乡七都之坐陂有"龙兴古刹"，是否为该古刹，已难考。"坐陂"今属白陂乡。后所述寺庙如"宣化寺"等，县志无载，或在本邑之外。
③ 祝发：指断发、削发出家为僧或尼。
④ 佛鉴勤：指师从鉴勤禅师。
⑤ 长芦：古代南京长芦镇的长芦崇福禅寺，简称为长芦寺。
⑥ 卓：建立，竖立。
⑦ 契：用作动词，符合、投合之义。
⑧ 考夅禅师：暂未找到其资料。
⑨ 非所乐：心里所高兴的并不是这样的乐趣。
⑩ 隽快：优美畅达。
⑪ 吕本中（1084—1145），字居仁，世称东莱先生。祖籍莱州，宋凤台人。诗人，词人，道学家。诗属江西派，著有《春秋集解》《紫微诗话》《东莱先生诗集》等。词不传。参考《宋史·吕本中传》。
⑫ 曾几（1085—1166），字吉甫，祖籍赣州人，徙居河南。从胡安国游，学问益精粹，善文，尤工诗，著有《经说》及文集。参考《宋史·列传第百四十一》。
⑬ 韩驹（1080—1135），字子苍，号牟阳，陵阳仙井（治所在今四川仁寿）人。赐进士出身，少时以诗为苏轼所赏。写诗讲究韵律，追求来历典故，北宋末南宋初江西诗派诗人，诗论家。学者称他"陵阳先生"。有《陵阳集》四卷，今存。参考《宋史·列传·韩驹传》。

二、著作名录

《愚邨诗集》·卷数不详

三、著作简介

《愚邨诗集》

正宗幼颖敏绝,后恭参考峰禅师,遂大觉悟,素工诗,虽少敦厚之旨,然语多禅机,故自隽快。

（宋）陈　迁（释）

一、人物简介

陈迁①（生卒年不详），字德升，邑人②。

年十六游金陵③，以强记，闻王荆公④尝命陆农师⑤遍阅蒋山碑⑥，无虑数万言，及归录之，不遗一字。越二年，因病留蒋山，与勇禅师⑦言下有契⑧。勇与偈曰："猢狲儿子太猩猩，爱弄千年鬼眼睛。不现宰官身说法，时时来我顶头行。"即弃儒归隐，究心禅学，续《传灯录》⑨。

蔡元度⑩、朱世英⑪咸师事之。

---

① 陈迁：人物简介参考《江西通志》，清康熙、雍正、道光、同治各《崇仁县志》。
② 邑人：指本县人。《江西通志》误为"宜黄"人。
③ 金陵：今江苏省南京市。
④ 王荆公：指王安石。
⑤ 陆农师：指陆佃。陆佃（1042—1102），字农师，号陶山，越州山阴（今浙江绍兴）人，陆游祖父。著有《陶山集》十四卷，及《埤雅》《礼象》《春秋后传》《鹖冠子注》等，共二百四十二卷，《宋史本传》并传于世。
⑥ 蒋山碑：蒋山，即钟山。在今江苏南京市中山门外。《初学记》卷 8 引《丹阳记》注："蒋子文为秣陵尉，自言己将死，当为神。后为贼所杀，⋯⋯孙权发使封子文而为都中侯，立庙钟山，因改为蒋山。"蒋山碑，指蒋氏神道碑，全文近 1300 字。后因五代乱壤，寺毁碑失，今碑为宋皇佑四年富川县令刘询将碑刻轶文重刻。
⑦ 勇禅师：指仁勇禅师，俗姓竺，四明（属浙江）人。宋临济宗杨岐派高僧。
⑧ 言下有契：县志清康熙、雍正版载"言下有契"；道光、同治版载"言多契合"。
⑨ 《传灯录》是一部禅录著作，又称灯录。是一部记载禅宗历代传法机缘之著作。灯或传灯，意谓以法传人。灯录之作，萌芽于南北朝时代，而正式之灯录出现于禅宗成立以后，经历代辗转相续，至宋代达于极盛，禅宗语要，具在诸灯录中。
⑩ 蔡元度：指蔡卞（1048—1117），字元度，北宋福建路兴化军仙游县（今属福建省仙游县）人。北宋大臣，宋丞相蔡京的弟弟、改革家王安石的女婿。与蔡京同登神宗熙宁三年（1070）进士。
⑪ 朱世英：资料待考。

二、著作目录

《续传灯录》(卷数不详)

三、著作简介

《续传灯录》(资料暂缺)

(宋)欧阳澈

一、人物简介

欧阳澈①(1097—1127)字德明,原名"彻",青云乡二十九都栎油(今白陂乡赵家村委会坪上村南"栎邮栢木林")②人。生于宋哲宗绍圣四年,逝于高宗建炎元年,年三十一岁③。

欧阳澈年少美发秀眉,崇尚有气节之人,善谈世事,敢于直言,虽身为布衣,却以国事为己任。慷慨尚气,忧国悯时且见识明达,切中时弊。史称"布衣上书第一人"。

靖康元年(1126)应制④,正值金兵大举攻宋,而宋兵却节节败退。欧阳澈向朝廷条⑤弊政,陈⑥"安边御敌十策",州官不给转呈并将所书扣下。他又针对朝廷阙失⑦、政令乖违⑧,再提出保邦御敌裕后之方,去蠹⑨国残民之贼者等共十件

---

① 欧阳澈:张剑《欧阳澈略考》中考,欧阳澈原名欧阳彻,《中兴小纪》《宋史全文》《三朝北盟会编》、周必大《文忠集》等宋代文献作"彻",后改"彻"为"澈"。《欧阳修撰集》卷五中有《明堂赦降改名者》诗,知其曾因改名禁止入学。人物简介参考《宋史·忠义列传》卷二三二,清道光、同治各版《崇仁县志》,康芬、龙晨红《江西历代著作考》等。

② 所存清各版《崇仁县志》均记载为"青云乡栎邮"或"青云乡二十九都栎邮"人,现查《栎邮欧阳氏十二修族谱》,原"栎邮"村位于今白陂乡赵家村委会坪上村小组南约一里处,全称为"栎邮栢木林"或"坪头栢木林"。在二十世纪中期,几度划为汤溪、马鞍等乡管辖,最后归属白陂。

③ 清各版《崇仁县志》、吴沆《飘然集·序》、《栎邮欧阳氏十二修族谱》载为三十一岁;《宋史》并省、府志作三十七岁。

④ 应制:由皇帝下诏命而作文、赋诗的一种活动,主要功能在于娱帝王、颂升平、美风俗。

⑤ 条:陈述。

⑥ 陈:本义为陈列,又引申为叙说、叙述等义。姓氏。

⑦ 阙失:失误,错误。

⑧ 乖违:错乱反常。

⑨ 蠹:读 dù,本意虫子在树心蛀食垃圾形成"结石",阻碍树木生长。泛指蛀蚀器物的虫子。引申比喻祸害国民的人和事。

大事为书,置三巨轴选力士荷①之,要直接上书钦宗皇帝。适逢金兵已攻破汴京,钦宗赴金营求和。金人提出苛刻条件,迫宋订立城下之盟。欧阳澈闻讯则曰:"我能口伐金人,强于百万师,愿杀身以安社稷。有如上不见信,请质子女于朝②,身使穹庐③,御亲王以归。"④众人想要制止他这种不切实际的行为,但没有成功,他只身徒步北上。

靖康二年(1127)五月,康王赵构即位于南京⑤,是为高宗。建炎元年(1127)八月,欧阳澈徒步到达南京,伏阙上书⑥,史名《万言书》,极论李纲⑦不能罢相,黄潜善⑧、汪伯彦⑨等主和派不可重用,并请求御驾亲征,以迎被禁二帝。言辞恳切,遭佞臣⑩黄潜善等诬指为"语涉宫禁"。高宗并没有审阅所上之书,却偏信于一言而震怒,将他与太学生陈东⑪俱斩于市,时年欧阳澈仅 31 岁。他曾说:"臣非不知而敢抗言,愿以身而安天下。"其行为果如其言。其忧国悯时之心,皆出自本性。

尚书右丞许翰⑫听说欧阳澈、陈东被杀,震惊失色,因究"其书何以不下政府⑬",

---

① 荷:背,扛。
② 请质子女于朝:将自己的子女送到朝廷作为人质的意思。
③ 穹庐:古代游牧民族居住的毡帐,泛指北方少数民族。
④ 见《宋史·忠义列传》卷二三二。
⑤ 南京:此处的"南京"指今河南商丘南。
⑥ 伏阙:拜伏于宫阙下。多指直接向皇帝上书奏事。
⑦ 李纲(1083—1140),字伯纪,常州无锡人,祖籍福建邵武。两宋之际抗金名臣。靖康元年(1126)金兵入侵汴京时,任京城四壁守御使,击退金兵。但不久即被投降派所排斥。宋高宗即位初,一度起用为相,曾力图革新内政,仅七十七天即遭罢免。参考《宋史·卷三百五十八·列传一百一十七·李纲》。
⑧ 黄潜善(1078—1130),字茂和,福建邵武人,南宋初年宰相。元符三年(1100)考中进士,在相位时杀太学生陈东、欧阳澈,贬逐与己政见不同的张所、李纲等忠臣,与右相汪伯彦把持朝政,为军民所痛恨。扬州失守时,几为军人所杀。后被贬逐至梅州,未几病死。参考《宋史·卷四百七十三·列传第二百三十二》。
⑨ 汪伯彦:(1069—1141),字廷俊,徽州祁门(今安徽祁门)人,南宋初年宰相。奸相秦桧的老师,主和派重要人物。参考《宋史·卷四百七十三·列传第二百三十二》。
⑩ 佞臣:奸邪诌上之臣。
⑪ 陈东(1086—1127),字少阳,十七岁(1103)入学,徽宗政和三年(1113)入太学。宣和七年(1125)十月二十七日上书请诛蔡京、童贯、王黼、梁师成、朱勔、李邦彦等"六贼",以谢天下。建炎元年(1127)八月二十五日,陈东与欧阳澈一起被杀于集市上。绍兴四年(1134),高宗追赠陈东为朝奉郎、秘阁修撰。著有《少阳集》《建炎两朝见闻录》传世。参考《宋史·卷四百五十五·列传第一百二十四·忠义十·陈东传》。
⑫ 许翰(? —1133 年),字崧老,拱州襄邑人,因为李纲的推荐,许翰受到征召担任延康殿学士。授任尚书右丞,兼任代理门下侍郎。李纲被罢及陈东、欧阳澈被杀后,极力请求辞职。参考《宋史·卷三百六十三·列传第一百二十二》。
⑬ 政府:这里指朝廷"六部",是当时中央行政机构中的总称。

遂力求免职,并为陈东、欧阳澈撰写哀辞①。四明②瘗③其尸,市民不论相识与否皆流涕焉。

此事过了三年,高宗被金兵赶至杭州以后,才有所感悟,懊悔不该杀死欧阳澈等人,遂追赠欧阳澈为承事郎;绍兴四年(1134 年),又加赠欧阳澈为朝奉郎并秘阁修撰。赠其弟欧阳衡为迪功郎,任袁州司户参军;子欧阳飞黄、婿黄怙皆赠将仕郎;封其母为"罗氏夫人",赐田十顷,以瞻祭养。并制书④云:"古人愿为良臣,不愿为忠臣尔。澈其殆⑤有意于忠臣乎? 由朕不德,使尔不幸而不为良臣也。尔虽不幸,不失为忠,顾天下后世独谓朕何? 此朕所以八年于兹,一食三叹而不能已也。通阶美职⑥,岂足为恩? 以职吾过,且旌善人。"这之后,丰城邑宰范公应铃立"德明祠"于官学院中,周必大⑦亦撰有《跋欧阳德明先生祠记后》文。

欧阳澈有《欧阳修撰集》七卷(其中诗集《飘然集》三卷)。嘉定十七年(1224),抚州通判胡衍义取欧阳澈靖康三书并刻为六卷。本集卷首有宋吴沆序,《宋史》卷四五五有传。

二、著作名录

《欧阳修撰集》·七卷(其中诗集《飘然集》三卷)
《飘然集》·三卷

三、著作简介

《欧阳修撰集》·七卷(亦名《欧阳德明先生集》或《飘然先生集》)
绍兴二十六年(1156),吴沆⑧次其诗为《飘然集》三卷,并为作序。至嘉定

---

① 许翰《哀欧阳德明先生词》见(四库版)《欧阳修撰集》卷七。
② 四明:"四明"指一人名或是指地名或其他,暂无考。
③ 瘗,音:yi,掩埋。
④ 制书:皇帝说的话。所谓"天子之言曰制,书则载其言。"在周代,帝王的命令叫命。秦始皇灭六国后,改命为制,制即成为用以颁布皇帝重要的法制命令的专用文书。
⑤ 其殆:其与殆同意。近也、几也。
⑥ 通阶美职:给予官阶和职务。
⑦ 周必大(1126—1204),字子充,一字洪道,自号平园老叟。原籍郑州管城(今河南郑州),至祖辈时居吉州庐陵(今江西省吉安县永和镇周家村)。南宋著名政治家、文学家,"庐陵四忠"之一。参考《宋史·卷三百九十一·列传第一百五十》。
⑧ 吴沆:见"吴沆"条。

甲申①(1224)，会稽胡衍又取其所上三书，并序而刻之，厘②为六卷。元季版毁于兵。

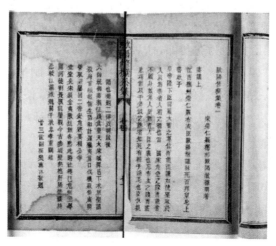

资料图片:《欧阳修撰集》清木活字印本;9 行 21 字，白口，四周双边，单黑鱼尾。纸质:竹纸;装订:4 册;规格:22.4×12.8cm

明永乐丙申③，澈十世孙永康县丞齐重刊之。金华唐光祖④跋，称其书编为三卷，诗文事迹为四卷。当时陈东所同上之书，亦为掇拾，无所失坠，并取附为一卷，合为八卷。所称赞府士庄甫，即齐字也。而永乐丁酉⑤崇仁知县王克义⑥序，乃称齐录前后奏议，次继《飘然集》，分为六卷。与光祖跋不同。盖词有详略，实即一本。

明万历甲寅⑦，澈二十世孙钺再新其版，吴道南⑧为序。此本即从钺刻传写，而阙⑨第八卷陈东之书。然东已有别集单行，可不必附录于此。今亦仍从此本，

---

① 嘉定甲申:指宋嘉定十七年，公元 1224 年。

② 厘:意为编辑、整理。

③ 永乐丙申:指明永乐十四年，公元 1416 年。

④ 唐光祖:明浙江金华人，字仲遐，号委顺夫。唐以仁子。承家传，授徒讲学，以师道自任。有《委顺夫集》。参考《词网·历史人物》。

⑤ 永乐丁酉:指明永乐十五年，公元 1417 年。

⑥ 王克义(生卒年不详)，琼州府琼山县海口浦人(今海口市)，永乐四年(1406)丙戌科进士，曾任崇仁知县，不久出任建昌府推官。每到一处，都为官廉洁。参考明万历《琼州府志》。

⑦ 万历甲寅:指明万历四十二年，公元 1614 年。

⑧ 吴道南:见"吴道南"节。

⑨ 阙:同"缺"。

定为七卷焉。

宋绍兴丙子年①（1156），吴沆于其弟家得遗文一编，谓"读之飘然，皆有不群之思"，因选取诗文八十七首，编为三卷，题为《飘然集》（见吴序）。嘉定甲申②，抚州通判胡衍义取欧阳澈靖康三书，并增益《飘然集》所收诗文，并刻为六卷，名《欧阳修撰集》③。

宋本及其后元、明两代的版本今已无存，清代的版本也仅有钞本传世。民国四年（1915）胡思敬④据丁氏八千卷楼钞本《飘然集》刻入《豫章丛书》，此本仍为三卷，收入除靖康三书以外的诗、词、文凡二百一十三首，前有吴沆、胡衍⑤原序，书末附有《校勘记》。今据傅增湘⑥所校《豫章丛书》本影印。

《欧阳修撰集》·七卷（编修汪如藻家藏本）

《四库全书总目提要》：宋欧阳澈撰。澈字德明，崇仁人。

建炎初徒步走行在⑦，伏阙上书，请诛黄潜善、汪伯彦，与陈东俱论死。后高宗悔之，追赠秘阁修撰。事迹具《宋史·忠义传》。

绍兴二十六年（1156），吴沆次其诗为《飘然集》三卷，并为作序。……而永乐丁酉（1417）崇仁知县王克义序，乃称齐录前后奏议，次继《飘然集》，分为六卷。……

万历甲寅（1614），澈二十世孙钺再新其版，吴道南为序。……

欧阳澈诗，以影印文渊阁《四库全书·欧阳修

资料图片：《欧阳修撰集》《四库全书》本卷三

---

① 绍兴丙子年：指宋绍兴二十六年，公元 1156 年。

② 嘉定甲申：指宋嘉定十七年，公元 1224 年。

③ 见胡序及《直斋书录解题》卷十八。但后世出此六卷本的刊刻本往往仍称《飘然集》。

④ 胡思敬（1869—1922），字漱唐，号退庐，江西新昌（今江西宜丰）人。光绪乙未（1894）进士，宣统三年（1911）三月，定居南昌，潜心著作，校辑图书。在东湖滨筑室，楼上称"问影楼"，楼下为江西私立退庐图书馆，对外开放。馆藏最多时达四十万卷。1953 年，由省图书馆清理编目。台北文海出版社将他的著作 8 种，定名《退庐全集》，收入《近代中国史料丛书》列为第 45 集。参见博雅人物网。

⑤ 胡衍：宋朝诗人。

⑥ 傅增湘：见"乐史"节。

⑦ 行在：也称行在所。指天子所在的地方。专指天子巡行所到之地。出自《史记·卫将军骠骑列传》。

撰集》为底本,校以宋陈思①《两宋名贤小集·飘然集》(简称两宋本),傅增湘校补《豫章丛书》本(简称傅校)。新辑集外诗一首附于卷末。

清莫友芝撰《邵亭知见传本书目》着录:
《欧阳修撰集》七卷,宋欧阳澈撰。
明永乐丙申,十世孙斋重刊本。
万历甲寅,二十世孙钺刊本。
宋嘉定甲申,会稽胡衍刊本。
《乾坤正气集》本。

《欧阳德明先生集》叙(摘录)·吴道南②

尝观气运,代有升降。乃贤人君子之道数,耿耿不磨者,振古如新。顾世乱识忠臣,至于杀身成仁、舍生取义,此犹析圭儋爵③,迫于义命之无解无逃者。若夫躬耕名畎畆④,不登于天朝,分无关于忧国,感时愤激,以急君父之难,轸⑤宗社大计,不难触犯权奸,竟以言死。如我邑之欧阳德明公者,其忠烈,可与守土守官者同日语哉。

……

尝读其制词曰:"使尔彻不得为良臣,犹得为忠臣。澈如天下后世,将谓朕何?此朕八年于兹,一食三叹而不能己也。通阶美职,岂足为恩?"三复斯诰,意当时公之正气,作山河而壮本朝,游魂为变,亦必返于天庭,告于上帝。不然,以高宗之昏柔,其始也孰夺其鉴,其终也又孰牖其衷哉。

……余方有内召,具疏控词,未暇濡毫⑥。第思公而不得见,读公集如见其人,于是乎序。

《飘然集》·三卷(亦名《飘然先生词》《飘然词》)

---

① 陈思:字续芸,约生活在宋理宗时(1225—1264)。曾编刊《宝刻丛编》《海棠谱》《书苑英华》《小字录》及《两宋名贤小集》等,其书卷帙浩繁,有较大的文献价值。著有《书小史》《海堂谱》《小字录》《书苑菁华》等。参考李玉安、黄正雨《中国藏书家通典》。
② 见清道光十二年版《崇仁县志》。
③ 析圭儋爵:指任官授爵。
④ 畎畆:同"畎亩"。田间。
⑤ 轸:原意是古代车厢底部四面的横木。借指车。此为"轸怀"伤痛之意。
⑥ 濡毫:指濡笔(沾墨于笔)。谓蘸笔书写或绘画。

《飘然集》抄本·一函二册·宋西耆欧阳澈著七卷,会稽胡衍环溪吴沆序。曹寅《栋亭书目》收录。

清朱孝臧辑《彊村丛书·元词别集》[①]着录:

《飘然先生词》一卷,宋欧阳澈撰。善本书室藏钞《欧阳修撰集》本。

清江标《宋元名人词》[②]:《飘然词》一卷,宋欧阳澈撰,编入十六家十六卷,

清抄本,四册。

《飘然集》三卷,(宋)欧阳澈撰,编入《豫章丛书》[③](清陶福履、胡思敬编著)。

样本图片:《飘然集》清刻本

《飘然集》序·吴沆[④]

予为儿时,闻德明欧阳公日记,数千言,落笔便有可观,虽坐客十辈[⑤],随事泛应,捷若发机,意其胸奇,气逸必有异于人者比。于其弟国平家得其遗文一编,大抵咳唾挥斥之余,十百不存一二。读之飘然,皆有不群之思,迹其盛气愤,蓄如万钧强弩引满,向敌虽未能保其必中,势必一发而后已。稽诸前人,抑太白之流乎?

白遇明皇妃子之间,逸气少舒,故得以文配杜。而为一代词人,公遭靖康横决[⑥]之变,忘身拯溺,不暇规行,故得以忠配陈,而为中朝义士,皆不世才也。至所存缓急之殊,宜所造浅深之异趣,以此易彼,后世必有能辨之者。予姑取其文

---

① 《彊村丛书》:朱孝臧(号彊村)辑,该书收唐宋金元词集一百七十九种,材料丰富,校勘精密,是一部研究词学的重要资料。有1922年朱氏刻本。"彊",是古代"强"的别体形式。

② 《宋元名家词》:清末江标辑。是书辑于光绪二十一年(1895),编者在湖南思贤书局所刻印的一部词总集,共十七卷。所收宋词人朱熹、杨泽民等十家,元词人萨都剌等五家。原书为彭元瑞所藏毛晋汲古阁未刻本,是刻可补毛晋《宋六十名家词》之缺。

③ 《豫章丛书》:是江西地方文献中卷帙最多、内容最丰富的大型丛书。豫章丛书共有两部,一部是晚清陶福履(1853—1911,字稚箕,江西新建人)编的,刊刻成书于光绪二十一年(1895);一部是清末民初胡思敬(见"欧阳澈"节)成书于1923年。两部书所收文献无一重复。共收上起唐,下迄晚清的著述129种,698卷,内容包括经、史、子、集各类。除个别为外省籍人的著作外,其他都是江西先贤的著述。

④ 见《欧阳修撰集》卷七。

⑤ 坐客十辈:坐客,亦指看客;十辈,不同年龄的人。十,约数,人多。

⑥ 横决:表示大水冲破堤岸横溃而出的样子,或者表示断裂、断绝,也可比喻事态发展冲破常规。

之近,似而可喜,得古律诗词、书语八十有七,次而编之名曰《飘然集》。观者得此,亦足想公为人矣!

公讳澈,派自庐陵郡,世家崇仁西耆,死于京师时年三十一;追赠朝奉郎、秘阁修撰,事详国史。自公以忠言没天下,痛惜迨今,不衰思其人,犹及于甘棠①,况于其文于是。环溪吴沆为之序,盖绍兴二十六年(1156)也。

----

① 及于甘棠:典出《史记·燕召公世家》"召公之治西方,甚得兆民和。召公巡行乡邑,有棠树,决狱政事其下,自侯伯至庶人各得其所,无失职者。召公卒,而民人思召公之政,怀棠树,不敢伐,哥咏之,作'甘棠之诗'"。大意是说人们对于造福人民、造福国家的人,往往有着深深的眷恋,从而惠及他们的宗族。亦作"甘棠之思"。

（宋）吴　曾

一、人物简介

吴曾①（1112—1184），字虑臣，一说字虎臣（疑误），号得闲。礼贤乡十四都周坊（今河上镇周坊村，一说为三山乡丁坊吴家）人。南宋笔记文②作家。

吴曾禀性聪慧倜傥，素有理想抱负。15岁时肄业于太学，经史与诸子百家，皆阅读并精微探索。值金兵南下，携书归乡里。与名士孙仲益③、汪彦章④、韩子苍⑤、徐师川⑥等交游，论文说诗，学问益进。吕居仁⑦称其"文宏大奇伟，言高旨远，当与江西诸名公并称"⑧。

宋高宗时应试不第，于绍兴十一年（1141）献所著《春秋左传发挥》等书给秦桧⑨，得到赞赏，以布衣身份特补⑩右迪功郎、洪州瞻军酒库，又任都大司检踏官。

---

① 吴曾：人物简介参考《宋史翼》卷二九、同治十二年版《崇仁县志》、明弘治《抚州府志》卷二一、康芬、龙晨红《江西历代著作考》。
② 笔记文是一种随笔记录的文体，笔记文包括史料笔记、考据笔记和笔记小说。其渊源可以远溯至东汉。唐代笔记已多。宋代的笔记文以史料笔记一类最为发达。内容较为切实，不乏第一手材料。
③ 孙觌（1081—1169），字仲益，号鸿庆居士，常州晋陵（今江苏武进）人。孙觌善属文，尤长四六。著有《鸿庆居士集》《内简尺牍》传世。觌：音dí。《宋史》无传。参考朱熹撰《记孙觌事》及吴迪论文《孙觌及其诗歌研究》。
④ 汪彦章：名汪藻。见"李刘"节。
⑤ 韩驹：见"陈正宗"节。
⑥ 徐俯：字师川，号东湖居士，母是黄庭坚从姊，父徐禧为黄庭坚表兄。江西诗派重要诗人。参考《宋史·卷一六五》。
⑦ 吕本中：见"陈正宗"节。
⑧ 见刘玉瓒修、饶昌胤纂：《抚州府志（康熙）》。
⑨ 秦桧（1090—1155），字会之，生于黄州，籍贯江宁（今江苏南京）。南宋初年宰相，主和派的代表人物。奉行割地、称臣、纳贡的议和政策。极力贬斥抗金将士，斥逐异己，屡兴大狱，是中国历史上著名的奸臣之一。参考《宋史·卷四七三》。
⑩ 特补：破格录用。

二十二年(1152),充敕令所删定官①。二十三年(1153),改奉太常司簿,为玉牒所检讨官②。三十年(1160),试太常丞,兼权吏部郎官,被弹劾,领命在外宫观③待职。后内调回敕令所,任删定官,升工部④郎中。太史局欲将绍兴殡宫⑤20里内士民的坟墓迁徙别处,因其提出"坤道尚静,恐伤旺气"异议而止罢。绍兴三十一年至三十二年连续两年"日食"⑥,建议加强防务,以防金兵南下,遭台谏官⑦讥评。

绍兴三十二年(1162)六月,孝宗继位,认为吴曾"博通天人",可放外任,但受到种种阻挠。后出任靖州知州,有志于罢免贪吏,以安边民,又与监司意见不合。不久,改任全州知州,刚到任又改调严州⑧。赴任时,途经严子陵⑨钓台,地方官员供帐以待公,表示隆重欢迎,他却辞之曰:"独不见羞于子陵耶?"奸猾之吏及恶少皆忌

资料图片:吴曾"不过免官而已"。创作画像(作者不详)

惮其严正。亦由于居官严正,遭地方官吏多方排挤中伤,遂辞官归家。后潜心医学,以治病济世为怀;他博采古医方药,临床验证之后,继而推理并阐述其制方之意,辩析明畅后予以录存,久之,撰《医学方书》500卷。

吴曾平生博学,能文能诗,多有著述。绍兴三十二年(1162)其所编笔记文集《能改斋漫录》,记载史事异闻,辩证诗文曲故,解析名物制度,引述重要作家的逸诗、逸文,保存了若干有关唐宋两代文学史的资料,资料丰富,援引广博,对研究唐宋文史有重要参考价值,在南宋笔记著作中堪称佳本。近人余嘉锡⑩在《四库提要辩证》中说:"几与洪迈《容斋

① 见《建炎以来系年要录》卷140、163中记载。
② 在《能改斋漫录后序》中记载。
③ 见《建炎以来系年要录》卷184、187中记载。
④ 升工部:亦有一说其官职于吏部。
⑤ 殡宫:指停放灵柩的房舍或指坟墓。这里指皇家墓园。
⑥ 日食,又叫作日蚀,在民间传说中,称此现象为天狗食日。
⑦ 台谏,台官与谏官之合称。唐时,台官与谏官分立。唐、宋侍御史、殿中侍御史与监察御史掌纠弹,通称为台官,谏议大夫、拾遗、补阙、正言掌规谏,通称谏官,合称台谏。
⑧ 严州:今浙江建德。
⑨ 严光(公元前39—公元41),又名遵,字子陵。汉族,会稽余姚(今浙江省余姚市)人。东汉著名隐士。严子陵不慕富贵,不图名利的思想品格,经范仲淹撰《严先生祠堂记》,有"云山苍苍,江水泱泱。先生之风,山高水长"赞语,使严光以高风亮节闻名天下。参考《后汉书·卷八十三·逸民列传第七十三》。
⑩ 余嘉锡(1884—1955),字季豫,号狷庵。祖籍湖南常德,出生于河南商丘。清末举人。主治目录学。中央研究院院士,语言学家、目录学家、古文献学家。1949年10月,任中国科学院语言研究所委员。著作有《四库提要辨证》《目录学发微》《古书通例》《世说新语笺疏》《余嘉锡论学杂著》等。参考何梓林、夏远生著《二十世纪湖南人物》。

随笔》相埒①"。

其著作还有:《君臣论》《负暄策》《毛诗辨疑》《春秋考异》《左传发挥》《新唐书纠谬》《得闲文集》《待试词学》《千一策》《南征北伐编年》《南北事类》及《医学方书》等近 700 卷,均收入秘府。

吴曾 73 岁病故。惟《能改斋漫录》一书传世。明弘治《宋史翼·卷二九》《抚州府志·卷二一》有传。

二、著作名录

《能改斋漫录》·十八卷

《春秋考异》·四卷

《左传发挥》·六卷

《南征北伐编年》·二十三卷

《南北事类》·十二卷(一名《南北分门事类》)

《医学方书》·五百卷

《君臣论》·卷数不详

《负暄策》·卷数不详

《能改斋词话》·二卷

《辨误录》·三卷

《毛诗辨疑》·卷数不详

《新唐书纠谬》·卷数不详

《得闲文集》(卷数不详:又名《得闲斋文集》)

《待试词学》·卷数不详

《千一策》·卷数不详

三、著作简介

《能改斋漫录》·十八卷

《能改斋漫录》②为笔记集。编刊于绍兴二十四至二十七年间,孝宗隆兴初

---

① 相埒:音 xiāng liè,相等之意。

② 清道光元年版《崇仁县志》记为十三卷。

(1163)因仇家告讦，诬此书"事涉讪谤①"，遂被禁毁。至光宗绍熙元年(1190)始重刊版。但新版经过删削，已非旧观。下及元明，刊本又绝。

资料图片:《能改斋漫录》明刊本(1644 年及以前);
纸质:竹纸;装订:木刻线装;
规格:25×15.5cm

今所见者为明人从秘阁抄出，共 18 卷，分 13 门:事始、辨误、事实、沿袭、地理、议论、记诗、记事、记文、类对、方物、乐府、神仙鬼怪。记载史事，辨证诗文典故，解析名物制度，资料丰富，援引广泛，且保存了不少已佚文献，因而为后世文史研究者所重视。诸家考证之文，往往征引其说。但作者党附②秦桧，曲意取媚，在书中亦有所表现。考证也有不少失实处，故曾遭到同时代人普遍指摘③。今人余嘉锡《四库提要辨证》对此有详细评述。

此书有《武英殿聚珍版丛书》④《墨海金壶》⑤《守山阁丛书》⑥本、上海古籍出

---

① 讪谤:意思是讥讪毁谤。

② 党附:结党阿附。

③ 指摘:意思是指出错误并且加以批评。

④ 《武英殿聚珍版丛书》:亦称《武英殿聚珍版全书》。武英殿是清宫内殿名，设有修书处。1773 年乾隆命从《永乐大典》中汇辑罕见著作，计一百三十八种，用木活字排版，定名"聚珍版"。

⑤ 《墨海金壶》:是海虞人张海鹏读书之暇所辑，内容分经、史、子、集四门，凡 117 种，722 卷。每辑一书皆有收录四库提要之介绍文，以方便阅览。书名出自晋人王嘉著《拾遗记》，《墨海金壶》多收《永乐大典》之书，有大量四库馆臣未收之书，不妄增改。后毁于大火。

⑥ 《守山阁丛书》:清道光二十四年(1844)金山钱熙祚重编增刊辑刻。112 种。钱氏得《墨海金壶》残版，又从文澜阁《四库全书》中录出流传较少之书，校勘颇称精审。

版社 1979 年重版本。《守山阁丛书》本收入《全宋词》引用书目。

《能改斋漫录》·十八卷(浙江巡抚采进本)

《四库全书总目提要》:宋吴曾撰。曾字虎臣,崇仁人。

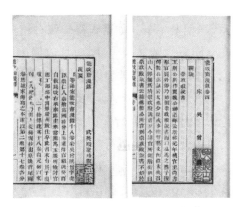

资料图片:《能改斋漫录》清乾隆武英殿聚珍版印本。

纸质:纸本;装订:八册十八卷线装;规格:27.6×17.3cm

秦桧当国时,曾上所业①得官。绍兴癸酉,自敕局②改右承奉郎,主奉常簿,为玉牒检讨官。迁工部郎中,出知严州,致仕卒。

此书末有其子复跋,称所记凡二千余条,厘为十八卷。自元初以来,刊本久绝,此本乃明人从秘阁抄出,原阙首尾二卷。焦竑家传写之本,遂以第二卷、第十七卷各分为二,以足其数,实非完帙③。又书中分事始、辨误、事实、沿袭、地理、议论、记诗、谨正、记事、记文、方物、乐府、神仙鬼怪共十三类。而诸家传本,或分卷各殊,或次序颠倒,或并为十五卷,或以第十一卷分作两卷,而并第九卷入第八卷内,或无谨正一类,而并入记事类中,或多类对一门、诙谐戏谑一门。盖辗转缮录,不免意为改窜④,故参错百出,莫知孰为原帙也。

赵彦卫⑤《云麓漫抄》⑥又记秦桧卒后,曾不敢出其第十九卷。则当日已无定本,无怪后来之纷纷矣。是书考证颇详,而当时殊为众论⑦所不满。

---

① 所业:这里指其所撰著作。
② 敕局:宋时内廷承旨撰制法律条例的机构。
③ 完帙:一本完好无缺的书或者画。作品。
④ 改窜:指修改涂抹文字等。语出《晋书·阮籍传》。
⑤ 赵彦卫:约 1195 年前后在世,字景安,浚仪(今河南开封市)人。里居及生卒年均不详。魏王赵廷美七世孙。参考《宋史》卷二三七《宗室世系》二三。
⑥ 《云麓漫钞》:初名《拥炉闲话》,10 卷,后并刻为 15 卷,改今名。计 348 余条。其内容"记宋时杂事者十之三,考证名物者十之七"。如记建宁府松溪县银矿及矿工生活(卷二),浙东河流及船工生活(卷九),记述出使全国的路线里程(卷八)及送迎金使的经费数字(卷六)等。此外考订天文、地理、名物制度,则往往赅博;搜采方言俗谚,载述诗词遗文,亦颇多参考价值。其中如吕大防《长安图》,原书已佚,此存其概。
⑦ 殊为众论:殊众:是指不同于众。

刘昌诗①《芦浦笔记》②常摘其舛误十一条，又称其比事门中（案：今本无比事之名）多所漏略，举史记八事以例其余。

赵彦卫《云麓漫抄》亦摘其中论佛法与天地并原一条，为所学之诬妄，并称其诟訾③前贤不少。如诗人得句偶有相犯，即以为蹈袭，及恃记博，妄有穿凿。

周辉④《清波杂志》则谓其记荆王元俨戏剧批判及宗室子好尚之僻诸事，有论其不应言者，旋被旨毁版。

盛如梓⑤《恕斋丛谈》又载当日有知麻城县郑显文者，遣其子之翰赴御史台论曾事涉讪谤，有旨曾、显文各降两官。臣僚缴奏乃黜显文，送其子汀州编管。后京镗爱其书，始版行。与辉所记不同，未详孰是。

王士祯⑥《池北偶谈》⑦以为曾书多不满王安石，显文殆又袭党人故智，今观其书，以荀彧为汉之忠臣，以冯道为大人，其是非甚为乖剌。又如孙仲鳌贺秦桧诗，曾惇上秦桧书事十绝句，皆胪载无遗，是其党附权奸，昭然可见。并其书遭人攻击，盖由于此，士祯偶未详考也。然曾记诵渊博，故援据极为赅洽，辨析亦多精核，当时虽恶其人，而诸家考证之文，则不能不征引其说，几与洪迈《容斋随笔》相埒。置其人品而论其学问，弃其瑕类而取其英华，在南宋说部之中，要称佳本，则亦未可竟废矣。

---

① 刘昌诗：约1216年前后在世。字兴伯，江西清江人。登开禧进士。著有《芦浦笔记》十卷《四库总目》行于世。参考杨喜论文《刘昌诗〈芦浦笔记〉史事钩沉》。

② 《芦浦笔记：唐宋史料笔记》：是"唐宋史料笔记丛刊"的一种，由宋刘昌诗撰。这部笔记虽仅十卷，但其内容却较广泛，上至先秦典籍，下至宋代曲章制度，以及作者之所闻见之遗闻轶事，都有记载或考证。参见杨喜论文"。

③ 诟訾：亦作"诟詈"。责骂诋毁。

④ 周辉：名或"作辉"。宋泰州海陵人，侨寓钱塘，字昭礼。隐居多年，不愿为仕，以藏书为事，家有藏书数万卷，并乐于为他人借阅，著有《清波杂志》十二卷，为笔记体著作，内容多为宋人杂事。还著有《清波别志》三卷和《北辕录》一卷。参考李玉安、黄正雨《中国藏书家通典》

⑤ 盛如梓：号庶斋（一作恕斋），扬州（今属江苏）人。生卒年不详，大致生活在宋末元初，在元大德9年（1305）做嘉定州儒学教授。有诗集，但未见传本。著有随笔《庶斋老学丛谈》四卷，是元人笔记中流传较广的一种。参考《四库全书总目》卷一二二《庶斋老学丛谈》提要。

⑥ 王士祯（1634—1711），字子真，一字贻上，号阮亭，别号渔洋山人。山东济南新城（今淄博市桓台县）人。清顺治十五年（1658）进士。清初杰出的诗人、文学家。创"神韵说"，与朱彝尊并称"南朱北王"，著有《池北偶谈》《古夫于亭杂录》《香祖笔记》等。参考《四库全书总目提要》、山东文化和旅游厅官网·王士祯。

⑦ 《池北偶谈》：又名《石帆亭纪谈》，共二十六卷，王士祯撰，是清代笔记小说集。部分内容由作者儿辈记录整理而成，全书近一千三百条，分成四目：一，谈故，记叙清代典章与科甲制度、衣冠胜事等；二，谈献，主要记叙明中叶至清初名臣、畸人、烈女等事；三，谈艺，评论诗文，采撷佳句；四，谈异，记叙神怪传闻故事。

宋赵希弁《读书附志》^①着录：

《能改斋漫录》二十卷。吴曾虎臣所纂也。

曰《事始》；

曰《辨误》；

曰《事实》；

曰《沿袭》；

曰《地理》；

曰《议论》；

曰《记诗》；

曰《纪事》；

曰《记文》；

曰《类对》；

曰《方物》；

曰《乐府》；

曰《神仙诡怪》；

曰《诙谐戏谑》；——一一载之。

曾，临川人，尝主奉常簿，入玉牒为检讨官。"能改斋"乃其自谓云。终于吏部郎。

明杨寓《文渊阁书目》着录：

吴曾《能改斋漫录》一部四册。

曹寅《栋亭书目》收录：

《能改斋漫录》抄本·四函二十册·宋临川吴曾纂十八卷。

《能改斋漫录》十八卷·《拾遗》一卷(宋)吴曾撰，由《中华书局》《商务印书馆》列入《丛书集成》，据聚珍版丛书本排印。

《左氏发挥》·六卷

宋陈振孙《直斋书录解题》着录。临川吴曾虎臣撰。

---

① 《读书附志》：共收书 469 种，除少数与晁公武《郡斋读书志》重见外，大部分为南宋高宗、孝宗、光宗、宁宗朝时的书籍，正可以视为晁氏书目的续编。

取《左氏》所载事,时为之论,若史评之类。

《南北征伐编年》·二十三卷

宋赵希弁《读书附志》著录:

《南北征伐编年》二十卷。吴曾编集。

自汉献帝迄于周世宗。其意谓《资治通鉴》征伐之事,杂见於列国言动之间读者不得专一稽考。至南北议论,亦未详尽。遂效其体,凡一征一伐,靡所不载。绍兴辛巳,逆亮叛盟,庙堂知有是书,尝取以备乙览云。

曾,字虎臣,抚之崇仁人。京文忠公镗为之序。

《医学方书》(1162 年)·五百卷

1. 是书,博采前人方药①,推阐②前人制方之意,辨析明畅后予以录存之,为江西现存最早的方剂学③专籍,亦为全国宋以前载方最多的一部医学方书,影响极为广泛。④

2. 以济世为怀,博采古书方药,无不录存,而推阐其制方之意,辨析极畅,故卷帙较繁。⑤

《君臣论》(资料暂缺)
《负暄策》(资料暂缺)

《能改斋词话》·二卷

唐圭璋编《词话丛编》着录:

《能改斋词话》二卷,宋吴曾撰。

《辨误录》·三卷

---

① 方药:指中药学,是研究中药的采制、性能、功效及应用的学问。
② 推阐:推究、阐明、阐发。
③ 方剂学:研究并阐明治法和方剂的理论及其运用的学问,与临床各科有着广泛而密切的联系,是中医学的基础之一。
④ 载道光元年版《崇仁县志》。
⑤ 载同治十二年版《崇仁县志》。

清曹溶辑《学海类编》①着录：

《辨误录》三卷,宋吴曾撰。

《辨误录》三卷(宋)吴曾撰,由《中华书局》《商务印书馆》列入《丛书集成》,据学海类编本排印。

《新唐书纠谬》(资料暂缺)

编入《钦定四库全书荟要》②

《待试词学》(资料暂缺)

《千一策》(资料暂缺)

《春秋考异》·四卷(资料暂缺)

《南北事类》·十二卷(一名《南北分门事类》)
(资料暂缺)

《毛诗辨疑》(资料暂缺)

资料图片:《新唐书纠谬》四部丛刊·
江安傅氏双鉴楼藏明刊本》

---

① 《学海类编》:由清人嘉兴曹溶所辑,溶之门生陶越予以增删编定,于道光十一年(1831)六安晁氏以木活字排印。该丛书分经翼、史参、子类,集余四类,凡收书四百二十余种,计八百余卷。

② 《四库全书荟要》:体例一如《四库全书》,分为经、史、子、集四部,计四百六十三种,其中,经部一百七十三种,史部七十种,子部八十一种,集部一百三十九种。总计二万零二百八十八卷,一万一千一百七十八册。所选图书均为先秦至于清代的图书精品。中国传统思想文化的菁华尽备于斯。《四库全书荟要》原件现存台湾。

（宋）吴　沆

一、人物简介

吴沆①（1116—1172），字德远，号无莫居士，抚州崇仁人，隐居环溪②，人称"环溪先生"；宋代诗论家、诗人。

幼孤，事母孝。自少学易，博通经史，善诗文。绍兴十六年（1146），与弟吴瀹③各献所著书《易璇玑》《三坟训义》于朝，吴瀹得免解④，吴沆下⑤国子监，以书犯庙讳⑥罢归。后又进《周礼本制图论》，下礼部。徽庙⑦欲建明堂⑧，议者以辇路⑨不得由中⑩而罢。居士引《书》云："'入应门左'、'入应门右'，盖明堂在中，诸侯不得直入。"众皆是之。亡何⑪，六部火⑫，德远曰："事可知矣。"赋"草庐依旧指南阳"⑬之

---

① 吴沆：人物简介参考康熙、道光、同治各版《崇仁县志》、康芬、龙晨红《江西历代著作考》等。

② 环溪：应是一地名，然查遍清康熙、道光、同治版县志及其他文献，至少清时崇仁各乡、里、都，均查不到环溪地名或提示。据清雍正十二年《崇仁县志》载"三清山环溪吴沆"，可知环溪在今郭圩乡下屋村，孤岭水在此绕山形成一个大湾，村子称"湾溪"。清道光元年版《崇仁县志》卷二载"真乐花园"在南城东郭外，吴沆筑有达观堂、一览亭、入翠亭、清辉轩、迥明楼等，时有"环溪小洞天"之说。

③ 吴瀹：见"吴瀹"条。

④ 免解：宋承五代后唐制，举人获准不经解试（荐名于朝廷的地方考试），直接参加礼部试，称"免解"。

⑤ 下：此处意同"分配"。后"下礼部"之"下"亦同。

⑥ 庙讳：各个朝代在位的君主必须避讳；已故的君主七世之内也须避讳，叫作避"庙讳"。其类别大致有：改姓氏、改名字、改地名、改官名、改物名、改书名、改干支名、改方药名、改常语。

⑦ 徽庙：北宋皇帝赵佶庙号徽宗，宋人因称徽宗为"徽庙"。

⑧ 明堂：是古代帝王所建的最隆重的建筑物，用作朝会诸侯、发布政令、秋季大享祭天，并配祀祖宗。这里的"明堂"是为墓前祭台。又称为券台。《后汉书·独行传·范冉》："其明堂之奠，干饭寒水，饮食之物，勿有所下。"李贤注："此言明堂，亦神明之堂，谓圹中也。"

⑨ 辇路：天子车驾所经的道路。辇原指由人拉行的车，后多指皇室乘坐的车，有龙辇、凤辇等说法。

⑩ 不得由中："中"，应指庙宇的正门（中门）。

⑪ 亡何：指不问他事；犹言无可奈何。

⑫ 火：喻怒气。

⑬ 草庐依旧指南阳：草庐即南阳诸葛草庐，位于南阳卧龙岗。吴沆赋以此句诗而辞归，或有道理自在，不想争辩之意。

句以归。旋归环溪隐居,自号无莫居士。

绍兴中,朝廷举①不求闻达②者,郡县请吴沆应诏,上奏并经朝廷准许,即将启程,而居士卒,年五十有七。卒后,门弟子私谥"文通先生"。

吴沆著有《易璇玑》三卷、《环溪诗话》三卷、《论语发微》《老子解》各四卷、《环溪集》等。陆象山尝云:"观其文可知其人。"③复斋云:"文与行当并传于世。"④弟澥。孙名大礼,绍定间以布衣上书。

少时的吴沆,终日沉默寡语。伯兄涛⑤,也就是他长堂兄吴涛,担忧其长期如此,就经常以文字强其学。一日,借到陶渊明的诗册,命环溪抄录。既毕,遂得《晚归》《早行》二诗,写在几案间。

《晚归》诗云:

夕阳欲西没,宛转山气昏。

独逝颇无累,时欣暗经林。

栖鸟未稳集,归马无奔声。

恍惚自得意,兴来谁与言。

《早行》诗云:

晨风袭微和,晓色动佳气。

溟溟四郊烟,漠漠一川水。

前村鸡犬喧,远树鸟雀喜。

山腰客行来,林下雉惊起。

时闻牧童谣,不见骑牛至。

回头望东隅,晓日粲光丽。

胸襟倏喧烦,败我幽静意。

行行载驰驱,已复到城市。

伯兄深喜,以为诗似渊明,因此令其读渊明诗。环溪仍复缄默,不复在意。一日,友人自曹山⑥见孙尚书⑦回,环溪也参与兄长友人议论,但只称官职,不欲

---

① 举:此为推选;选举之意。

② 不求闻达:指不追求名誉和地位。出自《出师表》。

③ 以上参考道光元年版《崇仁县志·人物志》卷十五。

④ 以上参考道光元年版《崇仁县志·人物志》卷十五。

⑤ 吴涛,生卒年不详,字德邵。是宋高宗绍兴年间著名隐士环溪先生吴沆的大哥。吴沆的《环溪诗话》存录有他的《绝句》。此注释以下记事来源《环溪诗话·环溪居士文通先生行实》。

⑥ 曹山:应指江苏常州溧阳市西北之曹山。

⑦ 孙尚书:指孙规。见"吴曾"节。

指人名字。友人对伯兄云："孙公言诸诗杜甫为最,每日行坐令人读杜诗,卧则仰而听,有会意,辄击节称叹,言诗之妙者在于此。友人因请问杜诗之妙,尚书云:杜诗好处无他,但是入手来重。如'国破山河在'一句便重。又如'星临万户动,月傍九霄多',气象可想。以至'不寝听金钥,因风想玉珂。明朝有封事,数问夜如何',便见念念不忘君之意。又泛举'绿垂风折笋,红绽雨肥梅'、'星垂平野阔,月涌大江流'等数诗,皆雄健警绝。"环溪心颇喜之,翌日遂作《晓晴》《野外》二诗,作颜体大书于几案间。

《晓晴》诗云:

夜半雨忽作,朝来云又晴。

林花洗幽艳,池水湛虚明。

草色侵衣湿,山光入座清。

茅檐正幽寂,啼鸟两三声。

《野外》诗云:

野外望中阔,遥山宛转随。

小溪芳草合,高树古藤垂。

鸟过惊风疾,云行度岭迟。

回头失归路,还问老农知。

伯兄以为是吴沆抄写的杜诗,既览毕,叹云:"杜诗也,是不同。"环溪窃笑。伯兄云:"非杜诗乎?"环溪云:"亦是,但是今杜诗耳。"伯兄遂披衣径诣①友人谈及,二人相与骇叹②"不旋踵③而二诗播④于邑下。"伯兄遂令环溪学杜诗,亦但唯唯,终不肯学。

吴沆归隐环溪后,还建立了环溪书院,但已无详情记载,此兹录明吴伯宗⑤"题环溪书院"如下:

结屋临溪曲,藏修离垢氛;

白沙含翠竹,高树入青云。

乐志依林麓,精心究典坟;

---

① 径诣:到某人所在的地方;到某个地方去看人(多用于所尊敬的人)。

② 骇叹:意为惊叹。

③ 旋踵:意指掉转脚跟,比喻时间极短。

④ 播:同"潘",意思为传布。

⑤ 吴伯宗(1334—1384),名佑,明初金溪新田(今属东乡县红光垦殖场新田分场)人。以字行于世,为明开朝第一位状元。天文学家。著有《荣进集》4卷行于世。参考滕新才论文《明朝第一任华盖殿大学士考辨》。

水花当户见,滩响隔聪闻。

练带晴江合,岚阴碧嶂分;

松风秋瑟瑟,竹月夜纷纷。

光射囊琴案,香浮辟蠹芸;

凌云晴雪暎,继晷暮膏焚。

博物才难并,寻源志不群;

灵槎循汉渚,宝剑耀星文。

盛世方崇土,高才尽策勋;

愿言经济略,光辅圣明君。

二、著作名录

《易璇玑》·三卷

《环溪诗话》·一卷(县志载为三卷)

《通言》·一卷

《环溪集》·八卷(又称《环溪文集》《环溪大全业》)

《论语发微》·四卷

《老子集》·四卷(亦名《老子解》)

《周礼本志图论》·卷数不详

《群经正论》·卷数不详

《三坟训义》·卷数不详

三、著作简介

《易璇玑》·三卷

《易璇玑》名取王弼[1]《周易略例·明象篇》[2]"处璇玑以观大运,则天地之动未足怪也"之语。是书共三卷,每卷九篇,杂论《易》义。

上卷为《法天》《通六子》《贵中》《初上定位》《六九定名》《天地变卦》《论变有

---

[1] 王弼(226—249),字辅嗣,山阳高平(今山东省微山县)人。中国古代经学家,魏晋玄学的代表人物及创始人之一。参考王葆玹《王弼评传 玄学之祖 宋学之宗》。

[2]《周易略例》:中国三国时期魏国玄学家王弼的著作。为王弼总论《周易》主要思想的一组论文,共7篇。反映了王弼注《易》的指导思想和他"以无为本"理论的基本内容。

四》《有象》《求象》；

中卷为《明位》《明君道》《明君子》《论养》《论刑》《论伐》《辨圣》《辨内外》《辨吉凶》；

下卷为《通卦》《通象》《通爻》《通辞》《通证》《释卦》《释系》《存互体》《广演》。

《自序》谓"上卷明天理之自然，中卷讲人事之修，下卷备传疏之失"。是书大旨主于观象，因象而求之卦、求之象、求之爻。

俞琰①《读易举要》称是书"论初上不可谓无位，互体不可废，辨周公作爻辞之疑，证纣东邻、文王西邻之失，多有发明"。

朱彝尊《曝书亭集·易璇玑序》称是书"文辞简奥②，间以韵语行之，类古繇占③，卓尔成一家言"④。

《易璇玑》·三卷（两江总督采进本）

资料图片：《易璇玑》四库本；
清乾隆四十七年（抄本）

纸质：纸本；装订：线装。

《四库全书总目提要》：宋吴沆撰。沆字德远，临川人。

绍兴十六年，与其弟澥诣行在献书。澥所献曰《宇内辨》，曰《历代疆域志》。沆所献曰《易璇玑》，曰《三坟训义》。澥书皆不传，沆《三坟训义》为太学博士王之望⑤所驳，亦不传。惟此书仅存。

凡为论二十有七：

曰《法天》；

曰《通六子》；

曰《贵中》；

曰《初上定位》；

曰《六九定名》；

曰《天地变卦》；

---

① 俞琰：字玉吾，号全阳子、林屋山人、石涧道人。吴郡（今江苏苏州）人。为宋末元初道学者。入元，隐居不仕，著书立说。以词赋见称，尤好鼓琴、作谱。著作有《周易集说》《易图纂要》等。参考明卢熊《苏州府志》、李玉安、黄正雨《中国藏书家通典》。

② 简奥：简古深奥。

③ 繇占：同"占繇"。音 zhàn zhòu，指占卜的文辞。

④ 来源：2011－02－14《光明日报·国学百科》，作者：郑任钊。

⑤ 王之望（1104—1171），字瞻叔，襄阳谷城人（今湖北省谷城县），绍兴八年（1138）进士。南宋著名诗人、书法名家。著有《汉滨集》《奏议》《经解》等行于世。参考《宋史》卷三七二。

曰《论变有四》；

曰《有象》；

曰《求象》；

曰《明位》；

曰《明君道》；

曰《明君子》；

曰《论养》；

曰《论刑》；

曰《论伐》；

曰《辨圣》；

曰《辨内外》；

曰《辨吉凶》；

曰《通卦》；

曰《通象》；

曰《通爻》；

曰《通辞辞》；

曰《通证》；

曰《释卦》；

曰《释系》；

曰《存互体》；

曰《广演》。

每九篇为一卷。《自序》谓"上卷明天理之自然，中卷讲人事之修，下卷备注疏之失。"其大旨主于观《象》，因《象》而求之卦、求之象、求之爻。其曰"璇玑"者，取王弼《易略例·明象篇》"处璇玑以观大运"语也。

胡一桂称沆尚有《易礼图说》，有《或问》六条、《图说》十二轴。今未见其书，殆亦散佚。惟其《环溪诗话》为人所记者，尚载《永乐大典》中，今别着录于《集部》云。

明杨寓《文渊阁书目》着录：
吴沆《大易璇玑》一部一册。

曹寅《栋亭书目》收录：

《易璇玑》宋吴沆著三卷自序·共一册。

清姚际恒《好古堂书目》①着录：

《易璇玑》三卷（宋）吴沆。

清莫友芝撰《郘亭知见传本书目》着录：

《易璇玑》三卷，宋吴沆撰。《通志堂》本。何义门云，汲古阁后得旧本有序文，写付东海，后人竟未补刻。全书亦尚有讹处，不曾修版。

《环溪诗话》·一卷②

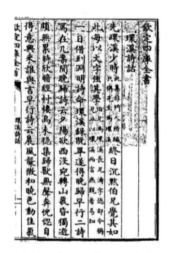

资料图片：《环溪诗话》文渊
阁《四库全书》本；
纸质：米黄色道林纸；
装订：线装；规格：17×25cm

《环溪诗话》是诗歌评论专著，以杜甫为"一祖"，以李白、韩愈为"二宗"，然多重在句法。又称作诗多用实字、事实、健语，可救空疏③率易④之弊。

吴沆谓"诗有肌肤，有血脉，有骨格，有精神"，"四者备，然后成诗"。又言评诗之美恶，自有标准，不必尽合前人。

《环溪诗话》为评价吴沆诗作及论诗主张，《四库全书总目》提要认为是其后人所汇，然多数学者则认为是吴沆自称自赞的奇特著作。

《环溪诗话》·一卷（永乐大典本）⑤：

不着撰人名氏。皆品评吴沆之诗，及述沆论诗之语。卷首称沆为先环溪，又注其下曰："此集非门人所编，只称先生为环溪，盖其后人所追记。"⑥赵

---

① 《好古堂书目》：四卷，按经、史、子、集四部排列，清学者姚际恒所编家藏书目。姚际恒（1647—约1715）字立方，号首源，祖籍安徽休宁，博览群书，专精经学。
② 资料摘自康芬、龙晨红《江西历代著作考》。
③ 空疏：指空洞浅薄，没有实在的内容。
④ 率易：率直平易；轻率，随便；浅显易懂。
⑤ 本节（四库全书目录）所载。
⑥ 参见《钦定四库全书》集部九提要。

与峕①《宾退录》②称为吴德远《环溪诗话》，似乎沈所自著者娱也。

沈所著有《三坟训义》《易璇玑》《论语发微》《易礼图说》《老子解》《环溪集》诸书。今惟《易璇玑》存，已着于录。

其经术颇有足取，而诗亦戛戛③自为，不圃④于当时风气。其大旨以杜甫为一祖，李白、韩愈为二宗。亦间作黄庭坚⑤体，然非所专主。

其与张右丞论杜诗"旌旗日暖龙蛇动"句为一句能言五物，"乾坤日夜浮"句为一句能满天下一条（案第一条孙尚书下注曰："环溪所与人议论。只称官职不敢指名字。"故《宾退录》不知张右丞之名。今亦仍其原文）。《宾退录》尝驳之曰："若以句中事物之多为工，则必皆如陈无已'椒桂楠栌枫柞樟'之句（案陈师道此句实本之《柏梁台诗》枇杷橘栗桃李梅"非所自创，赵与峕不引汉诗而引此句，或以汉诗仅六物欤），而后可以独步，虽杜子美亦不能专美。"若以'乾坤日夜浮'为满天下句，则凡言天地宇宙四海者皆足以当之矣，何谓无也。张辅喜司马子长五十万言纪三千年事，张右丞喜杜子美一句谈五物，识趣正同"云云。其掊击⑥颇当。

盖宋诗多空疏率易，故沈立多用实字则健之说。而主持太过，遂至于偏。又所举白间黄里，杀青生白、素王黄帝、小乌大白、竹马木牛、玉山银海诸偶句，亦小巧细碎，颇于雅调有乖。所自为诗如"草迷花径烦调护，水汩莲塘欠节宣"之类，自谓摹仿豫章。实仅得其不佳处，尤不可训。然其取法终高，宗旨终正，在宋人诗话之中，不能不存备一家也。

赵与虤《娱书堂诗话》⑦亦称其《观获诗》"新月辉辉动，黄云渐渐收"之句为形容最公允。

---

① 峕：音 shí。

② 《宾退录》：十卷（江苏巡抚采进本）宋赵与峕撰。与峕字行之。以《宋史·宗室世系》考之，盖太祖七世孙也。赵与峕（1172—1228），字行之，宋宗室，曾官丽水丞。参见《四库全书子部杂家类—宾退录》。

③ 戛戛：亦作"憂憂"。喻独特貌。

④ 圃：局限；拘泥。

⑤ 黄庭坚（1045—1105），字鲁直，号山谷道人、涪翁，洪州分宁（江西省九江市修水县）人，北宋著名文学家、书法家、江西诗派开山之祖。与张耒、晁补之、秦观都游学于苏轼门下，合称为"苏门四学士"。生前与苏轼齐名，世称"苏黄"。书法独树一格，为"宋四家"之一。作品有《山谷词》，与杜甫、陈师道和陈与义素有"一祖三宗"（黄为其中一宗）之称。参考《宋史·黄庭坚传》《豫章黄先生文集》卷末（嘉靖本）。

⑥ 掊击：音 pǒujī；抨击、打击。

⑦ 《娱书堂诗话》：是宋代赵与虤撰写的文集。此书杂记唐宋文坛轶事，诗论源于江西诗派，取材或涉于唐。作者鉴赏能力颇高，间有评议，深中肯綮。

清曹溶辑《学海类编》着录：

《环溪诗话》三卷，宋吴沆撰。

《环溪诗话》·一卷(宋)吴沆撰。由《中华书局》《商务印书馆》列入《丛书集成》，据学海类编本排印(文学类)第 2548 册。

《通言》·一卷(永乐大典本)

《四库全书总目提要》：宋吴沆撰。沆有《易璇玑》，已着录。

此书亦语录之类(列入"儒家类存目")。

如曰："不求过于人而人不能及之者，善道也。不求合于人而人不能离之者，善德也。"

又曰："立朝廷而后见山林之志，享富贵而后见贫贱之节。"论亦间有可取。

然其自序有曰，"孟轲谈仁义，至杨、墨而不通；其道小，不足以容杨、墨故也，孔子则无所否矣。韩愈原道德，至佛、老而不通；其道小，不足以容佛、老故也，王通则有所可矣。其宗旨殊为谬诞，不可训也。"

《环溪集》·八卷(又称《环溪文集》《环溪大全业》)

宋楼钥①《攻媿集》卷五二有《环溪文集序》一文，中略云：

"晚岁投闲②四明里中，有醴陵宰吴君琮来，一见知其佳士，与之接，从容于杯酒间。亦是族也。既别去，始得环溪之文一篇，玩味不置。又知醴陵，乃其叔子，分教醴阳时所刊。恨不及面与之商榷。既老，朝有名大礼者，见余自言，奉其祖《环溪大全集》八卷，并以江右诸台请赐谥事闻于朝。钱丞相尝知抚州，熟知其名，既以遗才为惜，欲以科目之外，收岩穴③之遗，而下之有司，久未及报。再见，泣以请曰：大父著书满家，贫不能尽刻，先醴陵又赍志④以殁，藐然⑤孤孙，以其言行大略求伸于身后，而事有未成，几无以归告两世丘垄⑥。谓余于吴氏素有事

---

① 楼钥(1137—1213)，字大防，号攻媿主人，明州鄞县(今浙江宁波)人。隆兴元年进士，翰林学士，拜吏部尚书。著有《攻媿集》《北行日录》等。参考《宋史·列传·卷一九四》。
② 晚岁投闲：指年老后置身于清闲境地。
③ 岩穴：在地理上指由水流裹挟岩石在岩石质地差的地方冲蚀而形成的洞穴。这里喻指隐士。
④ 赍志：亦作"賫志"。怀抱着志愿。
⑤ 藐然：基本意思为幼小的面貌。
⑥ 丘陇：虚墟，荒地。这里指坟墓。

契①,求一序以传。"

可见此书原有刻本,但未尽其传也。

明杨寓《文渊阁书目》着录:
吴沆《环溪集》一部三册。

《论语发微》·四卷(资料暂缺)

《老子集》·四卷(亦名《老子解》)(资料暂缺)

《周礼本志图论》(资料暂缺)

《群经正论》(资料暂缺)

《三坟训义》(资料暂缺)

---

① 事契:犹情谊。

(宋)刘　振

一、人物简介

刘振①(约1165年前后在世,生卒年不详),字时举,县城北耆高街(今属巴山镇)人。

北宋徽宗宣和六年(1124)进士及第,累官至朝议大夫、文安县开国男②。当官勤而爱民,道州知府任上不久,丐祠③归。

居乡里,庆吊④必亲,出入里巷,惟持便面自障⑤,田亩所入有余时,皆平价以利人。年七十有八,自号"宝盖樵者"。

曾与徐东湖⑥、曾茶山⑦为友,且问诗法。撰有《竹轩集》,绍兴中洪内翰迈⑧为之叙。

二、著作名录

《竹轩集》·卷数不详

---

① 刘振:人物简介参考清道光元年版《崇仁县志·人物志》。
② 开国男:爵名。初指男爵中开国置官食封者,后仅为爵位名。食邑为县,故爵前常冠以县名。晋代始置,位在开国子下,二品;南朝沿置。宋朝置为十二级封爵最末等,食邑三百至五百户。
③ 丐祠:祠禄官主管祭祀,故充任祠禄官称奉祠,因故自请充任祠禄官,以处闲散之地称请祠,或称乞祠。
④ 庆吊:是指庆贺与吊慰。亦指喜事与丧事,出处《史记·苏秦列传》。
⑤ 便面自障:用以遮脸的扇子遮面。
⑥ 徐东湖:徐俯(1075—1141),字师川,自号东湖居士,原籍洪州分宁(江西修水县)人,他是给事中徐禧之子,诗人黄庭坚的外甥。赐进士出身。工诗词,著有《东湖集》,不传。参考《宋史·列传·卷一六五》。
⑦ 曾茶山:指曾几。见"陈正宗"节。
⑧ 洪内翰迈:洪迈(1123—1202),南宋饶州鄱阳(今江西省鄱阳县)人,字景庐,号容斋,又号野处。南宋著名文学家。主要作品有《容斋随笔》《夷坚志》。唐、宋称翰林为内翰,故称洪内翰。参见《宋史·卷三七三》。

二、著作简介

《竹轩集》

刘振辞显宦而请奉祠,盖亦性乐潇散者,虽率尔^①吟咏,必遵法度,犹见北宋风格,绍兴中,洪迈为序以传。

---

① 率尔:指随便,无拘束貌。

(宋)何　異

一、人物简介

何異①(1129—1209)，字同叔，自号月湖，长安乡五都高峰山②(今属桃源乡简桥)人；封"临川郡侯③"。

南宋高宗绍兴二十四年(1154)进士，初授石城县主簿，历两任，恭正勤政而晋正④，调为萍乡知县；经丞相周必大⑤荐之，迁国子监丞。在朝"轮对"⑥称旨⑦，所言令帝喜之，曰："君臣一体，初不在事形迹，有所见闻，于银台司⑧缴奏。"擢升监察御史。何異上奏与丞相留正⑨曾同官共事，不敢供以监察之职，御札⑩不许引嫌⑪，遂拜命。迁任右正言⑫。

---

① 何異：人物简介参考《宋史·卷四百一·列传第一百六十》、清道光、同治版《崇仁县志》、康芬、龙晨红《江西历代著作考》等。何異：现在写简体作"何异"。

② 高峰山：在现桃源乡简桥。清康熙十二年版《崇仁县志·乡贤传》载为"高峰山"人。道光十二年版《崇仁县志·人物志》、同治十二年版《崇仁县志·选举》卷七载其"东耆鄢巷人"。这里取较早版本所载。

③ "临川郡侯"封号载郡邑志；见康熙十二年版《崇仁县志·封爵表》。

④ 晋正：升迁为正职。

⑤ 周必大：见"欧阳澈"节。

⑥ 轮对：宋代官员轮值上殿策对时政利弊，谓之"轮当面对"，简称"轮对"。

⑦ 称旨：行为、语言符合上意。

⑧ 银台司：门下省所辖官署。掌管天下奏状案牍。司署设在银台门内，故名。银台司兼门下封驳(封驳：封还皇帝不适宜的诏令，驳回大臣有错误的奏章)《宋史·职官志一》："银台司，掌受天下奏状案牍，抄录其目进御，发付勾检，纠其违失而督其淹缓。"

⑨ 留正(1129—1206)，字仲至，泉州永春人。绍兴十三年及第进士，历孝宗、光宗、宁宗三朝，官至丞相。是"三朝元老"。有《诗文》《奏议》《外制》二十卷行于世。参考《宋史·卷三百九十一·列传第一百五十》。

⑩ 御札：帝王的书札，手诏。

⑪ 引嫌：避人嫌疑。

⑫ 右正言：为谏官之一，中书省右正言省称。北宋前期，须别降命赴谏院供职，才是谏官；如带"右正言"而兼它职，则此"右正言"只起文臣寄禄官阶作用。元丰五年(1082)行新官制，右正言隶尚书省，始专任谏官之职。

　　绍熙四年（1193），时光宗愆于定省①，异人疏谏，不得召见。约台官联名，言奸人离间父子，当明正典刑，语极峻，亦不得见。无奈要求丐外②，遂授湖南转运判官，并偶摄帅事③。

　　绍熙五年（1194），辰④蛮侵扰邵阳，何异募山丁捕首乱者，蒲⑤来矢⑥，以众来降。寻⑦为浙西（苏州）提点刑狱。以太常少卿召，改秘书监兼实录院检讨官，权礼部侍郎、太常寺。

　　庆元五年（1199），太庙芝草⑧生，韩侂胄⑨率百官观焉，异谓其色白，虑⑩生兵妖，侂胄不悦。又以刘光祖⑪于异交密，言者遂以何异言路不弹⑫，又受之丞相留正及受赵汝愚⑬荐，劾⑭罢之，久乃予祠⑮。起知夔州兼本路安抚后。异据夔民土狭食少⑯的现状，同转运司籴米⑰桩积⑱，立循环通济仓。

　　七月丙戌，西北有星白芒坠地，其声如雷，异曰："戌日酉时，火土交会，而妖星自东南冲西北，化为天狗，蜀其将有兵乎？"请丐祠⑲，却以宝谟阁待制提举太

---

① 愆于定省：愆音 qiān；意思罪过、过失。定省：旧时侍奉父母的日常礼节。即晚间服侍就寝，早上省视问安。当时光宗屡屡借口自己有病，长期不探询年老多病的太上皇，朝廷大臣对此颇有微辞。

② 丐外：指京官自请外放。就是自己要求到京外任职。

③ 摄帅事：替代军事统帅。

④ 辰：指当时的辰州，今湖南沅陵县。

⑤ 蒲：蒲服：蒲伏、伏地膝行。

⑥ 来矢：其本义为尾部有双羽平衡的箭只，指躲避射来的箭。后引申为不变线的、定向的、有坚定不移等含义。

⑦ 寻：引申指时间，表示随即、不久。

⑧ 芝草：灵芝。菌属。古以为瑞草，服之能成仙。

⑨ 韩侂胄（侂胄：音 tuō zhòu）（1152—1207），字节夫，相州安阳（今河南安阳）人，南宋权相。任内禁绝朱熹理学，贬谪以宗室赵汝愚为代表的大臣，史称"庆元党禁"。他追封岳飞为鄂王，追削秦桧官爵，力主"开禧北伐"金国，因将帅乏人而功亏一篑。参考《宋史·卷四百七十四·列传第二百三十三》。

⑩ 虑：担忧。

⑪ 刘光祖（1142—1222），字德修，简州阳安（今四川简阳）人。光宗时，为侍御史，极论道学所系。著有《后溪集》十卷。参考《宋史·刘光祖传》。

⑫ 弹：疑误，应为"惮"，畏惧之意。

⑬ 赵汝愚（1140—1196），字子直，原籍饶州余干（今江西余干县），宋孝宗干道二年（1166）状元及第。官至吏部尚书等职。著有《忠定集》十五卷、《太祖实录举要》若干卷、《类宋朝诸臣奏议》三百卷等。参考《宋史·卷三百九十二·列传第一百五十一》。

⑭ 劾：指检举揭发罪状。

⑮ 予祠：或为预备奉祠之意。奉祠：只领官俸而无职事。类似现在退居"二线"。

⑯ 土狭食少：指对食物作物选择范围狭窄。

⑰ 籴：音 dí；本义买进粮食，跟"粜（tiào）"相对。

⑱ 桩积：积存。

⑲ 请丐祠：请求奉祠。宋代五品以上官员，年老不能任事或退休，多被任为宫观使等官，实无职事，只领俸禄，称为"奉祠"。

平兴国宫。后四年，吴曦①果叛。起任潭州知府后，乞闲②予祠者再③。

嘉定元年（1208），召为刑部侍郎。五月不雨，异上封事④言："近日号令或从中出，而执政不得与闻其事，台谏不得尽行其言。陛下闵念饥民，药病殡死，遐荒僻峤⑤，安得实惠？多方称提⑥，不如缩造楮币；阜通商米，不如稍宽关市⑦之征。"明年，以侍郎职权⑧工部尚书。遂告老，所奏抗章⑨言："近臣求去，类成虚文，中外相观，指为礼数，无以为风俗廉耻之劝。"再以宝章阁直学士知泉州府，从所乞予祠，进宝章阁学士，转晋高一级官职即致仕⑩。卒，年八十有一。⑪

何异一向对自己要求很高，且行事笃实，又富有诗名，生平俸入多用于买山、购书，建有"浮石山庄"⑫"麻姑山房"以藏书。

著有《月湖诗集》十二卷、《中兴百官题名》五十卷、《月湖信笔》三卷。

李壁⑬谓其"用意深远，多存训诫，当与杨诚斋⑭、陆放翁⑮并驱"云。

———————————

① 吴曦（1162—1207），德顺军陇干（今甘肃静宁）人，南宋中期将领。初因祖父功勋补任右承奉郎，官至四川宣抚副使、兴州知州等。开禧二年（1206），吴曦叛宋降金，并请求金国封他为蜀王。参考《宋史·卷三十八·本纪第三十八》。

② 乞闲：请求赋闲。

③ 再：再次。即再次请求辞官或奉祠。

④ 封事：密封的奏章。古时臣下上书奏事，防有泄漏，用皂囊封缄，故称。

⑤ 遐荒僻峤：意思为偏僻的山乡，边远荒僻之地。

⑥ 称提：南宋时为防止纸币（交子和会子）贬值而采取的一种金融措施。称提，最早见于北宋，为调整铜铁比值关系的一种办法，后用来表示以钱币、金银、实物等收兑贬值纸币，限制发行额，指用行政办法干预货币币值。

⑦ 关市：关隘与市场。古代指设在交通要道的集市。后来专指设在边境同外族或外国通商的市场。

⑧ 权：以低品级官职担任高一级职务。

⑨ 抗章：向皇帝上奏章。

⑩ 致仕：交还官职，即退休。

⑪ 选自《宋史·卷四百一·列传·第一百六十》。

⑫ 浮石山庄：在五都，距城南十五里，有溪可容船，何异将此辟为山庄，榜曰：三山小隐；理宗青宫时书"衮庵"二字赐之，旁有浮石洞，深不可入，又旁有鲤石名胜，志载浮石、玲珑石岩三处，其实一山也。自作有诗，邓犀如、虞集俱有诗，洪迈为之记。

⑬ 李壁：《宋史》写作李壁（1157—1222），字季章，号石林，又号雁湖居士。眉之丹棱（今四川省眉山市丹棱县）人，仕至礼部尚书。参考《宋史》卷三九八·列传第一百五十七。

⑭ 杨诚斋：杨万里（1127—1206），字廷秀，号诚斋。吉州吉水（今江西省吉水县黄桥镇湴塘村）人。南宋著名诗人，与陆游、尤袤、范成大并称为"中兴四大诗人"。因宋光宗曾为其亲书"诚斋"二字，故称"诚斋先生"。参考《宋史·卷四百三十三·列传第一百九十二》。

⑮ 陆放翁：陆游（1125—1210），字务观，号放翁，汉族，越州山阴（今浙江绍兴）人，南宋文学家、史学家、诗人。参考《宋史》卷三百九十五。

二、著作名录

《中兴百官题名》·五十卷

《何氏山庄次第本末》·二卷

《月湖信笔》·三卷

《月湖诗集》·十二卷(一名《月湖集》)

《崇仁义本》(并序)·一卷

三、著作简介

《中兴百官题名》·五十卷

何异历经显宦,故熟于朝中事实,《中兴百官题名》,虽标题名,而各名下备叙生平可供后人稽考。

明代杨士奇《文渊阁书目》着录,作一部五十册,可知明代此书尚流传。然《四库全书》编修时,已残缺,散存于《永乐大典》中;其中《宋中兴学士院题名》一卷、《中兴东宫官寮题名》一卷、《中兴行在杂卖场提辖官题名》一卷即从中辑出。

《宋中兴学士院题名》记载了建炎元年五月至嘉定五年二月八十余年近百名学士任职和除职时间。《中兴东宫官寮题名》《中兴行在杂卖场提辖官题名》二书官职时间和人数与《宋中兴学士院题名》相类从。故宋王应麟《玉海》卷一百十九载《中兴百官题名》作于"绍熙年间",疑误,应为"嘉定年间"。

《藕香零拾》丛书编录:

《宋中兴学士院题名》一卷、《东宫官寮题名》一卷、《行在杂买务杂卖场提辖官题名》一卷、《三公年表》一卷(宋)何异撰·清光绪二十二年(1896)刻。

《藕香零拾》丛书是清末缪荃孙编刻的丛书。这部丛书原装 32 册,以明末藏书家曹溶《流通古书约》中的一段话为序,每字为一册。全书共收书 39 种,计101 卷。此书筹划于光绪丙申,于宣统庚戌刻成。

资料图片:何异《宋中兴百官提名》封面

清缪荃孙编《藕香零拾(丛书)》本

资料图片：何异《宋中兴百官提名》内页

清缪荃孙编《藕香零拾（丛书）》本

宋陈振孙《直斋书录解题》着录：

监察御史临川何异同叔撰。首卷为《宰辅拜罢录》，余以次列之，刻板浙漕。其后以时增附。渡江之初，庶务草创，诸司间有不可考者，多阙之。

《宋中兴百官题名》四卷，（宋）何异撰。由《中华书局》《商务印书馆》列入《丛书集成》。

清瞿镛《铁琴铜剑楼藏书目录》着录：

《宋中兴百官题名》一卷（钞残本），陈氏《书录》谓临川何异同叔撰。

凡五十卷。始建炎，终泰定，尝刻于浙漕司，今旧本不可得。此惟《翰林学士题名》一卷。潜研钱氏从《永乐大典》录出。淳熙至嘉定四十余年，词臣拜罢，姓氏悉具，可补洪氏《翰苑群书》所未及。

后附宋绍兴十八年《进士题名记》、元延祐甲寅江西乡试《石鼓赋》八篇，至正十年、二十一年《山东乡试题名记》，至正十一年《进士题名记》，至正庚子《国子监贡试题名记》，至正丙午《国子监公试题名记》。并鹤溪居士王鸣韶从钱氏借钞，汇为一编。此其传录本也。

《何氏山庄次第本末》·二卷

归田后，辟①"浮石山庄"，岩谷幽邃，《何氏山庄次第本末》名言"何氏"，盖自谓也。为"山志"，《文献通考·经籍考》载为一卷，现存各版《崇仁县志》载为二卷。

南宋陈振孙②撰《直斋书录解题》③卷八载：

---

① 辟：意"开辟"。

② 陈振孙：见"黄裳"节。

③ 《直斋书录解题》：是南宋陈振孙撰私家藏书目录。原本五十六卷，分经、史、子、集四录，故书名中称"书录"。全书共分五十三类，在两宋官修书目基础上调整增补了门类，为中国古代一部重要的私人藏书目录。

《何氏山庄次第本末》尚书崇仁何异同叔撰。其别墅曰"三山小隐"。

三山者,浮石山、岩石山、玲珑山,其实一也,周回数里。叙其景物序为此篇。自号"月湖"①,标韵清绝,如神仙中人,膺②高寿而终。其山今芜废矣!

《月湖信笔》《月湖诗集》

何异博学工诗,高自标置③,其作虽总雅淡,然无南宋浅薄之习,故有不可一世之概。

《崇仁义本》(并序)·一卷(资料暂缺)

---

① 月湖:在崇仁河南岸,与县治相对;宋绍兴间何异起西第,面市背溪鉴池日月湖,建东西两庵,有船、亭、水阁、睡寮、精舍、云溪楼、家山阁诸胜。
② 膺:接受天命。
③ 标置:犹品评。谓标举品第,评定位置。指应达到的高度、位置。

（宋）吴 潀

一、人物简介

吴潀[①]（约 1165 年前后在世，生卒年不详）字德深，沆之弟，崇仁人。宋隆兴元年癸未（1163）登进士第。

自负才能，不肯就铨选[②]；条陈边境利害以进呈朝廷，大臣们阅过后一致同意推荐使用，认为他到北部边境任职比较合适。皇上召之便殿[③]就所进对论，词气激烈。孝宗壮之，除太学录，改知西外宗教，未几，卒。

所著有《宇内辨》十卷、《历代疆域志》十卷、《受命符图》及《罪言》等书行世。其《历代疆域志》为沿革地理专著。

二、著作名录

《历代疆域志》·十卷（宋史名《宇内辨历代疆域志》）

《宇内辩》·十卷

《受命符图》·卷数不详

《罪言》·二卷

---

① 吴潀：人物简介参考清道光、同治版《崇仁县志》、康芬、龙晨红《江西历代著作考》等。吴潀应是吴沆从季弟，字德深。"潀"疑为错字，应为"潀"，待考。

② 铨选，是唐宋至清选用官吏的制度。除最高级职官由皇帝任命外，一般都由吏部按照规定选补某种官缺。凡经考试、捐纳或原官起复具有资格的人均须到吏部听候铨选。

③ 便殿：正殿以外的别殿。古时皇帝休息宴饮的宫殿。

三、著作简介

《历代疆域志》·十卷

地理类著作。《玉海》卷一五《绍兴历代疆域志》云：

(绍兴)十六年九月六日,抚州布衣吴澥上《宇内辩》《历代疆域志》各十卷,诏免解①。

宋陈振孙《直斋书录解题》著录。

清同治十二年《崇仁县志》载:"澥有干济才,朝臣荐其可备,使金游迹所至,皆笔之于书,故能考订精核。"

《历代疆域志》是中国沿革地理发展自成体系时期的沿革地理专著之一。

"沿革"一词首见于《三辅黄图》②的"三辅沿革"篇。《汉书·地理志》③以记述西汉时代的政区、山川、人口、风俗为主,也包含了丰富的沿革地理内容,西晋时,杜预著《春秋左传集解》④,对春秋列国地理多所诠释;裴秀的《禹贡地域图》⑤与京相璠的《春秋土地名》⑥,则已属专门的沿革地理之作,自唐以降,更出现全国性的地理总志。唐代李吉甫所修《元和郡县志》、宋代乐史所修《太平寰宇记》,以至元明清三朝所修《一统志》,从内容到规模,都较正史地理志有所扩展。宋元以来的地方志,都把建置沿革作为重要的记载内容。

---

① 免解:宋承五代后唐制,举人获准不经解试(荐名于朝廷的地方考试),直接参加礼部试,称"免解"。

② 三辅黄图:古代地理书籍。作者佚名。又名西京黄图,简称黄图。不注作者姓名。记载秦汉时期三辅的城池、宫观、陵庙、明堂、辟雍、郊畤等,间涉及周代旧迹。各项建筑,皆指出所在方位。此书条理清晰,为研究关中历史地理的重要资料。

③《汉书·地理志》:著者班固(32—92),包括上、下两分卷,是班固新制的古代历史地理之杰作。历史的时、空不可分,故写历史笔记及地理。是中国最早以"地理"为书名的著作。是《汉书》中十志之一。

④《春秋左传集解》:三十卷,原名《春秋经传集解》,是晋杜预对《春秋左传》所作的集大成之作。不仅是中国现存的头一部编年史,也是现存的头一部中国通史。对了解唐代及之前版本状况有极高的参考价值。

⑤《禹贡地域图》:18篇,是一部以疆域政区为主的历史地图集,也是所知中国第一部历史地图集。约在西晋泰始四年至七年(268—271),由裴秀主编完成。他在序言中提出了绘制地图的6项原则,即著名的"制图六体",为中国传统地图(平面测量绘制的地图)奠定了理论基础,裴秀因此被称为中国传统地图学的奠基人。

⑥《春秋土地名》:晋人京相璠著有《春秋土地名》三卷,其中对长城有所记述。作者及书名见《新唐书·艺文志一》。

疆域地理志、地方地理志和山川地理志构成我国古代沿革地理的三大分支。沿革地理成为专门学科,始于北宋。临川人吴澥著《历代疆域志》,通考宋以前历代地理志的材料而成,是专门的沿革地理著作。其后学者研究成果很多。沿革地理在我国有着特殊地位,一向为历史学家所重视。

《宇内辩》·十卷

地理类著作。据元人张铉《至大金陵新志》[①]卷十四存留其佚文称:

"吴澥《宇内辩》云'金陵居长江下流,据金陵而言,则江南居左,四渎之流,皆自西来,天下之形势,亦然。以中原而言,则江南之地居右,故前史两称之。'"

又据朱熹《乞加封陶威公状》载:"……又缴到近世抚州布衣吴澥所著《辩论》……"《辩论》亦为《宇内辩》佚文。

宋章如愚编《群书考索续集》[②]卷四十六之《扬州地利》《荆州地利》《东南县邑民财》均引自《宇内辩》共得其佚文五条,比之全书,虽散佚巨多,但亦珍贵。其中《东南县邑民财》云:

"自晋南渡之后,东南渐重而西北渐轻。至于宋,东南愈重而西北愈轻。自晋元之南渡,东南文物渐盛,至于李唐,益加繁昌。安史之乱,江淮独全。历五季纷争,中原之地五易其姓,杀戮几尽,而东南之邦民有定主,七八十年间,咸获安业。逮宋龙兴,伐罪吊民,五国咸归,未尝妄杀一人。自后数十百年间,西北时有少警,而东南晏然,斯民弥得休息。以至元丰中,比往古极盛之时,县邑之增几至三倍,民户之增,几至十倍,财货之增几至数十百倍。至于庠序之兴,人才之盛,地气天灵,巍巍赫赫,往古中原极盛之时,有所不逮。天下之势,正犹持衡,此首重则彼尾轻,故自东南渐重,则西北渐轻,以至宋,东南愈重而西北愈轻。"

到了宋代,中国的经济、文化、政治之中心,已从北方中原之地移至南方。这个极具洞察力的论断,出自南宋崇仁当时区区一位布衣之口,可见吴澥视野之开阔,史见史识之高超。

《受命符图》(资料暂缺)
《罪言》·二卷(资料暂缺)

---

① 《至大金陵新志》:十五卷,元张铉撰。荟萃损益,本末灿然,无后来地理志家附会丛杂之病。张铉,字用鼎,陕西人。尝为奉元路学古书院山长。

② 《群书考索》:全称为《山堂先生群书考索》,又名《山堂考索》。南宋章如愚编。是南宋诸多类书中颇为出色的一部。其搜采繁复,考据精辟,指引辨证,博洽详实,历为人所重。

（宋）吴 镒

一、人物简介

　　吴镒[1]（1140—1197），字仲权，自号敬斋，崇仁青云乡十五都周坊（今属河上镇）人，吴山甫曾孙[2]，吴曾从弟[3]。南宋文学家。经当时抚州郡守张孝祥[4]以文"类西汉，大器之"推荐，隆兴元年（1163）进士及第。

　　孝宗乾道二年（1166）春，任郴州州学教授。乾道八年（1172）至孝宗淳熙二年（1175），任常德府龙阳县[5]丞。淳熙十二年（1185）七月，任郴州义章知县（今湖南宜章县），期间兴建学校，县内风俗为之一变。

　　淳熙十五年（1188），知郴州郴县[6]。十六年（1189），枢密罗点奉诏台鉴[7]，独进[8]镒曰："识虑[9]明远，议论平正。"遂入粮料院。光宗立召试，提秘书省正字，论对剀切[10]，皇上亦为之改容[11]，以台评[12]赋闲奉祠，再起任知武冈军，升郴州知府，

---

① 吴镒：人物简介参考道光、同治版《崇仁县志》、明弘治《抚州府志》、四库版《江西通志》、康芬、龙晨红《江西历代著作考》等。

② 见同治十二年版《崇仁县志》卷七。

③ 从弟：古人从血缘脉络或礼法脉络出发，称共曾祖父不共父亲（属平辈）的亲属中年幼于己的男性为从弟，此为旧义。据《宋书·武帝本纪》行文记述，从弟的亲疏远近当介于弟、族弟之间。即现在非至亲"堂兄弟"。

④ 张孝祥（1132—1170），字安国，别号于湖居士，汉族，历阳乌江（今安徽和县乌江镇）人。南宋著名词人，书法家。善诗文，尤工词，风格宏伟豪放，为"豪放派"代表作家。有《于湖居士文集》《于湖词》等传世。参考《宋史卷三百八十九列传第一百四十八》。

⑤ 龙阳县：今湖南汉寿县。

⑥ 郴县：今湖南郴州市。

⑦ 台鉴：请对方审查、裁夺的敬辞。

⑧ 独进：单独举荐。此说学界有争议，待考。

⑨ 识虑：识知与思虑，见解与谋略。

⑩ 剀切：跟事理完全相合。

⑪ 改容：同"动容"，形容被言语、行为所感动。

⑫ 台评：御史台的弹劾。"台"，指御史台的官职。出自《老学庵笔记》。

创社仓八十余所,属邑桂阳民多不逞①,持兵剽掠②,乃加强保甲制度,赏罚不踰,皆改行正道。以尚书省吏部司司封郎中,召对极言③,皇上御批"除目④之弊"。未几出为湖南转运使又转广西。庆元三年(1197)四月,移广南西路转运司判官。是年卒,年五十八。"敬明斋"张南轩⑤为之记。

有《敬斋集》三十二卷、《文献通考》传于世。⑥

二、著作名录

《敬斋集》·三十二卷

《云岩集》(卷数不详,或为《敬斋集》之别名。待考)

《敬斋词》·一卷

《文献通考》·卷数不详

三、著作简介

《敬斋集》·三十二卷(或名《云岩集》待考)

吴镒少有隽⑦名,郡守张孝祥谓其"文类西汉"⑧;枢密罗点称为"识虑明远,议论平正,可备台谏⑨之选。""敬斋"为吴镒读书之所,张栻曾作文记之。

《敬斋集》为诗文集,已失佚。《直斋书录解题》着录其《敬斋词》,今《全宋词》

---

① 不逞:指失意,不得志。泛指为非作歹。

② 剽掠:音:piāo lüè;指抢劫掠夺,亦指抄袭窃取。

③ 极言:竭力陈说。

④ 除目:出自《武功县中作》,指除授官吏的文书。"除目之弊"意指"除目"文书不能人才尽用而显示的弊端。

⑤ 张南轩:即张栻(1133—1180),字敬夫,号南轩,学者称南轩先生。南宋汉州绵竹(今四川绵竹市)人。南宋初期学者、教育家。其学自成一派,与朱熹、吕祖谦齐名,时称"东南三贤"。南宋理宗淳佑初年(1241)从祀孔庙,后与李宽、韩愈、李士真、周敦颐、朱熹、黄干同祀石鼓书院七贤祠,世称石鼓七贤。参考《宋史·张栻传》。

⑥ 本节摘自清道光元年《崇仁县志》和明弘治《抚州府志》,有与《宋史·卷三六》所述不同处已注"待考"。

⑦ 隽:通"俊"。优秀,才智出众。

⑧ 文类西汉:柳宗直《西汉文类》是今可考唐代为数不多的由唐人编纂且未选唐人诗文的总集,虽然该集已佚,但编纂者柳宗直兄柳宗元所为序文尚存。

⑨ 台谏:台官与谏官之合称。唐时,台官与谏官分立。唐、宋侍御史、殿中侍御史与监察御史掌纠弹,通称为台官,谏议大夫、拾遗、补阙、正言掌规谏,通称谏官,合称台谏。清代统归于都察院,职权不再分别,虽亦统称台谏,与宋之台谏性质有所不同。

仅录其《水调歌头》二首,《全宋诗》收录其诗五首,《全宋文》收录其文四篇;宋魏齐贤《五百家播芳大全文萃》以"吴仲权"名收录《赴任上通判启》《贺宋户侍启》,《全宋文》未录,可补其阙。

《云岩集》(或为《敬斋集》之别名。待考)

《敬斋词》·一卷
宋陈振孙撰《直斋书录解题》着录:
《敬斋词》一卷,临川吴镒仲权撰。亦失佚。

《文献通考》(资料暂缺)

（宋）罗　点

一、人物简介

资料图片：抚州名人园·罗点塑像

罗点①（1151—1195），字春伯，号此庵。长安乡四都高垍（今属石庄乡高溪村）人，封"临川郡侯②"。官至代理兵部尚书。

罗点六岁即能文。淳熙二年（1175）举进士第二名③，是谓"榜眼"。初授定江军节度推官，丁父忧④，受到漕运使赵汝愚⑤的赏识，荐为太学博士，升至校书郎兼国史院编修。

淳熙十年（1183），任秘书省正字，他针对奸佞当权，压制谏言，进行上疏。十二年（1185），任秘书郎兼太子宫小学教授。他选择古人事迹中可以汲取经验教训的文章，编成《鉴古录》，对皇室子孙进行讲授。十三年（1186），调为浙西（今江苏苏州）提举，并从属吏中选择贤能，入幕赞划⑥，全面了解民间的利弊所在，政绩颇著。昆山、华亭之间有淀山湖，可以用来调节入湖各河的水量，但被皇室贵戚霸占淤田，

① 罗点：人物简介参考清康熙、道光、同治各版《崇仁县志》《端明殿学士签书枢密院事罗公行状》袁燮撰《絜斋集》卷一二。《宋会要辑稿》，康芬、龙晨红《江西历代著作考》等。
② "临川郡侯"：封号载郡邑志，见康熙十二年版《崇仁县志·封爵表》。
③ 载《宋会要辑稿·选举二》之二一。
④ 丁父忧：指遭逢父亲丧事回乡守孝。古时"丁忧"需辞官守丧三年。
⑤ 赵汝愚（1140—1196），字子直，原籍饶州余干（今江西余干县）。南宋学者，常以司马光、富弼、范仲淹、韩琦等自许。著有《忠定集》十五卷、《太祖实录举要》若干卷、《类宋朝诸臣奏议》三百卷等。参考《宋史·卷三百九十二·列传第一百五十一》。
⑥ 赞划：佐助，参与策划。

造成水道阻塞。他上疏开浚,扩大蓄水容量,改善灌溉面积达百万顷之多。

淳熙十四年(1187),由户部员外郎兼太子侍读,调为太常少卿并兼任平江知府。十五年(1188),召为太常少卿兼侍立官。十六年(1189),光宗受禅登帝位,罗点奉命出使金邦,通报新帝即位。恰逢金邦世宗去世不久,胁迫罗点换去使官吉服①,罗点不从,金人又以上国自居,诘责②国书中不应使用"宝位"一词,罗点回应说:"圣人大宝曰位,不加宝字,何以别至尊?"金人一时语塞无对。

绍熙三年(1192)十一月,光宗打算到重华宫朝贺太上皇,后却不去。罗点多次进谏,光宗皆不听,于是请求辞职,不准。十二月,调任代理兵部尚书,罗点与同僚又向光宗提出许多切中时弊的政见;先后奏疏三十五次,单独上奏章十六次,当面口奏更多。他不惮天威之莫测,不惧后宫、宦侍③之谗言,直言进谏光宗欠缺事亲之礼④。而帝始终不予采纳,竟连孝宗丧事也不过问。直到宁宗继位(1194),人心始定。宁宗拜罗点为端明殿学士,签书枢密院事。同年九月,突然病故,年仅 45 岁,赠太保周国公,谥"文恭"。宰相赵汝愚泣诉于宁宗说:"黄裳⑤、罗点相继沦谢⑥,二臣不幸,天下之不幸也。"

罗点天性孝友,正直端庄,从不倚势压人,敢于发表自己的见解。他师从陆九渊⑦,对陆甚为敬佩。⑧ 陆子在《与春伯书》中说"字宙无际,天地开辟,本只一家。往圣之生,地之相去千有余里,世之相后千有余岁……盖一家也。"

父罗朝俊赠太子太傅;子愚,荫丹阳簿;子恩,官峡州知府;子愿,官泰州通判;子愈,官隆兴监仓,后升御史。

二、著作名录

《罗文恭公奏议》·四十六卷(又名《奏议》·二十三卷)
《见闻录》·一卷(一名《闻见录》)

---

① 吉服:古祭祀时所着之服。祭祀为吉礼,故称。
② 诘责:质问并责备。
③ 宦侍:指宦官。
④ 事亲之礼:指事亲之道,即孝道。这里主要指对父母的孝道。
⑤ 黄裳(1146—1194),号兼山,四川剑阁人,宋史有传。
⑥ 沦谢:指去世。
⑦ 陆九渊(1139—1193),字子静,抚州金溪(今江西省金溪县)人,南宋思想家,陆王心学的代表人物。为宋明两代"心学"的开山之祖,与朱熹齐名。参考《宋史·列传第一百九十三·陆九渊传》。
⑧ 本小段见《絜斋集》卷一二《罗公行状》。《宋史》卷三九三。

《罗文恭公笔记》·卷数不详

《中兴四朝国史·艺文志》·卷数不详

《书春秋孟子讲义》·卷数不详

《清勤堂法帖》·六卷

《鉴古录》·卷数不详

三、著作简介

《罗文恭公奏议》·四十六卷(又名《奏议》·二十三卷)

此书宋末元初已罕见,陈振孙《直斋书录解题》、马端临《文献通考》等均未能着录。

《奏议》为罗点文集,其文慷慨真挚,喋喋动人。

宋刘宰①《漫塘集》卷十九有《罗文恭公文序》一文,记《罗文恭公奏议》为四十六卷。序云:

"嘉定丙子,公之季子愚,由延陵戍摄官金坛。某以民礼见,始得拜公遗像,延陵以某居闲无事,俾序次公遗文。某惟畴昔抱不及门之恨,乃今得因其遗文,溯其胸中之蕴,幸矣。其何敢辞。即为序,次为四十六卷。其间有脱稿而未经删润者,有属稿一册而莫知当时所由者,亦有说经记事而不专为文者,宜有所去留,有所别异重……"

此序写于嘉定十年(1217),由是可知此集刘宰于是年编辑而成,共四十六卷。

魏了翁②之《鹤山集》中《罗文恭公奏议》序③云:

"文恭公奏疏,吾友刘平国既叙所以作,公之子(罗)愚又嘱余申其义。余尝考公岁阅系馆学至枢府,方十余年耳,而论奏百数十,大义炳炳,甚至引据排闼,号泣而随。

---

① 刘宰(1167—1240),字平国,号漫塘病叟,镇江金坛(今属江苏)人。绍熙元年(1190)举进士。隐居三十年,于书无所不读。为文淳古质直,著有《漫塘文集》三十六卷,《四库总目》又作有语录,并传于世。参考《宋史一列传第一百六十》。

② 魏了翁(1178—1237),字华父,号鹤山。邛州蒲江县(今属四川)人。理学家。反对佛、老"无欲"之说,推崇朱熹理学。提出"心者人之太极,而人心已又为天地之太极",强调"心"的作用,又和陆九渊接近。能诗词,善属文。著有《鹤山全集》《九经要义》《古今考》《师友雅言》等。参考《宋史·卷四百三十七·列传第一百九十六》

③ 见魏了翁《鹤山集·罗文恭奏议序·卷五十四》。

呜呼！是拳拳者,谁实使之心者,人之神明。其于是非邪正之辨,较若白黑,不容自欺。

古之君子,上不敢欺其君,而知无不言;下不敢欺其民,而知无不为。比岂有为而然哉！凡以事其心焉耳矣。事其心,则事天也。三复淳熙,育才之盛,庶几见之,庶几见之。”

跋罗文恭公《奏议》卷·真德秀①

读文恭公《奏议》,然后知公有古大臣格心②之业也。盖邹孟氏③没世不复识《大学》源流,虽名卿贤大夫不过区区,力持其国,冀免祸败焉,尔独一董仲舒④特为有见而志,弗及⑤故子。程子尝论之曰:“知求治而不知正君,知规过而不知养德”⑥识者谓其切中后世之弊。经筵之疏,勤权恳切,百世之着,龟也方⑦。

宁宗初,众贤盈庭,而文恭号称巨擘,正心一疏,蔼然仁义之言,视于程子庶几⑧无愧,倘天假之年⑨,俾获尽行所学,则古大臣事业可以复见,安得有异时权奸之祸哉,抚卷慨然为之流涕。

《见闻录》·一卷

记时事之笔记类著作。历代目录书多未收录,仅《文渊阁书目》录“《罗文恭公笔记》一部一册”,不知是否此书。

四库本《说郛》卷三二注明“罗点(春伯)”为作者,收录六条记事,多为宋时

---

① 真德秀(1178—1235),本姓慎,因避孝宗讳改姓真。始字实夫,后更字景元,又更为希元,号西山。福建路建宁府浦城县(今福建省浦城县仙阳镇)人。南宋后期理学家,学者称其为“西山先生”。真德秀学宗朱熹,为继朱熹之后的理学正宗传人,与魏了翁齐名,创“西山真氏学派”。今有《真文忠公集》传世。参考《宋史·卷四百三十七·列传第一百九十六》。

② 格心:归正之心。《礼记·缁衣》:“子曰:‘夫民教之以德,齐之以礼,则民有格心;教之以政,齐之以刑,则民有遁心。’”孔颖达疏:“格,来也。君若教民以德,整民以礼,则民有归上之心。”

③ 邹孟氏:指孟子;孟子为邹人,故称。

④ 董仲舒(前179—前104),广川(河北省景县西南部,景县、故城、枣强三县交界处)人,西汉思想家,儒学大家。汉武帝元光元年(前134),汉武帝下诏征求治国方略,在著名的《举贤良对策》中把儒家思想与当时的社会需要相结合,创建了一个以儒学为核心的新的思想体系,系统地提出了“天人感应”“大一统”学说和“诸不在六艺之科,孔子之术者,皆绝其道,勿使并进”“罢黜百家,独尊儒术”的主张被汉武帝所采纳,使儒学成为中国社会正统思想,影响长达二千多年。参考《汉书·董仲舒传》。

⑤ 弗及:比不上。

⑥ 见朱熹《近思录》卷九。

⑦ 龟也方:印章的代称,古代印章多为龟形纽,故称。

⑧ 庶几:表示希望的语气词,或许可以。

⑨ 天假之年:意思是上天赐给足够的年寿,指能享其天年。出自《左传·僖公二十八年》。

杂闻。

《罗文恭公笔记》
明杨寓《文渊阁书目》著录：
罗文恭公笔记一部一册。

《中兴四朝国史·艺文志》
《宋史·艺文志》着录：罗点《奏议》二十三卷。
后《宋史新编》、《国史经籍志》等因之。

《书春秋孟子讲义》（资料暂缺）

《清勤堂法帖》·六卷（资料暂缺）

《鉴古录》（资料暂缺）

(宋)李 刘

一、人物简介

李刘①(1175—1245)字公甫,号梅亭,崇仁乡二十都白沙(梅峰山下沙洲村附近。今属桃源乡)人;封"崇仁县子②"。南宋后期骈文③作家。

理宗书"藏修经训,竹阁梅亭"八字以赐之,奉祠④归。寻召⑤,却以疾在身为由不任。帝召见,请除⑥中书舍人兼直院;再升职则有言官劾⑦,复予祠,进宝章阁待制。卒年七十一。

梅亭自幼聪明好学,喜作骈文诗词。嘉定元年(1208)中进士⑧,初任宁乡县⑨主簿。曹彦约⑩为湖广总领时,留为幕僚。董居谊⑪出任四川制置使时曾为属僚。先后在四川荣、眉两州任知州,后担任西南一带的漕运使(总漕事),

---

① 李刘:人物简介参考明弘治《抚州府志·卷二二》、《宋史翼·卷二九》、道光元年版《崇仁县志·人物志》、高教版《中国文学史》等。

② 见清康熙十二年版《崇仁县志·封爵表》。

③ 骈文:文体名。指用骈体写成的文章,别于散文而言。起源于汉魏。以偶句为主,讲究对仗和声律,易于讽诵。迨南北朝,专尚骈俪,以藻绘相饰,文格遂趋卑靡。唐代以来,有以四字六字相间定句者,称四六文,即骈文的一种。

④ 奉祠:所谓"奉祠",是宋朝佑文政策的产物之一,即"祠禄制",是两宋特有的职官制度,祠禄官,虽叫作"监某庙""提举某宫观",却与宫观事务没有太大关系,"祠"与"禄"之间基本脱离,只是借名食禄而已。此制始设于宋真宗,初衷是为了"佚老优贤",是专门提供给高官的一种福利政策。

⑤ 寻召:寻,古意为"继续";即再次征召来授予官职或另有调用。

⑥ 除:授官之意。

⑦ 劾:弹劾。

⑧ 见载明弘治《抚州府志·卷一八》。

⑨ 宁乡县:今湖南宁乡县。

⑩ 曹彦约(1157—1228),字简甫,号昌谷,南康郡都昌(今属江西)人。淳熙八年进士。曾从朱熹讲学,后受人之召,负责汉阳军事,因部署抗金有方,改知汉阳军。后以华文阁学士致仕。参考《宋史·卷二○九》。

⑪ 董居谊:字仁甫,临川(今属江西)人。孝宗淳熙八年(1181)进士。官至四川制置使。参考《宋史·本纪第三十九》。

帅①成都、守本路、宪四川都大茶马等职，又以御史大夫之职负责四川（含云、贵）的军、政事务，时掌八印于一身。军、府僚佐各禀教令，治无不得宜，所得图书②以八印识之。后迁两浙运干，历任礼部郎官兼崇政殿说书、起居舍人、吏部侍郎、中书舍人兼直院，宝章阁待制等职。他治事果断，措施得当，僚佐无不叹服。

梅亭以写骈体文著名。熟于典故，用典叙事贴切，融化古语工巧，运用本朝典故恰到好处。其诗词虽多为"寿词③"，但抒情意味极浓，熟于典故，以骈俪④著称，制词为南渡⑤之冠。其《闻笛》诗被刘克庄⑥《后村千家诗》选作为"音乐门·笛"类代表作。

才高学博的梅亭，获理宗宸翰⑦"雪压乔林晚欲推，南枝何处得春来。初无急急争春意，自是千花不敢开"诗与赠，表四轴，皆有御玺。并御书"梅亭"牌额，余诏制亦多，为此专门构筑高阁三层贮之，以隆重供奉，名"御书阁⑧"，是为当时崇仁县城最华丽之阁楼。高阁楹帖云："云汉为章天咫尺，江南如画阁三重。"揭帖云："敕书盈阁光增日，制草藏家气吐光"；有云"吾家欲问宝，天子数封书"，以示荣耀。

著作有《梅亭四六》四十卷、《梅亭类稿》《续梅亭类稿》各三十卷。⑨

李刘是宋代最用力于"四六"的文人。他的"四六"作品多达一千一百多篇，名作也多，在当时享有盛名，如《贺丞相明堂庆寿并册皇后礼成平淮寇奏捷启》中的一节："南方之强欤，北方之强欤，风移俗易；东夷之人也，西夷之人也，气夺胆寒。风声鹤唳，不但平淮；雪夜鹅鸣，更观擒蔡。信君子不战，战必胜；知人臣无将，将则诛。"此启是祝贺平定叛将李全的，典故成语运用得十分贴切，对仗工巧而又稳妥，风格也比较典重浑成。⑩

旧志载："《语纂》《闭户录》《理语》等书，毁于火，惟《内外制讲义》《故事诗文

① 帅：统率，率领。
② 图书：指公文或文件。
③ 寿词：就是为长辈、亲朋庆祝生日过寿时候，说的祝福的话。
④ 骈俪，亦作"骈丽"。指骈体文，文章的对偶句法。
⑤ 南渡：南宋别称。
⑥ 刘克庄（1187—1269），初名灼，字潜夫，号后村，福建省莆田市人。南宋豪放派词人，江湖诗派诗人。作品数量丰富，早年学晚唐体，晚年诗风趋向江西诗派。词深受辛弃疾影响，多豪放之作，散文化、议论化倾向也较突出。作品收录在《后村先生大全集》中。参考《四库全书总目》卷二百《后村别调》。
⑦ 宸翰：帝王的墨迹，一般指皇帝亲笔手诏、御札之类。
⑧ 御书阁：李梅亭造，在城南小港下居第后，专门贮藏皇帝宸翰和敕制诏书等。李刘创高阁三层储之，至元戊子（1288）监邑麻自谋徙此阁为"丽谯"，后至元间，邑侯阿里即其旧址前建草庐书院。
⑨ 事见《道园学古录》卷三三《李梅亭续类稿序》。
⑩ 此一段摘自高教版《中国文学史》第三卷。

类稿》《梅亭四六》尚存"。

又周密《齐东野语》载:"嘉熙乙亥(1239)四月,育皇子,告庙祝文,学士李刘当笔,内一联云:亥年乙月无长蛇封豕①之虞,午日丑时有归马放牛之兆。时方有蜀扰,故云。"

又《坚瓠三集》载:"公谒真西山②,留饮,指榻间竹夫人命题曰:'蕲春县君,姓竹氏,可封卫国夫人'。公援笔立就,其中联云:'长居大厦之间,多为凉德之助。剖心析肝,陈数条之风刺;摩顶放踵,无一节之瑕疵。'末联云:'呜呼,保抱携持,朕不忘午夜之寝;辗转反侧,尔尚形四方之风。'西山击节称之。"③

二、著作名录

《梅亭四六》·四十卷(又名《四六标准》)

《梅亭类稿》·三十卷

《续梅亭类稿》·三十卷(门人罗逢吉辑)

《四六标准四一作(二)》·十卷

《语纂》·卷数不详

《闭户录》·卷数不详

《理语》·卷数不详

《内外制讲义》·卷数不详

《诗文类稿》(卷数不详,一名《故事诗文类稿》)

《梅婷先生四六》·一卷

三、著作简介

《梅亭四六》(又名《四六标准》)·四十卷

四六即骈句,骈文的通行别称,多以四字、六字相间成句。

此《梅亭先生四六标准》由南宋后期骈文作家李刘撰,其门人罗逢吉所编。全书共四十卷,分为:言时政、赞见、荐举、谢除授等七十一目,共一千九十六首。

---

① 长蛇封豕:长蛇和大猪,比喻贪暴者、侵略者。
② 真西山:指真德秀。见"罗点"节。
③ 上三小段见明弘治《抚州府志·卷二二》。

此为南宋时期刊本,现藏于日本内阁文库。

资料图片:《梅亭先生四六标准》《四部丛刊续编·集部》本

《四库提要》述:

刘平生无他事可述,惟以俪语①为专门。所著《类稿》《续类稿》《梅亭四六》,今皆未见。此本乃其门人罗逢吉所编。以刘初年馆②何异家,及在湖南、蜀中所作汇为一集。题曰"标准",盖门弟子尊师之词也。凡分七十一目,共一千九十六首。

自六代以来,笺启即多骈偶。然其时文体皆然,非以是别为一格也。至宋而岁时通侯③、仕宦迁除、吉凶庆吊,无一事不用启④,无一人不用启。其启必以四六。遂于四六之内别有专门。南渡之始,古法犹存。孙觌⑤、汪藻⑥诸人,名篇不乏。迨刘晚出,惟以流丽稳贴为宗,无复前人之典重。沿波⑦不返,遂变为类书之外编、公牍⑧之副本,而冗滥⑨极矣。然刘之所作,颇为隶事⑩亲切,措词明畅。在彼法之中,犹为寸有所长。故旧本流传,至今犹在。录而存之,见文章之中有此一体为别派,别派之中有此一人为名家,亦足以观风⑪会之升降也。至云翼⑫之注,芜杂⑬特甚,然亦有足备考证者。旧本所载,亦姑附存焉。

---

① 俪语:同俪辞。对偶的辞句。出处宋叶绍翁《四朝闻见录·丙集·史弥远玉带》。
② 馆:旧时指塾师教书的地方。
③ 通侯:指秦汉时代侯爵的最高一等,又称彻侯、列侯。这里指年度爵位的封赏。
④ 启:古代特指一种通用性的陈述性文体,似较简短的书信。
⑤ 孙觌:见"吴曾"节。
⑥ 汪藻(1079—1154),北宋末、南宋初文学家。字彦章,号浮溪,又号龙溪,饶州德兴(今属江西)人。长于四六文,其著名代表作《建炎三年十一月三日德音》《浮溪集》等。参考《宋史·卷二三一》。
⑦ 沿波:顺着水流。亦指顺流而下的水波。比喻承袭过去的事物。
⑧ 公牍:指官方的记载、文告等。
⑨ 冗滥:谓过分庞杂而无必要的限制。出自宋欧阳修《归田录》卷一:"当国者或不思事体,或收恩取誉……遂至官兵冗滥,不可胜纪。"
⑩ 隶事:谓引用典故贴切、自然而不觉。出自《南史·王谌传》。
⑪ 观风:观察动静,察看时机。
⑫ 云翼:指孙云翼,明文学家。字禹见,一作禹俭,号鹏举,丹阳人。万历十九年(1591)举人。历任知县、知州。归里后,三十年不拜访地方官,左图右书,披诵终日。撰述甚丰,文工齐梁体。著述主要有《广福山志》《哑绍编》《清畅斋骈语》《鳌阳漫稿》《桔山四六笺注》等。
⑬ 芜杂:杂乱,没有条理。

《梅亭先生四六标准》四十卷,乃罗逢吉所辑,跋曰:"客有求逢吉所藏《四六》,欲镂之梓,适先生以仪曹①召,弗敢请。客求益坚,姑授以先生初年馆月湖②及湖南、蜀川所作,名曰《四六标准》,继此当陆续以传。"

《文渊阁书目》③卷十一着录:

《李梅亭四六》一部八册,完全。又《李梅亭四六标准》一部三册,阙④。

《晁氏宝文堂书目》⑤卷中着录

《梅亭四六》活字刻一,钞一;

明祁氏《澹生堂藏书目》⑥卷十二着录

《四六标准》二十四册,四十卷;又《笺注四六标准》二十四册,四十卷。

其他如《脉望馆书目》⑦、《徐氏家藏书目》⑧卷五等皆录有《梅亭四六标准》四十卷。《标准》今存宋刊本二种,均四十卷:

中国国家图书馆收藏,一为全本,一为残卷。

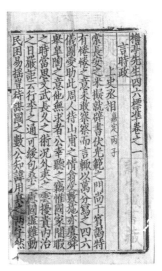

资料图片:《梅亭先生四六标准》《四部丛刊续编·集部》本内页

---

① 仪曹:官署名。尚书省诸曹之一。

② 月湖:指何异。

③ 《文渊阁书目》:是现存不多的官修登记性书目,以元内阁所藏宋、金、元三朝典籍为基础。在目录学史上有着不可低估的地位。属于明初国家藏书的第一部书目。杨士奇编。

④ 阙:同"缺"。

⑤ 《晁氏宝文堂书目》:又称《宝文堂书目》,是明晁瑮撰书目。收书7829种,该书于分类体系上,打破了传统的四部分类法,以卷系目,共分作上中下三卷。于每书下都注明刻本,可用来考查明人版刻源流。

⑥ 《澹生堂藏书目》:是明代的一部私家藏书目录。明祁承㸁(hǎn)撰。成书于明万历四十八年(1620)。主要版本有稿本,清光绪十八年(1892)徐友兰铸学斋刻《绍兴先正遗书》本,此本通行于世。

⑦ 《脉望馆书目》:是明代常熟大藏书家赵琦美的藏书目录。该文先介绍赵琦美及其家世,再考证目录成书时间,考察书目的编撰情况,最后对书目的着录情况和分类特点进行分析。脉望馆,是全国重点文物保护单位。

⑧ 《徐氏红雨楼书目》:是明·徐𤊹编著的一部史部著作。依经史子集四部立类,凡四部四十九类十三属。着录包括书名卷数、著者时代、籍贯、姓名、著作方式,间或有关于内容、主旨、版本以及其它内容和形式的着录。

此外有宋刻本《梅亭先生四六》一卷，与《格斋四六》同装一函，王重民《中国善本书提要》云：

与今本《四六标准》相校，"才得十一，且文字不同，复有删节。欲明其故，固可谓全书或不仅此，此当为《标准》未刻以前之祖本。然每类之中，所载不全，一表之内，字有删节，余故疑其为选本、节本也。"

《四六标准》除宋刊本外，《天禄后目》①卷十一着录有元版一部，凡二函十二册，"四十卷，分六十六目，凡笺启千九十六首。前有门人罗逢吉序"。

《结一庐书目》②卷四着录"元刊本，天一阁藏书"。此本今未见着录，当已毁。

至明代，是集又有两种刊本行世，《皕宋楼藏书志》③卷八十九、《艺风藏书记》④卷六皆有着录。

至清乾隆四十二年、嘉庆二十三年，有翻刻笺释本。《四库全书总目》卷一百六十三着录内府藏笺释本。凡分七十一目，共一千九十六首，此本有孙云翼（禹见）之注。

以上诸本以宋刻本为古，后来各本皆从之出。本丛刊所收《四六标准》为宋刻本。其刊刻时闻最早。

又，此本与他本相校，亦可纠正他本刊刻传钞之误，如卷八《代潭州邹帅应龙谢丞相》"镇抚"《四库》本作"填抚"；其他如"方半"《四库》本作"方中"，"并布"作"并播"；又同卷《回诸郡贺除成都漕》《四库》本脱"除"字，《回诸州教授贺除成都漕》《四库》本"诸州"作"诸郡"，故是集具有重要版本校勘价值，今据此影印。

《四六标准》·四十卷（内府藏本）

《四库全书总目提要》：

宋李刘撰。明孙云翼笺释。刘字公甫，崇仁人。嘉定七年进士。历官宝章阁待制。云翼有《橘山四六笺注》，已着录。

刘平生无他事可述，惟以俪语为专门。所著《类稿》《续类稿》《梅亭四六》，今

---

① 《天禄后目》：赵葵所序之宋刊本，清代犹存。

② 《结一庐书目》：清代朱学勤编。4卷。朱氏藏书处名结一庐。此目依经、史、子、集分类，著录藏书800余种，各书记版刻年月、抄藏姓名等，内多抄本。结一庐：清代著名的藏书楼，位于杭州市塘栖镇，主人朱学勤。

③ 《皕宋楼藏书志》：清代末期陆心源与其门人李宗莲合编的藏书目录。

④ 《艺风藏书记》：缪荃孙撰，有八卷，《续记》八卷，《再续记》四卷，收录缪荃孙所藏所见书籍一千四百多种，详载各书卷数、行款、序跋、书牌以及所钤印记。

皆未见。此本乃其门人罗逢吉所编。

至宋而岁时通候、仕宦迁除、吉凶庆吊，无一事不用启，无一人不用启。其启必以四六。遂于四六之内别有专门。南渡之始，古法犹存。孙觌、汪藻诸人，名篇不乏。迨刘晚出，惟以流丽稳贴为宗，无复前人之典重。沿波不返，遂变为类书之外编、公牍之副本，而冗滥极矣。

然刘之所作，颇近隶事亲切，措词明畅。在彼法之中，犹为寸有所长。故旧本流传，至今犹在……至云翼之注，芜杂特甚，然亦有足备考证者。

李刘诗，据《全芳备祖》①《前贤小集拾遗》②等书所录，编为一卷。

程千帆③、吴新雷④在《两宋文学史》中说："南宋后期四六名家首推李刘。"

样本图片：《四六标准》《四库全书》本内页

傅增湘《藏园群书经眼录》卷十四曰：

"《梅亭先生四六标准》四十卷，宋李刘撰。宋刊本，半叶十行，每行十九字，黑口，左右双栏。版心阳叶上记字数，下记人名。字体方峭俊丽，是建本之佳者。文分类为次，如言时政、赘见、荐举、举科目、谢座主、贺正、贺冬各门。钤有'新宫城书藏'末文印。"（日本内阁文库⑤藏书，己巳十一月十九日观）

---

① 《全芳备祖》：是宋代花谱类著作集大成性质的著作，学者吴德铎先生首誉其为"世界最早的植物学辞典"。此书专辑植物（特别是栽培植物）资料，故称"芳"。据自序："独于花、果、草、木，尤全且备"，"所辑凡四百余门"，故称"全芳"；涉及有关每一植物的"事实、赋咏、乐赋，必稽其始"，故称"备祖"。从中可知全书内容轮廓和命名大意。

② 《前贤小集拾遗》五卷，宋陈起辑，附《南宋群贤小集》。

③ 程千帆（1913—2000），汉族，字伯昊。九三学社社员、中国著名古代文史学家、教育家，是公认的国学大师，在校雠（音 chóu）学、历史学、古代文学、古代文学批评领域均有杰出成就。参考莫砺锋《程千帆评说》，湖南《宁乡市人物》。

④ 吴新雷：生于 1933 年 10 月，1955 年 8 月毕业于南京大学中文系，博士生导师。研究方向：中国古典戏曲史、文学史、红学、昆剧学。现任南京大学中文系教授、中国古代戏曲学会常务理事。著有《中国戏曲史论》《两宋文学史》等。参见"南京大学"网。

⑤ 日本内阁文库：是日本一座收藏汉、日文古籍的专门图书馆。藏书总量为 54 万册，其中日文书 31 万多册、汉籍 18 万多册、西文书 4.5 万多册。一些书籍如宋版《庐山记》等书被指定为重点保护文物。

清莫友芝撰《郘亭知见传本书目》著录：

《四六标准》四十卷，宋李刘撰，其门人罗梦吉编，明孙云翼笺注。明刊。乾隆四十二年陈氏刊。《天禄目》有元刊无注本，称《梅亭先生四六标准》。明有万历丁酉冯梦桢《序》，其门人新安黄氏刊本。

《梅亭类稿》·三十卷、《续梅亭类稿》·三十卷

李刘著有《梅亭类稿》三十卷、《梅亭续类稿》三十卷（门人罗逢吉辑）。

《类稿》在宋时已刊行，罗逢吉跋称"比眉山所刊《类稿》，已盛行于世"。入元，其孙李积又编成《续类稿》，《内阁藏书目录》①卷三、《国史经籍志》②卷五有着录，后散佚不存。

李梅亭续类藁序·虞集

《梅亭续类藁》三十卷者，故宋中书舍人、直学士院宝章阁待制临川李公讳刘，字公甫之文，梅亭，公自号。

而穆陵书以赐之者也，先有《梅亭类藁》三十巷，其家既锓梓而传之，及内附国朝公之孙畯掇拾遗书而彙，次之又得三十卷，曰：

《续藁》既成帙而没，后三十年，畯之子积，力不及其前人，时犹欲节约次第，勉力以成其志，而求予叙其事云，若积之所为，犹有前代惓惓文献之余意，盖亦可念可称者矣。若夫乍起乍减于寻文之间，俄忽之顷者，岂复知此之为重乎？

按龙图赵公汝腾③作公《墓志》，公初有《语纂》《闭户录》《理语》，书成，皆毁于火。然则《续藁》者，亦公既贵之所著也。

夫公之在朝，两为中书舍人，三入翰林直学士院，故内外制④最多，而乔行简⑤、李

---

① 《内阁藏书目录》：书目名。明代孙能传、张萱等编。于经、史、子、集外，增立圣制、典制、总集、类书、金石、图经、乐律、字学、理学、奏疏、传记、技艺、志乘、杂部等14部。略注撰人姓名、官职及完缺，间有解题。

② 《国史经籍志》是明焦竑撰史志目录。五卷，附录一卷。

③ 赵汝腾（？—1261），字茂实，号庸斋。居福州（今属福建）。宝庆二年（1226）进士。累官礼部尚书兼给事中。有《庸斋集》六卷。参考《宋史·卷四二四·赵汝腾》。

④ 内外制：内制、翰林学士的别称。唐宋时称由翰林学士所掌的皇帝诏令为"内制"。唐初，中书省设中书舍人，负责起草诏命，无内外制之分。至玄宗开元二十六年，始置翰林学士，掌内制；中书舍人只掌外制。

⑤ 乔行简（1156—1241），字寿朋，浙江东阳人。宋光宗绍熙年间进士，官至右、左丞相、平章军国重事，并被封为鲁国公。著有《周礼总说》《孔山文集》。参考《宋史·列传第一百七十六》。

宗勉①、史嵩之②三相之制,尤为世所称道。……且公之文光采博赡,文学之士莫不欲尽见以快其心目,何待于区区末学而赞于一言乎? 而不敢违积之请者,考公之遗书而切有感焉。……缅怀故乡是以不能忘情于公之言也,故为积书之,如此仍改。

至元之五年岁在已卯五月甲申雍虞③某书。

据虞集序文可知,李刘《梅亭类稿》三十卷,其家已先行刊刻于世,后其孙李畯又辑得《梅亭续稿》三十卷,李畯之子李积托虞集作序。此可证《类稿》与《续稿》总六十卷。

《千顷堂书目》录为九十卷,不知何据。

《梅亭先生四六》·一卷

王重民《中国善本书提要》④着录,并云:

"凡有《贺表》《谢表》《慰表》《贺笺》《谢笺》《慰笺》六类,持较今本《四六标准》,才得十一,且文字不同,复有删节。按其全书或不仅此,或当为《标准》未刻以前之祖本。然每类之中,所载不全,一表之内,字有删节,余故疑其为选节本也。"

此书为宋刻本,计一册,十行十九字,与《松斋四六》同装一函,藏国家图书馆。

《四六标准四一作(二)》·十卷

《语纂》(资料暂缺)

《闭户录》(资料暂缺)

《理语》(资料暂缺)

《内外制讲义》(资料暂缺)

《诗文类稿》(一名《故事诗文类稿》)(资料暂缺)

(宋)邓 铄

一、人物简介

邓铄①(1149年前后在世。生卒年不详),字国骖,自号"陋室门人",礼贤乡二十五都沙堤(今属巴山镇)人。

邓铄博学,为文简严。靖康间以布衣言事不合,遂归隐。崇仁邑西南境山②,险多盗,国骖谓:"即其地立县,乃可止。"并将此言于邑丞张咏,咏即禀告于计使③,闻于朝,创乐安县,盗遂息。自号"陋室",门人私谥曰:"文定"。有文集二十卷。

子:虎(见"邓虎"节)

清康熙、雍正、道光、同治等各版县志中记载的邓铄诗文有:《学宫记》《重建县署记》《鸣琴阁记》《浮梁记》等。

二、著作名录

《邓国骖文集》·二十卷(亦名《陋室文集》)

三、著作简介

《邓国骖文集》·二十卷(亦名《陋室文集》)(资料暂缺)

---

① 邓铄:人物简介参考清道光、同治各版《崇仁县志》等。
② 西南境山:当时崇仁县域之西南海拔超千米的界山有高龙山(与吉安永丰县交界)、天门嶂(与赣州于都县交界)等。现在乐安县境内。
③ 计使:宋代转运使的别称。

（宋）陈　郁

一、人物简介

陈郁①（1194 — 1275）字仲文，号藏一，崇仁邑西里②（今属巴山镇）人，居月湖塘。南宋著名诗人。

尝师冯厚斋③。文学优异。因诗云："闭门不受窗前月，分付梅花自主张"。获得理宗知遇，命记"天竺华严阁"，留充辑熙殿④应制，景定间充东宫讲堂掌书兼撰述。宋亡前德佑乙亥（1275）病卒，年八十二。度宗赞其像云："文窥西汉，诗到盛唐，侍予左右，知汝忠良。"

《四库全书总目》⑤云："宋陈郁，字仲文，号藏一……始末略见起子⑥《随隐漫录》中。"而《随隐漫录》卷之二记载："先君号藏一，盖取'惟有王城最堪隐，万人如海一身藏'⑦之句。""庚申（1260）八月，太子请两殿幸⑧本宫清霁亭赏芙蓉，木犀韶部头⑨，陈昑儿捧牙板歌'寻寻觅觅'句，上曰：'愁闷之词，非所宜听。'顾太子曰：'可令陈藏一，撰一即景快活《声声慢》。'"

---

① 陈郁：人物简介参考清康熙、道光、同治各版《崇仁县志》《四库全书总目》等。道光元年版《崇仁县志》载"陈郁，字仲文，号藏一"，同治十二年版《崇仁县志》载"陈郁，字藏一"无"号"。

② 邑西里：崇仁县城旧分东耆、西耆、北耆 3 里，邑西里，应指县南城西耆。

③ 冯椅：字奇之，一字仪之，号厚斋，南康都昌（今属江西）人。绍熙癸丑（1193）进士，宋理学名家、经学家，晚年择泓潭（今属土塘）而定居。撰有各种诗文志类著作共二百余卷，仅存《厚斋易学》传于后世。参考《四库全书提要》。

④ 辑熙殿：原为讲殿，是南宋理宗前各朝皇帝经筵开讲经史之所，于理宗绍定五年（1232）十一月始改建，第二年六月竣工，理宗御书"辑熙"二字榜之，并亲为之撰《记》。

⑤ 见《四库全书总目卷一百二十一·子部·三十一》。

⑥ 起子：应为字误。"起"应为"其"。

⑦ 此句出自宋代苏轼所作的《病中闻子由得告不赴商州三首》其一。

⑧ 幸：幸临、到达之意。

⑨ 韶部头：掌班。

陈郁尝作《泳雪词》，讥讽贾似道，似道恶并妒之："令中书缴其稠叠[①]。公遂奉亲归故里。于是藏一公住临川，不复作出山想。"陈郁因诗惹祸而避世不出，由子世崇补阙[②]，由是"癸酉（1273），公再赴部申述前恩，转承信郎，补阙门[③]寄班。至明年秋，遂别都门[④]。又明年，藏一公捐世[⑤]。"[⑥]

子世崇，字伯仁，随父入宫禁，仍充东宫讲堂说书兼撰述，后任皇城司检法。能诗文，度宗题其稿云："陈世崇诗文都好。"方以继位[⑦]推恩于父子，贾似道[⑧]忌之，遂同归。陈郁与子陈世崇（见"陈世崇"节）并称"临川二陈"。着《谩录》十卷，多述宋事。

二、著作名录

《藏一话腴》·四卷（又名《话腴》）
《谩录》·十卷

三、著作简介

《藏一话腴》·四卷（一名《话腴》）

《藏一话腴》四卷，笔记类著作。

《千顷堂书目》《铁琴铜剑楼藏书目录》卷十六着录，均作一卷。

《四库全书总目》入子部杂家类，作四卷。其书分甲乙二集，成内外二编，每集各编又分上下二卷。

记南北两宋杂事，兼及文坛诗话、逸事，时有自抒议论，颇可警世，或出入经

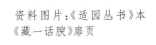

资料图片：《适园丛书》本《藏一话腴》扉页

---

① 稠叠：释义为稠密重叠，密密层层。形容数量多。这里应指诗稿。

② 补阙：替补。

③ 补阙门寄班：左补阙属门下省，右补阙属中书省，掌供奉讽谏。北宋时改为司谏。南宋及元明重又设置，均随设随罢。这里应指补"门下省"寄班借职。

④ 都门：代指京城。

⑤ 捐世：去世。

⑥ 摘自周端礼所撰《故宫讲陈公随隐先生行状》。

⑦ 继位：这里指"补替父阙"。

⑧ 贾似道（1213—1275），字师宪，号悦生，台州天台县（今浙江天台屯桥松溪）人。嘉熙二年（1238）登进士，官至太师、平章军国重事。后为监押使臣会稽县尉郑虎臣所杀。参考《宋史·列传·第二百三十三卷·奸臣四》。

史,研考本末,足资参史。岳珂①为其作序云:"闭户终日,穷讨编籍。足不蹈毁誉之域,身不登权势之门。"又称其书"出入经史,研究本末,而风月梦怪、嘲戏讹诞、淫丽气习,净洗无遗"。

今有重辑《百川学海》②本、《古今说海》③本、《说郛》本等均为一卷本。又有《四库全书》本、《适园丛书》④本、《豫章丛书》本,均为四卷本。

《豫章丛书》本有魏元旷⑤、胡思敬校勘记。另有明末毛氏《汲古阁》抄本,为一册二卷本,现藏国家图书馆、上海图书馆。⑥

"藏一《话腴》《内编》二卷、《外编》二卷,旧抄本。……今观所述《话腴》博闻强记、出入经史,研考本末则法度,而风月梦怪、嘲谑讹诞、淫丽气习净洗无遗⑦,岂非自'思无邪'⑧三字中践履纯熟致是耶!……棠湖翁岳珂肃之。"⑨

清末,江西南昌人魏元旷、新昌(今江西宜丰)人胡思敬⑩撰《藏一话腴校勘续记》一卷。

《藏一话腴》·四卷(两江总督采进本)

《四库全书总目提要》:宋陈郁撰。郁字仲文,号藏一,临川人。理宗朝充缉熙殿应制,又充东宫讲堂

资料图片:《四库全书》本《藏一话腴》内页

---

① 岳珂(1183—1243),字肃之,号亦斋,晚号倦翁,相州汤阴(今河南汤阴)人,江州(今江西九江)人。南宋文学家。进士出身。岳飞之孙。岳珂著述甚富,著有《吁天辩诬》《天定录》等书,结集为《鄂国金佗稡编》(28卷,续编30卷),为岳飞辩冤。《玉楮集》8卷、《棠湖诗稿》1卷等。参考《至顺·镇江志·卷十五》。

② 《百川学海》:是宋度宗咸淳九年(1273)左圭辑刊的丛书。书名取于汉代学者扬雄《扬子法言》:"百川学海而至于海"。该书分甲乙丙丁戊己庚辛壬癸10集,计100种、177卷。

③ 《古今说海》:是明代陆揖编纂的文言笔记小说丛书,共一百二十卷。

④ 《适园丛书》:张钧衡辑。78种,12集。民国初刻本。张氏藏书甚富,清末曾编《张氏适园丛书初集》,由上海国学扶轮社排印。其后增益重编,改为版刻。所收宋元明清著述,多稀见之本,

⑤ 魏元旷(1856—1935),原名焕章,号潜园,南昌县人。光绪二十一年己未骏成骧榜进士。应胡思敬约,校勘《豫章丛书》。潜心著述,曾任《南昌县志》总纂,编纂《西山志》6卷。著有《潜园全集》等。

⑥ 以上参考康芬、龙晨红《江西历代著作考》,清道光十二年版《崇仁县志》。

⑦ 净洗无遗:被清洗得干干净净。

⑧ 思无邪:是孔子评价《诗经》的观点;《论语·为政》云:"子曰:'《诗》三百,一言以蔽之,曰思无邪。'"这句话的意思是:诗三百篇,用一句话就可以概括它,就是"无邪"。就是思想、意象纯正。

⑨ 本段参考清陆心源《皕宋楼藏书志·卷五十八》。

⑩ 胡思敬:见"欧阳澈"节。

掌书。

始末略见其子世崇《随隐漫录》中。世崇载度宗尝赞郁像,有"文窥西汉、诗到盛唐"之语,宠奖甚至。岳珂序称其"闭户终日,穷讨编籍,足不蹈毁誉之域,身不登权势之门。"然刘埙①《隐居通议》②有度宗御札跋,惜其下访陈郁父子之卑陋。(语详见《隐居通议》条下。)又周密《武林旧事》③载诸色伎艺人姓名,所列御前应制者八人,姜特立为首而郁居第四,则亦特立之流。惟特立名列《宋史·佞幸传》,而郁不与焉,似乎未可同日语耳。

是书分甲乙二集,又各分上下卷,多记南北宋杂事,间及诗话,抑或自抒议论。珂序又称其出入经史,研究本末,具有法度。而风月梦怪,嘲戏讹诞,淫丽气习,净洗无遗。今观所载,如谓周子游庐山大林寺诗"水色含云白,禽声应谷清"一联,前句是明,后句是诚,附会迂谬,殆可笑噱。惠洪解杜甫"老妻画纸为棋局,稚子敲针作钓钩"一联,以老妻比臣,以稚子比君,固为妄诞。郁必谓上句比君子之直道事君,下句比小人之以直为曲,亦穿凿无理。所录诸诗,亦皆不工。

其持论,如谓孔子不当作《世家》,豫让不当入《刺客传》,斥《史记》不醇,颇涉庸肤④。谓李虚中以年月日时推命,而不知韩愈作虚中墓志,其推命实不用时,尤失考证。然所记遗闻,多资劝诚,亦未尝无一节之可取焉。

《藏一话腴》甲集二卷乙集二卷,宋陈郁撰,《适园丛书》本,收入《全宋词》引用书目。

清曹溶辑《学海类编》著录:
《话腴》一卷,宋陳郁撰。

曹寅《栋亭书目》收录:
《话腴》宋临川陈郁撰·一卷。

---

① 刘埙(1240—1319)字起潜,号水云村。学者称水村先生。江西南丰人。著有《隐居通议》31卷、《水云村泯稿》、《水云村稿》15卷、《经说讲义》《哀鉴》《英华录》,凡百二十五卷。埙音:xūn。参考王宝先《近代中国史料丛刊续辑750历代名人年谱总目》;《南丰元代人物》。
② 《隐居通议》:三十一卷(江西巡抚采进本)元刘埙撰。是书当其晚岁退休时所著也。凡分十一门。理学三卷,古赋二卷,诗歌七卷,文章八卷,骈俪三卷,经史三卷,礼乐、造化、地理、鬼神杂录各一卷。
③ 《武林旧事》:是宋末元初周密创作的杂史。该书成书于元至元二十七年(1290年)以前,为追忆南宋都城临安城市风貌的著作,全书共十卷。
④ 庸肤:庸俗的外在。

《藏一话腴》内编·二卷、外编·二卷编入《豫章丛书》(清陶福履、胡思敬编著)。

《谩录》·十卷(资料暂缺)

(宋)谢公旦

一、人物简介

谢公旦[①](1182—1246)，字清父，又字景周，自号野航，崇仁邑东[②](今属巴山镇)人。

清父性孝友简淡，月湖何公[③]以"致远"许之。人称"野航先生"，为江西"崇仁三谢"[④]之一[⑤]。吴草庐有《三谢逸事编·序》称："清父罢福建漕时，有故人为属县令献柏烛百炬，燃之烛皆黄金，即以运司印缄封[⑥]，命弓兵[⑦]送至彼县取交管原物收回，不显其事。"

谢公旦嘉定六年癸酉(1213)取乡贡，嘉定七年甲戌(1214)进士及第。历官司理参军、调永新主簿、德安县

资料图片：属性：金属印章·铜质；时间：辽金宋。

简介：谢公旦用铜印。此印购于江西崇仁。

规格：高 2.5×1.6×1.6cm

（资料来源：收藏网）

---

① 谢公旦：人物简介参考清道光、同治各版《崇仁县志》《八闽通志》等。

② 邑东：应指县城东者。

③ 月湖何公：指何异。

④ 崇仁三谢：指谢公旦三兄弟。有弟谢洪，字申父，宝庆二年(1226)进士；弟谢琳，字贡父，嘉定十三年(1220)进士。吴澄曾为《三谢逸事编》作序。见《崇仁县志》。

⑤ 据吴澄《吴文正集》卷二十八《赠谢有源序》载："'崇仁三谢'。其一曰'野航先生'，嘉定癸酉乡贡……翁之子寿文，孙有源，挟艺游士大夫之门。所至俱礼貌。有源之于野航从曾孙也。"（由此可知，谢公旦有从子"谢翁"，有从孙谢寿文，从曾孙谢有源）

⑥ 缄封：封闭，封口。

⑦ 弓兵：以弓、弩等轻型抛射兵器作为作战装备的兵种，是古代战争中陆军的重要组成部分。在宋、元年间，弓兵是负责地方巡逻、缉捕之事的兵士，属巡检司（县尉）。

资料图片：百支金烛不动
"心"（作者不详）

丞、建宁县丞，永新知县、（湖北）通城知县，累迁监察御史兼崇政殿说书、太常少卿，改直宝章阁，出任福建提刑、知赣州，淳佑中，直焕章阁，出任福建运判（正三品）、浙江巡按。

任永新主簿期间，入郡幕，遇岁饥①，检核吉水版籍②注册，断然止横赋③，邑民德之。任永新知县时，有大姓犯法，正其罪，旋为所中④，去官。后历四任县丞，才得以重新任通城知县，又辟沿江制司机幕⑤，添倅⑥鄂州。

嘉熙四年（1240），除监察御史、上疏以开悟君心、整肃朝纲为第一义。京师地震，疏乞扶君子之阳以抑小人之阴，又言臣僚奏疏，当使是非晓然于取舍之际。兼崇政殿说书，一日讲毕，上曰："每见卿议论精确！"又尝论浮盐⑦正盐之弊，上以国计为言，公旦曰："今沿海两广湖湘间，因盐贵多兴贩，臣恐其为饥也。"上然之，升太常少卿，再升直宝章阁、福建提刑。论罢，复知赣州，剿汀寇，又改宪浙江，平湖寇。未几，直焕章阁、福建运判。卒于官，年六十四⑧。

其实谢公旦并非好事之人，他做事非常沉稳，是个优秀的"贤佐"。据《八闽通志》载："谢公旦，临川人。绍定间，建宁县丞。安静不扰，号称'贤佐'。郡守赵虚斋⑨（以夫）橄为幕宾。"

谢公旦在吉州任小小的司理参军时，就得到南宋著名的江湖派诗人戴复古⑩的青睐，曾为他作诗一首《吉州堆胜楼谢景周司理居其上》：

---

① 岁饥：饥荒的年份。

② 版籍：亦称"板籍"。指户口册或疆域、书籍。这里指户籍或名册。

③ 横赋：额外的赋税、指强征赋税。

④ 所中：因事得罪某某而受打击报复之意。

⑤ 机幕：幕僚。

⑥ 添倅：增设的副职。

⑦ 浮盐：宋制，场盐例由官收，各有定额，额外所余谓之"浮盐"，与"正盐"相对。

⑧ 清道光元年版《崇仁县志·人物志》记载。

⑨ 赵以夫（1189—1256），字用父，号虚斋，福建省长乐县（今福建省福州市长乐区）人。南宋嘉定十年（1217）进士。以资政殿学士致仕。有《虚斋乐府》。参考《宋史·理宗纪·二补》。

⑩ 戴复古（1167—?）。字式之，自号石屏。天台黄岩（今属浙江台州）人，一生不仕，浪游江湖，后归家隐居，卒年八十余，曾从陆游学诗，作品受晚唐诗风影响，兼具江西诗派风格。戴复古时代，正是"山河破碎风飘絮"，南宋王朝偏安一隅，苟且求存的时代，辛弃疾、陆游等人尚被闲置，而无数空怀一腔忠心报国的热血男儿，没有用武之地，故而"负奇尚气，慷慨不羁"。参考《宋史翼》、浙江《黄岩县志》。

半天轮奂独嵬峨,遥望青原瞰碧螺。

纳纳乾坤森万象,重重洲渚绕层波。

诗情雅与江山合,酒兴偏于故旧多。

靴笏缚君难放浪,樽前狂客自高歌。

以此来鼓励他要站得高,看得远,平步青云,青云直上。

二、著作名录

《野航类稿》·四卷

《奏稿》·六卷

三、著作简介

《野航类稿》·四卷

南宋末年史记,据清陈梅湖①《南澳县志》卷之三驻跸②载:

"景炎三年六月,张世杰③以知高州李象祖降元④,碙洲⑤不可居,奉祥兴帝狩⑥厓山,仓猝间葬端宗于厓,而伪以曾渊子⑦充山陵使⑧,护梓宫,还殡于马南宝⑨家。南

---

① 陈梅湖(1881—1958),又名沅,号光烈,清末秀才,饶平县隆都大巷(今汕头市澄海区)人,清末秀才。参加反清革命,曾任孙中山秘书、大元帅府咨议官等职,参考《陈梅湖文集》。

② 驻跸:意思是皇帝与后妃外出,途中暂停小住或帝王出行时,开路清道,禁止通行。泛指跟帝王行止有关的事情。

③ 张世杰(？—1279),涿州范阳(今属河北范阳)人。宋末抗元名将,民族英雄。与文天祥、陆秀夫并称为宋末三杰。参考《宋史·张世杰传》。

④ 李象祖降元:指咸淳末年,元至元十五年(1278),元兵直捣高州,知州李象祖投降。

⑤ 碙洲:指硇洲岛,古称碙,是一个大约20万—50万年前由海底火山爆发而形成的海岛,也是中国第一大火山岛。位于广东省湛江市东南约40公里处,北傍东海岛,西依雷州湾,东南面是南海,纵深是太平洋,总面积约56平方公里。

⑥ 狩:古同"守"。

⑦ 曾渊子:字广微,一字留远,金溪(今属江西)人,官至户部尚书,时元兵南下,会同文天祥先以雷州硇洲岛,后以新会崖山为据点,坚持抗元,并拒绝元军统帅史格招降。宋亡,率余部走安南。有诗作存于《宋诗记事》《江西诗征》《御选宋诗》。参考《宋史·卷四一六·马光祖传》、明弘治《抚州府志·卷二二》、正德《建昌府志·卷一六》。

⑧ 山陵使:古代皇帝死亡,葬地所在称山陵。山陵使掌皇帝丧葬之事,多由大臣临时兼充。

⑨ 马南宝(1244—1280),原籍河南开封府(汴梁)。宋南迁时,其先祖曾来粤知新会事,举家定居于新会城。祥兴二年(1279)二月,宋、元两军决战于厓山,宋军溃败,宋亡。南宝闻陈宜中奉帝犹存占城,于是与招讨使黎德、梁起莘起兵运粮往迎车驾,梁起莘反叛归降仕元,黎德与南宝讨其叛军,大败,南宝被捕不屈而殉节,年仅36岁。参考《宋史翼·卷三十二》。

宝募人为疑冢五处于寿星塘。其实'永福陵'在厓山也。《厓山志》端宗谥'孝恭仁裕懿圣睿文英武勤政'皇帝,与《宋史》异。然黄淳①所记,必出于宋遗民《野航杂录》诸书,亦属可信。故并识之,以俟弘博君子②之考订。"

黄淳所记,即明代黄淳《重修厓山志》中载:"厓山在新会大海中,非舟楫莫能至。"宋遗民,即谢公旦。野航,指农家小船。

公旦性素简淡,同邑何异极赏其文;元吴澄有《三谢逸事编·序》,稿中奏疏大率以开悟君心,端肃朝纲为主,余皆外任时论政、论盐所作也。

《奏稿》·六卷(资料暂缺)

---

① 黄淳:明广州府新会人,字鸣谷。万历八年进士。任宁海知县,修方孝孺祠以崇教化,锄豪猾。工画,能诗。有《鸣山堂集》《李杜或问》。参考《中国历代人名大辞典》。
② 弘博君子:喻学识渊博,德行高尚之人。

（宋）林彦掞

一、人物简介

林彦掞^①（约 1182—约 1240），字子清，号梅溪。抚州崇仁县人。

先世林次龄，宋绍兴二十一年（1151）中赵逵榜进士，乾道五年（1169）任崇仁县令。

梅溪平时与兄凤一道讲学。嘉定十三年庚辰（1220）登甲科第四名，授从事郎，迁瑞州判官，再调福建常平干官。盗起汀之潭飞磜^②，苗薅发栉^③，子清处置果断有力。改任丰城知县，还未上任，遇陈韩开阃^④金陵，即辟为江东帅干^⑤。未几，得末疾归。卒年五十八。

梅溪行端论淳，当初廷对，本拟为大魁^⑥，但因语言中有让当朝者不悦之句，遂置第四。

著有《时议》《史评》《选锋集长》《汉官考节》等书，考核精详，尤长于声律，士多从之。

二、著作名录

《时议》·卷数不详
《史评》·卷数不详

---

① 林彦掞：人物简介参考清道光元年版《崇仁县志·人物志》《宋会要·选举二之三二》等。掞：音 shàn。
② 潭飞磜：磜，音 qi；地名，位于闽西宁化县西南重岗复岭，其中宽坦，山环水合，草茂林深，易于啸聚。
③ 苗薅发栉：成语"栉发薅苗"变用，音 zhì fà nòu miáo；栉：梳理；薅：除草。梳头发，除杂草。喻除去禾苗间的杂草。亦比喻平定地方叛乱。
④ 开阃：阃，音 kǔn；将领开置府署，掌管一方军务。
⑤ 帅干：江东安抚使司干办官。
⑥ 大魁：指科举时代的状元。

《选锋集长》·卷数不详

《汉官考节》·卷数不详

三、著作简介

《时议》(资料暂缺)

《史评》(资料暂缺)

《选锋集长》(资料暂缺)

《汉官考节》(资料暂缺)

（宋）邓　虎

一、人物简介

邓虎①（约 1200 年前后在世，生卒年不详），字子虎，礼贤乡二十五都沙堤（今属巴山镇）人。邓辀子。

子虎为文辨博，以气胜，并不着重科举、入仕；尝曰："吾文祖左氏②，宗迁史③，出入百家，驰骋韩柳④，以余勇贾之⑤，何乎⑥有进士？"年轻时作《圣宋雅颂》献于朝。越数年，又纂《治国要语》上之。

绍兴三十一年（1161），金兵侵入江淮地区，又画策⑦以献，然州府皆不上报。遂隐而筑室曰："清轩"。

邓虎所著诗文甚为丰富，其族里有名邓貌如、邓犀如⑧者，亦以文学称。

嘉定十六年（1223），朝廷下诏取其文，与晏元献⑨、王荆公⑩、吴曾、何异、邓辀文集及罗鉴所撰《罗山志》《磬沼集》等一并收入秘书省。

---

① 邓虎：人物简介参考清道光元年版《崇仁县志·人物志》卷十五。
② 左氏：指《春秋左氏传》，原名《左氏春秋》，汉代时又名《春秋左氏》《春秋内传》，汉代以后多称《左传》。
③ 迁史：司马迁纂《史记》之别称。
④ 韩柳：中唐散文家韩愈、柳宗元的并称，唐宋八大家位居第一第二位。
⑤ 余勇贾之：出自成语"余勇可贾"。余勇：剩下来的勇力；贾：卖。还有剩余下来的勇力可以卖给人家。原形容勇士的豪迈气概；后也可指力未使尽。成语出处：先秦左丘明《左传成公二年》："欲勇者贾余余勇。"
⑥ 何乎：用作连词，表示并列关系。一般不译，有时可译为"又"。此处或可解为"何必在乎"之意。
⑦ 画策：制定计划、策略。
⑧ 指邓貌如、邓犀如（邓犀如为何异"浮石山庄"留有诗）。
⑨ 晏元献：指晏殊见"李阳孙"节。
⑩ 王荆公：指王安石。

二、著作名录

《清轩诗文集》·卷数不详
《治国要语》·卷数不详

三、著作简介

《清轩诗文集》《治国要语》

邓虎具有家学①,为文辩博以气胜,尝曰:吾文上宗左史②而驰骋于韩柳。嘉定中,诏取其书入秘阁。

---

① 家学:指家族世代相传之学。
② 左史:官名。史官之一。周代始设,为太史别称。时有左、右史之分,左史掌记事,书国史;右史掌记言。《礼记·玉藻》:"动则左史书之,言则右史书之。"

（宋）饶应子

一、人物简介

饶应子[①]（1206—1262），字定夫，延年长孙，崇仁人。

绍定五年壬辰（1232）进士，历岳州教授、监封椿上库，改知南昌府新建县令，又辟知定城县；宝佑五年（1257），除太学录，升博士；开庆元年（1259），进国子博士，迁秘书郎兼国子编修，九月擢监察御史兼崇政殿说书。

当时江西、湖南、湖北皆受兵寇侵扰，朝廷诏淮兵赴援，命台臣督战之；定夫视察于长江之上，据情手疏："淮不可弛备，宜留兵牵制。"上从之。有人提请移跸[②]朝堂聚议，定夫奋笔曰："谁为此谋？宜斩！"又上书朝廷言洪天锡[③]有犯无隐[④]，监学小臣徐庚金[⑤]辈叩阍[⑥]去国[⑦]，宜旌[⑧]表彰；对于丁大全[⑨]、董宋臣[⑩]等异之者，累疏数罪，宜惩。

景定初，迁大理少卿，改秘书少监。未几，以何梦然[⑪]论罢去国。年五十有

---

① 饶应子：人物简介参考清道光元年版《崇仁县志·人物志》卷十五、《中国历代人名大辞典》等。

② 跸：音：bì，本意是帝王出行时开路清道，禁止他人通行，引申指帝王出行的车驾。应指皇帝行宫。

③ 洪天锡（1202—1267），字君畴，号裕昆，又名阳岩。泉州石狮后厅人。南宋理宗宝庆二年（1226）举进士。官至刑部尚书、端明殿学士。参考《宋史·洪天锡传》。

④ 有犯无隐：一种事君之道。谓臣下宁可冒犯君上而不可有所隐瞒。

⑤ 徐庚金：进士，浙江东阳人，国子博士。参考浙江《东阳县志》。

⑥ 叩阍：吏民因冤屈等直接向朝廷申诉。

⑦ 去国：字面解释为离开本国、离开故乡。这里应指离开京都或朝廷，亦指"去世"。

⑧ 旌：音：jīng；本义为用羽毛或牦牛尾装饰的旗子，泛指旗帜，又引申为表彰。

⑨ 丁大全（1191—1263），字子万，镇江（今江苏镇江）人，南宋宰相。宝佑六年（1258），蒙军南下攻宋，丁大全隐而不报。开庆元年（1259）九月，罢相。开庆四年（1263）正月，移徙海岛，船过滕州途中，被押解将官挤入水中而死。参考《宋史·卷四七四》。

⑩ 董宋臣（？—1264），宋理宗朝宦官，是理宗的贴身内侍，善逢迎，很得理宗的欢心。参考《宋史·列传·卷一百八十四》。

⑪ 何梦然（1207—1267），字子是，浙江东阳南上湖人，官至南宋枢密使兼参知政事。与兄梦申共（转下页）

七离世。

所著有《南麓集》三十卷。

从弟^①应龙（见"饶应龙"节）。

二、著作名录

《南麓集》·三十卷

三、著作简介

《南麓集》·三十卷

应子由外僚^②历迁御史，以干练称^③。诗文皆典雅清丽，具有体裁^④而雄骏之气，隐隐然不可遏抑^⑤，力挽宋季卑弱之病。

（接上页）同研究注释《周礼》。所著《周礼义》《续文献通考》有着录。参考《宋史·列传·卷一百八十三》。

① 从弟：同曾祖的叔伯之子，但比自己年小，亦可称堂弟。

② 外僚：指在京师以外任职的官吏。

③ 称：有名声。

④ 体裁：一指一切艺术作品的种类和样式，二指诗文的文风辞藻，三指文学的样式，四指字体结构，五指体制，六指风度姿态、风格。这里指诗文的结构及文风辞藻。

⑤ 遏抑：指压制；抑止。

（宋）饶应龙

一、人物简介

饶应龙①（约 1209—约 1268），字翔夫，号瑶山，原名云龙。延年孙，应子从弟。崇仁人。端平二年（1235）进士，初为余干主簿，马裕斋②、赵节斋③十分欣赏应龙，皆交替荐其于朝，遂改德化知县。

时邑有挟势④抗拒政令者，翔夫曰："官可罢，笔不可改！"遂将官印归于郡守以待责罚，郡守留之。丁大全⑤当国，欲让应龙处于要职，应龙予以拒之。后理宗擢用不附丁者⑥，入职告院⑦。轮对时，力言和籴⑧之弊。出知安南军，任期一届满，即升编修，再升监察御史，首条"敬天、爱民、用人、听言"四事，及戒贡羡余⑨。恰有帅臣献方物⑩于皇上，被皇上搵怒却之⑪。翔夫在旁对此行为大加鞭

---

① 饶应龙：人物简介参考清道光元年版《崇仁县志·人物志》卷十五。

② 马光祖（约 1201—1273），字华父，赐号裕斋。从真德秀学，官至户部尚书、大学士。参考《宋史·列传》卷四百一十六。

③ 赵节斋：指赵与筹，宋太祖赵匡胤十世孙，嘉定十三年（1220）进士，官至吏部尚书，兼知临安达十一年之久，颇有政绩；建西湖赵公堤，以通灵隐、天竺，堤长二百五十丈，"夹岸花柳一如苏堤"。参考淳佑《临安志》。

④ 挟势：倚仗权势或威势。

⑤ 丁大全：见"饶应子"节。

⑥ 不附丁者：指不附庸于丁大全的官员。

⑦ 告院：宋官署名。掌文武官员、将校告身（古代官吏的委任状）及封赠。

⑧ 和籴：是北魏至明清政府强制收购民间粮食的官买制度。北魏至中唐，和籴寓有聚米备荒、赈济灾民之意。中唐以后，强制配购性质日趋浓重。至宋，成为括粮养兵的重要手段。宋代和籴，因其支付手段、具体办法的不同而有各种形式。宋初，狭义和籴特指政府以现钱收购粮食，广义和籴则包罗各种籴买方式。北宋中叶以前，有博籴、便籴，以便籴所入最多。神宗熙宁（1063—1077）以后，又有结籴、寄籴、表籴、兑籴等名目。籴：音 dí。

⑨ 羡余：唐以后地方官员以赋税盈余的名义向朝廷（皇上）进贡的财物。

⑩ 方物：指本地产物，土产。

⑪ 却之：拒绝接受别人的邀请、赠与等。

挞台端,同官善意劝其以婉言评说,答曰:御史"言官其可婉耶?"竟以不合罢归。不久,再提刑江东,又改浙西提刑;在任上批阅案牍,或终夜不寐,政绩卓然。迁升显谟阁直学士、知绍兴府、兼浙东安抚,创"万年仓"以惠饥民。因劳累过度,年六十卒于官。

所著有《诗文类编》六十卷、《史讨》三十卷、《尽心录》三十卷、《奏藁》三卷行于世。

二、著作名录

《诗文类稿》·六十卷(亦名《翔夫诗文汇编》)

《尽心录》·三十卷

《史讨》·三十卷

《奏稿》·三卷(又名《翔夫奏稿》)

三、著作简介

《诗文类稿》(亦名《翔夫诗文汇编》)

翔夫所作磊落奇伟而合法度。

《尽心录》·三十卷

《尽心录》能独出己见,发前人未白①之隐衷,家谱载其同文天祥起兵,盖亦气节士②也。

《史讨》·三十卷(资料暂缺)

《奏稿》·三卷(又名《翔夫奏稿》)(资料暂缺)

---

① 未白:没有去说明的事情。

② 气节士:按家谱记载,饶应龙曾与文天祥一同起兵抗元,但诸文献似无此记录。

（宋）罗　鉴

一、人物简介

罗鉴①（约1210年前后在世，生卒年不详），字正仲②，长安乡四都石庄高垌（今石庄乡石庄村）人。罗点从弟。

罗鉴博学多闻，冥搜③广览，尤其本邑史料积累丰富。

宁宗嘉定元年（1208）春，西昌簿李伯醇④来权县事⑤，闻磐沼博学之名，肃币⑥介绍，托以邑乘⑦。磐沼领命后，经三年又八个月的汇集、甄选、编排，亦文亦图，乃成书。

南宋嘉定三年（1210），罗鉴为新完成的《罗山志》⑧写序，序中说，这次修志是"以《祥符图经》⑨为祖"⑩，修成后"名曰：《罗山志》⑪"。时在吏部任职的月湖

---

① 罗鉴：人物简介参考南宋陈振孙撰《直斋书录解题》、清光绪《抚州府志》、道光元年《崇仁县志》、康芬、龙晨红《江西历代著作考》等。

② 字正仲：同治十二年《崇仁县志》载字磐沼，磐沼或为号，疑误。

③ 冥搜：尽力寻找、搜集。

④ 西昌簿李伯醇："西昌"，是今江西泰和县古称。簿，指主簿职。李伯醇，字子孟，宋西昌（泰和县）人；嘉定元年（1208）知崇仁县事。

⑤ 权县事：一般指县衙主簿之职代理县尉职权。

⑥ 肃币：指恭敬、正式之意。

⑦ 邑乘：县志；地方志。

⑧ 《罗山志》为崇仁县第一部县志。《江西通志》载"宋李伯醇修罗鉴纂宋嘉定三年（1210）刻本"；其史料价值不容置疑，并收入朝廷秘府，可惜失传了。当时的相山名"临川山"，罗山名"崇仁山"。故《罗山志》即为崇仁县志。

⑨ 祥符图经：指《"祥符"州县图经》宋李宗谔、王曾纂，一千五百六十六卷，目录二卷。景德四年（1007）二月，宋真宗欲览《西京图经》，因不备，遂命各地编纂图经上报，由孙仅等人校定。因其体制不一，复命李宗谔、王曾加例重修。大中祥符三年（1010）修成藏于中央各机构，次年又抄录副本颁下诸州军。这部图经体例结构上采取了分述各州的模式，而各州部分，则先记州治，后记属县，设立名宦传。

⑩ 为祖：为主要蓝本之意。图经本来是以图为主，以文字说明为辅的。后来图经中需要说明的事情越来越多，文字部分就越来越详细，图则逐渐退居于次要地位。在南宋人看来，"图经"和"志"是同一种东西。后逐渐以"志"的名称取代"图经"。

⑪ 同治十二年版《崇仁县志》卷首"旧序"载罗鉴《罗山志序》云："遍考诸家记载，公私碑刻，而以（转下页）

何公①恭请吏部尚书曾公映叙②叙之,曾叹其"汇次有条,援据有实,质而不俚③,赡而不芜④。"非笔力大过人,其畴克⑤之。厥后⑥词林皆推为名志。取登秘府⑦。邑之有志,自磬沼始。金溪陆持之⑧、邑人吴文⑨皆有跋。

有《磬沼集》,已佚。

二、著作名录

《罗山志》·十卷
《磬沼集》·一卷

三、著作简介

《罗山志》·十卷

李伯醇修,罗鉴纂,为首部《崇仁县志》,又称《罗山志事》。

光绪《江西通志》《中国古方志考》《江西古志考》收录。

据四库本《江西通志》卷八十《邓虎传》称,罗鉴《罗山志》于嘉定十六年与邓虎之文及吴曾、何异文集召入秘书省,可见其志在当时闻名。

《罗山志》序·罗鉴

郡邑有志,尚矣⑩,崇仁为县六百余年,不为不古,此书独简略疏陋,览者

（接上页）祥符旧经为祖,累年汇粹,乃克成书。"罗鉴修《罗山志》时,《抚州图经》仍存,此"祥符旧经"当为《抚州图经》中的崇仁县部分,并非《崇仁图经》。

① 月湖何公:指何异。
② 曾映叙:南丰人,时任正奉大夫、吏部尚书兼国史实录院修撰、太子詹事。见《崇仁县志》。
③ 质而不俚:质朴而不粗俗。亦作"质而不野"。出自《汉书·司马迁传赞》。
④ 赡而不芜:资料充足,不杂乱。
⑤ 畴克:家业世世相传谓之畴;克:能胜此物谓之克也。引申为:深厚功底、难以逾越之文献。
⑥ 厥后:从那以后。
⑦ 秘府:皇宫藏书馆。
⑧ 陆持之(1156—1210),字伯微,江西金溪人。知荆门军陆九渊之子。嘉定三年,试江西转运司预选,豫章建东湖书院,连帅以书币强起持之长之。所著有《易提纲》《诸经杂说》。参考《宋史列传第一百八十三陆持之传》《金溪县宋代历史人物》。
⑨ 吴文:号个山,吴澄长子。吴当之父。以荫授柳州路总管府事。
⑩ 尚矣:"尚"通"上"。出自春秋战国时期老子的《道德经》。

病焉①。

余尝有志于斯,而未暇也。嘉定元春,西昌②李君以簿领摄邑事,见委编次。于是请问耆宿③搜罗逸闻,遍考诸家记载、公私碑刻,而以祥符旧经为祖,累年汇粹,乃刻成书。凡五十有一门,厘为六卷,载为诗文,不可不录,编而成集者又四卷,总一十卷,名曰《罗山志》。事或遗落,文有冗长,笔削④之任,以俟⑤来哲。

罗山在县西北,唐天宝中更为"崇仁山",县厅壁记所谓"改县于隋,封山于唐"⑥,山因县而得名是己,故取以名书。李君名伯醇,字子孟。宋嘉定三年中秋日,邑人磬沼罗鉴识。

《磬沼集》·一卷

是为诗集。所谓"磬沼",是指池因曲折,如磬沼然。

宋人邓深⑦《大隐居士诗集》中有《游罗正仲磬沼深得一字》诗,诗云:

磬沼去郭近,得朋忻一出。

曲水媚秋花,轻云翳寒日。

幽野惬心期,平远快目力。

率尔进所携,杂陈初匪一。

初无恶客来,不妨歌妓密。

浮白行觞政,追韵严诗律。

晚醉语纷纷,夕寒风淅淅。

策杖归去来,书床鸣蟋蟀。

《磬沼集》跋·陆持之

磬沼者,池也,因地曲折如盘,故以是名之也。

---

① 病焉:对此不满意。

② 西昌:古时泰和县的别称。

③ 耆宿:亦作"耆夙",指年高有德者。

④ 笔削:笔指记载,削指删改,古时在竹简、木简上写字,要删改需用刀刮去,后用作请人修改文章的敬辞。

⑤ 以俟:意为等待。极言盼望之殷切。

⑥ 指改以崇仁名县时在隋朝,而改山的名称在唐代。现在的相山在唐代称"临川山",罗山称"崇仁山"。

⑦ 邓深(约1162年前后在世),字资道,湘阴(属湖南省岳阳市)人。绍兴进士。以朝散大夫致仕。爱居东湖之胜,筑室曰明秀,终老其中。深著有文集十卷,今存二卷,《四库总目》传于世。

崇仁罗公讳鉴,字正仲者,枢密春伯①、进士几仲②之从弟也。善属文,文集曰《磬沼》焉,盖由居有沼,亦以是名也。予③家讳浚,与几仲公同年,故几仲因浚远余言,特僭言④于末焉耳。

---

① 伯春:指罗点。
② 几仲:指罗鉴从兄罗几仲。嘉定四年(1211)辛未赵建大榜,官衡州教授。参见清道光元年《崇仁县志》卷十。
③ 予:人称代词"我"。
④ 僭言:引证解释:越分妄言。亦用为谦词。

(宋)李 进

一、人物简介

李进①(1221—1301),字野翁,号粹斋,崇仁县城临汝门外②(今属巴山镇)人。

淳佑四年甲辰(1244)进士,授永新主簿,掌静江节度书记,迁兴国知县,主管福建转运司文字,皆满秩③。及为建康府提领、户部赡军所主管文字,丁艰去④。

宋亡不仕,隐居县城东门之外栗门涧谷⑤,种瓜植菊以终身,与似蕴有⑥忠宋之意、"儒而逃于医"的易伯寿⑦,两人每月聚会唱和,未尝间断。卒年八十一。

自志其墓曰:"余讷于辩而画幕⑧也,所遇⑨之长皆严重⑩,易事难说,悉叩其荐引。腐于材而作县也,所临之俗最犷悍⑪,易动难守,悉驯于检御。世故虽泯棼⑫

---

① 李进:人物简介参考明林廷防实辑成书的《江西省志》(简称《林志》)、清道光元年版《崇仁县志》等。
② 临汝门外:宋时县城无城墙,仅设"关门"八座,"临汝门"是其一,临崇仁河(临水);其门外大约是现在县城北街口里的位置。
③ 满秩:官吏任满期结束。出自《汉书·平帝纪》。
④ 丁艰去:因为奔丧行孝而辞官回乡。
⑤ 栗门涧谷:据周鑫论文《治生与行道:元初科举停废与南方儒士之易业》述李进"隐居崇仁东门之外"判断,栗门涧谷约位于县城东枧蓝桥宝水渠上游200米左右。
⑥ 蕴有:内心藏有之意。
⑦ 易伯寿(1221—1305),抚州崇仁人。与隐居崇仁东门之外、种瓜植菊以终的忠宋儒宦李进两人亲如兄弟,两人每月聚会唱和,未尝间断。伯寿"儒而逃于医",似蕴有忠宋之意。参考周鑫论文《治生与行道:元初科举停废与南方儒士之易业》《广东社会科学》)。
⑧ 画幕:就是模仿着别人的东西来画。
⑨ 所遇:指所遇之人皆可为我师,喻纳百家之长。
⑩ 严重:很重要或很有影响的。
⑪ 犷悍:粗野强悍。
⑫ 泯棼:亦作"泯泯芬芬"。喻纷乱的样子。

而绳墨①粗守,生计虽枯落②而藜糗③粗给。兴与诗会,沉思微吟,拙不求工,自乐而已,如是而终其身。"虞邵庵④称其诗"兼陈简斋⑤、陆放翁⑥、杨诚斋⑦、曾茶山⑧、赵东林⑨之长。"

著《碉⑩谷居愧藁》。

二、著作名录

《涧谷居愧稿》·八卷

三、著作简介

《涧谷居愧稿》·八卷

李进仕福建转运司,值南宋鼎革⑪,遂隐居乡园,种瓜植菊以终其身。集中⑫故多陵谷变迁⑬之感,同邑虞集称其诗"兼简斋、放翁、茶山、东林之长,良不愧⑭也。"

---

① 绳墨:木工打直线的墨线,比喻规矩或法度。

② 枯落:指不为社会所用而凋落,衰残。

③ 藜糗:藜,野菜;糗:意思是干粮,炒熟的米或面等。指饮食粗劣。

④ 虞邵庵:指虞集。

⑤ 陈与义(1090—1139),字去非,号简斋,河南洛阳人。北宋末、南宋初年的杰出诗人,诗尊杜甫,前期清新明快,后期雄浑沉郁;同时也工于填词,著有《简斋集》。参考《宋史》卷四四五。

⑥ 陆游(1125—1210),字务观,号放翁,越州山阴(今浙江绍兴)人,南宋文学家、史学家、爱国诗人。一生笔耕不辍,诗词文具有很高成就。著有《剑南诗稿》《渭南文集》《老学庵笔记》等。参考《宋史·列传第一百五十四》。

⑦ 杨万里(1127—1206),字廷秀,号诚斋。吉州吉水(今江西省吉水县)人。南宋著名诗人,文学家,政治家,与陆游、尤袤、范成大并称为"中兴四大诗人"。著有《诚斋集》等作品传世。参考《宋史·卷四百三十三·列传第一百九十二》。

⑧ 曾几:见"陈正宗"节。

⑨ 赵崇幡:字成叔,号东林,临川(今属江西)人。理宗淳祐四年(1244)进士(明嘉靖《抚州府志》卷八)。宝祐元年(1253)入郴州军幕。参考明万历《郴州志·卷二》。

⑩ 碉:原文为《碉谷居愧藁》,"碉":涧的异体字。

⑪ 鼎革:建立新的,革除旧的。旧时特指改朝换代。

⑫ 集中:这里指诗集之中。

⑬ 陵谷变迁:陵,大土山;谷,两山之间的夹道。丘陵变山谷,山谷变丘陵。比喻世事变迁,高下易位。

⑭ 不愧:意思是当得起。

《硐谷居愧藁》序·虞集

《硐谷居愧藁》者,崇仁先正粹斋先生李公所著诗也。

公讳进,字野翁,生宋嘉定十四年辛巳,淳佑四年甲辰留梦炎榜登进士第。仕至朝奉郎,福建运管。而宋亡,隐居县东门之外,种瓜植菊以终其身。题其舍曰"硐谷居"。所谓"愧藁"者,自命其诗集之名也。

岁在甲申,先君自岭海北还,至于兹邑,尝携集拜公床下,羲冠褒衣,意度闲雅,故国之遗风俨如也。集出仕而归省,公已去世。而硐谷之花木犹有存者,及老而归,宿草夕露,拱木悲风,不胜其凄然者矣!公甥游绍雅,集卯角与之游,今亦八十矣,乃出此藁相示。公所改定,具在集,得而讽焉。

盖宋人尚进士业,诗道寥落,及入官,又有不暇及者,而南渡以来,若陈简斋①参政、放翁陆公②、诚斋杨公③,擅名当世,及其季年,若曾苍山④、赵东林⑤,盖有追求作者之意,而公诗真率调畅,简散深至,兼诸子之长焉。至其暮年之作,深有乐天知命,安于所遇者,可谓感慨系之矣。卷中有送"虞连州"⑥诗,为我大父尚书公作者也。然则尚论事,契盖有征焉,绍雅欲识其后,谨识。

---

① 陈简斋:指陈与义。

② 放翁陆公:指陆游。

③ 诚斋杨公:指杨万里。

④ 曾苍山:指曾几,号茶山居士。"苍"应是"茶"字误。见"陈正宗"节。

⑤ 赵东林:指赵崇怿。

⑥ 虞连州:指虞集祖父虞珏。"珏"音 zhàn。

（宋）黄　元

一、人物简介

黄元①（约 1230 年前后在世，生卒年不详）。
《罗山志》著者罗鉴门人，时为崇仁县主簿。

二、著作名录

《续罗山志》·一卷

三、著作简介

《续罗山志》·一卷

《罗山志》为崇仁第一部县志，搜罗宋嘉定前所有资料修成，时间止于宋嘉定三年，县宰西堂范公应铃②属磬沼门人黄君元修，续宋嘉定三年（1210）至十六年（1223）志书。

---

① 黄元：人物简介参考清同治十二年版《崇仁县志》，作者时任崇仁县主簿为此志卷六记载。
② 范应铃：约 1218 年前后在世，字旗叟，丰城人。生卒年均不详，开禧元年（1205）举进士。嘉定十二年至十六年任崇仁县令。历直宝谟阁、湖南转运判官，兼安抚司。著有《西堂杂著》十卷，《对越集》四十九卷。参考《宋史·卷四一〇》、清雍正《江西通志·卷五〇》。

(宋)甘　泳

一、人物简介

甘泳①(1232—1290)，字泳之，一字中夫，号东溪子。崇仁惠安乡四十八都下湖(今属六家桥乡)人。

泳之性刚正，不与时潮随波逐流之俯仰。平生效林和靖②不娶不仕。读书不拘绳尺③，尤工于诗。

年二十游东南，受学于徐径畈霖④、杨东涧⑤与赵东林⑥、黄大山⑦、林止庵⑧、曾平山⑨诸师，尤厚善⑩大山，大山叙其诗云："泳之悟人之门，在李贺⑪用事，均出

---

① 甘泳：人物简介参考清道光、同治《崇仁县志》《吴文正公集》《道园学古录》等。
② 林和靖：林逋(967—1028)，字君复，后人称为和靖先生，汉族，奉化大里黄贤村人，隐居西湖孤山，终生不仕不娶，惟喜植梅养鹤，自谓"以梅为妻，以鹤为子"，人称"梅妻鹤子"。宋仁宗赐谥"和靖"。代表作《山园小梅》《点绛唇·金谷年年》等。参考《宋史·隐逸上·林逋本传》。
③ 绳尺：工匠用以较曲直、量长短的工具。比喻法度、规矩。
④ 徐径畈霖：徐霖(1214—1261)，字景说，西安(今衢县)人。南宋淳佑四年(1244)会元，授沅州教授，未赴任。知抚州。景定二年(1261)知汀州，次年死于任所。人赞其"忠肝义胆，强暴不能夺其志"。著作有《太极图说遗稿》《春山文集》等。故居华墅坂，学者称径畈先生。南宋大学者。参考《宋史·列传·卷一百八十四》。
⑤ 杨东涧：暂无资料。
⑥ 赵东林：赵崇怿。见"李进"节。
⑦ 黄大山：暂无资料。
⑧ 林止庵：林实，临川儒士。
⑨ 曾平山：曾子良(1224—？)，字仲材，号平山，南丰(今属江西)人，徙居金溪。度宗咸淳四年(1268)进士，调兴安尉，迁知淳安县。入元，荐授宪佥，不赴。有《咸淳类稿》，已佚。参考《宋史翼·曾子良传》、明嘉靖《淳安县志·卷九》。
⑩ 厚善：指交情深厚。
⑪ 李贺(790—816)，字长吉。河南府福昌县昌谷乡(今河南省宜阳县)人，祖籍陇西郡。唐朝中期浪漫主义诗人，与诗仙李白、李商隐称为"唐代三李"，后世称李昌谷。诗作想象极为丰富，引用神话传说，托古寓今，后人誉为"诗鬼"。著有《昌谷集》。参考《新唐书·列传·李贺》。

古书而如出异书也。一坐役①万景，片词括②万情，高不诞，深不诲，直不近，劲不粗，全体似李贺，而不涉于怪怪奇奇。《出岭杂言》，一首凡二千四百五字③，随事起义，随义炼句，古今大篇未或过。"

他的诗风很奇特，与众不同。其自叙曰："人之蕴蓄，若有神异，伏于冥漠，而不可测者。天地之功用，圣贤之网罗，与千载兴亡之机，万物隐见之妙，朗然有以见之养之悠然适然。与事物相邂近，则其清者奇者，举而丽者，变态百出，皆赴六义④，为美刺⑤，为规画，所以为性情之正也。"

吴澄对甘泳诗赞赏有加，在《邬迪诗序》中以李杜⑥和乡贤甘泳为例，告诫晚学邬迪⑦作诗不要率性散漫："甘泳中夫，一生无他学，精力萃于诗。盛年所作，缜密绚丽，甚精甚工。比其老也，有曰'大醉颠倒扶归来，有曰醉倒太极虚空，颓人⑧多好之，而无复道其盛年精工'之语。中夫⑨不误人，人自误尔。"⑩又评价甘泳："宋三百年间，抚之诗人，前有谢逸⑪、谢薖⑫，后有赵崇怿，而崇仁甘泳、金溪曾子良亦以诗自好。"⑬

虞集也评价说："崇仁甘泳中夫者，以俊迈而能隐，以其卓识高志，悉寓于诗，自以为人莫之及，而人亦信之。先生从之学诗，尤得其音节气岸，久而造于冲雅，则其自得也。"⑭

泳之元至元二十七年(1290)卒，年五十九。所作甚富，鳌溪刊本止七百三十

---

① 役：引申指牵缠。

② 括：包括、包容。

③ 《出岭杂言》：黄序记为二千四百字，省《府志》作三千四百字。清同治《崇仁县志》《元诗选》均记为一千四百字。

④ 诗经六义：风、雅、颂、赋、比、兴。

⑤ 美刺：赞李杜：美和讽刺。

⑥ 李杜：李白、杜甫的合称。

⑦ 邬迪：未查到资料。

⑧ 颓人：詈词，意思指人似"脓包"。

⑨ 中夫：指甘泳。

⑩ 见《吴文正集》卷十八。

⑪ 谢逸(1068—1113)，字无逸，号溪堂。宋代临川城南(今属江西省抚州市)人。北宋文学家，江西诗派二十五法嗣之一。与其从弟谢薖并称"临川二谢"。与饶节、汪革、谢薖并称为"江西诗派临川四才子"。曾写过300首咏蝶诗，人称"谢蝴蝶"。参考《宋史·艺文志·卷七》。

⑫ 谢薖(1074—1116)，字幼盘，自号竹友居士。抚州临川(今江西抚州东馆镇)人。江西诗派二十五法嗣之一。谢逸从弟，与兄齐名，同学与吕希哲，并称"临川二谢"。与饶节、汪革、谢逸并称为"江西诗派临川四才子"。薖(kē)。参考《宋诗翼·谢薖传》。

⑬ 见《吴文正集·故诗人吴伯秀墓志铭》卷七十六。

⑭ 见《道园学古录·故临川处士吴仲谷甫墓志铭》卷四十三。

馀篇,号《东溪集》。已佚①。

二、著作名录

《东溪集》·卷数不详

三、著作简介

《东溪集》

四库版《江西通志》卷八十有其小传,中云:甘泳"所作甚富,鳌溪刊本止七百三十余篇,号《东溪集》"。

可见其集有鳌溪刊本,存其诗文七百三十余篇。今多失佚。清顾嗣立《元诗选》收其诗一卷,计十九首。

同治十二年版《崇仁县志》载:

甘泳,性刚正,不随时俗为俯仰,善诗文;曾赋《出岭杂言》,凡 1400 字,随事起义,随义炼句,古今大篇无过之者。诗作极多,语言明快犀利,黄大山②序其诗,谓:"高不诞,深不晦,直不率,劲不粗,全体似李贺而不涉于怪,其终身不娶,同林和靖③诗品则又别开蹊径也。"

《元诗选》载:

"黄大山序其诗,谓高不诞,深不晦,劲不粗,全体似李贺,而不涉于怪怪奇奇。《出岭杂言》一首,凡一千四百字,随事起义,随义炼句,古今大篇,未或过之。所作甚富,鳌溪刻本止七百三十余篇,今亦失传,可惜也。"④

---

① 参见明弘治《抚州府志》卷一、清道光元年版《崇仁县志·人物志》。
② 未查考到"黄大山"此人。
③ 林和靖:指林逋。
④ 《元诗选》三集甲集。

（宋）黄丙炎

一、人物简介

黄丙炎画像

黄丙炎[①]（1233—1286），字纯宗，初字文炳、汉翁，号思梅，邑东耆（今县城巴山镇三角塘一带）人。

纯宗登咸淳元年（1265）进士，授临桂（今广西桂林市）主簿，辟建康府凤台酒库[②]。德佑初，干办[③]江西制司，带行[④]礼部架阁。未几，带行国子正。升迁宗正寺簿[⑤]，改宣教郎。

干办江西时，制使黄万石[⑥]置司抚州，适元兵大至，洪都陷落，万石弃城遁[⑦]。纯宗终没能说服他守城，只能与之同行，由盱[⑧]入闽。不到两个月，京城亦陷落，遂归隐。入元后，刘伯宣[⑨]、姚炖[⑩]、高凝[⑪]等为宪使，皆具礼币，迎候纯宗主持洪都府学，皆言遣子来拜师受学；并欲

---

① 黄丙炎：人物简介参考道光、同治各版《崇仁县志》《全元文·虞集》《宋季忠义录》《江西通志》《渠溪黄氏六修族谱》等。黄丙炎为丰城沇江黄畈后裔，黄畴若玄孙，崇仁渠溪黄氏二世祖。

② 凤台酒库：管理酒库的官职。

③ 干办：各地方官的属官，由长官委派处置各种事务。

④ 带行：宋代官制，指带官兼任。

⑤ 宗正寺：中国古代官署。北齐设立宗正寺，隋唐两宋相沿，为九寺之一。设卿、少卿、丞、主簿各一人。

⑥ 黄万石：江阴白沙人，景炎二年元兵南下，江西制置黄万石移治抚州，遂寓居武进西沥塘桥之西。大元兵至隆兴府，黄万石弃抚州遁，提兵走建昌军。参考《宋史·本纪（瀛国公二王附）·卷四十七》。

⑦ 遁：逃避，躲闪。

⑧ 盱：指发源于广昌县驿前镇血木岭灵华峰的盱江，盱江古称"汝水"，是抚河的上游。

⑨ 刘伯宣：入元后，为浙西宪使，官至吏部尚书。草庐门生。参考《江西通志·卷四十一》。

⑩ 姚炖：姚枢之子，入元后为宪使，后官江西行省副使。曾就学许衡。

⑪ 高凝：曾与姚炖等同学于太极书院，入元后为宪使，后为草庐门生。

推荐于朝任职,纯宗固拒之。

刘须溪①铭其墓曰:"不幸而以身从人,又不幸而以文致身,虽有孔明、公瑾之才,而用之如陈琳②、阮瑀③,又如温石二子,而不得为许远、张巡,岂非命乎?"

县志载其《戒石亭》文一篇。子兴孙,列《文苑传》。

虞集撰《寺簿纯宗先生传》④

公讳丙炎,字纯宗,号思梅。登咸淳元年乙丑进士,历官至宗正寺簿,特改宣教郎。

公诗文清整,涵畅自为一家。制行精严,临事不苟。初擢第,归道安仁属,途中有盗杀人,居者被累,公摘隐发奸⑤,得真盗以告,当事里人谢曰:"君乍脱场屋⑥即洗冤,如此,其他日岂可量哉?"

千峰陈宗礼⑦常对人曰:"吾欲得一客,如黄纯宗者,清苦不可近,其为时所契重⑧如此。"寻判成都,自念"乔木世臣"⑨之后,当为清白吏,无负国恩,无忝祖训。

越数载,丁父忧归,民不忍其去,复梦神来告,欲与其偕往。公抵家,立庙居之左,以奉之独,是儒慕未忘,日以梅宪公⑩为念,故别号"思梅",以志其悲。及

---

① 刘辰翁(1232—1297),字会孟,别号须溪。又自号须溪居士,门生后人称须溪先生。庐陵灌溪今江西省吉安市吉安县梅塘乡小灌村人。南宋末年爱国词人。作词数量位居宋朝第三,仅次于辛弃疾、苏轼。遗著由子刘将孙编为《须溪先生全集》,《宋史·艺文志》着录为一百卷,已佚。参考《宋季忠义录·卷十六》。

② 陈琳(?—217),字孔璋,广陵射阳人。东汉末年文学家,"建安七子"之一。陈琳著作,据《隋书·经籍志》载原有集10卷,已佚。明代张溥辑有《陈记室集》,收入《汉魏六朝百三家集》中。参考《后汉书·何进传》《三国志·魏书·王粲传》《"建安七子"之一陈琳》等。

③ 阮瑀(约165—212),字符瑜,陈留尉氏(今河南开封市尉氏县)人,是东汉末年文学家,建安七子之一。阮瑀所作章表书记很出色,当时军国书檄文字,多为阮瑀与陈琳所拟。蔡邕称他为"奇才"。名作有《为曹公作书与孙权》。诗有《驾出北郭门行》,参考《三国志·魏书·卷二十一》。

④ 因《全元文》中虞集撰《寺簿纯宗先生传》对黄丙炎叙述更为详细,故将此文全文录于此。此传亦载民国六年《渠溪黄氏六修族谱》。

⑤ 摘隐发奸:谓成语"发奸摘隐",指揭发隐秘的坏人坏事。

⑥ 场屋:盖在打谷场上或场院里供人休息或存放农具的小屋子。

⑦ 陈宗礼(1203—1270),南宋官员。字立之,号千峰,江西南丰人,一说江西广昌杨溪乡上峰村人。43岁方中进士。官至礼部尚书、枢密院参知政事。所著《寄怀斐藁》《曲辕散木集》等,已佚。参考《宋史·列传第一百八十》。

⑧ 契重:指友情深厚、器重。

⑨ 乔木世臣:乔木:高大的树木。世臣:为历代有功勋的旧臣。常用以称颂乡贤及官宦世家。

⑩ 梅宪公:黄仕成(1205—1274),字乐闲,号梅宪,是黄畴若曾孙,黄丙炎之父,崇仁吴泰婿。喜陆子之学,对陶渊明"少无适俗韵,性本爱丘山"情意相契。由丰城徙崇仁,为崇仁"渠溪黄氏"始迁祖。参见民国六年(1917)《渠溪黄氏六修族谱》。

服除,创芙蓉山房^①以居,后夹州上楼^②,曰"揽辉轩"。曰"尚友"、曰"夫聊复尔尔"题其斋,曰"超然""宽平"名其亭,亦是以见公之志矣。

旋^③补凤翔酒库带行礼部架阁,除宗正寺簿,主管文章政事,称极盛焉。复干办江西,适洪都陷,制使黄万石弃城遁,公从旴入闽,志欲恢复,不两月,京城亦陷。

公谓长郎^④,祖德君^⑤曰:"纲常虽属庸行,可系乾坤重轻,世受皇恩,必当报国。"^⑥无何宋命已革^⑦,公日夜号泣,隐居芙蓉山房,与李君粹斋、赵君信道、吴君留耕^⑧诗酒自遣,时或感慨悲歌,不胜举目江山之恨,至卒之期,犹服朝衣^⑨望宋关而遥,拜以梓故国恩,都人^⑩咸悦公之德,莫有不流涕者。

噫嘻,使公克展^⑪其才,幸则为晋之谢安^⑫、唐之仁杰^⑬,不幸亦为张巡^⑭、许远^⑮之辈也,岂非命乎?但奸权当道,英雄无路,古今同叹。况造化难争,公岂能一木而

---

① 芙蓉山房:渠尾桥(今三角塘)黄丙炎居所,楼一曰"揽辉轩",一曰"尚友斋",一曰"夫聊复尔尔";亭二曰"超然""宽平";有芰荷、林木、奇花、怪石,其揭联云:"园林花信春风稳,庭户书声昼日长。"参见清道光、同治版《崇仁县志》。

② 夹洲上楼:夹洲:指崇仁河冲积滩之地。上楼:在夹洲上建筑楼房。

③ 旋:很快。

④ 长郎:长子。旧时尊称他人长子。

⑤ 祖德君:指黄丙炎高祖黄畴若。

⑥ 谱载此言乃黄丙炎先祖(丰城)黄畴若语。

⑦ 宋命已革:革,改变。指宋朝倾覆消亡。

⑧ 李粹斋、赵信道、吴留耕皆为当时崇仁之儒士。

⑨ 朝衣:这里指宋朝官服。

⑩ 都人:古时分乡、里、都;这里指乡人、里人、同仁等的泛称。

⑪ 克展:意为才能未得到施展。

⑫ 谢安(320—385),字安石。陈郡阳夏(今河南太康)人。东晋政治家、名士,多才多艺,善行书,通音乐。性情娴雅温和,处事公允明断,不专权树私,不居功自傲,有宰相气度。年六十六。参考《晋书·列传·卷七十九》。

⑬ 唐之仁杰:指狄仁杰(630—700),字怀英,并州太原(今山西省太原市)人。唐朝时期杰出政治家。唐武后(周)久视元年(700),拜中书令。参考《新唐书·列传·卷一百一十五》。

⑭ 张巡(708—757),字巡,蒲州河东(今山西永济)人。唐朝中期名臣。至德二载(757),安庆绪派部将尹子琦率军南侵江淮屏障睢阳,张巡与许远在内无粮草、外无援兵的情况下死守睢阳,前后交战四百余次,使叛军损失惨重。有效阻遏了叛军南犯之势,遮蔽江淮地区,保障了唐朝东南的安全。最终因粮草耗尽,士卒死伤殆尽而被俘遇害。后获赠扬州大都督、邓国公。参考《新唐书·列传·卷一百九十二》。

⑮ 许远(709—757),字令威,杭州新城(今杭州市富阳区新登镇)人。唐朝名臣,至德二载(757)正月,因外援不至,城破被执,送往洛阳。终为安庆绪丞相严庄所害。追赠荆州大都督。参见《新唐书·列传·卷一百九十二》。

扶大厦也耶，是公之心同张世杰①、陆秀夫②之苦衷，公之品殆③谢叠山、文文山④之流亚也，即今闻公之风，莫不愤然而兴起矣，予乐⑤为之传。

邑人虞集邵庵氏拜撰⑥

二、著作名录

《黄纯宗遗诗》·卷数不详

三、著作简介

《黄纯宗遗诗》

《黄纯宗遗诗·序》⑦虞集

至元中，大将淮南忠武王伯颜⑧，南征至临安。宋亡，分兵定江右者，淄来李忠敏公恒实⑨，以其兵来，既定江郡，即以张忠武王弘范⑩，击宋遗烬于海上。李公旋兵镇豫章，诸郡已大定，而新附之民疮痍未息，草野之间时有震动，而不足于烦用兵。于时，天子又遣贾公居贞⑪，以参政行省事江西。贾公大儒长者，知缓

---

① 张世杰：见"谢公旦"节。

② 陆秀夫（1238—1279），字君实，楚州盐城（今江苏建湖建阳镇）人。20岁（南宋宝佑四年）与文天祥同登进士榜。祥兴元年（1278）为左丞相，次年2月，元军大举南犯，君实辅弼幼主驻军崖山抗元，不幸战败，驱妻、子入海后，即怀揣玉玺，负幼帝赵，壮烈投海，终年42岁。在华夏五千年历史长河中，陆秀夫是唯一抱幼主壮烈蹈海、以死殉国的爱国丞相，南宋民族英雄。参考《宋史·列传·第二百一十·忠义六》。

③ 殆：几乎。

④ 谢叠山、文文山：谢叠山指谢枋得，文文山指文天祥。两人同科中进士。在中国历史上，两人并誉为爱国主义的"二山"。

⑤ 予乐：予，人称代词"我"；乐，愿意。

⑥ 因各版县志所记述黄丙炎资料与虞集所撰传记内容多同，故谨录此文。

⑦ 见《全元文·虞集（26册·122页）》卷八二一。

⑧ 王伯颜：字伯敬，滨州沾化人。由湖广宣使历永州祁阳，湖州乌程县尹，信州推官。参考《元史·列传·卷一百九十五》。

⑨ 李恒实：未查到相关资料。

⑩ 张弘范（1238—1280），祖籍南阳郡，字仲畴，今保定市定兴县河内村人。是忽必烈灭宋之战的主要指挥者，曾击败南宋将领文天祥与张世杰，深受元世祖忽必烈的器重。俘文天祥于广州五坡岭，次年崖山击败南宋张世杰大军，在石壁上刻"镇国大将军张弘范灭宋于此"十二个字而还，后来，有个秀才，在他这行大字前面又加了一个"宋"字，于是变成"宋镇国大将军张弘范灭宋于此"。春秋笔法，褒贬之意，不言自明。参考《元史·张弘范传》。

⑪ 贾居贞（1218—1280），元真定获鹿（今属河北）人，字仲明。至元十五年迁江西行省参政。参考《元史·贾居贞传》。

急,欲以礼仪感化其人。求诸故国之遗士,民所信服者,待以宾客之礼,以讽劝之。

于临川得故宋宗正寺簿黄公,以礼延致,日以论文学政事。士习之所尚,人心之所安,从容缓带,雅歌投壶,若不以简书为事,尽终日焉。岁月之间,不言而定矣。

先是,州县吏多从便宜树置①,不足以宣布德化,重以征海之役,而新民重病焉。是时,朝廷始创各道提刑按察司。上选河东刘公宣伯,宣来为之使,覃怀高公凝道,凝为行省郎中,柳城姚公炖以副宪事。刘、高二公,皆许文正公之高弟子,姚故相姚公枢之子,亦尝及许门。

天子前后遣之,深欲以仁义道德为治也。刘公首为书,具礼币以迎公于宪府,讲《论语》《大学》诸书。三公者,皆遣子弟受学。于是衣冠之士,舒徐颙昂②,或以文章,或以问学,或以议论,或以誉望,彬彬然皆至于会府。而悍卒俗夫,乘时射利,莫不革心,而江右之风,几若邹鲁③,则诸君子善礼贤者之功也。

当是时,诸公欲列荐公于朝而用之,公固辞。楚国程文宪④公奉诏书,起故国退伏⑤未用之士,布诸宪部,亦有意于公,而公固拒之。未几,遂卒,年五十尔。

尽宋人以进士科取仕,非此途也,不得历显要,是以文武忠孝豪杰之士,皆自此出。及其将亡,贾相似道者,患失而多忌,挟术以误国。其取以备中外之大

任者,大抵巽懦苟禄,轻儇⑥败事之流。武臣骄玩,文士贪靡,而国事去矣。江东西之间,虽有文丞相⑦、谢提刑枋得⑧之流,起于久困之余,奋起于垂亡之日。其大节足以自靖,于国何及哉?

---

① 便宜树置:不是很用心去做事。
② 舒徐颙昂:"舒徐"意为从容不迫。形容体貌庄重恭敬,气概轩昂而从容不迫。
③ 几若邹鲁:"几若"意为好像、接近。"邹鲁"为邹国、鲁国的并称。邹,孟子故乡;鲁,孔子故乡。以"邹鲁"指文化昌盛之地,礼仪之邦。
④ 程文宪:指程钜夫。程钜夫(1249—1318),初名文海,号雪楼,又号远斋。建昌军(今江西南城)人,祖籍郢州京山县(今属湖北)。少与吴澄同门。元朝名臣、文学家。累迁至集贤直学士。参与编修《成宗实录》《武宗实录》。延祐五年(1318)去世,年七十。参考《元史·列传·卷一百七十二》。
⑤ 退伏:退后隐藏。
⑥ 儇:读音:xuán,同"宣"音。
⑦ 文丞相:文天祥(1236—1283),初名云孙,字宋瑞,又字履善。江西吉州庐陵(今江西省吉安市青原区富田镇)人,南宋末年政治家、文学家、诗人,抗元名臣、民族英雄。著有《文山诗集》《指南录》《指南后录》《正气歌》等。参考《宋史·列传·卷四百一十八》。
⑧ 谢提刑枋得:谢枋得(1226—1289),字君直,号叠山,别号依斋。信州弋阳(今江西省上饶市弋阳县)人。南宋末年著名的诗人,诗文豪迈奇绝,自成一家。聪明过人,文章奇绝;学通"六经",淹贯百家。作品收录在《叠山集》。参考《宋史·谢枋得传》。

公始登科，已为李公庭之①、汪公立信②、陆公秀夫诸公所知，皆不及见用。而公区区犹欲③，少自见于危难之间，而事有大谬不然④者。悲夫！

公之少年，文学誉闻已盛，尤善论事，妙于笺翰，一篇之出，诸公争诵之，而幕府移檄，或出其手，有足感到人者。乱离之余，固无复存矣。其为国初诸君子言者，微而婉，简而深，忧长虑远，事未至而意已存，又无得而闻焉。

公之诸孙介寿⑤，得公遗诗数十篇，于公长子庆孙之第四子，以问诸故老长者，得先友门人稍可知者而附录焉。将刻梓以传之，廼⑥以告诸集⑦曰："介寿之生也晚，不逮事先大父。在诸父侍侧，见故书往来，尤得识其风采謦欬⑧之万一，而想见焉。今五十余年，诸父行存者不一二，而交游之旧已尽矣。不述祖之作，何以示诸后人哉？而所得见者，仅此耳。哀哉！"求集序其说于篇末云。

公讳炎，字纯宗。其先蜀人⑨，徙居崇仁者数世矣。有尝从陆先生⑩学者，子孙世为儒家。公之父讳某，有隐德卓行，以端平丙申之岁生公。公父晚岁有末疾，无他侍者供奉，起居衣裳之澣，床笫之洁，皆与夫人亲职事焉。及卒，无葬所。忧行道中，不知所为。感邑人之贤者，推善地与之。而子孙众多，自此始矣。

公年三十，登进士第。调静江府临桂簿，江淮总领所辟准遣江淮制置司干办公事，带行主管尚书礼兵部架阁文字，召除国子正，改官除宗正寺簿，沿⑪江督府主管机宜文字，随大幕府留旴抚间。

宋亡，避地闽峤。兵定，还居崇仁山中，奔走兵寇之间，殊未安也。间尝读宗家太史之时，有渊明更号，凄其望诸葛之意，更字曰"汉翁"，志之所存，于此可见焉。

① 李庭芝（1219—1276），字祥甫，随州（今湖北随州）人。南宋名将。淳祐元年（1241），中进士。累迁两淮安抚制置大使兼知扬州。后益王派以太子少保、左丞相的职务召回朝廷，随从姜才一起转战泰州。德祐二年（1276），突围失败，被执殉难。参考《宋史·李庭芝传》。
② 汪立信（1201—1275），字诚甫，号紫源，六安人，南宋后期大臣。少时随叔祖迁居六安，龙穴山上有汪立信读书处旧址。参考《宋史·卷一百七十五》。
③ 区区犹欲：区区，意为少，不很多；犹欲，有这样的想法和欲望。意为只是有很少的想法和欲望。
④ 大谬不然：大错特错，与实际完全不符。
⑤ 介寿：黄丙炎之孙名。
⑥ 廼：读音nǎi"乃"的异体字。
⑦ 集：虞集自称。
⑧ 謦欬：音qǐng kài，指咳嗽声，引申为言笑。
⑨ 蜀人：丰城黄氏其祖先迁徙由豫"黄国"至鄂"江夏"至浙"金华"至赣"豫章"至丰城"沇江"，应与蜀无涉。疑误。
⑩ 陆先生：指陆九渊。
⑪ 沿：音yán，同"沿"。

　　我先尚书①宝祐间解零陵郡组归奏事，道过崇仁，始识公而深期之。先君郡公，少于公十岁，有交游之好。集之从亲至斯邑②也，年十余岁，犹及拜公床下③。是以知之悉而言之详如此。

---

① 先尚书：指虞集祖父虞臸（音 zhàn）。虞臸，字成夫，宝祐四年（1256），虞臸的湖南永州郡守任期已满，将回临安接受新职。路经临川，虞集的祖姑率二子将虞臸迎接至崇仁居住二年余，期间与黄丙炎结识。参见《全宋词》四册二九六一页。
② 至斯邑：意为随父母搬迁到崇仁来居住。
③ 犹及拜公床下：已经知道在长辈床前行礼。

(宋)曾束之

一、人物简介

曾束之①(约1240年在世,生卒年不详),字次张。崇仁人。

嘉定元年(1208)赐同进士出身,先后任江西兴国尉、四川蓬州教授、四川监成都军资库,迁承议郎,绍定元年(1228)雩都②知县,官职所到之处其德行和政绩颇得赞誉。后任金书陕州军,因北方兵勇入侵四川时抵御有功,再迁循州通判。擅长词,周益公③屡称赞之。

黄濬④《雩阳小乐府十八首》之十六记载:

"宋绍定,雩都令,作县有声称⑤善政。

"因以余事葺⑥衙斋⑦,由来'读书''味道'皆奇胜⑧;六百年来转瞬时;非我出之安得知⑨?

"吉光片羽当护持,今之视昔后视兹,口碑谁忆曾束之?"

这是清道光年间于都知县黄濬在任时撰写的《雩阳小乐府十八首》诗中的第十六首,诗歌形象生动、文采飞扬,读之栩栩如生,呼之欲出,真实生动地描述了

---

① 曾束之:人物简介参考清道光、同治各版《崇仁县志》等。道光版《崇仁县志》记为"曾东之",疑字误。

② 雩都:今于都县。

③ 周益公:指周必大。见"欧阳澈"节。

④ 黄濬:字睿人,号壶舟,台州太平(今浙江温岭)人。道光二年(1822)进士,历任江西萍乡、雩都、临川、东乡、彭泽等地知县,署南安府同知。清道光三年(1823)腊月,黄濬赴于都任知县,第二年春即商议编修县志的事情。《雩都县志》历三年三易其稿而始成,刻本32卷,黄濬亲自为县志作序。"濬"同"浚"。参考《词典·中国文学》、王镛斌点校《黄浚·听松小隐诗草》。

⑤ 有声:多指其任职期间德行、政绩颇受好评。

⑥ 葺:用茅草覆盖房顶。泛指修理房屋。

⑦ 衙斋:衙门里供职官燕居之处。

⑧ 奇胜:神奇之胜景。指宋时曾束之修建的"读书""味道"两亭。

⑨ 安得知:事指黄浚于道光四年二月修圃获得之。

一幅清代道光年间于都的地理风俗画卷。

《于都县志·金石志》记载清朝获得宋"绍定砖"事:宋绍定中,县令曾柬之重建县署。道光四年,知县黄瀶修圃劚地①获旧砖文曰:"绍定二年",盖曾迹也。

黄瀶时隔600余年在修葺县衙时发现了宋知县曾柬之遗存,并将此列入他的《雩阳小乐府十八首》中,说明黄瀶对曾柬之在任时政绩及所为是肯定和钦敬的。

《崇仁县志》记载曾柬之任职"所至有声。"在这首诗中得以印证,非虚之言。

二、著作名录

《辕歌集》(卷数不详;又名《石辕歌集》)

三、著作简介

《辕歌集》(资料暂缺)

---

① 劚地:掘地。劚:音 zhú。

(宋)缪 穆

一、人物简介

缪穆①(1245—1301),字舜宾,后更名无咎,崇仁乡十四都曾坊②(今属相山镇)人。

师承儒家,深受传统儒家文化教育,咸淳丁卯年(1267)以赋举③第一,授乐安知县,不久以身体不适辞归。

博记览,谭论④辄倾四座。游李梅亭⑤之门,传其诗学,以诗赋著称"士林"⑥,乐府、长短句、四六骈文皆工。

元大德五年(1301)卒,年五十七,吴文正公⑦序其集⑧,复铭其墓,所著《诗文集》及《书经漫钞》行于世⑨。

吴澄撰《缪舜宾墓志铭》⑩:

"缪舜宾,宋咸淳间以能赋中程试⑪第一,授知乐安县令……舜宾生淳佑乙巳(1245),年五十有七。"

吴澄在缪穆墓之铭中还叙述道:

---

① 缪穆:人物简介参考清道光、同治各版《崇仁县志》;《吴文正公集》;《江西省府志》;康芬、龙晨红《江西历代著作考》等。

② 曾坊:据崇仁《缪氏七修族谱》记载为"曾坊"人。查《崇仁县志》长安乡一都(今巴山镇)、崇仁乡十四都(今相山镇)各有一个"曾坊"村;考虑缪穆与李刘和吴澄故里皆相距不远,权暂选十四都"曾坊",待考。

③ 赋举:以所作之"赋"中举。

④ 谭论:谈说议论。

⑤ 李梅亭:指李刘。

⑥ 士林:指文人士大夫阶层、知识界。

⑦ 吴文正公:指吴澄。

⑧ 序其集:为其文集作序。

⑨ 清道光前旧志无此记载,见省府志及吴文正集。清道光元年《崇仁县志·人物志》。

⑩ 见《吴文正公集》卷七十二。

⑪ 程试:按规定的程序考试。后多指科举铨叙考试。

"舜宾之父讳若凤,进士落第,赐特奏名授修职郎、吉州永丰县尉,未到任而卒。母亲吴夫人培养舜宾至成才,因博记览、善谈论在大众中闻名,令四座折服。舜宾经常与侍郎①公家的子孙相处,有令阳春②的人,以诗自好,舜宾跟随他学诗,得其所授,于是舜宾之诗卓卓不群,乐府、长短句、四六骈俪语皆擅长。家境虽贫寒,未尝有忧伤的面容,以授徒供养家庭。……舜宾名穆,其名字由前郡守徐公霖③所赏赐,且字之,后来自己又更名。所著诗文及书语随便抄写藏于家中。"

二、著作名录

《书经漫抄》(卷数不详,亦名《书语漫抄》)
《舜宾诗文集》(卷数不详,亦名《缪舜宾诗》《诗文集》)

三、著作简介

《书经漫抄》

《书经漫抄》发挥义理,推究治乱,极为深切,著明虽随笔,铨次不以文法见长而自非寻常所及。④

《舜宾诗文集》(亦名《诗文集》)

缪穆游同邑李刘之门,传其诗学,文亦典雅为宗,有浩瀚之气。

此书历代书目多未采录,今已失佚,亦不见其诗文。

《缪舜宾诗》序·吴澄

春秋诸国⑤君谥穆者,《左传》⑥、《穀梁》⑦作"穆",而《公羊传》⑧皆作"缪",故

---

① 侍郎:指李刘。
② 令阳春:指在阳春县做县令的人,姓甚名谁无考。现为广东省辖县级市,由阳江市代管。
③ 徐霖:见"甘泳"节。
④ 见清同治十二年版《崇仁县志》卷九。
⑤ 诸国:早在夏代,今山东省诸城市境内就建立了氏族方国,初为姒姓国,到春秋时改为彭姓统治,成为诸国。诸国是一个小国,春秋时期依附于鲁国。
⑥ 《左传》:《春秋左氏传》的省称。
⑦ 《穀梁》:《春秋谷梁传》的省称。穀(gǔ)。
⑧ 《公羊传》:《春秋公羊传》的省称。

姓氏家以缪为宋公之后①,"缪""穆"二字通也。

河南伯长以古文鸣宋初,而吾邑之缪亦为著姓,以至于今,舜宾少遊梅亭李氏②之门,见闻既富矣,而所得于诗为尤长,然隐约不矜,人或未之知也。

吾评吾邑诗人,未知其孰为③夫子④舜宾,其不与之中分鲁⑤欤!

---

① 故姓氏家以缪为宋公之后:乾隆四十六年成书的《钦定四库全书》本作:"故姓氏家以缪为秦穆公之后",未知孰是。缪宋公:宋,国名,子姓,公爵,成汤之后裔。周武王灭封,封其子武康。其后武庚叛,成王诛武庚,改封殷纣庶兄微子启于宋,都商丘。在今河南商丘县附近。宋公和即宋缪公,名和,武公之子,宣公之弟。宋国第十四君,在位九年,其七年入春秋之世。详见《春秋公羊传》——隐公三年。

② 梅亭李氏:李刘(1175—1245),字公甫,号梅亭,崇仁白沙人。南宋后期骈文作家。见"李刘"节。

③ 其孰为:谁能够是……。

④ 夫子:旧时对学者的尊称。

⑤ 中分鲁:取自春秋战国时期鲁国有个被砍掉一只脚、名叫"王骀"的人的典故,说这个王骀可以与孔子相当。这里的意思是:舜宾可以与真正的学者"夫子"相当。

（宋）陈世崇

一、人物简介

陈世崇①(1245—1309)，字伯仁，号随隐，崇仁邑西里(县城西耆；今属巴山镇)人。陈郁之子，并称"临川二陈"。宋末元初诗人。

随父入宫禁后，于理宗景定四年(1263)充东宫讲堂掌书②，"仍充东宫讲堂说书，兼两宫撰述。后仕皇城司检法。贾似道忌之，遂归于乡。"③

度宗咸淳元年(1265)，任皇城司检法。因其父有词讽贾似道专权误国，为贾似道忌恨，遂辞官归乡。后复职，但入元后不仕，专心著述。《临川陈氏族谱》载：

"入元著《随隐漫录》，多述宋朝事。景定癸亥(1263)明禋④庆成，储皇亚献⑤，藏一公袖公十诗贺太子，除东宫讲堂掌书，兼椒殿⑥掌笺，借紫⑦赐带⑧，年已十八矣。"⑨

元至大元年(1308)十二月卒，年六十四。

随隐自幼随父习诗文，思维敏异，作品清丽，为时人称道。《漫录》记载：

"先君会天下诗盟⑩于通都，随隐才十二三，诸先生以孺子学诗可教而教于诗。"

---

① 陈世崇：人物简介参考《四库提要辨证》、《随隐漫录》引《临川陈氏族谱》附周端礼《故宫讲陈公随隐先生行状》、清道光《抚州府志》、康芬、龙晨红《江西历代著作考》等。

② 掌书：古代职掌符节及文史记载的官。

③ 摘自周端礼所撰《故宫讲陈公随隐先生行状》。

④ 明禋：音 míng yīn 洁敬。指明洁诚敬的献享。

⑤ 亚献：指古代祭祀时第二次献酒。

⑥ 椒殿：后妃居住的宫殿。

⑦ 借紫：唐宋时规定官员的服色，三品以上服紫，未至三品者特许服紫，称为"借紫"。

⑧ 赐带：给予臣下的荣誉待遇。

⑨ 见《临川陈氏族谱》附周端礼《故宫讲陈公随隐先生行状》、清道光《抚州府志》。

⑩ 诗盟：诗人的盟会。

著有《随隐漫录》十二卷,多记同时人诗话,南宋故事言之尤详,皆为珍贵资料,收入《四库全书》。今传本仅 5 卷。录诗九首。

二、著作名录

《随隐漫录》·十二卷(《四库全书》仅存五卷)

三、著作简介

《随隐漫录》·十二卷

笔记类专著。原书十二卷,今存五卷。

书中所记多南宋典章制度,时令节俗及人物轶事,多可补史料之阙。是书有《四库全书》本、《稗海》本、涵芬楼辑《宋人小说》本、《笔记小说大观》本等。

《四库全书总目提要》:《随隐漫录》·五卷(兵部侍郎纪昀家藏本)

资料图片:《随隐漫录》《四库全书》本卷首

旧本题宋临川陈随隐撰。盖后人以书中自称"随隐",而称陈郁为先君,知为临川陈姓,故题此名,实则"随隐"非名也。

据所载钱舜选[①]诗,其人尝于理宗景定四年(1263)以布衣官东宫掌书。又载辛巳八月己丑,为元世祖至元十八年(1281),则其人盖已入元。案刘埙[②]《水云村泯稿》,载宋度宗御批一道云:"令旨付藏一,所有陈世崇诗文稿都好,可再拣几篇来。在来日定要,千万千万。四月五日辰初付陈藏一[③]。"埙跋其后,以为度宗在春宫时,盛年潜跃[④],汲汲斯文。惜不遇园、绮羽翼,乃下访藏一父子之卑陋。藏一为郁字,则其子当即世崇。证以书中所记,与此批一一吻合,知随隐即世崇号也。

---

① 钱舜选:号春塘,为陈世崇师辈。事见《随隐漫录》卷三。
② 刘埙:见"陈郁"节。
③ 陈藏一:指陈郁。见"陈郁"节。
④ 潜跃:多用以比喻出仕和退隐。这里指帝王未登基之时的状态。

其书多记同时人诗话,而于南宋故事言之尤详。如紫宸殿上寿仪,赐太子玉食批,直书阁,夫人名数,孩儿班服饰,孟享^①驾出仪,太子问安,展书仪^②带格三十二种诸条,颇有史传所未及者。他所记诗话杂事,亦多可采。

其第二卷内论汉平帝后、晋愍怀太子妃以下五条,皆假借古事以寓南宋臣降君辱之惨,与所以致败之由,而终无一言之显斥,犹有黍离^③诗人悱恻^④忠厚之遗,尤非他说不所及也。

清姚际恒《好古堂书目》着录:
《随隐漫录》(宋)陈随隐。

《四库提要辨证》卷十八:《随隐漫录》五卷。嘉锡^⑤按:
近人夏敬观校刊此书,据朱存理^⑥《铁网珊瑚》所载世崇《题曾氏诸帖》诗,署大德丁未(1307)立冬日前宫讲^⑦陈随隐题,疑随隐当是入元后所改名。
《提要》谓旧本题随隐为误以号为名者,未必确当。余尝以夏氏之言为是,而苦无显证。会见妻家临川陈氏族谱,知陈藏一父子乃其同族远祖也。谱前载有元至大二年(1309)盱江周端礼^⑧所撰《故宫讲陈公随隐先生行状》云:
"父藏一,故宋随龙^⑨忠翊郎^⑩、缉熙殿^⑪应制、东宫讲堂说书兼两宫撰述备咨问。公讳世崇,字伯仁,家住抚州崇仁县。……至大元年十二月卒,年六十四。

---

① 孟享:亦作"孟飨"。帝王宗庙祭礼。因于每年的四孟(孟春、孟夏、孟秋、孟冬)举行,故称。
② 书仪:旧时士大夫私家关于书札体式、典礼仪注的著作,通名书仪。
③ 黍离:《王风·黍离》是《诗经》中的一首诗。这是东周都城洛邑周边地区的民歌,是一首有感于家国兴亡的诗歌。
④ 悱恻:内心悲苦凄切;忧思抑郁,心绪悲苦而不能排遣。出自屈原的《楚辞·九歌·湘君》。
⑤ 嘉锡:指卢嘉锡(1915—2001),台湾地区台南市人,祖籍福建省永定县,物理化学家、教育家、社会活动家和科技组织领导者。"中国科学院"第三任院长。参"中国科学院"网站。
⑥ 朱存理(1444—1513),明代藏书家、学者、鉴赏家。字性甫,又字性之,号野航,长洲(今江苏苏州)人。和朱凯(字尧民)同称"二朱先生"。两人皆不乐仕进,又不愿随俗为尘,以藏书赏鉴为乐。富于收藏,赏鉴既高,考证亦精。通书法画理,尤精篆隶楷法。参考李玉安、黄正雨《中国藏书家通典》。
⑦ 宫讲:指东宫讲堂。
⑧ 周端礼:字应和。排山镇人。供职枢密院。宋嘉定六年(1213),尝充任庆贺使,奉命使金国。金人阴谋半途劫走礼币,借词使者失职。不意被端礼察知,先将礼币他移,金主不知。天明端礼至金,按国书如数送上礼币,金主和大臣们惊慌失色,只好优礼相待。转官东南第十将,统领襄阳等府兵马,威重一时。参考《宋史》卷四三四。
⑨ 随龙:意思是东宫僚佐官吏随太子即位而得重用。
⑩ 忠翊郎:武阶名。属小使臣八阶列。
⑪ 缉熙殿:原为讲殿,是南宋理宗前各朝皇帝经筵开讲经史之所。

有《漫录》十二卷行于世。止庵林实,临川儒也,尝序之。"

其所叙事迹,与《漫录》及《提要》所考者并合,知确出元人手笔,非其子孙所附会。其言取旧号为名,可为夏氏入元后改名之说添一证佐。知《提要》之改陈随隐撰为陈世崇撰者,非也。惟行状云《漫录》十二卷,林实之①序,而今所传明商浚《稗海》本仅五卷,又无林实之序。考《天中记》引此书甚多,如卷十九引"钱塘范十郎二女"一条,卷二十引"韩香"一条、"潘庭坚毛惜惜诗"一条,俱不见于今本,盖已被明人妄加删削,非完书矣。"

《四库提要》卷一四一:陈世崇,字伯仁,号随隐,临川人。著有《随隐漫录》五卷。

"《随隐漫录》五卷,旧本题宋临川陈随隐撰。盖后人以书中自称随隐,而称陈郁为先君,知为临川陈姓,故题此名。实则随隐非名也。据所载钱舜②选诗,其人尝于理宗景定四年(1263)以布衣官东宫掌书。又载辛巳八月己丑,为元世祖至元十八年(1281),则其人盖已入元。案刘埙《水云村泯稿》,载宋度宗御批一道云:'令旨付藏一,所有陈世崇诗文稿都好,可再拣几篇来。在来日定要,千万千万。四月五日辰初付陈藏一。'埙跋其后,以为度宗在春宫时,盛年潜跃③,汲汲斯文。惜不遇园绮羽翼,乃下访藏一父子之卑陋。藏一为郁字,则其子当即世崇。证以书中所记,与此批一一吻合,知随隐即世崇号也。

"其书多记同时人诗话,而于南宋故事言之尤详。如紫宸殿上寿仪、赐太子玉食批、直书阁、夫人名数、孩儿班服饰、孟享驾出仪、太子问安、展书仪带格三十二种诸条,颇有史传所未及者。他所记诗话杂事,亦多可采。其第二卷内论汉平帝后、晋愍怀太子妃以下五条,皆假借古事以寓南宋臣降君辱之惨,与所以致败之由,而终无一言之显斥。犹有《黍离》诗人悱恻忠厚之遗,尤非他说部所及也。"

---

① 林实之:宋诗人,《全宋诗》卷十四录其诗"八声甘州"。
② 钱选(1239—1299),宋末元初著名画家,与赵孟頫等合称为"吴兴八俊"。字舜举,号玉潭,又号巽峰,雪川翁,别号清癯老人、川翁、习懒翁等,湖州(今浙江吴兴)人。参考《元诗选》《钱选—花鸟图卷》。
③ 潜跃:见前释。

（宋）陈元晋

一、人物简介

陈元晋①，元晋《宋史》无传。惟《江西通志》记载：陈元晋，字明父，崇仁人。登嘉定四年（1211）进士。

陈元晋（1256 年前后在世②，生卒年不详），字明父，崇仁县城东耆鄢巷（今属巴山镇）人，祖籍四川。生卒年均不详，约宋理宗宝祐年间（1253—1258）前后在世。是虞集的祖姑父。

元晋自幼性趣嗜学且为人好信义。登进士第后，初授雩都③县尉，后升迁福州知府、融州④知府。累官邕管安抚使。官所在处颇有著声⑤。致仕里居⑥，建"渔墅书院"⑦，施学田，立平籴⑧仓，遇到歉收年份，低价供应给市民，邑人德之。

《江西通志》称元晋嗜学好义，为德于乡人者甚多。历官所至，俱着政绩。

元晋著有《渔墅类稿》十卷、《国史经籍志》传于世。

弟元白，性嗜学，亦乐施与，任永新丞。

---

① 陈元晋：人物简介参考清道光、同治各版《崇仁县志》、《四库全书总目提要》、康芬、龙晨红《江西历代著作考》等。

② 在世时间推定参考虞集全家迁崇时间。真实时间待考。

③ 雩都：今于都县。

④ 融州：文帝开皇十八年（598）东宁州改为融州，北宋至道三年（997）改融州为融水郡，元朝时期置安抚司，至元十六年（1279）置融州路总管府，二十二年降为散州。明洪武二年（1369）撤融水县并入融州，洪武十年降州为县，称为融县，属柳州府。现为融水苗族自治县。

⑤ 著声：指其任职各处都有不错的德行、政绩名声。

⑥ 里居：退职后回家乡居住。

⑦ 渔墅书院：在县城东鄢巷，一名"文溪书院"。

⑧ 平籴：是战国时期李悝实行的运用政府财政力量收购或抛售粮食以控制粮价的经济措施。就是官府在丰年按平价购粮储存，以备荒年平价出售，称"平籴（dí）"。

二、著作名录

《渔墅类稿》·十卷
《国史经籍志》·五卷

三、著作简介

《渔墅类稿》·十卷

其集编刊情况不详。

明《文渊阁书目》①卷九着录"陈元晋《渔墅类稿》一部四册,全"。

《菉竹堂书目》②卷三载有四册。

至《内阁藏书目录》③则曰:"《渔墅类稿》五册,不全。……止存甲、乙、丙、丁、己五册。"

《渔墅类稿》·八卷(永乐大典本)

《四库全书总目提要》:宋陈元晋撰。

元晋《宋史》无传。惟《江西通志》载其字明父,崇仁人。登嘉定四年进士。初授雩都尉,迁知福州、融州。累官邕管安抚使。尝建渔墅书院,因以名集。

资料图片:《渔墅类稿》《四库全书》本卷首

然考赵汸《东山存稿》有虞集行状,称集之祖解组④过临川,寓公陈元晋之夫人为其女弟⑤,因迎以归。则元晋亦蜀人,侨居崇仁。《通志》尚考之未详也。

焦竑《经籍志》载有元晋《渔墅类稿》十卷。诸家悉不着录。

今检《永乐大典》中,尚存杂文八十余首,各体诗一百一十余首。谨以类编

---

① 《文渊阁书目》:杨士奇编。见"李刘"节。

② 《菉竹堂书目》:不分卷。明叶盛撰,日本秋谷柴樵校,日本抄本。

③ 《内阁藏书目录》:明张萱等撰。分18部,于经、史、子、集外,增立圣制、典制、总集、类书、金石、图经、乐律、字学、理学、奏疏、传记、技艺、志乘、杂部等14部。

④ 解组:犹解绶,解下印绶,谓辞去官职。

⑤ 女弟:出自东汉班固《汉书·李广苏建传》。《尔雅·释亲》解释为:夫之姊为女公,夫之女弟为女妹。意思丈夫的姐姐称呼为女公,丈夫的妹妹为女弟。"弟"的本意就是次第、顺序的意思。

辑,厘为八卷。

《江西志》称元晋嗜学好义,为德于乡人者甚多。历官所至,俱着政绩。今观集中,如《乞差甲首科札子①》,则极论当时赋役之弊。《上曾知院事》,则力陈上流防江之策。且谓天下非事功难立之为忧,而人心不睦之可畏。又谓边遽②戒警,则号召郡国不教之卒,坐糜粟③于长江以南,谓之警报。及日远则散遣解弛,又复置之度外。自开国以来,同一痼病。其于南宋废弛④聚讼⑤之象,指陈痛切,可谓深中膏肓。

又《上魏了翁启》有云:"善类之势不振,付之乍佞乍贤⑥。正论之脉仅存,听其自鸣自息⑦。以奔趋为捷径,以软熟为圆机⑧。习成脂韦⑨,病入骨髓。"皆愤世嫉俗之言。则知其生平必伉直不谐⑩于时者。读其遗文,犹可以见其人也。

资料图片:《渔墅类稿》《四库全书》本内页

明杨寓《文渊阁书目》着录:
陈元晋《渔野类藁》一部四册(阙)。

《国史经籍志》·五卷

《国史经籍志》⑪卷五、《千顷堂书目》⑫皆着录为十卷。

---

① 札子:指官府中用来上奏或启事的一种文书。

② 边遽:边境警报。遽,驿车。古时以边地的驿车传递警报,故称。

③ 坐糜粟:意即"坐糜廪粟";糜:浪费;廪:米仓;粟:谷子,泛指粮食。坐着消耗国家的粮食,不干实事。

④ 废弛:指废弃懈怠。因不执行或不被重视(政令、风纪等)而失去约束作用。

⑤ 聚讼:指众人争辩,是非难定。大家的说法都不一样,互相争论,得不出一致的意见。

⑥ 乍佞乍贤:典出《汉书·王尊传》"一尊之身,三期之间,乍贤乍佞,岂不甚哉!"后以之为不辨是非黑白的典实。

⑦ 自鸣自息:自鸣,自我表白;自我显示。自息,自我满足,懈怠不前。

⑧ 软熟为圆机:陈元晋《上魏左史了翁启》,意为"软熟和同";后曾国藩《挺经》:"国藩从宦有年,饱阅京、洛风尘。达官贵人,优容养望,与在下者软熟和同之象,盖已内稔知之。"就是说,他做官有年,饱知官场习态。在上者但知做出一副宽大优容的样子,来培养自己的人气。在下者"软熟和同"办事一味软媚求同,打圆场,做老好人。

⑨ 脂韦:油脂和软皮。出自《楚辞·卜居》。

⑩ 伉直不谐:伉直,刚直。不谐,不和谐。

⑪ 《国史经籍志》:是明焦竑撰史志目录。五卷,附录一卷。首列《制书类》,凡御制及中宫著作,记注、时政、敕修诸书皆附焉。余分《经》《史》《子》《集》四部。

⑫ 《千顷堂书目》明代著名目录学家黄虞稷编撰。按经、史、子、集排列,广泛搜集明代著作,兼及宋、辽、金、元著作。

原本久佚，今存清乾隆翰林院钞本，乃《四库》馆臣辑自《永乐大典》，共二册，朱文鼎、孙曙沧校①。卷内校改添补之处随处可见。如卷八《喜雨上项师》"苗若遂槁无此水"，"槁"字旁改作"枯"字。同卷《得主管仙都之令》"头衔清甚管三都"，"三"字旁改作"仙"字。该本后收入《四库全书》中。

《四库全书总目》卷一百六十二云："今检《永乐大典》中尚存杂文八十余首，各体诗一百一十余首，谨以类编辑，厘为八卷。"

民国时，尝以文渊阁《四库》本影入《四库全书珍本初集》。

按此次所选乾隆翰林院钞本为斯集初辑本。是本与《四库》本参校，多互异之处，如卷七《朱明洞天》诗"卸帆试略罗浮秋"，《四库》本"卸帆"作"卸飐"；"月微月庄海茫茫"，《四库》本"月微"作"星微"。又翰林院本中带有"胡""虏"诸字，四库馆臣在钞录时悉皆改动，如《和冯眉州十九字无酒韵》"宾刀尚染胡儿血"，《四库》本改"胡儿"作"健儿"，似此之类，皆足以供读《四库》者参考。

---

① 清朱文鼎、孙曙沧校：2018年1月1号，在国家图书馆开展了"馆长带您走进国家图书馆"直播互动活动，邀请读者亲近《四库全书》，展示古籍中有《渔墅类稿》八卷(宋)陈元晋撰清乾隆间翰林院抄本清朱文鼎、孙曙沧校，四库底本"。信息来源"中新网"。

（宋）胡以逊

一、人物简介

胡以逊①（约1280年左右在世，生卒年不详），字幼谦，晚号梅村；（胡）英孙弟。崇仁惠安乡四十五都罗溪（今属巴山镇）人②。

以逊八岁能文，年十四岁应举，日未昃③，三策④皆就。咸淳四年（1268）庚午科"盱江拟策问"登进士第，授永福⑤主簿，未去赴任。广东帅漕⑥以才名特辟⑦，亦不就。

宋亡不仕，以诗文自娱，著《庄子补剔》十卷，采诸家之说而断以己意。尝语子安诗曰："吾平生着⑧书，惟《补剔》⑨用力居多，若得传世，千载之下当有子云。"

胡以逊由儒而仕，精于医学，辞官不仕，专于著述，尤对医学列论详明。晚号梅村，已是名医，去世前于病中自撰其墓志。

著有《诗文》五十卷，《千金裘》《齐瑟》各二卷，《待问》二卷，《时文》十卷，《口义》二卷。⑩

子：安诗，字季雅，能诗，尤长四六，刘须溪⑪称其"用事造语，皆深茂微婉。"

---

① 胡以逊：人物简介参考清道光、同治各版《崇仁县志》；清雍正版《江西通志》等。
② 罗溪人：道光年前诸志误载为宜黄人。
③ 昃：音 zè，太阳偏向西方时称为昃。
④ 三策：指三篇策论。
⑤ 永福：县名，位于广西东北部，桂林西南，今隶属桂林市。
⑥ 帅漕：宋各路置安抚司掌军事与民政，简称帅司；转运司掌财赋与转运，简称漕司。
⑦ 特辟：破格召见并授予官职。
⑧ 着：通"著"。
⑨ 补剔：剔音 yì，指修整面容残缺，恢复本来面目。
⑩ 以上参考雍正《江西通志》卷五一；《隐居通议》卷二〇。
⑪ 刘辰翁：见"黄丙炎"节。

二、著作名录

《庄子补阙》·十卷

《待问》·二卷

《诗文》·五十卷(亦名《幼谦诗文集》)

《千金裘》·二卷

《齐瑟》·二卷

《时文》·十卷

《口义》·二卷

三、著作简介

《庄子补阙》·十卷

以逊谓庄子乃飞行绝迹①之书,未可以寻常解释,爰②采诸家注庄之说,指其疵误,以发明之余,着亦典核有体③。

明王圻《续文献通考》④载:崇仁胡以逊读庄子,恶⑤其驳杂⑥,乃采诸家之说而为补阙。

《待问》·二卷

《待问》论列医卜星相,尽谦词也。

《诗文》·五十卷(亦名《幼谦诗文集》)

以逊幼颖敏过人,登第后宋亡不仕,以著述自娱,所作清峻而有温籍之致,故自可传。

---

① 飞行绝迹:喻指卓越的功业事迹。

② 爰:假借表示于是。

③ 典核有体:典瞻该博,详而核,质而有体。引经据典,阐释详细中肯之意。

④ 《续文献通考》:是明代王圻撰典制文献。《文献通考》的续编。作者收集史乘和各家文集、往牒及奏疏等。据事节录,于万历十四年(1586)编次成书,共二百五十四卷。所记上起南宋嘉定年间,下至明万历初年。体例仿通考,又兼取《通志》之长,收及人物。

⑤ 恶:这里应指需要纠正之意。

⑥ 驳杂:指混杂不纯,不纯净。

《千金裘》·二卷（资料暂缺）

《齐瑟》·二卷（资料暂缺）

《时文》·十卷（资料暂缺）

《口义》·二卷（资料暂缺）

（宋）元　淮

一、人物简介

元淮[①]（约 1292 年左右在世）名仲泉，字国泉，号水镜。崇仁县礼贤乡十三都浯潆（今河上镇元家桥）人。为浯潆元氏十五世祖，唐朝崇仁知县元子晢[②]第十五世孙[③]。

幼年随家迁邵武（今属福建）。宋末为武官，入元后继任军职。元世祖至元元年后，曾率军平定闽中地方武装，以军功显于闽，授武德将军[④]，至元二十四年（1287），任溧阳路[⑤]总管，在职五年左右，后退隐福建邵武。他由武职改任文官，有诗记其事：

“截发搓绳联断铠，扯旗作带系金创。

卧薪尝胆经营了，更理毛锥治溧阳。”

归家之日又有诗说：

“问归行李轻于羽，沿路吟诗有一船。”

事见《临川县志》《江西诗征》《元诗纪事》。《新元史》卷二三七有传。

---

① 元淮：元代诗人。《浯潆元氏十一修族谱》载其出生时间为“宋建炎四年（1130）”应为误记。
② 元子晢：浯潆元氏始祖。祖籍河南，北魏苗裔，唐天宝年间进士，唐永泰二年大历元年（766）崇仁知县，因兵戈梗道未归，遂家于崇仁衙侧米仓巷居焉！任崇仁知县间，治行循良，仁民爱物之心，遍洒于闾阎，大历五年（770 年）卒于衙内；当日合邑士民如丧考妣然。邑志载：“大历五年，尚书考功符下崇仁，为建祠立碑于县南五步，鲁公颜真卿书：‘缘兵荒未归遂家於崇衙后之米仓巷’（颜真卿撰《元子晢遗爱碑》碑文），继建鸣琴阁，于城隍庙左。明大儒吴与弼为浯潆元氏族谱作序时，赠楹联云：‘四朝文物米仓巷，百世根基浯潆桥’”。
③ 第十五世孙：从正常的代际推算，元淮与其祖子晢相隔至少 530 年，第十五世孙，应存较大误差。
④ 武德将军：官名。金、元、明皆置。金代官制，武阶正六品下授武德将军。元代武阶官正五品授武德将军。见《元史·百官七·武散官》。
⑤ 溧阳路：元至元十四年（1277）曾升为溧州，十五年又改为溧阳府，十六年改为溧阳路。二十八年革路存县。元贞二年仍改州，属集庆路（今南京）。现属江苏常州下辖市。

二、著作名录

《水镜集》·一卷(又名《金囷集》《溧阳路总管水镜元公诗集》)

三、著作简介

《水镜集》·一卷

元淮才兼文武。工诗文,其诗意境开朗,极少哀伤低沉情绪。闺情诗颇有唐人情调,如《春闺》。写景诗中也有上乘之作,如《立春日赏红梅》《郊行》《南园新柳》等。他还有五首诗咏及白朴的杂剧《梧桐雨》和马致远的杂剧《汉宫秋》《岳阳楼》,这种题材的诗作在元人诗中实为罕见。

元淮其诗有《击壤集》(邵雍)之风,而理趣不逮,视远诗则不可同日语矣。著有《水镜》,又名《金囷集》[①],《四库总目》传于世。

---

① 《金囷集》:《元诗选》作《金囷吟》;金囷是溧阳古称,但集中所收作品并非都是在溧阳所作。囷音 yuān,古同"渊"。

第二编 元代

（元）吴　澄

一、人物简介

吴澄[1]（1249—1333）字幼清，晚年改字"伯清"，号草庐。崇仁乡五十一都咸口村[2]人，宋元理学家、思想家、经学家、教育家，与许衡并称"南吴北许"。

吴澄自幼聪敏好学，宋度宗咸淳六年（1270）应乡贡[3]中选，次年礼部试[4]落第，后作草屋以居，题名"草庐"，授徒于乡里。"草庐先生"之称缘于此。

入元后，历授应奉翰林文字、江西处儒学副提举、国子监丞、国子监司业、翰林直学士，拜翰林学士（授二品衔），为经筵讲官[5]，复命修《英宗实录》。

少从"南湖学派"戴泉溪良齐[6]先生研习"性理

资料图片：吴澄画像（立像）

---

① 吴澄：人物简介参考《元史·列传·卷三七》、清道光、同治各版《崇仁县志》、元虞集《临川郡公吴文正公行状》、元揭傒斯《临川郡公谥文正吴公神道碑》、明危素《临川吴文公年谱》等。欲较全面了解吴澄的生平、学术思想及贡献，可参阅钱穆著《中国学术史论丛（6）·吴草庐学术》、蔡仁厚（台）著《吴澄理学思想研究》、胡青著《吴澄教育思想研究》、方旭东著《吴澄评传》、黄勇辉著《宋明理学之桥——元草庐吴澄》等著作。

② 咸口村：今属乐安县鳌溪镇。

③ 乡贡：指不在学馆或正规学校上学的私学学生，先经州县考试，合格后称之为举人，再由州县推荐举送到尚书省应试。指私学而由州县推荐应科举的士子。

④ 礼部试：即会试，系中国传统科举制度中中央一级的考试，由尚书省下的礼部主持，故称"礼部试"，又称"省试"。礼部试始于唐制。

⑤ 经筵讲官：经筵是为皇帝听讲书史之处。唐后期曹以大臣为侍讲，为皇帝讲解经义，但无经筵名。宋凡侍读、侍讲学士及侍读、侍讲、崇政殿说书皆称经筵官，遂有经筵之称。

⑥ 戴良齐：字彦肃，号泉溪，宋台州黄岩（今属浙江）人。嘉熙二年（1238）进士。景定初，提出"君臣共忧天下"的主张。以古文名，精于性理之学，力辨汉儒注经之误。著《中说辨妄》《通鉴前纪》《曾子遗书》《论语外书》《孔子年谱、世谱》《七十子说》《泉溪文集》。参见《浙江通志》卷二百四十二。

之学①", 亦为"南湖学派"②弟子; 再受教于朱熹③再传弟子饶鲁④的门人程若庸⑤于郡"临汝书院⑥", 并与其族子程钜夫⑦为同学; 程若庸离开后又受教于陆九渊⑧再传弟子程绍开⑨。

宋祥兴元年(1278)底, 元兵将至, 为避兵乱, 吴澄携一家隐居乐安布水谷⑩五年, 期间对多部经书进行校注, 至元二十年(1283)还居草庐。

至元二十三年(1286), 程钜夫奉诏到江南搜罗宋遗人才, 拒赴; 以观历⑪为由, 从⑫程钜夫至大都⑬, 不久即辞归。

元贞年间, 讲学于龙兴⑭, 为江西行省左丞董士选⑮所赏识, 荐于朝。吴澄力辞不得; 大德五年(1301), 授应奉翰林文字, 次年至京, 而该职已改授他人, 遂南还。八年, 被任为江西等处儒学副提举, 迁延不赴, 后称病辞职。

---

① 性理学: 义理性命(指人的本性及其根源)即称为"性理之学", 简称"理学"又称之为"道学"。是中国古代的一种学术形态, 本来专指宋代理学。但性理之学本身有一个历史形成过程, 从学术谱系来分析的话, 玄学应是古代性理学的早期形态。

② 南湖学派: 南宋杜煜兄弟所创。学者称杜煜为"南湖先生", 故称"南湖学派"。初从学于石墩, 后师朱熹十余年, 深得其传。弟子著名者有: 杜范、邱渐、车若水、吴澄、戴亨等。

③ 朱熹(1130—1200), 字符晦, 又字仲晦, 号晦庵, 晚称晦翁, 谥"文", 世称朱文公。宋朝著名的理学家、思想家、教育家、诗人, 闽学派的代表人物, 儒(理)学集大成者, 世人尊称为"朱子"。参见《宋史》卷四百二十九。

④ 饶鲁(1193—1264), 字伯舆, 一字仲元, 号双峰, 饶州余干(今江西余干)人。南宋著名理学家。门人私谥文元。著有《五经讲义》《语孟纪闻》《西铭图》等。参见《上饶余干人物》。

⑤ 程若庸: 字达原, 南宋湖北休宁人。生卒年不详。早年师从饶鲁, 得朱熹的真传。咸淳四年(1268)进士, 历任安定书院、临汝书院、武彝书院山长, 学者称勿斋先生。参见《四库·续文献通考卷一百七十三》。

⑥ 临汝书院: 位于江西抚州(今属临川区)。早名南湖书院。

⑦ 程钜夫: 见"黄丙炎"节。

⑧ 陆九渊: 见"罗点"节。

⑨ 程绍开(1212—1281), 宋信州贵溪人, 字及甫, 号月岩。度宗咸淳四年进士。为临汝教授。历礼、兵部架阁, 复长象山书院兼掌堂堂。尝建道一书院, 以合朱熹、陆九渊两家学说。参见《江西贵溪市人物》。

⑩ 布水谷: 位于相山主峰以西, 今乐安县公溪镇境内白马山中, 上有田有池, 群山外环, 内有一道溪流直通悬崖飞瀑而出, 曰: 布水。

⑪ 观历: 观光游览。

⑫ 从: 跟随。

⑬ 大都, 称元大都, 意为"大汗之居处"。即今北京, 是元朝的首都, 元大都城街道的布局, 奠定了今日北京城市的基本格局。

⑭ 龙兴: 今江西南昌市。

⑮ 董士选: 字舜卿, 任江西行省左丞时, 以属掾元明善为宾友, 既又得吴澄而师之, 延虞汲于家塾以教其子。诸老儒及西蜀遗士, 皆以书院之禄起之, 使以所学教授。迁南行台, 又招汲子集与俱, 后又得范梈等数人, 皆以文学大显于时。故世称求贤荐士, 亦必以董氏为首。晚年好读《易》, 淡然终其身。参见《元史》卷一百五十六列传第四十三。

至大元年(1308),授国子监丞,亲自执教;当时国子监学官只知承袭许衡①成法,教学止于朱熹《小学》《四书集注》诸书,年年如此,毫无进展。四年,晋升司业的吴澄实行改革,辨析诸家传注的得失,融会不同学派的学说,并拟定教法,分经学、行实、文艺、治事四门,扩大并完善了教学内容。他曾对学生说:"朱子道问学工夫多,陆子静却以尊德性为主。问学不本于德性,则其弊偏于言语训释②之末。"提倡"故学必以德性为本"③。

因此反对者指责他为陆学,不合许衡尊信朱子之义,不可为国子师;又因不同意改革大学积分法,与同事意见不合,于是作罢。皇庆元年(1312)辞职还家。

延佑五年(1318),授翰林直学士,遣虞集驰驿④召入朝,中途因病折返。

至治三年(1323),拜翰林学士,复遣近臣至其家征召,乃入京。泰定元年(1324),命为经筵讲官,复命修《英宗实录》。泰定二年,《实录》修成,辞官南归。

晚年仍致力于著述、讲学,南北士人来从学者甚多。元统元年(1333),卒于家。谥"文正"⑤。明宣德十年(1435)奉祀孔庙,称"先儒吴子";故乡咸口村亦在同年建"草庐公祠"以祀。

除从学戴泉溪外,吴澄学术成熟于朱熹和陆九渊,受学于程若庸,而程若庸学于饶鲁,饶鲁学于黄干,黄干是朱熹的弟子,故吴澄是为朱熹的"四传弟子";又因吴澄家居江西临川"陆学"发源地,曾师从程绍开,而程绍开是陆九渊的再传,亦可说吴澄为"陆学"四传。

因此吴澄接受并探索了朱熹和陆九渊两个人的思想架构,从其倾向看,更近朱子之学。如全祖望所言:

"草庐出于双峰⑥,固朱学也,其后亦兼主陆学。盖草庐又师程绍开,程氏尝筑道一书院,思和会两家,然草庐之着书,则终近乎朱。"⑦

吴澄为学虽由朱熹《四书集注》入门,又得到朱学人物的指授,自称其学为朱子之学。但他不偏执于一家,对陆九渊的"本心"学说尤为赞赏,认为是出于孟

---

① 许衡(1209—1281),字仲平,号鲁斋,世称"鲁斋先生"。怀庆路河内县(今河南沁阳)人。金末元初著名理学家、教育家。著有《读易私言》《鲁斋遗书》等。参见《元史·列传第四十五》。

② 训释:解释字句的意义。

③ 见《元史·列传第五十八·吴澄传》。

④ 驰驿:驾乘驿马疾行。驿:官员入觐或出京,由沿途地方官按驿供给其役夫与马匹廪给。

⑤ 文正:《明会典》记载,以"文"字为第一字的谥号,前三排列为"文""文正""文贞",正、贞之后,依次与"文"搭配的字为成、忠、献、端、定、简、懿、肃、毅、宪、庄、敬、裕、节、义、靖、穆、昭、恪、恭等 39 个等级。

⑥ 双峰:指朱熹门生饶鲁。

⑦ 《宋元学案·草庐学案》。

子,并谓"以心为学,非特陆子为然,尧、舜、禹、汤、文、武、周、颜、曾、思、孟,以逮邵、周、张、程诸子,盖莫不然"。他极力调和朱、陆两家学说,称"二师之为教一也",反对持门户之见。

吴澄著述丰富,尤精研诸经,校定过《易》《书》《诗》《春秋》《礼记》《皇极经世书》《老子》《庄子》《太玄经》《乐律》《八阵图》及郭璞的《葬书》。所著《易纂言》《诗纂言》《书纂言》《春秋纂言》《礼记纂言》总称《五经纂言》,及《仪礼逸经传》《周礼考注》等,被后学称为"吴子五经学",在宋明理学中具有崇高地位。

二、著作名录

《易纂言》·十二卷(县志记为十卷)

《易纂言外翼》·八卷

《书纂言》·四卷(亦名《尚书纂言》)

《诗纂言》(失佚·卷数不详)

《春秋纂言》·十二卷(总例二卷)

《礼记纂言》·三十六卷

《校补礼记纂言》·三十六卷

《仪礼逸经传》·二卷

《三礼考注》·六十四卷(《崇仁县志》载三十二卷)

《孝经定本》·一卷(另名《草庐校定古今文孝经》)

《道德真经注》·四卷

《吴文正集》·一百卷(亦名《吴文正公集》)

《私录》·二卷

《学基学统私录》·卷数不详

《四书序论》·一卷

《月令七十二候集解》·一卷

《易叙录》(无卷数)

《琴言十则》·二卷(一名《琴言》指法一卷)

《草庐先生原理》·二卷

《庄子内篇订正》·二卷(一名《订正南华内篇》)

《老子校本》·卷数不详

《庄子校本》·卷数不详

《太元经校本》·卷数不详

《乐律校本》·卷数不详

《八阵图校本》(卷数不详，光绪《江西通志》名《校正八阵图》)

《三礼叙说》·卷数不详

《周礼经传》·十卷

《周礼考注》·十五卷

《大戴礼叙录》·一卷

《中庸合注定本》·一卷

《老子叙说》·卷数不详

《郭璞葬书(经)校本》·二卷(亦名《校正郭璞葬书》)

《草庐吴先生辑粹》·六卷(明·王蓂编)

《草庐词》·一卷

《吴草庐文抄》·卷数不详

《草庐吴先生文粹》·五卷(明吴讷编)

《草庐子》·卷数不详

三、著作简介

《易纂言》·十二卷

吴澄释《易》，有《易纂言》12 卷、《易纂言外翼》8 卷。

《易纂言》和《易纂言外翼》，前者是《周易》笺注之作，后者是对前者易例的归纳和总结，吴澄的象数[①]思想主要见于此。

《易经》也称《周易》或《易》，是中国最古老的文献之一，并被各代儒家尊为"群经之首，大道之源"。其丰繁无尽的内容涵盖、其缜密至极的逻辑性和常人不可及的思想高度使得无数人只能仰望之。

《易纂言》为《易》进行引证、诠释、撰述，绝非易

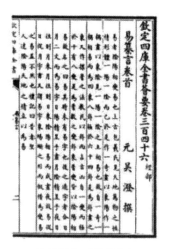

资料图片:《易纂言》
《四库全书》本卷首

---

① 象数:易学术语,是《易》的组成要素。在《易经》中"象"指卦象、爻象,即卦爻所象之事物及其时位关系;
"数"指阴阳数、爻数,是占筮求卦的基础。

事,只有大儒者可为之。宋代名儒吕祖谦①通过精心考证,将《易》恢复其旧。而后朱熹沿用吕本,但对于书中文字阙衍②谬误,没有来得及全面订正。

吴澄有鉴于此,特重加修订。他以吕祖谦的《古周易》为依据,参考许慎③马融④、郑玄⑤、王肃⑥、王弼⑦诸家的说法而加以校正,每卦先列卦变主爻,每爻先列变爻,次列象占。十翼也各分章数,其训解各附句下,音释考证于经则附于每卦之末,于传则附于每章之末,对《三易》(连山⑧、归藏⑨、周易⑩)。不断地推敲、论证、校定,就是草庐这样的大儒,也是费尽四十多年的时光,在他七十多岁高龄才肯示之以世,亦在七十多岁高龄再撰《易纂言外翼》以补充、总结之,作为《易纂言》的姊妹篇。

全祖望读吴草庐《易纂言》:

草庐著《易纂言》,累脱稿而始,就其自言曰:

---

① 吕祖谦(1137—1181),字伯恭,世称"东莱先生",为与伯祖吕本中相区别,亦有"小东莱先生"之称。婺州(今浙江金华)人,原籍寿州(治今安徽凤台)。南宋著名理学家、文学家。吕祖谦博学多识,主张明理躬行,学以致用,反对空谈心性,开"浙东学派"之先声。与朱熹、张栻齐名,并称"东南三贤"。著有《东莱集》《历代制度详说》《东莱博议》等,并与朱熹合著《近思录》。参考《宋史·卷一百五·志第五十八》。
② 阙衍:阙同"缺",指过失,疏失。衍:多出来的(指字句)。
③ 许慎(约58—约147),字叔重,汝南召陵(今河南省漯河市召陵区人),东汉时期著名的经学家、文字学家。《说文解字》是许慎一生最精心之作,后人尊称他为"字圣"。参考范晔《后汉书·许慎传》。
④ 马融(79—166),字季长。扶风郡茂陵县(今陕西兴平东北)人。东汉时期著名经学家,马融学识渊博,尤长于古文经学。参考《后汉书·卷六十上·马融列传第五十上》。
⑤ 郑玄(127—200),字康成。北海郡高密县(今山东省高密市)人。东汉末年儒家学者、经学大师。郑玄治学以古文经学为主,兼采今文经学。著有《天文七政论》《中侯》等书,共百万余言,世称"郑学"。参考《后汉书·卷三十五·张曹郑列传第二十五》。
⑥ 王肃(195—256),字子雍。东海郡郯县(今山东临沂市郯城西南)人。三国时期曹魏著名经学家,借鉴《礼记》《左传》《国语》等,编撰《孔子家语》等以宣扬道德价值,将其精神理念纳入官学,其所注经学在魏晋时期被称作"王学"。参考《三国志·卷十三·魏书十三·钟繇华歆王朗传第十三》。
⑦ 王弼:见"吴沆"节。
⑧ 《连山》:后亦称《连山易》,古多只称《连山》,其名初见于《周礼·春官宗伯·大卜》,据传为天皇氏所创。远古有三易,《周礼》云:"太卜掌三易之法,一曰连山易,二曰归藏,三曰周易。《连山》其经卦皆八,其别皆六十有四。"其中连山易和归藏易,两千年来历代典籍鲜有记载,学术界无不认为其已失传,几成定论。此二易也成为中华文化领域里的一件千古之谜。历来学界以为,连山易是以艮卦开始,如山之连绵,故名连山。
⑨ 《归藏》:是《三易》之一,与《连山》《周易》统称为《三易》。该易书是以坤为首卦,故名为归藏。《连山》《归藏》是我国远古时代的文化典籍,有说《连山》与《归藏》不是失传了,而是被改了名为先天八卦、后天八卦或其他名称。历来被人们认为它们是《周易》的前身。
⑩ 《周易》:即《易经》,《三易》之一;相传系周文王姬昌所作,内容包括《经》和《传》两个部分。《经》主要是六十四卦和三百八十四爻,卦和爻各有说明(卦辞、爻辞),作为占卜之用。《周易》没有提出阴阳与太极等概念,讲阴阳与太极的是被道家与阴阳家所影响的《易传》。《传》包含解释卦辞和爻辞的七种文辞共十篇,统称《十翼》,相传为孔子所撰。

"吾于易书用功至久,下语九精,其象例皆自得于心,庶乎文周[1]击辞之意。"

又曰:

"吾于书有功于世,为犹小,吾于易有功于世,为最大。及愚谛[2]观其书,如以大传所释,诸卦爻辞,为文言传之,错简合作一篇,芰、震、彖、辞、震、来、虩、虩八字为爻辞,所重出增履者,礼也。"

一句于序卦传,俱未免武断之失,而坤之二,以大不习句师之初以,以律不臧句小畜之四,以去惕出,句履之上以考祥其旋句,皆未见其有所据也,若改屯初之盘桓为盘桓,师象之丈人为大人否?二之包承为包荒,而以亿丧贝为后世意钱之戏,则经师家亦岂有信之者,然则草庐之所以为自得者,殆其所以为自用也,世所传朱枫林卦变图[3],以十辟六子为例,实则本诸草庐云。[4]

明杨寓《文渊阁书目》着录:

易吴澂[5]纂言一部八册;

易吴澂纂言一部三册;

易吴澂纂言一部二册;

易吴澂纂言一部七册。

清姚际恒《好古堂书目》着录:

《易纂言》十三卷(元)吴澄。

曹寅《栋亭书目》收录:

《易纂言》元吴澄学十卷·四册。

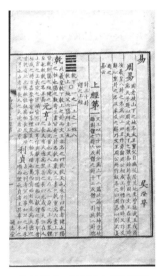

资料图片:《易纂言》清康熙纳兰成德刻通志堂经解本内页

《易纂言》·十二卷(内府藏本)

《四库全书总目提要》:元吴澄撰。澄字幼清,

① 文周:应指孔子和周文王。
② 谛:本义为追根刨底地审问;细察。
③ 卦变图:指元朱枫林"十辟卦变图"。朱升(1299—1370),字允升,安徽休宁(今休宁县陈霞乡回溪村)人,元末明初的军事家、文学家,明代开国谋臣,官至翰林学士。学者称枫林先生。后因向朱元璋建议"高筑墙、广积粮、缓称王"被采纳而闻名。著有《易书诗》《周家仪礼》,传世的有《前图》二卷、《枫林集》十卷。相传《前图》为元末所作。参见《明史·朱升传》。
④ 见全祖望《鲒埼亭集外编·读吴草庐春秋纂言》卷二十七。
⑤ 澂:同"澄"。《说文解字》卷十一(水部):清也。从水,征省声。直陵切"注"臣铉等曰:今俗作澄。

号草庐，崇仁人。

宋咸淳末举进士不第。入元以荐擢翰林应奉文字，官至翰林学士。卒谥"文正"。事迹具《元史》本传。

是书用吕祖谦古《易》本经文，每卦先列卦变主爻，每爻先列变爻，次列象占。《十翼》[1]亦各分章数。其训解各附句下，音释考证则《经》附每卦之末，《传》附每章之末。间有文义相因即附辨于句下者，偶一二见，非通例也。

澄于诸经，好臆为点窜。惟此书所改则有根据者为多。如《师卦》"丈人吉"改"大人吉"，据崔憬[2]所引《子夏传》。《比卦》"比之匪人"下增"凶"字，据王肃本。《小畜卦》，"舆说辐"改"舆说輹"，据许慎《说文》[3]。"尚德载"，改"尚得载"，据京房[4]、虞翻[5]、子夏[6]本。《泰卦》"包荒"改"包……"，据《说文》及虞翻本。《大畜卦》"曰闲舆卫"改"日闲舆卫"，从郑玄、虞翻、陆希声[7]本。《萃卦》"萃亨"，删"亨"字，从马融、郑玄、虞翻、陆绩[8]本。《困卦》"劓刖"改"臲卼"，据荀爽[9]、王肃、陆绩本。《鼎卦》"其形渥"改"其刑剭"，据郑玄本。《比象》"比吉也"，删"也"字，

---

① 《十翼》：即《易传》，内容包括《象》上下、《彖》上下、《文言》《系辞》上下、《说卦》《序卦》《杂卦》共有十篇，故称《十翼》。余谓所传《十翼》，相传为孔子所撰。

② 崔憬：唐代易学家。史传不载，生平不详。生活年代在孔颖达之后。崔氏易学，重易象和易数，不墨守王弼《周易注》，在注重玄理的同时，也兼采象数。著有《周易探玄》。参考百度百科。

③ 《说文》：许慎编撰了世界上第一部字典《说文解字》，使汉字的形、音、义趋于规范和统一，学者皆称许慎为"许君"，称《说文解字》为"许书"，称其学为"许学"。参考范晔《后汉书·许慎传》。

④ 京房（前77—前37年），西汉学者，本姓李，字君明，推律自定为京氏，东郡顿丘（今河南清丰西南）人。京房著有《易传》三卷、《周易章句》十卷等十三种八十多卷，有《易》京氏学。参考《汉书》卷七五，列传第四五。

⑤ 虞翻（164—233），字仲翔，会稽余姚（今浙江余姚）人。三国时期吴国学者。精通《易》学，又兼通医术，有《周易注》十卷、《附录》一卷、《周易日月变例》六卷等，皆失佚。参考《三国志·吴书·虞翻传》。

⑥ 卜商（前507—前400），姬姓，卜氏，名商，字子夏，尊称卜子（夏）。南阳温邑（今河南温县黄庄镇卜杨门村）人。春秋末期思想家、教育家，孔门十哲之一。魏王冢中的《归藏》应来自子夏之徒所传习者。参考《史记仲尼弟子列传》。

⑦ 陆希声：字鸿磬，自号君阳遁叟，唐代苏州府吴县人氏（今江苏苏州）。博学善属文，昭宗（888至904）时召为给事中，历同中书门下平章事，以太子太师罢。著有《颐山录》和《山居二十七咏》等。参考《唐书本传、唐诗纪事飞宣和书谱》。

⑧ 陆绩（188—219），字公纪，吴郡吴县（今江苏苏州）人，东汉末年大臣，博学多识，通晓天文历法，星历算数无不涉览。出为郁林太守，加偏将军。虽在军中，不废著作，曾作《浑天图》，注《易经》，撰《太玄经注》。参考《三国志·陆绩传》。

⑨ 荀爽（128—190），字慈明，颍川颍阴（今河南许昌市）人。东汉末年大臣，经学家，汉桓帝在位时举为至孝，拜郎中，对策上奏见解后，弃官离去。隐遁汉滨达十余年，先后著《礼》《易传》《诗传》等。参考《后汉书·卷六十二·荀韩钟陈列传第五十二》。

据王昭素①本。《贲象》补"刚柔交错"四字,据王弼②注。《震象》"惊远而惧迩也"下补"不丧匕鬯"四字,据王昭素所引徐氏本。《渐象》"女归吉也"改"女归吉,利贞",据王肃本。《坤象》"履霜坚冰",改"初六履霜",据《魏志》。《坎象》"樽酒簋贰"删"贰"字,据陆德明③《释文》。(案澄注明言旧本有"贰"字,陆氏《释文》无之。今世所行张弧、陆希声本皆同,是传文已删去"贰"字。《徐氏通志堂本》乃剟补刊板增入"贰"字,是顾湄等校正之时以不误为误也,谨附订于此。)

《系辞上传》"系辞焉而明吉凶"下补"悔吝"二字,据虞翻本。《系辞下传》"何以守位曰仁"改"何以守位曰人",据王肃本。"耒耨之利"改"耒耜之利",据王昭素本。"以济不通"下删"致远以利天下"六字,据陆德明《释文》。《序卦传》"故受之以履"下补"履者,礼也"四字,据韩康伯本。皆援引古义,具有源流,不比师心变乱。

其余亦多依傍胡瑗④、程子、朱子诸说,澄所自为改正者,不过数条而已。惟以《系辞传》中说《上、下经》十六卦十八爻之文定为错简,移置于《文言传》中,则悍然臆断,不可以为训矣。然其解释经义,词简理明,融贯旧闻,亦颇赅洽,在元人说《易》诸家,固终为巨擘焉。

《易纂言外翼》·八卷

《四库全书总目提要》:《易纂言外翼》·八卷(永乐大典本)元吴澄撰。

澄所著《易纂言》义例,散见各卦中,不相统贯。卷首所陈卦画,亦粗具梗概,未及详言。因复作此书以畅明之。

《纂言》有"通志堂"⑤刻本,久行于世。此书则传本渐罕,近遂散佚无存。朱

---

① 王昭素:宋朝酸枣(今河南延津)人。博通"九经",精研老庄、《诗经》和《易经》,宋太祖授其为国子博士,著《易论》二十三篇。参考《宋史列传第一百九十儒林一》。

② 王弼:见"吴沆"节。

③ 陆元朗:字德明,以字行,苏州吴人。善名理言,受学于周弘正。隋炀帝擢秘书学士。秦王辟为文学馆学士;著有《经典释文》《周易注》《周易兼义》《易释文》等。参考《新唐书·卷一百九十八·列传第一百二十三·儒学上·陆德明传》。

④ 胡瑗(993—1059),字翼之,北宋学者,理学先驱、思想家和教育家。因世居陕西路安定堡,世称安定先生。庆历二年至嘉祐元年历任太子中舍、光禄寺丞、天章阁侍讲;著有《松滋县学记》《周易口义》《洪范口义》《论语说》等。参见《宋史·列传》卷二三○。

⑤ 通志堂:有《通志堂经解》,清代最早出现的一部阐释儒家经义的大型丛书,收录先秦、唐、宋、元、明时期的经解共138种,纳兰性德自撰两种,共计1800卷。它一经问世,就引起人们的重视。从内阁武英殿到厂肆书籍铺,一版再版。

彝尊①《经义考》云:"见明昆山叶氏书目,载有四册,而亦未睹其书。"今惟《永乐大典》尚分载各韵之下。

资料图片:《易纂言外翼》《四库全书》本卷首

考澄所作《小序》,原书盖共十二篇:

一曰《卦统》,以八经卦之纯体合体者为经,六十四卦之杂体者为纬,乃《上、下经》篇之所由分。

二曰《卦对》,以奇偶反易成二卦,成上下篇相对。

三曰《卦变》,言奇偶复生奇偶,其用无穷。

四曰《卦主》,因《无妄》传而推之,以明一经之义。

五曰《变卦》,言刚柔交相变,而一卦可为六十四卦。

六曰《互卦》,言中四爻复具二卦,以为一卦。

七曰《象例》,凡经之取象皆类聚之,以观其通。

八曰《占例》,言元、亨、利、贞、吉凶、无咎,其义皆本于天道。

九曰《辞例》,乃《象例》《占例》所未备,而可以互见者。

十曰《变例》,言揲蓍②四营十八变之法。

十一曰《易原》,明《河图》《洛书》《先后天图》。

十二曰《易流》,备举扬雄以下拟《易》之书。

今缺《卦变》《变卦》《互卦》三篇,《易流》缺半篇,《易原》疑亦不完。然其余尚首尾整齐,无所遗失。自唐定《正义》,《易》遂以王弼为宗,象数之学,久置不讲。

澄为《纂言》,一决于象。史谓其能尽破传注之穿凿,故言《易》者多宗之。是编类聚区分,以求其理之会通。如《卦统》《卦对》二篇,言《经》之所以厘为上下,乃程、朱所未及。《象例》诸篇,阐明古义,尤非元、明诸儒空谈妙悟者可比。虽稍有残缺,而宏纲巨目,尚可推寻。谨依原目编次,析为八卷,俾与《纂言》相辅而行焉。

明杨寓《文渊阁书目》着录:

易吴澄纂言外翼一部四册。

① 朱彝尊:见"黄裳"节。
② 揲蓍:亦称"揲蓍草""数蓍草",古代问卜的一种方式。

清莫友芝撰《邵亭知见传本书目》着录：

《易纂言外翼》八卷，元吴澄撰。《四库》系《大典》本。

资料图片：《易纂言外翼》《四库全书》本内页

王渔洋云，康熙丙辰得之京师，私刊本也。

全谢山云，《外翼》十六卷，今已罕见，独杨止菴尝述之。（《易纂言》三卷，通志本至治癸亥、万历甲寅两本）

《豫章丛书》（清陶福履、胡思敬编著）编入：

《易纂言外翼》八卷，元吴澄撰。

《书纂言》·四卷

《书纂言》4卷，为《尚书》研究著作。《经籍志》作《尚书纂言》六卷。

吴澄说："书（书）者，史之所记录也。从聿、从者。聿，古笔字，以笔画成文字，载之简册曰书。者谐声。"[①]可见"书"之本义为以手执笔书写文字，侧重表示书写之动作。古时无纸张，文字书写于竹简[②]或木牍[③]之上。

吴澄注释《尚书》的重点没有放在探讨《古文尚书》的传衍上，其《尚书》古今

---

① 见《文渊阁四库全书》第61册《书纂言·序》。
② 竹简：古代用来写字的竹片，也指写了字的竹片。先秦至魏晋时期的书写材料。
③ 木牍：字写在狭长竹片或木条上叫作竹简或木简；写在较宽的竹片或木板上叫竹牍或木牍。

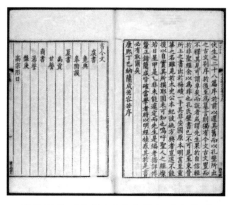

资料图片:《书纂言》清康熙年刊本内页

之辩的观点只是沿袭己所认同的宋吴棫①和朱熹二人的思想基础为依据,要凸显唐朝《尚书正义》采用之《孔传》本的《古文尚书》是为伪《书》,将它与秦伏生②所传今文《书》于区别,确定弃伪释今的解经之路。

吴澄这样做的目的是导正唐以来《尚书》学莫辩真伪之发展,他说:"伏生所授二十八篇,真上世遗书也。"③又说:

"东晋豫章内史梅赜④增多伏生《书》二十五篇,又于二十八篇内分出五篇,共五十八,上送于官,遂与汉儒欧阳氏⑤、大、小夏侯氏⑥三家所治伏生之《书》并。唐初尊信承用,命儒臣为五十八篇作疏,因此大显,而三家之《书》废。今澄所注,止以伏生二十八篇之经为正。"

可见吴澄所注,有着导为正、恢复汉朝《尚书》古义的使命感。这也影响了明清两代许多辩伪的考据学家,《四库全书总目》称赞吴澄"澄专注今文,尚为有合于古义,非王柏⑦诗疑举历代相传之古经,肆意刊削者比。"⑧

发展《尚书》义理,求圣人之心,弘扬仁政德治是吴澄纂言的导向。他在对各

① 吴棫(约 1100—1154),字才老,官员,音韵学家,训诂学家。舒州(今安徽潜山)人。精训释之学,有《裨传》十三卷等,已佚。今传《韵补》五卷。参考《宋史·艺文志》。

② 秦伏生:《史记集解》"张晏曰:伏生名胜,伏氏碑云。"故秦伏生指秦胜(约前 280—?),著有《尚书大传》三卷,后郑康成(郑玄)注释。参考《汉书·儒林传》。

③ 见《吴文正公集·题伏生授经图》卷六十二。

④ 梅赜(zé):字仲真。东晋汝南(今湖北武昌)人。曾任豫章内史。献《古文尚书》及《尚书孔氏传》立为官学。但被宋以来的考据家指为伪书。参考《哲学大辞典》。

⑤ 欧阳氏:指欧阳生,字和伯,西汉千乘郡(今东营市广饶县)人,是西汉早期经学博士之一。幼习经学,受《尚书》于伏生,将《尚书》29 篇分解为 31 篇,为《周诰》《殷庚》作了详细注解,著有《欧阳章句》41 卷、《欧阳说义》2 篇,成为西汉今文《尚书》欧阳学说的开创者。参考《汉书卷八十八儒林传第五十八》。

⑥ 大、小夏侯氏:指夏侯胜和夏侯建。夏侯胜:西汉时东平(今属山东省)人。少随夏侯始昌学今文《尚书》,称"大夏侯",受诏撰《尚书说》《论语说》。他曾以《尚书》授其侄夏侯建。夏侯建:字长卿,东平(今属山东省)人。西汉今文尚书学"小夏侯学"的开创者。故《尚书》有大、小夏侯之学。参考班固《汉书》。

⑦ 王柏(1197—1274),字会之,号长啸,更号鲁斋。婺州金华(今浙江金华)人。南宋藏书家、书画家。编有《鲁斋清风录》15 卷,自作序称"有书万卷,手帖石刻数百种"。知《诗疑》2 卷,其他《书疑》《研几图》等卷数不详。参考李玉安、黄正雨《中国藏书家通典》。

⑧ 见《四库全书总目》卷十二。

篇的注释中，先将文字意义做简要解释，然后发挥整段、整篇要旨，尽可能阐发原文中的义理，并不注重文字章句的训诂。

他效法《尚书》所记载尧、舜、禹、汤、文、武、周公等圣人事迹，从修养、政治或天命观，并着重在"天理人伦""主敬持中"和"民心德治"等方面来追求其中圣人之道。

吴澄治学、为学有"本之经而证之史"的主张，他曾勉励吴凌云："本之经，证之史，参之诸子，充其识，充其学……"①纂言《尚书》，吴澄就是采取本诸经，证之史的态度。

全祖望②读吴草庐书纂言：

宋人多疑古文尚书者，其专注今文，则自草庐始，是书出世，人始决言古文为伪而欲废之，不可谓非草庐之过也，近世诋古文者日甚，遂谓当草庐之书列学官以取士，亦甚乎其言之矣，竹垞③亦不信古文，然不敢昌言④，而谓草庐之作尚出，权辞噫⑤，权辞也，而轻以之训后世哉。⑥

明杨寓《文渊阁书目》着录：
尚书吴文正公纂言一部二册。

曹寅《栋亭书目》收录：
《书纂言》元临川吴澄纂言四卷·四册。

清姚际恒《好古堂书目》着录：
《书纂言》四卷(元)吴澄。

清莫友芝撰《邵亭知见传本书目》着录：

① 见《吴文正公集·答吴凌云书》卷十二。
② 全祖望(1705—1755)，字绍衣，号谢山，浙江鄞县(今宁波市鄞州区)人，清代浙东学派的重要代表人物，著名的史学家、文学家。乾隆元年(1736)会试中进士，入翰林院庶吉士，次年辞官归里，不复出任，撰有《鲒埼亭集》38卷及《外编》50卷、《诗集》10卷，续补《宋元学案》百卷等。参考《清史稿全祖望》(卷四百八十一—列传二百六十八儒林二)。
③ 竹垞：清朱彝尊别号。因家有竹垞，故称。
④ 昌言：这里指正当的言论和有价值的话语。
⑤ 辞噫："噫"，相答应声。意为词的语音形式所表达的意义，包括词的词汇意义和语法意义。
⑥ 见全祖望《鲒埼亭集外编·读吴草庐春秋纂言》卷二十七。

《书纂言》四卷，元吴澄撰。正德辛巳刊本。嘉靖己酉顾应祥据以刊于滇中。《通志堂》本。

资料图片：《书纂言》通志堂藏版刊本

明黄虞稷编撰《千顷堂书目》着录：

吴澄《尚书纂言》四卷（《书纂言》亦名《尚书纂言》），按曰：澄叙录分别今古文纂言，则今文二十八篇也。

《书纂言》·四卷（内府藏本）

《四库全书总目提要》：元吴澄撰。澄有《易纂言》，已着录，是编其《书》解也。

《古文尚书》自贞观敕作《正义》以后，终唐世无异说。宋吴棫作《书裨传》，始稍稍掊击①。《朱子语录》亦疑其伪。然言性、言心、言学之语，宋人据以立教者，其端皆发自古文，故亦无肯轻议者。其考定今文、古文，自陈振孙②《尚书说》始。其分编今文、古文，自赵孟頫③《书古今文集注》始。其专释今文，则自澄此书始。《自序》谓"晋世晚出之书，别见于后。"然此四卷以外，实未释古文一篇。朱彝尊《经义考》以为权词，其说是也。

考汉代治《尚书》者伏生今文，传为大小夏侯、欧阳三家。孔安国古文，别传

---

① 掊击：抨击，打击。
② 陈振孙：见"黄裳"节。
③ 赵孟頫（1254—1322），字子昂，汉族，号松雪道人。吴兴（今浙江省湖州市）人。南宋晚期至元朝初期书法家、画家、诗人，宋太祖赵匡胤十一世孙。累官翰林学士承旨，荣禄大夫。晚年逐渐隐退，著有《松雪斋文集》《秋郊饮马图》《秀石疏林图》《松石老子图》等。"俯"应为"頫"，疑误。参考《元史·卷一百七十二·列传第五十九》。

都尉朝、庸生、胡常,自为一派。是今文、古文本各为师说。澄专释今文,尚为有合于古义,非王柏《诗疑》举历代相传之古经,肆意刊削者比。惟其颠倒错简,皆以意自为,且不明言所以改窜之故,与所作《易纂言》体例迥殊。是则不可以为训,读者取所长而无效所短,可矣。

《诗纂言》

朱熹撰《诗集传》,这是一部极有影响的《诗经》旧注,是一部《诗经》简明读本。它的主要特点:

一是冲破了《毛传》①以来对《诗经》陈陈相因②的旧说,对《诗经》的解释有一定创见。

二是它的注释简明扼要,通俗易懂。

在文字训诂方面,朱熹一方面继承了前人成果,同时也注意吸收当代学者的有价值的见解,特别是他还摒弃了汉代经学家们"说五字之文,至于二三万言"③的繁琐哲学,对诗义的说明和文字的解释,做到简明扼要、通俗易懂。

吴澄按照朱子所定,删掉各篇开头之序,以避免其混淆于《诗经》正文,解释词义,大要以《毛传》《郑笺》为主;毛、郑不同者,以朱熹《诗集传》为断,使读者便于以诗求诗,而不为序文所惑。至于诗篇次第,吴澄也酌情加以调整,使其编排更为合理。然"《诗》则以为朱氏传得其七八,其有余论则门人传其言,未及集录,……"④

元代《诗经》著述、研究之作为数不多,明清以来各类目录记载多有出入,亦有吴澄并未著《诗纂言》一说。然而,在清代曾国藩家书中却有"'易经纂言''诗经纂言'。右二种'吴文正公(澄)集'中有之,'通志堂经解中亦有之。兹取吴集本。古来文人均在气势上痛下功夫……"⑤的记载。

---

① 毛传:西汉初年,传授《诗经》的主要有四家。鲁国人申公,齐国人辕固,燕国人韩婴。但是,这三家著作除《韩诗外传》都已不存。另外一家就是毛诗。即大毛公毛亨、小毛公毛苌所传。现存的毛诗每篇都有一个题解,叫作"小序",其作者有子夏说、毛公说等,有待考据。毛诗序对后人的影响非常大。古人做诗、写文章用典都爱用里面的解释。所以《毛诗》就是《诗经》的《毛传》。参考《汉书·卷八十八儒林传第五十八》。

② 陈陈相因:原指皇仓之粮逐年增加,陈粮上压陈粮;后多比喻沿袭老一套,无创造革新。出自《史记·平准书》。

③ 见《汉书·艺文志》。

④ 见虞集《吴草庐行状》。

⑤ 见《曾国藩家书·教子篇·字谕纪泽儿·涤生手示六月二十五日》。

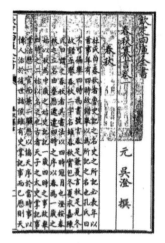

资料图片：《春秋纂言》《四
库全书》本卷首

《春秋纂言》·十二卷

《春秋纂言》十二卷，《总例》一卷。

吴澄认为汉儒对于《春秋》三传，专门守残护缺，不能贯穿异同而有所去取；唐代啖助①、赵匡②、陆淳③三位学者始能信经驳传，多得其本义，但仍有若干失当之处。

为此，吴澄将《春秋》再加审订，编为七纲八十一目，解说以《左氏》《公羊》《穀梁》三传为主，兼采诸家传注，而参之以己见，旨在使读者知道《春秋》史笔有一定之法，相信经文无不通之例，从而避免望文生义，误解圣贤之言。

吴澄采用前诸家有关《春秋》一书之传注，并间或以自己的观点加以阐述。首先在《总例》上，共分七纲八十一目，其中"天道""人纪"二例，为吴澄所自创。余吉、凶、军、宾、嘉五例，则与宋儒张大亨④《春秋五礼例宗》互相出入，故有人疑其抄自大亨，但《四库全书总目》却为其辩护曰：

澄非蹈袭别人之书者，盖澄之学派，兼出于金溪陆九渊与新安朱熹之间，而大亨之学派，则出于苏氏。澄殆以门户不同，未观其书，故与其暗合而不知也。但其缕析条分，却较大亨之书更为详密。

亦有学者认为，吴澄书中经文行款多有割裂，而经文缺文者却皆补以方空，于全书体例殊显失协，《元史》所评不免过誉。

还有学者认为吴澄所研治诸经，多有自行修改经文之事，甚至将一些自认为不合之经文径行删除，不独《春秋》为然。所以也就认为《春秋纂言》其书中武断

① 啖助（724—770），字叔佐，唐赵州（州治在今河北赵县）人，后迁居关中。唐代儒家学者，经学家。啖助的著作已佚（保存在陆淳编定的《春秋集传纂例》之中的内容已非其原著），清马国翰的《玉函山房辑佚书》中辑有啖助的《春秋集传》一卷。参考《汉语词典》。
② 赵匡：唐经学家，字伯循，河东（郡治今山西永济蒲州镇）人。仕唐，官至洋州刺史。生卒年不详。赵匡师从啖助，啖助以治《春秋》著名于世。赵匡曾补订啖助所撰《春秋集传》和《春秋统例》，并自撰《春秋阐微纂类义疏》，参考《儒家文献资料汇编》。
③ 陆淳：即陆质（？—806），字伯冲，吴郡（郡治今江苏吴县）人，唐经学家。授左拾遗，曾师事啖助、赵匡，传《春秋》学。撰《春秋集传纂例》《春秋微旨》《春秋集传辨疑》等，开宋儒怀疑经传的风气。书今存，收入《古经解汇函》。参考《汉语词典》。
④ 张大亨：字嘉父，浙江湖州人，登神宗元丰乙丑（1085）乙科，官至直秘阁。有《春秋五礼例宗》《春秋通训》。参考《中国历代人名大辞典》。

之举、臆断之论应该不少。并认为《四库全书总目》的评论比较公允:"读史书者取其长,而置其所短可也。"

明嘉靖中,嘉兴府知府蒋若愚①曾刊刻此书,明儒湛若水②为之序。

全祖望在读过《春秋纂言》后说:

草庐诸经,以春秋纂言为最,惜其开卷解《春王正月》③,尚沿陈止斋④、项平甫⑤二家之谬,盖稍立异于胡传,而仍失之者,是书"通志堂"未刻,流传亦颇少,予钞之同里陈同亮⑥处士家。⑦

《春秋纂言》·十二卷、《总例》·一卷(两淮盐政采进本)

《四库全书总目提要》:元吴澄撰。澄有《易纂言》,已着录。

是书采摭诸家传注,而间以己意论断之。

首为《总例》,凡分七纲、八十一目,其天道、人纪二例,澄所创作。馀吉、凶、军、宾、嘉五例,则与宋张大亨《春秋五礼例宗》互相出入,似乎蹈袭。然澄非蹈袭人书者,盖澄之学派,兼出于金溪、新安⑧之间,而大亨之学派,则出于苏氏。澄殆以门户不同,未观其书,故与之暗合而不知也。然其缕

资料图片:《春秋纂言》《四库全书》本内页

---

① 蒋若愚:生卒年不详,湖南永州人。嘉靖中嘉兴府知府。参考《四库全书总目提要》经部二十八。

② 湛若水(1466—1560),字符明,号甘泉,广东增城县甘泉都(今广州市增城区新塘)人,明代著名的思想家、政治家、教育家、书法家、大儒。拜名儒陈献章为师,成为白沙学说的衣钵传人。著有《二礼经传测》《春秋正传》《心性图说》《白沙诗教解注》等,有《甘泉集》传世。参考《明史》卷283《儒林二·湛若水传》。

③ 《春王正月》:是战国时期文学家、思想家公羊高创作的一篇散文。此文采用问答的形式对"元年,春,王正月"进行逐层的剖析,阐释了经文中所蕴含的尊周大一统的思想。文章通过"隐公摄政不即位"的这一历史事实,阐明了"立适以长不以贤,立子以贵不以长"的宗法制度和正名思想。

④ 陈止斋(1137—1203),名传良,字君举,学者称止斋,瑞安人。南宋永嘉学派代表人物。著有《陈氏春秋后传》《止斋集》等。参考《瑞安历代名贤概述》。

⑤ 项安世(1129—1208),字平父(一作平甫),号平庵,其先括苍(今浙江丽水)人,后家江陵(今属湖北)。7岁能赋诗。有《周易玩辞》十六卷、《项氏家说》《平庵悔稿》等。参考《宋史》卷三九七。

⑥ 陈同亮《拜经楼藏书题跋记》记载:谢山有《读吴草庐春秋纂言》云:"钞之同里陈同亮处士家。"此即"云在楼"主人陈小同也。

⑦ 见全祖望《鲒埼亭集外编·读吴草庐春秋纂言》卷二十七。

⑧ 金溪、新安:代指陆九渊、朱熹。

析条分,则较大亨为密矣。至于《经》文行款多所割裂,而《经》之阙文亦皆补以方空,于体例殊为未协。盖澄于诸经率皆有所点窜,不独《春秋》为然。读是书者取其长而置其所短可也。

明嘉靖中,嘉兴府知府蒋若愚尝为锓木,湛若水序之。岁久散佚,世罕传本。王士祯①《居易录》自云"未见其书",又云"朱检讨曾见之吴郡陆医其清家。"是朱彝尊《经义考》之注"存",亦仅一睹。此本为两淮所采进,殆即传写陆氏本欤? 久微而着,固亦可宝之笈矣。

明杨寓《文渊阁书目》着录:

春秋吴文正公纂言一部十八册(完全),春秋吴文正公纂言一部十册(残缺),春秋吴文正公纂言一部十六册(残缺)。

明黄虞稷编撰《千顷堂书目》着录:

吴澄《春秋纂言》十二卷《总例》三卷。

清瞿镛《铁琴铜剑楼藏书目录》著录:

《春秋纂言》十二卷《总例》七卷(元刊本),题"吴澄学"。

前有自序,谓仿陆氏《纂例》为《总例》,例之纲七:《天道》一,《人纪》二,《嘉礼》三,《宾礼》四,《军礼》五,《凶礼》六,《吉礼》七。

例之目八十有八:

《天道》五例,年、时、月、日、变异。

《人纪》二十三例,王公、侯伯、子男、微国、夷国、国地、爵字、氏名、人盗、兄弟、世子、命数、即位立、归入纳、居在、孙、奔、去、逃、弑、执、放。

《嘉礼》四例,王后、王女、鲁夫人、鲁女。

《宾礼》八例,如、朝、聘、来、盟、会、遇、至。

《军礼》二十二例,伐、侵、战、败、追、救、次、戍、围、取、入、灭、降、迁、溃、获、以归、师、军制、军赋、军事、力役。

《凶礼》六例,崩薨、卒葬、含禭、赗赙、奔丧、会葬。

《吉礼》十例,郊、雩、杜、望、禘、祫、时、享、庙主、告朔。

此书传本甚稀,后有嘉靖间蒋若愚刊本,亦不可得。竹垞朱氏仅见之吴郡陆

---

① 王士祯:原名王士禛,详见"吴曾"节注释。

医其清家。此元刊本精好完善,固足宝也。

清莫友芝撰《邵亭知见传本书目》著录:

《春秋纂言》十二卷、《总例》一卷,元吴澄撰。《四库》著录依抄本。元刊大字本。明嘉靖中蒋若愚刊本,久佚。朱检讨曾见吴郡陆医其清家两淮所进,《四库》殆传写陆本。张金吾载旧抄本《纂言》,其《总例》五卷。

《礼记纂言》·三十六卷

《礼记纂言》36 卷、《仪礼逸经传》2 卷。

此书为吴澄历数十年至晚年之成作。

按危素①作吴氏《年谱》,称此书告成于至顺三年(1332),是年吴澄正留住抚州郡学,年八十四岁;而虞集《行状》则谓成于至顺四年,即吴澄卒之岁。

资料图片:《礼记纂言》元元统二年(1334)吴尚等刻本

吴澄重视《五经》的纂注,尤其是“三礼”(《仪礼》《周(官)礼》《礼记》(小戴礼记、大戴、礼记)三书的合称),据他自己说,是为完成朱熹的未竟之业。

吴澄一生费时几十年,探索朱熹未尽之意。全祖望谓其于“三礼盖本朱子未竟之绪而由之,用功最勤。”吴澄依朱熹所分礼经,以《仪礼》为纲,重加伦纪,纂成《仪礼逸经》八篇。把《礼记》中的《投壶》《奔丧》,《大戴礼记》中的《公冠》《诸侯迁庙》《诸侯庙》,郑玄《三礼注》中的《中溜》《□于太庙》《五居明堂》,辑成二卷八篇。另外,又将大、小戴记②中的《冠仪》《昏仪》等八篇,与《礼记》中的《乡射仪》《大射仪》二篇,辑成《仪礼传》十篇。他把汉以来流传

---

① 危素(1303—1372),字太朴,号云林,江西金溪人,唐朝抚州刺史危全讽的后代,元末明初历史学家、文学家。负责主编宋、辽、金三部历史,并注释《尔雅》。著有《吴草庐年谱》《元海运志》《危学士集》等。参见《明史》卷二百八十五、《抚州府志》《明史·卷二百八十五·列传第一百七十三》。

② 大、小戴记:相传为西汉礼学家戴德选编的 85 篇本和戴圣选编的 49 篇本,或因这两个选本的篇数多少,或因这二人是叔侄关系,人们将前者称为《大戴礼记》,或《大戴记》;将后者称为《小戴礼记》,或《小戴记》《小戴平礼》,阮刻本《十三经》是《小戴礼记》,后来人们习惯上将 49 篇本称为《礼记》,而仍将 85 篇本称为《大戴礼记》或《大戴记》《大戴礼》。参考冯友兰《中国哲学史》。

的《礼记》(戴德的《大戴礼记》、戴圣的《小戴礼记》以至郑玄的《三礼注》等)加以肢解,核订异同,重新编纂,使之成为《仪礼》的传注。

吴澄深惜《仪礼》17 篇尚不完备,于是从《礼记》《大戴礼记》《小戴礼记》以及郑玄《三礼注》等广泛摄拾,编成《仪礼逸经》8 篇,即投壶礼、奔丧礼、公冠礼、诸侯迁庙礼、诸侯衅庙礼、禘于太庙礼、王居明堂礼。他又从《大戴礼记》《小戴礼记》中采摭,编成《仪礼传》10 篇,即冠仪、婚仪、士相见仪、乡饮酒仪、乡射仪、宴仪、大射仪、聘仪、公食大夫仪、朝事仪。

此书仿朱熹《仪礼经传通解》之例,按照古人行礼之节次编纂经传文字,其条理显得较为缜密。这不仅完成了朱熹生前的凤愿,而且经过他这样的整理,使流传千百年来难读的一部《仪礼》,得以基本完成,不失为经学史上的一大贡献。当时和后世一些学者对吴澄的经学,尤其是三礼,一直加以肯定。

吴澄还有《仪礼逸经传》2 卷,是篇掇拾逸经,以补《仪礼》之遗。凡《经》八篇。曰《投壶礼》,曰《奔丧礼》,取之《礼记》。曰《公冠礼》,曰《诸侯迁庙礼》,曰《诸侯衅庙礼》,取之《大戴礼记》,而以《小戴礼记》相参定。曰《中溜礼》、曰《禘于太庙礼》、曰《王居明堂礼》,取之郑康成[1]《三礼注》所引逸文。

元人李俊民[2]有言:先生(吴澄)之学虽不敢妄议,姑即礼经而论之。秦焰既熄,掇拾遗余,兼收并蓄,得传于后,汉儒之力也。依稀论着,以传其旧,唐儒之学也。会通经传,洞启门庭,以祛千载之惑,朱子之特见也。若夫造诣室奥,疏别户牖,各有归趋,则至先生始无遗憾焉。[3]

近代学者钱基博[4]也称,南宋入元,礼学"最著者崇仁草庐吴澄"其"疏解三礼,继往开来"[5]。

虞集于吴氏《行状》中说,此书始终先后,最为精密,先王之遗制,圣贤之格言,其仅存可考者,既表而存之,各有所附。

---

① 郑康成:指郑玄。
② 李俊民(1176—1260)或(1175—1260),字用章,自号鹤鸣老人,泽州晋城(今属山西晋城)人。勤于经史百家,尤精通二程理学。以经义举进士第一,能诗文,其诗感伤时世动乱,颇多幽愤之音。有《庄靖集》。参见《中国历代状元辑录》。
③ 见《草庐学案补遗》。
④ 钱基博(1887—1957),字子泉,别号潜庐,江苏无锡人,古文学家、教育家。钱锺书之父。1923 年后历任上海圣约翰大学国文教授、北京清华大学国文教授、南京中央大学中国语文学系教授、无锡国学专修学校(现苏州大学)校务主任、光华大学(今华东师范大学)中国文学系主任及文学院院长等职。抗战胜利后,任武汉华中大学(今华中师范大学)教授。著有《经学通志》《现代中国文学史》《韩愈志》《古籍举要》《钱基博国学必读》。参考刘桂秋《无锡时期的钱基博与钱锺书》。
⑤ 见《经学通志·三礼志》。

作者这种不袭旧例,自出体裁的研究方法,其本身就是对《礼记》研究的一个贡献。足见吴澄在经学史上的地位。

全祖望读吴草庐礼记纂言:

礼记为草庐晚年所成之书,盖本朱子未竟之绪,而申之用功最勤,然愚尝闻之,王震泽谓四十九篇,虽出汉儒辑耆①而就,流传既久,不宜擅为割裂颠倒,有心哉斯言,朱子可作亦不能不心折者也,草庐所纂以卫正叔集说为底,本予少尝芟订正叔之言,已及过半后取纂言对之,则已有先我者矣,古人之着书,各有渊源如此。②

明杨寓《文渊阁书目》着录:

礼记吴澂纂言一部十三册(阙);

礼记吴澂纂言一部二十五册(完全);

礼记吴澂纂言一部十二册(阙)。

明黄虞稷编撰《千顷堂书目》著录:

吴澄《礼记纂言》三十六卷序次《小戴记》八卷"澄既取投壶奔丧以补逸礼,而复以小戴记中冠义,昏义,聘义,乡饮酒义,燕义,大射义为仪礼经传,除大学,中庸二篇所存,凡三十二篇,通礼九,丧礼十二,祭礼十二,聘礼四,通论十二,篇次先后,稍变於旧,就篇之中,科分栉剔,以类相从,俾其上下文义联属,章之大旨,标识於左,澄享年八十有五岁,是年书始成,遂卒。"

清姚际恒《好古堂书目》着录:

《礼记纂言》(缺四)八本(元)吴澄。

曹寅《栋亭书目》收录:

《礼记纂言》抄本·一函十册·元吴澄纂言三十六卷。

清莫友芝撰《邵亭知见传本书目》着录:

《礼记纂言》三十六卷,元吴澄撰。元板长格大字本。明正德庚辰刊本。崇

---

① 耆:读 nǐ 音。意繁盛、众多。
② 见全祖望《鲒埼亭集外编·读吴草庐春秋纂言》卷二十七。

祯己巳晋阳张养重刊本。《朱高安全书》本。嘉靖已丑再刻。元刊本半页十行，行二十字。

《礼记纂言》·三十六卷（两淮马裕家藏本）

《四库全书总目提要》：元吴澄撰。澄有《易纂言》，已着录。

案危素作澄《年谱》，载至顺三年（1332）澄年八十四，留抚州郡学，《礼记纂言》成。

而虞集《行状》则称成于至顺四年，即澄卒之岁。其言颇不相合。然要为澄晚年手定之本也。

资料图片：《礼记纂言》
清刻朱文端公藏本卷首

其书每一卷为一篇。大旨以《戴记》经文庞杂，疑多错简，故每一篇中，其文皆以类相从，俾上下意义联属贯通，而识其章句于左。其三十六篇次第，亦以类相从。凡《通礼》九篇、《丧礼》十一篇、《祭礼》四篇、《通论》十一篇，各为标目。如《通礼》首《曲礼》，则以《少仪》《玉藻》等篇附之，皆非小戴之旧。

他将《大学》《中庸》依程朱别为一书，《投壶》《奔丧》归于《仪礼》，《冠义》等六篇别辑为《仪礼传》，亦并与古不同。虞集称其"始终先后，最为精密。先王之遗制，圣贤之格言，其仅存可考得，既表而存之，各有所附。而其纠纷固泥于专门名家之手者，一旦各有条理，无复馀蕴"[1]，其推重甚至。

考《汉书·艺文志》，《礼记》本一百三十一篇，戴德删为八十五，戴圣删为四十九。与《易》《书》《诗》《春秋》经圣人手定者固殊。然《旧唐书·元行冲传》，载行冲上《类礼义疏》，张说驳奏曰"今之《礼记》，历代传习，着为经教，不可刊削。魏孙炎始改旧本，先儒所非，竟不行用。贞观中，魏征[2]因孙炎所修更加整比，兼

---

[1] 见虞集《道园学古录·吴澄行状》卷四十四。

[2] 魏征（580—643），字玄成，巨鹿郡下曲阳县（今河北省晋州市鼓城村）人。唐朝宰相、杰出的思想家、文学家和史学家。参与修撰《群书治要》《隋书》序论、《梁书》《陈书》《齐书》的总论等，言论多见《贞观政要》。其中最著名，并流传下来的谏文表——《谏太宗十思疏》，留有《魏郑公文集》与《魏郑公诗集》。参考《旧唐书·魏征传》。

为之注，其书竟亦不行。今行冲等解征所注，勒成一家。然与先儒第乖，章句隔绝。若欲行用，窃恐未可"云云，则古人屡经修缉，迄不能变汉儒旧本。唐以前儒风淳实，不摇惑于新说，此亦一征。

澄复改并旧文，俨然删述，恐亦不免僭圣之议。以其排比贯串，颇有伦次，所解亦时有发明，较诸王柏删《诗》，尚为有间，故录存之，而附论其失如右。

清瞿镛《铁琴铜剑楼藏书目录》着录：

《礼记纂言》三十六卷（明刊本），篇目题："临川吴澄幼清叙次"。

前列正德庚辰王守仁《序》，次列澄《书後》一篇，明改定篇次之由。初刻于元统中，有门人吴尚跋，乃文正生前所刻。此明正德庚辰宁国守胡汝登刻本，有昆山魏校跋。后又有嘉靖己丑、崇祯己巳二刻本。案：

是书不徒重定篇次，并经文字句亦有改易处。如《曲礼》"猩猩能言，不离禽兽"，"禽"改"走"；《檀弓》"梁木其坏"下有"则吾将安杖"（？）自注以《家语》文补。又旧本"太宰嚭使于师，夫差谓行人仪曰"，从鄱阳洪氏两易二人之名，又以"太宰嚭曰"四字，移在"反尔地"之上，而旧在"古之侵伐者"之上者，改作"行人仪曰"，注谓，如此文义方协顺。而所引孔《疏》亦两易人之名以从一例。国朝朱文端曾刻此书，大加删节，非全本也。

全谢山曰："此书所采各家之注，即取之卫氏《集说》，掇拾颇精。"

《校补礼记纂言》·三十六卷（江西巡抚采进本）

元吴澄原本。国朝朱轼重订。澄有《易纂言》，轼有《周易传义合订》，皆已着录。

是书篇目、注释，一仍原刻。惟轼有所辨定发明者，以"轼案"二字为别，附载于澄注之末，然不及十分之一二。其中间有旁涉他文者。如注《曲礼》"左青龙而右白虎"一节云："轼按此节，一首绝好古诗。'急缮其怒'①四字，摹写入神。予尝阅兵，壁垒森严，旌旗四匝，中建大纛，鼓停金静，寂

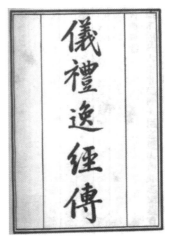

资料图片：《仪礼逸经传》民国十一年上海商务印书馆影印张氏照旷阁《学津讨原》本

---

① 急缮其怒：坚劲军之威怒也。又虎怒则威。急缮，犹坚劲。出自《礼记·曲礼上》。

无人语。已而风动大簏,如惊鸿乍起,急不可引。又如雷声,山鸣谷应,奔涛骇浪,澎湃冲击。乃知'急缮其怒'四字之妙。"殆偶有所见,即笔于书,后来编录校刊之时失于删削欤?

《仪礼逸经传》·二卷(两江总督采进本)

《四库全书总目提要》:元吴澄撰。澄有《易纂言》,已着录。

是篇掇拾逸经,以补《仪礼》之遗。凡《经》八篇:

曰《投壶礼》。

曰《奔丧礼》,取之《礼记》。

曰《公冠礼》。

曰《诸侯迁庙礼》。

曰《诸侯衅庙礼》,取之《大戴礼记》,而以《小戴礼记》相参定。

曰《中溜礼》。

曰《禘于太庙礼》。

曰《王居明堂礼》,取之郑康成《三礼注》所引逸文。

其编次先后,皆依行礼之节次,不尽从其原文,盖仿朱子《仪礼经传通解》之例。其引二戴《记》注所出,郑《注》不注所出,则与王应麟[①]《郑氏易》同。由古人著书,不及后来体例之密,不足异也。其《传》十篇,则皆取之二戴《记》:

曰《冠仪》。

曰《昏仪》。

曰《士相见仪》。

曰《乡饮酒仪》。

曰《乡射仪》。

曰《燕仪》。

曰《大射仪》。

曰《聘仪》。

曰《公食大夫仪》。

曰《朝事仪》。

---

① 王应麟(1223—1296),字伯厚,号深宁居士,又号厚斋,庆元府鄞县(今浙江省宁波市鄞州区)人。南宋著名学者、教育家、政治家。其博学多才,学宗朱熹,长于考证。宋亡后,隐居乡里,闭门谢客,著书立说。传世书法有《著书帖》等。著有《三字经》《困学纪闻》《小学绀珠》《玉海》《通鉴答问》《深宁集》《诗地理考》等。参考《宋史·列传·第一百九十七·儒林八》。

其《乡射仪》《大射仪》取《礼记·射仪篇》所陈天子诸侯卿大夫之射,厘之为二。

其《士相见》《公食大夫》二仪则取宋刘敞之所补。

敞拟《记》而作者尚有《投壶仪》一篇,亦见《公是集》中,澄偶遗之。明何乔新①尝取以次《朝事仪》后,并为之跋。通志堂刻《九经解》,复佚其文。盖所据乃未补之旧本,非乔新本也。

又阎若璩②《尚书古文疏证》第二十一篇曰:汉兴,高堂生传《礼》十七篇。孔壁出,多三十九篇,谓之《逸礼》。平帝时,王莽立之,旋废。

犹相传至东汉,郑康成③注三《礼》曾引之:

《天子巡狩礼》云:制币丈八尺,纯四。

《中溜礼》云:以功布为道布,属于几。

《烝尝礼》云:射豕者。

《军礼》云:无干车,无自后射。

《朝贡礼》云:纯四,制丈八尺。

《禘于太庙礼》云:日用丁亥,不得丁亥则己亥、辛亥亦用之,无则苟有亥焉可也。

又《中溜礼》云:

凡祭五祀于庙用特牲,有主有尸,皆先设席于奥。祀户之礼,南面设主于户内之西,乃制脾及肾为俎,奠于主北。又设盛于俎西,祭黍稷、祭肉、祭醴,皆三。祭肉,脾一,肾再。既祭,彻之,更陈鼎俎设馔于筵前。迎尸略如祭宗庙之仪。

《王居明堂礼》云:出十五里迎岁。又云:带以弓韣,礼之禖下,其子必得天材。又云:季春出疫于郊,以攘春气。

又《中溜礼》云:祀灶之礼,先席于门之奥,东面设主于灶陉,乃制肺及心肝为俎,奠于主西。又设盛于俎南,亦祭黍三,祭肺、心、肝各一,祭醴三。亦既祭彻之,更陈鼎俎设馔于筵前。迎尸如祀户之礼。

---

① 何乔新(1427—1502),字廷秀,号椒丘,又号天苗。江西广昌盱江镇人。景泰五年(1454)中进士,孝宗弘治元年(1488)正月,吏部尚书王恕举荐为刑部尚书,弘治四年八月(1491)辞官归里,辞官后杜门著述。《明史·列传第七十一》。

② 阎若璩(1636—1704),字百诗,号潜丘,山西太原人,侨居江苏淮安府山阳县。阎若璩平生治学强调读书,反对空谈,考证方法比较精密,是汉学发轫时期最重要的代表人物之一。所撰《尚书古文疏证》八卷确证东晋梅赜所献《古文尚书》为伪,又撰《四书释地》,校正前人关于古地名附会的错误,其他撰著有《潜邱札记》等。参考《清史稿·卷四百八十一·列传二百六十八·儒林二》。

③ 郑康成:指郑玄。

又《王居明堂礼》云:毋宿于国。

又《中溜礼》云:祀《中溜之》礼,设主于牖下,乃制心及肺、肝为俎,其祭肉,心、肺、肝各一,他皆如祀户之礼。又云:祀门之礼,北面设主于门左枢,乃制肝及肺、心为俎,奠于主南,又设盛于俎东。其他皆如祭灶之礼。

又《王居明堂礼》云:仲秋九门磔禳[1],以发陈气,御止疾疫。又云:仲秋农隙,民毕入于室,曰时杀将至,毋罹其灾。又云:季秋除道致梁,以利农也。

又《中溜礼》云:祀行之礼,北面设主于軷[2]上,乃制肾及脾为俎,奠于主南,又设盛于俎东。祭肉,肾一,脾再。其他皆如祀门之礼。

又《王居明堂礼》云:孟冬之月,命农毕积聚,系牧牛马。又云:季冬命国为酒,以合三族。君子说,小人乐。又云:仲秋乃命国醵[3]。

资料图片:《仪礼逸经传》民国十一年上海商务印书馆影印张氏照旷阁《学津讨原》本卷首

《逸奔丧礼》云:不及殡日,于又哭,犹括发即位,不祖。告事毕者,五哭而不复哭也。又云:哭父族与母党于庙,妻之党于寝,朋友于寝门外,壹哭而已,不踊。又云:凡拜吉丧,皆尚左手。又云:无服袒免为位者唯嫂与叔,凡为其男子服,其妇人降而无服者麻。

凡二十五条。为篇名者八,吴草庐《逸经》八篇,仅及其三云云,则亦不免有所疏漏。然较之汪克宽[4]书,则条理精密多矣。

《明一统志》:"沅州刘有年[5],洪武中为监察御史,永乐中上《仪礼逸经》十有八篇。"杨慎求之内阁,不见其书。朱彝尊《经义考》谓有年所进即澄此本,《逸经》八篇,《传》十篇,适符其数。其说似乎有据。

---

① 磔禳:亦作"磔攘",谓分裂牲体祭神以除不祥,出自《吕氏春秋·季春》。

② 軷:古代祭路神称"軷"。祭后以车轮碾过祭牲,表示行道无艰险。

③ 醵:释义为大家一起凑钱饮酒,出自《说文》。醵:音jù。

④ 汪克宽(1301—1369),字德辅,号环谷,南乡桃墅(今属塔坊)人。泰定三年(1326)中乡试。会试落第。洪武初,征修元史。书成,将授官,以老疾辞归。著有《环谷集》八卷、《经礼补逸》九卷等传于世。参考《明史·卷二百八十二·列传·第一百七十·儒林一》。

⑤ 刘有年:字大有。其先本庐陵人,元季徙家沅州。洪武中,以明经起家,擢监察御史。学行焯焯有称。寻以辞官养母忤旨,谪通州摆站间,于州故家得仪礼逸经十八帝,上之,诏藏秘阁。建文即位,复起太平府知府。参考明黄佐撰《革除遗事》卷六。

今世传《内阁书目》，惟载澄书，不着有年姓名。盖当时亦知出于澄矣。

明杨寓《文渊阁书目》着录：
仪礼吴澂逸经一部一册。

清姚际恒《好古堂书目》着录：
《仪礼逸经传》一卷，元吴澄。

清瞿镛《铁琴铜剑楼藏书目录》着录：
《仪礼逸经逸传》二卷（明刊本），元吴澄撰。
前列李俊民序。卷末，程敏政跋。此书胜环谷汪氏《补逸》，竹垞朱氏称之。据程《跋》，知元至正间，李庄定刻置国子监崇文阁，明天顺初版已亡失，弘治丁巳篁墩得杨君谦藏本，重刻于新安县学。（卷首有"沧苇"朱记。）

曹寅《栋亭书目》收录：
《仪礼逸经传》元□应吴澄学·二卷，李俊民序·一册。

清莫友芝撰《邵亭知见传本书目》着录：
《仪礼逸经传》二卷，元吴澄撰。《通志堂》本。
《学津》本。邵亭有吴艸（草）庐《三礼考注》六十四卷，明刊。朱竹垞云，非艸庐书，乃晏璧所为也。《四库》入《存目》，而《天禄琳琅书目》于明本中收之，亦以其刊之佳耳。

《仪礼逸经传》二卷，元吴澄撰。由《中华书局》《商务印书馆》列入《丛书集成》，据《学津讨原本》排印社会科学类第 1008 册。

《三礼考注》·六十四卷（两淮马裕家藏本）

《四库全书总目提要》：旧本题"元吴澄撰"。
其书据《尚书·周官篇》以改《周礼》六官之属。分《大司徒》之半以补《冬官》，而《考工记》别为一卷。《仪礼》十七篇为正经，于《大、小戴记》中取六篇为《仪礼》逸经，取十六篇为《仪礼》传。别有《曲礼》八篇。然澄作《尚书纂言》，不信古文，何乃据《周官》以定《周礼》。即以澄《三礼叙录》及《礼记纂言》考之，所列篇目亦不合。其经义混淆,先后矛盾者,不一而足。虞集作澄《墓志》,宋濂①《元史》澄本传,皆不言澄有此书。

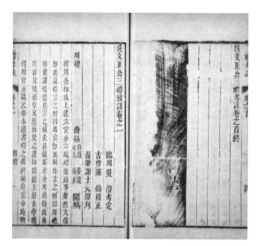

资料图片:《三礼考注》清刻本

相传初藏庐陵康震家,后为郡人晏璧所得,遂掩为己作,经杨士奇②等钞传改正。然士奇《序》及成化中罗伦③《校刻序》皆疑其为璧所作,则当时固有异论矣。士奇又言:"闻诸长老,澄晚年于此书不及考订,授意于其孙当,当尝为之而未就。"朱彝尊《经义考》言:"曾购得当所补《周官礼》,以验今书,多不合。"又张尔岐④《蒿庵闲话》曰:"愚读《仪礼》,偶得吴氏《考注》,其注皆采自郑、贾,往往失其端末。其不用郑、贾者四十余事。惟《少牢篇》'尸入正祭'章补入'尸授祭肺'四字为有功于经,馀皆支离之甚。草庐名宿,岂应疏谬至此?"后得《三礼考注序》云,辄因朱子所分礼章,重加伦纪,其《经》后之《记》,依《经》章次秩序,其文不敢割裂,一仍其旧。今此书则割裂记文,散附《经》内矣。《序》又云,二戴之《记》中有经篇,离之为逸经。礼各有义,则经之传也。

以戴氏所存兼刘氏所补合之而为《传》,《传》十五篇。今此书十五篇则具矣,《士相见》《公食大夫》二篇但采掇《礼记》之文以充数,求所谓清江刘氏之书无有也。

---

① 宋濂(1310—1381),初名寿,字景濂,号潜溪,祖籍金华潜溪(今浙江义乌),后迁居金华浦江(今浙江浦江)。元末明初著名政治家、文学家、史学家、思想家,与高启、刘基并称为"明初诗文三大家",学者称其为太史公,洪武二年(1369),奉命主修《元史》。累官至翰林学士承旨、知制诰,作品合刻为《宋学士全集》七十五卷。参考《明史·卷一百二十八·列传第十六》。

② 杨士奇(1366—1444),本名杨寓,字士奇,号东里,吉安府泰和县(今江西省泰和县澄江镇)人。明朝初年学者。官至华盖殿大学士,兼任兵部尚书。历经五朝,任首辅二十一年,与杨荣、杨溥同心辅政,并称"三杨",以"学行"见长,先后担任《明太祖实录》《明仁宗实录》《明宣宗实录》总裁。著有《三朝圣谕录》《奏对录》《历代名臣奏议》等。参考《明史·卷一百四十八·列传第三十六》。

③ 罗伦(1431—1478),字应魁,号一峰。吉安永丰(今属江西)人。明代理学家。成化二年进士第一,授翰林院修撰,抗疏论李贤起复落职,谪泉州市舶司提举,以疾辞归,隐于金牛山,开门教授,从学者甚众。以经学为务。著有《五经疏义》《一峰集》《周易说旨》等。参考《明史·卷一百七十九·列传·六十七》。

④ 张尔岐(1612—1678)字稷若,号蒿庵,山东济阳人,明清之际著名经学家。著有《易经说略》《诗经说略》《书经直解》等。参考《清史稿·列传二百六十八·儒林二》。

至于逸经八篇,序详列其目,《公冠》《迁庙》《衅庙》取之大戴,《奔丧》《投壶》取之小戴,《中溜》《禘于太庙》《王居明堂》取之郑氏《注》。逸经虽曰八篇,实具其书者五篇而已。其三篇仅存篇题,非实有其书也。今此书大戴《明堂》列之第二,盖不知王居明堂之与明堂为有辨也。三者与《序》皆不合,其不出于吴氏也审矣。《序》又云,正经居首,逸经次之,传终焉,皆别为卷而不相紊。

此外悉以归诸戴氏之《记》。朱子所辑及黄氏《丧礼》杨氏《祭礼》亦参伍以去其重复,名曰《朱氏记》,而与二戴为三。本书次第,略见于此。

今此书《朱记》了不可见,而又杂取二戴之书名为《曲礼》者八篇,庞杂萃会,望之欲迷。与所云悉以归诸戴氏之《记》者又不合。何物妄人,谬诬先儒至此云云,然则是书之伪,可以无庸疑似矣。

乾隆四十年钦定《天禄琳琅书目》[①]着录:

《三礼考注》(二函十册)元吴澄撰,六十四卷。前明罗伦序,谢士元跋,夏时正求校《三礼考注》书,杨士奇跋后时正跋。

夏时正跋作于明宪宗成化九年正月,称:

《三礼考注》版刻无传;成化庚寅间,时正以使命莅南昌按察司副使,夏君寅以录本相示,系得之;翰林编修张君元祯余因建昌

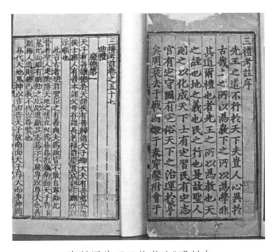

资料图片:《三礼考注》明刻本

守,谢君士元以礼乐为教,乃许以堂食之余锓梓并命录,请状元罗君伦访善本正字讹阙,留谢守所原本还之张君。去年冬谢守书来上锓,有日喜无量也,用谨书其锓梓始末云云;书前所载求校《三礼考注》书,即时正所致伦者,伦故为之序。

谢士元跋作于成化九年七月,盖在刊刻成书之后矣;其载杨士奇跋,以士奇谓是书经元季兵乱藏于吾邑康氏后,为郡中晏璧所得,遂掩为已作。书中所增义

---

① 《天禄琳琅书目》:中国清代官府藏书目录。清乾隆九年(1744)开始在乾清宫昭仁殿收藏内府藏书,题室名为"天禄琳琅"。乾隆四十年(1775)指派于敏中等编出《天禄琳琅书目》10卷,嘉庆二年(1797)彭元瑞等又编《天禄琳琅书目后编》20卷。收录清宫所藏宋元以来精刻精钞善本书籍1000余部。

率多混淆，岂璧所为云云，疑非确论；罗伦序中亦深辨之。

今按朱彝尊《经义考》称"草庐先生"诸经解各有序录，余购得周官礼，乃先生孙当所补，其余仪礼则有逸经、戴记，则有纂言；今所传《三礼考注》以验对先生之书，论议体例多有不合，其为晏氏伪托无疑云云；是时正当时得见此书，过于偏信，遂欲开雕，而罗伦之校雠亦仅取自于《三礼考注》别本，而未能如彝尊之旁互证也。

考明史，夏时正，字季爵，仁和人。正统十年进士，除刑部主事，成化六年以南京大理少卿巡视江西，坐上奏不具赍奏人姓名，吏科论其简恣，遂乞休归。

罗伦，字彝正，吉安永丰人。成化二年擢进士第一，授翰林修撰，以上疏论大学士李贤谪福建市舶司副提举后，因商辂荐召复原职，改南京，居二年引疾归，筑室著书，年四十八卒。嘉靖初追赠左春坊谕德，谥"文毅"。

谢士元，字仲仁，长乐人。景泰五年进士，授户部主事，天顺七年擢建昌知府后巡抚四川，坐事下狱，事白遂致仕。

夏寅，字正夫，松江华亭人。正统十三年举进士，授南京吏部主事，成化间迁江西副使，累官至山东布政使。

张元祯，字廷祥，南昌人。天顺四年进士，改庶吉士授编修，武宗时擢吏部左侍郎兼学士，入东阁专典诰敕，寻卒。天启初追谥"文裕"。

杨士奇，名寓以字行，泰和人。建文初以史才荐，召入翰林充编纂官，寻命吏部考第，史馆诸儒擢第一。成祖即位改编修，屡迁至礼部侍郎兼华盖殿大学士，寻以少保兼兵部尚书，正统三年进少师，九年卒，赠太师，谥"文贞"。

明《邵宝藏本》有锡山邵氏家藏印宝，见前，余印无考。

明黄虞稷编撰《千顷堂书目》着录：

吴澄《叙次仪礼》十七篇（至正十四年甲午李浚民序）、《仪礼传》十五篇（与逸经俱入三礼考注中）。《仪礼逸经》八卷（澄以小戴记投壶奔丧，大戴记公冠诸侯迁庙衅庙，郑注之中霤礼，禘于太庙礼，王居明堂礼，皆礼之遗者，取以补之，元集庆路有刊本，今收入三礼考注中）。

又补录《周官叙录》六篇。

清瞿镛《铁琴铜剑楼藏书目录》着录：

《三礼考注》六十四卷（明刊本）。题：

"元翰林学士临川吴澄幼清撰，吉丰罗伦校正，建昌知府长乐谢士元重校刊行。"前有成化九年罗伦序，谢士元跋；次列大理卿夏时正《求校三礼考注书》及《序录》，又次少师杨士奇跋，又次为《纲领》《目录》；卷末载夏时正《书后》一首。

案：是书与《序录》所云不合，书中《仪礼逸经》较今所传单本亦不合。《曲礼注》又与《纂言》不合。宜杨文贞疑为晏璧窜乱，朱竹垞直决其伪托也。序、跋皆载《经义考》，而时正书未录。

清姚际恒《好古堂书目》着录：
《三礼考注》五本，元吴澄。（周礼）（仪礼三十八卷）（曲礼）十卷。

清莫友芝撰《邵亭知见传本书目》着录：
吴澄《三礼考注》四十八卷按注：成化九年癸巳罗伦序。
（此版本在《四库全书总目提要》《三礼考注》六十四卷（两淮马裕家藏本）中提及罗伦之《校刻序》，或归编于《四库全书》所藏版本）

曹寅《栋亭书目》收录：
《三礼考注》十卷·一函八册，元吴澄著。

清瞿镛《铁琴铜剑楼藏书目录》着录：
《重刊仪礼考注》十七卷（明刊本），元吴澄撰。明林昇序。
案：文正《三礼》皆有考注，全书六十四卷。元时未有刻本，明成化庚寅建昌守谢士元以张元桢录本刻成。杨文贞谓为晏璧窜改，非文正之旧。此本为林伯刚所刻，乃再刻本也。

《孝经定本》·一卷（两江总督采进本）
《四库全书总目提要》：元吴澄撰。澄有《易纂言》，已着录。

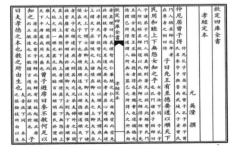

资料图片：《孝经定本》《四库全书》本

此书以今文《孝经》为本,仍从朱子《刊误》之例,分列《经》《传》。其《经》则合今文六章为一章。其《传》则依今文为十二章,而改易其次序。

至朱子所删一百七十二字(案朱子《刊误》凡删二百二十三字,中有句删其字者。此惟裁所删之句,故止一百七十二字),与古文《闺门章》二十四字,并附录于后。后有大德癸卯澄门人河南张恒①《跋》,称澄"观邢《疏》而知古文之伪,观朱子所论知今文亦有可疑,因整齐诸说,附入己见,为家塾课子之书。不欲传之,未尝示人"云云。盖心亦有所不安也。

其谓汉初诸儒始见此书,盖未考魏文侯尝为作《传》,见于蔡邕《明堂论》中。至其据许氏《说文》所引古文《孝经》"仲尼居"无"闲"字,知古文之"仲尼闲居"为刘炫所妄增。

又据桓谭《新论》称古文千八百七十二字,与今文异者四百余字。今刘炫本止有千八百七十字,多于今文八字。除增《闺门》一章二十四字外,与今文异字仅二十余字。则较司马贞之攻古文但泛称文句鄙俗者,特有根据。所定篇第虽多分裂旧文,而铨解简明,亦秩然成理。朱子《刊误》既不可废,则澄此书亦不能不存。盖至是而《孝经》有二改本矣。

明黄虞稷《千顷堂书目》着录:
吴澄《孝经章句》一卷(一作《孝经训释》)。

曹寅《栋亭书目》收录:
《孝经定本》元临川吴澄序订·一卷。

清姚际恒《好古堂书目》着录:
《孝经定本》一卷元吴澄。

清莫友芝撰《邵亭知见传本书目》着录:
《孝经定本》一卷,元吴澄撰。《通志堂》本。
尚有元朱申《句解》一卷。

---

① 张恒:字彦威,真定藁城人。恒以国子生得任官职,授白马丞,入补中书掾,擢国子典簿。拜陕西行台监察御史,以言事不合去。参考《元史·卷一百九十三·列传第八十·忠义》。

《道德真经注》·四卷（两淮盐政采进本）

《四库全书总目提要》：元吴澄撰。澄有《易纂言》，已着录。

据澄年谱，称大德十一年（1307）澄辞疾归。自京南下，留清都观。与门人论及《老》、《庄》、《太玄》等书，因为正厥讹伪而着其说。

澄学出象山，以尊德性为本，故此注所言，与苏辙[1]指意略同。虽不免援儒入墨，而就彼法言之，则较诸方士之所注，精邃多矣。篇末有澄跋云，庄君平[2]所传章七十二，诸家所传章八十一，然有不当分而分者，定为六十八章。上篇三十二章，二千三百六十六字；下篇三十六章，二千九百六十二字；凡五千二百九十二字。然大抵以意为之，不必于古有所考。盖澄好窜改古经，故于是书亦多所更定，殆习惯成自然云。

资料图片：《道德真经注》清咸丰三年至五年南海伍氏刻本。书牌。

清伍崇曜辑《粤雅堂丛书》[3]着录：

《道德真经注》四卷，（元）吴澄撰。

汤一介主编《道书集成》[4]"洞神部玉诀类"着录：

《道德真经注》（卷一之四），吴澄撰。

---

① 苏辙（1039—1112），字子由，一字同叔，晚号颍滨遗老。眉州眉山（今属四川）人。北宋文学家，"唐宋八大家"之一。嘉佑二年（1057）进士，官至宰相，著有《诗集传》《春秋集解》《论语拾遗》《道德经解》等。参考《宋史·卷三百三十九·列传第九十八》。

② 庄君平：西汉道家学者，思想家。"蜀之八仙"之一。东汉班固著《汉书》，因避汉明帝刘庄讳，改写为严君平。蜀郡人，汉成帝时隐居成都，以卜筮为业，"因势导之以善"，史称"蜀人爱敬"。著有《老子注》和《道德真经指归》。参考《汉书·郑子真、严平传》。

③ 《粤雅堂丛书》：是由伍崇曜出资辑，谭莹校勘编订，于1850年至1875年在广州刊刻的丛书，汇辑魏至清代著述，凡3编30集185种1347卷，为清末最有影响的综合性大型丛书。

④ 《道书集成》：（原名《中华道藏》与现中华道藏不是同版本道藏）由海内外知名学者历经十载修编而成的，是当代中国第一部传统道教经籍总汇，也是自明《正统道藏》之后，首次对传统道教文化的系统整理。

资料图片:《道德真经注》
清咸丰三年至五年南海伍氏
刻本,卷首

《吴文正公集》·一百卷　《私录》·二卷

《吴文正公集》,是吴澄诗、文著述集,凡一百卷。

该集为吴澄的孙子吴当①所编,其五世孙吴燫于明永乐年间重刊,篇目略有缺佚。吴燫其后跋曰:"《支言集》一百卷、《私录》二卷,皆大父县尹公手所编类,刊行于世。不幸刻板俱毁于兵火,旧本散落,虽获存者间亦残阙。……惟卷首增入年谱、神道碑、行状、国史传以冠之。"《四库全书》版文集:

卷一为杂著;

卷二、三为答问;

卷四、五、六为说;

卷七、八、九、十为字说;

卷十一、十二、十三、十四为书;

卷十五至三十四为序;

卷三十五至四十九为记;

卷五十为碑;

卷五十一、五十二缺;

卷五十三为铭;

卷五十四至六十三为题跋;

卷六十四为神道碑;

卷六十五、六十六为墓碑;

卷六十七至七十一为墓表;

卷七十二至八十七为墓志铭;

卷八十八为行状;

卷八十九为祭文;

卷九十为制;

卷九十一、九十二为韵语;

卷九十三为五言律诗;

资料图片:《吴文正公集》
《四库全书》版卷首

① 吴当(1298—1362),字伯尚。吴澄孙。官至肃政廉访使。见"吴当"节。

卷九十四为七言律诗；

卷九十五至卷一百为韵语。

文集许多经学理论、治学践行思想及关于纂言的论述等都是进行元代理学研究的珍贵资料；碑、铭、表、志部分，诸如董士选、洁实弥尔①、伯都（忙兀氏）②、邓文原③的神道碑，岳元镇、赵思恭④、邢聚、述哥察儿的墓碑，董文用⑤、张弘刚的墓表等，其中很多内容可补正史之缺，史料价值非常重要。另有些碑、铭还保留了许多宋、元道教的宝贵资料，亦为道教留下珍贵的史料。⑥

《四库全书总目提要》称吴澄之学"主于著述以立教"，故"于注解诸经以外，订正张子（载）邵子（雍）书，旁及老子、庄子、太玄、乐律、八阵图、葬经之类，皆有撰论，而文集尚裒然盈百卷"，皆"词华典雅，往往斐然可观"。内容宏大精博，是为研究吴澄思想、学术的重要资料。

《吴文正公集》有明永乐四年（1406）刻本，宣德十年（1435）刻本（《四库全书》所收即此本）。另有明成化间刊行的《临川吴文正公集》49 卷本，乃是将百卷本归并而成，附行状一卷、年谱一卷、外集三卷。

通行的版本为清乾隆五十一年（1786）万氏刻本，题为《草庐吴文正公全集》47 卷，卷首 1 卷、外集 3 卷。

《吴文正集》·一百卷（浙江孙仰曾家藏本）

《四库全书总目提要》：元吴澄撰。澄有《易纂言》，已收录。是集为其孙当所编。永乐丙戌，其五世孙燫所重刊。

后有《燫跋》曰"《支言集》一百卷、《私录》二卷，皆大父县尹公手所编类，刊行

---

① 洁实弥尔：畏兀儿人。野薛涅之子。年 18，与兄兀玉笃实赴京，受世祖命，侍太子真金于东宫。卒赠太师，追封齐国公，谥文忠。参考高文德主编《中国少数民族史大辞典》。

② 伯都：元忙兀部人。泰安王博罗欢之子。历任御史中丞、平章政事、御史大夫等职。参考《元史·卷一百二十一列传第八》。

③ 邓文原（1258—1328），字善之，一字匪石，人称素履先生，绵州（今四川绵阳）人，又因绵州古属巴西郡，人称邓文原为"邓巴西"。官至集贤直学士兼国子监祭酒、翰林侍讲学士，为一代廉吏，著述有《巴西文集》《内制集》《素履斋稿》等。参考《元史·列传第五十九》。

④ 赵思恭：元大臣。字仲敬，安阳人。至元十六年（1279）累迁宣徽院照磨，历主事、经历，擢燕南宪司判官。二十八年入为监察御史，改大司农经历，出金燕南廉访司。元贞二年（1296）卒于官，参考《元史》卷一二六虞集：《赵思恭神道碑》。

⑤ 董文用：字彦材，元代名将董俊三子。年 10 岁亡父，受兄长董文炳之教，学问早成。20 岁词赋考试中选，侍世祖于潜邸。继迁御史中丞、大司农，开资德大夫，知制诏，兼修国史。

⑥ 因与本节关联不大，本段所叙人物简介未尽列出。参考《元史·列传三十五》。

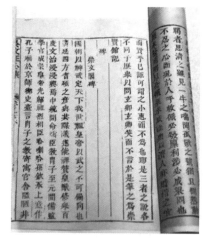

资料图片：《吴文正集》吴澄
孙吴当编辑版本，又名《支言集》

于世。不幸刻版俱毁于兵火，旧本散落，虽获存者间亦残阙。迨永乐甲申，始克取家藏旧刻本，重寿诸梓。篇类卷次，悉存其旧，不敢更改。惟卷首增入年谱、神道碑、行状、国史传以冠之。但旧所阙简，遍求不得完本，今故止将残阙篇题列于各卷之末，以俟补续"云云。则此本乃残阙之馀，非初刻之旧矣。然检其卷尾阙目，惟十七卷《徐君顺诗序》一篇、五十四卷《题赵天放桃源卷后》一篇、五十七卷《题约说后》一篇，又三十七卷《濠南王先生祠堂记》末，注"此下有阙文"而已，所佚尚不多也。

初，许衡之卒，诏欧阳玄作神道碑。及澄之卒，又诏揭傒斯撰神道碑。首称"皇元受命，天降真儒。北有许衡，南有吴澄。所以恢宏至道，润色鸿业，有以知斯文未丧，景运方兴"云云。当时盖以二人为南北学者之宗。

然衡之学主于笃实以化人，澄之学主于著作以立教。故世传《鲁斋遗书》，仅寥寥数卷；而澄于注解诸经以外，订正张子、邵子书，旁及《老子》《庄子》《太玄》《乐律》《八阵图》《葬经》之类，皆有撰论，而文集尚哀然盈百卷。衡之文明白质朴，达意而止；澄则词华典雅，往往斐然可观。据其文章论之，澄其尤彬彬乎。吴当所编，过于求备，片言只字，无不收拾，有不必存而存者，未免病于稍滥。然此自南宋以来编次遗集之通弊，亦不能独为当责矣。

明杨寓《文渊阁书目》着录：

《临川吴先生支言文集》一部二十册（残缺）。

清崇仁县训导万璜校刊，本家藏版：

《草庐吴文正全集》四十九卷，卷首一卷。为清乾隆丙子年（1756）崇仁

资料图片：《草庐吴文正公全集》清乾隆21年，崇仁县司训万璜校刊本

县训导万璜校刊本,注明为"本家藏版"。

原为燕山大学图书馆收藏,现为美国哈佛大学汉和图书馆珍藏本。

清莫友芝撰《郘亭知见传本书目》着录:

《吴文正集》一百卷,元吴澄撰。永乐中五世孙燨刊本。宣德乙卯刊本。乾隆丙子万氏刊本。李氏《目》载有刊本,有蒙古字《序》。

《草庐吴先生辑粹》·六卷(浙江范懋柱家天一阁藏本)

明王𬀪①所选吴澄文也。𬀪有《忠义录》,已着录。

是编以《草庐全集》浩繁难竟,乃择其尤精者录为六卷,以便诵读。澄之学诵说程、朱,而源实出于陆九渊。𬀪,金溪人,与九渊为同里,故力为表章云。

《吴草庐文抄》(副都御史黄登贤家藏本)

不着编辑者名氏。前署甲辰春退谷手选。盖康熙三年(1664)孙承泽②所定本也。于吴澄《支言集》中钞其十分之一,前后无序跋,亦无目录,又不分卷帙。盖偶然缮写,未及成编之本耳。

资料图片:《草庐吴先生辑粹》明嘉靖二十四年谢适然刻本王𬀪序(浙江范懋柱家天一阁藏本)

《草庐词》·一卷

清吴昌绥撰《宋金元词集见存卷目》、民国叶德辉撰《观古堂藏书目》著录:《草庐词》一卷,吴澄。

清彭元瑞撰《知圣道斋书目》着录:

《吴文正公词》(吴澄)。

---

① 王𬀪(生卒年不详),字东石,又字时祯、时正。江西金溪人。正德六年(1511年)进士。官至南京礼部祠祭司郎中。著有《东石讲学录》《大儒心学录》《历代忠义录》《古今谏议集疏》等。参考《道光》《抚州府志》卷五十七。

② 孙承泽(1593—1676),字耳北,号北海,山东益都人,世隶顺天府上林苑(今河北大兴)。明末清初政治家、收藏家。明崇祯四年(1631)中进士。富收藏,精鉴别书、画。著有《春明梦余录》《天府广记》《庚子消夏记》《研山斋集》等四十余种。李玉安、黄正雨:《中国藏书家通典》。

资料图片:《吴草庐文抄》(无卷数)副都御史黄登贤家藏本

《学基学统私录》

吴澄为取程淳公《学校奏疏》、胡文公"二学教法"及朱文公《贡举私议》三者,斟酌去取,一曰经学:《易》《诗》《书》《仪礼》《周礼》《礼记》(大戴记)附《春秋三传》,附右诸经各专一经,并须熟读经文,旁通诸家,讲说义理度数,明白分晓。凡治经者,要兼通《小学书》及《四书》。……是为拟定教法。①

这个方案虽然不像袁桷②那样态度激烈地排斥《四书》,而是再次将《小学》及《四书》纳入教学内容,但《四书》仅处于"兼通"地位、逊于《五经》的倾向却显而易见。尽管吴澄自幼即习读《四书》,也曾提出过"《四书》,进学之本要也"③的论断,但在这份国子监改革方案中,却明显地主张《六经》为先,与朱熹之说迥然相异。

《四书序论》·一卷

元代大儒吴澄在对待朱熹"四书学"上,既有严肃批评,更多的则是肯定与尊崇。在四书学"道统观"上,总体不越朱子之说的范围。

在"四书学"上,他既肯定"尊德性",又主张"道问学",是元代"和会朱陆"风潮的代表人物。吴澄"于朱陆二氏之学互有发明"④,实际建立起了一种独立的学术品格,搭建了宋代理学向明代心学过渡的桥梁。⑤

《月令七十二候集解》·一卷(通行本)

旧本题"元吴澄撰"。

其书以七十二候分属于二十四气,各训释其所以然。考《礼记·月令》,本无七十

① 见《吴文正集·附录·年谱》,《四库全书》第 1197 册,第 932 页。

② 袁桷(1267—1327),字伯长,庆元(今浙江宁波)人。至治元年(1321)官至侍讲学士。朝廷制册,勋臣碑铭,多出其手。工书。卒年六十一。有《清容居士集》。参考《元史·列传》卷五十八。

③ 见《吴文正集》卷十一《赠学录陈华瑞序》,《四库全书》第 1197 册,第 267 页。

④ 见周春健《元代四书学研究》,华东师范大学出版社。

⑤ 见周春健论文《论元儒吴澄的四书学》。

二候之说。《逸周书·时训解》①乃以五日为一候。

澄作《礼记纂言》亦引《唐月令》,分述五日一候之义,然不闻更有此书。其说以《经》文所记多指北方,非南方之所习见,乃博考《说文》《埤雅》②诸书,兼访之于农牧,着为此编。然考证名物,罕所发明。疑好事者为之,托名于澄也。③

七十二候是中国最早的结合天文、气象、物候知识指导农事活动的历法。源于黄河流域,完整记载见于公元前 2 世纪的《逸周书·时训解》。以五日为候,三候为气,六气为时,四时为岁,一年二十四节气共七十二候。各候均以一个物候现象相应,称候应④。其中植物候应有植物的幼芽萌动、开花、结实等;动物候应有动物的始振、始鸣、交配、迁徙等;非生物候应有始冻、解冻、雷始发声等。七十二候候应的依次变化,反映了一年中气候变化的一般情况。

资料图片:《月令七十二候集解》清康熙、道光、嘉靖刻本内页

清曹溶辑《学海类编》⑤着录:
《月令七十二候集解》一卷,元吴澄撰。

《月令七十二候集解》一卷,(元)吴澄撰,由《中华书局》《商务印书馆》列入《丛书集成》,据学海类编本排印自然科学第 1337 册。

《草庐先生原理》·二卷
曹寅《栋亭书目》收录:

---

① 《逸周书·时训解》:《逸周书》是中国古代历史文献汇编,又名《周书》,隋唐以后亦称为《汲冢周书》。作品中内容主要记载从周文王、周武王、周公、成王、康王、穆王、厉王到景王年间的时事。《时训解》出自中国古代历史文献汇编——《逸周书》,时训,是关于时令的训教。该篇记二十四节气及七十二候。
② 《埤雅》:是宋代陆佃作训诂书。始于释鱼,继之以释兽、释鸟、释虫、释马、释木、释草,最后是释天。
③ 见《四库全书总目·经部·礼类存目》。
④ 候应:候,指天地日月交合所用之气候。其也是农历计算时节的单位,五日为一候。最早,从立春开始以 5 天为一候,一年共有 73 候(最后一候为 6 天或 7 天)是一种简单的平候(类似平气)包括动物候应、植物候应和自然现象候应。后来它和 24 节气相结合便去掉 1 候就成了从立春开始的 72 候即"一(节)气管 3 候",成为节气的细化单位,这样平气对应平候;以定气对应的平候为半定候;古代历法家刘焯提出了定候,用现在的话说就是在黄道上每隔黄经 5 度就是 1 候,而不一定是 5 天了;我国现行农历使用定气和定候。详细请参考《气候学》。
⑤ 《学海类编》:见"吴曾"节。

《草庐先生原理》元草庐吴澄著二卷·一册。

《易叙录》

明黄虞稷《千顷堂书目》着录：

吴澄《易叙录》十二篇，又易纂言十二卷。"叙录之作，因东莱吕氏古易，重加修订，正其文字阙衍谬误者。"

《琴言十则》·一卷（一名《琴言》）

清曹溶辑《学海类编》著录：

《琴言十则》附指法谱一卷，元吴澄撰。

《琴言十则》·一卷（附指法谱·一卷），元吴澄撰。由《中华书局》《商务印书馆》列入《丛书集成》，影学海类编本艺术类第 1661 册。

样本图片：《草庐子》明天启五年
《诸子稿函》刻本

《老子校本》《庄子校本》《太元经校本》《乐律校本》《八阵图校本》《郭璞葬书(经)校本》

吴澄以注经为要，百家诸子乃其绪，余大较重理气而轻术数，是各校本立意之旨。

《庄子内篇订正》·二卷

汤一介主编《道书集成》"洞神部玉诀类"著录：《庄子内篇订正》·二卷，吴澄撰。

《草庐子》·一卷（资料暂缺）

《三礼叙说》（资料暂缺）

《周礼经传》·十卷（资料暂缺）

《周礼考注》·十五卷（资料暂缺）

《大戴礼叙录》·一卷（资料暂缺）

《中庸合注定本》·一卷（资料暂缺）

《老子叙说》（资料暂缺）

《草庐吴先生文粹》·五卷（明吴讷编）（资料暂缺）

（元）虞　集

资料图片：虞集画像

一、人物简介

虞集①（1272—1348），字伯生，号道园，世称"邵庵先生""雍虞公②"。长安乡二都石庄村（今石庄乡石庄村）人。

儿童时便受家学，从吴澄游。成宗大德初，受荐授大都路儒学教授，国子助教、博士。仁宗时，迁集贤修撰，除翰林待制。文宗即位，累除奎章阁侍书学士。

① 虞集：人物简介参考欧阳玄《新元史·卷二百六·列传第一百三》、欧阳玄《元故奎章阁侍书学士翰林侍讲学士通奉大夫虞雍公神道碑》、清康熙、道光、同治等各版《崇仁县志》、姬沈育《一代文宗虞集》、李舜臣《"汉廷老吏"虞集》等。
② 雍虞公：虞集其先祖虞允文（唐朝名臣虞世南之后）为南宋名臣，曾封"雍国公"，世称"虞雍公"。但称虞集为"雍虞公"由何人在何时所称，待考。

领修《经世大典》，著有《道园学古录》《道园遗稿》等。

虞集素负文名，与揭傒斯①、柳贯②、黄溍③并称"元儒四家"；诗与揭傒斯、范椁④、杨载⑤齐名，人称"元诗四家"，虞集居首位。

虞集祖籍仁寿(今四川省眉山市仁寿县)，为南宋丞相虞允文⑥五世孙，其父虞汲⑦曾任黄冈尉，宋亡后，迁徙临川崇仁。祖辈皆以儒学、文学知名。其母亲是国子祭酒杨文仲⑧之女。

虞集于南宋咸淳八年(1272)二月二十日⑨生于湖南衡阳，时正当宋末，兵戈扰攘，而因虞集祖姑父陈元晋早寓居崇仁，且祖姑健在，为避战乱，随父迁居江西崇仁二都石庄村。

虞集自幼聪颖，3岁即知读书，4岁时由母杨氏口授《论语》《孟子》《左传》及欧阳修、苏轼名家文章，听毕即能成诵。9岁时已初通晓儒家经典之大旨。14岁时师从吴澄，居室名"邵庵"，后称其"邵庵先生"。元成宗元贞年间，江西南行台中丞董士选聘虞集先于府中任教。

元成宗大德元年(1297)，虞集至大都(今北京市)。大德六年(1302年)，被

---

① 揭傒斯(1274—1344)，字曼硕，号贞文，龙兴富州(今丰城杜市镇大屋场)人。官奎章阁授经郎，拜集贤学士，翰林侍讲学士阶中奉大夫，封豫章郡公，修辽、金、宋三史，为总裁官。《辽史》成，卒于史馆，谥文安。著有《文安集》等。参考《元史·列传第六十八》。

② 柳贯(1270—1342)，字道传，婺州浦江人。官至翰林待制，兼国史院编修，有《金石竹帛遗文》10卷、《近思录广辑》3卷、《字系》2卷、《柳待制文集》20卷、《待制集》《字系》传世。参考《元代金石书画鉴定大家柳贯其人其文》，黑龙江文史馆。

③ 黄溍(1277—1357)，字晋卿，一字文潜，婺州路义乌(今浙江义乌)人。官国子博士、江浙等处儒学提举，除翰林直学士、知制诰同修国史，寻兼经筵事等职。著有《日损斋稿》33卷、《义乌县志》7卷、《日损斋笔记》1卷、《金华黄先生集》43卷。参考《元史·黄溍列传》。

④ 范椁(1272—1330)，诗人，字亨父，一字德机，人称文白先生，清江(今江西樟树)人。历官翰林院编修、福建闽海道知事等职，有《燕然》《东方》等稿20卷，后人辑为《范德机诗》《木天禁语》两书传世。参考《元史·列传·卷六十八》。

⑤ 杨载(1271—1323)，字仲弘，浦城(今福建浦城县)人，元延祐二年(1313)进士，授承务郎，官至宁国路总管府推官。有诗话著作《诗法家数》和《仲弘集》。参见《元史·杨载传》。

⑥ 虞允文(1110—1174)，字彬父，一作彬甫，隆州仁寿县(今四川省眉山市仁寿县)人。南宋初年名臣，唐朝名臣虞世南之后。宋乾道三年(1167年)，出使四川宣抚使、知枢密院事。乾道五年(1169年)拜相，乾道八年(1172年)，加授左丞相兼枢密使、特进，旋即再镇四川，封爵雍国公，世称"虞雍公"。参考《宋史·卷三八三·列传第一百四十二》。

⑦ 虞汲：宋末元初人，祖籍今四川眉山市仁寿县，先祖虞允文为南宋左丞相，虞刚简的孙子。后中进士，曾为黄冈县尉。虞集之父。参考《元史卷一百八十一·列传第六十八·虞集传》。

⑧ 杨文仲(？—1279)，字时发，杨栋堂侄，今四川省眉山市彭山县人。既冠，以《春秋》贡。宋宝佑元年(1253)登进士第，累迁崇政殿说书，在讲筵，每以积诚感动。瀛国公即位，授权工部侍郎兼给事中。著有《见山集》传于世。参考《宋史·卷四百二十五·列传第一百八十四》。

⑨ 公元纪年时间为1272年3月21日。

荐为大都路儒学教授。不久,升国子助教。虞集贯以师道自任,声誉日渐显露,慕名求学者甚多。皇庆元年(1312),元仁宗即位,虞集任太常博士、集贤院修撰。他上疏论学校教育问题,多有真知灼见,为仁宗所赏识。延祐六年(1319),迁翰林待制兼国史院编修、集贤修撰。泰定元年(1324),为国子司业,除①为秘书少监。

泰定四年(1327),虞集与王约②随从泰定帝前往上都③避暑,用蒙语和汉语为诸臣讲解经书,上都大臣为虞集博古通今之才华所折服。泰定帝时,升任翰林直学士兼国子祭酒。

他建议京东沿海土地应让民开垦,筑堤以防潮水涌入,这既可逐年增加税收,又使数万民众得以在京师周围聚集,增强保卫京师的力量。这些主张虽未被采纳,但后来海口④设立万户之计,就是采用其说。文宗在登位之前,对虞集就有所了解,登基后即命其为奎章阁侍书学士,并颁旨采辑本朝典章制度,仿效"唐、宋《会要》⑤",编修《经世大典》,命虞集与平章事赵世延⑥同任总裁。赵世延离任后,由虞集独担其责,批阅两载,呕心沥血,于至顺二年(1331)全书编纂而成,共计880卷。书成后,文宗命他为翰林侍讲学士、通奉大夫。虞集以眼疾为由乞外任⑦,未被允许,直到文宗及幼君宁宗相继去世,才得以告病回归崇仁。

至正八年五月二十三日(公元1348年6月20日),虞集病逝于家。年76岁,谥"文靖",赠江西行省参知政事,追封为"仁寿郡公"。

虞集学识渊博,于理学能究极本源、研精探微,为元代"儒林四杰"之一。他认为道德教化是国家治本的大事,选用人才必须为众所敬服,主张理学应贯穿于日常生活雅俗之中。其文多宣扬儒家传统,倡导理学。

诗风典雅精切,格律谨严,深沉含蓄,纵横无碍;诗文俱称大家。其诗歌风格

---

① 除:意为授、拜(官职)。

② 王约(1252—1333),字彦博,号豫斋,官至枢密副使,集贤大学士。著作有《潜丘稿》三十卷、《史论》三十卷及《高丽志》四卷。参考《元史·王约传》。

③ 上都:元朝陪都,位于今内蒙古自治区锡林郭勒盟正蓝旗境内,多伦县西北闪电河畔。1256年春,忽必烈命人在桓州以东、滦水(今闪电河)以北,兴筑新城,名为开平府,作为藩邸。1263年,升开平府为上都,以取代和林。

④ 海口:这里指辽东半岛至山东半岛之渤海口。

⑤ 《会要》:是以某一朝代的国家制度、历史地理、风俗民情等为主要收辑内容的一种史书。用于弥补正史的不足。

⑥ 赵世延(1260—1336),四川成都人,雍古族(又名永古特族)。官至奎章阁大学士中书平章政事、鲁国公。汇次《风宪宏纲》行于世。参考《元史·赵世延传》。

⑦ 乞外任:指京官请求到京外地方任职。

于精切典雅中见沉雄老练,体裁多样,长于七古和七律,为"元诗四大家"之一,是元代中期文坛盟主。一时朝廷宏文高册,多出其手。在其诗作中,亦有不少描绘崇仁山水风土人情的作品,如《南乡一剪梅·招熊少府》等。

宋濂[①]在《柳待制文集》序言中说:"天历以来,海内之所宗者,唯雍虞公伯生、豫章揭公曼硕、乌伤黄公晋卿及公(柳贯)四人而已。"识者以为名言。

宋荦[②]《漫堂说诗》云:"元初袭金源派,以好问为大宗,其后则称虞、杨、范、揭"。

又如沈德潜[③]《说诗晬语》云:"虞、杨、范、揭四家诗品相敌。中又以汉廷老吏[④]为最。"

据传,虞集曾说:仲宏(杨载)诗如百战健儿,德机(范梈)诗如唐临晋帖,曼硕(揭傒斯)诗如美女簪花(一作"三日新妇"),而他自己的诗如"汉廷老吏"。据说揭傒斯听到这种评论还颇不高兴,因为揭认为自己的诗写得也是相当典重的。

宋亡时虞集尚为幼童,在民族关系紧张的氛围中长大,所以许多诗文作品表露出明显的民族情怀。他在《挽文丞相》一诗中,对宁死不屈的南宋忠臣文天祥充满了哀悼和敬意,文字流畅亦宛转,众学者公认:"读此诗而不泣下者几希[⑤]!"另有《从兄德观父与集同出荣州府君,宋亡隐居不仕而殁。集来吴门[⑥]省墓[⑦],从外亲临邛韩氏得兄遗迹有说:"我因国破家何在,居为唇亡齿亦寒",不知为谁作也?抚诵不觉流涕,因足成一章,并发其幽潜[⑧]之意云》一诗,也流露同样的思想情感。在《赵千里小景》诗中,他说"残云野水三百年",也有凭吊宋亡的意思。

社会和平安定时期,虞集的诗词一般都写得清和淡远。一派承平气象,如《无题》诗表现一种朦胧的境界,《闻机杼》则呈现雅淡的画面,《腊日偶题》《听雨》《宫词》等给人一种安详幽静印象。

---

① 宋濂:见"吴澄"节。

② 宋荦(1634—1714),字牧仲,号漫堂、西陂、绵津山人,汉族,归德府(今河南商丘)人。与王士祯、施润章等人同称"康熙年间十大才子"。官至吏部尚书。著有《西陂类稿》50卷、《漫堂说诗》《江左十五子诗选》等。参考《清史稿·卷二百七十四·宋荦传》。

③ 沈德潜(1673—1769),字碻(què)士,号归愚,江苏苏州府长洲(今江苏苏州)人。乾隆四年(1739)以六十七岁高龄得中进士,官至礼部侍郎加礼部尚书衔,著有《沈归愚诗文全集》。又选有《古诗源》《唐诗别裁》《明诗别裁》《清诗别裁》等。参考《清史稿·列传第九十二》。

④ 汉庭老吏:指虞集。

⑤ 几希:很少。

⑥ 吴门:指苏州或苏州一带。为春秋吴国故地,故称。

⑦ 省墓:祭扫尊长的坟墓。

⑧ 幽潜:幽静的住处;指隐居。

　　但身在官场,亦有不少赠答应酬、内容空泛的应时之作。虞集诗词中亦多有对民生疾苦的关注作品,如《次韵陈溪山□履》《杞菊轩》等对元统治者推行的民族仇杀政策,颇表不满。

　　虞集工词,风格严峻,声律圆熟。一生所写诗词文章逾万篇,但多失佚,词作今仅存二十多首,其中《风入松》"画堂红袖倚清酣"引人注目,而一句"杏花春雨江南"勾画出来的江南景物,令人憧憬、神往。"杏花春雨"本用陆游诗意,虞集看似加以翻新,却增添了醉人的梦幻意境。据说和他同时的诗人陈旅①、张起岩②都很欣赏这首词,并还让机坊把它织在罗贴③上,作为艺术品供人赏玩。

　　《折桂令》是虞集所作散曲中今仅存的一首,读者均颇为称颂。元陶宗仪④《辍耕录》谓"虽一时娱戏,亦过人远矣"。吴梅⑤《顾曲麈谈》云:"先生(虞集)文章道义,照耀千古,出其余绪,尤能工妙如此,询乎天才,不可多得也,此种'短柱⑥'句法,自元迄今,和之者绝少,唯明徐天池⑦《四声猿》中,曾一仿之,后不一见也"。王季烈⑧《螾庐曲谈》评价说:"虞学士集之《折桂令》咏蜀汉事云云,通篇用'短柱格',语妙天成。"

　　在一些书信传记文章中,表现了虞集倡导理学的思想性情。如《陈□⑨小

---

① 陈旅(1288—1343),字众仲,莆田人。官国子助教、应奉翰林文字、国子监丞。参与修纂《经世大典》,著有《安雅堂集》十四卷。参考《元史·卷一九〇》。

② 张起岩(1285—1354),字梦臣,祖籍章丘,移家禹城,元朝首届科举状元,历任国子监丞、国史院编修、礼部尚书、辽、金、宋三史总裁等职务。著有《华峰漫稿》《华峰类稿》《金陵集》等。参考《元史·列传第九十六》。

③ 罗贴:质地稀疏、轻软的丝织品,如罗扇、罗衣等。

④ 陶宗仪(1329—约1412),字九成,号南村,台州黄岩人。工诗文、善书画。弃科举,筑草堂以居,开馆授课。著有《辍耕录》30卷、《书史会要》9卷、《说郛》100卷等。参考李玉安、黄正雨《中国藏书家通典》。

⑤ 吴梅(1884—1939),字瞿安,号霜厓,江苏长洲(今苏州)人。现代戏曲理论家和教育家,诗词曲作家。度曲、谱曲皆极为精通,对近代戏曲史有很深入的研究。被誉为"近代着、度、演、藏各色俱全之曲学大师"。主要著作有《顾曲麈谈》《曲学通论》《中国戏曲概论》《元剧研究》《南北词谱》等。参考李玉安等《中国藏书家通典》。

⑥ 短柱:指短柱体:一句中或两韵、或三韵的叫短柱体。近人谭汝为《古典诗歌的修辞和语言问题》:"所谓短柱体是在诗的句中韵的基础上发展起来的。……形如短柱。"

⑦ 徐天池:即徐渭(1521—1593),子文长,号青藤道士。明代文人,在诗文、戏曲、书法、绘画方面,都有相当成就。有《徐文长集》30卷、《逸稿》24卷、杂剧《四声猿》(署名为"天池生"),戏曲理论著作《南词叙录》等。参考《明史·卷二百八十八·列传第一百七十六》。

⑧ 王季烈(1873—1952),字晋余,号君九,又号螾庐,清光绪甲辰(1904年)科进士。20世纪30年代曾组织螾庐曲社,著有《螾庐曲谈》等。他还是清末民初物理学著作翻译家,1900年翻译出版了中国第一本命名为《物理学》的书,这是具有大学水平的教科书,又主持编印了《物理学语汇》。参考《江苏地方志》。

⑨ "陈"下缺一字,原文如此。

传》写宋代进士陈□守常州以身殉城的事迹,褒扬其忠义。又如《答刘桂隐书》对刘氏不出仕,十分称赏,赞扬刘"霜降冰涸而松柏后凋,沙砾汰除而黄金独耀"的品格。虞集对忠于赵宋王朝人物的歌颂和其他诗歌中流露的民族意识是相通的。

当然,也有为数不少的散文为颂扬当朝权贵的官场应酬文字,因为当时宗庙朝廷的典册,公侯大夫的碑铭,多由他撰写。

对于社会的人情物理,虞集也有一些散文表现他的深刻体会。《海樵说》着重阐明"大烹以养贤①,推之使天下皆得其养"的道理,《医说赐易晋》强调医生应有仁爱的心肠,等等。

虞集的书法颇得晋朝人韵味,在当时很有名。书法行笔环萦,字若连绵,法度险峭,劲健古雅。传世作品有其晚年之作行书《白云法师帖》。如王世贞②所言:"用笔若草草,而中自遒劲。"其书法作品在《墨缘汇观·法书卷》《三虞堂书画目》都有收录。

著有《道园学古录》《道园类稿》各五十卷、《虞文靖公诗集》(又曰《虞伯生诗》)等。

二、著作名录

《道园学古录》·五十卷

《道园类稿》·五十卷(亦名《雍虞先生道园类稿》)

《道园遗稿》·六卷

《虞文靖公道园全集》·六十卷

《道园集》(卷数不详,亦名《雍虞公文集》)

《虞道园集》·四册(评选本)

《平猺记》·一卷

《杜律注》·二卷(又名《杜七律诗注》《杜律虞注》)

《经世大典》·八百八十卷·目录十二卷(其所撰卷数待考)

---

① 大烹以养贤:以丰盛的食品去奉养人。阐述"君王养贤人为国效命,以养万民"之道理。语出《易经·鼎》:"而大烹以养圣贤。"

② 王世贞(1526—1590),字符美,号凤洲,又号弇(yǎn)州山人,南直隶苏州府太仓州(今江苏太仓)人,明代文学家、史学家。累官至南京刑部尚书,著有《弇州山人四部稿》《弇山堂别集》《嘉靖以来首辅传》《艺苑卮言》《觚不觚录》等。参考《明史·王世贞传》。

《鸣鹤余音》·一卷

《道园乐府》·一卷

《古字便览》·一卷

《就日录》·卷数不详

《翰林珠玉》·六卷(亦名《新编翰林珠玉》)

《道园学古录诗集》·卷数不详

《居山稿》·卷数不详

《渔樵问对》·卷数不详

《道园天藻小稿》·卷数不详

《芝亭永言》·卷数不详

《虞侍书诗法》·卷数不详

《虞文靖公诗集》(卷数不详,又曰《虞伯生诗》)

《伯生诗续编》·三卷(一名《虞伯生诗续编》)

《虞文靖诗集》·八卷

《虞伯生文》·卷数不详

《虞邵庵批点文选心诀》·一卷

三、著作简介

《道园学古录》·五十卷

《道园学古录》共五十卷,虞集撰。是至正元年(1341)由虞集的幼子翁归及门人李本[1]等人搜集整理,由他自己亲自审订类目编定而成并交付福建廉访副使斡玉伦徒[2]刊刻的,书名亦为其亲题。是集分在朝稿二十卷、应制录六卷、归田稿一十八卷、方外[3]稿六卷,共计五十卷。

《道园学古录》是研究元代中后期政治、经济、文化史的一部重要的元人文集。集中保存着大量有价值的碑、铭、墓志、行状、传、记、序、题跋、制诏等史料,内容丰富,为史学工作者所借重。

---

① 李本:字伯宗,从学于草庐(吴澄)。

② 斡玉伦徒:元朝官员。字克庄。唐兀人。朵儿赤之孙,斡仁通子。以《礼记》举进士,任奎章阁典签。时怀念先祖斡道冲,见郡县庙学有从祀画像尚存者,请虞集撰文述赞其身世学问。历官嘉议大夫、工部侍郎。曾参于修撰《宋史》。参考高文德主编《中国少数民族史大辞典》。

③ 方外:超然于世俗礼教之外;和尚、道士都可叫方外或方外人。意思是区域之外、世俗之外。

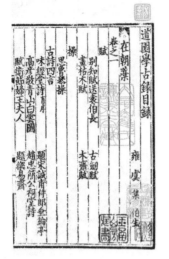

资料图片:《道园学古录》
明嘉靖本(疑为元刻本)

如对于仁宗朝奸臣铁木迭儿①之专权跋扈,虞集在贺胜②、杨朵儿只③、张珪④等三人的神道碑、墓志铭中所记甚详。他以当时人记当时事,屡赞三人刚直不阿,对研究仁宗、英宗二朝的政治有重要的史料价值。其序、跋部分也是研究宋元文学、艺术、理学的重要材料。

此外,《道园学古录》中还保存着许多有关南方道教的资料。虞集家居江西,深受当时龙虎山正一道和建康(今南京)茅山道的影响,与玄教宗师吴全节⑤等道士有着密切的交往,还为他们撰写了诸多碑板记事之文,多见于方外稿中。

台湾学者孙克宽⑥在《元代文化之活动》一文中提到《道园学古录》的价值时这样说:"《道园学古录》全集的价值,仍在传志碑铭、序跋之文。尤其是方外稿的全部文章,皆是元代道教史的宝贵资料"。

陈垣⑦先生在他的《南宋初河北新道教考》一书中,以《道园学古录》中的《岳

---

① 铁木迭儿(？—1322),蒙古族,元朝权臣。身历元朝五代君主,拜中书右丞相,贪财有术,行贿有方,敛财聚货,中饱私囊,避害忠良,最后身败名裂,死有余辜。

② 贺胜(？—1321年),字贞卿,字伯颜。陕西鄠(今户县)人,官光禄大夫、中书左丞相,兼上都路总管府达鲁花赤达;卒赠他"推忠宣力保德功臣"、太傅、太师,封"泾阳王"。参见《西安鄠区人物》。

③ 杨朵儿只(1279—1320),河西宁夏人。官御史中丞、集贤大学士,为权臣铁木迭儿所害而死,年四十二。参见《元史·杨朵儿只列传》。

④ 张珪(1263—1327),字公端,自号潜庵,河南卫州(今河南辉县)人,娴熟弓马,颇有武功,拜昭勇大将军。大德三年拜江南行台御史,延祐二年拜中书平章政事,封蔡国公。参见《元史·卷一百七十五·本传》《道园学古录》。

⑤ 吴全节(1269—1346),元代著名玄教道士、书法家。字成季,号闲闲,又号看云道人,饶州(今江西鄱阳)人。年十三学道于龙虎山,授玄教大宗师,崇文弘道玄德真人,总摄江淮、荆襄等处道教,知集贤院道教事。集诸家所传,定《灵宝玉鉴》,有《看云集》。参见《元史·列传·卷九十》。

⑥ 孙克宽:(1905—1993),号靖生,安徽舒城人。发表大量诗集歌赋,亦研元宋史,著有《中国政治论》《蒙古汉军与汉文化》《元代金华学述》《元初正一教与江南士大夫》《山居集》等。参见谢莺兴《孙克宽教授学行年表初编》。

⑦ 陈垣(1880—1971),字援庵,又字圆庵,广州府新会县人。历任国立北京大学教授、导师和北平师范大学、辅仁大学的教授、导师、校长。还任过京师图书馆馆长、故宫博物院图书馆馆长。陈垣与陈寅恪并称为"史学二陈",二陈又与吕思勉、钱穆并称为"史学四大家"。毛主席称他是"国宝"。著有《元西域人华化考》《校勘学释例》《史讳举例》及《通鉴胡注表微》等,有《陈垣学术论文集》行世。参见"中国科学院历史研究所"网站。

德文碑》与吴澄所撰的《天宝宫碑》相佐证,考订了宋元之际大道教派产生和发展的状况。再有,虞集在《道园学古录》中对元代典章制度也有别具特色的注释,对研究元代政治制度有重要价值。

《道园学古录》的版本有明景泰七年(1456)郑达、黄江翻元刊本①,《四部丛刊》初编本即据此本影印。

明杨寓《文渊阁书目》着录:

虞伯生《道园学古录》一部八册(残缺)。

曹寅《栋亭书目》收录:

《道园学古录》元文靖虞集撰五十卷·六册。

清莫友芝撰《邵亭知见传本书目》着录:

《道园学古录》五十卷,元虞集撰。

明景泰七年刊本,嘉靖中刊本。乾隆丙申崇仁陈氏刊本。汲古阁《虞伯生诗》一卷,《补遗》一卷。翁覃溪刊《虞文靖诗集》十卷,撰《年谱》一卷。元至正六年刊本,半页十三行,行二十三字。藏花山马氏。辛卯在吴收元本。

张之洞《书目答问补正》②着录:

《道园学古录》五十卷。(元虞集。通行本。仁寿新刻本六十卷,《仍少文遗稿》八卷)(补)成都存古书局本;《四部丛刊》影印明景泰间刻本五十卷,乾隆间崇仁陈氏刻本。

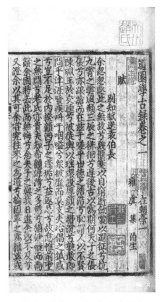

资料图片:《道园学古录》50卷,(元)虞集撰,明景泰七年(1456年)郑达刻本,10册,13行23字,黑口四周单边。卷末有清张金吾跋。

汲古阁刻《虞伯生诗》八卷、《补遗》一卷;翁方纲刻《虞文靖诗》十卷、《年谱》一卷;上虞罗振玉《雪窗丛刻》影印元刻《虞伯生诗续编》三卷。

---

① 见《中国通史·中古时代·元时期》第八卷。

② 《书目答问补正》:《书目答问》是张之洞于同治十三年(1874)任四川学政时,因"诸生好学者来问应读何书,书以何本为善",而"告语生童而设,非是著述"。此书共著录图书两千二百余种,设经、史、子、集、丛书五部,又分小类、子目若干,突破了传统的四部分类法。又于各书下注明卷数、作者、通行易得本等,间有简明按语,指示读书门径。

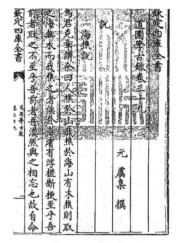

资料图片：《道园学古录》
《四库全书》本内页

《道园学古录》·五十卷（浙江巡抚采进本）

《四库全书总目提要》：元虞集撰。集有《平猺记》，已着录。

此集凡分四编，曰《在朝稿》，曰《应制稿》，曰《归田稿》，曰《方外稿》。其中诗稿又别名《芝亭永言》。

据金华黄溍《序》，以是集为集手自编定。然其《天藻诗序》云："友人临川李本伯宗辑旧诗，谓之《芝亭永言》。"又《赋谢李伯宗题》云："至元庚辰冬，临川李伯宗①、黄仲律来访山中，拾残稿二百余篇录之。"而《李序》又云："至正元年十有一月，闽宪韩公征先生文稿本，与先生幼子翁归及同门之友编辑之，得《在朝稿》二十卷、《应制稿》六卷、《归田稿》一十八卷、《方外稿》六卷。"所言与今本正相合。

又考《道园遗稿》前有至正己亥眉山杨椿②《序》，以为集季子翁归及其门人所编，与《李本序》合。盖集母杨氏为衡阳守杨文仲之女，杨椿即其外家③后人，其言自当无误，亦可证黄溍所云之不足据，是编为李所定无疑也。自元暨明，屡经刊雕。然皆从建本翻刻，亦间有参错不合。盖多出后人窜改，要当以元本为正矣。

文章至南宋之末，道学一派，侈谈心性；江湖一派，矫语山林，庸沓猥琐，古法荡然。理极数穷，无往不复。有元一代，作者云兴。大德、延佑以还，尤为极盛。而词坛宿老，要必以集为大宗。此录所收，虽不足尽集之著作，然菁华荟粹，已见大凡。迹其陶铸群材，不减庐陵之在北宋。明人夸诞，动云元无文者，其殆未之详检乎。

---

① 李伯宗：李本，字伯宗，荣（李荣）孙，从学于草庐（吴澄）。吴澄去世后，与从弟李栋继讲濂洛之学，就学者皆依之。

② 眉山杨椿：经查，1. 眉山杨椿（1094—1166），字元老，宋徽宗宣和六年省第一，第进士。宋高宗年间为参知政事。2. 元徐显《稗史集传》载："元代杨椿，字子寿，平江人也……至正丙申（1356），郡守将治兵，命有司藉民以守陴……兵夺门入，君犹持弓矢督民伍接战，遂死城下。"3. "平江"属"湖南岳阳"。故"至正乙亥（1359）"如后文所称虞集母亲家后人"杨椿"作序者，或有误，待考。

③ 外家：泛指母亲和妻子的娘家亲戚。

《道园类稿》·五十卷①

《道园类稿》编者为元沙剌班②，曾参与修纂辽、金、宋史。

沙剌班别名刘伯温（此非青田之刘文成公），早岁在国子监师从虞集。沙剌班后官大中大夫江西湖东道肃政廉访使，崇仁属其辖地，遂于至正五年（1345），以江西湖东道肃政廉访司的名义发牒文于抚州路总管府，令其编录虞集诗文，刻于儒学。傅增湘③先生以此即抚州路儒学刻本，但与国家图书馆藏至正五年抚州路儒学刻本之残帙相比较，除了欧阳玄④序文行款不同外，其余版式、字体亦只是基本相同。因疑此本为元末据至正五年抚州路本所复刻。此本卷前有至正六年欧阳玄序、至正五年五月江西湖东道肃政廉访司颁发抚州路总管府的牒文，内称：

"准本道廉访使太中牒……伏睹前翰林奎章学士资德大夫虞集，阀阅名家，久居禁近，以文章道德黼黻皇猷⑤，后韩子而继出者，士论有所归矣。其所著诗文若干卷，前福建闽海道廉访副使斡玉伦徒，已尝命有司锓梓。然字画差小，遗逸尚多。抚州路乃本官寓间之地，如蒙移文本路详加编录，大字刊行，岂惟可以为法后学，实足以彰国家制作之盛"。

由此可知，此前福建闽海道廉访副使斡玉伦徒曾编刻过，但字画过小，所收的文章亦缺漏甚多，故需重编。抚州路新编《道园类稿》五十卷弥补了前者的不足。

此元末翻刻抚州路儒学本，1935年傅增湘先生购得。傅增湘先生附纸跋称：

"此书余购自文德堂韩大头，缺第十七至二十，凡四卷。据北平馆藏元刻残

---

① 本小节文字引自《人民日报海外版》（2009年11月30日）陈红彦撰文"元刻雍虞先生道园类稿（善本掌故）"。

② 沙剌班：指张掖人唐兀氏沙剌班，汉名刘伯温，与时人常有诗文交谊。曾任帝师和奎章阁大学士。少年入国子监从虞集，后中进士，历任四川行省员外郎、西台御史，江浙行省郎中、江西、河南道廉访使、西台侍御史，甘肃行省参政，等。参考《元史》和《山居新语》。

③ 傅增湘：见"乐史"节。

④ 欧阳玄（1283—1358），字符功，号圭斋，祖籍尽行分宜县，湖南浏阳（今湖南浏阳）人，延佑二年（1315）取进士第三名；拜翰林直学士，编修四朝实录兼国子祭酒，后又召到中都商讨事务，升为侍讲学士兼国子祭酒。著有《太平经国》《至正条格》《经考大典》《元律》等史著多种，共达1120卷。参考《元史·列传·卷一百二》。

⑤ 黼黻皇猷：成语，拼音：fǔ fú huáng yóu。犹言辅佐朝廷。出自《淮南子·说林训》。

本照钞补完。各卷钤有濮阳李廷相书画记、梁清远①印、述之、梁允植②印、西村书隐、字奋修号牧夫、耿文光③印、星垣各印。顷见董授经所藏，纸墨视此为精，乃有蕉林梁氏④印。此刻极为罕秘，而昆仲聚于一门，亦足异矣。藏园记乙亥二月"。书的首册封面有清耿文光题识："道园类稿行本甚多，此本元刻元印，求之数年，始得以卅金购之，甚不惜也。"

此本刻工精良，笔致隽秀，字大行宽，爽心悦目，为元代刻书之精品。明代曾为李廷相⑤双桧堂藏品，清代先后为梁清远、梁允植、耿文光等收藏，后归傅氏双鉴楼⑥，解放后捐献给北京图书馆（今国家图书馆）。《国家珍贵古籍名录》第一批收入，名录号 01176。

资料图片：《道园类稿》元抚州路儒学刊本

《道园类稿》50 卷，刊刻于《道园学古录》之后。至正六年（1346），当时任职于江西湖东道肃政廉访使的虞集门人刘沙剌班，以所流传的《道园学古录》"字画差小、遗逸尚多"为由，责成临川郡学重新刊印，将《道园学古录》中的在朝稿、应制录、归田稿三部分中的篇目混合，按碑、铭、序记、题跋、应制等文体重新分卷，而删除方外稿，总成 50 卷，是为《道园类稿》。欧阳玄为其作了序。

尽管删除了《道园学古录》方外稿，但《道园类稿》按类编次，分类清晰，在篇目安排上优于《道园学古录》。从史料内容上，《道园类稿》总共 1300 多篇诗文中，《道园学古录》所未收的多达 443 篇，其中重要的碑铭、序

---

① 梁清远（1606—1683），字迹之，号瓁冠道人，京师真定府真定县（今石家庄市正定县）人，进士出身。任户部右侍郎督理钱法局，同年改吏部左侍郎，撰《雕丘杂录》，另有《祓园集》。参见《广清碑传集·卷二》。

② 梁允植（生卒年不详），字承笃，号冶湄。正定人。拔贡生。康熙初年官延平知府。著有《藤坞诗集》，有《趵突泉》诗。参见《济南泉水志·人物志·补录》。

③ 耿文光（1830—1908），字星垣，号酉山，别号苏溪渔隐。山西灵石县苏溪村人。藏书家、目录学家，同治元年举人。他编著的《万卷精华楼藏书丛记》，为继《四库全书总目提要》之后第一部大型综合性提要式书目。参见李玉安、黄正雨《中国藏书家通典》。

④ 蕉林书屋：始建于 1667 年，是清光禄大夫保和殿大学士、书画收藏家、鉴赏家梁清标在正定的一处收藏、读书之所，位于河北省正定县梁氏宗祠北约 100 米处，当时应属梁府的一部分。为四合院式，占地 1040m², 现存建筑面积 230m²。参见《正定梁氏家族古建筑》。

⑤ 李廷相（1485—1544），字梦弼。河南濮州（今河南濮阳）人。明弘治十五年（1502）榜进士第三。授翰林院编修。官至户部尚书。著有《南铨稿》。参考李玉安、黄正雨《中国藏书家通典》。

⑥ 双鉴楼：编者藏书室名。其《双鉴楼丛书》是清代傅增湘编辑的汇编丛书。

记、题跋等文字达 164 篇,台湾学者刘元珠①曾作过专门的论述。《道园类稿》和《道园学古录》相辅相成、并存不废。

《道园类稿》自元至正六年初刊以来,即属罕见的古籍。在重刊的次数和流通方面都不及《道园学古录》。清乾隆间敕修《四库全书》时,《道园类稿》虽经地方官进呈,但却未被采用。现存版本有元抚州路儒学本,北京图书馆馆藏,不全,卷十七至二十配清抄本。南京图书馆馆藏 16 册清抄本附,补遗一卷陈琦、李昌隆、黎久序。台湾中央图书馆有明初复刊元抚州路儒学刊本,现收入台湾新文丰出版公司刊印《元人文集珍本丛刊》第五、六辑中。②

明杨寓《文渊阁书目》着录:
虞伯生《道园类藁》一部十一册(塾本六册)。

清姚际恒《好古堂书目》着录:
元虞集《道园类稿》元板,(缺二)十四本。

《道园遗稿》·六卷(江西巡抚采进本)
《四库全书总目提要》:元虞集撰。其从孙堪编。盖以补《道园学古录》之遗也。

凡古律诗七百四十一首,附以乐府,刻于至正十四年。考裒③录集之遗文者,别有《道园类稿》。以校此编,《类稿》所已载者仅百余篇,《类稿》所未载者尚五百余篇。

集著虽富,而散佚亦多。当李本编《学古录》时,已有泰山一豪芒④之叹,则云烟变灭者不知凡几。堪续加搜访,辑缀成编,纵未能片楮不遗,要其名篇隽制,挂漏者亦已少矣。集中《题花鸟图》一首,《元诗体要》作揭傒斯诗。今观其格意,于揭为近。或堪一时误收,亦未可知。然《元音》及《乾坤清气集》均载是诗,又题集作。此当从互见之例,疑以传疑,不足以为是书病也。

清莫友芝撰《郘亭知见传本书目》着录:

---

① 刘元珠:现为美国卫斯理大学东亚系教授。
② 以上三段根据现代学者罗鹭"虞集《道园类稿》版本新考"、邓锡斌"虞集著述考"等文章整理而成。
③ 裒:聚集;减少。或增、减。
④ 豪芒:意思是毫毛的尖端、笔锋。比喻极微小的一部分。

《雍虞先生道园类稿》五十卷。

张金吾有明抄本。所载诗文,多有出《学古录》外者。钱氏《补元史艺文志》载《类稿》不著卷数,或未见其书。末有"门人吴彤编类,门生重喜、胡式点对,临川袁明重、戈直重校"三行。元至正五年,临郡学刊大字本。后《遗稿》条下,亦及《类稿》,未知即此编否?《存目》亦无之。

《道园遗藁》六卷·金伯祥刻本

《道园遗藁》六卷(元)虞集撰,元至正十四年金伯祥刻本,明人墨笔批注,傅增湘跋。

框高 18 厘米,宽 11.5 厘米。每半叶十一行,行二十字,黑口,左右双边。

此本为虞堪①编辑后的初刻本。刊者金伯祥名天瑞,以字行。元至正间吴江。除刻有此书外,至正二十四年尚刻有《鸣鹤余音》一卷。书中字迹为伯祥子镠所书,风格婉秀,为仿赵松雪②之体。

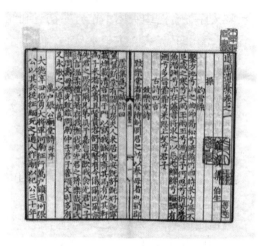

资料图片:《道园遗藁》元金伯祥刻本内页

此本现存世者极少。傅增湘称其"顾傅本无多,近代藏书家目惟钱塘丁氏、湖州陆氏有之,德化李椒微(盛铎)师亦藏有两帙,此外不多观焉"。此即李盛铎③所藏本也。在李盛铎之前,此本还尝经王闻远、金檀等名家递藏。

书中钤有"木犀轩藏书""李盛铎印"外,还钤有"王闻远印""声弘""莲泾""太原叔子藏书记""金星轺藏书记""文瑞楼""结社溪山"等印记可证。此外,据傅增湘跋文可知。傅氏还尝于民国初年亲自向李盛铎借校过此本。故此本具有较高的古籍文物价值。此刻本现藏北京大学图书馆。④

---

① 虞堪:虞集孙。见"虞堪"条。

② 赵松雪:指赵孟頫,号松雪道人。

③ 李盛铎(1859—1934),字义樵,又字椒微。号木斋,晚号麐嘉居士。江西省德化县(今九江市)东乡谭家畈人。官至山西布政司、陕西巡抚。中国近代最负盛名的藏书家。又是校勘家、版本家、目录学家,对所藏善本,皆逐一批订,著有《椰轩藏书题证及书录》,编有十多种版本的藏书目录、藏书人表。参考李玉安、黄正雨《中国藏书家通典》。

④ 以上为北京大学图书馆古籍所资料。

考历来各书收录《道园遗稿》,大多着录为六卷,如《千顷堂书目》《善本书室藏书志》《八千卷楼书目》《铁琴铜剑楼藏书目录》《皕宋楼藏书志》等。但也有收录为其他卷数的,如《百川书志》言五卷,《续通志》《续文献通考》《补辽金元艺文志》言十六卷。然杨椿[1]序言说明了虞堪所辑遗稿,"分类编次为六卷,附以乐府,题曰《道园遗稿》"。

书前有元至正二十年金华黄溍序、至正十九年眉山杨椿序,序后为《道园遗稿纲目》,言每卷之内容,类似目录,卷一为古诗四言、古诗五言,卷二为古诗七言、律诗五言,卷三为律诗七言,卷四为绝句五言,卷五为绝句七言,卷六为乐府附《鸣鹤余音》。其中卷五后有元至正十四年虞堪识语。

此本《道园遗稿》在成书后不久,原版就在短短几年间大量亡缺。

至正二十三年(1363),翰林院侍讲刘玄《补刊道园续稿序后》云,金伯祥刊本"岁久版多亡缺,存者仅三之一,模糊间出"。金伯祥初刻本有至正二十年黄溍序,因此初刻本的刊刻时间当在至正二十年至二十三年之间。但是何原因造成了存版的大量亡缺,至今仍未有定论。

陆守道早年曾从虞堪伯胜游,以其师之故,"方图补刊而易其模糊者"。守道殁,二子继而续成之。陆守道补刊本编次一切悉依原刊,只是各卷书题和黄、杨二序中凡称"遗稿"者,俱改为《续稿》。惜补刊本《道园续稿》未见收录,唯有以补刊本为底本的影元抄本存于世。

元金伯祥刻本之书叶钤有"王闻远印""木犀轩藏书""李盛铎印""声弘""莲泾""金星轺藏书记""文瑞楼""结社溪山""太原叔子藏书记"等印。卷端有傅增湘题记,载民国二年自己在李盛铎师处见到此本,并请借校,文物文献价值可见一斑。今据此本整理,重印行世。[2]

《虞文靖公道圆全集》·六十卷

《虞文靖公道圆全集》六十卷,道光十七年秋八月蜀郫孙锓墅史校刊,清光绪间古棠书屋刊本。

清莫友芝撰《郘亭知见传本书目》着录:
《道园遗稿》十六卷元虞集传。

---

① 杨椿:是虞集娘舅家后人。这里提到的"杨椿"亦是眉山人,是误或是另有其人,待考。见前面脚注。
② 以上部分为《巴蜀全书.道园遗稿提要》资料(列"北京大学图书馆古籍所资料"后)。

韩小亭有旧抄本。边袖石亦有之。

元刊《道园遗稿》六卷,张金吾藏本。缺《序》《目》,一、二两卷抄补。至正己亥杨椿《序》谓:

"近于士友间见公诗文集,其所得凡七百余篇,皆板行二集所无。分类编次为六卷,附以《乐府》。"而堪《识语》云:"蒐猎累年,始得诗章七百余首。类叙成编,以备观览。而金君伯祥,必用寿诸梓,以广其传。命其子缪书以入刊。外有杂文诸赋,尚有俟于他日。"

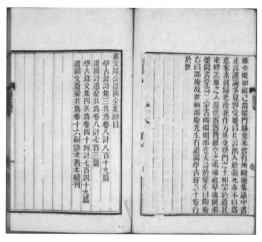

资料图片:《虞文靖公道圆全集》清道光鹅溪孙氏古棠书屋刊本内页

黄溍《序》亦谓堪"积累得古律诗七百四十一篇",是此集有诗无文。椿《序》兼言文者,或衍一字也。堪《识》署至正十四年五月,盖即刊板之年,二《序》又后数年。

资料图片:《道园集》武垣左仰喆①崇仁官署重刊本,清康熙49年(1710)

《道园集》(江苏巡抚采进本)

元虞集撰。集有《平猺记》,已着录。

此集不列卷数,惟分八册。前七册题曰《道园学古录》,后一册题曰《类稿选》。然前七册非《学古录》之全本,后一册亦非《类稿》之全本。盖坊刻摘录,疏漏实多。且每册之首皆题曰"崇仁虞集"。考集虽寓居崇仁,而

① 武垣左印喆:左印喆,直隶河间人,清康熙四十三年(1704)任崇仁知县。武垣,西汉时期一地名(今在河北肃宁县城东南7.8公里)。历属河间郡后河间国所辖。

其平生诗文皆自称蜀人,不当以侨寓之地改其祖贯。此必抚州书贾①所为,欲引集以重其乡土,不足据也。

《虞道园集》·四册

明代(崇祯年间)永怀堂评选本,吴门周交甫受梓。四册全。是书:自然旧,有轻微虫蛀,精修。存世较少。此书坊间罕见。

《平猺记》·一卷(浙江吴玉墀家藏本)

《四库全书总目提要》:元虞集撰。集字伯生,号道园,崇仁人,仕至翰林直学士,兼国子祭酒,事迹具《元史》本传。

元统二年冬,猺寇②贺州、富州,至元元年(1335),广西宣尉使章伯颜③讨平之。集为记其始末。后有旧《跋》云:此纪章伯颜平粤西猺洞事迹,备国史之采也。而同事出师之人,不记其姓名,及上功于朝之诸臣名,以某某概之,失史家法矣。今核其文体,乃勒石④纪功之作,非勒为一书上之于史馆者。

资料图片:《虞道园集》
明代永怀堂评选

故所存之稿皆阙其名姓以待填。犹之唐、宋文集,书首称年月日某再拜,墓志之末称某年月日葬公于某原例耳。遽以有乖史法诋之,非也。

《杜律注》·二卷(内府藏本)

《四库全书总目提要》:旧本题元虞集撰。集有《平猺记》,已着录。

是编所注杜诗,凡七言近体一百四十九首。卷首《杨士奇序》,称其解《题桃树》一篇,了然于仁民爱物之旨,深得杜意,必伯生所为。然欧阳玄撰集墓碑,不

---

① 书贾:贾,商人。书贾,就是给作家出书卖书的商家。
② 猺寇:元朝时期大多使用带有歧视性的"猺"来指代瑶族,有关"猺党""猺寇""猺贼""猺乱""叛猺"的文献记载层出不穷。参考雷文彪论文《瑶族族群边界与身份认同》。
③ 章伯颜(? —1356),汝宁人,明威将军、镇守抚州万户府万户,历任镇国上将军、广西左右两江道宣慰司都元帅,以讨徭、獠有功,升湖广行省左丞。致仕后,居抚州。受江州守道童邀请,参与元军与元末义军对垒的江州保卫战,不久病逝。参考虞集《广西都元帅章公平猺记》。
④ 勒石:刻字于石。亦指立碑。

209

资料图片：《杜律注》
明成化七年（1471）朝鲜
刻本

载其有此书。观其词意，亦皆浅近。考元赵汸①学诗于集，而所注杜诗乃无一语及其师。董文玉为《赵注》作序，亦疑虞注之非真，然不云实出谁手。

案曹安《谰言长语》②，称元进士临川张伯成著《杜诗演义》，曾昂夫作传有此名，又有刊版，惜其少传，往往误以为虞伯生。李东阳③《怀麓堂诗话》亦云："徐竹轩以道尝谓予曰：'《杜律》非虞伯生注。宣德初已有刊本，乃张姓某人注，渠所亲见。'"合二家之言观之，则此注实出张伯成手，特后人假集之名以行耳。

王士禛《池北偶谈》谓伯成名性，江西金溪人，尝注《尚书补传》。吴伯庆有挽诗云："笺疏定令传杜律，志铭谁与继唐碑。"此尤可为明征也。

亦名《杜律虞注》。

《经世大典》·八百八十卷·目录十二卷

又名《皇朝经世大典》《元经世大典》，政书类史书。

是书为元代官修政书，赵世延④为总裁，虞集为副总裁。赵世延辞归后，虞集总裁其事。于文宗天历三年（1330）二月开局纂修，至至顺二年五月纂修完毕。

全书分帝号⑤、帝训⑥、帝制⑦、帝系⑧、治典、赋典、礼典、政典、宪典、工典⑨十

---

① 赵汸（1319—1369），字子常，休宁（今安徽省黄山市休宁县）人。师事黄泽。隐居著述，作东山精舍以奉母。洪武二年（1369）召修元史。不愿出仕，未几，卒。学者称东山先生。著有《东山存稿》七卷、《周易文诠》四卷等。参考《元史·列传》卷一百二十六。

② 《谰言长语》是明代曹安编著的杂著。曹安名其书《自序》道："谰言者，逸言也；长语者，剩语也。"

③ 李东阳（1447—1516），字宾之，号西涯。祖籍湖广茶陵（今湖南茶陵），因家族世代为行伍出身，入京师戍守，属金吾左卫籍。官至明朝内阁首辅。著有《怀麓堂稿》《怀麓堂诗话》《燕对录》等。《明史·卷一百八一·列传第六十九·李东阳》。

④ 赵世延（1260—1336），元朝鲁国公，四川成都人，雍古族（又名永古特族）。官集贤大学士、奎章阁大学士、中书平章政事等职，至顺元年（1330）二月，文宗令赵世延与国史院编修官虞集等人仿唐宋会要体例纂修皇朝经世大典。书成即上书请退。

⑤ 帝号：是中国古代政权最高统治者的称号。另外包括谥号、庙号、年号和尊号也属于帝号。

⑥ 帝训：多指皇室家训。

⑦ 帝制：就是君主制政体，以一人终身担任国家元首，并且国家元首通过家族世袭等方式进行更替的政体形式。

⑧ 帝系：亦指称"玉牒"；中国历代皇族族谱，分帝系，支系等。

⑨ 工典：《经世大典》，其中工典分为二十二项，一半以上同建筑有关。

门,其中六典各系子目。前四门由蒙古局修撰,不是全书重点,后六门尤为重要,发起凡例,也是虞集与欧阳玄出力最多。虞集除总裁之事外,专修《治典》。

是书仿《唐六典》[①]《宋会要》[②]体例,尽取元政府机构档案资料,对元代职官、赋役、宗教、军事、刑法、造作等无不详载,史料价值极高。

明初修《元史》,其中《志》《表》《列传》部分,多据此书。

明黄虞稷《千顷堂书目》[③]着录:

《经世大典》八百八十卷,《目录》十二卷,《公牍》一卷,《纂修通议》一卷。天历二年命赵世延,虞集等修。

《鸣鹤余音》·一卷

《鸣鹤余音》·一卷,元虞集撰。由《中华书局》《商务印书馆》列入《丛书集成》,据函海本排印(文学类)第 2658 册。

按:《鸣鹤余音》九卷,为元彭致中所撰(见"彭致中"节),虞集序之。虞集孙虞堪友人吴江(今苏州)金伯祥父子为之刊刻《道园遗稿》,附以《鸣鹤余音》乐府一卷,金伯祥于至正二十四年有《鸣鹤余音》一卷刻本。据此,虞集所撰《鸣鹤余音》一卷或是"《鸣鹤余音》乐府"一卷(待考)。

清李调元《函海》[④]着录:

《鸣鹤余音》一卷,附冯尊师二十首,元虞集撰。

清彭元瑞撰《知圣道斋书目》[⑤]着录:

《鸣鹤余音》(虞集)。

---

① 《唐六典》:全称《大唐六典》,是唐玄宗时官修,旧题唐玄宗撰、李林甫等注,实为张说、张九龄等人编纂的行政性质法典。是我国现有的最早的一部行政法典。成书于开元二十六年(738),是现存最早的一部会典,所载官制源流自唐初至开元止。六典之名出自周礼,原指治典、教典、礼典、政典、刑典、事典,后世设六部即本于此。

② 《宋会要》:共 500 卷,宋代特设"会要所"修撰《会要》,《宋会要》就是由宋朝本朝史官编写的。"会要"是当朝史官收集当时诏书奏章原文,分类排,史料价值很高,先后修纂十次,成书 2200 卷余。

③ 《千顷堂书目》:见"陈元晋"节。

④ 《函海》:是清代李调元编辑刊印的综合性丛书,共三十集。全书共收一百五十种书。

⑤ 《知圣道斋书目》:原名《知圣道斋读书跋尾》,在清嘉庆本中,附于《恩馀堂经进稿》之后。清末章寿康重刻编入《式训堂丛书》,改名《知圣道斋读书跋》。上卷所论是经史书籍,下卷所论是子集书籍,各有五十余种,大都是重要书籍。

《道园乐府》·一卷

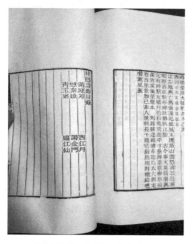

资料图片:《道园乐府》《彊村丛书·道园乐府》一册;80 年代木刻重刷本。

清朱孝臧辑《彊村丛书①·元词别集》着录:

《道园乐府》一卷,《鸣鹤余音》一卷,元·虞集。吴伯宛据《道园学古录》本,《鸣鹤余音》遗稿辑本。

吴昌绶辑、陶湘续辑《景刊宋金元明本词四十种》②着录:

元本《道园乐府》一卷,元虞集撰。

《古字便览》·一卷

书体,元·虞集著;有明万历年刊《格致丛书》本。

《就日录》

明杨寓③《文渊阁书目》著录:

虞伯生文一部八册(阙),虞伯生文一部六册(阙)。

清曹溶辑《学海类编》着录:

《就日录》一卷,元虞集撰。

《虞文靖诗集》·八卷

曹寅《栋亭书目》收录:

《虞文靖诗集》元道园虞集著八卷·二册。

---

① 《彊村丛书》:为词总集,由清朱孝臧(号彊村)辑。全书共四十册,收唐五代宋金元词总集五种,唐宋金元词别集约一百六十八家。此为民国十一年归安朱氏刊本,以网罗稀见善本为主,每种都注明版本来源,并加以校订,纠正或补充了原本错误及不足之处。凡过去已有较好刻本的,即不再收。

② 《景刊宋金元明本词》:作者吴昌绶。本书是对吴刻十七种和陶刻二十三,共四十种书所作的叙录,详细记录了词集的版本、流传、历代题跋、刊刻情况,是高水平的词集目录题解。

③ 杨寓:杨士奇本名。

《虞伯生诗续编》·三卷（浙江范懋柱家天一阁藏本）

元虞集撰。

仅诗九十余首。目录末有《至元后庚辰刘氏日新堂识语》一则，称是集"乃学士晚年所作，尤为得意，敬刻与骚坛共之"云云。考至元后庚辰者，顺帝之至元六年也。是年集年六十九岁，李本访集山中，编其诗文为《学古录》者，即是冬之事。本所为序则在明年辛巳之十二月。是《学古录》尚未出，不识何以有续编之目。中间题目字名，亦往往舛讹。此必当时坊贾以集负重名，故掇拾其诗数十篇，梓以射利之本耳。

《虞伯生文》

明杨寓《文渊阁书目》着录：

虞伯生文一部八册（阙），虞伯生文一部六册（阙）。

《居山稿》

元杨士弘[①]编，是集不见于诸家书目著录。卷数不详，已佚。

《道园天藻小稿·序》（《道园类稿》卷一八）云："近日，襄城杨士弘伯谦，雅好吟诵，有得于魏晋至唐词人体制音律之善，取盛唐合作，录为《唐音》。猥以鄙作偶与似之者，得百十篇，谓之《居山稿》。"

按：《唐音》卷首杨士弘自序作于后至元四年（1338），为虞集编《居山稿》当在此时。

《道园天藻小稿》

元黄思谦[②]编。是集早佚，卷数不详；诸家书目皆未著录，惟有序（《道园类稿》卷一八）云：

"此外枯槁寂寞，词不逮意，无所取裁，瓦砾坚确，了无余润，采荼新樗，不以苦恶弃之云耳，则清江黄思谦志高之所掇拾也，谓之《道园天藻小稿》。道园者，昔从吴兴赵文敏公于集贤，赵公临池之际，顾谓仆曰'人皆求予书，子独不求吾书，何也？'对曰：'不敢请耳！固亦欲之。'因曰'养亲东南，无躬耕之土，及来京

---

① 杨士弘，元朝人，字伯谦。许昌襄城（今属河南）人，寓临江（今属江西）。好学能文，尤工诗，著有《览池春草集》（已佚）。

② 黄思谦：清江人，其他资料待考。

师，僦隙宇以自容。尝读《黄庭坚》，有曰："寸田尺宅可治生。"是则我固有之，其可为也。又曰："恬淡无欲道之园"遂可居有哉?'赵公为书'道园'两古篆，自是有'道园'之名。后常治斯田园以居安宅，神明粹精，生息流动，无物我彼此之间，不能喻之于言，予题其宇曰'天藻'。"

《芝亭永言》·一部一册（一名《芝亭永言集》）

杨寓《文渊阁书目》着录《芝亭永言集》一部一册，阙。

是书门人李本①、赵宗德②编。《道园天藻小稿·序》（《道园类稿》卷一八）云："临川李本伯宗、洤③赵宗德伯高讲习余暇，稍集旧诗，谓之《芝亭永言》"。此书为分体编排，依次为古诗四言、五言、七言，律诗五言、七言，绝句五言、六言、七言等八类，共 776 首。

刘奉文、王春伟④撰《〈道园学古录〉成书及元明刻本考》认为：

在《学古录》结集之前，虞集的诗文有过四次整理，形成了《芝亭永言》《居山稿》《道园天藻小稿》三个集子，为编纂《学古录》打下了良好基础。

《渔樵问对》

元易升⑤辑。是书为虞集与表兄陈德仁唱和诗。卷数不详，已佚。

虞集在《渔樵问对·序》中记：

"元统癸酉(1333)十月，集自禁林告老而归，中表父兄岿然独存者，唯吾溪山翁一人而已。闲居食贫，无以为乐，恬憺之极，赋诗以为娱。友人易涛命其子升辑而录之，数年之间，不觉成帙。翁之子宗蕃请题以名，集曰'翁之世大父安抚公钓游之所曰"渔墅"，而集之故乡人有识之者曰"此青城山中樵者也"，宜题曰《渔樵问对》。'至元庚辰(1340)四月十五日，虞集叙"。

按：溪山翁即陈德仁。

---

① 李本，字伯宗。李荣孙。元抚州临川人，从学于吴澄。澄殁，与从弟李栋继讲濂洛之学。就学者皆依之。

② 赵宗德：资料待考。

③ 洤：洤，音 yì；洤水，古河名，在湖北省。

④ 刘奉文、王春伟：东北师范大学图书馆特藏部东北师范大学古籍整理研究所学者。

⑤ 易升：字至善。其他资料待考。

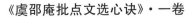

《虞邵庵批点文选心诀》·一卷

此书编辑者姓氏不详,明嘉靖间高儒①《百川书志》著录。

此书现存最早版本是明刻本,国家图书馆和上海图书馆有藏。

又有日本文化元年(1804)刻《昌平丛书》本,系据明刻本翻刻。卷末有弘治三年(1490)湖广巡抚郑时跋,称"是集并李性学文评百许条,并梓行于世。盖亦年久,字颇漫灭,至不可句读,湖臬俞副宪仲才见而惜之,以为学者所弗便,亟重梓以行"。

据罗国威②撰《文选研究文献辑刊》序(附目录及书影)文载:

元代的文选学著作,只印了三种(那些续补《文选》之著述,不在选例)。一为虞集《文选心诀》一卷。虞集字伯生,通六艺,工文章,曾奉命修纂《经世大典》。二为刘履……

目录中题:"文选心诀一卷(宋)虞集撰日本文化元年(1804)刻《昌平丛书》本"。

《虞侍书诗法》

见于明正统间史潜所刊《新编名贤诗法》卷下,题《虞侍书诗法》,在成化年间怀悦诗法汇编《诗家一指》及杨成本《诗法》中,题《诗法一指》,其后诸家刊本,大多属于杨成本系。

怀悦本和杨成本大体相同,惟史潜本为另一版本,此本包括小序、三造、十科、四则、二十四品、道统、诗遇等七部分。其中之二十四品,阙八品,与司空图《二十四诗品》文字基本相同。此本渊源甚早,最接近原貌,极可能传自元代。

《翰林珠玉》·六卷(资料暂缺)

《道园学古录诗集》(资料暂缺)

《虞文靖公诗集》(资料暂缺)

---

① 高儒,字崇文,高询之子,徽县人。以乡贡授豹韬卫经历,改怀来卫。廉谨勤事,九年升山西石州同知。
② 罗国威(1944—),四川洪雅人。研究生毕业,获硕士学位。中国文选学研究会理事,四川大学文学与新闻学院中国古典文献学博士生导师。

（元）虞 槃

一、人物简介

虞槃[①]（1274—1327），字仲常，一字德常，又字叔当，号贞白，文靖公（虞集）之弟，长安乡二都（今石庄乡）人，曾与兄虞集一起拜吴澄为师，潜心理学，是"草庐学派"重要弟子之一。

延佑五年戊午（1318）进士，授吉安县丞转永丰县丞。曾任湘广行省龙阳州儒学正，全州清湘书院山长，辰州路儒学教授。丁父忧，期满服除；于泰定元年（1324），迁湘乡州判官。四年，任嘉鱼县尹，任命下时仲常已卒，年五十四[②]。

《道园学古录·亡弟嘉鱼大夫仲常墓志铭》记载：

虞槃"每与吴公（吴澄）论其学，必为所许可，读吴公所著经说，他人或未足尽知之，而仲常辄得其旨趣。"

早岁与兄虞集同辟书舍为二室，左室书陶渊明[③]诗于壁，题曰陶庵，右室书邵尧夫[④]诗，题曰邵庵，故世称虞集为邵庵先生，虞槃为陶庵先生。

虞槃崇尚理学，为官清正廉明，执法公正不阿。他担任湘乡州判官期间，有某富绅杀人，以门下奴仆交出替罪，而衙门内上下官员皆默从，独虞槃不允，坚持

---

① 虞槃：人物简介参考欧阳玄《新元史·卷二百六·列传第一百三》、清道光、同治等版《崇仁县志·人物志》、康芬、龙晨红《江西历代著作考》等。

② 年五十四：此康芬、龙晨红《江西历代著作考》所载与宋濂、王玮《元史·卷一百八十一·列传·第六十八·虞集传（附弟盘）》中载"……然不幸年不及艾而卒"相左。

③ 陶渊明（352 或 365—427），名潜，字渊明，又字符亮，自号"五柳先生"，曾任江州祭酒、建威参军等职，最末一次出仕为彭泽县令，八十多天便弃职而去，从此归隐田园。他是中国第一位田园诗人，被称为"古今隐逸诗人之宗"，有《陶渊明集》。参考《南史·陶渊明传》。

④ 邵雍（1011—1077），字尧夫，自号安乐先生、伊川翁，后人称百源先生。北宋哲学家、易学家，有内圣外王之誉。谥号康节，著有《观物篇》《先天图》《伊川击壤集》《皇极经世》等。参考《宋史·卷四二七·列传第一八六》。

依法治元凶,使杀人者未能免死,替罪者得不受冤。

又有巫术师来到虞槃治理的辖区内,造谣惑众,自称代表神灵下界限,每次当他对人说,某地将发生火灾,果然应验。群众疑虑害怕而报官,虞槃即带人去救,甚至一昼夜之间,接获报告数十起,弄得寝食不安,民心惶惶,连县衙内长史以下的公职人员也信以为真,纷纷迎巫术师至家,厚礼相待,祈求神灵保佑。巫术师更是大胆造谣将有大水灾和兵祸降临该州。大家听信谣言,都打算全家迁逃。虞槃得劫火卒一人,讯之,尽得巫党所为,坐捕盗司。召巫至,鞫①之,无敢施鞭棰者,虞槃谓卒曰:"此将为大乱,安有神乎!"急治之,捕获纵火犯及其党羽数十名,罗络内外,果将为变者。同僚皆不敢出视,虞槃为了揭穿巫术师骗人伎俩,曰:"君自为之。"槃用断巫并其党如法,并坚决依法惩治,妖言自息。一时吏民始服儒者为政若此。全县官民感佩、诚服虞槃执政果断严明。

虞槃《诗》《书》《春秋》皆有论著,而《春秋》乃其家学,故尤善。读吴澄所解诸经义,辄得其旨趣所在,澄亟称之。

兄集接方外士②,必扣击③其说,"尝以为圣人之教不明,为学者无所底止④,苟于吾道异端疑似之间不能深知,而欲窃究夫性命原、死生之故,其不折而归之者寡矣。"⑤盘不然,闻诸僧在坐,辄不入竟去,其为人方正有如此,集虽兄亦惮⑥之。

北京师范大学古籍研究所教授李军所撰《蜀士多才俊,文章萃东南——元代流寓江南蜀籍文学家论略》一文考虞槃传世文章仅两篇。

二、著作名录

《非〈非国语〉》·三卷

《虞仲常集》·卷数不详

《尚书论》·卷数不详

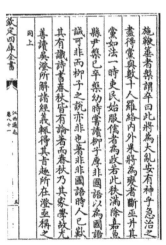

资料图片:《江西通志·抚州府》载虞槃逸事

---

① 鞫:作动词时指审问犯人。

② 外士:僧人、道士追求"跳出三界外,不在红尘中"的境界,自称是方外人士。

③ 扣击:指相互问难,敲击,打动。

④ 无所底止:成语,处于变动之中,没完没了。指没有止境。

⑤ 见《元史·列传·虞集·卷六十八》。

⑥ 惮:原意怕,畏惧之意。

《春秋论》·卷数不详

《诗论》·卷数不详

三、著作简介

《非〈非国语〉》·三卷

《国语》又名《春秋外传》，是先秦时期的一部国别体①历史著作。

相传为左丘明所作，全书二十一篇，以记言为主，按周、鲁、齐、晋、郑、楚、吴、越的体例，分别记载了自西周穆王到战国初期的史事和言论。

柳宗元②作为古文运动的领袖之一，主张"文者以明道"③。这个"道"，就是儒家五经的本义。然而，《国语》所记之事，所论之义，不尽与"道"合，并且其广博深邃的意趣可能使人沉溺其中。所以，柳宗元对《国语》中不合于"道"的某些记述进行了批驳，以防谬论流传。指出作者：

"常欲立言垂文，则恐而不敢。今动作悖谬④，以为僇于世，身编夷人⑤，名列囚籍⑥，以道之穷也，而施乎事者无日。故乃挽引，强为小书，以志乎中之所得焉。尝读《国语》，病其文胜而言，好诡以反伦。其道舛逆⑦，而学者以其文也，咸嗜悦焉。伏膺呻吟者。至比六经，则溺其文必信其实，是圣人之道翳也。余勇不自制，以当后世之讪怒，辄乃黜其不臧⑧，救世之谬，凡为六十七篇，命之曰《非国语》。"⑨

虞槃幼时尝读柳子厚⑩《非国语》，以为《国语》诚可非，而柳子之说亦非也，着《非非国语》，时人皆叹服其有见识，亦有胆识。

---

① 国别体：是一种以国家为单位，分别记叙国家历史事件的史书体例。《国语》是中国第一部国别史记，是一部分国记事的历史散文，起自西周穆王，讫于战国初年的鲁悼公。

② 柳宗元（773—819），字子厚，河东（现山西运城永济一带）人，唐宋八大家之一，唐代文学家、哲学家、散文家和思想家世称"柳河东""河东先生"，有《永州八记》《柳宗元集》《河东先生集》，代表作有《溪居》《江雪》《渔翁》。参见《旧唐书·柳宗元传》。

③ 文者以明道：见柳宗元《答韦中立论师道书》。

④ 悖缪：不合道理。背理荒缪。词出自《荀子·强国》。

⑤ 夷人：指少数民族或其他民族的人。引申为对外国人的泛称。

⑥ 囚籍：指登记囚犯的名册。

⑦ 舛逆：音 chuǎn nì；颠倒；悖逆之意。

⑧ 黜其不臧：黜，除、去掉，排斥。臧，善，好。

⑨ 本段见柳宗元《与吕道州温论非书》。

⑩ 柳子厚：指柳宗元，柳宗元字子厚。

黄瑜①《双槐岁钞·卷六·非非国语》:"宋刘章尝魁天下,有文名,病②王充③作《刺孟》、柳子厚作《非国语》,乃作《刺刺孟》《非非国语》。江端礼④亦作《非非国语》,……元虞槃亦有《非非国语》,是《非非国语》有三书也。"

明黄虞稷编撰《千顷堂书目》着录:
虞槃《非〈非国语〉》。

《虞仲常集》

虞槃所学异趣,其文多有特见,矫变不群,尤服膺吴澄所解诸经;吴澄亦亟称之。

《诗论》(资料暂缺)
《尚书论》(资料暂缺)
《春秋论》(资料暂缺)

---

① 黄瑜:字廷美,自称双槐老人,香山(今属广东)人,生卒年不详。约明孝宗成化中前后(1470年前后)在世,景泰七年(1456)举人。官惠州府长乐县知县。政绩颇佳,百姓也颇拥戴他。但他性情则刚直不阿,与上级关系处得不好,屡次得不到升迁,作了十五年知县后弃官不做,回到广州会城。参考《中山市名人录》。
② 病:此处意为责备;不满。
③ 王充(27—约97),字仲任,会稽上虞(今浙江绍兴上虞)人。东汉思想家、文学批评家。著述有《讥俗》《政务》《养性》,代表作品《论衡》。参考《后汉书·卷四十九·列传第三十九》。
④ 江端礼(1060—1097),宋开封陈留人,字子和,一字季恭。江休复孙。少游太学,学诗律于黄庭坚,又从徐积受学。尝驳柳宗元《非国语》,成《非非国语》,为苏轼所称许。参考《词典》。

（元）周昂宵

一、人物简介

周昂宵①（约 1340 年前后在世，生卒年不详），字翀之②，崇仁乡五十一都（今属相山镇）人。

至元间充"濂溪书院"③山长，工于声律④，著《栖筜⑤集》，吴草庐以《周栖筜诗集序》叙之。

二、著作名录

《栖筜集》（卷数不详，又名《楼筜集》）

三、著作简介

《栖筜集》

昂宵与同邑吴澄相友善，往复论辩甚多；尤工于声律。吴澄作集序，称其"行检端严，诗独隽雅。"集名亦吴澄所取也。

吴澄撰《周栖筜诗集序》⑥

世有"学术贯千载，文章妙一世。"而诗语或不似者，唐宋六七百年间，有学有

---

① 周昂宵：人物简介参考清道光、同治各版《崇仁县志·人物志》。
② 翀之：因读音相同，亦作"冲之"，疑误。
③ 濂溪书院：国内濂溪书院分别在江西九江（宋建）、赣州（宋建）和湖南汝城（宋建）、邵阳（明建）四座。除邵阳外，皆创于宋，周昂宵所任山长的是其中哪一座，待考。
④ 声律：指诗、词、歌、赋的声调和格律。
⑤ 筜：竹子的青皮，代指竹子。
⑥ 见《吴文正公集》卷二十二。

文而又能诗,不过四五人而已,兹事岂易言哉?

善诗者,譬如酿花之蜂,必渣滓尽化芳润融液而后贮于脾者,皆成蜜;又如食叶之蚕,必内养既熟通身明莹而后吐于口者皆成丝,非可强而为,非可袭而取。栖筠自少壮客游,以诗好,每出一语,何其似也;正而不陈腐,奇而不生硬,淡而不枯槁,工而不靡丽;观其所作,期其所到,殆将梯黄杜而窥陶曹,犹慊然不自足。盖其才高、其思清,不待苦心劳力,天然而成,虽得之之易,而能知其难,非真有悟于中,不如是晚年,学造乎理,文进乎古,则其诗之愈,超也固宜。

（元）李　衡

一、人物简介

李衡①（约1330—约1412），字符成②，颖秀乡四十四都彭原③人。

明④《春秋》，汇八十余家，著《春秋集说》，复分为二例，一为"明经⑤设"，一为"科举⑥设"。

元至正十年（1350）举于乡，授官泰和州儒学正。洪武十二年（1379），以博学明经举，辞不就；赋诗曰："皇帝书征老秀才，秀才不下读书台；床头一管春秋笔，当与胸中取次裁。"⑦

年八十三，著有《中山文集》。

二、著作名录

《中山文集》·卷数不详
《春秋释例集说》·三卷（亦名《春秋集说》）
《例言》·卷数不详

---

① 李衡：人物简介参考清道光、同治各版《崇仁县志·人物志》、康芬、龙晨红《江西历代著作考》等。
② 符成：同治十二年《崇仁县志》，康芬、龙晨红《江西历代著作考》亦作"元成"。
③ 彭源：现属临川区秋溪镇。
④ 明：这里指研究透彻。
⑤ 明经设：汉朝出现之选举官员的科目，始于汉武帝时期，至宋神宗时期废除。被推举者须明习经学，故以"明经"为名。
⑥ 科举设：指科举制度，又称科举制，是中国古代通过考试选拔官吏的制度。士子应举，原则上允许自己报名参加，不必非得由公卿大臣或州郡长官特别推荐，这一点是科举制最主要的特点，也是与察举制最根本的区别。
⑦ 见明崇祯《抚州府志》卷十七。

三、著作简介

《中山文集》

衡其《春秋》之学,尝以《左传》为古今第一,至文所作皆极力摹仿而能动与古会。

《春秋释例集说》·三卷

经学著作,又称《春秋集说》。

明黄虞稷编撰《千顷堂书目》已着录,并云:

"洪武间临川人,一作《集说》,其说宗吴草庐而参与《会通》《纂疏》诸说,凡五十余家。"

朱彝尊《经义考》亦着录,并云:"万历重编《内阁书目》三册。"又引张萱①曰:"洪武中临川李衡著,其说宗吴草庐,参与李廉《会通》②、王德辅《纂疏》③,凡五十余家。"书已失佚。④

衡博学工文,所著《春秋集说》汇聚八十余家,极为详瞻⑤,复分为二例:一为明经设;一为科举设;文亦跌宕不羁。入明后,洪武十二年以"博学""明经"荐,不就,想见其人品也。⑥

《例言》(资料暂缺)

---

① 张萱(1558—1641),字孟奇,号九岳,别号西园。明代博罗县人。1582年(明万历十年)举人,考中内阁制敕房中书舍人,明万历三十八年(1608)升户部郎中。有《西园存稿》《汇雅前后编》48卷、《古韵》《疑曜》等。参考李玉安、黄正雨《中国藏书家通典》。
② 李廉:字行简,元至正二年(1342)进士,元史无传。著有《春秋诸传会通》等。参考石梅论文《李廉〈春秋诸传会通〉之华夷观》。
③ 汪克宽(1301—1369),字德辅,号环谷。祁门县城人。1327年举进士时,论点同主考官不吻合而落榜,从此弃应试求仕之念,专研经学,著有《诗经集传音义会通》《春秋胡传附录纂疏》《春秋作义要诀》等。参考《四库全书提要》。
④ 本段参考康芬、龙晨红《江西历代著作考》。
⑤ 详瞻:指充盈饱满,也可以指详细丰富,详细充实。
⑥ 本段参考清同治十二年版《崇仁县志》卷九。

（元）彭致中(道)

一、人物简介

彭致中①（约 1347 年前后在世），元至正年间人。仙游山道士，属全真龙门派②。

彭致中采集古今仙真歌辞，1347 年本年，编撰唐至元代道士所作词曲为《鸣鹤余音》九卷。是研究全真教文学的重要资料。

《非非子幽室志》③记全真道士余希圣④事。"希圣字岫云，号非非子，华盖山南谷人，年十五辞亲学道于江西宜黄县南华山昭福观，遍游南北而归于临川⑤，于崇仁仙游山⑥建仙游观以居之，吴澄为之记。"其弟子彭致中编有道教诗词集《鸣鹤余音》，所收多全真祖师之作。

二、著作名录

《鸣鹤余音》·九卷

---

① 彭致中：人物简介参考胡孚琛主编：《中华道教大辞典》、虞集《道园学古录》。
② 全真龙门派：全真教，道教主流教派，嗣老君遗教、秉东华演教、承钟吕传教，开宗于辅极帝君王重阳。以全老庄之真、苦己利人为宗旨。开宗祖师王嚞。龙门派，道教宗派全真道主流支派，承袭全真教法。开派祖师丘处机。
③ 《非非子幽室志》：见虞集《道园学古箓》卷五十。
④ 余希圣(1279—1339)，字岫云，号非非子，崇仁华盖山南谷人。云游归后以仙游山为王、郭二仙求其师浮邱伯之所，居之。岫云未尝读书，所言却平易雅正。与吴澄、虞集皆有交往。参考清道光十二年版《崇仁县志》。
⑤ 临川：巴山为临水源，亦称"临川山"；此处的"临川"实指崇仁。
⑥ 仙游山：道光版《崇仁县志》载在原崇仁"县东二里，危太扑作思贤亭，后改祀吴聘君祠"。

三、著作简介

《鸣鹤余音》·九卷

相传仙人多驾鹤飞升,后借指仙人和得道之士为鹤驭。鸣鹤,指仙真道士之诗歌。

《列子·汤问》:"昔韩娥东之齐,匮粮过雍门,鬻歌假食,既去余音绕梁桶,三日不绝,左右以其人弗去。"后以"余音绕梁"形容歌声美妙动听。此处"余音"乃"余音绕梁"之省,借指优美的诗歌。名《鸣鹤余音》,言所辑皆仙真道士优秀之诗歌。

其书见于《道藏①·太玄部》。收入《函海》②者为一卷,仅录冯尊师《苏武慢词》及虞集和词。有元刊残本 8 卷,存诗词上卷 48 页。为道家所撰词总集。《四库全书》书前有元虞集序。

《鸣鹤余音》约成书于至正七年(1347)。正文中广泛采集唐、宋、金、元道士所撰诗词歌赋及杂文,总计约四百七十篇。入选作者约四十人,其中多为全真道道士。如祖师钟离权、吕洞宾、王重阳、马丹阳、丘长春、郝太古、宋披云、冯尊师等。另有朗然子、虚靖天师、徐神翁、白玉蟾等宋代道士诗词,以及宋仁宗、辛天君、八仙等帝王仙真之诗。虞集词十二首亦编入书中。所收诗词歌赋,皆阐述全真教旨,或感叹人生无常,世间如火坑,劝人出家修道;或抒写避世出尘,逍遥林泉之闲情逸趣;或剖析玄理,发明心性,咏述修心悟性之旨要,而尤以阐发内丹之作品最多。

曹寅《栋亭书目》③收录:
《鸣鹤余音》抄本·一册·元仙游山道士彭致中集,八卷,道园虞集序。

清黄虞稷撰《千顷堂书目》着录:
彭致中《鸣鹤余音》。

---

① 《道藏》:指道教经籍的总称,包括周秦以下道家子书及六朝以来道教经典。它是道教经籍的总集,是按照一定的编纂意图、收集范围和组织结构,将许多经典编排起来的大型道教丛书。
② 《函海》:是清代李调元编辑刊印的综合性丛书,共三十集。全书共收一百五十种书。有清绵州李氏万卷楼补刻本等刻本。
③ 栋亭书目:康熙四十四年(1705),曹寅曾编有《栋亭书目》四卷,分 36 大类,计收录有藏书 3227 种。

资料图片：道家经·太玄部
《鸣鹤余音》

民国傅增湘撰《藏园群书经眼录》[1]着录：

《鸣鹤余音》八卷，元彭致中。

存诗词上卷四十八叶。元刊本，十行，行十七八九字不等，黑口双阑。前虞道园序，次诸仙诞辰，次众仙封号，次全真宗服方外玄言目录。（玄门宗旨卷上，下列诗词文目）

虞集孙虞堪友人吴江（今苏州）金伯祥父子为之刊刻《道园遗稿》，附以《鸣鹤余音》乐府一卷，金伯祥于至正二十四年有《鸣鹤余音》一卷刻本。

《鸣鹤余音》·九卷（内府藏本）

旧本题仙游山道士彭致中编。不详时代。采辑唐以来羽流所著诗余，至元而止。朱存理《野航存稿》有此书跋，疑为明初人也。所录多方外之言，不以文字工拙论。而寄托幽旷，亦时有可观。

世事无穷，观来尽空，既向玄门受教，便于心地下功。大智闲闲，澹泊在不生之内。真机默默，逍遥于寂灭之中。原夫要长灵苗，先持心地，六根净而千种灭，三界空而百端治。见闻知觉是障道之元因，恬淡清虚乃颐真之大义。若乃坚成学道，须当了心。心静则孤明独照，心存则万境皆侵。真容无欠亦无余，生前可见；幻相有形终有坏，分付何求？

明知诸法皆空，万缘都罢。行功打坐，乃道之狂；布惠施恩，即德之诈[2]。大巧若拙，还知事事无为；善计非筹，直要头头[3]放下。但使一心不动，万行自全。每畅神而度日，实知命以乐天。任经春夏秋冬，饥飡渴饮；或对风花雪月，稳步安眠。若能对境忘情，逢场作戏。本来了在方寸，何必修于累世，永嘉既悟，强留一宿而归；卢行犹疑，谩等三更而至。

---

① 《藏园群书经眼录》：是傅熹年根据他的祖父傅增湘生平所见善本图书的记录和有关撰著，计原稿38册，整理编纂而成的一部善本书录。傅增湘对这些善本所作的记录、论述，所论各书的特点、渊源、优劣，汇总了数十年观书的经验与校勘心得。

② "行功打坐，乃道之狂。布惠施恩，即德之诈"：两句出自《鸣鹤余音·心地赋》：指修法和修行。意思为只注重"行功打坐"，就是"枯禅"，舍本逐末。"布惠施恩"，当布则布，当施则施，不能为了行善而行善，行善为了得善报，不行善怕遭恶报，那就不是真正的行善，就是"德之诈"。

③ 头头：这里指所有俗事。

是知物物皆空,尘尘总弃,性外更无实相,目前尽是虚泡①。长生有物而混成,神鬼莫测;大象无形随处是,天地难包。信乎本要明心,何劳苦志。谅不由他,诚能自已。大辩忘言,真经绝字,赖啼鸟宣杨,落花指示,石女亲传,木人举赐,浅智少识者则曰:不然不然。

高明广见者乃云:如是如是。故悟则处处平夷,迷则头头踏刺。大抵欲修天外大成功,莫挂人间些子事。

资料图片:(内府藏本)道部·太玄部《鸣鹤余音》内页

王重民撰《中国善本书目提要②·集部》著录:

《鸣鹤余音》九卷三册(《四库总目》卷二百),(北图)明钞本。

此本十行二十一字,原题:"仙游山道士彭致中集。"按此本为明人从《道藏》录出,复有残阙,而黄丕烈补完之(补本题"语古斋旧钞本原缺,士礼居以《道藏》本抄补")。俱详丕烈跋文。卷内有:"语古""士礼居藏""杨氏海源阁藏""杨印以增""至堂""杨印绍和"等印记。

"此旧钞《鸣鹤余音》八卷,标随一至随八字号,乃《道藏》本也。检《道藏目录详注》卷四随字号计九卷,《鸣鹤余音》(卷一之九仙游山道士彭致中集诸仙诗歌词赋)。据此则是本尚缺第九卷也。余以语古旧藏珍之,语古为何义门家斋名,义门所藏亦仅止此。

"去冬从嘉禾友人处得一刻本,首载重刊《鸣鹤余音序》,与此字句微有不同,而卷中所载与此全异,必非彭致中所集书矣,自当以此为准。庚午夏五中瀚八日梅雨闷人,检书及此,因记。复翁。"

"丙子十月从天庆观借《道藏》本补全,并手校此本。此本藏自语古斋中,有补录虞道园和冯尊师《苏武慢》十二首,讹字独多,知非补自《道藏》本也。前衍记一篇,后羡《无俗念》一首,悉从《道藏》本正之。此脱八卷尾及第九卷,以别纸照《道藏》本补全焉。宋廑一翁记。""丙子夏从天庆观借《道藏》本补全,并校此八

---

① 虚泡:意为"空的"。
② 《中国善本书提要》:见"李刘"节。

卷。越十月十有一日,统校毕。续补者当别装附后云。"(有)虞集序。

虞集《鸣鹤余音·跋》①:

全真冯尊师②本燕赵书生,游汴,遇异人,得仙学,所赋歌曲,高洁雄畅,最传者《苏武慢》二十篇。

前十篇道遗世之乐,后十篇论修仙之事。会稽费无隐独善歌之,闻者有凌云之思,无复流连光景者矣。予登山,每登高望远,则与无隐歌而和之。

无隐曰:公当为我更作十篇。居两年,得两篇半,殊未快意也。昭阳协洽之年,嘉平之月,长儿之官罗浮,予与客清江赵伯友、临川黄观我、陈可立、游东叔、吴文明、平阳李平、幼子翁归泛舟送之。水涸,转鄱阳湖,上豫章,遇风雪,十五六日不能达三百里。清夜秉烛,危坐高唱,二三夕间,得七篇半。每一篇成,无隐即歌之,冯尊师天外有闻,能乘风为我一来听耶。明春,舟中又得二篇,并《无俗念》一首。后三年,仙游山彭致中取而刊之,与瓢笠高明共一笑之乐也。道园道人虞集伯生记。

金天瑞③《题鸣鹤余音后》:

"右《苏武慢》三十二首、《无俗念》一首,全真冯尊师、道园虞先生所共作也。

"天瑞昔刊《道园遗稿》,而先生所作已附于编。然其所谓冯尊师者最传者二十篇,世莫全睹。今复并类编次,以刻诸梓,庶方外高人便于通览。惟先生道学文章,传著天下。冯尊师仙证异论,超迥卓绝,其自有《洞源集》行于世,可考见云。时至正二十四年(1364)岁次甲辰,秋八月二日癸巳,渤海金天瑞谨识。"④

凌云翰⑤《鸣鹤遗音·苏武慢序》:

"世传全真冯尊师《苏武慢》廿篇,前十篇道遗世之情,后十篇论学仙之事。道园先生谓费无隐独善歌之,则能知者亦罕矣。及观先生所作,非惟足以追配尊

---

① 《鸣鹤余音·跋》:见虞集《道园遗稿》卷六。
② 冯尊师:元代诗人,本燕赵书生,除虞集跋中所叙,名号里居未详,其所赋歌曲,高洁雄畅,以《苏武慢》二十篇最著(见《鸣鹤余音序》)。
③ 金天瑞:字伯祥,居吴江(今苏州)。与虞集孙虞堪为友。
④ 《题鸣鹤余音后》:见虞集《道园遗稿》卷六。
⑤ 凌云翰(约1382年前后在世):字彦翀,号柘轩,钱塘(今浙江杭州)人。元末明初诗人。元至正十九年(1359)举浙江乡试。除平江路学正,不赴。洪武十四年(1381)以荐授成都府学教授。坐贡举乏人,谪南荒以卒。云翰工诗,著有《柘轩集》四卷,《四库总目》行于世。参考徐菲论文《凌云翰生平小考》。

师,而使世之汩没尘埃、流连光景者闻之,而有遗世独立、羽化登仙之想,则是篇于世其可少乎?"①

朱存理②《跋鸣鹤余音后》:

"右《鸣鹤余音》一卷,所刻冯尊师、虞学士《苏武慢》二家词也。学士从孙字胜伯者,居吴中,有文称于时,里人金伯祥与其子镠从游,胜伯尝刻学士《道园遗稿》,复刊此词,皆镠手书也。镠字南仲,别有巾箱小板之刻,与此无异。胜伯装嵌成册,手书跋后。

"成化间,予从其家得之,求题于匏庵吴公。公出示项秋官所作,喜为书一过于此册后。他日,又得凌云翰之作附书之。吾友沈润卿购藏金氏刻板,今并二家以寄润卿,俾续刻之。云翰与秋官生虽先后,同为杭人,盖此词和者甚寡,项亦将因云翰而唱和之者乎?伯祥名天瑞,与弟析居,十年复合。庭生瑞竹,有杨廉夫、郑明德一时名作美之。别号安素,其平生乐善尚义,着闻乡邦,实吴之名士也。浸浸百余年间,遂将泯没之矣。故特于斯附见,弗为赘也。然润卿富而好礼,少年嗜学,盖与伯祥今古同心也。"③

———————————

① 《鸣鹤余音·苏武慢序》:见凌云翰《柘轩集》卷五。
② 朱存理:见"陈世崇"节。
③ 《跋鸣鹤余音后》:见朱存理《楼居杂着》。

（元）吴　当

一、人物简介

吴当①（1297—1361）字伯尚。崇仁乡五十一都凤岗咸口村（今属乐安县）人。吴澄之孙，吴文长子。官至肃政廉访使。元代学者、诗人。

当幼承祖父吴澄教授，聪颖笃实；及长，通经史百家。至大年间随祖父到京，补国子生。吴澄去世后，原跟随吴澄的四方学子，一部分转拜吴当为师，他"勤讲解，严肄习，诸生皆乐从之。"

至正二年（1342），初袭父荫授万亿四库照磨②；因不适与钱粮交道，用荐者改任他为国子助教；次年，适逢朝廷会修辽、金、宋三史，吴当参与修撰。五年，三史修成，吴当任翰林修撰。后迁国子博士、监丞、司业、翰林待制、礼部员外郎、监察御史、礼部郎中、翰林直学士等职。

至正十三年（1353），江南农民起义军在湖广、江西、安徽、浙江、福建异常活跃。元军屡屡失利。至正十四年，"大臣有荐礼部郎中吴当世居江西，习知其民俗，且其才可任政事者，诏特授江西廉访使，偕江西行省参政和尼齐③、兵部尚书黄昭④招捕江西诸贼，便宜行事⑤。当以朝廷兵力不给，既受命，至江南，即招募民兵，由浙入闽，至江西建昌界，招安新城孙塔，擒殄李三。道路既通，乃进攻南丰，渠凶郑天瑞遁，郑原自刎死。当，澄之孙也。"⑥

---

① 吴当：人物简介参考《元史·列传·卷七十三·吴当传》、清康熙、道光、同治各版《崇仁县志》。
② 万亿四库照磨：官职，属户部，管钱粮出纳。
③ 和尼齐：火你赤，蒙古官名。又译"豁你你赤""和尼齐"。《元朝秘史》释为"牧羊的"，即司牧羊。《元史·兵志》："牧羊者，曰火你赤。"明宋濂撰《元史·吴当传》载名"火尔赤"。
④ 清同治十年《乐安县志》卷八载："黄昭（1298—约1360），字率性，号观澜，同富人，元天历二年己巳科进士，官至兵部尚书。"
⑤ 便宜行事：指朝廷特许其不必事事上报，有临机决断权。
⑥ 选自《续资治通鉴·元纪·元纪三十》。

十六年,吴当率兵攻入抚州,随即进据崇仁、宜黄,将建昌、抚州两路义军平息。

其战绩为参知政事兼总兵朵歹所忌,以汉人不可带兵,并诬陷吴当与义军勾结,结果吴当、黄昭兵权被解除,吴当调为抚州路总管。后罢归,杜门著述。

至正十八年(1358),朝廷知吴当被诬陷,欲下诏授其为中奉大夫、江西行省参知政事。任命未下,陈友谅①起义军已连克江西诸路,火尔赤弃城逃走。吴当亦戴黄冠②着道士服,闭门不出,日以著书为事。陈友谅派人前往聘请,吴当则卧床不食,誓以死抗命,来使将其与卧床一起抬上船,送往江州(今九江)拘留一年,始终不屈。

至正二十年(1360),朱元璋至江州,他早已耳闻吴当之名,召见吴当。吴当只长揖③不拜,朱知其志不可屈,即放其归。吴当乃隐居吉水之谷坪④,逾年以疾而逝,年六十五岁。

吴当善诗文。诗多取材战乱,能反映社会现实,同情百姓疾苦。其诗前期气势磅礴,后期多反映战乱给人民带来的疾苦和萧条凄凉的景象,清人李绂⑤称其"雄浑雅健,高出元人之上"。

吴当著有《学言诗稿》6卷、所著《周礼纂言》今已佚。均《四库总目》并行于世。

二、著作名录

《学言诗稿》·六卷
《周礼纂言》·卷数不详

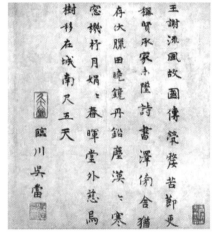

资料图片:吴当在欧阳玄《春晖堂记》卷后题诗;落"久大堂""吴伯尚"钤印

---

① 陈友谅(1320—1363),原名陈九四,湖北沔阳人。元朝末年群雄之一,农民起义领袖。参见《明史·卷一百二十三·列传第十一》。

② 黄冠:《礼记·郊特牲》言"黄衣黄冠而祭,息田夫也。野夫黄冠,黄冠,草服也。"道士所戴的帽子。后指道士。

③ 长揖:古代交际礼仪风俗,流行于全国大部分地区,即拱手高举,处上而下(双手抱拳举过头顶,鞠躬)。上古时开始流行,不分长幼尊卑都可用。但多数用于平辈之间。

④ 吉水之谷坪:现代地图查不到吉水有"谷坪"地名或为古地名。待考。

⑤ 李绂(1675—1750),字巨来,号穆堂,江西临川荣山镇人,清代著名政治家、理学家、诗文家。累官内阁学士,历任广西巡抚、直隶总督,治理学宗陆王(陆九渊、王守仁),被梁启超誉为"陆王派之最后一人"。著有《穆堂类稿》《陆子学谱》《朱子晚年全论》《阳明学录》《八旗志书》。参考《清史稿·卷二百九十三·列传八十》。

三、著作简介

《学言诗稿》·六卷

诗集,临川李绂重刊《四库全书》本。

卷一为四言诗,卷二为五言古诗,卷三为七言古诗,卷四卷五为五言律诗,卷六为五言绝句。其诗多取材于战乱。

《学言诗稿》·六卷（江西巡抚采进本）

样本图片:《学言诗稿》四库版(现代印刷)

《四库全书总目提要》:元吴当撰。当字伯尚,崇仁人,澄之孙也。以荫授万亿四库照磨。荐为国子助教,预修《宋》《辽》《金》三史。除翰林修撰,累迁直学士。

江南兵起,拜江西肃政廉访使,左迁抚州路总管。旋罢归,后复擢江西行省参知政事。未上官而陈友谅已陷江西,遂遯①迹不出。友谅遣人召之,当坚卧,以死自誓。舁②床载送江州,拘留一年,终不屈。友谅灭,乃免。

洪武初,复迫致之。见太祖,长揖不拜,竟得放归。隐居吉水之谷坪,完节以终。

所著有《周礼纂言》,今已佚。惟此集存。原本九卷,明崇仁知县新安叶良贵③所刊。

此本六卷,则国朝临川李绂重刊所并也。

澄于元代,致位通显,号曰大儒。然实宋咸淳乡贡士。出处之间,犹不免责备于贤者。当不受僭窃④之辟,则高于张宪⑤诸人。乃天下已定,仍不降礼于万

---

① 遯:为生僻字,是遁的异体字,意思通"遁",逃避,躲闪。

② 舁:音 yú;共举也。指两手共同举东西。

③ 叶良贵:叶天爵(? —?),字良贵,直隶徽州府婺源县人,应天府乡试第四名举人。弘治九年(1496)中式丙辰科三甲第十名进士。弘治十年任崇仁知县。后官江西宁州知州。

④ 僭窃:越分窃取。

⑤ 张宪(约公元 1341 年前后在世),字思廉,山阴(今浙江绍兴)人。家于玉笥山,因号玉笥生。学诗于杨维桢,著有《玉笥集》十卷。参考《绍兴人物》。

乘,尤在杨维桢①诸人上。盖死生久付之度外,其不为谢枋得②者,特天幸耳。

有元遗老,当其最矫矫乎。其诗风格遒健,忠义之气,凛凛如生,亦元季之翘楚。顾嗣立③《元百家诗》仅摭其《浔阳舟中诗》三首,《送樊秀才诗》一首,附澄《草庐集》末。其殆未见此本欤?

《学言稿》卷五中有《除夕有感》:

"华盖芙蓉翠倚天,高堂彩服忆长年。

家人共守迎春酒,童稚争分压岁钱。

香雾暖浮金鸭动,蜡虹姓隔绛纱然。

鹤书一去无消息,白发沧江对月眠。"

诗中吴当回忆了曾经与家人共度除夕,与家人共饮迎春酒,孩子们争抢压岁钱的情景。

清莫友芝撰《郘亭知见传本书目》着录:

《学言诗稿》六卷,元吴当撰。

明叶良贵刊本九卷。

李穆堂重刊本六卷。

《周礼纂言》

经书研究著作,明黄虞稷编撰《千顷堂书目》着录,并云:

"当本大父澄之意为是书。"

吴当以其祖文正公诸经皆有纂言,而"周礼"独缺,乃汇群说而参以己见,辨明经术,能守理学之家传。④

---

① 杨维桢(1296—1370),字廉夫,号铁崖,又号铁心道人,晚年自号老铁。绍兴路诸暨州枫桥全堂(今浙江省诸暨市枫桥镇全堂村)人。元末明初诗人、文学家、书画家。著有《春秋合题着说》《史义拾遗》《东维子文集》《铁崖古乐府》等近二十种。参考李玉安、黄正雨《中国藏书家通典》。

② 谢枋得:见"黄丙炎"节。

③ 顾嗣立(1665—1722),字侠君,号闾丘,江苏长洲(今常熟)人。清代学者。康熙五十一年(1712)进士,曾预修《佩文韵府》,授知县,以疾归,喜藏书,尤耽吟咏,性豪于饮,有酒帝之称。尤工诗,著有《秀野集》《闾丘集》。参见李玉安、黄正雨《中国藏书家通典》。

④ 参考清同治十二年版《崇仁县志》卷九,康芬、龙晨红《江西历代著作考》。

（元）吴宝翁

一、人物简介

吴宝翁①(约 1275 左右—?)，字幼贤，号山泉，颖秀乡十九都航埠(今属航埠镇)人。

博涉书史，天文历数，靡不淹贯。尝补《罗山志》，是时，元有中土五十四年②乃幼贤③所补，仅完故宋之事，抑亦见公之微意云。

有《山泉文集》藏于家。

二、著作名录

《罗山志补》·四卷(续宋嘉定十六年至景炎元年志书)
《山泉文集》·卷数不详

三、著作简介

《山泉文集》

所著《山泉文集》典赡风华，非寒俭④家所能望其项背。

---

① 吴宝翁：人物简介参考清道光、同治各版《崇仁县志·人物志》。关于吴宝翁，康熙版县志将其列为宋人，而其之叙中，1283 年时尚幼，故出生时间估在 1275 左右之宋末，至于卒年亦无记载。

② 元有中土五十四年：指宋嘉定十六年(1223)至宋景炎元年(1276)。1276 年南宋都城临安被破。中土一般代指中原地区，亦指代中国。"元有中土五十四年"之意指其《罗山志》补述的时间段为 1223 至 1276 的 54 年。

③ 幼贤：指航溪(现航埠)吴幼贤，即吴宝翁。

④ 寒俭：贫寒，谓寒酸俭啬，不体面，形容诗文等浅露、单薄。

《罗山志补》·四卷

《罗山志补》序·吴宝翁

磬沼罗公作《罗山志》，成于茂陵①嘉定之三年②。时吏部尚书、太子詹事曾公瑛③为序，称其"汇次有条，援例有实，质而不俚，瞻而不芜，中载隽语名章，令人应接不暇，非笔力大过人畴克尔也"。

后一年，郡博士徐公天麟④修《临川郡志》，规模次第⑤，一仿《罗山》。又后十二年，行在秘书省专牒⑥抚州，索取《罗山志》与《晏元献⑦文注》《王荆公⑧诗》及吴吏部⑨、何月湖⑩、邓陋室⑪三家著述，同入云阁。由此观之，斯志之重于时，信矣。

然所志之事止于嘉定三年（1210），厥后，县宰西堂范公应铃属磬沼门人黄君元修，亦仅增至十六年也。十六年岁在癸未⑫，下距宋亡之岁五十有三年。丙子革命⑬，迄今又五十四年。事绝弗续，已百余载，识者病之。

余不敏有志兹事久矣，烂熟思之，若并志今日，事大体重，不惟领过陵谷⑭变迁，坛壝⑮改易，势须尽变旧规。而其按覆考索，旁搜远讨，令不出于官，岂一介寒士之力可得成哉？于是姑仍旧贯，补完故宋之事，若曰改作，则在我后之人。

客有问者曰："斯志不续，历岁实深，子何所见闻，何所考证，而赠闭之⑯耶？"

---

① 茂陵：是宋宁宗赵扩的攒宫（帝、后灵柩暂殡之地），位于今浙江省绍兴市东南17公里的皋埠镇牌口村，理宗诏迁泰宁寺，寺址建宁宗陵墓，将宁宗梓宫暂时安置于此地，并命陵名曰"永茂"。这里"茂陵"借指宋宁宗。

② 嘉定之三年：指公元1210年。

③ 曾公瑛：指时任吏部尚书，江西南丰人曾映，此处"瑛""映"或笔误。

④ 徐天麟：字平仲，常州（今属江苏）人。南宋大臣。嘉定七年（1214）进士。官至工部尚书。参考《宋史·卷四百三十八·列传第一百九十七》。

⑤ 次第：排列顺序。

⑥ 专牒：为特指某事而发布的公文告知。

⑦ 晏元献：指晏殊。见"李阳孙"节。

⑧ 王荆公：指王安石。

⑨ 吴吏部：或指吴镒，待考。

⑩ 何月湖：指何异。

⑪ 邓陋室：指邓钠。

⑫ 岁在癸未：指宋嘉定十六年，公元1223年。

⑬ 丙子革命：指1276年南宋都城临安被元军所破，作为一个标志，此年为"丙子年"故称"丙子革命"。

⑭ 陵谷：本意丘陵和山谷，衍生意思有：君臣高下易位、自然界或世事巨变和帝王陵墓变迁。

⑮ 坛壝：天子外出平地筑坛围以矮墙作为临时住宿之所；又可指场坛，祭祀之所。

⑯ 闭之：意思想让人进来却又把门关上一样。

余曰："景定癸亥①已②前,则有家户部坤翁③之郡志,所载于属县事差略④,亦粗得其大概;癸未⑤以后事才四五年,余时虽幼,固及闻之。而又按《宾兴录》以补《贡籍考》,前辈诸作,以续诗文。至于人物小传,则审订碑志,间取稗官野史,参以所闻,不揆谫陋⑥,斐然成章。

"第⑦居今之时,不能志今之事,未必不为流俗⑧所笑。抑⑨故宋三百年,吾邑文献之盛,由是编一览得之。先觉之士,亦或取焉。若夫事或遗落,文有冗长,笔削之任,以俟来哲,在磬沼已云然,余敢⑩重述此语以谢客。"

元天历二年⑪,岁在己巳冬仲初吉,邑遗民幼贤吴宝翁自序。

罗鉴编撰的《罗山志》及吴宝翁撰《罗山志补》,仅存吴宝翁自序。是散佚不存或他国所藏,不知。

---

① 景定癸亥:指公元 1263 年。
② 已:通"以"。
③ 家户部坤翁:家坤翁(1213—?),号颐山,眉山(今属四川)人。宋臣。淳佑二年,知诸暨县,历司农丞,除枢密院编修官兼度支郎中。景定三年,以户部郎中,出知抚州。坤翁博雅有家学,尝纂《景定临川志》三十五卷,《永乐大典》卷一九四一九存其残卷。参考《江西通志》卷六二。
④ 差略:有些简略。
⑤ 癸未:指至元二十年,公元 1283 年。
⑥ 谫陋:意思是浅薄。
⑦ 第:只是;但是。
⑧ 流俗:一般的风俗习惯。另指世俗之人。
⑨ 抑:然而。
⑩ 敢:谦词,意为"不敢""岂敢"。
⑪ 元天历二年:为公元 1329 年。

（元）陈景瑞

一、人物简介

陈景瑞①（约 1340 年前后在世，生卒年不详），字泳之。崇仁县人。

元季中叶②，由邑东迁北里之石墙，辟花园于黄洲之畔，构"赏花亭"于湖山之间。

陈景瑞性耽③吟咏，不乐仕进，尝从学于草庐、邵庵④二先生之门。著有《东溪诗集》十二卷，危太扑⑤公为序。

卒后葬二十四都荚坑，明正德年间改葬三都流苔洲。改葬时，邑人、监察御史吴公钺⑥志圹⑦。

陈景瑞为北耆陈氏开基祖。

二、著作名录

《东溪诗集》·十二卷（亦名《陈东溪先生集》）

---

① 陈景瑞：人物简介参考清道光、同治各版《崇仁县志·人物志》等。

② 元季中叶：指元代中期。

③ 耽：指沉溺、迷恋。

④ 草庐、邵庵：指吴澄、虞集二先生。

⑤ 危太扑：指危素。见"吴澄"节。

⑥ 吴公钺：吴钺，字宿威，号黄州。崇仁县四十四都马岭人。宏治十五年（1502）登榜，以进士通籍授行人司行人，曾任南京广司道监察御史。参考清道光元年版《崇仁县志》。

⑦ 志圹：指撰写逝者"圹碑"碑文。

三、著作简介

《东溪诗集》·十二卷

《陈东溪先生集》由危太扑作序,称其"声响体致,可闯盛唐诸公之门。"盖景瑞尝从吴澄游学,邃才优,隐居不出仕,固一代高人也,为北里开基祖,子孙繁衍,科第不绝。

（元）熊景先

一、人物简介

熊景先①（约 1310 年左右在世，生卒年不详），又作景元，字仲米，元代医家。崇仁县城北耆人。

世业儒精医，家世②《尚书》义，仲米先儒后医，甚明医理，尤精脉理，"得其家学，每较艺③辄屈辈流④，几于⑤贡而不偶⑥，于是大肆其力于医"⑦，多有治验，为全国 13 大药帮之一的建昌（南城县）药帮⑧名医，名噪一时。吴草庐、程雪楼⑨皆称其善。

著《伤寒生意》，不传。著已佚。

二、著作名录

《伤寒（药）生意》·四卷

---

① 熊景先：人物简介参考清道光、同治各版《崇仁县志·人物志》，康芬、龙晨红《江西历代著作考》等。熊景先，"先"一作"元"；号"仲米"一作"仲光"。

② 世：古同"世"。世与生同世。世代；累代继承。

③ 较艺：谓指竞争技艺。

④ 辄屈辈流：意为总是优显于同辈。

⑤ 几于：近于；几乎。

⑥ 不偶：不遇、不合；引申为命运不好。

⑦ 见《吴文正公集·〈伤寒生意〉序》卷九。

⑧ 建昌药帮："建昌帮"是我国南方一大药帮，发祥地是江西省南城县。以中药饮片炮制和集散经营而著称，历史渊源悠久，影响地域广，在海内外中医药界均有较深的影响，享有"建昌名医誉天下""建昌认同似金规，不过建昌药不灵"等美誉。

⑨ 程雪楼：指程钜夫。见"黄丙炎"节。

三、著作简介

《伤寒(药)生意》·四卷

景先潜心仲景①之学,于伤寒论多所发明②,其言"生意"③者,言由死中求生也。

同邑吴澄在为其序中赞他"医亦世传也,然脉理清晰,法审④疗疾无不愈,进于工巧,盖其所自得⑤多矣。"称其以儒学诂⑥医理。

《伤寒生意》序·吴澄

生意者,崇仁熊君景先所辑医方也。

熊氏世以儒科显,而景先之大父,业《尚书》义专门为进士,师从之游者至自数百里外。景先得其家学,每较艺辄屈辈流,几于贡而不偶,于是大肆其力于医。

医亦世传也,然脉理明晰,法审疗疾无不愈,进于工巧⑦,盖其所自得多矣。暇日辑家传之方,常用之药累试而验者,成此书。以公其传夫天地之德,曰:"生为人立命,而生其生者,儒道也。医药济枉天余事焉,尔景先之儒,未获施⑧,而医乃有济⑨。"所以赞天地生生之意,其功为何如哉!

---

① 张仲景(约150—154——约215—219),名机,字仲景,东汉南阳涅阳县(今河南省邓州市穰东镇张寨村)人。东汉末年著名医学家,被后人尊称为医圣。张仲景广泛收集医方,写出了传世巨著《伤寒杂病论》。它确立的辨证论治原则,是中医临床的基本原则,是中医的灵魂所在。还有《辨伤寒》十卷、《评病药方》一卷、《疗妇人方》二卷、《五藏论》一卷、《口齿论》一卷,可惜都早已散失不存。参考刘世恩《医圣张仲景传记》。
② 多所发明:对阐述的内容有很多新的见解。
③ 生意:此处的"生意"指的是"生机,生命力"。意为"从死中求得生机"。非指货币交换之商业生意。
④ 法审:有规则和充分经验的技能。这里指治疗方法的审度。
⑤ 自得:揣摩、领悟。
⑥ 诂:(会意)。本义:用通行的话解释古代语言文字或方言。
⑦ 工巧:指异于他人的处理方式和技巧。
⑧ 未获施:意为仕途未得到发挥、施展。
⑨ 有济:济,救也。这里指救助了很多人。

（元）吴景南

一、人物简介

吴景南①（？—约 1330），名文寿，号南窗，崇仁人。明初学者、诗人吴溥曾祖父，大儒吴与弼康斋先生高祖。

不仕，工于诗，曾与吴澄同学诗于空山雷讲师。

著有《南窗吟稿》。

二、著作名录

《南窗吟稿》·四卷

三、著作简介

《南窗吟稿》·四卷

此书为诗集。

《千顷堂书目》着录，并云"吴溥曾祖，元时不仕，杨士奇序其集"。

杨士奇《东里文集》卷四中《南窗吟稿后序》云：

"临川吴景南先生《南窗吟稿》四卷，吴故临川儒家先生，当元治平无事之时，既高蹈②不出，用其精力于诗以自适③。夫幽远静贞之趣，其授受有自④，又有吴

---

① 吴景南：人物简介参考及著作简介参考康芬、龙晨红《江西历代著作考》；吴澄《吴文正公集》；杨士奇《东里文集》等。

② 高蹈：指隐居；隐士。

③ 自适：意思是悠然闲适而自得其乐。出自《庄子》。

④ 授受有自：授，给予；受，接受。有自，指有其原因，出处《庄子·寓言》。授受有自：意为做事有自己的主见。

文正公《序》之，是以其诗之传也。久矣而刻板，既废于元季之兵。洪武初，其孙思明得刻本于金溪，以归于兄思清，思清传之其子今国子司业溥，司业君之徒，乡贡进士吴克彰为重刻以传。"

此集元刻本毁于元末兵乱，至洪武初吴溥门人吴克重刻。

吴景南诗序·吴澄①

吴景南，家临川南乡之种湖。

向来曾从空山雷讲师②学诗，尊敬其师，既殁而拳拳不能忘也。讲师之诗雄健，景南之诗婉丽，其子宠以示予③，惜予不能诗宠④也。

其请于工诗之士删其所可删，存其所可存，斯足以章其父之美矣。八十五翁吴澄序。

南窗吟稿后序·杨士奇⑤

临川吴景南先生《南窗吟稿》四卷，吴故临川儒家先生，当元治平无事之时，既高蹈不出，用其精力于诗以自适。夫幽远静贞之趣，其授受有自，又有吴文正公序之，是以其诗之传也。久矣而刻板，既废于元季之兵。

洪武初，其孙思明得刻本于金溪⑥，以归于兄思清，思清传之其子，今国子司业溥。司业君之徒，乡贡进士吴克彰为重刻以传。

余尝过司业君，获拜先生之遗像，巍乎其山之立也，粹乎其玉之纯也，温乎其春之和也，翛翛乎其出于尘埃之表也。夫其见诸外如此，于其中之所存者可量哉！盖又闻诸司业君先生，履善蹈义⑦，其介凛然⑧，必择而后交，而见诸言与行

---

① 吴景南诗序：选自《吴文正公集》卷十五。
② 雷思齐（1231—1303）：为宋末元初道士、道教学者。字齐贤。临川（今江西临川县）人。幼业儒，后去儒服为黄冠师，弃家居乌石观。宋亡，独居空山，著书立说，人称"空山先生"。元世祖定江南后，召三十六代天师张宗演入朝，未几，奉旨掌道教，礼请雷思齐为玄学讲师。晚年讲授于广信山中。时吴澄、袁桷、曾子良等皆与之相友善。弟子有吴全节、傅性真、周维和。著有《易图筮通变义》《老子本义》《庄子旨义》凡数十卷以及诗文等二十多卷。参考《清容居士集·空山雷道士墓志铭》卷三十一。
③ 予：人称代词，我。
④ 宠：偏爱。
⑤ 南窗吟稿后序：选自杨士奇《东里文集》卷四。
⑥ 金溪：这里应专指金溪县浒湾镇。浒湾木刻印书，始于明朝中叶，盛于清，鼎盛时期在清中叶的乾隆、嘉庆、道光年间，衰于清末民初。
⑦ 履善蹈义：义同"履仁蹈义"；履、蹈：执行。指实行仁义之道。
⑧ 其介凛然：凛然，令人敬畏的神态。形容做人刚直、公平。

者,蔼然一由于忠厚至,于所以植具家▉①裕,其后者惟诗书德义焉耳。

　　呜呼! 所以为先生独在于诗乎? 而至于今司业君四世矣,笃实刚介之、操持之、愈久而愈固。盖考其源流之正,而君子之泽深且远矣。

　　孟子曰:"诵其诗,读其书,不知其人可乎?"故为引诸卷末使读诗者并得之。

---

① 原文如此。

（元）彭寿卿

一、人物简介

彭寿卿①（约 1310 年左右在世），字遂泰，行高十三②，号梅边，崇仁人。

家贫力学，早年跟随先达宗正寺簿黄丙炎思梅先生③当差，每日闲暇即以书史自娱，因年轻体壮后召为郡吏④，曾为江西提学的佐吏⑤，被学士虞集等视为廉吏，本来已具有参加吏部选拔考试⑥的资格，却因家贫而不能行，失去了成为正式官员的机会，虞集因此深感可惜。

年老后归休田里。编《宝塘拾遗》，已失佚。

梅边喜读书、藏书。所藏书中，其中有虞集先祖虞允文之书、虞集已逝去的弟弟虞槃之书；虞集甚喜，于先祖虞允文书后作跋记之。

跋彭寿卿所藏先郡公手泽卷后·虞集⑦
崇仁彭寿卿，以童子将命故宋宗正寺簿思梅先生⑧之门。

公自擢高科，从临安、平江、建康、临川大幕府文武吏，士宾客无不纳交于公者。寿卿于此时治文史，慎应对，闻见之广，非穷乡陋巷草茅⑨所能及者。

既内附，推择郡吏，不为世俗刻薄。佐江西提学，学校士友多称之；佐州县，

---

① 彭寿卿：人物简介参考清道光、同治各版《崇仁县志·人物志》，虞集《道园学古录》等。
② 见《彭氏重修族谱》（2021 年）。
③ 黄丙炎：见"黄丙炎"节。
④ 郡吏：郡守的属官。
⑤ 佐吏：古词语。指古代地方长官的僚属。
⑥ 吏部选拔考试：这里或指"辟召"或"铨选"考试，主要是"吏部选"。
⑦ 选自《道园学古录》卷四十。
⑧ 思梅先生：指宋黄丙炎。见宋"黄丙炎"节。
⑨ 穷乡陋巷草茅：泛指那些庸庸碌碌、不学无术者。

廉无所取①。

既老，以岁月当赴选吏部得调官于朝，极贫不能行。待黄氏子孙不失门人之旧，家居将十年，有书数卷而已。

嗟夫！廉吏②果不可为欤，其所藏书，有钦宗在金人围中奏报太后手书数幅，读者无不感泣；又有吕惠卿③一书，与其私党深怨司马温公④者，读者无不愤怒。大抵意在古雅，不以奇玩居货者也。

此卷我先参政雍郡公⑤所与之书，而集与亡弟嘉鱼大夫⑥之书附焉。盖其好，尚犹有无所为而为之者，然亦无益于寿卿之贫也。感其敬爱不忘先君之意，辄书其后而归之。

二、著作名录

《宝塘拾遗》·卷数不详

三、著作简介

《宝塘拾遗》

是彭寿卿年老归田后撰著。

元周山堂在为吴宝翁《罗山志补》所撰序中写道：以"吾邑之山川人物、典章文雅、废兴沿革之详、古今盛衰之迹，悉汇而录之，名之曰《宝塘拾遗》"，继而又评价道"或本之郡乘邑志，或得之稗官小说，或质之里巷之故旧，或采自巨公之文

---

① 无所取：一点都没拿。指无任何贪取行为。

② 廉吏：清廉守正的官吏。

③ 吕惠卿(1032—1111)，字吉甫，号恩祖，泉州南安水头镇朴里人。北宋宰相，政治家，王安石变法中的二号人物，历任翰林学士、知军器监、参知政事、知太原府等职；著有《吕吉甫文集》《道德真经传》《县法》等。参考《宋史·卷四百七十一·列传·第二百三十》。

④ 司马温公：司马光(1019—1086)，字君实，号迂叟，陕州夏县涑水乡(今山西夏县)人，世称涑水先生。宋仁宗宝元元年(1038)，进士及第，累迁龙图阁直学士。著有《资治通鉴》《温国文正司马公文集》等。参考《宋史·卷三百三十六·列传第九十五》。

⑤ 参政雍郡公：为虞集称先祖虞允文敬词。虞允文(1110—1174)，字彬父，一作彬甫。隆州仁寿县(今四川省眉山市仁寿县)人。南宋初年名臣，唐朝名臣虞世南之后，绍兴二十四年(1154)进士。累官中书舍人、直学士院，加授左丞相兼枢密使；封爵雍国公，世称"虞雍公"。毛泽东《读〈续通鉴纪事本末〉》批语："伟哉虞公，千古一人"。参考《宋史·卷三八三·列传第一百四十二》。

⑥ 亡弟嘉鱼大夫：指虞集弟虞槃。

集。信而有证,简而不泛。"①

此书《中国古方志考》《江西古志考》已着录。

光绪《江西通志》卷一〇三载录云:

"《宝塘拾遗》,邑人彭寿卿撰。谨案:是书为寿卿归休之时,取山川人物、典章文雅,废兴沿革之详,古今盛衰之迹,悉而录之。名曰《宝塘拾遗》者,以崇仁有宝塘书院故也。"

此志即为"崇仁县志",因吴宝翁《罗山志补》四卷,仅补南宋亡之季之事,入元之后之事,却付之阙如,故作是书以补之。

此志已失佚,仅存周山堂所作《序》。②

续《罗山志》序

崇仁为抚之望邑,磬沼罗公③尝修《罗山志》以载一邑之事,厥后,西堂范公复④为之增修,其事愈详矣。

近年航溪吴幼贤⑤亦尝增补其志,然止南宋之季,而不及我朝至元⑥以后之事也。盖虽欲併增入之,则病于参稽援据之难耳。

梅边彭君寿卿,自早年侍先达⑦寺簿⑧思梅黄先生⑨于大幕府,闻见之洽,识趣之超可知矣,以壮得补吏,由是参谋于州郡,提纲于文台⑩,老而归休田里;以历资当参部选⑪,贫不能行,学士邵庵先生以廉吏⑫目之,而深惜其贫焉。

彭君丽眉皓首,以书史自娱;遂即吾邑之山川人物、典章文雅、废兴沿革之详,古今盛衰之迹,悉稿而录之,名曰《宝塘拾遗》,或本之郡乘邑志,或得之稗官小说,或质之里巷之故旧,或采之巨公之文集,信而有证,简而不凡,使吴幼贤早得而读之,亦何病参稽援据之难,而不敢增入《罗山志》至元以后之事哉?

---

① 参考清康熙、道光、同治诸版《崇仁县志》。
② 选自康芬、龙晨红《江西历代著作考》、周山堂所作《续罗山志序》。见"周阳凤"节。
③ 磬沼罗公:指罗鉴。见"罗鉴"节。
④ 范公复:指范复:(待考)。
⑤ 航溪吴幼贤:指航埠吴宝翁。见"吴宝翁"节。
⑥ 至元:元代忽必烈的年号。
⑦ 先达:受人敬仰的前辈。
⑧ 寺簿:黄思梅丙炎曾任宗正寺簿。
⑨ 黄先生:指黄丙炎。见"黄丙炎"节。
⑩ 提纲于文台:宋代省府设提举学事司,简称"提学";是主管地方教育官员,彭寿卿曾任江西提学的左吏。
⑪ 部选:参加吏部的选拔考试,考中者可以出任正式官员。
⑫ 廉吏:清廉守正的官吏。

世之有志于重修《罗山志》者，必有取于彭君《拾遗》之书也。

嗟夫！古今能文之士，工于言语以驰骋于笔墨之间，雄视于一世者多矣，曾不百年如草木荣华之飘风，鸟兽好之过耳，亦可悲夫。惟《襄阳耆旧传》[①]之类，千载之下犹为人所爱慕，岂非以其足以有所考证乎？

彭君《拾遗》之编，亦若是尔。周山堂[②]叙。

---

① 《襄阳耆旧传》：书名。一称《襄阳耆旧记》。《襄阳耆旧记》五卷；东晋习凿齿撰，是研究襄阳古代中国人文的重要历史文献。

② 周山堂：即周阳凤，见"周阳凤"节。

（元）宗泐（释）

一、人物简介

宗泐①（1318—1391），字季潭，号全室，其父母早亡，幼年被浙江临海县周氏收为养子。

2013年版《抚州市志》载：

宗泐（1318—1391），崇仁县人，俗姓饶，为大欣笑隐②弟子，以修持出众受到朱元璋优礼。洪武五年（1372）于钟山（今南京市）建法会，朱元璋命其升座说法，并作《赞佛乐章》8章，又命主南京大刹天界寺③，掌全国僧事，为明初一代名僧，临济宗一脉大师。

资料图片：宗泐画像

宗泐八岁时趋临海天宁寺出家，十四剃度，二十岁时至杭州净慈寺，师从大欣笑隐。大欣试以《心经》，宗泐出口成诵，遂为之授具足戒。此后居净慈数载，其间"博咨经典，精求义蕴，律论梵藏，备尽厥旨"。大欣累主名刹大寺，均追随左右。

宗泐学兼儒释，深达理事之不二。大欣死后，遂回归临海，隐居云岭、紫籊岭和天宁寺诸处，道法益盛，声名日隆。元末，应杭州僧众坚请，出主中天竺万寿永祚寺。

---

① 宗泐：人物简介参考清康熙、道光各版《崇仁县志》、2004年《抚州宗教集要》；2013年版《抚州市志》等。
② 大欣（1268—1344），元代诗人，号笑隐，与天隐、觉隐共称"诗禅三隐"。自幼出家，拜永嘉江心一山了万禅师为师，后又参诲机熙禅师，在永嘉江心、杭州灵隐寺做主持。后元文宗征召入南京龙翔大吉庆寺住持，赐紫衣，授大中大夫，地位显赫一时。著有《四会语录》《蒲室集》十五卷。
③ 天界寺：位于南京城内朝天宫东面，今建邺路北，本是元文宗图帖睦尔以怀王身份出居建康时的宅邸。元天历元年，元文宗在大都（今北京）即皇位，以建康"潜宫之旧"建大龙翔集庆寺。大欣笑隐法师为开山第一代住持。洪武元年春，明太祖朱元璋明改赐额曰"大天界寺"，并御书"天下第一禅林"榜。四年，朱元璋又改名为天界善世禅寺。

洪武四年(1371),明太祖征江南有道僧人,应召称旨,住天界寺。五年(1372)朝廷建广荐法会于蒋山太平兴国寺,受命升座说法,作《赞佛乐章》八曲。

九年(1376)春,明太祖命"育发以官之"①,宗泐表示不愿为官,希望终老释门。太祖从之,御制《免官说》以赐。后同杭州演福教寺住持天台宗高僧如玘②注释《心经》《金刚经》《楞伽经》等与《赞佛乐章》八曲一起,颁行全国。

十年,奉旨率缁素30人出使西域,从印度取回《庄严宝王》《文殊》等经,于十五年回国。后入主金溪疏山寺。

洪武二十四年(1391),圆寂,时年七十四岁。

学士宋濂③赞其像曰,"笑隐(大欣)之子,晦机(元熙)之孙,具大福德,足以荷担佛法,证大智慧","信为十方禅林之领袖,而与古德同道同伦者"。

明代明河撰《续藏经·补续高僧传·泐季泐传》:

宗泐,台之临海人,字季潭,别号全室。

八岁从诉笑隐学佛,十四剃,二十受具。洪武四年(1371),住径山。太祖高皇帝,征江南有道浮屠。师应召称旨,命住天界,上玘建广荐法会,于蒋山太平兴国寺,宿斋室。却荤肉不御者一月,服皮弁搢玉珪,上殿面大雄氏,行拜献礼者三。诏集幽爽引入殿,致三佛之礼,命师升座说法,上临幸,赐膳无虚日。每和其诗,称为泐翁。

十年冬,诏师笺释心经金刚楞伽三经,制赞佛乐章。丁巳(1377),奉使西域还朝,授右街善世。因命育发,将授以儒职。师姑奉命,至发长,上召而官之,师再辞求免,愿终释门。上嘉叹从之,赐免官说以旌其志。

相城道衍,负奇,摇膝高吟,傍若无人。师每正色责之,曰:此岂释子语耶。

学士宋公濂,尝赞师像曰:笑隐之子,晦机之孙;具大福德,足以荷担佛法。证大智慧,足以摄伏魔军。悟四喝二玄于弹指,合千经万论于一门。向上关,如涂毒鼓,挝之必死。杀活机,类金刚剑,触之则奔。屡镇名山,教孚遐迩。诏升京刹,名溢朝绅。凤受记于灵山之会,今简知于万乘之尊。云汉昭回,天章锡和于全帙。宠恩优渥,玉召对于紫宸。屹中流之砥柱,转大地之法轮,信为十方禅林之领袖。而与古德,同道同伦者耶。后追治胡惟庸党及师,著做散僧,执役建寺。

---

① 育发以官之:意为重新留发、还俗,担任官职。
② 如玘(1320—1385),明僧。号太璞。余姚(今属浙江)张氏。年十六,投横溪华安寺觉海为师。洪武初,召对称旨,诏住天界,与宗泐订释《心经》《楞伽》《金刚》颁行天下。后移杭之演福。
③ 宋濂:见"吴澄"节。

徐察其非辜取还,复领右善世,居无何。

以老赐归槎峰,渡江示寂于江浦之石佛寺。

师博通古今,凡经书过目辄成诵,善为词章,有全室集行于世。国初高僧师,与复见心齐名,见心疏放。师谨密,故其得祸为尤轻。噫!亦幸耳。

二、著作名录

《全室外集》·九卷

《续集》·一卷

《御制心经注》一册

《西游集》·一卷

《赞佛乐章》·八曲

三、著作简介

《全室外集》·九卷《续集》·一卷

宗泐谈吐风雅,精通诸子百家,善诗,工书。

洪武九年(1376),太祖临天界寺,赞赏其博学通儒,呼为"泐秀才"。其诗风骨高骞,圆融渊湛,"所为文词,禅机渊味,发人幽省",为虞集[①]、黄缙[②]、张翥[③]等名家所推重,被誉为"博远古雅,当代宏秀之宗"。

尤擅隶书,笔法以古拙见功夫。

所著均被《四库全书》收录。钱谦益[④]认为,《全室外集》中,"以钦和御制诗为首"。

《全室外集》九卷、《续集》一卷。明僧宗泐撰。宗泐字季潭,临安人[⑤]。洪武初举高行沙门,命住天界寺。寻往西域求遗经,还授左善世。太祖欲授以官,固辞。太祖为撰《免官说》。其后胡惟庸谋逆,词连宗泐,特原之。

---

① 虞集:见本书"虞集"节。

② 黄缙(1277—1357),字晋卿,婺州义乌人。元仁宗延祐二年(1315)进士。历台州宁海丞、诸暨州判官,皆有政绩。致仕后,卒于绣湖私第,追封江夏郡公,谥文献。缙天资介特,博览群书,剖析疑义,多先儒所未发。

③ 张翥(1287—1368),元代诗人。字仲举,晋宁(今山西临汾)人。至正初年(1341)被征召为国子助教。后来升至翰林学士承旨。诗文都写得出色,遗稿多散失,今存《蜕庵诗集》4卷,词2卷。

④ 钱谦益:见"黄裳"节。

⑤ 临安人:宗泐幼年被临安周氏收为养子。见人物简介。

是编题曰《外集》，盖释氏以佛经为内学，故以诗文为外，犹宋释道璨《柳塘外集》例也。首二卷为应制诗，及乐府供佛、赞佛诸曲。三卷至八卷为古近体诗。九卷为疏及题跋。《续集》诗文合编，而诗文之间阙四页，其原数遂不可考。今所存者凡诗三十六首、题跋十五篇。

《千顷堂书目》作《全室外集》十卷，盖合此一卷言之耳。宗泐虽托迹缁流，而笃好儒术。故其诗风骨高骞，可抗行于作者之间。徐一夔作是集《序》，称其："如霜晨老鹤，声闻九皋，清庙朱弦，曲终三叹。彷佛近之。皎然、齐己固未易言，要不在契嵩、惠洪下。与句曲外史张羽，均元明之际方外之秀出者也。"

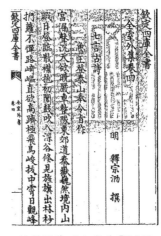

资料图片：《全室外集》《四库全书》本

《御制心经注》·一册

康熙六年和刻本，明洪武敕撰、释宗泐注《御制心经注》一册全、内题"般若波罗蜜多心经注解"前有洪武帝御制心经序、后宗泐跋、有批注。

《千顷堂书目》着录：

《西游集》一卷"盖奉使求经时道路往还所作。见闻既异，其记载必有可观"。

《明诗别裁集》录其诗二首：

即《夏夜与钱子贞集西斋赋诗叙别》和《听泉轩为藏无尽作》。

资料图片：《御制心经注》康熙六年刻本

《西游集》·一卷

《千顷堂书目》载：

宗泐尚有《西游集》一卷，盖奉使求经时道路往还所作。见闻既异，其记载必有可观。今未见其本，存佚殆不可知矣。徐祯卿《翦胜野闻》谓宗泐奉使西域，未至其地，途遇神僧幻化而归者。盖未知宗泐有此集，故造是齐东之语，与所谓宗泐蓄发还俗者同一谬妄也。

（元）邓　启

一、人物简介

邓启①（生卒年不详），字符迪②，礼贤乡二十五都沙堤（陂）人③。

邓启性耿介不群，早岁能诗，有《求志集》④《百忧集》《无可奈何集》，涂守约⑤叙曰：

"人皆知先生之诗，工力绝伦，而不知先生之道，至死不屈。白刃在前，鼎镬⑥在后，先生之气节，直欲凌六合⑦而横千古，武夫之所难，懦夫之所愧也。先生以是为诗，其不追少陵⑧不止！"

二、著作名录

《求志集》·四卷

《万忧集》（卷数不详，一名《百忧集》）

《无可奈何集》·卷数不详

---

① 邓启：人物简介参考清康熙、道光、同治各版《崇仁县志·人物志》等，明崇祯《抚州府志》载"临川人"。

② 见同治十二年版《崇仁县志》载"邓启，字符迪"。

③ 二十五都沙堤人：或记载有误。"沙堤"在长安乡一都，疑为礼贤乡二十五都"沙陂"人。沙陂，今属六家桥乡。

④ 《求志集》：同治十二年版《崇仁县志》载为《有求集》。

⑤ 涂几：字守约，又字孟规。江西宜黄人。明初学者、诗人。约明孝宗弘治中前后在世。与邹矩（1368—1398，字符方。崇仁人。明初诗人）齐名，人称"邹涂"。著有《东游集》《涂子类稿》等。参考《江西通志》《明人小传》。

⑥ 鼎镬：音 dǐng huò，出自《周礼·天官·亨人》。鼎和镬。古代两种烹饪器。古代的酷刑。用鼎镬烹人。

⑦ 六合：指天地之间。

⑧ 少陵：指唐诗人杜少陵，即杜甫。

三、著作简介

《求志集》·四卷

邓启性耿介①,篇章大抵多牢骚发愤如涂守约之言。

《中华古籍资源库》中有《求志集》,清陈鼐②辑,清光绪十二年(1886)刻本 2 册,1 函(四卷)。

《万忧集》(一名《百忧集》)(资料暂缺)

《无可奈何集》(资料暂缺)

---

① 耿介:正直,不同于流俗。

② 陈鼐(? —1872),字作梅,号竹湄,江苏溧阳人。道光二十七年进士,官至直隶清河道。参考周骏富《清代传记丛刊》。

（元）李晞范

一、人物简介

李晞范①（生卒年不详），"元代医家。江西崇仁县人。生平欠详。尝著有中医学著作《难经注解》《脉髓》两书，但经未见传世。"②

钦定《四库全书》中元戴启宗③所撰《脉诀刊误》卷下有提及。

二、著作名录

《难经注解》·四卷（亦名《李晞范注难经》）
《脉髓》·一卷（亦名《李晞范脉诀》）

三、著作简介

《难经注解》·四卷《脉髓》·一卷
这是李晞范为《难经》所作的注解。
《难经》原名《黄帝八十一难经》，传说为战国时期秦越人扁鹊④所作。

---

① 李晞范：人物简介参考清道光、同治各版《崇仁县志》艺文志记录了其著作名；《中医词典·人物》。
② 见《中医词典·人物》词条。
③ 戴启宗：元代医家。又作起宗，字同父，金陵（今江苏南京）人。尝任儒学教授，于医理钻研颇深，尤对脉学有较深造诣，曾撰有《脉诀刊误》，以纠俗传《脉诀》之误，流行颇广。另有《活人书辨》，则未见刊行。
④ 扁鹊：生卒年不详，姬姓，秦氏，名越人，春秋战国时期名医，渤海郡郑人。从师于长桑君，尽传其医术禁方，饮以山巅"上池"（石盆）之水，修得高超医术。初医治好赵简子五日不醒之症，赵简子赐其蓬鹊山田四万亩于扁鹊，得到食邑之地。巧因蓬鹊山之首，扁鹊洞府上面，有翩翩欲飞天然石鹊和静观天下神奇石人形象，赵人视秦越人为吉祥喜鹊一般，而尊称其为"扁鹊"，即"在赵者名扁鹊"。

本书以问答解释疑难的形式编撰而成,共讨论了 81 个问题,故又称《八十一难》,全书所述以基础理论为主,还分析了一些病证。其中:

一至二十二难为脉学;

二十三至二十九难为经络;

三十至四十七难为脏腑;

四十八至六十一难为疾病;

六十二至六十八为腧穴;

六十九至八十一难为针法。

《李晞范注难经》收入《钦定古今图书集成理学汇编经籍典·经籍总部汇考》卷二十九。

《千顷堂书目》着录:

李晞范《难经注解》四卷,又《脉髓》一卷。崇仁人。

（元）李季安

一、人物简介

李季安①（生卒年不详），元代医家。崇仁县人。早年习举世，博览群书。中年以后攻习医学，治病不择贫富，其贫困不能自存者，必拯其危急，至有儒医②之称。著有《内经指要》一书，未见行世。或已佚。

二、著作名录

《内经指要》（卷数不详）

三、著作简介

《内经指要》（资料暂缺）

---

① 李季安：人物简介参考《中医词典》《历代盱江医家医籍考》（江西中医药大学）。
② 儒医：本着儒家思想行医救人，是非常有医德的一类人，是对行医者的最高评价。

（元）周阳凤

一、人物简介

周阳凤①（约 1330 年前后在世，生卒年不详），字伯清，号山堂，颖秀乡十八都严溪（今属六家桥乡）人。博学笃行，士多以游者。

有《山堂文集》。

二、著作名录

《山堂文集》·四卷

三、著作简介

《山堂文集》·四卷
阳凤笃于践履，不欲于文名。
殁后，门人编此集，集中多讲学皙②理之言。③

---

① 周阳凤：人物简介参考清道光、同治各版《崇仁县志》人物志和艺文志等。
② 皙："析"与"白"联合起来表示"木材的原色"。本义：木材原色。
③ 见清同治十二年版《崇仁县志》。

（元）黄志茂

一、人物简介

黄志茂[①]（人物传待考）

二、著作名录

《云窗文集》·四卷
《云窗诗集》·四卷

三、著作简介

《云窗文集》·四卷《云窗诗集》·四卷

志茂赋性恬适，不慕荣利。为诸生，未几，即弃去举子业，间行寂坐，遇物成咏，文亦潇洒不凡，达意而止。里人廖简[②]序其集，谓为乱服粗头[③]，自饶风致，盖陶写[④]性灵处为多。

[①] 黄志茂：清道光、同治各版《崇仁县志》艺文志记录了其著作名和简单点评，无人物简介。

[②] 廖简：见"廖简"节。

[③] 乱服粗头：应为"粗服乱头"，汉语成语，意思是形容不讲究修饰，后也比喻文章本色。

[④] 陶写：意思是怡悦情性，消愁解闷。

（元）吴　里

一、人物简介

吴里①（生卒年不详），字伯美，号一华，吴文正公幼孙，领至正庚寅（1350）乡荐，元至正十一年（1351）辛卯进士（文允中榜），累官至南台御史。平生著有《一华集》若干卷，尝为祖重刊《五经纂言》。

弟畀，擢礼科给事中；子侃，任合浦知县；孙炬，中广东乡试，任汉川知县。

二、著作名录

《一华集》·卷数不详

三、著作简介

《一华集》（资料暂缺）

---

① 吴里：人物简介参考清雍正十二年版《崇仁县志》卷四。

第三编 明代

(明)李 镐

一、人物简介

李镐①（1329—1392），字叔京②，号冰壑，青云乡四十二都汤溪（今马鞍镇汤溪村）人。

李镐清修苦学，洪武六年（1373）召试，以儒士荐授国子监学正，教迪甚勤。升翰林编修，掌中都③国子监事，升司业。洪武二十五年（1392）卒。时太祖命蜀王④阅武⑤中都，王辟西堂，召儒臣李叔荆⑥、苏伯衡⑦及名僧来复⑧

资料图片：李镐科举齿录

① 李镐：人物简介参考清道光元年版《崇仁县志·人物志》；康芬、龙晨红《江西历代著作考》；《明别集版本志》等。
② 字叔京：除县志外，其他文献载其"字，叔荆"。
③ 中都：明中都位于安徽省凤阳县城中心，为明代开国皇帝朱元璋在安徽凤阳所营建的一座都城，始建于洪武二年（1369），占地总面积为 382.30 公顷，其宫城比北京故宫大 12 万平方米。置城池宫阙如京师之制。明中都是中国古代最豪华富丽的都城建筑之一。
④ 朱椿（1371—1423），是明太祖朱元璋第十一子，洪武十一年（1378）受封为蜀王。洪武二十三年（1390）就藩成都。参考《明史·卷一百十六·列传第四》。
⑤ 阅武：指讲习武事。
⑥ 李叔荆：即李镐，洪武十三年除国子监学正，洪武十四年，国子学正李叔荆"以翰林编修领中都国子监事"，二十一年升任国子监司业，二十三年免。洪武十八年，明太祖命蜀王朱椿在中都阅武，"时翰林编修李叔荆掌中都国子监事，大被亲宠。"
⑦ 苏伯衡（1329—1392），字平仲，金华人。博洽群籍，尤以古文名世。明太祖辟礼贤馆，伯衡亦被延致。擢翰林编修，乞省亲归。后聘主会试，为处州教授。著有《苏平仲文集》十六卷。参考《明史·列传》第一百七十三。
⑧ 释来复（（1319—1391），字见心，号竺昙，别号蒲庵。元末明初高僧，俗姓来（一说姓黄），讳复，豫章丰城人，先西域人。著有《淡游集》《蒲庵集》。生时有很多学者如虞集、贡师泰等与之来往过。《明史》无记载，《明一统志》有略传。

辈讲道论文,镐与焉①。

诗文力追古人,著有《冰壑集》《学馀堂诗稿》。

二、著作名录

《学馀堂诗稿》·十四卷(全名《温泉李太史冰壑公学余堂诗稿全集》)

《冰壑集》·卷数不详

三、著作简介

《学馀堂诗稿》·十四卷

诗集。全名《温泉李太史冰壑公学余堂诗稿全集》,《明别集版本志》②着录。

此集始刊于正统十三年(1448),嘉靖二十一年(1542)其六世孙李瑞再为翻刻,版甫成而随回禄③。万历二十四年(1596)诸裔孙又重行锓梓④,至四十三年(1615)刊刻行世。今存万历四十三年刻本,十行二十字,白口,四周单边。有李如龙序,此刻本藏上海图书馆。

李镐为蜀王傅⑤,教迪甚勤,性耽⑥,吟咏所为诗,力追古人,有名中朝;意致高浑⑦与描摹景物者异。

《冰壑集》(资料暂缺)

---

① 镐与焉:或因为李镐的字"叔京"和"叔荆"因记录所误差,记述者在这里或没有弄清楚"李镐"与"李叔荆"是同一个人。待考。

② 《明别集版本志》:是2006年7月由中华书局出版的图书,作者署崔建英辑订,贾卫民、李晓亚参订。

③ 版甫成而随回禄:这句话的意思是刻板刚刚完成却遭遇了火灾。甫:刚刚。回禄:相传本为火神之名,后引申指火灾,又作"回陆"。

④ 锓梓:刻版印刷。书版多用梓树木,故称。

⑤ 傅:辅助;教导。负责教育或传授技艺的人。这里指老师。

⑥ 耽:沉溺;喜好过度。

⑦ 高浑:高超浑厚。

（明）吴　溥

一、人物简介

吴溥①(1363—1426)字德润,号古崖,惠安乡四十五都莲塘(今属河上镇东来村)人②,大儒吴与弼之父。

自幼力学,潜心研究《春秋》,受学于邓伯恭③,时李元成④为《春秋》宿儒,复就学,尽得其微旨。善诗。中举人后,因病未参加会试,以教书自娱。

建文二年庚辰(1400)试,南省⑤第一,廷对⑥中进士二甲第一名,授翰林院编修,升修撰。

永乐六年(1408),吴溥迁升国子司业,为《永乐大典》副总裁,参与编纂《太祖实录》。居官廉洁俭朴,清慎严谨,但在国子监 20 余年未升迁。宣德元年(1426),死于任上。为官清正,不附权贵,二十年间官居原位。父吴逸愚赠承德郎、国子监司业。

---

① 吴溥:人物简介参考清道光、同治各版《崇仁县志》;《四库全书总目提要》等。
② 莲塘:亦称小陂村;今属河上镇东来村。
③ 邓伯恭:康熙十二年《崇仁县志·师官表》卷一载为二十五都人,洪武四年(1371)任崇仁训导,后任渭南县令。
④ 李元成:指本邑宿儒李衡。《崇仁县志》道光版载其字为"符成",同治版载为"元成"。
⑤ 南省:古代官署名,唐尚书省的习称。唐代尚书省设在皇城正中,位居宫城之南,号为南衙,亦称南宫。中书、门下、尚书三省中,尚书省的位置在其他两省之南,故通称"南省"。
⑥ 廷对:在朝廷上回答皇帝的咨询。该科共取进士 110 人,殿试时,状元是胡广。胡广(1370—1418),一名靖,字光大,号晃庵,江西吉水人,南宋名臣胡铨之后;明朝文学家,学者,官员;官至文渊阁大学士,著有《胡文穆公杂著》《胡文穆集》等;参考《明史·列传》卷一百五十二·第四十。榜眼王艮(1368—1402),字敬止,号止斋,江西吉水人带源人;官授翰林院修撰,参与编修《太祖实录》《类要》《时政记》等书,著有《平燕策》《翰林集》《王修撰文集》;参考《明史·列传》卷二十六。探花李贯,江西吉安人,建文帝近侍。参考"王艮列传"。三人都是江西吉安地区人。

　　"宣德元年(1425)九月甲午(初四):(吴溥)……为人清慎^①严重,造次^②必以礼。其教学者,必致力本源,曰:'若事口耳之学^③以取近利,非士也。'每旦坐堂上,视诸生所习,为之讲说,恳恳不倦,而革其涉猎蹈袭^④之弊。学者皆心服之。前后监学之师,以实心^⑤古道^⑥为教如溥者少矣。在翰林及国学二十余年,操守如一日,未尝一涉足权贵人之门,权贵人亦莫或知溥。或念溥久次不升,劝其少贬以徇俗者^⑦,答曰:'遇不遇命也。吾知安命而已,安能枉己^⑧哉。'自号'古崖',天下之为士者皆高之。家素贫,然笃于义,故人有遗寡孤贫无依者,溥每分俸给之。"^⑨

　　吴溥为人正直,清修苦节,为官清正,不畏权贵。二十余年官居原位,没有升迁。然操守如一,所得官俸,大都接济亲友乡邻。不重钱财,注重友情,他致力学习《春秋》,得其微者。

　　在文学创作上颇有成就,仕途坎坷给他的思想的影响很大。善诗,作品多反映年华迟暮、仕途艰辛的内心痛苦;也有写景寓情之作,情景交融,文笔清新,诗风淳朴,在明前期诸家中自成一体,朱彝尊《静志居诗话》称其"诗格楚楚"。在《秋兴》诗中写道:"力困谋非拙,愁深鬓欲华。一身今许国,百岁任无家。宫柳仍含翠,秋槐半着花。长吟听疏雨,请思绕天涯。"抒发了因自己怀抱不能实现的惆怅。

　　在职期间所得官俸,大都散济亲友故旧之贫困者,以至死去无以为殓。"……一日,会宴太学,得风疾,遽^⑩革^⑪舁^⑫归。顾其子曰:'吾死,勿用浮屠^⑬、老

---

① 清慎:意思是清廉、谨慎、勤勉。
② 造次:有匆忙、仓促、鲁莽、善辩、须臾、轻率、随便等不同的意思,要根据具体的语句来理解造次的解释。这里的意思应是无论多急的事都不会忽略礼仪而举止随便。
③ 口耳之学:指只知道耳朵进口里出的一些皮毛之见,而没有真正的学识。后也指从道听途说中获取的片断知识。
④ 蹈袭:照别人的样子做,走老路。袭:因袭,照样做。
⑤ 实心,指真实的心意,不以虚情假意待人。语出《韩非子·饬邪》。
⑥ 古道:传统的正道。今通称不趋附流俗、能守正不阿为古道。
⑦ 少贬以徇俗者:意思为在大众面前降低一些自己的标准。
⑧ 枉己:枉,弯曲,不正。己,自己。
⑨ 以上见《明宣宗章皇帝实录》卷二一。
⑩ 遽:立即,赶快,惊慌。
⑪ 革:音jí,指(病)危急。
⑫ 舁:音yú,共同用手抬。
⑬ 浮屠:也作浮图。梵语音译词。意为佛陀。原指佛教的创始人释迦牟尼。古时曾把佛塔误译为浮屠,故又称佛塔为浮屠。这里指丧礼上举办的佛僧念经等法事。

子法治丧①。'无一语及他事而卒。"②"九月三日设宴公堂,君从容言笑如平时。酒阑,忽得风疾,舁归私第,以是夕卒,享年六十有四。"③

为《永乐大典》副总裁。除参编《永乐大典》《太祖实录》典籍外,还著有《古崖诗集》,选入《石仓历代诗选》④。

子与弼,大儒,帝特聘,师生群体被黄宗羲以《崇仁学案》论;子与性,辟举"经明行修"举,官桐城训导。

二、著作名录

《太祖实录》(参编)·卷数不详
《古崖集》·八卷(亦名《古崖文集》或《古崖先生诗集》)

三、著作简介

《古崖集》·八卷(亦名《古崖文集》或《古崖先生诗集》)

溥清慎严重,文如其人,官司业二十余年,言行不苟,实开理学之先声。作品多反映年华迟暮、仕途艰辛的内心痛苦;也有写景寓情之作,情景交融,文笔清新,诗风淳朴,在明前期诸家中自成一体,朱彝尊⑤《静志居诗话》⑥称其"诗格楚楚"。⑦

"胡若思⑧云,先生志不事浮藻,故其诗质实不浮,殆所谓布帛菽粟,而温厚和平之意,蔼然见于辞气之表。其视世之纤媚工巧者,不侔矣。"⑨

---

① 老子法治丧:对于丧葬之事,道家的主张是薄葬,认为"夫事其亲者,不择地而安之,孝之至也"。万物皆按照自然规律运作,理念强调的是"归本返真、复归自然"的薄葬思想。老子认可"处丧以哀",亦认可"以血缘为纽带的鬼神祭祀",强调生命与顺应天道的关系。

② 见杨士奇撰《国子司业吴先生墓志铭》《东里续集》卷三四。

③ 见杨荣撰《故国子司业吴君墓表》《文敏集》卷二十。

④ 《石仓历代诗选》:(浙江巡抚采进本)五百六卷。所选历代之诗,上起古初,下迄于明,凡古诗十三卷,唐诗一百卷,拾遗十卷,宋诗一百七卷,金、元诗五十卷,明诗初集八十六卷,次集一百四十卷。

⑤ 朱彝尊:见"黄裳"节。

⑥ 《静志居诗话》:朱彝尊撰。24卷。系姚祖恩从彝尊所编《明诗综》中将其有关诗论辑出编成。因彝尊室名"静志居",因以名书。

⑦ 见清同治十二年版《崇仁县志》。

⑧ 胡若思:指胡俨。

⑨ 见《明诗综》卷一九《吴溥》。

《千顷堂书目》《中国善本书提要》①着录：

今有明刻本，十一行二十字，黑口，四周双边，卷端题"盱江张光启②编辑"，计二册，藏国家图书馆。

资料图片：《太祖实录》《永乐大典》副本图

《太祖实录》（参编）

《四库全书总目提要》：《永乐大典》·二万二千八百七十七卷、《目录》·六十卷（翰林院藏本）载（摘录）：

明永乐元年（1403）七月奉敕撰。二年十一月奏进，赐名《文献大成》。

总其事者为翰林院学士兼右春坊大学士解缙③，与其事者凡一百四十七人。既而以所纂尚多未备，复命太子少保姚广孝④、刑部侍郎刘季篪⑤与缙同监修，而以翰林学士王景⑥、侍读学士王达⑦、国子祭酒胡俨⑧、司经局洗马杨博⑨、儒士陈济⑩为总裁，以翰林侍读邹

① 中国善本书提要：见"李刘"节。

② 张光启：盱江（今江西抚州）人，明永乐间进士，宣德间出授福建建阳县令，成化时著有《新刊四明先生高明大字续资治通鉴节要》《增修附注资治通鉴节要》等书。

③ 解缙（1369—1415），字大绅，一字缙绅，号春雨、喜易，江西吉安府吉水（今江西吉水）人，洪武二十一年（1388）中进士，官至内阁首辅。著有《解学士集》《天潢玉牒》等。参考清·张廷玉《明史·解缙传》。

④ 姚广孝（1335—1418），幼名天僖，法名道衍，字斯道，又字独闇，号独庵老人、逃虚子。长洲（今江苏苏州）人。明朝政治家、佛学家、文学家，靖难之役的主要策划者，中国历史上最著名的黑衣宰相。参考清·张廷玉《明史·姚广孝传》。

⑤ 刘季篪：洪武中进士，行人，陕西参政，工部主事。行人，指掌接待诸侯及诸侯之上卿之礼的官员。参考清·张廷玉《明史·刘季篪传》。

⑥ 王景（1337—1408），号常斋，元末明初松阳县人，明洪武四年（1371），考中举人，并被授予怀远教谕。官至礼部侍郎兼翰林院学士，著有《玉堂稿》《南诏稿》传世。参考清·张廷玉《明史·王景传》。

⑦ 王达：建文时，王达为国子助教。朱棣即位，永乐二年（1404）升翰林院编修，为侍读学士。参考明·焦竑《国朝献征录》卷二十。

⑧ 胡俨（1360—1443），字若思，南昌人。洪武年间考中举人。明成祖时，以翰林检讨直文渊阁，迁侍讲。永乐二年（1404）累拜国子监祭酒。洪熙时进太子宾客，仍兼祭酒。著有《颐庵文选》《胡氏杂说》。参考清·张廷玉《明史·胡俨列》。

⑨ 杨博（1509—1574），字惟约，号虞坡。山西蒲州（今运城永济）人。嘉靖八年（1529）进士，官至吏部尚书，少师兼太子太师。出入朝廷四十多年，始终以兵事著称。著有《虞坡集》《关公帝忠义经序》及各类奏议共八十四卷。参考清·张廷玉《明史·杨博传》。

⑩ 陈济（1364—1424），字伯载，明朝史学家，江苏常州人，以布衣召为《永乐大典》的都总裁（相当于总裁助理）。书成，授右春坊右赞善，为皇太子所重，五皇孙皆从受经。参考清·张廷玉《明史·陈济传》。

辑①、修撰王褒、梁潜、吴溥、李贯、杨觐、曾棨、编修朱纮、检讨王洪、蒋骥、潘畿、王偁、苏伯厚、张伯颖、典籍梁用行、庶吉士杨相、左春坊左中允尹昌隆、宗人府经历高得旸、吏部郎中叶砥、山东按察使金事晏璧为副总裁，与其事者凡二千一百六十九人。于永乐五年（1407）十一月奏进，改赐名曰《永乐大典》。

考《明实录》载成祖谕解缙等，称尝观《韵府》《回溪》二书（案：《回溪》谓《回溪史韵》也）事虽有统，而采摘不广，纪载太略。尔等其如朕意，凡书契以来，经史子集百家之书，至于天文、地志、阴阳、医卜、僧道、技艺之言，备辑为一书，无厌浩繁云云。故此书以《洪武正韵》②为纲，全如韵府之体。其每字之下，详列各种书体，亦用颜真卿③《韵海镜源》④之例。惟其书割裂庞杂，漫无条理，或以一字一句分韵，或析取一篇，以篇名分韵，或全录一书，以书名分韵，与卷首凡例多不相应，殊乖⑤编纂之体。

疑其始亦如《韵府》之体，但每条备具始末，比《韵府》加详。今每韵前所载事韵，其初稿也。继以急于成书，遂不暇逐条采掇，而分隶以篇名，既而求竣益迫⑥，更不暇逐篇分析，而分隶以书名。故参差无绪，至于如此。

然元以前佚文秘典，世所不传者，转赖其全部全篇收入，得以排纂校订，复见于世，是殆天佑斯文，姑假手于解缙、姚广孝等俾汇存古籍，以待圣朝之表章，有莫知其然而然者，正不必以潦草追咎矣。

今仰蒙指授，裒辑⑦成编者凡经部六十六种，史部四十一种，子部一百三种，集部一百七十五种，共四千九百四十六卷。

菁华已采，糟粕可捐，原可置不复道。然搜罗编辑亦不可没其创始之功，故附存其目，并具载成书之始末，俾来者有考焉。

---

① 邹辑：字仲熙，吉水人。洪武中举明经，授星子教谕。建文时为国子助教。朱棣即位，擢升翰林侍讲。永乐十九年（1421）升右庶子兼侍讲。参考张廷玉《明史·邹缉传》。

② 《洪武正韵》：是明太祖洪武八年（1375）乐韶凤、宋濂等11人奉诏编成的一部官方韵书，共16卷。宋濂奉敕撰序。《洪武正韵》继承了唐宋音韵体系，作为明太祖复兴华夏的重要举措，在明朝影响广泛。

③ 颜真卿（709—784），字清臣，别号方正，京兆万年（今陕西省西安市）人。开元二十二年（734）登进士，官至吏部尚书，太子太师，封鲁郡公，人称"颜鲁公"。有《韵海镜源》《礼乐集》《吴兴集》《庐陵集》《临川集》，均佚。宋人辑有《颜鲁公集》。参考《旧唐书·卷一百二十八·列传第七十八》。

④ 韵海镜源：音韵辞藻类书。唐颜真卿撰。其书已佚。宋人避讳，易名为《韵海鉴源》，或云五百卷，或云三百六十卷，《宋史·艺文志》作十六卷。参考《词典》。

⑤ 殊乖：殊，特别。乖，违背。指一种体制，体裁，结构或是格局。殊乖体制就是特别违背体裁结构。

⑥ 求竣益迫：竣，完毕。急于求成之意。

⑦ 裒辑：从……中汇集而编辑，辑录。裒：音 póu。

(明)虞　堪

一、人物简介

虞堪①(生卒年不详,约 1370 年前后在世),字克用,一字胜伯,号青城山樵。长洲②人。虞集从孙。

明洪武中曾任云南府学教授,编《虞文靖公道园全集》《道园遗稿》和《雍虞先生道园类稿》。

著有《鼓枻稿》一卷《希澹园诗》三卷等。

二、著作名录

《希澹园诗》·三卷

《鼓枻稿》·一卷

《虞山人诗》三卷·补遗一卷

编辑《道园遗稿》·六卷

编辑《虞文靖公道园全集》·六十卷

编辑《雍虞先生道园类稿》·六卷

---

① 虞堪:人物简介参考清道光元年版《崇仁县志·人物志》。
② 长洲:全国名"长洲"地名有广东、广西、江苏等多处,记载亦有"隶籍"或"流寓"之说,县志并未说明。而虞集后裔多居住在现在的三山乡长仁村,且县域并无"长洲"地名,"长洲"是否为三山"长仁"之误,待考。

三、著作简介

《希澹园诗》·三卷（编修汪如藻家藏本）

《四库全书总目提要》：明虞堪撰。堪字克用，一字胜伯，长洲人。

至正中隐居不仕。故其《题赵孟頫①画绝句》有曰："王孙今代玉堂仙，自画苕溪似辋川。如此青山红树里，可无十亩种瓜田。"深讽其出事二姓。

然堪至洪武中，竟起为云南府学教授，卒于官。盖与仇远②入元事同一例。原本题曰："元虞堪"，非其实也。堪隶籍长洲，而集中《岩居高士图歌》有"我亦本是青城人"句，《画山曲》有"家山万里隔，蜀道正难行"句，《朱仲叔山水引》有"西蜀书生"句。而《西蜀二绝句》《三峡谣》《旅怀诗》《忆锦官诗》《送张士皋归闽中诗》《次韵陆高士见寄诗》皆于蜀有故乡之思。而《成都使君王季野席上诗》，则并作于蜀。

考《宋史》虞允文本蜀人，而虞集亦每自署西蜀。堪于允文为七世孙，于集为从孙，意其流寓长洲，而于蜀仍往来未绝欤。

此集后有《自跋》，称丁未岁冬至前一日。案丁未为元至正二十七年（1367），则皆元时所作，而入明以后篇什，遂不复见。

相传堪没后，所遗翰墨尚数箧。其子孙不读书，漫置屋中，久而亡之，则其散佚者固亦多矣。诗多题画之作。又丁元末造，时有忧时感事之言。古体气格颇高，近体亦音节谐婉。惟七言律诗，刻意欲效黄庭坚，而才力浅薄，终不相近。然大致婉约秀逸，颇饶情韵，无当时秾艳③之习，亦可谓娟娟独立矣。

世又有堪诗别本，题曰《鼓枻稿》者，与此集互相检勘，其诗篇数多寡并同。惟前后编次稍异。或即堪之原本，或后人别题以行，均未可定。

今附存其目于此，不复录焉。

清莫友芝撰《邵亭知见传本书目》着录：

《希澹园诗》三卷，明虞堪撰。

刊本题曰《鼓枻稿》，与此集互勘，多寡悉同，编次小异。

---

① 赵孟頫：见"吴澄"节。

② 仇远（1247—1326），字仁近，一字仁父，钱塘（今浙江杭州）人。因居余杭溪上之仇山，自号山村、山村民，人称山村先生。元代文学家、书法家。元大德年间（1297～1307）五十八岁的他任溧阳儒学教授，不久罢归，遂在忧郁中游山河以终。参考"杭州市下城区人物"。

③ 秾艳：艳丽；艳美。

资料图片：民国初商务印书馆影故宫藏文渊阁本明虞堪《希澹园诗集》3 卷 2 册全

《虞山人诗》三卷·补遗一卷

《虞山人诗》三卷·补遗一卷，明虞堪撰。

由《中华书局》《商务印书馆》列入《丛书集成》。

《鼓枻稿》·一卷

《鼓枻稿》·卷一，明虞堪撰

由《中华书局》《商务印书馆》列入《丛书集成》。

编辑《道园遗稿》·六卷（江西巡抚采进本）

《四库全书总目提要》云：其从孙堪编。盖以补《道园学古录》之遗也……

当李本编《学古录》时，已有泰山一豪芒之叹，则云烟变灭者不知凡几。堪续加搜访，辑缀成编，纵未能片楮①不遗，要其名篇隽制，挂漏者亦已少矣。集中《题花鸟图》一首，《元诗体要》作揭傒斯②诗。今观其格意，于揭为近。或堪一时误收，亦未可知。然《元音》及《乾坤清气集》均载是诗，又题集作。此当从互见之例，疑以传疑，不足以为是书病也。

编辑《雍虞先生道园类稿》

中华再造善本，8 开线装，全六函三十六册，北京图书馆出版社，2006 年。

包括古诗、赋、近体诗、谥议、奏疏、墓志铭、祭文等。据中国国家图书馆藏元刻本仿真影印，收入中华再造善本金元编集部。

资料图片：《四库别集》《鼓枻稿》明·虞堪《鼓枻稿》·一卷，（明）虞堪撰。

---

① 片楮：片纸。

② 揭傒斯（1274—1344），字曼硕，龙兴富州人（今江西丰城）。著名元朝史学家、文学家。延佑元年（1314），揭傒斯以李孟等大臣推荐，召为翰林国史院编修，历翰林应奉等职官至翰林侍讲学士，元至正三年（1343）元顺帝下诏修辽金宋三史，任命揭傒斯为总裁官。著有《揭文安公全集》十四卷，补遗一卷。《元史·列传第六十八》。

编辑《虞文靖公道园全集》

元虞堪①。古裳书屋,1970 年版。其中文四十四卷,诗八卷,遗稿诗八卷。

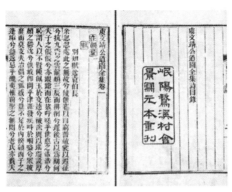

资料图片:《虞文靖公道园全集》清道光鹅溪孙氏古棠书屋刊本

清道光鹅溪孙氏古棠书屋刊本:《虞文靖公道园全集》存五十五卷;是书据元刊本重刊,内收《在朝文稿》四十四卷、《道园诗遗稿》八卷、《学古录诗集》存三卷。

---

① 这里注"虞堪"朝代为"元",乃原引照录。

（明）刘 潖

一、人物简介

刘潖①（约 1384—1435），字士哲，县城北耆府馆（今巴山镇）人。

刘潖自幼颖悟不凡，诸生时，与同邑刘绍、饶安②构"梯云阁"以读书，受《礼记》大旨于罗师、程先生之门，问学日进。

登永乐二年甲申（1404）进士（时居西耆），以庶吉士改知临汾县知县，荐升浙江按察司佥事。时多营建，初有司籍以私利，士哲重加禁戢③。初兰溪，一巨憨④，人相道路以目；有温州尉指挥，恃奉天征讨，功多不法，士哲讦奏⑤诣阙⑥，竟暴其罪。以语太峻⑦，落职为民。居临清十余年，结草为庵，并号"草庵"，教授生徒，怡然自得。用荐起为吏部文选司主事，秉鉴持衡⑧，秋毫无所徇，贤声益着，人皆称之为"草庵先生"。

宣德九年（1434），扈驾⑨征汉藩⑩，昭许焚黄⑪归。明年还职，卒于京，年五十

---

① 刘潖：人物简介参考清道光、同治诸版《崇仁县志》等。刘潖（xún）。道光及前记为"刘潖"，同治版记为"刘浚"。疑同音字误。
② 饶安：江西崇仁人。永乐十年，登进士，改庶吉士，之后出任陕西佥事，治理当地旱灾并开河导水，夺走豪强占田等，存有《中庵集》。见"饶安"节。
③ 禁戢：禁止；杜绝。
④ 巨憨：憨音 duì，指元凶，大恶人。
⑤ 讦奏：告讦上奏。
⑥ 诣阙：直到天子的宫阙。
⑦ 峻：本意是指高而陡峭，也指高大，还有严厉苛刻的意思。
⑧ 秉鉴持衡：指拿着镜子拿着秤，公正廉明地去执法。
⑨ 扈驾：指随侍帝王的车驾。
⑩ 征汉藩：指宣德元年（1426）八月，朱高煦扯起"清君侧"的大旗起兵造反，宣宗御驾亲征其叔父叛乱一事。
⑪ 焚黄：旧时品官新受恩典，祭告家庙祖墓，告文用黄纸书写，祭毕即焚去，谓之焚黄。后亦称祭告祝文为焚黄。

一。贫弗克①成殓，诸同乡助之。

著《草广集》②。

父刘元亨赠承德郎、吏部主事。

二、著作名录

《草庵集》·卷数不详

三、著作简介

《草庵集》

浚邃③于经术，尤精《礼记》；辩论处明细了当，罢官后居临清④十余年不归。草庵者，临清所居地也。

---

① 弗克：不能。

②《草广集》：名《草广集》，"广"、"庵"的异体字；明时"庵"亦有简写成"广"字的。

③ 邃：与"邃"同。穷也，深远也。

④ 临清：在山东省聊城市。

(明)吴与弼

一、人物简介

资料图片：吴与弼画像

　　吴与弼①(1391—1469)，明初学者吴溥子，初名梦祥、长弼，字子傅，号康斋。惠安乡四十五都莲塘小陂②人。

　　吴与弼少时聪慧，勤奋苦读，八、九岁在乡学读书，初习诗、赋、经制，即已崭露头角，对文学、天文、律历、医卜③均有所学。十九岁时，赴京侍奉时任国子监司业的父亲，得拜明代"三杨"之一的洗马杨溥④为师。

　　其时，在其父任所获读朱熹所编之《伊洛渊源录》⑤，自谓"睹道统一脉之传"、"于是思自奋励，窃慕向焉，而尽焚当时举子文字，誓必至乎圣贤而后已"⑥。独处小楼二年，专心攻读《四书》《五经》和洛学⑦、闽学⑧两个学派的语录。

---

① 吴与弼：人物简介参考《明史》卷二八二；清道光、同治各版《崇仁县志》；明崇祯、清康熙版《抚州府志》；娄谅《与弼先生行状》；《四库全书总目提要》等。

② 小陂：现河上镇东来村小陂。

③ 医卜：医疗和卜筮。中国古代认为"医卜同源"，医者所治为肉体所产之病，；卜者治心，针对一些看不到的精神类和隐态类病症；是为内外病兼治之法。

④ 杨溥(1372—1446)，字弘济，号澹庵。湖广石首(今湖北石首)人，明朝初年政治家、诗人，内阁首辅，与杨士奇、杨荣并称"三杨"，因居地所处，时人称为"南杨"。永乐初年，任太子洗马，侍奉太子朱高炽(明仁宗)。有《杨文定公诗集》《杨文定公奏疏》等传世。参考《明史·卷一百四十八·列传第三十六》。

⑤ 《伊洛渊源录》：十四卷。宋朱熹撰。本书主要记载宋理学家周敦颐、程颐、程颢及其门下弟子的言行。

⑥ 见吴与弼《日录》。

⑦ 洛学：以北宋思想家、教育家程颢兄弟为首的学派。

⑧ 闽学：以南宋思想家、教育家朱熹为首的学派。

矢志以讲授理学,传播程、朱思想为己任,讲学家乡,一生不应科举,不入仕途,屡荐不出。

永乐九年(1411),吴与弼奉父母之命返乡完婚。此后在乡里,一切行动都遵守儒家的礼仪规范。每次到京探望父亲,穿的都是布衣旧鞋。他下田耕作,自食其力。对不义之举,一概不为;对不义之财,一概不取;中年以后,家境日贫。自身节俭,对来学者除谆谆教诲亦招待食宿,声誉逐渐散播府县。四方求学者则闻名而来,其学生胡九韶①说:"惟先生遇患难仍能学习、进益,别的人则不免意志颓唐而懒怠下去"。

正统十一年(1446),由广西按察佥事何自学②荐举入朝,后御史涂谦③、抚州知府王宇④也一再荐举,皆不出。景泰七年(1456),御史陈述荐他入阁讲学,帝下诏江西巡抚韩雍⑤前往礼请,仍不出。

天顺元年(1457),大臣石亨⑥与大学士李贤⑦上疏荐举,并派人前往征召,吴与弼进京后第二年五月,授为左春坊左谕德⑧,他上疏请辞。英宗召入文华殿,咨询其因,他以"浅陋之学,衰病之躯,有负期待之重,岂敢窃禄为官。"然力辞不允。后又多次上疏辞职,并由其子向吏部告以病重,才得以允准。

辞官归里前,在呈送英宗的谢表中力陈十事:一曰"崇圣志",二曰"广圣学",三曰"隆圣德",四曰"子庶民"⑨,五曰"谨命令",六曰"敦教化",七曰"清百僚"⑩,

---

① 胡九韶:字凤仪,自少从学康斋。家甚贫,课儿力耕,仅给衣食。见"胡九韶"节。

② 何自学(1397—1452),字思举,江西金溪县左坊后车人。宣德丁未(1427)进士第,初任刑部河南司主事,正统三年(1438)为廷臣推举,升广西按察佥事。参考《中国人名大辞典》。

③ 涂谦(1419—1457),字恒让,江西南昌府丰城县人,匠籍。明朝政治人物。进士出身。历官监察御史、山东副使,终贵州按察使。参考《中国涂氏网》。

④ 王宇(1417—1463),字仲宏,号厚斋,河南祥符人。正统四年(1439)进士,授南京户部主事,特迁抚州知府。天顺元年(1457),擢为山东右布政使,命抚恤山东饥民。天顺二年(1458)迁右副都御史,巡抚宣府。参考《明史·列传》卷四十六。

⑤ 韩雍(1422—1478),字永熙。南直隶苏州府长洲(今江苏苏州)人。明朝中期名臣、诗人。明正统七年(1442)登进士第。初授御史,明代宗时累擢右金都御史、巡抚江西;成化十年(1474),韩雍受人诬陷,被勒令致仕,卒追谥"襄毅",有《襄毅文集》传世。参考《明史·韩雍传》。

⑥ 石亨:明朝渭南县南子道里(今临渭区官道乡附近)人。天顺四年(1460年)石亨大肆培植党羽,大权独揽,干预朝政。帝见石亨骄奢淫逸,为所欲为,加之于谦拥护者李贤劝谏,罢其职。后又以其侄石彪不轨,下诏狱,坐谋叛律斩,没其家资。参考《明史·列传第六十一》。

⑦ 李贤(1409—1467),字原德,邓(今河南邓州市)人。宣德八年(1433)进士,受代宗赏识,升任兵部右侍郎,转户部侍郎,入内阁,升吏部尚书兼华盖殿大学士、知经筵事。著有《鉴古录》《体验录》《看书录》《天顺日录》《古穰文集》等。参考《明史·卷一百七十六·列传第六十四》。

⑧ 左春坊左谕德:为东宫教导皇子的五品官。

⑨ 子庶民:指以平民为子。

⑩ 百僚:指百官。

八曰"齐庶政"①，九曰"广言路"，十曰"君相一德同心"。② 词语恳切，获英宗嘉许，护送回乡，命地方官按月支给仓米③以示关怀。

成化五年（1469）病故于家。

吴与弼崇尚程朱理学，其学上无所传④，践履理学六十年如一日，矢志不渝，虽生活清贫，躬耕自食，然淡泊自乐。他认为圣人教人，就是修身，讲究身心修养，修身然后可以治国平天下，其师生群体被后学者誉为"崇仁学派"。

其修养身心以及治学方法，多得自朱学，也自有体认，但其"体认"⑤又往往游离朱学。他认为，为学目的无非是"存天理，去人欲"⑥；为学的过程就是"变化气质"⑦；而"变化气质"的方法，主要是读圣贤书，体会圣人遗言，以充实"吾心固有之仁义礼智"。

读书的目的是"反求吾心"，这种反求，不是直截⑧和顿悟，而是一个对吾心不断涵养、磨洗⑨、启发的过程，如此积功久之，才能使"吾心固有之善发露⑩"，从而达到"反求吾心，对越神明"的目的。

因强调向内径求，主张于思处格物，故其对于为学修道功夫，特别重视平旦之气的"静观"⑪和枕上的夜思冥悟，故而人称其学"多从五更枕上汗流泪下得来"⑫。

此种静观、夜思而所得，为其理学思想的最大特色之一。

吴与弼以"吾心固有"为出发点，以"静观""反求"为方法，实乃在朱学中兼宗陆学，所以，清人称其学为"兼采朱陆之长"。其学术思想当时深受众多儒士所推

---

① 齐庶政："齐"为谷穗整齐，后引申为整治、整理等。"庶政"的意思是各种政务。

② 见《康斋集·陈言十事》（四库版）卷七。

③ 仓米：官仓中贮藏的米。

④ 上无所传：没有直接或私淑的师承关系。指既没有做过大儒的门生，又没有依据某种门派的修炼路数。

⑤ 体认：意为有自己的体会和认识。

⑥ 存天理、去人欲：朱熹理学所倡导的思想，通俗理解意为人的正常欲望可视为"天理"，要存；超过人正常欲望则视为非正常之"人欲"，要去除。

⑦ 变化气质：北宋张载认为人性可分为"天地之性"和"气质之性"，天地之性至善，气质之性有善有恶，甚至进而肯定它是恶的根源。他主张："为学大益，在自求变化气质。"（《经学理窟·义理》）还认为"气质"不仅应当改变，而且能够改变，"变化气质与虚心相表里"（同前）。

⑧ 直截：也作"直捷"。

⑨ 磨洗：磨擦冲洗。意为严格的自省。

⑩ 发露：显露表白所犯之过失而无所隐覆。如鲁迅《华盖集·通讯二》："要纠正这些，也只好先行发露各样的劣点，撕下那好看的假面具来。"

⑪ 静观：道家哲学指冷静地分析观察。仔细审察，冷静观察。它是一种思维方式，一种从内在解决生活、工作、学习中遇到的问题的思维方法。

⑫ 参见黄宗羲《明儒学案·崇仁学派》。

崇,人称"康斋先生"。

吴与弼以普通的布衣身份,认准目标,以"述而不作"改"行而不作",终身践履,是用自己认可的方法尽一生时光去探研、体悟儒道而成就"人皆可贤圣"的醇儒者。

吴与弼教学,以身作则为重,"本之以小学、四书,持之以躬行实践",常用程子①的话勉励学生说:"言人,当以圣为志;言学,当以道②为志。然进修不可躐等③,必先从事于小学,以立其基;然后进乎大学,以极夫体用之全。"要求学生循序渐进,打好基础;不要好高骛远,一步登天。

先后从吴与弼问学者有数百人,成为一代大儒的就有胡居仁④、陈献章⑤、娄谅⑥、胡九韶、车泰⑦、罗伦⑧、谢复⑨、周文⑩、杨杰、饶烈等人。

其弟子后又分成两路。陈献章以"涵养心性、静养'端倪'"之说,遂开"江门学派"⑪之

---

① 程子:这里指"程颐"。

② 道:这里的"道"意为法则、规律。

③ 躐等:逾越等级;不按次序。

④ 胡居仁(1434—1484),字叔心,号敬斋,江西余干县梅港人。明朝崇仁学派著名理学家。师事崇仁硕儒吴与弼,而醇正笃实,饱读儒家经典,尤致力于程朱理学,过于其师。其学誉为"余干之学",名闻当时,影响后世。以布衣终身。万历中,追谥文敬,从祀孔庙。著有《胡文敬公集》《易象抄》《易通解》《敬斋集》《居业录》及《居业录续编》等书行世。参考《明史》卷二八二。

⑤ 陈献章(1428—1500),字公甫,别号石斋,广东广州府新会县(今广东省江门市新会区)白沙里人,世称陈白沙。明代崇仁学派著名的思想家、教育家同时又是书法家、诗人、古琴家。以他为中心的群体称"江门学派",岭南地区唯一从祀孔庙的大儒,是明代心学的奠基者,被后世称为"圣代真儒""圣道南宗""岭南一人"。万历初,从祀孔庙,追谥文恭。著作后被汇编为《白沙子全集》。参考《明史》卷二八二。

⑥ 娄谅(1422—1491),字克贞,别号一斋,江西广信上饶人,明代崇仁学派著名理学家。娄谅本有著作《日录》四十卷,词朴理纯,不苟悦人;《三礼订讹》四十卷;《诸儒附会》十三篇,《春秋本意》十二篇。著作不传乃因宁王之祸,遗文散失之故。明孝宗弘治二年(1489),冬天,王阳明因送新婚的夫人诸氏从南昌归浙江余姚,舟至广信,拜谒娄谅,并从之问学。娄谅授之以"反求吾心""敬""静"之法,谓"圣人必可学而至",王阳明深契之,因此始慕圣学。黄宗羲《明儒学案》说"姚江之学,先生为发端也"。参考《明史》卷二八二。

⑦ 车泰:字子谟,金溪人,与兄弼宗、弟亨俱受业康斋,而泰最久,笃信力行,师友咸称之斋。应聘辞归。泰之学以小学为阶梯,其学归旨于礼,尤邃于《易》《春秋》其大书,诗文平实浑淡,以敦复名斋,有《敦复遗稿》存于家。参考《类书集成·万姓统谱》第二百二十二卷。

⑧ 罗伦:见"吴澄"节。

⑨ 谢复(1441—1505),字一阳,明祁门人。少从吴与弼游,又与陈献章为同门友,故其学务求力行。晚年,筑室西山之麓,学者称西山先生。年六十五岁。参考《明史》卷二八二。

⑩ 周文、杨杰、饶烈:周文,上饶人,与娄谅一同拜师康斋。饶烈,临川人。其他均未找到资料。

⑪ 江门学派:又称"岭南学派",是由明代著名理学家陈白沙为首,其弟子湛甘泉集大成的心学思想派别。因其始创者陈献章为江门人,故又称江门学派。岭南学派源出程朱理学,开启王阳明心学,但又有别于程朱理学和陆王心学。

宗;胡居仁、娄谅等"主敬存心,笃志力行",遂启"余干之学"①。两派再传湛若水①、王守仁②等,形成有明一代又一儒学高峰"阳明心学",于此可见其历史影响之大。

因为吴与弼为当时的权臣而后又被指为奸臣的石亨作了年谱序,颂了几句其"盛德",遂被议谓其"自附匪党"。此议黄梨洲论曰:

"当时石亨势如燎原,其荐先生以炫耀天下者,区区自居一举主之名耳。向若先生不称门下,则大拂其初愿,先生必不能善归。"

又因弟鬻祭田③涉讼,吴"裼冠蓬首④,短衣束裾⑤,跪讼于庭",有失道学体统;此乃抚守张瑄(番禺人)因先生拒而不见,瑄知京贵有忌先生者(尹直之流),欲坏其节行,令人讼之。瑄对先生极力怠慢、侮辱,先生并不恼怒,最后瑄无法自圆其说,才将先生送回家。

其三认为他"求名太急",想"做大官""出大名"而不愿屈就太子师;然先生至京而辞归,时年已 68 岁,"求名太急"之议实属无聊。又议先生兼采陆学,不能恪守朱说……这几件事被以"节操"之名多遭议论。故卒后不得封谥,不得从祀孔庙。

吴与弼一生重求心得,不事著述,故其著作不多,主要有语录体之《日录》一卷⑥。今有明末崇祯刻本《康斋文集》十二卷。清康熙间将其《日录》汇入《广理学备考》⑦,称《吴先生集》。

与弼品德高洁,襟怀坦白,不计个人恩怨,而学识渊博,终身践履。堪为一代

---

① 余干之学:是以胡居仁、娄谅、罗一峰、张东白论学于弋阳的龟峰和余干的应天寺为主体形成。又讲学于贵溪涧源书院和淮王府,胡居仁在主持白鹿洞书院时所续修之学规,便特意列入"主诚敬以存其心"一条,作为朱子《白鹿洞学规》的补充,由此可见二者之间的继承关系。与"江门学派"乃在于其学问宗旨的不同。相互争辩、批评,较之宋代朱熹批评陆九渊有过之而无不及。

① 湛若水:见"吴澄"节。

② 王守仁(1472—1529),幼名云,字伯安,别号阳明,浙江余姚人。明代著名的思想家、教育家兼军事家、书法家。历任吏部验封司主事、署员外郎、吏部文选司主事。正德七年任吏部考功司郎中、南京太仆寺卿。正德九年升任南京鸿胪卿。著有《大学问》《王阳明全集》《传习录》。明代心学发展的基本历程学术界归结为:陈献章开启,湛若水完善,王阳明集大成。参考《明史·列传第八十三》。

③ 鬻祭田:"鬻"为卖。"祭田":旧时族田中用于祭祀支出的土地。

④ 裼冠蓬首:形容脱去外衣,摘去了帽子并散乱头发。

⑤ 束裾:这里指卷起裤腿。

⑥ 《日录》一卷:本一卷不独编时,在《康斋文集》内。

⑦ 《广理学备考》:指山西理学名儒范鄗鼎的撰著。范鄗鼎(1626—1707),字彪西,洪洞人。性孝友,康熙六年进士,以母老不仕。辑《理学备考》三十卷,《广理学备考》四十八卷。立希贤书院,置田赡学者。著《五经堂文集》五卷,《语录》一卷等。

醇儒。

二、著作名录

《康斋文集》·十二卷
《吴康斋先生日录》·一卷

三、著作简介

《康斋文集》·十二卷

吴与弼重求心得,"不事著述",故其著作不多,主要有语录体之《日录》一卷。今有明末崇祯刻本《康斋文集》十二卷。

清康熙间将其《日录》汇入《广理学备考》,称《吴先生集》。文章效法欧苏[①],认为古文虽然平易,寓理却很精深。他的诗文大都是积中发外[②]之作,风格清明峻洁,曲折纡余[③],读了能使人自然兴起。有诗七卷,奏议、书信、杂着一卷,记、序、其他各一卷。其诗不下千首,绝句更具特色,诗文清新流畅,淳实近理。文集收入《四库全书》集部别集类。

资料图片:《康斋集》《四库全书》本

曹寅《栋亭书目》收录:
《吴康斋集》明处士抚州吴与弼着十二卷·二函十二册。

清莫友芝撰《邵亭知见传本书目》着录:
《康斋文集》十二卷,明吴与弼撰。崇祯壬申陈维新刊。

---

① 欧苏:欧阳修和苏洵父子,这里多指的是文章风格。
② 积中发外:将内在的感悟积淀通过某种方式发露出来。
③ 纡余:从容宽舒的样子。

资料图片:《康斋文集》吴与弼后裔收藏本,疑为清咸丰十一年(1861)崇仁谢希轼刻本

《康斋文集》·十二卷(江苏周厚堉家藏本)

《四库全书总目提要》:明吴与弼撰。弼字子傅,临川人。

天顺元年以忠国公石亨荐,征至京师,授左春坊左谕德,辞不就职,诏行人①护送归,事迹具载《明史·儒林传》。

其集初刻于抚州,凡四卷,岁久漫漶②。此本乃崇祯壬申③江南提学副使陈维新④所刻。分为:

> 诗七卷;
>
> 奏疏、书、杂着一卷;
>
> 序一卷;
>
> 记一卷;
>
> 目录一卷;
>
> 跋、赞、铭、启、墓志、墓表、祭文一卷。

其诗自永乐庚寅(1410)至正统辛酉(1441),皆编年。

以下则有《洪都稿》《游金陵稿》《适上饶稿》《金台往复稿》《西游稿》《适闽稿》《东游稿》《东游饶州稿》诸名,而所注某稿止此之后,又有附赘之诗,盖亦以编年续入者也。与弼出处之间,物论颇有异同。

尹直⑤作《琐缀录》⑥,诋之尤力。虽不免恩怨之口,然为石亨作族谱跋,称"天顺戊寅(1458)七月二十一日门下士崇仁吴与弼拜观"。其文今载十二卷中,决非尹直所窜入。

《陈维新序》引薛瑄受知王振为解,《刘世节序》又引孔子欲见佛肸⑦为解,究

---

① 行人:掌接待诸侯及诸侯之上卿之礼的官名。

② 漫漶:形容书版、石刻等因年代久远遭磨损而模糊不清。

③ 崇祯壬申:指崇祯五年,公元1632年。

④ 陈维新:天启七年(1627)任工科给事中加右副都御史。

⑤ 尹直(1431—1511),字正言,江西泰和县高垅村尹家人。明景泰五年(1454)进士。成化中,累翰林学士、兵部尚书、太子太保。修《英宗实录》。参考《明史·列传第五十六》。

⑥ 《琐缀录》:名《謇斋琐缀录》,明尹直撰。其文诋毁吴与弼不遗余力。《明史·儒林传》,载与弼至京师,李贤推之上坐,以宾师礼事之,令编修尹直坐于侧。直大愠,出即谤与弼。及与弼归,知府张瑄谒见不得,大恚。募人代其弟投牒讼与弼,立遣吏摄之,大加侮慢,始遣还。编修张元祯不知其始末,遗书诮让,有上告素王,正发讨罪,岂容先生久窃虚名语。直复笔其事于《琐缀录》。又言与弼跋石亨族谱,自称门下士,士大夫用此訾与弼。后来顾允成指出:此为好事者为之。

⑦ 佛肸:音 bì xī 人名。春秋末年晋卿赵鞅的家臣,为中牟的县宰,但投靠范氏、中行氏。

不能厌天下之心也。其讲学之功,备见于日录。第一条即称乙巳梦见孔子、文王。第二条又称梦见朱子。后又称丙子三月初一日梦访朱子。五月二十五夜梦孔子之孙奉孔子之命来访。辛巳食后倦寝,梦朱子父子来枉顾。此犹可云向慕之极,因心生象,于理亦或有之。至称新居栽竹夜归,其妻亦梦一老人,携二从者,云孔夫子到此相访,则无乃其妻戏侮弄之,而与弼不觉欤。观其称随处惟叹圣人难学,又称一味学圣人,克其不似圣人者。其高自位置,真可谓久假而不归,乌知其非有也。

然与弼之学,实能兼采朱、陆之长,而刻苦自立。其及门弟子陈献章得其"静观涵养",遂开"白沙之宗"。胡居仁得其"笃志力行",遂启"余干之学"。有明一代,两派递传,皆自与弼倡之,其功未可以尽没。

其诗文亦皆淳实近理,无后来溰漾①恣肆②之谈。又不得以其急于行道,躁于求名,遂并其书而诋之也。

另有

明嘉靖五年(1526)抚州刻本,藏国家图书馆、上海图书馆、台湾国立中央图书馆。

明天顺刻本(存目录附录),计一册,藏上海图书馆。

明弘治七年(1494)吴泰刻本,藏南京图书馆、重庆图书馆。

明正德十年(1515)彭杰刻本,藏南京图书馆。

明万历十八年(1590)刘世节刻本,藏美国普林斯顿大学葛思德图书馆。

清道光十五年(1835),邑侯王鲁斋尊经阁刻本,计六册,藏上海图书馆、江西省图书馆。

清咸丰十一年(1861)崇仁谢希轼刻本,计六册,藏上海图书馆、江西省图

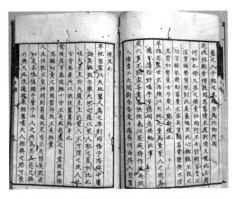

资料图片:《吴康斋先生日录》同治9年刻本

---

① 溰漾:意为广阔无涯。
② 恣肆:放肆,无顾忌。豪放,无拘束。多用以指文章、言论等。

书馆。

《吴康斋先生日录》·一卷

《吴康斋先生日录》一卷,新建熊文举校订,为清钞本,计一册,藏江西省图书馆。①

---

① 以上"另有"部分信息,引自康芬、龙晨红《江西历代著作考》。

（明）黄　宽

一、人物简介

黄宽①（约 1399 年前后在世，生卒年不详），字浩中，自号希吴。县城东耆（今属巴山镇）人。

年二十始力学，性资高迈，于经传子史，靡不研究。自号"希吴"以见志②。诗文如行云流水，不事雕饰，态度天然可爱，后进多师事之。浩中为人恬退③，不求仕进，邑令时公季照④为扁⑤，藏所居，曰"乐分"。年七十。

所著有《乐分集》。

二、著作名录

《乐分集》·卷数不详

三、著作简介

《乐分集》（资料暂缺）

---

① 黄宽：人物简介参考清道光元年版、同治十二年版《崇仁县志·人物志》。
② "希吴"以见志："希"为效法。宋元时期，崇仁吴姓贤能辈出，吴曾、吴沆、吴镒、吴澄等或为大贤，或为大儒，黄宽心中是否以此为志或目标，不得而知。
③ 恬退：淡于名利，安于退让，安然退隐。
④ 时季照：本名铭，字季照，浙江慈赂人。明建文元年（1399）任崇仁县知县。诗人、文学家；少机敏，好学能诗。为文奇正间出，变化不穷，希古作者。洪武二十九年，勤学请职训导。已而赴京，和御制《思得人》诗，上奖谕。凡两召对，特授监察御史。以疾还里。未几，复用荐，征为崇仁令。痛革宿弊，科征庸调，靡不究心。阁左安治，而富室有不利其均役者御之，铭亦不自歉。历三考，称职，升四川按察金事。尝梦苍颜缟衣人授以墨，由是文益进。其故居以"梦墨堂"和"梦墨轩"为名。著有诗文集《梦墨稿》十卷。
⑤ 扁：同"匾"。

(明)黄 昂

一、人物简介

黄昂①(约 1400 年前后在世,生卒年不详),号湖山,县城北耆文巷②(今属巴山镇)人。

洪武二十二年庚午(1390)会试中乙榜,官广东新会教谕、升教授,与修秘阁③书,升北京国子监博士,旋改南京,人才多所成就。

著有《湖山集》。

二、著作名录

《湖山集》·卷数不详

三、著作简介

《湖山集》

昂久官国博,于人才多所造就,诗文俱自成一家,无所依傍。"湖山"为其别号,因以名集。

---

① 黄昂:人物简介参考清道光、同治诸版《崇仁县志·人物志》。
② 文巷:今址中山路中段工商银行对面街巷。
③ 修秘阁:皇宫内藏书馆。

（明）胡九韶

一、人物简介

胡九韶[①]（约 1395—1464），字凤仪，惠安乡四十五都（今属河上镇）人。

九韶性重厚，刻苦读书，勤循规矩，少从康斋先生[②]学，即不习举子业[③]，以道[④]自期。凡"经传子史"中"奥义微旨"，独能心受，先生器之。雅相亲厚，诸生从游者，恒令[⑤]先见公。

公为人卓然儒者，家庭之间，雍雍[⑥]孝友，其为文根理要[⑦]，务典实不事华藻。及先生殁，门人多转师之。

明孙能传辑《剡溪漫笔》载：胡九韶家甚贫，课儿力耕，仅给衣食。每日晡焚香，谢天赐一日清福，其妻笑之，曰："一日三餐菜粥，何名清福？"答曰："吾幸生太平之世无兵祸，又幸一家饱暖无饥寒，又幸榻无病人，狱无囚人，非清福而何？"

年七十余，有文集藏于家。

清黄宗羲在《明儒学案》中载：

胡九韶字凤仪，金溪人，自少从学康斋。家甚贫，课儿力耕，仅给衣食。每日晡，焚香谢天一日清福，其妻笑之曰："齑粥三厨，何名清福！"先生曰："幸生太平

---

① 胡九韶：人物简介参考明崇祯、清康熙《抚州府志》、清顺治十六年版、康熙十二年版、道光元年版、同治版《崇仁县志》。前列各版府志、县志俱载为崇仁四十五都人。黄宗羲《明儒学案》等文献载为"金溪县"人。古"四十五都"地域在今"河上镇东来"一带，具体村名未载。
② 康斋先生：指吴与弼。见"吴与弼"节。
③ 举子业：即"科举"。主要就是背朱子注释的《四书》，再练习作八股文。
④ 道：本义指道路；如小道、大道。这里的"道"指的是思想信仰，如天道、人道。"道"是万事万物的本源、规律和法则。以道自期，是说自己坚持对道的本源认识，按道的规律和法则去做事。
⑤ 恒令：恒，永久、持久。意一直都这样做。
⑥ 雍雍：声音和谐。犹雍容，从容大方。
⑦ 理要：事理的要旨；道理精当。

之世,无兵祸;又幸一家乐业,无饥寒;又幸榻无病人,狱无囚人,非清福而何?"康斋奔丧金陵,先生同往,凡康斋学有进益,无不相告,故康斋赠之诗云:

"顽钝淬磨还有益,新功频欲故人闻。"

康斋语学者曰:"吾平生每得力於患难。"先生曰:"惟先生遇患难能进学,在他人则隳志矣。"成化初卒。

二、著作名录

《凤仪堂文集》·卷数不详

三、著作简介

《凤仪堂文集》

九韶为吴与弼之高弟①,与弼殁后,学者多转师之。为人蔼然可亲,动修②规矩③。其文皆务典④,寔⑤不乐空谈性命,尤可传与弼之衣钵也。

---

① 高弟:谓在门徒弟子中,学业和行为都优良者。
② 动修:动,指人有活动、行动的时候。修:修养、培养。是为"动时修止静修观"。意思是:在有所行动的时候,要培养自己停止下来的能力;在内心平静的时候,要有反省、修正自身观念的修养。
③ 规矩:画圆形和方形的两种工具,比喻一定的标准、法则或习惯。
④ 务典:致力或必须遵循有垂范价值的重要文献书籍。
⑤ 寔:通"实",确实;实在之意。

(明)黄 中

一、人物简介

黄中①(约 1412 年前后在世),字子中,崇仁长安乡二十四都②人。

洪武间以儒士举,授宗人府经历。敦厚博雅,受之高庙③,以忠贤称之,满考④,迁国子监典籍。永乐元年(1403)复旧职,二年复政,七年复召至京师,未几辞归。

卒后赠其父奉政大夫、修正庶尹、宗人府经历。

二、著作名录

《崇仁县志》(永乐十年壬辰[1412]成书・卷数不详)

三、著作简介

《崇仁县志》(永乐十年壬辰)

永乐壬辰《崇仁县志》・序・王克义

古今之事迹,欲其行之于今日,信之于方来⑤,传之于久远,俾人质之而不惑者,盖必有成书焉。初无成书,徒闻于记诵,传于耆旧⑥,于心未免疑似,不若有

---

① 黄中:人物简介参考清同治十二年版《崇仁县志》卷八。
② 二十四都:原长安乡二十四都各村,现分属礼陂、桃源两个乡镇。
③ 高庙:死后庙号为"高"的君主。具体所指随文而定。这里应指明太祖朱元璋之庙。
④ 满考:已达到考查官吏政绩的一定期限。
⑤ 方来:将来。
⑥ 耆旧:年高望重者。

成书可征之为愈也。

余为是邑,下车之际,即求邑志,以观历代沿革,古今事迹,说者谓无也。一日校庠,学谕临汀张君龄语余曰:是邑志,旧名《罗山志》,先邑人罗磬沼①并之未尽详,吴梅边②等辈补之,未大傋③。

今邑人黄中允正④,山林宿儒也,既有重修之志,乃旁搜远绍,夫乡先正遗稿,爬罗剔抉,增补参稽于永乐三年(1405),详且构矣。未获取其作与者,故寥寥未锓梓而出焉。

余曰:是志之出,亦有时乎?龄曰:虽然无时,亦在人之作,与何如耳?夫子不云,有其人则其政举,是志者,亦非政之大节目⑤耶。余于是取而阅之,俾训导陈永,医繁补阙⑥,遂各捐己俸,佣工锓梓。邑之宦门子弟,好事者亦各舍庖廪⑦,益工越二月告成,属余为记。

余谓志之出也,庶足以考古而知今,由今而信后,使观览者一阅而千五百年之事迹与仕宦之隐,显风俗之淳漓,陵谷之变迁,山川之胜概不思不采不问辨,已了然于心目矣,讵⑧不为盛事哉?故为之记。

永乐十年(1412)壬辰春二月崇仁知县琼山王克义叙。

---

① 罗磬沼:指罗鉴。见"罗鉴"节。
② 吴梅边:梅边为彭寿卿字,这里应指彭寿卿所撰《宝塘拾遗》。吴姓或误,或另指,待考。见"彭寿卿"节。
③ 大傋:傋同"构"。意为全而细、完整。
④ 允正:按行文,黄中字子中,这里的"允正"应是黄中的另字或号(待考)。
⑤ 大节目:指事物的关键之处或主要部分。
⑥ 医繁补阙:同"删繁补阙",考订谬误之意。
⑦ 庖廪:厨房和粮仓。这里代指伙食费。
⑧ 讵:文言副词。难道,意"岂"。表示反问。

(明)饶　安

一、人物简介

饶安①(约 1416 年前后在世,生卒年不详),字用中,县城东耆(今属巴山镇)人。

永乐十年壬辰(1412)进士,由庶吉士出为陕西按察司金事,任职期间开便河②十余里,把水引导至城下,民众盛赞其德。

属③有溪洞险阻,土匪寇贼依险峻负固④,官司⑤却不敢问。用中修栈道,统精锐,将其巢穴捣毁,使其凭势力占有的军田⑥四千九百余顷,夺回以还屯。秩满⑦时分,逝于任上,陕西民众祀之。

著有《中庵集》。

二、著作名录

《中庵集》·卷数不详

---

① 饶安:人物简介参考清道光、同治诸版《崇仁县志·人物志》。
② 便河:人工开凿引水河。非主河道。
③ 属:其管辖属地。
④ 负固:依恃险阻而固守。
⑤ 官司:一词是民间从古到今的通俗说法。指"官"和"司",包括"官方""官府""官吏""掌管"等政府部门。
⑥ 军田:土地制度名。给驻军屯种之田。
⑦ 秩满:意为官吏任期届满。

三、著作简介

《中庵集》

其集皆经济①之言,凡河渠、屯田、兵制,辨别丱井②,笔亦足以达之。

---

① 经济:公元四世纪初东晋时代已正式使用"经济"一词。是"经纶济世"的意义。能做到"经济"二字的人必须文能安邦兴业,武能御侮却敌。古代知识分子,特别是儒家学派的众人,会按照《大学》中"三纲八目"的要求去做学问、做人,而三纲八目最高的要求就是做到"治国平天下"。因此也可说,"经济"一词就是古代"治国平天下"能力最外向的表示。

② 丱井:矿井。"丱",音 guàn,古同"矿"。

（明）黄　温

一、人物简介

黄温①（约 1420 年前后在世，生卒年不详），号雪窗，颖秀乡十八都古塘（今属航埠镇）人。

永乐间，以贤良举本邑椽②；时营造武当山，征催董治③于役，一去便是数载，工程竣工后应得官府表彰和升迁，但黄温却力辞④而归乡，所居称"东山别墅"，时常与亲友往来觞咏⑤为乐。

著有《雪窗诗稿》四卷。

子崇翰，亦敦孝道，助赈谷千余石。

二、著作名录

《雪窗诗稿》·四卷

三、著作简介

《雪窗诗稿》·四卷

《雪窗诗稿》其诗逸趣横生而能动合矩范，常营东山别墅，布置优雅，日与亲友殇咏其间，诗境仿佛似之。

---

① 黄温：人物简介参考清道光元年版《崇仁县志·人物志》。
② 邑椽：县令的助手。
③ 董治：监督管理之职。
④ 力辞：极力推辞不接受。
⑤ 觞咏：这里指饮酒赋诗。

（明）吴璨

一、人物简介

吴璨①（1431—1496），字懋荣，号芸雪，康斋先生子。

芸雪九岁就能写诗，下笔往往有惊人之语，大司成②颐庵胡公③见而奇之。天顺间侍④康斋先生应召，诸缙绅⑤喜其仪度峻整，言论端确⑥，欲留国学待用，以养亲辞归。

白沙陈公应聘，迁道⑦来会，曰："玉海千寻，窥应不测⑧，子之谓也。"

当地官员屡次推荐，皆不应就。平居端坐正容，与诸生讲论无虚日。年六十有七。

著有《芸雪集》⑨。

二、著作名录

《芸雪集》·卷数不详

---

① 吴璨：璨：读音"lì"，同"立"音。康熙版、道光版《崇仁县志》载名"吴璨，字懋荣，号芸雪"、同治版《崇仁县志》载名"吴璨，字懋荣，号芸雪"，《吴氏十一修族谱》（崇仁）载名"吴璨，字璇庆，号毅庵"。人物简介参考清各版《崇仁县志》《吴氏十一修族谱》等。
② 大司成：官名。教导"世子"（贵族子弟）之官。
③ 颐庵胡公：指胡俨。见"吴溥"节。
④ 侍：陪随身边照应。
⑤ 缙绅：有官职的或做过官的人。也作搢绅。
⑥ 端确：端正。
⑦ 迁道：绕道、斜路。
⑧ 玉海千寻，窥应不测："应"当作"映"。见《南史·朱异传》"（异）器宇弘深，神表峰峻。金山万丈，缘陟(zhì)未登，玉海千寻，窥映不测。"形容人的气度非凡。
⑨ 见清道光元年版《崇仁县志·人物》。

三、著作简介

《芸雪集》

吴琛九岁即落笔惊人，侍父与弼入京，公卿皆深器之。

陈白沙先生谓其："文如玉海，千寻莫可窥测。诚不愧名儒家学。"①

---

① 见清同治十二年版《崇仁县志》。

(明)吴余庆

一、人物简介

吴余庆[①](约 1436 年前后在世),生卒年、简历不详。

二、著作名录

《斯白文集》·卷数不详
《流芳集》·卷数不详

三、著作简介

《斯白文集》(资料暂缺)
《流芳集》(资料暂缺)

---

① 吴余庆:见清同治十二年版《崇仁县志》。

（明）谢　济

一、人物简介

谢济①（约 1440 年前后在世，生卒年不详），字汝楫，长安乡四都乌源②人。

永乐三年乙酉(1405)中举于乡，授大冶教谕，升国子博士，迁修职郎、翰林检讨，以目疾告归。为文华而不浮，质而不俚③，义正词严，动关世教④。

著有《静庵集》行世。

二、著作名录

《静庵集》·卷数不详

三、著作简介

《静庵集》

谢济其文，华而不浮，质而不俚，义正词严，不同凡响。

---

① 谢济：人物简介参考清道光元年版《崇仁县志·人物志》等。
② 四都乌源，今属石庄乡。
③ 质而不俚：意思是质朴而不粗俗。亦作"质而不野"。
④ 世教：指当世的正统思想、正统礼教。

(明)徐　霖

一、人物简介

徐霖①(1439—1502)，字用济，初号怀柏山人，晚号早闲居士，崇仁人。书斋名"剔斋"。

成化二年(1466)进士，初授刑部福建司主事。丁父忧，服阕，除刑部浙江司主事，不久升员外郎。成化十七年(1481)，升任浙江嘉兴府知府。海盐县海塘徭役施行的是无偿徭役征发，徐霖推行以钱代役，民为所便。成化二十三年(1487)夏大旱，徐霖上奏朝廷，请求免除当年夏税，终获恩准，所属七县民众赖以舒缓，颇为感恩戴德。

致仕归乡后，一直未被启用。建"皆山楼"居之，自号"早闲居士"，放情于诗酒山水间，作品纤丽幽雅，饶有生趣，敢于揭露社会矛盾。

著有《剔斋诗集》，不传。《江西诗征》②收其《白水渡》《惠明院》等诗13首。

县志存其《遗爱亭记》一篇。

二、著作名录

《剔斋诗集》(或名《怀柏先生诗集》·卷数不详)

《绣襦记》·四卷

---

① 徐霖：人物简介参考《(同治)抚州府志》《(同治)崇仁县志》《江西通志》《四库全书提要》《浙江通志》《江西诗征》等。同治《金溪县志》载为金溪县豺坪(今合市镇坪上村)人。

② 江西诗征：总集名。清曾燠编。九十四卷。收录东晋至清乾隆中千余年间江西诗人二千余家诗作。诗人各系小传。有清嘉庆九年赏雨茅屋刻本，另有光绪五年棣华山馆藏版重刻本。

三、著作简介

《剔斋诗集》(或名《怀柏先生诗集》)

《剔斋诗集》谢迁①序、李东阳②序、胡桂芳③序;由王约④、吴世忠⑤编次,四个儿子从庆、徯庆、行庆、徽庆付梓刊印。

《绣襦记》·四卷

《绣襦记》·四卷,(明)徐霖撰。

由《中华书局》《商务印书馆》列入《丛书集成》。

明毛晋《六十种曲目录》⑥(第四套)着录:

《绣襦记》明徐霖。

---

① 谢迁(1450—1531),字于乔,号木斋,浙江绍兴府余姚县人。明成化十一年(1475)状元。历任翰林修撰、左庶子。弘治十一年(1498),升太子少保、兵部尚书兼东阁大学士。著有《归田稿》八卷,《湖山唱和诗》二卷传世。参见《明史·列传第六十九》。

② 李东阳(1447—1516),字宾之,号西涯。祖籍湖广茶陵(今湖南茶陵),茶陵诗派代表人物,天顺八年举二甲进士第一,授庶吉士,官编修、侍读学士入直文渊阁,预机务。著有《怀麓堂稿》《怀麓堂诗话》《燕对录》等。参见《明史·卷一百八一·列传第六十九》。

③ 胡桂芳(1553—1633),字允垂,号瑞芝。江西金溪县合市镇游垫村人。万历二年(1574)进士,授杭州府推官,持身俭约,有布衣推官之称。升工部侍郎,总督河道。明无传,参见《金溪明代历史人物》。

④ 王约,临川人,曾任监察御史、按察副使。

⑤ 吴世忠(1461—1515),字懋贞,弘治三年进士,金溪人,曾任给事中,官至大理少卿、延绥巡抚。参见《明史·列传第七十二》。

⑥ 毛晋(1599—1659),字子晋,常熟(今属江苏)人。是著名的藏书家,藏书八万四千多册,大部分是明刻本,也有很多宋、元本,并建造了汲古阁、目耕楼来贮藏图书。《六十种曲》原刻初印本不多见,除去复本公私庋藏现存约42种,流失国外者约30种。清初有重印本、重刻本。

（明）饶 莅

一、人物简介

饶莅①（约 1460 年前后在世，生卒年不详），字芳临，礼贤乡十四都溪南（今属巴山镇萱华村）人。

芳临力学，工诗文，尤究心易理，知吴文正公《易经纂言》板毁于火后，芳临遍走洪、吉诸州访遗刻并手录以归。成化初，宪使林公一鹗②檄邑令李君祥③，以芳临手录本为蓝本，锓板④以传。

著有《小学辑训》《四书辑训》藏家。

二、著作名录

《小学辑训》·卷数不详
《四书辑训》·卷数不详

三、著作简介

《小学辑训》
饶莅对义理探研精湛深入，言行必准，先民是书乃其家课之本，初学最易入门。⑤
《四书辑训》（资料暂缺）

---

① 饶莅：人物简介参考清道光、同治版《崇仁县志》。
② 林公一鹗：林鹗（1423—1476），字一鹗，浙江太平（今温岭）人。景泰二年（1451）进士，授御史，明英宗复辟，出知镇江，调知苏州，历官江西按察使、左右布政使，替父亲守孝。自称其庐为"望南山草堂"，并将其诗集名为《望山草堂诗钞》。参见《明史》卷一五七。
③ 李君祥：李祥，字符善，成化十四年进士。
④ 锓板：刻书。
⑤ 见清同治十二年《崇仁县志》卷九。

(明)吴 宣

一、人物简介

吴宣①(约 1470 前后在世),字师尼,号野庵,长安乡二都石庄(今属石庄乡)人。吴道南曾祖,生卒年不详。

景泰四年(1453)举人,试南省②不利,归家后建筑"巴山书院"③,带领门生学圣贤之学。父卒,庐墓④三年。继母虞氏病,足躬负⑤以行。按照母命上铨曹⑥,授南京左军都督府经历。坐劾⑦长寮⑧不法,被下狱十年,始得释白⑨。改中府⑩,寻丁忧。服阕⑪后,奉檄⑫赴阙⑬,升镇远知府,道经⑭济宁,遘⑮急疾,其绝笔

---

① 吴宣:人物简介参考清康熙、道光、同治各版及 1990 年版《崇仁县志》;四库版《江西通志》;道光版《抚州府志》;《江西诗征》等。
② 南省,古代官署名,唐尚书省的习称。唐代尚书省设在皇城正中,位居宫城之南,号为南衙。中书、门下、尚书三省中,尚书省的位置在其他两省之南,故通称"南省"。
③ 巴山书院:建造于景泰年间,约 1450—1456 年,设于县治南郊石庄村。
④ 庐墓:古人于父母或师长死后,服丧期间在墓旁搭盖小屋居住,守护坟墓,谓之庐墓。
⑤ 躬负:背着。
⑥ 铨曹:主管选拔官员的部门。
⑦ 坐劾:不罢休地揭发别人的罪状。
⑧ 长寮:指长官、上级。
⑨ 释白:弄清事情原委,证得清白,得以释放。
⑩ 中府:中军都督府。
⑪ 服阕:三年丧满。
⑫ 奉檄:拿到了征召录用的通知书,又作"捧檄"。
⑬ 赴阙:意思是入朝,指陛见皇帝。
⑭ 道经:路过。
⑮ 遘:遭遇。

云:"经济①半生浑是梦,源流千古更何人?"病逝于"观澜亭"②。

师尼识超养粹,诗文奇古,字法遒劲,落落有气。

学士张元禛③、冢宰④王俨⑤并推服之。门人私谥曰:"文节"。

著《野庵文集》十六卷,《四库总目》行于世⑥。

二、著作名录

《野庵集》·十六卷(亦称《野庵文集》)

三、著作简介

《野庵集》·十六卷

是诗文集。

《明史·艺文志》《千顷堂书目》着录为十六卷。

《四库全书总目》着录为十卷,列入"集部别集类存目"。

此集乾隆年间曾遭焚毁。

《野庵文集》·十卷(江西巡抚采进本)

《四库全书总目》:《野庵文集》十卷。明吴宣撰。宣字师尼,野庵其别号也,崇仁人。

景泰癸酉举人,授左军督府经历,坐劾长官不法系狱,十年始得释。改中府,升镇远府知府,道病卒。

今观其集,文章落落有气质,但诗句格律则未能严整。是集乃其门人王君谟

---

① 经济:"经纶济世"。见"饶安"节。

② 观澜亭:位于济南市趵突泉泉池西岸。始建于北宋熙宁年间,建造讲究,名"槛泉亭",后倾圮。明天顺五年钦差内监韦、吴二人来济,乃于泉旁构亭名为"观澜"。

③ 张元禛:张元祯(1437—1506),字廷祥,江西南昌人。天顺四年(1460)进士,授编修。官终吏部左侍郎,兼翰林院学士,掌詹事府。天启初,追谥文恪。"禛"字或为记录之差。参见《明史·卷一八四》。

④ 冢宰:即太宰。原为掌管王家财务及宫内事务的官。吏部尚书别称。

⑤ 王俨(1424—1495),字廷贵,号思轩。武进(今常州市区)人。景泰二年(1451)进士,授翰林院编修,升侍讲。五年受命预修《大明一统志》。累官至户部尚书、吏部尚书。上疏陈事,多被采纳。弘治七年(1494)辞官回乡,旋病卒。著有《毗陵志》40卷、《思轩稿》12卷、《王文肃集》12卷。俨,音yu。

⑥ 见清道光元年版《崇仁县志·人物志》。

等所编,未经刊行,其玄孙道南复订正藏于家。

前有道南《自述颠末》一篇。述及编辑始末。其官督府时曾因弹劾长官不法,而被诬下狱十年始得释,诗文中亦时有叙及。因此集未经刊刻,传播未广,所以世间少见,故其诗文鲜为人知,未有名焉。是集收入《四库全书·存目》。

同治十二年版《崇仁县志》载:

吴宣识超养粹,诗文奇古。尝筑"巴山书院"以待就学者,中岁官金陵,以事击狱,十年始得白,所著半狱中作也。

(明)杨宗道　陈雅言

一、人物简介

杨宗道[①]（约 1470 年前后在世，生卒年不详）（待考）
陈雅言[②]（约 1470 年前后在世，生卒年不详）（待考）

二、著作名录

《崇仁县志》·十卷（成化四年（1468）成书）

三、著作简介

《崇仁县志》·十卷（成化四年）

明成化四年《崇仁县志》序·李祥

崇仁，抚之望邑，为西江文献之邦。

旧有志，慨夫久而未续也。盖自宋磬沼罗公[③]并于前，山泉吴公[④]补于后，拾遗于梅边彭公[⑤]，复修于我朝，邑人黄允正[⑥]（下缺若干字），时则得贤令王公克义首倡其事，遂克成[⑦]书，以垂久远，乃[⑧]永乐十年也。

---

① 杨宗道：人物简介(待考)。
② 陈雅言：人物简介(待考)。
③ 磬沼罗公：指宋《罗山志》撰著者罗鉴。见"罗鉴"节。
④ 山泉吴公：指《罗山志》续者吴宝翁。见"吴宝翁"节。
⑤ 梅边彭公：指《宝塘拾遗》撰著者彭寿卿。见"彭寿卿"节。
⑥ 黄允正：指永乐版《崇仁县志》编纂者黄中。见"黄中"节。
⑦ 克成：完成；实现。
⑧ 乃：音 nǎi；同"是"意。

荏苒于兹又将六十年矣。于此不续，将遂湮没无传，宁不为旷典①耶。暇日爰命社学师杨宗道、陈雅言，搜辑补缀，仍其旧而增修之。

然旧志条目繁琐，叙列失次，览者病焉。宗道等请于余，就其中撮其大目为十，曰县境、曰公宇、曰形胜、曰物产、曰储蓄、曰官制、曰人物、曰古迹、曰仙释②、曰集文、集咏，而类分小目于其下，大书以提其纲，细书以详其目，随事修补，明白简易。

俾展卷之余，古今政事、风俗之善否，文章科第之得人，与夫公廨学舍之废兴，孝行忠义之旌异，以致山川胜概、陵谷变迁、人文迭出、世故凋谢，靡不具述，了然在目，亦庶乎得纪事者之体也。

稿成，请订正于余，余曰：噫，古人有云，作史贵三长，愧余晚学浅陋，无一长之可取，何敢秉笔于其间哉？顾惟忝牧③斯土，乐志有代，当为公校其纪载之当否也。

于是捐俸寿梓以传。若夫补其遗漏、续其将来，又有望于后之君子焉。是为序。

明成化四年(1468)戊子三月上浣吉，赐进士出身承事郎抚州府崇仁县知县华亭李祥廷瑞序。

---

① 旷典：意为此典籍前所未有。
② 仙释：古地方志中多有"仙释"子目，介绍本地域历代得道、著名之道人、寺僧及他们的奇事秘闻。
③ 忝牧：忝：辱，有愧于，常用作谦辞。牧：统治、管理的意思。"忝牧"为谦词；"我"做这里的行政长官并不称职啊。出处于《礼记·曲礼下》。

(明)廖　简

一、人物简介

廖简①(约 1500 年左右在世),字行俭,号介广②,崇仁人。

以举人授金华府训导,遇丧而回崇守孝,三年期满后,补任广东增城县学教谕③。简以师道自任,得到学校师生的敬仰。两典④文衡⑤,有学生因文章评判而送礼求情,简都力拒之。成化乙亥年(1479),都台朱英、提学赵瑶推举简入"濂溪书院"任纂辑前史。

罗一峰⑥称其"身不择衣,居不择地,仕不择官。"尝谓:"举子业,功名梯航⑦,得志当兼善天下。"

廖简年四十九而卒。其任职地金华、增城皆把他列入宦祠祭祀,张公元祯⑧表其墓曰:

"公视暗室⑨如大庭⑩,验昼为于夜梦,精思力践,惟恐不到古人。所为诗文,根据义理。"

意思是说:即使一人独处,廖简也视若在大庭广众之下,常常将夜间之梦想作为白天工作的检验,细心琢磨圣贤之思想并身体力行,生怕达不到圣贤要求。

---

① 廖简:人物简介参考清道光、同治各版《崇仁县志》。
② 介广:此处的"广"与"庵"字同。
③ 教谕:县儒学首席学官,正八品,由举人或贡生担任;以教诲启迪学校生徒,课艺业勤惰,评品行优劣为职能。听于省学政,组织考试生童、祭孔等,居于学宫大成殿后之教谕宅内。
④ 两典:指《尚书》中《尧典》和《舜典》篇章。
⑤ 文衡:旧谓判定文章高下以取士的权力。评文如以秤衡物,故云。
⑥ 罗一峰:指罗伦。见"吴澄"节。
⑦ 梯航:"梯山航海"的省语。谓长途跋涉。
⑧ 张元祯:见"吴宣"节。
⑨ 暗室,指有遮光设备的房间。这里意指个人独处达到自律境界。如"慎独"。
⑩ 大庭,亦作"大廷"。古代朝廷的外廷,在雉门外,库门内。意指有众人注视着。

所作的诗文,皆义理为宗。

　　著有《介庵文集》《小学解》《孝经解》。

　　子:轸、轾,同领弘治十一年(1498)乡解。

二、著作名录(3 部 14 卷)

《介庵文集》·八卷

《孝经解》·二卷

《小学解》·四卷

三、著作简介

《孝经解》·二卷

廖简为人不事表暴,常以克己自励。吉安罗伦称其解经独有心得。[①]

《介庵文集》·八卷

廖简仕金华、增城训导,皆祀名宦。所作诗文均能根据义理,发明前贤之旨;都宪朱英、提学赵瑶共称之。[②]

《小学解》·四卷(资料暂缺)

---

① 见清同治十二年《崇仁县志》卷九。

② 同上。

(明)徐 澄

一、人物简介

徐澄①（约 1500 年前后在世，生卒年不详），字灌物，号憨夫，长安乡四都沔浒（今石庄乡）人。

家贫不能具甘旨②，每饮宴于外，必怀③以遗亲，有闻必以告。亲老，烂肉为糜，揉饭为团，如养孩然④。母亲去世后，每夜依墓侧庐而眠，早晨起来又回家侍奉父亲，每日往返无间。父患疯痹⑤，起居盥栉⑥，悉扶而代之，想到外面去玩则抱着父亲以游，谷道⑦闭，至以手通利，如是者一年。

父卒，与母合葬，复庐于墓，哀至辄哭绝。每生忌⑧，哀思呜咽，水浆不及口。二年，异鸟巢树⑨，弘治戊午（1498）邑令叶公天爵⑩闻于上官⑪，将具题⑫表彰，因叶迁⑬离县未果。

所著有《憨夫集》。

子聪中，弘治乙卯（1495）乡试。

---

① 徐澄：人物简介参考清道光元年版《崇仁县志·人物志》。
② 甘旨：赡养父母的食物。
③ 怀：揣着。按现在的语言，即"打包"回家。
④ 如养孩然：就像养孩童一样。
⑤ 痹：痹症，中医指由风、寒、湿等引起的肢体疼痛或麻木的病。
⑥ 盥 guàn 栉 zhì：梳洗。
⑦ 谷道：后窍，即直肠到肛门的一部分。
⑧ 生忌：指死者的生日，即已故之人在生前的生辰。
⑨ 异鸟巢树：异鸟，神话传说中的神鸟。这里意指徐澄之孝道感动了天地。
⑩ 叶天爵：南直隶婺源人，弘治十年（1497）以进士任崇仁县知县，任期中建"名宦祠"及"水次漕仓"，建"宝塘书院"。见《崇仁县志》。
⑪ 闻于上官：向上级官员报告。
⑫ 具题：.指申报朝廷的题本。即准备题本上奏。
⑬ 叶迁：指知县叶天爵升职离县。

二、著作名录

《憨夫集》·十卷

三、著作简介

《憨夫集》·十卷
徐澄性至孝,乡人多感化者,所作自写性①,灵而动,合古法②。

---

① 自写性:有拙朴自然叙写性情的意思。
② 古法:传统的法术或方法。这里指行文格式。

（明）黄元杰

一、人物简介

黄元杰①（约 1500 年前后在世，生卒年不详）字介夫，县城北耆（今属巴山镇）人。

幼苦志笃学，肄举业，骎骎②有成。弱冠居父丧，足不出户庭。母年高九十，老且盲，凡饮食必亲奉。遇冬夏温清，恋恋然犹如孺子时。

家不甚腆③，却尤乐施济。善诗声，吉水王公昂谓其绝去雕饰"不炼字，不琢句，不用事，有彭泽④之遗。"

邑中缙绅⑤先生雅重介夫学行，赓和⑥无虚日。介夫亦廉介自持，不与时俯仰。邑侯屡请以光⑦宾筵，遇有恩典，冠带荣之。寿八十。

所著有《晓窗诗集》。

子钺，号个轩，著有《不肖集》。

二、著作名录

《晓窗诗集》·卷数不详

---

① 黄元杰：人物简介参考清道光元年版《崇仁县志·人物志》。
② 骎骎：比喻事业进展得很快。
③ 腆：音：tiǎn；丰厚之意。
④ 彭泽：代指陶渊明。陶渊明曾在彭泽（今江西省）出任县令，故称其为彭泽先生。
⑤ 缙绅：古代称有官职的或做过官的人。
⑥ 赓和：古人写诗，续用他人原韵或题意唱和。
⑦ 光：这里指提升主人的面子。

三、著作简介

《晓窗诗集》

《晓窗诗集》一书,吉水王昂①谓其:绝去雕饰,有彭泽之遗。

---

① 王昂(1470—1541),字不详,人称松峰先生,吉安府庐陵(今江西省吉水县)人。明正德八年(1513)参加
应天府癸酉乡试,得中解元。官至金事,给事中。明世宗嘉靖元年(1522年)重修《吉安府志》。通古今
医书。参照《庐陵王氏网》。

（明）罗　瑄

一、人物简介

罗瑄[1]（约 1520 年前后在世，生卒年不详），惠安乡四十九都（今属孙坊镇）人。

正德七年（1512）壬申岁贡，由府庠贡，官南京武学训导。

二、著作名录

《事文类萃》·卷数不详

三、著作简介

《事文类萃》（资料暂缺）

---

① 罗瑄：人物简介参考清同治十二年版《崇仁县志》。

（明）元　章

一、人物简介

元章①（约 1530 年前后在世，生卒年不详），字钦甫，礼贤乡十三都浯营桥（今属河上镇）人。

幼年聪颖异常，肄举子业，逾年而成，曰："是求进之捷径耳，于身心何补?"弃而卒业②于吴芸雪③之门。及归，开义塾，以躬行勖④来学。号素履，人称"素履先生"，晚号"罗阜道人"，卒年六十五。邑侯顾公中孚⑤铭其墓。

著有《学余稿》。

二、著作名录

《学余稿》（亦名《学余集稿》·卷数不详）

三、著作简介

《学余稿》

元章幼颖，工举子业晚，悔而游吴芸雪之门，大有所得。邑令顾中孚为刊其书。

---

① 元章：人物简介参考清道光元年版《崇仁县志·人物志》等。
② 卒业：原意是完成学业或毕业的意思。这里指放弃举子业而转向儒者求学。
③ 吴芸雪：指吴与弼子吴瑮。
④ 勖：指勉励。
⑤ 顾中孚：华亭人，嘉靖十一年(1532)任崇仁县知县。后任江西按察司副使。参考《崇仁县志》。

(明)吴一龙

一、人物简介

吴一龙[1](约1530—1610),字鳞伯,长安乡二都石庄(今石庄乡)人。吴道南之父。

吴一龙少善属文[2],能擘窠[3],肄业于省城"正学书院"[4],有国士之目[5]。

在任山东朝城县令时,对施政区域用政稳妥,恩威并举。在高邮知州任上,干净利落地处理当地各级的乱政者,抑制河偃围埂势头,使得大多数民众心悦诚服。

致仕归里,学益进,尝有句云:"万事日来如过客,一心天定见真吾。"得年八十。以子道南诰赠"光禄大夫"。

著有《书经解》《公余漫兴》《谕俗要语》。

子道南,列《名臣传》,一龙夫人每次教戒子道南,皆以"一"字[6]理念与当路[7]志向启示。

孙之屏,列《笃行传》。

---

[1] 吴一龙:人物简介参考清道光、同治各版《崇仁县志》。

[2] 属文:连缀字句而成文,指写文章。

[3] 擘窠:画格子写大字。

[4] 正学书院:位于江西南昌,原名"阳春书院"。明宗室宁王朱宸濠建。正德十四年(1519)朱宸濠起兵谋夺帝位,为王守仁所败,书院后毁于火。嘉靖三十五年(1556)督学宪使王宗沐重建,改名"正学"。可容生徒数百十人。"名以'正学'者,所以别其学为圣贤不杂于他道云尔。"祀周敦颐、程颢、程颐。

[5] 国士之目:有国家栋梁之才的远见。

[6] "一"字:《出大方广师子吼经》云:一字者。一理之名字也。理本无名无字。超心意识。离性离相。无作示。非诸众生所能思议。惟佛如来究尽明了。经云。法惟一字。所谓无字。是也。

[7] 当路:指执掌政府权力的高官。

二、著作名录

《公余漫兴》·卷数不详
《谕俗要语》·卷数不详
《书经解》·卷数不详

三、著作简介

《公余漫兴》《谕俗要语》
吴一龙为吴道南之父,严正端肃,不事脂韦①,所著洞悉世情,足挽末俗②。

《书经解》(资料暂缺)

---

① 脂韦:油脂和软皮。比喻阿谀和圆滑。
② 末俗:指末世的习俗,低下的习俗。

（明）慧　经(释)

一、人物简介

慧经[①](1548—1618)，崇仁县人，号无明，俗姓裴。

21岁寓居新城[②]询溪时，偶读《金刚经》，便立下出世之志，不久就随廪山常忠禅师[③]出家学法，执持三载，了解到有教外别传，便潜心修持，却觉疑情不断。

资料图片：慧经画像

24岁，辞别常忠，来到黎川峨峰深山隐居，立志没有大悟不下山。饥以树叶，渴饮山泉，专心禅修三年，因阅《传灯录》有所悟，便走出峨峰山再拜常忠为师，常忠为之剃发具戒，付以印可[④]，成为曹洞宗[⑤]法嗣第二十六世。

后来又回到峨峰山隐居达二十四年之久，没有出山半步。51岁时，应乡绅、信士之邀请担任与黎川毗邻的南城县宝方寺住持后，佛理日益精进，并带头做许多粗重的寺务，重修殿堂、山门、厨库，百堵维新，开山种植，以安常住，四方衲子闻风踵至，禅风日盛。

---

① 慧经：人物简介参考2004年抚州政协文史委编《抚州宗教集要》。

② 新城：黎川县。

③ 常忠禅师：常忠(1514—1588)，明代曹洞宗僧。建昌(今江西南城)人。号蕴空，世称蕴空常忠禅师。出家前，尝讲姚江王阳明致良知之学，一日客游镇江鹤林，遇一中洲僧古溪，相谈甚契，乃从其出家，承师命遍参众知识，传法于寿昌无明慧经。万历十六年示寂，世寿七十五。

④ 印可：佛家谓经印证而认可，禅宗多用之。亦泛指同意。

⑤ 曹洞宗：中国佛教禅宗五家之一，属南宗"青原行思"系。唐良价及弟子本寂所创。因两人分居于筠州洞山(今江西宜丰县境)和抚州曹山(今江西宜黄县)，故以两山名宗。提出"正偏五位""五位君臣"等范畴，以教化不同"根器"之参学者，达到"无住"的精神境界。其宗风稳实宛转、细致周密。其对待学人，后世喻为"慈母"，而与临济宗的学风迥异。盛于唐末、五代，后仍流递不衰。十三世纪中叶，因日僧道元来华习佛而传入日本。

数年后他云游各地参遍高僧,以增广自己的见识。名僧德清①在《寿昌无明大师塔铭》中说:

"荷锡远游,乃过南海访云栖②,之中原入少林,礼初祖塔。"

"寻往京都,谒达观③禅师,深器重之。一时法门大佬相与酬酢,无不推誉。顷之,入五台,参瑞峰广通④和尚,门庭孤峻,师一见而契。"

明万历三十六年(1608),无明慧经受众人的盛邀并着力推举,作黎川寿昌寺⑤住持,慧经又重修了寺宇,数年来耗费钱财数以万计,但没有求助于任何外来援助,亦未外出化缘,皆取各地香客随缘之财。"二十年来,千指⑥围绕。又别建庵院二十余所。"寿昌古寺从此庄严伟丽,甲于江右。慧经住持寿昌十多年,开堂说法,法席昌盛,开创了曹洞宗寿昌一系,对曹洞宗义之振兴意义极大。

万历四十六年(1618),71岁的无明慧经圆寂于寺中。

慧经主法峨峰、宝方、寿昌三大名刹,率众实行农禅⑦,数十年如一日。主法

① 德清:憨山禅师(1546—1623)俗姓蔡,法名德清,字澄印,别号憨山。明金陵全椒县古蔡浅人(今安徽和县)。为中兴祖庭宗师。一生致力于佛教研究,著作累累,弟子万千。憨山德清精通释、道、儒三家学说,主张三家思想的融合。倡导禅净双修,其思想见解颇与禅宗六祖惠能大师相契。明天启三年(1623)十月十一日圆寂于南华禅寺,享年七十八岁。

② 云栖:云栖袾宏(1535—1615),俗姓沈,名袾宏,字佛慧,别号莲池,杭州仁和人氏,明朝嘉靖十四年(1535)生于望族世家因久居杭州云栖寺,又称云栖大师。与紫柏真可、憨山德清、藕益智旭并称为"明代四大高僧"。袾宏一生勤于笔耕,著述丰富,共30余种,由其弟子僧人大贤、居士李守一等人汇集成为《云栖法汇》,共3函,34册。

③ 达观:紫柏真可(1543—1603),明代四大高僧之一,俗姓沈,名真可,字达观,晚号紫柏。吴江(江苏)人。紫柏真可主张儒、道、佛一致,不执守佛教的一宗一派,融会性、相、宗义,贯通宗、教。

④ 广通:临济宗高僧,师从笑岩德宝。其他资料暂缺。

⑤ 寿昌寺:位于黎川县洵口镇东南二里下寨村香炉峰下。始建于唐咸通年间(860—873)由高僧泉南桂琛筹资兴建,系佛教"曹洞宗"的古刹。初名"永居院",占地六十余亩,原共有十八个佛殿。北宋时英宗赵曙赐名"寿昌院",明英宗朱祁镇于正统十二年(1447)赠赐"寿昌禅寺",并敕建沈香楼。二帝还各赐一丈多高的玉石碑一座,以示皇恩浩荡。

⑥ 千指:人多的意思。

⑦ 农禅:中国佛教有"农禅并重"的特点。佛教从印度刚传入中国时,并不是僧人耕种,而是通过"乞食"的方式获得日常饮食。这一制度并不适合我国的风土人情。"农禅并重"最初发端于四祖道信。据《传法宝记》所记"每劝门人曰:努力勤坐,坐为根本。能作三五年,得一口食塞饥疮,即闭门坐"。道信提倡大家从事劳动,开垦荒地,通过劳作解决吃饭的问题,并且认为这是坐禅最根本的保障。禅宗祖师把这种独特的参禅方式保留下来并由百丈怀海禅师完成确立。禅宗初期的发展也不是很顺利,僧人日益增加,却没有独立的禅院,另唐中叶对佛教有诸多限制。虽然怀海禅师认为农禅非常重要,但印度戒律中,僧人原本是乞食为生,不得开掘土地以避免杀死地下的生命,也可避免滋生烦恼。所以,怀海禅师就选择了折中的方式,制定了《百丈清规》(原名《禅门规式》),这也就是"农禅并重"。后来经过历朝多代的修订,《百丈清规》得以完善,传播广泛,到了元代,《敕修百丈清规》由朝廷颁令全国,农禅方式从此得以确立。有一首诗偈非常明白地说出中国佛教这一特点:"手把青秧插满田,低头便见水中天。六根清净方为道,退步原来是向前。"

寿昌寺的数十年间，慧经潜心修寺，"足迹不履城隍，竿牍不近豪右，日惟随众作务，众未及田，师已荷镬先至，虽栉风沐雨，亦无倦意。""龄七十，尚混劳侣，耕凿不息，必先出后归，躬率开田，三刹岁人，可供三百众。故平生佛法，未离镬头①边也。四十余年，曾无一息以便自安。"

其门人元贤尝曰："先师粗衣粝食，躬秉耒耜，年七十，未尝暂辍。盖百丈②之后，一人而已。"

二、著作名录

无明慧经禅师语录·四卷

三、著作简介

无明慧经禅师语录·四卷

资料图片：《续藏经·无明慧经禅师语录》首封

寿昌和尚语录序

昔世尊说三乘教网。捞捷人天。末后拈花示众。惟饮光尊者一人承当。如将金刚王宝剑递与迦叶。叶便尔横拈倒用。能杀能活。毕竟锋芒不露。和匣收去。故善承当此道。只破颜微笑而已。嗣是累及西天东土诸祖相承。亦唯秉此金刚王。截断古今多少人命根。总是路见不平，拔剑相助。

呜呼。祖庭荒秽。法道陵替。此剑久瘗。此花谁拈。非有超越古今格量者。讵亦当此重任哉。寿昌大师道风压古。刚骨擎天。妙得无师之慧。故垂示法语天真自然。其展用自在。无硬力支排之说。其针线绵密。得偏圆绮互之妙。掀翻窠臼。脱尽廉纤。末法宗师善用金刚王剑者。非

师其谁耶。故孝廉邓君尝爱其作。偈云。野师不啖人间食。十二巫峰得自豀。

---

① 镬头：刨土用的一种农具，类似镐。镬音 jué。
② 百丈：指百丈怀海禅师。

养就纵横无碍力。昆仑翻转作瀛洲。乃欣然谓曰。何期濒老得饮醍醐。自非真参实悟。与佛祖命脉流通。从自己胸襟中流出。安得如此。其醇至乎。

昔灵源多喜演祖不诡随。不淫陋。谓其天资合道。语嘿中度。今师与演祖异世同风。然其孤标道韵。卓然挺异。如万仞凭虚。峰势倒立。直心行事。如箭中鹄。正色凛然。无一毫媒慢之态。故住山五十余白。足迹不履城隍。竿牍不近豪右。有大梅深隐之风。独恨世无马师。谁知其梅子熟且久也。师尝游少林。登五台。遇瑞峰师。一见而识。相与契合。深推重之。日惟随众作务。众未及田。师已荷镢先至。虽栉风沐雨亦无倦意。归则摄衣登座为众说法。信口而道。不落思议。衲子有好逞词锋嗜文句者。每视师法语如啜木札羹。无脍炙味。间以此议师。师亦尝笑此辈如叶公怖真龙耳。试令与地藏同时闻栽田博饭之语。亦必谓其无当于宗门玄旨矣。

余窃谓师之法语置于雪岩高峰诸大老之间亦不多让。世有赏色。必然击节。然师意贵在操履。力追古风。虽百丈沩山比肩何惭。其行业隐微不可枚举。兹述其大概。孔子有云。吾欲载之空言。不如见之于行事。然则师之行解双修。虽质之先圣而何疑。师初住峨峰宝方二兰若。次迁寿昌。寿昌乃西竺禅师道场。西竺崇仁产也。与师同乡。有遗谶云。寿昌好牧牛。西竺再来游。至师居寿昌不浃句。而梵刹岿然兴起。人咸谓师即古寿昌再来。信或不诬云。

丙辰岁佛成道日

信州弟子刘崇庆和南题于金华山舍

资料图片:《续藏经·无明慧经禅师语录》内页

（明）吴道南

一、人物简介

谱载吴道南画像

吴道南[①]（1550—1623），字会甫，号曙谷，长安乡二都石庄（今石庄乡）人。幼时受其父一龙教诲，涉猎《书经》[②]及儒家心学。

万历十七年（1589）中进士榜第二名，授为编修，累知经筵日讲，预修国史，主纂《河渠志》，官至礼部尚书。

万历二十二年（1594），吴道南任浙江主考官。

二十五年（1597），晋升东宫直讲学士；他讲解经书，必多方引喻解说，务求明白晓畅，听讲者皆赞叹道南学识渊博。

三十二年（1604），任武进士考试总裁。

三十四年（1606），任顺天乡试主考。

三十七年（1609）以礼部侍郎署礼部事，不屈从权贵，秉公办事，他重申国家有关典章法度，确定《谥典》[③]。

十次上疏，请皇太子出来听讲，但因神宗对皇位继承另有考虑，对其奏章置

---

① 吴道南：人物简介参考《明史·卷第二百一十七·吴道南传》、清康熙、道光、同治各版《崇仁县志》、《四库全书提要》。

② 书经：即《尚书》，为儒家重要核心经典之一。

③ 谥典：即"谥法"。指评定谥号的法则。上古有号无谥，周初始制谥法，至秦废。汉复其旧，历代因之，至清止。即帝王、诸侯、卿大夫、大臣等死后，朝廷根据其生前事迹及品德，给予一个评定性的称号以示表彰。始于西周中叶稍后。

之不理。时值京都一带大旱,上疏清除"五郁"①,多切中时弊。神宗不予采纳。

朝鲜派人来请售火药,道南力争不可给予;吐鲁番进贡美玉,他又以"不贵玩物"为谏,不予收受。

三十八年(1610),负责考选贡士。是年丁忧。

四十一年(1613),为礼部尚书兼东阁大学士。而道南从家乡赴京时,行装简朴如普通人,途中谢绝地方官提供的费用和护从人员;所经各处,无人知其为台阁②辅臣。

四十三年(1615)五月,入阁参预机务③。先后就皇储④听讲、诸王豫教⑤、瑞王⑥婚礼、简选大僚、荐举遗佚人才、撤消管理税收的太监、补足言官缺员诸事上疏⑦,神宗虽嘉为"优诏"⑧,但大都不予采纳。

四十四年(1616),主持会试,因考场出现舞弊行为,遭到言官的攻讦。皇帝虽然谅解他,但他决定辞职,先后上疏20余次,直到四十五年七月,才得以批准。

天启初年(1621)进太子太保,下诏加吴道南禄秩⑨,望其再度辅政,此时道南已重病在身,仍带病作《大政议》12条,这成为了他的绝笔。两年后病卒。

荫四子,赐"祭十三坛"⑩,赠"少保",谥"文恪",从祀"乡贤祠"。

子之京,廪生,荫授中书舍人,官南雄府知府;

子之铨,荫授中书舍人,官北京工部主事;

子之莘,廪生,荫授中书舍人,官马湖府知府,赐三品服致仕。

吴道南历官30年,可其家产还不及中等人家,一生藏才于德,平易近人,无论走卒、儿童都一视同仁;为官清廉,不附权贵,居官处事,明达政务,辅大政不为

---

① 五郁:五种郁证的总称。《素问·六元正纪大论》:"木郁达之,火郁发之,土郁夺之,金郁泄之,水郁折之。"后世将木郁、火郁、土郁、金郁、水郁称为五郁。

② 台阁:意思是亭台楼阁等建筑物,后亦泛指中央政府机构。

③ 机务:这里指机要事务。

④ 皇储:为已确定的皇位继承人。在古代中国史中,皇储一般是指皇帝册立的"皇太子",简称"太子"。

⑤ 豫教:预为教育、感化。这里指"礼教"的进行。

⑥ 瑞王:指朱常浩(1591—1644),明神宗朱翊钧第五子,明光宗朱常洛异母弟,母周端妃,万历二十九年(1601),被封为瑞王。参见《明史·卷一百二十·列传第八》。

⑦ 上疏:是在朝官员专门上奏皇帝的一种文书形式。

⑧ 优诏:意思是褒美嘉奖的诏书。这里应指质量优等的文书。

⑨ 禄秩:官吏食禄的品级。即禄位、俸禄。

⑩ 赐祭十三坛:是赐祭葬中文臣一品的高规格。赐祭:大臣身故,皇帝敕使往祭。坛:祭祀用的台。此为特典,非常制也。《会典·赐祭葬》:凡一品官,祭九坛。父母妻加祭。或二坛、一坛,或妻止一坛者,恩难预拟,遇有陈乞,酌拟上请。或兼大学士赠一品者,至四坛,父母妻俱一坛,致仕加三少者加一坛,加太子太保者加三坛。吴道南官居一品且兼大学士,故祭十三坛。

诡随①,得大臣体。

于学业上更有成就,散文典雅绵密②,颇有说服力;诗长于写景,情景交融,语言清丽。

著有《国史河渠志》二卷,另有《秘籍新书》十三卷,《别集》三卷,《日讲录》《巴山草》《奏议》《语录》等,存目于《四库全书总目》。有《吴文恪公文集》三十二卷传世。另焦竑所编《历科廷试状元策》三卷,由吴道南校正。

二、著作名录

《河渠志》·一卷(名《国史河渠志》二卷)

《秘籍新书》·十三卷③(全名《新锲簪缨必用增补秘籍新书》)

《吴文恪公文集》·三十二卷,《附录》一卷④(亦名《曙谷集》)

《别集》·三卷(合辑于《秘籍新书》)

《启蒙金璧》·四卷(光绪《江西通志》载)

《日讲录》·卷数不详

《巴山草》·卷数不详

《奏议》·卷数不详

《语录》·卷数不详

三、著作简介

《河渠志》·一卷(名《国史河渠志》二卷)

与此前志书不同,这部《河渠志》首创绘图。

南开大学历史研究所李小林副教授论文"吴道南及其《国史河渠志》"叙述:

二卷本《国史河渠志》在目录中加以记录,可以确定下来者,最早见于《千顷堂书目》,其"史部""舆地类"记载说:"吴道南《国史河渠志》二卷"。而后《明史·艺文志》之"史类""地理",完全照抄。

---

① 诡随:谓不顾是非而妄随人意。
② 绵密:指言行、思虑细密周到。
③ 《秘籍新书》:此十三卷含《别集》三卷。
④ 《吴文恪公文集》:《抚州府志》等载三十二卷;同治十二年版《崇仁县志》载十卷。

明人徐𤊹家藏书目《徐氏红雨楼书目》①，在卷二"史部""各省杂志"中，记有"《国史沟洫志》二卷"一书，书名之下附注"吴道南"三字。这里的《国史沟洫志》，很可能即是吴道南《国史河渠志》的又一名称。

吴道南的《国史河渠志》在目录书中还记有一种只有一卷的本子。在吴慰祖校订之《四库采进书目》②一书中，于"江苏省第一次书目"部分记有："《河渠志》（一卷，明吴道南着）一本"；于"江西巡抚海续购书目"部分记有："《河渠志》（一卷，明吴道南着）二本"。这种一卷本的《河渠志》，实为二卷本《国史河渠志》的残本，并非另外一书。

《四库全书总目》卷七十五"史部""地理类存目"四载有江苏巡抚采进本"《河渠志》一卷"的提要，它当即是上述《四库采进书目》中"江苏省第一次书目"所记一卷本《河渠志》的提要。

《河渠志》·一卷（江苏巡抚采进本）

《四库全书总目提要》：明吴道南撰。道南字会甫，崇仁人。万历己丑进士，官至文渊阁大学士，谥"文恪"。事迹具《明史》本传。

万历甲午（1594），陈于廷③建议修国史，令翰林诸臣分门受事。道南领修《河渠志》，此即其原稿也。凡三篇：

曰《运河》；

曰《黄河》；

曰《通惠河》；其余皆未之及。

资料图片：《吴文恪公文集》卷三《河渠志》内页；通州图书馆藏本

按《明史·艺文志》作二卷，则是本已非全帙矣。前有总序，谓冠以图策，载

① 《徐氏红雨楼书目》：见"李刘"节。

② 《四库采进书目》：吴蔚祖校订。1921 年商务印书馆印行涵秋阁抄本《四库进呈书目》，收入《涵芬楼秘籍》10 集。后经吴氏增补校订，收录公私进呈书目 60 种、图书 2 万部以上，更名《四库采进书目》，1960 年由商务印书馆出版。

③ 陈于廷（1566—1635），字孟谔，号中湛，又号湛如，又号定轩，明常州府宜兴人。万历二十三年（1595）进士。历知光山、唐山、秀水三县，授御史。著有《定轩存稿》。参考《明史·卷二百五十四·列传第一百四十二》。

其领要。今此书无图,盖传写者失之。

考《元史》以前诸志,皆无图绘,此例盖道南所首创也。

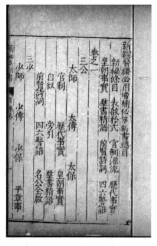

资料图片:《新锲簪缨必用增补秘籍新书》内页

《秘籍新书》·十三卷(山西巡抚采进本)

《四库全书总目提要》:明吴道南编。道南有《河渠志》,已着录。

是书自序,以为本谢枋得①未及付梓之书,为之增补。然所载皆职官故实,故标题有"簪缨②必用"字。此为类书,一名《新锲簪缨必用增补秘籍新书》。

《别集》·三卷(山西巡抚采进本)

别集首卷为君道,二卷、三卷为类姓,割裂琐碎,尤多挂漏,断非枋得所作。盖后人假其名以取重,道南未及详考耳。

《吴文恪公文集》·三十二卷《附录》一卷

《吴文恪公文集》为诗文集,一作《曙谷集》。

《千顷堂书目》《嘉业堂藏书志》③着录。

是集卷首有其门人钱士升④序,称此集为吴道南殁后九年,即崇祯五年(1632)编辑成书而行世。全集分三十二卷:

卷一至二为策、大政议;

卷三至十一为河渠志;

卷十二至二十五为奏章、序、碑、铭、记、传、书、启等各体文;

卷二十六为语录;

① 谢枋得:见"黄丙炎"节。
② 簪缨:古代达官贵人的冠饰。后遂借以指高官显宦。
③ 《嘉业堂藏书志》:由近代学者缪荃孙、吴昌绶、董康等赓续修撰成书。浙江湖州南浔镇嘉业堂,为近世著名私家藏书楼。书楼主人刘承干氏,自清季致力于搜罗各代文献,至民国初积书达六十万卷,内多珍本秘籍,流誉学林。自三十年代后,楼藏善本陆续散出,今分藏海内外名大图书馆。
④ 钱士升(1574—1652),字抑之,号御冷,明嘉善魏塘镇人。未登第时与顾宪成、高攀龙等人倡导理学,精通周敦颐、朱熹之学说。著作有《易揆》《逊国逸书》《增削南宋书》《论扆奏章》《五子近思录》《庄子四篇诠》等。参考《明史·列传卷一三四》。

卷二十七至三十为各体诗；

卷三十一为赋；

卷三十二为歌。

另《附录》一卷，主要收录有关吴道南之行状、墓志铭、墓表、像赞、祠记等纪念文献。

吴道南所作散文典雅绵密，合情入理。其诗长于写景，诗歌语言清丽娟秀，景物鲜艳。

今有明崇祯间崇仁吴氏家刻本，藏国家图书馆、台北"国立中央图书馆"。新修《四库禁毁书丛刊》①收录山东省图书馆所藏明崇祯间吴之京刻本。

又有清初吴之铨刻本，多《佚集》五卷，有其女婿周士京《重刻吴文恪公佚集序》，藏北京大学图书馆。

《吴文恪公文集》·三十二卷·附录一卷（明）吴道南撰。列入《四库禁毁丛刊》集部第 031 册—287 页。

《吴文恪公文集》北京通州图书馆有藏本，版本不详。

资料图片：《吴文恪公文集》封面（现代版）

道南虽以相业显②，而文自典雅不群，争神庙、国本、至章，十上，皆至情至理之文，其他《河渠志》《日讲录》诸作，亦见寔际③，盖值经筵时所著也。

《启蒙金璧》·四卷（资料暂缺）

---

① 《四库禁毁书丛刊》：是编修《四库全书》期间被抽毁和全毁的书籍，其中以集部书占多数，这部分著作多属于儒道，实属中国文化之精品。其次是史部的书籍，其禁毁重点是关于辽事（入关前满汉关系）和南明史的著作。经部、子部和丛书中的一些书籍在禁毁狂潮中也未能幸免。《四库禁毁书丛刊》具体的是以姚观元《清代禁毁书目》、孙殿起《清代禁书知见录》、雷梦辰《清代各省禁书汇考》和陈乃干《索引式的禁书总录》所著录的图书为主要收录范围。它不是清代所有禁书的总汇，不收录清乾隆以后的各种禁毁小说、戏曲。所收禁书以刻本、活字本、抄本为主，石印本、铅印本、影印原刻本酌情收录，点校本不予收录。本书共分十期，每期内依经、史、子、集四部排列。1997 年北京出版社出版。

② 相业显：指其在台阁辅臣之位有突出成就。

③ 寔际：通"实际"意。

《日讲录》(资料暂缺)

《巴山草》(资料暂缺)

《奏议》(资料暂缺)

《语录》(资料暂缺)

（明）刘 **冣**

一、人物简介

刘冣①（约 1548 年左右在世，生卒年不详），字振廷，号孟斋，崇仁县城西耆（今属巴山镇）人。明武宗正德十二年（1517）进士。

冣为人旷达，为明朝诤臣。由慈利知县升为礼科给事中。世宗议定策功②，大行封拜，冣疏止之。寻请帝勤圣学，于宫中日诵《大学衍义》，令左右勿近习诱以匪僻③。

嘉靖二年（1523）夏季，西北大旱，秋季南畿④大水，世宗未免忧惧。太监崔文，奏称修醮⑤可以禳⑥祸，乃召见方士邵元节⑦等，在宫中设立醮坛，日夕不绝。香花灯烛，时时降召真仙，锣钹幢幡⑧，处处宣扬法号。又拣年轻内监⑨二十人，改服道装，学诵经忏⑩等事，所有干清宫、坤宁宫、西天厂、西番厂、汉经厂、五花宫、西暖阁、东次阁等，次第建醮，几将九天阊阖⑪，变作修真道院。

内阁大学士杨廷和⑫代表阁臣，吏部尚书乔宇⑬代表部臣，俱请斥远僧道，

---

① 刘冣：人物简介参考明崇祯七年《抚州府志·人道志》（重修）、清道光元年版、同治十二年版《崇仁县志》。

② 策功：同策勋。策勋：意思是记功勋于策书之上。

③ 匪僻：邪恶。这里应指走入歧途的思维。

④ 南畿：南方边远地区。

⑤ 修醮：指道士设坛作法事禳除灾祟。

⑥ 禳：音 ráng；祭名，指祈祷消除灾殃、去邪除恶之祭。

⑦ 邵元节（1459—1539），字仲康，号雪崖，贵溪人（一说安仁人）。龙虎山上清宫达观院正一道士。参见《明史·列传·卷一百九十五》。

⑧ 幢幡：指佛、道教所用的旌旗。从头安宝珠的高大幢竿下垂，建于佛寺或道场之前。

⑨ 内监：古时宫廷又称"大内""内府""内廷"，所以宦官、太监又称为"内监"。

⑩ 经忏：为道教、佛教经文和忏悔文。请道士或僧人念经拜忏，祈福超生的仪式。

⑪ 阊阖：典故名，典出《淮南子·地形训》《楚辞·离骚》。原指传说中的西边的天门，后义项颇多。泛指宫门或京都城门，借指宫城、宫殿、朝廷等。

⑫ 杨廷和（1459—1529），字介夫，号石斋，汉族，四川成都府新都（今成都市新都区）人，祖籍庐陵（今江西吉安）。明朝中期著名政治家、文学家杨慎之父。历仕宪宗、孝宗、武宗、世宗四朝。正德七年（1512年）出任首辅。善书，笔法工整。曾参与编修《大明会典》等，有《杨文忠公三录》传世。参见《明史·卷一百九十·列传第七十八》。

⑬ 乔宇（1457—1524），山西昔阳县乐平禛人，字希大，号白岩。杨一清弟子，后又从李东阳游。

停罢斋醮。给事中刘岿，又弹劾崔文引进旁门左道，虚掷①国库银两等罪状，要求对其从重惩罚。明世宗不但没有听从刘岿的奏议，反而贬谪②刘岿到安徽广德州做判官，以此惩一儆百。杨廷和、乔宇等，只好睁着双眼，由崔文醮祀③。

刘岿被贬出京后，崔文感到还不解恨，唆使与其关系私密的东厂太监芮景贤诬奏刘岿，说刘岿在赴任途中仍用给事中旧衔，擅自乘坐大船，严厉对待差役。此奏顿时激怒了明世宗，立即将刘岿抓回京师投入牢狱，不久将其革职充军邵武。嘉靖七年(1528)赦还。

坐了几年牢的刘岿从此还乡以居。

在居家的二十余年时间里，刘岿还做了一件事，为大儒吴与弼立了一方"望碑"，中书大字"聘君吴康斋先生墓"，题"后学孟斋刘岿"。

现与1562年时任"巡抚侍郎兼佥都御史"自命"滁州后学胡松"所立石碑一起，仍矗立于康斋先生冢前。抚州府志记载其"临终时妻儿皆哭，岿口占二诗，谐笑而逝。"

著有《选择类编》八卷、《奏议》二卷。

清同治十二年《崇仁县志》载：

刘岿，刘璲孙，崇仁西里人。

旷达高卓，童子时书联语自勖④曰："读书无一字用，未足以语学立志；一身谋不可以为人。"

以进士知慈利县，县介万山⑤，苗彝杂处，又值采木之役⑥，供亿⑦繁重。振廷理画曲当⑧，事集而民不劳。

---

① 虚掷：指白白地丢弃、扔舍。

② 贬谪：指官吏降职，被派到远离京城的地方。

③ 醮祀：斋醮，祭祀。斋醮：请僧道设法坛，祈祷神佛。祭祀：旧俗备供品向神佛或祖先行礼，表示崇敬并求保佑。

④ 勖：音：xù；意同勉励，出自唐李白《古风》之二十。

⑤ 县介万山：意指慈利县处于万山之中。

⑥ 采木之役：明初，缮治宫殿所需木材薪炭，以任土作贡的方式索取，曰"岁办"，民不给，官出钱于市，实行采办。采木之役，自明成祖兴建北京宫殿始。万历年间，易官办为商办，木商唯利是图，病民耗财。由于历代侈俭不同，采木时多时少。明代连年采木，二百余年消耗了大量的森林资源。

⑦ 供亿：按需要而供给。

⑧ 理画曲当：有所见闻，或有所会悟，随得随记者，广泛适应，无不恰当。

嘉靖初,征拜礼科给事中,时执政欲以定策功,要封拜①议下,冣抗论其食天之功,事得寝②,会中珰崔文③以斋醮糜④,内帑⑤;锦衣百户陶淳⑥巧罗织于外,冣两劾之,已而奉严旨查帑,复抗疏曰:"所指之事皆欲亲查左证,则言官无敢指之事。"所劾之人皆得强辩反噬⑦,则言官无敢劾之人。出判广德州,附文者,复以人夫牵船事诬劾,逮击⑧诏狱,谪戍邵武,七年赦归。

训子侄:"以义亲族,贫者多所周恤。"庚子(1540)、乙巳(1545)大歉,出粟赈饥民,邻人欧阳氏,三枢暴露,给赀葬之。

临终口占二律别诸弟,谐笑而逝。祀邑"忠义祠"。

二、著作名录

《孟斋公奏议》·二卷
《选择类编》·八卷

三、著作简介

《孟斋公奏议》·二卷(资料暂缺)
《选择类编》·八卷(资料暂缺)

---

① 封拜:赐爵授官。
② 寝:停止,平息。
③ 中珰崔文:中珰,指太监;崔文为人名。
④ 斋醮糜:醮古冠、婚礼所行的一种简单仪式。尊者对卑者酌酒,卑者接受敬酒后饮尽,不需回敬。笄者行礼后从正宾手中接过醴酒,轻洒于地面表示祭祀天地,然后象征性地抿一点酒。这叫"醮子"。醮,音:jiào;糜,音:mī。指牛缰线。也有捆、拴的意思。
⑤ 内帑,帑,音 tǎng,指皇帝、皇室的私财、私产。
⑥ 陶淳:万历贡生,湖北黄安县(今红安县)人。
⑦ 反噬:反咬一口。
⑧ 逮击:追捕、捉拿。

(明)刘 寓

一、人物简介

刘寓①(约 1570 年左右在世,生卒年不详),字振道,号华严,西耆(今属巴山镇)人,刘冣弟。

正德九年(1514)以进士授祁门知县,更②婆源知县,士民皆盛赞其德。秩满,升南刑部陕西司主事,转兵部车驾司员外,刑部河南司郎中。为世宗帝定大礼,抗疏论列;期间曾语侵当事者,但以持议中正得不罪③。

寻升山东布政司参议,分守辽东,致仕归。

家居四十年,好学不倦,年八十三,人称"华严先生",祀乡贤祠。

著有《一班集》《剩语》等书,

二、著作名录

《一班集》·卷数不详
《剩语》·卷数不详

三、著作简介

《一班集》《剩语》

寓少有俊才,诗文皆磊落可喜,而尺寸不失矩度。常谏世宗"大礼立言、得体不致"获罪,可想见文格之和平。④

---

① 刘寓:人物简介参考清道光元年版《崇仁县志·人物志》等。
② 更:引申指轮换、交替。
③ 不罪:不追究责任。
④ 见清同治十二年版《崇仁县志》卷九。

(明)陈其赤

一、人物简介

陈其赤①(约 1595—1644),字石夫,县城北耆(今属巴山镇)人。

石夫登崇祯元年戊辰(1628)刘若宰榜进士,初以进士知无锡县,以诬构②降官,邑父老揭旗大书"清廉父母",千余人从之叩③,京师事闻,迁衢州推官,转刑部主事,寻升西安知府。

时流寇猖獗,石夫诣大经略④洪承畴营⑤,愿领兵剿贼。经略壮之⑥,手以兵擒,渠魁卷地⑦,狠斩贼首,无算⑧捷闻,升四川按察副使⑨。去⑩西安到成都,陷⑪成都城月余,擢升云南布政使。

甲申(1644)正月,献⑫贼破夔州,属僚劝之趁早赴云南,或劝之归故里,谓:

---

① 陈其赤:人物简介参考清同治十二年版《崇仁县志·人物志》卷八。

② 诬构:构音 gòu;被人诬告。

③ 叩:叩拜。

④ 经略:明清两代有重要军事任务时特设经略,掌管一路或数路军、政事务,职位高于总督。

⑤ 洪承畴(1593—1665),字彦演,号亨九,福建泉州南安英都(今英都镇良山村霞美)人。万历四十四年(1616年)进士,累官至陕西布政使参政,在明末农民起义的战事中屡立战功,升任陕西三边总督。崇祯年间转任蓟辽总督,松锦之战被俘,三个月后降清朝。洪承畴营:这里应指洪承畴被俘前曾管辖的部队。参见《清史稿·卷二百三十七·列传二十四》。

⑥ 壮之:计划精细完善之意。

⑦ 卷地:卷,古通"拳",形容气势。

⑧ 无算:数不清;多的意思。

⑨ 见同治十二年《崇仁县志》卷七另载为:官四川兵备道。

⑩ 去:离开。

⑪ 陷:被围困。

⑫ 献:指张献忠。

"公死,如老母何?"答曰:"吾正惧①以不死悖吾母之训耳。"乃寄示②长子:"时事多艰,我义无可辞;尔善事③祖母,(勿)以我为念。"

八月,成都城陷,其赤赴水死,家人同殉者四十三人,惟长子在家得全。

石夫乡会试出倪元潞④、龙文光⑤门下,倪已殉难京师,至是,石夫与文光同死成都。

国朝⑥祀邑乡贤祠,继追谥节愍,奉给币,建忠烈祠于学宫⑦右。

按先生当殉难时逸,一家丁伤左臂,为僧峨眉山。国朝定鼎⑧后,年已及耄,书招先生子孙至寺中,称先生见家人赴死莲花池犹不为意,唯一七岁爱孙至前素读书、灵敏,先生再三摩拂⑨其首,泣数行下⑩,旋大呼曰:命也!手掷之池,乃自肃衣冠,北拜而尽。

二、著作名录

《宦游随笔》·卷数不详

---

① 惧:本义为害怕、恐惧。这里引申为忧虑、担心。

② 寄示:意思是送给人看,示知。

③ 善事:本一指吉事、好事。这里指善待、孝敬。

④ 倪元潞(1594—1644),字汝玉,一作玉汝,号鸿宝,浙江绍兴府上虞(今绍兴市上虞区)人。天启二年(1622)中进士。崇祯八年(1635)任国子祭酒,因被控"妾冒妻封"而落职。十六年(1643)拜户部尚书兼翰林院学士兼摄吏部。十七年(1644)三月,北京失陷,倪元潞自缢以殉节。明末书法家。著有《倪文贞集》。参见《明史·列传第一百五十三》。

⑤ 龙文光(? —1644),字中黄,又字焕斗,别号西野明官,马平(今广西柳州)人,天启二年(1622)进士,授上犹知县。历新建知县、吏部考功司员外郎、川北参政、右佥都御史,代任四川巡抚。明柳州八贤之一。是年死于张献忠攻陷成都。参见钱海岳《南明史》。

⑥ 国朝:历朝文书自称。这里指清朝。

⑦ 学宫:指崇仁县学宫,始建于宋仁宗庆历三年(1043),在文宣王庙的旧址上兴建而起。北宋祥符前县治东有文宣王庙,倒塌后,始创建学宫;崇宁三年(1104),造屋 60 楹。位于崇仁河北岸、黄洲桥北端左首(现为"茂泰花园"),数百年来屡毁屡修,至同治六年(1867)二月修复后,文庙与学宫正中为大成殿,左右建两庑,右前即大成门,名宦、乡贤两祠分立于门前左、右侧,再前为棂星门,左右侧门分别为名"义路""礼门"。泮池前立"德配天地,道冠古今"牌坊;牌坊前临城门,门内东为名儒坊、西为高第坊。大成殿后原有崇圣祠,被焚毁后未修复,仅存围墙。围墙后有尊经阁,阁左即文昌宫,宫前为魁星阁,宫右为明伦堂,正南即学宫大门,周围筑有高墙,占地数十亩。1949 年后一直作为"崇仁县饭店"用,主体建筑上世纪九十年代尚存。

⑧ 定鼎:形容统治权力稳固。

⑨ 摩拂:用手轻轻摸、抚。

⑩ 泣数行下:眼泪接连不断地往下掉。形容非常悲伤。

三、著作简介

《宦游随笔》

其赤以忠义着（著称），文笔劲健，无阿随①态，随笔则记，同时诗文。国朝初时门生曹溶②为刊板行世。

---

① 阿随：依附，献媚的样子。
② 曹溶（1613—1685），字秋岳，一字洁躬，亦作鉴躬，号倦圃、钮菜翁，浙江秀水（今嘉兴）人。著有《静惕堂诗词集》等。参见李玉安、黄正雨《中国藏书家通典》。

（明）杨　记

一、人物简介

　　杨记①（约 1600 年前后在世，生卒年不详），字惟载，别号立所，长安乡一都竹山（今属巴山镇）人，邑庠生②。

　　杨记私淑③二吴④之学，遵朱子鹿洞学规⑤，自立课程，每举动必求中⑥礼节。时吴文恪⑦公在告⑧，属主讲"宝塘书院"，间与文恪公语："国有史，太史事，邑有乘，亦太史事。"文恪公题之，荐修邑乘⑨。

　　著有《乡饮》《会真》《率引》《节奢》《吉礼》《凶礼》《公约》《学规》等书。

　　岁饥⑩，劝导家人，前后⑪助赈⑫谷二千五百余石。

二、著作名录

　　《公约》·卷数不详

---

① 杨记：旧志无传，然旧志有叙文。人物简介参考清道光元年版《崇仁县志·人物志》。
② 庠生：古代学校称庠，故学生称庠生，为明清科举制度中府、州、县学生员的别称。庠生也就是秀才之意，庠序即学校，明清时期叫县学为"邑庠"，所以秀才也叫"邑庠生"，或叫"茂才"。
③ 私淑：指没有得到某人的亲身教授，而又敬仰他的学问并承传其学术而尊之为师，称之为私淑。
④ 二吴：指吴澄、吴与弼。
⑤ 鹿洞学规：指朱熹制定的庐山白鹿洞书院学规。
⑥ 中：符合之意。
⑦ 吴文恪：指吴道南。
⑧ 在告：官吏在休假期中。
⑨ 邑乘：地方志书。
⑩ 岁饥：遭遇饥荒的年份。
⑪ 前后：时间上从开始到末了。
⑫ 助赈：指捐献财物以救济灾民。

《学规》（亦名《六经学规》·卷数不详）

《乡饮》·卷数不详

《会真》·卷数不详

《率引》·卷数不详

《节奢》·卷数不详

《吉礼》·卷数不详

《凶礼》·卷数不详

三、著作简介

《公约》

《公约》有引奢入俭之意。

《学规》

《学规》则引证诸经，因朱子鹿洞①条约而增益之。②

《乡饮》（资料暂缺）

《会真》（资料暂缺）

《率引》（资料暂缺）

《节奢》（资料暂缺）

《吉礼》（资料暂缺）

《凶礼》（资料暂缺）

---

① 鹿洞：指庐山白鹿洞书院。
② 见清同治十二年版《崇仁县志》卷九。

(明)熊铦

一、人物简介

熊铦①（约 1600 前后在世②，生卒年不详），又讳文奎，字绍琎，西耆巴陵坊（今属巴山镇）人。

绍琎性资明达，体貌敦严，综博群籍，动以古人自持，凡冠婚丧祭一准③《文公家礼》④。

早年失祜，绍琎永思垂老⑤不替⑥，事继母江氏备极孝敬。兄子籨遭事破产，绍琎析产分给之，视如己子。尝出见暴棺⑦累累，察其无力，哀⑧众力瘗⑨之。又捐私山，以待乡人无地卜葬⑩者。自己山上的松树林，尽数伐之，以供建黄洲桥墩椿⑪用。

---

① 熊铦：人物简介参考清康熙十二年版《崇仁县志》卷四。清道光元年版《崇仁县志》卷十六载"熊铦"为"熊铦一"。

② 约 1600 年前后在世：《崇仁县志》在明朝时隔百年以上不修，间隔乃是成化四年（1468）至万历三十年（1602），熊铦既为此邑志效劳，故估其在世时间。

③ 一准：一定；必定

④ 文公家礼：指《朱子家礼》亦称《文公家礼》，朱熹以《三礼》为源，以《仪礼》为本，修订而成《家礼》。通过其切近日用，"可实践性"的努力，终于实现了"家礼"从"贵族之礼"向"庶民之礼"的转化。因作者朱熹的巨大影响力，《家礼》仪节内容之宜而简，以及元、明等后世王朝官方意识的大力推动，最终形成了《家礼》在家族制度建构中的巨大优势。历史见证，《家礼》一经刊出，即为后世推用，元代升格为国家量订汉仪的标范，明代更采入国家礼典，颁示天下，通用民间，正式完成了其经典化的跃进。至清朝亦融合满汉对《家礼》以继承与革新。这里所指依据《朱子家礼》行事。

⑤ 垂老：将近老年。

⑥ 不替：不废。

⑦ 暴棺：喻指无力安葬逝者的人家。

⑧ 哀：音 póu。聚集的意思。

⑨ 瘗：音 yì。埋葬。

⑩ 卜葬：指古代埋葬死者，先占卜以择吉日与葬地，称为"卜葬"。

⑪ 墩椿：用于建筑时外构的支架木头。

邑志废阙①百余年,绍琏旁搜遍访,靡不②备载,文献足征,多其力也。邑侯两举为乡饮③大宾。

所著《古今忠孝节义辑略》《宝塘大闲志》④《孝友遗音》等书并藏于家,

参与明万历三十年《崇仁县志》修撰,享年八十一卒。

二、著作名录

《古今忠孝节义辑略》·卷数不详

《孝友遗音》·卷数不详

《永思家范》·卷数不详

《童蒙须知》·卷数不详

《女训》(又名《女训言行录集》·卷数不详)

《颐年雅会》(又名《愿年雅会》·卷数不详)

《古句百首》·卷数不详

《宝塘大闲志》·卷数不详

《言行录》·卷数不详

三、著作简介

《古今忠孝节义辑略》《孝友遗音》《永思家范》《童蒙须知》《女训言行录》《颐年雅会》

熊铦博览群书,凡冠、婚、丧、祭,一准诸礼各种,皆有益名教,文亦雅驯。⑤

《古句百首》(资料暂缺)

《宝塘大闲志》(资料待考)

《言行录》(资料暂缺)

---

① 废阙:指缺漏,也可以指丧失。

② 靡不:无不。

③ 乡饮:古代嘉礼之一。指乡饮酒礼。

④ 《宝塘大闲志》作者待考。见第五编"待考著作"。

⑤ 见清同治十二年版《崇仁县志》卷九。

(明)黄　宸

一、人物简介

黄宸[1](约 1605 年前后在世,生卒年不详),东耆(今属巴山镇)人。
万历二十五年丁酉(1597)岁贡,官至溮县知县。

二、著作名录

《崇仁县志》·八卷(万历三十年(1602)成书)

三、著作简介

《崇仁县志》·八卷(万历三十年)
明万历壬寅《崇仁县志》·序·吴道南

余在告,黄君君明在倚庐[2],邑侯平江李公以邑乘[3]来属,辞不获命。既已任之,惟是博采旁搜,究变征实,则庠造[4]王君森、杨君记、陈君大德、李君时芳,实始劳焉。越月余竣事,各以其简来授,余与黄君稍论次而润色之。

经画世殊,纷若错绣,彼界此疆,同归在宥[5],作《沿革表》。茅土制更,锡封如寄,讵云空名,展也重地,作《封爵表》。百里寄命,民生滋殖,奕奕庶僚协重厥

---

① 黄宸:人物简介参考清康熙十二年版《崇仁县志》卷四。
② 倚庐:在家守丧。
③ 邑乘:指县志稿本。
④ 庠造:庠生与造士的合称;庠生:指为明清科举制度中府、州、县学生员的别称;亦称邑庠生,也就是秀才。造士:意思是学业有成就的士子;"造士"出自《礼记·王制》。可指举人、进士等。
⑤ 在宥:任物自在,无为而化。多用以赞美帝王的"仁政""德化"。出自《庄子·在宥》。

职,作《师官表》。贤才辈兴,为当代使,或勤聘币①,或光宅里,作《人物表》。山川封峛,有指疆土,固围维风,谁其外侮,志《提封》。正位辩方,我疆我理,四境相闻,宁乃幹止,志《创设》。岁有三征,则坏成赋,土物匪珍,民思敦素,志《食货》。依性作仪,导训斯易,植乃准标,风化攸系,志《秩礼》。箕畴庶征,休咎②如响,二类相召,毫弗僭爽,志《纪异》。景行维贤,袭香仪羽③,岂其异人,亦趋亦步,作《列传》。

帙成,用以告于家大夫,遍请正于乡之先生于父老弟子员,佥谓是志详简互宜,宽严各适,足征文献,以验将来……

明万历壬寅仲秋月望,邑人吴道南谨识。

明万历壬寅《崇仁县志》·序·黄宸④

自昔志之具也,必有以委之,亦必有任而成之。委惟令任而成之,惟邑之人。

吾邑在宋嘉定初,若簿李公伯醇⑤、邑人罗君鉴⑥,则邑志之权舆乎?未几,令范公应铃、邑人黄君元增修之,犹未出嘉定间也。

嗣是相续修补,一见于元天历间邑人吴君幼贤⑦,稍后为彭君延年⑧,再见我永乐间,令王公克义、邑人黄君中;又再见成化间,令李公祥、邑人杨君宗道、陈君雅言;亦既麟麟⑨举矣,乃今距成化何寥阔⑩也。

而大典为阙,谓文献何?

万历壬寅(1602),君侯平江李公甫治之三年,民和政暇,慨然及之,肃造太史之庭⑪而请,而且缪及我二三辈,斯其为念诚远已。太史氏暨我二三辈,是用感激,以图称塞⑫,卜馆宝塘书院,卯而集,酉而散,无怠刻焉。

---

① 聘币:古时聘人所备的礼物。币,本意为缯帛。古以束帛为赠送宾客及享聘之礼。
② 休咎:意思是吉与凶;善与恶。
③ 仪羽:仪禽。凤凰的别称。比喻美德善行可为人表率。语本《易·渐》:"鸿渐于陆,其羽可用为仪。"
④ 见清康熙十二年版《崇仁县志》。
⑤ 李伯醇:未找到资料记载。
⑥ 罗君鉴:指《罗山志》撰著者罗鉴。
⑦ 吴君幼贤:指吴宝翁。
⑧ 彭君延年:指彭寿卿。
⑨ 麟麟:中国古籍中记载的一种动物,与凤、龟、龙共称为"四灵"瑞兽。这里形容光明的样子。
⑩ 寥阔:广远,广阔;形容度量远大,亦形容时间久远。
⑪ 太史之庭:太史,西周、春秋时太史掌管起草文书,策命诸侯卿大夫,记载史事,编写史书,兼管国家典籍、天文历法、祭祀等,为朝廷大臣。这里指编修史志的地方。
⑫ 称塞:意思是称职尽责。

时则偏索旧志于圜阓①中,因得熊文奎氏所尝私补者,然率出残缺散逸之余,收什一于千百云耳,则益惴惴然,惟遗漏讹舛②是惧,复取《一统志》、郡省志及历代《史通考》《通典》《玉海》诸书,用订分野疆域之辨,又细按名贤本传,务覆核③之,旁及稗官野史、诸家小说,于以补遗,而修轶事,参互考证,必求当心,乃得书。

书约数十万言,言无不自手录,且三易稿始乃就绪。闲有引嫌内举,俟定末路者,姑为傃遗④,以留异日。

事始四月朔之十日,五阅月⑤,得付剖劂氏⑥。

呜呼,事有待而兴几须,时而合斯志也,定往而为则后来胥,于是乎在偶尔然乎哉。

明万历壬寅仲秋月望,邑人黄宸谨识。

明万历壬寅《崇仁县志》·序·李绍春

夫邑无志乎? 志史之流也。无志曷风⑦? 古者王朝列国,各有内外史、大小史,故夏图殷册⑧,至周志始备。王通⑨氏曰:仲尼述史者三。自三史出,而古人言动至今不废。是以铨次⑩贵随事,综覈⑪宜及时,可令文献漫无征哉?

崇为江以西望邑,余不佞以乙亥秋奉命承乏于兹,俯仰徘徊,首以志稽,而泯如也。岂其典诚巨,其作不易,而秉笔持衡盖有待与? 缅维山河不改,章程递因。鸿儒巨卿,光照世家,无可待也……幸属者太史吴公曙谷⑫在告⑬,得乘讲幄之暇,又多博闻有道术士,则所以绍明世,论次⑭旧闻,整齐世传,今其时已。

---

① 圜阓:指街市,圜阓中,喻指市井中人。

② 讹舛:舛音 chuǎn,指错误、误谬。

③ 覆核:音 hé;指审查、核对。同"复核"。

④ 傃遗:意指粗俗、遗陋。

⑤ 五阅月:阅月,是指度过、或经过、经历 N 个月的意思。前面往往有数词,如"逾八阅月",即经过八个多月以后。这里指经过了五个月。

⑥ 剖劂氏:指刻板印书者。

⑦ 曷风:意为如何观察民风。曷:音 hé。

⑧ 夏图殷册:夏朝、商朝的图册,泛指古方志。

⑨ 王通(584—617),字仲淹,又称文中子,隋朝河东郡龙门县通化镇(今山西省万荣县,一说山西省河津市)人,隋朝时期教育家、思想家。

⑩ 铨次:意为选择、编排。

⑪ 综覈:同"综合",亦有核实、校对之义。

⑫ 太史吴公曙谷:太史:史官;明代指翰林院官员。吴公曙谷:指吴道南。见"吴道南"节。

⑬ 在告:告假在家休息。

⑭ 论次:讨论、论定再按秩序进行编辑。

唯是越莅任之三年,籍手时和,而政稍稍集。爰用筮吉①,奉吴太史公暨一宇黄君,诸弟子员②王君森、杨君记、陈君大德、李君时芳共事编摩,凡数阅月成书。将付剞劂,于是泛观志例,叹曰:"善哉,简而核,疏而有则,法之良也。"与之观天文、分野、形胜、食货,叹曰:"卜洛定郏,表方测景,冠巴带汝,樵猎树艺③,是古今之概,利用之私也。"与之观户赋,叹曰:"蕃而阜,正而供,其保乂之烈与。"与之观位署、秩官,叹曰:"度而能贞,肃而有明,士陶而秀,民恬而舒,声迹彰焉。"与之观艺文,叹曰:"探颐摘英④,如沃醴而抶其粕,鲜不精焉。"与之观选举、人物,叹曰:"义经仁纬,典刑若新,先民而可作也,执鞭所欣慕焉。"

诸君曰:"是可志已,请弁以言⑤。"余适觏滋举,谬当吹哠⑥。夫志者,杨徽迪哲,揆往训来,所以风也……然读斯志,而千百载之衮钺⑦不贷,凛凛外史也,可均无惧哉……

万历三十年岁在壬寅秋吉,抚州府崇仁县知县平江李绍春序。

---

① 筮吉:占卜选择吉日。

② 弟子员:这里指黄宸的门生。

③ 树艺:亦作"树蓺"。种植,栽培。出自《周礼·地官·大司徒》。

④ 探颐摘英:将探研深奥道理的贤者、英才展示出来。

⑤ 请弁以言:本意是指古代一种尊贵的冠,也指掌管帝王的冕服及等制,又比喻首领、魁首。该文字在《仪礼·士冠礼》和《广韵》等文献均有记载。请弁以言(弁,音 biàn)这里指请知县为书籍正文前面写序文。

⑥ 谬当吹哠:哠:如口吹物发出的小声音;比喻微不足道。为担当写序言任务的谦虚之言。

⑦ 衮钺:指褒贬。

（明）吴学周

一、人物简介

吴学周①（约1615年前后在世，生卒年不详），字养台，长安乡二都石庄（今属石庄乡）人，吴道南从侄。

读书郡城，受学于"归仁书院"②，尝闻为学者当体验身心，不尚口耳③。

万历二十年壬辰（1592）选贡，为象山④令，有能名，建钱唐⑤祠，后任温州同知，海烽⑥寝息⑦，乞养归⑧。

与里中耆彦⑨樽酒论文不辍；邑学宫毁，捐赀建大成殿。

有《希龄室言集》。

万历三十六年（1608），吴学周莅任象山知县初期，即修邑乘。同撰者江苏华

---

① 吴学周：人物简介参考清道光元年、同治十二年版《崇仁县志》。
② 归仁书院：位于江西临川。由汤开远创立，明代汤显祖曾在玉茗堂设帐讲学，为振兴临川教育，力倡筹创临川"崇儒书院"。在其影响下，其子汤开远又在临川创立"归仁书院"，其后裔追思先贤，又在温泉汤家创立"玉茗书院"，这三大书院在临川盛极一时。
③ 口耳：附耳私语声。谗言。
④ 象山：指象山县。是浙江省宁波市下辖县。
⑤ 钱唐：据《三迁志》载：皇明洪武二年，太祖览孟子芥寇仇语，谓非臣子所宜言，诏去其配享，钱唐是洪武朝的刑部尚书，冒死抗疏进谏，要求恢复孟子的地位，以不敬论命金吾射之，唐舆榇（chèn）自随，袒（tǎn）胸受箭，且曰："臣得为孟轲死，死有余荣。"太祖览其情词剀（kǎi）切，为之动，遂复孟子祭。仍命太医院疗唐箭疮焉。
⑥ 海烽：是古代用于传送敌意的一种方式，现在被应用于海上。
⑦ 寝息：停息，搁置。
⑧ 乞养归：指要奉养父母而请求辞职回家。
⑨ 耆彦：年高望重的人。

亭布衣陆应阳①、县人榜眼邵景尧②,"引绳订墨③,勒成一家言",逾月告竣,成志十六卷。翌年刊刻,吴、陆、邵三人均有序。

《澹生堂藏书目》④《千顷堂书目》⑤着录。

二、著作名录

(重修)《象山县志》·十六卷

《希龄室言集》·卷数不详

三、著作简介

《象山县志》·十六卷

万历三十六年(1608),知县吴学周(崇仁人)莅任象山县,即修邑乘。同撰者江苏华亭布衣陆应阳⑥、县人榜眼邵景尧(翰林院编修),"引绳订墨,勒成一家言",逾月告竣,成志十六卷。翌年刊刻,吴、陆、邵三人均有序。

见《澹生堂藏书目》《千顷堂书目》着录,今北京图书馆藏有一至三卷、十四至十六卷残本。

重修《象山县志》残六卷,载入《中国方志丛书》成文出版社辑,1966年至1985年台北成文出版社。今北京图书

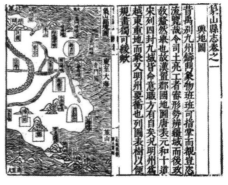

资料图片:重修《象山县志》·残六卷,明吴学周修、明陆应阳纂,万历三十六年刊本

---

① 陆应阳:生卒年不详。字伯生。明江苏青浦人。晚年移居郡城,即松江府。著有《樵史太平山房诗选》。有致方庵契兄行草书,台北故宫博物院藏。见台湾《故宫历代法书全集》。

② 邵景尧(1560—?),字熙臣,号芝南。浙江象山人。明万历二十六年(1598)赵秉忠榜进士第二人。授翰林院编修。邵景尧少有才名,号称"浙东十四子"。官至左谕德,进太子洗马。著有《邵太史诗集》等。参见《宁波象山人物》。

③ 引绳订墨:亦作"引绳削墨",意指木工弹拉墨线后据以锯削。比喻恪守、拘泥于成法。

④ 《澹生堂藏书目》:见"李刘"节。

⑤ 《千顷堂书目》:见"陈元晋"节。

⑥ 陆应阳:生卒年不详。字伯生。明江苏青浦人。晚年移居郡城,即松江府。著有《樵史太平山房诗选》。

馆藏有一至三卷、十四至十六卷残本。

《希龄室言集》（资料暂缺）

(明)周廷赞

一、人物简介

周廷赞①(约 1650 年前后在世,生卒年不详),一名曦,字且若,号舍广,礼贤乡二十七都沧源(今属礼陂镇)人。

幼负异志,年十六为诸生②,督学张吾始评其卷曰:"才冠七学,气压群英。"天启丁卯(1627)领乡荐③,同榜黎博广、罗文止④皆海内知名,座主⑤倪鸿宝⑥独首推廷赞,目为"断纹古琴"⑦。

两上春官⑧,不第,遂潜心著述。

有《历代人表》《孝传》《钱谱》《律陶》《字杜》《律苏》等集。

二、著作名录

《钱谱》·卷数不详
《律陶》·卷数不详
《律苏》·卷数不详

---

① 周廷赞:旧志无传。人物简介参考清道光元年版《崇仁县志·人物志》、明崇祯《抚州府志》。
② 诸生:明代称考取秀才入学的生员为诸生。
③ 乡荐:应试进士,由州县荐举,称"乡荐";即推荐进学。
④ 罗万藻(? —1647),字文止。江西临川腾桥人。明末古文家,福建上杭知县、礼部主事。有《此观堂集》12 卷、《十三经类语》14 卷等。参见《明史·卷二百八十八·列传一百七十六》。
⑤ 座主:中国古代的一种政治关系称谓;早在汉代实行察举制的时候,被举荐者便对荐举他的郡国长官自称"门生"。亦称"座师"。唐进士对主考官的尊称。明、清举人、进士亦用以称其本科主考或总裁官。是为唐宋以后,成为刚入仕途的进士(举人)们的重要关系之一。
⑥ 倪鸿宝:指倪元璐。见"陈其赤"节。
⑦ 断纹古琴:鉴定古琴的价值,多以断纹为重。目为"断纹古琴"一句,指评价者的欣赏和着重之意。
⑧ 春官:礼部别称。这里指参加礼部主持的会试。

《历代人表》·卷数不详

《孝传》·卷数不详

《字杜》·卷数不详

三、著作简介

《钱谱》

廷赞精于考据,以古今钱法各异,溯其源流兼绘图,着其款式。①

《律陶》《律苏》

廷赞不欲于以诗文为名,然所作实有高致,座主倪文正公目为"断文(纹)古琴"。②

《历代人表》(资料暂缺)

《孝传》(资料暂缺)

《字杜》(资料暂缺)

---

① 见清同治十二年版《崇仁县志》卷九。
② 同上。

（明）吴世英

一、人物简介

吴世英①（1655 年前后在世，生卒年不详），字咸淑，号孟千，晚号耐公，长安乡二都石庄（今属石庄乡）人。

邑廪生。幼敏慧，日记数千言。熹庙之变②，遁迹③邑南乡十一都凌霄观④，不入城市者三十年，某邑侯请见不得。

周孝廉廷赞⑤题其画像曰："润如玉，淡如菊，名虽弃而恒怡⑥；时则忧，而不戚⑦；迥绝⑧矜持，了无边幅⑨。"

著有《耐公诗集》藏家。

二、著作名录

《耐公诗集》·三卷

---

① 吴世英：道光元年版《崇仁县志·人物志》。
② 熹庙之变：应指天启年间明熹宗时东林党与以阉党为主的各派之争中的"东林大案"。
③ 遁迹：指避世，隐居，使人不知踪迹。
④ 灵霄观：元代建，在大冈山上。
⑤ 周孝廉廷赞：指周廷赞。见"周廷赞"节。
⑥ 恒怡：恒：永久、持久；怡，本义：和悦的样子。
⑦ 不戚：形容感情有节制。
⑧ 迥绝：迥，音：jiǒng，指超群卓绝。
⑨ 了无边幅：了无：一点儿也没有。边幅：布帛的边缘，比喻人的仪表、衣着。

三、著作简介

《耐公诗集》·三卷

世英素性孤僻,厌城市之嚣,寄迹于僧寺、道院中久而不去。

周孝廉廷赞题其诗云:润如玉,淡如菊,短句、长篇怡然自足,可想见其风味。①

---

① 见清同治十二年版《崇仁县志》卷九。

(明)陈蜚英

一、人物简介

陈蜚英①(约 1660 年前后在世,生卒年不详),字经茂,县城东耆人。

经茂博学能文,弱冠时,崇祯丙子(1636)、壬午(1642)两中副榜②。

南丰谢秋水③讲学"程山"④,世称"弈社"⑤,经茂与同邑周孝廉廷赞、陈启吉、谢一臣、吴孟干、吴安国辈,皆社中祭酒(主管),熹庙之变⑥,痛哭流涕,隐居沸湖⑦、玉峰之间,自号"玉峰野客"。

经茂动心以礼,父母继逝,庐墓四载,从之游者皆斤守绳墨⑧。岁大祲⑨,捐赈粟⑩千余石。

所著有《五经博义》《周礼释义》佚于兵火,存《玉峰集》(亦名《玉峰诗文集》)诗文。

---

① 陈蜚英:旧志无传,见《府志》及《玉峰集》本传。人物简介参考清道光元年版、同治十二年版《崇仁县志·人物志》。

② 副榜:科举时代会试或乡试取士,除正榜外另取若干名,列为副榜。始于元至正八年。明永乐中会试亦有副榜,给下第举人以做官的机会。嘉靖中有乡试副榜,名在副榜者准作贡生,称为副贡。清只限乡试有副榜,可入国子监肄业。

③ 谢文洊(1615—1681),字秋水,号约斋、号程山。世人称"程山先生"。江西南丰人,清初著名理学家,补诸生。著有《谢程山集》18 卷、《读易绪言》2 卷、《风雅伦音》2 卷、《左传济变录》2 卷等。卒后门人私谥"明学先生"。参见《清史稿·列传二百六十七》。

④ 讲学"程山":谢文洊 39 岁时在南丰县城西建"程山学舍",设"尊雒堂",李萼林、邵睿明等亦讲学其中,后皆折节称弟子。时称"程山学派",谢文洊的理学,魏禧的经术文章,宋之盛的气节被推为清初"江西三山学派"之祖。

⑤ 弈社:未找到此"弈社"相关资料。

⑥ 熹庙之变:应指天启年间明熹宗时东林党与以阉党为主的各派之争中的"东林大案"。

⑦ 沸湖:指沸湖湖山,现名飞虎嵊,址在现礼陂镇。

⑧ 斤守绳墨:严格遵守法度和规矩。

⑨ 大祲:同"大侵",意思为严重歉收,大饥荒。

⑩ 赈粟:发放救济粮。

二、著作名录

《玉峰集》(亦名《玉峰诗文集》·卷数不详)

《周礼释义》·卷数不详

《五经博义》·卷数不详

三、著作简介

《周礼释义》

蜚英早与谢秋水讲学程山,故所著皆有根底,淹贯诸经,尤用功于"周礼",后学多师之。①

《玉峰集》(亦名《玉峰诗文集》)

蜚英动必以礼,父母之丧俱庐墓数载。南丰谢秋水称其"学有渊源,文具根柢,盖亦笃学士也。"②

《五经博义》(资料暂缺)

---

① 见清同治十二年版《崇仁县志》卷九。

② 同上。

(明)邹　征

一、人物简介

邹征①(约 1660 年前后在世,生卒年不详),字祥符,颖秀乡三十三都梓陂(今属临川区)人。

九岁能诗,长通古文词。崇正②甲戌(1634)以一题"三艺"受知邑侯徐③。明年流寇起,寻道隐迹项山④。

博考经籍,与临川傅平叔⑤、陈少游⑥相切劘⑦,著有《项山文集》二十八卷,毁于国朝甲寅⑧寇变。

祥符性孝,事继母如所生,父终,庐墓三年。晚年好学,或劝之应举,曰:"我生逢丧乱,今幸为圣朝遗民。我死得书'处士⑨邹某之墓'足矣!"

赋诗以谢,有"闲与儿孙话太平"句,题所居曰"拙斋",世称"拙斋先生"。

---

① 邹征:人物简介参考清道光元年版《崇仁县志·人物志》。
② 崇正:应为"崇祯",疑误。
③ 邑侯徐:指明崇祯五年(1632)任崇仁知县的徐佩弦。
④ 项山:指在今江西省抚州市廖坊水库库区内抚河(旴江)西侧临川一方的鹏田乡于家村后山的项山寺,今不存。
⑤ 傅占衡(1606—1660),字平叔。江西临川人。明末清初文学家。与刘命清(字穆叔)友善,世称"临川二叔"。明亡后,专事著述。著有《汉书摭言》《编年国策》40 卷、《鹤园笔略》若干卷,又依郡志作《临川记》30 卷,今皆不存。占衡死后,友人陈孝逸集其诗文出版,名《湘帆堂集》26 卷,其中诗 12 卷,词 1 卷。参见清同治九年版《临川县志》。
⑥ 陈孝逸(1616—?),原名士凤,字少游,别号痴山。江西临川人。明末清初文学家。陈际泰之子,明亡后,放弃科举,一批志同道合的节义之士为友,隐居著述。与徐拙庵、邓止仲、肖明彝友善,与同乡傅占衡交往最密。著有《痴山集》6 卷、《蚊语》、《痴山词》1 卷、《史评》、《野田杂事》。参见清同治九年版《临川县志》。
⑦ 劘:音 mó。切削。这里意为相互切磋。
⑧ 甲寅:疑误;或为甲申(1644)改朝换代之年。
⑨ 处士:古时候称有德才而隐居不愿做官的人,后亦泛指未做过官的士人。

二、著作名录

《项山文集》·二十八卷

三、著作简介

《项山文集》·二十八卷

征常与临川傅占恒、陈孝逸相切磋，两公俱引为知己。其文浩气流转①不可方②。国变③后隐居不出。④

---

① 流转：指诗文等笔意流畅而圆浑。
② 不可方：指无可比拟。
③ 国变：古时的改朝换代。这里指由明入清。
④ 见清同治十二年版《崇仁县志》卷九。

(明)周 鼐

一、人物简介

周鼐①(生卒年不详),字良载,号定轩,一号五峰,礼贤乡十四都桑林埠(今巴山镇墟里)。

良载殚心考索②,独负高志,无进取心③。邑宰闻其名,数求见,不可得。

著有《纲目补注》《拟古乐府》《昭穆辩》等书。

兄:翰,登进士。

二、著作名录

《拟古乐府》(亦名《拟古乐府后语》·卷数不详)

《昭穆辩》·卷数不详

《纲目补注》·卷数不详

三、著作简介

《拟古乐府》④

周鼐诗远法晋魏⑤,谓:唐以下不足学。音节古劲,论者比之杨铁崖⑥,实可

---

① 周鼐:鼐音 nài。人物简介参考清道光元年版《崇仁县志·人物志》。

② 考索:.考查探究。

③ 无进取心:这里指不思科举、仕进。

④ 见清同治十二年版《崇仁县志》卷九。

⑤ 魏晋:指魏晋之风。魏晋是中国历史上一段奇特的绮丽时期,嚣张、宣泄、张扬、娇艳,完全不同于中国自古以来的文人精神——谦和、忍让、儒雅、内敛。

⑥ 杨维桢:见"吴当"节。

当之无愧。

《昭穆辩》

明黄虞稷编撰《千顷堂书目》著录为：周鼐《宗庙昭穆辨》。

《纲目补注》（资料暂缺）

(明)黄 钺

一、人物简介

黄钺[1](生卒年不详),号个轩,黄元杰子(待考)

二、著作名录

《不肖集》·卷数不详

三、著作简介

《不肖集》(资料暂缺)

---

[1] 黄钺:人物简介参见清同治十二年版《崇仁县志》卷九。

第四编　清代

（清）杨汝良　刘寿祺　陈蚩英

一、人物简介

杨汝良①（约 1655 年前后在世），字襄明，崇仁乡五十二都西坑（今属乐安县）人。

天启元年辛酉（1627）登第，由进士授四川广安州知州，时盗寇蜂起，全蜀骚然②，惟襄明所部不敢犯。旋升四川兵备道。

致仕③家居二十余年，却④征书⑤者数四。工诗，古文词妙藻鉴⑥，尤精巫学⑦。当⑧道笡⑨。某访问至家，颜堂⑩曰："林下⑪一人"。

子，有客，壬子拔贡。

刘寿祺⑫（1673 年前在世，崇仁人，生卒不详，其余待考）

陈蚩英（见"陈蚩英"条）

---

① 杨汝良：旧志无传，人物简介参考《抚州府志》、同治十二年《崇仁县志》卷八。
② 骚然：扰乱；动荡不安。
③ 致仕：旧时指交还官职，即辞官（退而致仕）。
④ 却：推辞。
⑤ 征书：古代记载灾异征兆的纬书。
⑥ 藻鉴：音 zǎo jiàn，指品藻和鉴别。品藻意为品评、鉴定。
⑦ 巫学：古文化中的一种现象，称之为"巫文化"。一般认为是以占筮为操作方式的巫术之学，古代也称为数术。是古"易学"的一个组成部分。
⑧ 当：指当时代。
⑨ 道笡：笡（qiè），方言，歪斜；意为"道"已经走入歧途。
⑩ 颜堂：这里或指门框上的题额。
⑪ 林下：树林底下。田野。引申指退隐或退隐之处。
⑫ 刘寿祺：人物简介（待考）。

二、著作名录

《崇仁县志》·四卷(顺治十六年(1659))

三、著作简介

《崇仁县志》·四卷

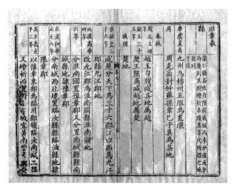

资料图片:清顺治十六年《崇仁县志》"沿革"

清顺治十六年《崇仁县志》序·杨汝良①:

崇志之修屡②矣,前哲所载有备有不备。

明万历壬寅(1602),李元阳令公新之。时吴文恪公提衡笔削③,而诸英共襄厥事,考其位次,详明论断,典则其云备矣。

壬寅迄今几六十年,启祯④以来,邑狃⑤丰亨⑥,俗浸嚣移⑦,识者有忧之。闽粤寇入境蹂躏,然无损崇百十之一也。江河日运,境内萑苻⑧竞发,望族无留,民乡遂绝弦诵,鬼神莫保其祀。绅士轻捐其孥,往往仆弑主,佃踞⑨产,恣焚劫⑩,戕冢墓。百里内外,善良不相团聚者一纪。噫!崇民死于兵、死于荒,死于土逆,凡今所存,皆兵荒土逆之馀也,四顾逼仄⑪,遑计生生之资。

---

① 见清道光元年版《崇仁县志》。

② 屡:多次。

③ 提衡笔削:提衡,指简选官吏;笔削,指著述;削,删改时用刀削刮简牍。

④ 启祯:明朝天启和崇祯年号的并称。

⑤ 狃:本意是因袭,拘泥。指习惯了不愿改变。

⑥ 丰亨:指丰衣足食,富有。

⑦ 俗浸嚣移:风尚礼节习惯了喧嚣繁华的变化。

⑧ 萑苻:萑音:huán;指盗贼、草寇。

⑨ 踞:占据,霸占。

⑩ 恣焚劫:无顾忌放纵焚烧抢掠。

⑪ 逼仄:意为狭窄。

幸天惠崇，紫山谢公至，悉力绸缪，初终不爽。乱逆交讧之秋，恢恢游刃有余。蠹祛①而讼简，赋平而谕疾，县治改观，人文丕振。士民方庆德化之成，公复惓惓②于邑志之阙。集博学于庭，而缪及于愚。愚衰废野老，忧患怆心，顾安得有言乎？

然反复相寻天之数，端好恶而化反侧，主持世教者之责。春秋因鲁史续诗亡，褒讥寄焉，劝惩昭焉，虽曰定哀之际多微辞③，未始不示后之人以可思也，所以为万世法也。今则不敢耦其事而师其意，曰严曰慎，俾将来展读，奉为信史耳。

盖从志从言之微志，据今之志，溢而为言，假今之言，引众之志。众志定，民行兴，匪无乱贼，终当凛凛。崇山宝水如昨，想见山高而水清，美文淑行，庶几于吾崇观厥成也。志重新于楚元阳公④，今又新于楚紫山公⑤。惟楚有才，射父倚相之辞训，所从来久矣。

元阳公隆平为其易，紫山公崎岖为其难，难易之间，功施相越，然皆崇之倚庇⑥不浅也，故乐得而纪之。

顺治乙亥仲春月望，邑人杨汝良谨识。

---

① 蠹祛：意为除去祸害。
② 惓惓：深切思念，念念不忘。
③ 微辞：委婉而隐含讽喻的言辞。指隐晦的批评。
④ 楚元阳公：指明万历二十七年版《崇仁县志》主修、时任崇仁知县、湖北平江人李绍春。
⑤ 楚紫山公：指清顺治十二年版《崇仁县志》主修、时任崇仁知县、湖北浦圻人谢允璜。
⑥ 倚庇：有所倚仗和庇护。

（清）饶崇秩

一、人物简介

饶崇秩[①]（？—1662），字抑若，崇仁人。明化州[②]知州迪子[③]。

崇祯庚午（1630）登贵州乡荐，顺治乙酉（1645）寓金陵，江南底定[④]，署太湖县事。

值流寇余党陷城，抑若密集[⑤]余宗子、徐鸿[⑥]等，募死士[⑦]三十人，投[⑧]寇寨，刻日内应，自率乡勇夜破之，以俘获功升光山知县。旧绅[⑨]程世昌叛仆[⑩]邹振审籍[⑪]，讦[⑫]主于部，立正[⑬]仆罪。

---

① 饶崇秩：旧志无传，人物简介参考见《江南通志》、清道光元年版《崇仁县志》人物志。
② 化州：是明代交趾承宣布政使司顺化府下辖的一个州，领利蓬县、士荣县、乍令县、茶偈县、思容县、蒲苔县、蒲浪县七县。其境内有三岐江。今为越南承天顺化省香水县。
③ 迪子：知州饶迪之子。
④ 底定：引申指平定，安定。
⑤ 密集：指秘密把人或物会聚一起。
⑥ 指召集来的部分人名。
⑦ 死士：等同于敢死队员。
⑧ 投：潜入。
⑨ 旧绅：上一朝代留存的绅士。因绅权有源来，明代绅权之盛令人咋舌。清代绅士似不如明代嚣张，然在后期，其专横跋扈实不让明代。不要说曾为职官的缙绅，即使是一般绅衿，也可交结官府，称霸乡里。民国时期，旧绅虽淡出政治舞台，新绅阶层却逐渐形成。
⑩ 叛仆：仆人中的反叛者。
⑪ 审籍：私改户籍。
⑫ 讦：本意是指用言论遮掩自己的隐私，引申义是指用言论攻击别人的短处或揭发别人的过失、隐私。
⑬ 正：引申为平定、匡正义之意。

调寿宁,招徕①山贼,民稍集②。防将③邓守、金跃利惑④他警⑤通浙寇,主将高不能制⑥,抑若潜遣⑦周辉报浙,不动声色,擒之。浙标⑧董汝汪以会剿⑨至,故杀卒⑩,激⑪众为乱,抑若片语⑫解之。

升德州知州。猺獞入寇⑬,制府⑭王灿斗奉檄⑮督剿,抑若历巉险⑯,至贼垒,宣谕诸渠⑰,罗拜⑱来归。已而⑲余孽复炽⑳,与任城守王文魁协捕,匝旬㉑成功,藩镇交壮之。

有李英者,乘间㉒谋反,计擒伏法。其出奇制变,皆如素定㉓。尤多善政。康熙壬寅(1662)六月,以劳遘疾㉔卒,士民哀恸㉕。

著有《鳌阳舫游》《康城治略》《三溯严集》《康州剿抚诗》行世。

二、著作名录

《鳌阳汇记》(一名《鳌阳舫游》·卷数不详)

---

① 招徕:指的是招揽,招引到自己面前来,有时比喻招揽客人。这里指招安。
② 稍集:集,集市。稍集,集市稍有恢复。
③ 防将:指防卫把守之将领。
④ 利惑:以利引诱。
⑤ 他警:或指其他地方的警员。
⑥ 制:控制。
⑦ 潜遣:秘密派遣。
⑧ 标:清末陆军编制之一,相当于后来的团。
⑨ 会剿,会同围剿。多指调动两个或两个以上省份的地方部队前去进攻。
⑩ 卒:借指隶役,特指服役士兵,古时多指步兵。这里指处死通寇的人。
⑪ 激:激怒。
⑫ 片语:简短的话。
⑬ 猺獞入寇:猺,亦称"果子狸";獞,一种狗。形容混杂的寇匪入侵进犯。
⑭ 制府:指制置司衙门,掌军务。
⑮ 奉檄:遵令征讨。
⑯ 巉险:亦作"巉崄",巉音 chán;高峻、险峻,凶险,尖刻的意思。
⑰ 诸渠:传说中的鬼怪名。这里指寇匪的各路首领。
⑱ 罗拜:意为围绕着下拜。喻陆续归降。
⑲ 已而:意思是不久、后来。
⑳ 复炽:重新燃烧起来,重新开始的意思。
㉑ 匝旬:意思是满十天。
㉒ 乘间:指利用机会;趁空子。
㉓ 素定:犹宿定。预先确定之意。
㉔ 遘疾:遘,通"构"。造成,结成。意积劳成疾。
㉕ 哀恸:极为悲痛。悲哀到了极点。

《康城治略》·卷数不详

《三溯严集》·卷数不详

《康州剿抚诗》·卷数不详

三、著作简介

《鳌阳汇记》(资料暂缺)

《康城治略》(资料暂缺)

《三溯严集》(资料暂缺)

《康州剿抚诗》(资料暂缺)

(清)詹　贤

一、人物简介

詹贤①(1663—?),字左臣,一字铁牛,号耐庄,崇仁人。生于康熙二年
(1663),卒年不详。

官职卑微,撰有《詹铁牛文集》十五卷、《诗集》十五卷、《诗续集》十二卷(合为
《詹铁牛集》)。

詹贤对李渔②十分敬佩,年十七岁时,李渔已于康熙十九年去世,未见其与
李渔直接交往的文字,属于李渔身后的崇拜者。李渔身后以戏曲、小说名家,而
詹贤不仅推崇其戏曲,而且欣赏其诗词。

李渔康熙十二年癸丑游楚后北返,路经九江,游城外陶渊明、白居易合祠,作
五古《陶白二公祠》一首,詹贤后游此祠,亦作《同寅胡函三拉游陶白祠次李笠翁
原韵》五古一首。李渔《七夕》词有"只怕明朝初八"之句,詹贤作五律《闰七夕》,
化用李句云"生怕明朝八",还注明出处。其人对李渔诗词之熟谙,于此可见
一斑。

詹贤本是戏曲家,在为友人谢世锷之《玉蝴蝶传奇》所作序云:

"余又思汤、徐、吴、李诸先生辈皆为词曲飞将,而时地不同,境界各别。如临
川、石渠,并得从八股场中改换头面。至于湖上笠翁,以布衣寒士,倾动一时之名
卿钜公,担簦携艳,恣目舒心,为自古骚客游人另辟一格。迹其所为,又似有过于
汤吴者。"

这里将李渔与徐渭、汤显祖、吴炳诸人相较,甚至认为李渔有过于汤、吴,过

---

① 詹贤:人物简介参考康芬、龙晨红《江西历代著作考》。一作乐安人。
② 李渔(1611—1680),初名仙侣,后改名渔,字谪凡,号笠翁,浙江兰溪人,生于南直隶雉皋(今江苏如皋)。
　　明末清初文学家、戏剧家、戏剧理论家、美学家。素有才子之誉,世称"李十郎"。

誉之词，或不足为训，但詹贤的态度却十分认真，推崇之心至诚。其谓李渔"为自古骚客游人另辟一格"，确实是对李渔一生十分公允的评价。

二、著作名录

《詹铁牛集》·四十二卷

《詹铁牛文集》·十五卷

《诗集》·十五卷

《诗续集》·十二卷

三、著作简介

《詹铁牛集》·四十二卷

资料图片：《詹铁牛文集》2004年发行于北京

李灵年、杨忠《清人别集总目》，柯春愈《清人诗文集总目提要》着录：

中国科学院图书馆藏：乾隆间刻本。

《詹铁牛集》为诗文集，其集包括文集十五卷、诗集十五卷、诗续集十二卷，总计四十二卷，文集前有自序，记康熙二十三年（1674）以来与友人谢世锷交往情况。

卷一为赋[①]；

卷二、三为序[②]；

卷四传；

卷五记[③]；

卷六墓志铭；

卷七寿序[④]；

卷八祭文；

---

① 赋：我国古代的一种文体，它讲究文采、韵律，兼具诗歌和散文的性质。其特点是"铺采摛文，体物写志"，侧重于写景，借景抒情。

② 序：亦称"叙"，或称"引"，古代多指送别赠言的文字。

③ 记：古代一种散文体裁，以叙事为主。可叙事、写景、状物、议论、描写，抒发情怀抱负，阐述某些观点。

④ 寿序：祝寿的文章。

卷九疏①；

卷一〇启②；

卷一一引③；

卷一二跋；

卷一三尺牍④；

卷一四赞；

卷一五杂着。

诗集为《耐庄集》四卷；

《于路吟》一卷；

《京游记》一卷；

《叹逝编》一卷；

《寄亨草》一卷；

《郁行谣》一卷；

《师册草》二卷；

《学步词》一卷。时起康熙三十年至五十一年。

诗续集为《个轩鸣》四卷；

《半掬草》一卷；

《南浦秋》一卷；

《遣梦词》一卷；

资料图片:《詹铁牛文集》
民国刊本内页

《不废吟》四卷,止于雍正二年,后有雍正五年
表侄谢昌跋。

此集为清活字排印版⑤,藏南京图书馆、中国科学院图书馆。

---

① 疏:在朝官员专门上奏皇帝的一种文书形式。

② 启:旧时文体之一,较简短的书信。

③ 引:文体名。始于唐,似序而短。

④ 尺牍:指古人用于书写的长一尺的木简;信札,书信;文辞或者墨迹,字迹。木牍的规格据记载有几种,
但多长一尺左右,故有"尺牍"之称,多用于书法、绘画。在纸张发明之前,用竹木或帛,制成尺把长的版
面,用以书写记事,叙情表意,传递消息,因此有尺素、尺函、尺牍、尺鲤、尺笺、尺翰、尺书等多种称谓,其
中以尺牍用得最早也最多,故成为信件的代称。

⑤ 活字排印:是指一种运用活字进行印刷的技艺,其印制过程中的式样设计和排字技术被称作排版;最重
要的部分是选择字样——字体、大小、使用空间,以及字母形式。

《詹铁牛文集》十五卷、《诗集》十五卷

有《詹铁牛文集》十五卷、《诗集》十五卷,为清康熙间刻本,藏国家图书馆。

《诗续集》十二卷（资料暂缺）

（清）朱东升　刘寿祺

一、人物简介

朱东升①（1673 年前在世，生卒不详），安福人，康熙戊申年（1668）任崇仁县训导。

刘寿祺（1673 年前在世，崇仁人，其余待考）

二、著作名录

增订《康熙十二年（1673）·崇仁县志》·四卷

三、著作简介

《崇仁县志》·四卷（康熙十二年）
《增订邑志序》·陈潜②
邑乘自沿革、舆地、人物、田赋洎③诸事迹以为经，中间稍撰集文辞以为纬；百里远近，百世上下，了然如陈诸掌上也。
是编也，成于万历壬寅吴文恪④先生，嗣⑤增于本朝顺治乙亥邑令谢紫山⑥先

---

① 朱东升：人物简介参考清道光、同治版《崇仁县志》。
② 资料来自清道光、同治版《崇仁县志》。
③ 洎：音 jì；到、及之意。
④ 吴文恪：指吴道南。
⑤ 嗣：继、后。
⑥ 谢紫山：指谢允璜。

生,距今十五稔①矣。

天运既增,人事益严。兹者奉尺符,将汇成《环宇通志》②,谓宝塘属在下邑,简编宜备用。

是重加讨订,偕司铎③朱君东升、邑文学刘君寿祺,栉字比句④,勘校阅月。去其言之不雅驯⑤,与事疑之骈赘⑥者,一往悉慎⑦之志,亘于四百四十余篇之中。诸例大率⑧仍旧,唯"食货"一志剞劂⑨从新。盖以今日全书视曩⑩编差异,从而易之,监于一王之成宪⑪而已。

唐荆川⑫有言曰:"国邑有志,本以经世,非以博物,苟切于利器用而阜⑬民生,不得因琐秽略之。"斯言得轻重本末之旨矣。

余窃禄⑭凡五载,尺寸凛冰⑮,一切踵循旧事,间者不得已而有营作⑯,其得已者己之。诚不欲烦吾父老子弟,而希取后世之名。独念有司过厥⑰,岁青⑱遣告⑲,虽蠲租⑳之令屡下,忝㉑为司牧㉒,除捐济之外,益务痛自刻责,以顅㉓苍冥㉔。

_____

① 稔:代指"年"。
② 寰宇通志:明代官修地理总志。永乐十六年夏原吉等受命纂修《天下郡县志》,书未成。景泰五年复遣进士王重等纂修,七年五月书成。这里代指《大清一统志》。
③ 司铎:远古时期宣布教化的人摇木铎以聚众。后用指教官。
④ 栉字比句:逐字逐句仔细推敲。
⑤ 雅驯:指文辞优美、典雅不俗。
⑥ 骈赘:喻多余无用的东西。
⑦ 悉慎:小心谨慎。
⑧ 大率:大抵。
⑨ 剞劂:音 jī jué;指雕刻木板,这里指修改。
⑩ 曩:音 nǎng;意以前的、过去的。
⑪ 成宪:意为原有已确定的法律和规章制度。
⑫ 唐荆川:指唐顺之,号荆川。明代文学家、理学家、史学家和军事家。
⑬ 阜:使之敦厚、淳厚。
⑭ 窃禄:指无功受禄。这里指其任职的谦词。
⑮ 凛冰:品行高洁,为官清廉。
⑯ 营作:指工程建造。
⑰ 过厥:指过失、过错。
⑱ 青:这里当作"眚"。指灾祸。岁眚指年景不好。
⑲ 遣告:谴责、警告。
⑳ 蠲租:蠲音 juān,意为免除租税。
㉑ 忝:谦词,意为有愧于。
㉒ 司牧:指主要的管理官员。
㉓ 顅:音 yù,呼叫的意思。
㉔ 苍冥:苍天。

俾①自今以始,岁其有而里闾②咸庶繁丰殖也。然象数在天,修省③在已,此意诚不可以喻人度,非载笔家所能称道。

后世览者,其或有感于斯言。

时康熙十二年七月既望,赐进士文林郎知崇仁县事长兴陈潜序。

---

① 俾:使。
② 里闾:乡里、民间。
③ 修省:修身反省。

（清）庸庸道人（道）

一、人物简介

庸庸道人①（约 1692 年前后在世，生卒年不详），崇仁人，传为陕西进士，于邑之上乡②筑"宝华林"居，戒律③甚严而文笔利落有致。

道光版《崇仁县志·外志》载：康熙十三年甲寅（1674）乱④后，挂锡⑤黍山"宝华林"，建"圆明福会"，得善赀百数十金，倡建"黍山大桥"⑥，躬亲劳苦，越岁，桥成。

后坐化，自写某处人，某年月日时生、死，死字末笔未就，笔坠手，已逝。

著有《雪窗醒语》《不二心宗》《三教同源论》《正义》各书。

自作"宝华林"题匾和楹联：

题匾曰："断送残生"。

楹联曰：

没字破罗盘，指东乎？指西乎？如何结局；

无人空轿子，抬来也，抬去也，作甚生涯。

二、著作名录

《三教同源论》·卷数不详

---

① 庸庸道人：人物简介参考清道光、同治版《崇仁县志》。
② 上乡：借指人文厚重之地。亦指地势高之地。这里应指原"崇仁乡"之相山区域。有赞颂之意。
③ 戒律：戒律一词多指有条文规定的宗教徒必须遵守的生活准则。意思是防非止恶之义。
④ 甲寅乱：指康熙十三年甲寅之变，即爆发三藩之乱。
⑤ 挂锡，禅林用语。与"挂搭"同义。又称留锡。即悬挂锡杖住下来之意。
⑥ 黍山桥：此桥初建于明隆庆年末，庸庸道人属重修并易名"长安桥"。见"阮兆麒"节。

《雪窗醒语》·卷数不详

《不二心宗》·卷数不详

《道原论》·卷数不详

《必果喻》·卷数不详

《修士宜知前后集》·卷数不详

《正义》·卷数不详

三、著作简介

《三教同源论》

创作背景简述：①

明末前的"三教同源"：后汉太尉牟融的《理惑论》，宋朝明教契嵩大师的《辅教篇》，张商英的《护法论》，元朝刘谧的《三教平心论》，都是站在佛教的立场提倡三教融合。

明太祖朱元璋著有《三教论》和《释道论》，站在君王的立场提倡三家调和。

道教袁了凡和儒家一些阳明学派的学者，及佛教的高僧大德们相继出现，而纷纷主张三家同源，都站在融合三教的角度，强调以道为尊，而心为道之源，且"人同此心，心同此理"，故三家同源乃是三教以及社会大众应当承认的公理。

儒家以道为尊，宗旨十分显然。道家及佛教，一者是中国文化中承载大道的门庭，一者是印度承载大道的宗教。儒释道三家异口同音，共同以心为本，以道为尊，三教同行。

明末，在与西方宗教当面交锋，面对争论过程中儒家、佛教和道教感受到了外来文化的强大震动。当时高僧及志士仁人都清晰认识到，中国的儒释道三家因为文化根底的共同性，需要重新审视三者的一致根源了。

外教拉拢儒家，佛教与道教相处在了一起，佛教不光要重新审视道家，更重要的是，重新调整自身与儒家的文化关联。

根据明代的相关史料，当时的论争最终使儒释道走到了一起，在世界文化格局的重大挑战面前，中国传统宗教与哲学思想界形成了前所未有的和谐局面。客观地说，这是中国各文化系统在进行自卫反净②前所产生的自然结盟。

---

① 摘自：明贤法师《从〈道德经〉大义看明末"三教同源"主张的时代意义》。

② 反净：对不同信仰宗旨的反证和反击。

内外宗教文化界的这次争议,仅仅定义为宗教间的争议是不全面的。更深刻地说,这是两种文化在深刻遭遇时因其差异性而引发的思想遭遇战。

以人为核心的西方宗教文化,在以道为核心的佛、道教义面前,并没有显示多大的优越性。中国人相信"取法其上,得乎其中"的道理,取法于"道",自然得乎于"人"。而如果取法于"人",如何能避免得乎于"利"呢?当前的中国社会,被动地接纳了西方的强势文化,但这并不一定就说明,在国人心目中,西方文化能一直强势下去。

人们可以看到社会的现实,西方社会的"人性"价值观,一次又一次地由其枪炮进行护送,而向世界各国传达"人权"的"福音",西方价值观的"人性"论,在中国大地上能否持久放射"道德"的光芒,仍然受到人们质疑,甚至相反,只怕有一种光芒要被无限度地激发,就是"名利"。

以"道"为第一要务的儒释道三家思想,从来就没有忽略人性或否定人性,更多的是从人性滋长的名利牢笼中将人性彻底解放出来。儒释道三家的饱学之士在对此问题进行了深思熟虑之后,所提出的"三教融会"的主张当然不是无原则的混同或比附。在面对"地球村"文化的新时代,必将产生更为重大的意义。

《雪窗醒语》(资料暂缺)

《不二心宗》(资料暂缺)

《道原论》(资料暂缺)

《必果喻》(资料暂缺)

《修士宜知前后集》(资料暂缺)

《正义》(资料暂缺)

（清）陈象枢

一、人物简介

陈象枢①（1696—1753），字驭南，号复斋，北耆（今巴山镇桥北）人。生于清圣祖康熙三十五年。

自幼聪颖好学，其文与新建周学健②、奉新帅念祖③齐名。十二岁能为古文，弱冠为诸生，游学豫章，与周西昌学健、帅新吴念祖埒④。

以五经两中副榜贡生，特旨一体会试⑤。雍正八年（1730）进士及第，大学士朱文端公轼⑥言于朝曰："是吾乡知名士也。"授吏部文选司主事，迁本司员外郎，再迁礼部精膳司郎中。

三年后，岁乙卯（1735）以兵部尚书甘庄恪公汝来⑦荐，加翰林院衔，督学四川。刚入境，有属吏奉五百金作旅费，象枢正色拒绝。在川期间，他拿出自己的俸禄，济助困难的属吏。学署经过他的整顿，弊端肃清，获蜀人好评，蜀人比之前学使陈公瑸，称"二陈夫子"。

---

① 陈象枢：人物简介参考清道光元年版《崇仁县志》人物志。

② 周学健（1693—1748），字勿逸，号力堂。一七二三年（雍正元年）以易经中式第一名中举人和殿试二甲第六名中进士，官至七省漕运总督印务。著有《治河方略》《力堂集》等。参考《清史稿·列传一百二十五》。

③ 帅念祖：字宗德，号兰皋。帅我子。雍正元年（1723）进士，纂《一统志》，改御史，迁给事中，官陕西布政使。工指画花卉，兼写山水。缘事谪戍军台，卒于塞外。有《树人堂诗》。

④ 埒：音 liè，等同、齐平之意。参考《清史稿·艺文志》。

⑤ 一体会试：是八旗殿试与汉人一体进行。亦参加朝考，按名次分别授庶吉士及京、外等官。

⑥ 朱轼（1665—1736），字若瞻，一字伯苏，号可亭，瑞州府高安县艮下村（今属高安市村前镇艮下朱家村）人。著名史学家。康熙三十三年（1694）进士，官至太子太傅、文华殿大学士，兼吏兵二部尚书。世人颂其"束其励行，通经史百家"。《南瓜记》演唱其事。著有《周礼注解》《周易注解》《文端公集》等。参考《清史稿卷二百八十九·列传七十六》。

⑦ 甘汝来（1684—1739），字耕道，号逊斋，江西奉新人。康熙五十二年（1713）进士，乾隆年间甘任兵部尚书。著有《逊斋诗文奏议全集》《圣训广训疏义》《周礼简注》《宦迹纪略》等。参考《清史稿·列传九十一》。

重庆以下，长江有一段航道艰险，易出交通事故，夔州府（今奉节）的士子，过去都须前往重庆应试。陈象枢认为："自安而危人，余不忍也。"自己居安而处人危地，这是不可取的。他亲自到夔州府主持考试，受到举子的称赞，夔州从此设有考院。

不久，调为湖南督学。按惯例，督学每监试一场，考生须出钱少许，作为学使舟车、仆从的费用，但他拒绝接受，为人所敬重。或谓①宜上闻请裁②，谢曰：

"吾少耐劳苦，长健③于阅文，有兼人之力，故费省而事办。后之人，少不及吾，即为绌矣，故不为也。"

岁试完毕，奉母丧以归。倾囊中装④，倡修"至圣大成殿"及其宗祠，并戚族贫乏者，厚恤之。主讲豫章，籍馆谷⑤自给。

乾隆十五年（1750），特旨起用旧臣十四人，皆九列大臣，陈象枢以部郎获与，盖异数⑥也。益感激，力图报称。

抵京，以户部员外郎兼井田科，职最繁剧，且更换不常，吏因缘为奸⑦。驳南事事核实，奸伪⑧不售⑨。

在职三年，以劳得疾卒，年五十九，门人私谥曰"贞文先生"。钱塘陈勾山兆仑⑩为作墓志铭。

著有《易经发蒙》《复斋文集》等藏于家。均《清史列传》并传于世。

父陈递盛获赠奉政大夫。子兆鼎，列《文苑传》。

二、著作名录

《复斋诗文集》·十八卷（为《文集》《诗集》两部合集）
《易经发蒙》·六卷

---

① 或谓：有人说。
② 请裁：请上级官员裁定。
③ 长健：身体状况很好。
④ 囊中装：口袋里所有的钱。
⑤ 籍馆谷：籍，凭借；馆谷，教书酬金。
⑥ 异数：意思是特殊的情况，例外的情形。
⑦ 因缘为奸：又称"因缘为市"。办案时趁机受贿，搞私下交易的行为。
⑧ 奸伪，亦作"奸伪"，诡诈虚假。指诡诈虚假的人或事。
⑨ 不售：卖不出去。不能实现。
⑩ 陈兆仑：字星斋，号句山。钱塘（今浙江杭州）人。雍正八年进士，官至太仆寺卿。工诗善书，论书法有主卓识，著有《紫竹山房文集》二十卷，《紫竹山房诗集》十二卷。参考《清史稿·陈兆仑传》。

《仪礼补笺》·二十卷

《五经渊源录》·一卷

《经解补》·四卷

《学庸定解》·五卷

《读史一得》·五卷

《复斋文集》·十卷

《书院讲义》·三卷

《诗集》·八卷

三、著作简介

《复斋诗文集》

象枢资性敏捷,浏览书籍过目不忘,李侍郎绂①待以国士②。所作隽③警拔④行,以浩气自成一家。

草书节录司空图《二十四诗品》⑤水墨洒银腊笺纸本题识:

采采流水,蓬蓬远春。窈窕深谷,时见美人。碧桃满树,风日水滨。柳阴路曲,流莺比邻。乘之愈往,识之愈真。如将不尽,与古为新。健堂一兄大人雅属,澹源弟陈象枢。

钤印:陈象枢印、复斋

《易经发蒙》·六卷(资料暂缺)

《仪礼补笺》·二十卷(资料暂缺)

《五经渊源录》·一卷(资料暂缺)

《经解补》·四卷(资料暂缺)

《学庸定解》·五卷(资料暂缺)

《读史一得》·五卷(资料暂缺)

---

① 李绂:见"吴当"节。

② 国士:指国中才能最优秀的人物。

③ 隽:通"俊"。优秀,才智出众。引申为意味深长。

④ 警拔:意敏悟超群,使人惊异。多形容人的风度,也形容诗文创作。

⑤ 资料来源:北京弘艺国际拍卖有限公司(原北京百衲)。

《复斋文集》·十卷（资料暂缺）

《书院讲义》·三卷（资料暂缺）

《诗集》·八卷（资料暂缺）

（清）陈　鉴

一、人物简介

陈鉴①（生卒年不详）邑诸生，崇仁人。

家贫力学，学贯经书史籍，旁及字学②、音学③、医方④、本草⑤诸书皆有考辨，计共十余万言，又录邸抄⑥成帙，曰："读书不通时务，于大用无当⑦，于全体亦无当。"

尝授徒里塾⑧，虽溽暑⑨必衣冠登讲堂，口授指划无倦容。又同时廖谟，字皋陈，邑诸生，四十三都老缪人。学之博，守之固，遇之艰，与鉴不相上下云。又其友陈廷机，亦诸生，北耆人，品学之高，亦称"相埒⑩"。

著有《易义》若干卷，时古文甚伙⑪，以子孙不竞⑫，散佚无存。

---

① 陈鉴：清道光元年版《崇仁县志》人物志作"陈鉴"，清同治十二年《崇仁县志·卷九》又作"陈鑑"，皆未载字号。本篇选用早年版本"陈鉴"。人物简介参考清道光、同治《崇仁县志》。
② 字学：为关于书法的学问，小学、文字学。
③ 音学：音韵学的旧称。
④ 医方：指中国汉医方书类著作。
⑤ 本草：中药的统称。也指记载中药的书籍，如《本草纲目》。
⑥ 邸抄：又作"邸报"。各郡在京城长安设有办事处，这个住处叫作"邸"，定期把皇帝的谕旨、诏书、臣僚奏议等官方文书以及宫廷大事等有关政治情报，通过驿道传送到各郡长官。
⑦ 无当：当：底；玉杯没有底。后比喻事物华丽而不合实用。
⑧ 里塾：旧时乡里间私人设立的教学场所。
⑨ 溽暑，犹言暑湿之气；指夏天潮湿而闷热的气候。
⑩ 相埒：埒，音：liè。本义：矮墙。还有水流、田塍、围墙等含义。指相等、同等。
⑪ 伙：多。
⑫ 不竞：不争逐，亦谓不强、不振。

二、著作名录

《易义》·八卷

三、著作简介

《易义》·八卷①

鉴力学淹贯,能旁通"字学""音学""本草"诸书,而此书尤能辟②去术数③之说,专言义理④。

---

① 见清同治十二年《崇仁县志》卷九。

② 辟:指开启、开发,又指透彻、排除。

③ 术数:是中华古代神秘文化的主干内容。数术的特征是以数行方术;基础是阴阳五行、天干地支、河图洛书、太玄甲子数等。"术",指方术;"数",指气数、数理;即阴阳五行生克制化的数理。

④ 义理:这里指研究《周易》经义名理、哲学思想的学说。为易学一个分支。与易象、易数、易占共同组成完整的易学体系。

（清）邓其文

一、人物简介

邓其文①（约1700年前后在世，生卒年不详），号次庐，长安乡四都②人。

幼时即穷困、流落无依，以卖艺自营为生，然立志不羁，酷耽③书史。获国子监生，康熙二十六年（1687），例授福建瓯宁④知县。

瓯瘠⑤甚，自海氛⑥蹂躏，继以藩逆⑦倡乱，田尽荒莱，豪强兼并，蠹书诡洒⑧，里长勒甲⑨，种种弊生。次庐循行乡里，厘剔⑩一清。

儒学⑪原在洄西，明正统年间迁到丛桂坊府学故址，因地势低，屡遭水害，又移学宫到故左卫基地。重建宋代"建安书院"⑫，改称"建溪书院"⑬并置学田。葺城垣⑭，建瓯西门城外五里亭有座七星桥，始建于宋代，是西郊进城孔道⑮，因年

---

① 邓其文：人物简介参考清道光、同治各版《崇仁县志》人物志、福建南平市政府网。

② 长安乡四都：现分属巴山镇和石庄乡。

③ 酷耽：特别爱好、喜欢。

④ 瓯宁县：今福建建瓯市。

⑤ 瘠：瘦弱、土地不肥沃。

⑥ 海氛：本意，海上的云气。这里借指海疆动乱的形势。

⑦ 藩逆：亦作"逆蕃"。叛逆的藩邦、藩臣。

⑧ 蠹书诡洒：蠹书：被蛀坏的书，泛指破旧书籍。诡洒：诡寄、飞洒的合称。喻文化教育的衰败。

⑨ 勒甲：勒取（强行索取），里长勒取甲长。

⑩ 厘剔：清理剔除，革除。甄别、辨别。整理修订。

⑪ 儒学：这里指所在县学。县学，旧时供生员读书的学堂。科举制度童试录取后准入县学读书，以备参加高一级之考试，谓之"进学"。

⑫ 建安书院：是南宋嘉熙二年（1238）由建宁知府王埜承宋理宗陛辞之命而创建的。建阳人熊刚大是山长。书院内除了朱文公祠、真德秀祠外，又有建燕居堂以祀先圣。

⑬ 建溪书院：为官助民办的私学。清康熙二十五年（1686），邓其文到瓯宁县任县令，赈济水灾灾民，兴办书院，重建早已毁没的宋代建安书院，地址在原建瓯市政府旧址。

⑭ 城垣：是指中国古代围绕城市的城墙。其广义还包括城门、城楼、角楼。

⑮ 孔道：通往某处必经的关口。

久失修,被水冲垮,泥沙埋没;其文考索遗基①,动工重建。

广仓储,在城内宣化坊、丰乐叶坊和水吉街三地设置义仓三所,设义垄②。

瓯宁县于宋治平三年(1066 年)设置,到康熙中期近七百年,记载县事都附于府志,未修过县志。其文视为缺憾,便致力修志,七年成书。

邓城南桥圮坏③已久,其文规划重架,却因溪流湍急,一时难以施工,忽闻溺死三人,愧惶不安,引以自责,监修临时浮桥,其文方离去。

考满④,擢主事,旋⑤以浙江嘉兴知府致仕归,民于"建溪书院"内立"去思碑"⑥,建"邓公祠"以表敬仰。

有《牧瓯纪略》十二卷。

今子孙不详迁寓。父邓汝兴获赠文林郎。

二、著作名录

《牧瓯纪略》·十二卷

三、著作简介

《牧瓯纪略》·十二卷（资料暂缺）

---

① 遗基:原遗存的基础。
② 垄:埂子,田埂;在耕地上培成的一行一行的土埂,在上面种植农作物。
③ 圮坏:毁坏;废弛;坍塌。
④ 考满:旧时指官吏的考绩期限已满。一考或数考为一任,故考满亦常为任满。
⑤ 旋:接着,未停歇。
⑥ 去思碑:亦称"德政碑"。碑志之一种。旧时官吏离任时,地方士绅颂扬其"德政",著文勒碑,表示去后留思之意。

（清）刘廷冠

一、人物简介

刘廷冠①（约 1700 年前后在世，生卒年不详），县城西耆（今属巴山镇）人；博学能文，由岁贡官余干训导。

著有《敬业堂稿》及《三余漫言》。

为进士芳远之父，明参议刘俊曾孙。

二、著作名录

《敬业堂稿》·卷数不详
《三余漫言》·卷数不详

三、著作简介

《敬业堂稿》《三余漫言》
廷冠两书皆其任余干训导时所著，文笔严正，后学奉为圭臬②。

---

① 刘廷冠：人物简介参考清道光元年版《崇仁县志》。
② 圭臬：音 guī niè，指圭表，比喻标准、准则和法度。

（清）章元科

一、人物简介

章元科[1]（约 1720 年前后在世，生卒年不详），字德先，号退广，颖秀乡三十三都圆石（今属抚州市临川区）人。

康熙五年丙午（1666）乡举，九年庚戌（1670）进士及第，授四川绥阳令，邑经寇乱，民流亡，竭力招抚乃定。升涪州知州。随值采木之役[2]，力陈民困，得免。告归，百姓感泣不能舍。

年八十七卒。

著有《赋诗经纂要》《茶香园集》《宦游词》。

长子：英，岁贡，授广昌训导，以学行闻。孙：文性，拔贡生。

二、著作名录

《诗经纂要》（一名《赋诗经纂要》·卷数不详）

《茶香园集》·卷数不详

《宦游词》·卷数不详

三、著作简介

《诗经纂要》（一名《赋诗经纂要》）

元科以吴文正公诸经皆有赞述，而《诗》独无，乃以朱子诗传为宗，并采集诗

---

① 章元科：旧志无传，人物简介参考道光元年版《崇仁县志》人物志、《抚州府志》。

② 采木之役：指清代皇木采办。清代皇木采办相较明代"采木之役"，有其时代进步性。一定程度上减轻了对社会的恶劣影响。

传所未备者,纂为要语,其书颇为简当。①

《茶香园集》

元科登进士,制举艺②为时传诵;然古文尤能摆脱时趋,一归雅正,实开津逮③之先。

《宦游词》(资料暂缺)

---

① 见清同治十二年《崇仁县志》卷九。
② 制举艺:指八股文。
③ 津逮:是指由津渡而到达,常比喻指引后辈做学问的途径:圣学博大,囊括万有,足以津逮儒生,准绳百代。

（清）刘 柄

一、人物简介

刘柄①（约 1720 年前后在世，生卒年不详），字公权，号趣园，县城西耆（今属巴山镇）人。

举人，年八袠②，恩赏国子监学录。性嗜学，家藏万卷，披览不倦。为文精深刻峭③，自成一子④，方文輈⑤先生叙其集为"章罗的派"⑥。

有《存液稿》行世。

二、著作名录

《存液稿》·卷数不详

三、著作简介

《存液稿》（资料暂缺）

---

① 刘柄：人物简介参考道光元年版、同治十二年版《崇仁县志》。
② 袠：音：zhì；意思同"帙"。一套线装书叫一帙。喻读书很多。
③ 刻峭：形容地势的陡险。亦喻文笔峻拔。
④ 自成一子：有"自成一派"或"自成一家"之意。
⑤ 方文輈：《方苞集》卷七载：吾同姓在淳安者曰文輈，以时文名天下。其于三代、两汉之书，童而习焉。及成进士，则一以为古文。其仕也，始出而颠。人皆惜其年力之盛强，吾独谓天将开之，而使有得于古也。其前之学有可藉，而后之为时也宽，闻吾言，可以速归而从所务矣。
⑥ 章罗的派：明末临川影响深远的四位八股文作家章罗陈艾，他们结"豫章社"，并称为"临川四才子"，时称"江西四家"。章文幽深沉鸷，说理精透；罗文忧时剀切，蕴藉风流；"章罗的派"或是指刘柄的文风契合他们中的章世纯、罗万藻（待考）。

（清）甘　棠

一、人物简介

甘棠①(1722—1784),字寿南,号致亭,长安乡十一都袁坊(今属桃源乡)人,邑廪生②。

九岁读《毛诗》③,至"燕燕于飞"章出涕④。稍长,遇父于茅店⑤,风雪中痛哭劝父归。弟早逝,抚侄如子,家贫甚,读书灯不继,辄以香火上下之。尝路还遗金⑥。

著有《四书精义》《检身录》等藏家。

子扬声,举人,官河南杞县知县。

二、著作名录

《四书精义》·八卷

《检身录》·十卷

《训子随笔》·二卷

《寄情轩诗稿节钞》·卷数不详

---

① 甘棠:人物简介参考清同治十二年版《崇仁县志》人物志、康芬、龙晨红《江西历代著作考》等。

② 廪生:科举制度中生员名目之一。明清两代称由公家给以膳食的生员。又称廪膳生。

③ 毛诗:指西汉时,鲁国毛亨和赵国毛苌所辑和注的古文《诗》,也就是现在流行于世的《诗经》。

④ 出涕:因伤心而流眼泪。

⑤ 茅店:乡村小客舍同"茅舍"。用茅草盖成的旅舍。言其简陋。

⑥ 遗金:遗落的金子。这里指被遗落的银两或钱币。

三、著作简介

《四书精义》·八卷

棠于四书研精殚思，颇能汰^①去常解，教学者必默会^②圣人，当日立言^③，气象独见心得。

《检身录》《训子随笔》

棠湛深经术，谓经生家，仅工训诂，故此，录于圣经贤传，语语不待远，求反之身心，以备躬行之助。

《寄情轩诗稿节钞》

诗集，李灵年、杨忠《清人别集总目》^④、柯愈春《清人诗文集总目提要》着录。此集为清钞本，藏中国科学院图书馆。

---

① 汰：指淘洗，淘汰。除去差的、不合要求的。
② 默会：暗自领会。
③ 当日立言：当天把领悟的思想记录下来。
④ 《清人别集总目（套装上中下 3 册）》：为第一部全面反映现存清代诗文别集著述、馆藏及其作者传记资料的大型工具书，共著录近两万名作家所撰约四万部诗文集，旨在为清代及近代文史整理研究提供目录传记类文献的基本线索。

（清）黄含章

一、人物简介

黄含章①（约 1730 年前后在世，生卒年不详）字寓贞，号虚斋，别号彩堂，崇仁人。岁贡生。

父士龙，国学生，当雍正中黄洲桥圯②，独立修石墩一座，为邑倡，时年已四十，却未得子，桥甫成③而含章生，故乳名"桥"。游庠食饩④，初名"天桥"，嗣奉学宪胡易名"含章"。

含章性极孝，事八旬老父，冀得欢心。两弟累之重负欠多金，可为弟弃产以偿，遂致暮年空乏，且严取与⑤。重信义，见从弟才质不凡，引其来学，不受修金⑥，十有余年如一日。其教人尝曰："文辞，艺也；道德，实也。读书人首以端心术⑦为要。"甘明府扬声⑧致书称"有道君子"。

其生平手订制艺⑨百余首，著《虚斋诗古文集》四卷、《读书则》一卷。

子：祖辉，年十七入郡庠。

---

① 黄含章：人物简介参考道光元年版《崇仁县志》人物志。

② 圯：音 yí；圮：音 pǐ。两字不同，疑误录。这里应为"圮"，指桥毁坏或倒塌。

③ 甫成：刚刚完成。

④ 食饩：音 shí xì；指明、清时经考试取得廪生资格的生员享受廪膳补贴。亦即成为廪生。

⑤ 取与：指"取予"。收受和给予。

⑥ 修金：送给教师的酬金。

⑦ 端心术：端：端正；正派。心术为终身成败之源，一生荣辱之本。心术正，则行为自善，做事可成。心术邪，则行为皆恶，图谋必败。

⑧ 甘明府扬声：指甘扬声。见"甘扬声"节。

⑨ 制艺：八股文。

二、著作名录

《读书则》·二卷
《虚斋诗古文集》·四卷

三、著作简介

《读书则》

含章笃学，家贫，日以教读自食其力，谓："读书人首宜端心术为要。"所立程则①，确有本源。

《虚斋诗古文集》

含章力学躬行，及门②多获造就，所著不尚词华，惟期见诸寔事③。

---

① 程则：指章程和规则。
② 及门：正式登门拜师受业的学生。
③ 寔事：同"实事"，指按照事物的实际情况说话办事做学问。

（清）刘芳远

一、人物简介

刘芳远①（约 1740 年前后在世，生卒年不详），字紫芳，号宝溪，县城西耆人，康熙三十九年（1700）进士，明参议刘俊曾孙。

紫芳以进士知湖广罗田县②，故事③，令每出，民必具夫马，吏役藉以扰民，紫芳革除之。岁运以河滩陡急，派纳运费不赀④。紫芳妥为经理，十得减三四。

在官半年，以忧归，遂不复仕。

校刊《草庐文集》，年七十四卒。

子曰栋，岁贡生（列《笃行传》）父刘廷冠，博学能文由岁贡官余干训导，著有《敬业堂草》及《三余漫言》。

二、著作名录

《草庐文集》校刊·卷数不详

三、著作简介

《草庐文集》校刊（资料暂缺）

---

① 刘芳远：人物简介参考道光元年版《崇仁县志》人物志。
② 湖广罗田县：现为湖北省罗田县。
③ 故事：这里指前任县主事。
④ 不赀：花费不计其数。

（清）张六鳌

一、人物简介

张六鳌①（1740 年前后在世，生卒年不详），字山成，号月峰，崇仁清湖②人。

幼贫，业③蔑器，自赡④。年十六，读书学为文，自知胸为卷轴，难到古人，岁⑤以馆赀⑥购书，不足则借读藏书家，自是大进。

著有《四书文稿》，临川李穆堂⑦叙之。

《昭武文集》崇仁与选者三人，一进士刘芳远⑧，一学使陈象枢⑨，一即山成。外有《诗策》若干卷藏家。

尝倡修学宫，寒暑不缀者，数载后以诸生终。

二、著作名录

《四书文稿》·卷数不详

《昭武文集》·卷数不详

《诗策》·卷数不详

---

① 张六鳌：人物简介参考清道光元年、同治十二年《崇仁县志》。
② 清湖：疑为礼贤乡二十八都"清湖坳"（今许坊乡）人。待考。
③ 业：这里指从事。
④ 自赡：自给自足的意思。
⑤ 岁：这里是常年的意思。
⑥ 馆赀：这里指在学校吃饭的钱。
⑦ 李绂：见"吴当"节。
⑧ 刘芳远：见"刘芳远"节。
⑨ 陈象枢：见"陈象枢"节。

三、著作简介

《四书文稿》（资料暂缺）

《昭武文集》（资料暂缺）

《诗策》（资料暂缺）

（清）章文瑗

一、人物简介

章文瑗①（1747 年前后在世），颖秀乡三十三都圆石（今属临川区）人。章元科从孙。

以拔贡官福建盐场，署②南靖县。值福建大祲③，移借浙西之粮来接济南④（靖），得五千石，皆潮润霉晦，请减值⑤，不允，辄自减以售，节自己廉俸⑥补齐欠额。

调署武平邑，前县令有激民为变案，令乃罗织⑦绅士之旧有隙⑧者十数人为首从⑨，上官祖⑩之，只待判无辜者入狱。文瑗上任，得知实情，揭⑪之督府，自臬司至承审官俱获遣⑫，随以平反巨案，奏补武平知县。

乾隆十二年（1747）戊辰，瓯宁魏匪⑬恃险倡乱，瑗奉檄抵瓯，三日破其巢。台湾诸罗⑭有大狱，大府以瑗权其地，临行疾作，请乞骸⑮归乡。前一月有僧以数

---

① 章文瑗：人物简介参考道光元年版《崇仁县志》人物志。
② 署：代理。
③ 祲：音 jìn；指大饥荒。
④ 南：此指南靖县。
⑤ 减值：降低价值。
⑥ 节廉俸：正俸和养廉银的合称。
⑦ 罗织：无中生有地编造、构陷、虚构种种罪名，对无辜者加以诬陷。
⑧ 有隙：意思是相互之间有嫌隙、矛盾，有怨恨。
⑨ 首从：首犯和从犯。
⑩ 祖：本义是指脱去上衣，露出身体的一部分；又指不公正地维护一方、毫无掩饰地祖护等。
⑪ 揭：指使隐蔽的事物显露。
⑫ 遣：派、送，打发的意思，这里指受到处分的意思。
⑬ 瓯宁魏匪：应指清乾隆年间闽北瓯宁一带其支系老官斋教抗清并被镇压之事。
⑭ 诸罗：指今台湾嘉义县。
⑮ 乞骸：又作"乞骸骨"。古代官吏因年老请求退职的一种说法：使骸骨得以归葬故乡。

百金贷讼①,瑗直其讼②,而以此讼金付邑人为公举③,武平人祀之。

著有《滥竽草》《归山草》。

二、著作名录

《滥竽草》·卷数不详

《归山草》·卷数不详

三、著作简介

《滥竽草》《归山草》

文瑗以拔贡令闽,颇有能声,其诗亦多沨沨④移人⑤之致。

---

① 贷讼:贷,借入或借出。指自己借钱或借钱给他人打官司。
② 直其讼:直,本义是不弯曲,引申义有正直、伸直等。洗雪冤屈,直是针对曲的,就是拉直,也就是伸张正义的意思。
③ 公举:公共推选,公众推举。
④ 沨沨,音 féng féng,形容乐声婉转悠扬等。
⑤ 移人:音 yí rén,意思是使人的精神情态等有所变化。

（清）陈素履

一、人物简介

陈素履①（约 1750—?），字守约，县城北耆人。

守约性戆直②，不谐于俗③，嗜学好吟咏。尤好施④与，亲戚告匮⑤，每质产⑥贷钱以给，或不能应⑦，怏怏⑧不自得。

嘉庆十五年（1810）庚午会试，以耆年⑨赐国子监学正。

著有《春秋握要》十七卷、《静存堂稿》十卷及《策略诗文稿》。

子达善，举人。

二、著作名录

《春秋握要》·十七卷

《静存堂稿》·十卷

《策略诗文稿》·卷数不详

---

① 陈素履：人物简介参考同治十二年版《崇仁县志》人物志。

② 戆直：憨厚而刚直。

③ 不谐于俗：不喜欢流于俗套。

④ 好施：喜好施舍。

⑤ 告匮：意思是宣告匮乏。诉说用度缺乏。

⑥ 质产：以财产作为抵押。

⑦ 应：顺合，接济。

⑧ 怏怏：指不服气或闷闷不乐的神情。

⑨ 耆年：古时六十岁称为"耆"。

三、著作简介

《春秋握要》·十七卷

素履患①《春秋》之学,《三传》②各有异同,乃条分其纲,领使经传,可以相互发明③,颇得褒贬之意④。

《静存堂稿》

素履性憨不谐,于俗惟日事,著述文笔亦超迈拔俗⑤,于韩柳⑥二家为近。

《策略诗文稿》(资料暂缺)

———————————————

① 患:《说文》释"忧也。"担心。
② 《三传》:指《春秋三传》,即《春秋左氏传》《春秋公羊传》《春秋谷梁传》三本古代作品的合称。
③ 发明:说明,发挥。
④ 褒贬之意:指评判其优劣,还算较为适宜、恰当之意。
⑤ 超迈拔俗:超越,胜过。卓越高超,不同凡俗,豁达豪放。
⑥ 韩柳:中唐散文家韩愈、柳宗元的并称。

（清）陈嵩龄

一、人物简介

陈嵩龄[1]（约 1750 年前后在世，生卒年不详），字鹤皋，号后轩，崇仁乡三十四都神下（今属相山镇）人。

年少即工文，乾隆元年丙辰（1736）恩科，以举人授武宁县教谕。丁母艰满，知湖北大冶县。传闻尝平反冤狱，民祠祀之，惜后人式微[2]，无从考实。

著有《后轩文集》。

二、著作名录

《后轩文集》·卷数不详

三、著作简介

《后轩文集》

嵩龄由教谕任大冶知县，罢归。文益醇茂[3]，远近谱牒、碑版之文多出其手，颇能自立抒机[4]，不落恒蹊[5]。

---

① 陈嵩龄：人物简介参考道光元年版《崇仁县志》人物志。
② 式微：指事物由兴盛而衰落。
③ 醇茂：淳厚丰茂。
④ 抒机：亦可读为"机杼"。指织布机和织布梭，引申为织布方法。比喻文章的命题和构思独特新颖，与众不同。
⑤ 不落恒蹊：意思是说不按部就班、人云亦云，敢于另辟蹊径而不甘于走众人走过的弯路。所谓不走别人常走之路者，就是有创造性。

（清）甘汝霖

一、人物简介

甘汝霖①（生卒年不详），崇仁乡二十一都苔州（今属相山镇）人，岁贡生。

年十二通制义②、声韵③；迨长④，弃去⑤，一以"明经立德"为学。

事继母，定省⑥间能于长⑦格外⑧，得其欢心。弟三人，皆继出，兄弟相对怡怡⑨，数十年如一日，无纤芥隙⑩，幼弟汝楫，尝以金帛⑪全里中势⑫需嫁离夫妇。

及桥梁道路，助赈各施济，乡党称善人焉，亦皆以率，汝霖之教为多。

著有《五经正义》《四子精义》，稿凡三易⑬。

---

① 甘汝霖：人物简介参考清道光、同治各版《崇仁县志》人物志。
② 制义：明、清时科举考试规定的文体。即八股文，亦称制艺、时文、时艺、八比或四书文。
③ 声韵：一般是指句尾押韵，而句尾押韵有压平声韵和仄声韵。可以是整首诗都压同一个韵，也可以只有第二句和第四句押同一个韵，也可以第一、二、四句都压同一个韵。
④ 迨长：以文名于四方。意为等到长大了，凭着擅长写文章就可闻名四方。
⑤ 弃去：弃：扔下，丢下；去：离开。意思是扔下而离开。
⑥ 定省：称子女早晚向亲长问安为"定省"。泛指探望问候父母或亲长。
⑦ 于长：这里指兄长。
⑧ 格外：指另外、额外、超出常规常态之外。
⑨ 怡怡：特指兄弟和睦的样子，喜悦之面貌。
⑩ 无纤芥隙：纤介：细微。隙，（感情上的）裂痕。极细微的地方也没有差错。比喻言行上一点差错都没有。
⑪ 金帛：黄金和丝绸。泛指钱物。
⑫ 中势：或指能力处于中间档次一般普通人的简称。
⑬ 三易：一般指夏代的《连山》、商代的《归藏》、周代的《周易》，并称为三易。这里或指多次修改其稿，如"三易其稿"。

二、著作名录

《五经正义》·卷数不详

《四子精义》·卷数不详

三、著作简介

《五经正义》《四子精义》

汝霖天性孝友,文章必本经、史二书,此两本书,三易其稿乃成,足见其苦心孤诣①。

---

① 苦心孤诣:成语,孤诣:别人达不到的境地。指煞费苦心地钻研,到了别人达不到的地步。

（清）陈元澄

一、人物简介

陈元澄①（约 1711—约 1785），字志清，崇仁乡三十八都浯漳（今属相山镇）人。

为诸生，品学兼优，负②一邑望③。

乾隆十三年(1748)邑侯陶公燮④奉制府檄⑤，求"文行端庄"之士，以志清应荐，列名"旌善亭"⑥。乾隆三十六年(1771)辛卯年六旬余，三场进呈，以岁贡登解首第一人。屡上春官⑦不第。

辛丑会试，赐翰林院典簿衔；甲辰会试，继复赐太常寺博士衔。邑侯曹公苾⑧聘主讲义学，多所成就。

著有《陈解元文稿》行世，古文若干卷。

子兆杰，恩赐副榜。孙秉圭，恩贡生。曾孙世荣，副贡生。

二、著作名录

《陈解元文稿》·卷数不详

---

① 陈元澄：人物简介参考清道光元年版、同治十二年版《崇仁县志》人物志。

② 负：这里指具有、享有之意。

③ 望：本义指向远处、高处看；由本义又假借指有名望。

④ 陶公燮：指陶燮（音 xiè）。乾隆十四年(1749)在任崇仁知县。

⑤ 檄：在文言文中的意思是古代官府用来晓谕、声讨、征召等的公文。

⑥ 旌善亭：肇始于明太祖朱元璋洪武五年(1372)。"旌"者"表扬"也；是粘贴榜文，公布本地的孝子贤孙、贞女节妇之事，从而达到教化乡民之目的。

⑦ 春官：指春官试；即礼部试。

⑧ 曹苾：山东汶上人，举人乾隆三十八年(1773)任崇仁知县。

三、著作简介

《**陈解元文稿**》（资料暂缺）

（清）阮兆麒

一、人物简介

阮兆麒①（约 1750 年前后在世，生卒年不详），字次鳞，号作仁，住黍山桥②，县城东耆人。

雍正戊申（1728）以廪生③辟举④授江左临淮知县，革⑤，除⑥杂差科⑦，遴⑧老成有学行者⑨，为正副约长。

狱讼以稀虫⑩食麦心⑪，步行七十里祈祷。

有上官有憾⑫于富室某，使人诬讦⑬之，某将甘心焉⑭，次鳞力为申辩，被劾。上官遣僚或请委屈自全，笑曰："我宦情⑮本淡，况以人命博官耶。"

遂归，有"留别淮民诗"三十二首，临川傅圣崖⑯跋之。晚居西田，自号"西田

---

① 阮兆麒：人物简介参考清道光、同治各版《崇仁县志》。
② 黍山桥：此桥初建于明隆庆年末（约 1572），园斋人募建，长三十五丈，宽一丈一尺，下砌石墩六，上覆屋三十三楹。万历丙申年（1596）刘天叙重建，易名"天叙"，吴一龙记。康熙十七年（1678）庸庸道人重修，易名"长安"。乾隆、嘉庆年间皆有重修。
③ 廪膳生员：科举制度中生员名目之一。明清两代称由公家给以膳食的生员。又称廪膳生。省称"廪生"。
④ 辟举：征召荐举。
⑤ 革：解免。
⑥ 除：授予。
⑦ 杂差科：又称为差科。指差役和赋税及人粮事的机构。
⑧ 遴：指选拔（人才）。
⑨ 学行者：指公正廉洁有学识的人。
⑩ 稀虫：很少见的小昆虫。
⑪ 麦心：又名麦芯，是小麦籽粒的中心部分。这里应指小麦初长期的芯叶。
⑫ 憾（hàn），恨也。表示心中感到不满意。
⑬ 诬讦：捏造罪名，加以攻讦。
⑭ 将甘心焉：甘心指情愿，自己愿意。这里指不甘心、不情愿却不得不屈服于人。
⑮ 宦情：做官的志趣、意愿。
⑯ 傅圣崖：未找到此人资料。

放翁",家徒四壁,怡然自得,

著有《西田放翁稿》。

子二,长克恭,工书画,能诗,著有《梅道人诗稿》。

二、著作名录

《西田放翁稿》·卷数不详

三、著作简介

《西田放翁稿》

西田乃所居之地,因以名集。兆麒由荐为楚令①,泊行第一稿多隽逸②之作,绝无凡响③,其为人则朴茂有古风。

---

① 楚令:楚,地名。《史记·货殖传》:淮北郡、汝南郡,西楚也。这里应指其任临淮知县。
② 隽逸:俊秀飘逸;超群拔俗。
③ 凡响:意指平凡的音响,借指平庸的作品。

（清）王珏

一、人物简介

王钰①（生卒年不详）字思兼，号石夫，县城东耆人，邑诸生。

性情至孝，每寒夜即温被，以代母寝，夜半问视再三。弟不率②，容而教之。授徒束修③，必分给；货宅得值，尽让之不取。

晚年贫益甚，嗜学益笃，尝数日不食，手一编不缀，启迪后学，谆谆不倦。

著有《尚书补义》四卷、《史论》二卷、《自评草时文》一卷。

二、著作名录

《尚书补义》·四卷
《史论》·二卷
《自评草时文》·一卷

三、著作简介

《尚书补义》·四卷

钰以诸生终老，日事传经授徒。尝论《尚书》，言简意赅，学者当由言外得解，

---

① 王珏：珏（音：jué）清同治十二年版《崇仁县志》记载为"王珏"；清道光元年版《崇仁县志》、光绪《江西通志》载为"玉钰"，疑误。人物简介参考清道光元年版《崇仁县志》人物志。
② 不率：意思是不服从，不遵循。
③ 束修：古"束修数条"的简写。古代学生与教师初见面时，必先奉赠礼物，表示敬意，名曰"束修"。早在孔子的时候已经实行。学费即是"束修数条"，束修就是咸猪肉，后来基本上就是拜师费的意思，可以理解为学费。

故是书推勘①入微,不拾前人牙慧②。

《史论》·二卷（资料暂缺）

《自评草时文》·一卷（资料暂缺）

---

① 推勘:审问;考察;推求。
② 牙慧:出自成语"拾人牙慧",牙缝里的一点聪明。指别人说过的话。本段源自清同治十二年版《崇仁县志》。

（清）甘扬声

一、人物简介

甘扬声①(1761—1837)，字实求，一字敬符，号抑楼，长安乡十一都袁坊（今属桃源乡）人。甘棠之子。

乾隆五十九年(1794)甲寅登恩科（举人），进呈《贤书经策》，御览，任河南之渑池②。县地固瘠③，区治以简静④；适东乡⑤产嘉禾⑥，里人走数百里献于省垣⑦，上宪作"嘉禾颂"，美之旋调。

知杞县⑧，政务繁剧，措置裕如⑨，礼士恤民，百废具举以报，最奏⑩。

署许州，州辖五属，多积案，扬声据案剖决，不数日积滞一清，州人立"囹圄空庐"⑪四字石碑于狱门，盖数百年所未有也。

回杞⑫，值黄河决口，邑当其冲，扬声拯恤周挚⑬，目不交睫者七昼夜，所全活约万人，却自以不能先事预防为憾，待水涸时种柳数千株于堤，以护城嗣，十余年

---

① 甘扬声：人物简介参考清同治十二年版、1990 年版《崇仁县志》、道光《抚州府志》等。

② 渑池：指渑池县，隶属于河南省三门峡市。渑音 miǎn。

③ 瘠：瘦弱。瘦瘠。土地不肥沃。

④ 简静：简约沉静，谓施政不繁苛，减少，稀少。

⑤ 东乡：查渑池县并无"东乡"地名，代考。

⑥ 嘉禾：泛指生长苗壮的禾稻。在古代，则把一禾两穗、两苗共秀、三苗共穗等生长异常的禾苗称为"嘉禾"。人们也认为它们是政治清明、天下太平的征兆。这里指生长得好的禾苗。

⑦ 省垣：指省行政机关所在地。

⑧ 杞县：今河南省开封市辖县。

⑨ 措置裕如：成语，形容从容不迫、很有办法的样子。

⑩ 最奏：即奏最，指考绩列为优等，以此向朝廷上报。

⑪ 囹圄空庐：囹圄，音为 líng yǔ。指监狱。空庐，空房子。意为监狱空了，无人犯。

⑫ 杞：指杞县。

⑬ 拯恤周挚：拯恤。援助：救济。"周挚"，意思是至为真诚、至为笃厚。

过,杞者①言树已成围城,赖保全者数次,士人号为"甘柳"云。

扬声令中州,士民咸②畏威、怀德。

嘉庆二十五年(1820)因病乞归故里。归田后为善于乡,凡公事无不解囊相助,族戚中待于举火③者十余家;生平学以刚毅为主,燕居④从无跛踦⑤而易直⑥。

所著《勤约堂文集》等书藏于家。

父廪生甘棠获赠奉政大夫。子谅,乡人士咸仰⑦德容之粹⑧。

二、著作名录

《金石碎跋》·十二卷
《汉奈异同》·十二卷(亦名《汉隶异同》)
《勤约堂文集》·十二卷

资料图片:《勤约堂文集》小酉山房藏版首页

嘉庆《渑池县志》·十六卷
《四书存液》·卷数不详
《论语翼》·卷数不详

三、著作简介

《勤约堂文集》·十二卷

清嘉庆帝顺琰撰《清代诗文集汇编》著录:

《勤约堂文集》十二卷,甘扬声撰,道光十九至二十年甘氏刻本。

李灵年、杨忠《清人别集总目》,柯愈春《清人诗文集总目提要》着录:

其文师唐宋古文家法度,然少文学色彩。此

---

① 杞者:指杞县之人。
② 咸:"都""皆"之意。
③ 举火:指点火,过活,维持生计。指生火做饭。
④ 燕居:退朝而处;闲居之所。指日常生活。
⑤ 跛踦:行步不稳貌。代指为人处世不圆滑。
⑥ 易直:意思是平易正直。
⑦ 咸仰:全都仰慕。
⑧ 粹:纯,不杂。

集有道光十九年刻本,计四册,藏南京图书馆、山东省、江西省图书馆。

阁学翁方纲①谓其"文笔与杨东里②相伯仲③,条畅中具有古茂④含蓄⑤之气。"

新城黄太史⑥因连称为"经世名言,不可仅作文章观也。"

《汉隶异同》·十二卷

《清史艺文志及补编》之"经部小学类"着录:

《汉隶异同》属文字类著作。此书卷首有甘扬声道光元年四月《自序》,中云:

"辛巳(道光元年)春,寓汴⑦城,无事,取汉隶有异有同者,依字典分部编出,间引《说文》及印书溯其源,又引经史并各碑,以穷其深。"

全书以子集、丑集、寅集等分为十二部,以笔顺排列各字。有道光十一年《勤约堂》刻本。又有道光十九年刻本,计四册,藏江西省图书馆。

资料图片:《渑池县志》清嘉庆十五年版甘扬声序页

《渑池县志》·十六卷

《清史艺文志及补编》上册《中国地方志联合目录》着录:

嘉庆《渑池县志》由甘扬声修,刘文运纂。

渑池在河南省洛阳地区,甘扬声曾为渑池知县,故纂修此志。今有嘉庆十五年刻本,藏国家图书馆、首都图书馆、中国科学院图书馆、上海图书馆、南京图书馆、河南省图书馆、江西省等图书馆。

---

① 翁方纲(1733—1818),字正三,号覃溪,晚号苏斋,顺天大兴(今北京大兴区)人。清代书法家、文学家、金石学家。

② 杨士奇:见"吴澄"节。

③ 相伯仲:形容二者之间的差距十分微小。二者不相上下。

④ 古茂:古雅美盛。

⑤ 含蓄:表达得委婉,耐人寻味。

⑥ 黄太史:未找到资料。

⑦ 汴:音 biàn。

《金石碎跋》·十二卷

扬声酷嗜金石之学[①],宇内碑版虽远道必设法购置,随笔成跋,每多考订,隶法尤精,有越南贡使兼金[②]买之,云"为其国王所宝"。

《四书存液》（资料暂缺）

《论语翼》（资料暂缺）

---

① 金石学:是中国考古学的前身。研究古代钟鼎彝器碑碣石刻、考辨今古文字的一种专门学问。开始于宋代,特别是其上的文字铭刻及拓片;至清代,兼及甲骨、简牍、玉器、砖瓦、封泥、瓦当、兵符、明器等。

② 兼金:意为价值倍于常金的好金子。亦泛指多量的金银钱帛。

(清)陈际会

一、人物简介

陈际会①(约1760年前后在世,生卒年不详),号月亭,县城北耆人。

月亭颖悟好学,经史百家,靡不淹贯②。辛酉(1741)学使赵公大鲸③取充选贡,称其策④、艺⑤为江右第一,由是知名。

乾隆十八年癸酉(1753)乡举第五名,继以"五经"魁⑥乡荐。屡上春官⑦不第,乃绝意仕进,授徒僧舍,着书自乐。

尝署联云:

"若问此中人,一径桃花红。"

"入洞莫言天下事,万竿烟雨绿遮门。"

生平著作甚富,以不自收拾,散佚,仅传《月亭小草》。按:公中式⑧时尚习专经⑨。

---

① 陈际会:人物简介参考清道光、同治各版《崇仁县志》。

② 靡不淹贯:意为无不涉及,面广。

③ 赵大鲸(1686—1749),字横山,别字学斋,浙江仁和(今杭州)人。雍正二年(1724)进士,官左副都御史。工书法。

④ 策:在中国古代科举中,策指的是"策问""对策"。它是殿试考试的主要内容,"策问"与"对策"就成为出题与应试的两个部分,"策问"一般是以"皇帝的口吻"发问的,其内容主要是治国安邦、国计民生的政治大事。而士子们在应试的过程中便针对"策问"的内容作出回答,也就是所谓的"对策"。"策"某种程度上就相当于时事论文。

⑤ 艺:指六艺。中国周朝的贵族教育体系,开始于公元前1046年的周王朝,周王官学要求学生掌握的六种基本才能:礼、乐、射、御、书、数。就是后来所说的"通五经贯六艺"的"六艺"。

⑥ 魁:为首;居第一位的。

⑦ 春官:指春官试;即礼部试。

⑧ 中式:这里指科举考试被录取或符合规格的意思。

⑨ 专经:指在"五经"或"十三经"中专修一经。

二、著作名录

《月亭小草》·卷数不详

三、著作简介

《月亭小草》

际会以五经列乡举,文极平正,人品亦高;常授徒僧舍以自乐,故所作多风雅遗音①。

---

① 风雅遗音:指宋词中有一种文体,叫"隐括体",(隐,音:yǐn)是将其他诗文"微改其词,而不改其意",对原作"微加增损",把它改编成"入音律"的词。隐括词是非常有特色的文体,它不但丰富了宋词的表现方式,而且也在一定程度上反映了宋人的文学观念和文体观念。苏轼是开隐括词风气之先者,而宋代最为"专业"的隐括词人却是温州人林正大,他创作的隐括词数量最多,有《风雅遗音》二卷。《风雅遗音》其书隐括对象以李白、杜甫、苏轼的作品为多,并扩大到前所未有的范围。

(清)阮克恭

一、人物简介

阮克恭[①](约 1770 年前后在世,生卒年不详),县城东耆人,住黍山桥,阮兆麒长子。

二、著作名录

《梅花道人诗稿》·卷数不详

三、著作简介

《梅花道人诗稿》(资料暂缺)

---

① 阮克恭:人物简介参考清道光元年版《崇仁县志》人物志。

（清）吴 本

一、人物简介

吴本①（约1770年前后在世，生卒年不详），字立之，号裕泉。县城东耆（今属巴山镇）人。

乾隆二十八年（1763）进士，以进士知广东恩平县。

抵任，有吏迎境上②，赍③百金为道里费④，叱⑤之。治北荫村，地洼下，不可耕，教民筑堤，引水注海，得腴田⑥不下千亩，士民名"吴公堤"。邑无葬礼，收骸骨，贮瓦瓶；厝⑦山麓，间岁⑧一开视；或揭瓶他徙⑨；立之⑩，严惩之，俗革⑪。有疑狱，或终夜不寐，卒于官。

著有《文渊会课》《诗古文集》。

———————————

① 吴本：人物简介参考清道光元年、同治十二年版《崇仁县志》人物志。
② 迎境上：指专门到其属地的边界上迎候。
③ 赍：jī，本意是指拿东西给人，送给，也指凭借、借助。
④ 道里费：主要指驿站费用。据《明太祖实录》记载"……除郡县官皆给道里费，知府五十两，知州三十五两，知县三十两……"指官员朝觐、就职、公办的差旅费用。清朝禀给称作"给驿"，初时直接以银两来核算，顺治二年（1645）颁布"给驿条例"：一品官给银二钱，二品官一钱八分……顺治七年《内阁招帖》："一品官、公、侯、伯奉差出京者"，给"马十二匹，水路船二只"。清朝力控出差腐败，《大清律例》明文规定，禁止官员出差时"多乘驿马"。自秦汉时期起，政府为了解决官员出差中饮食、住宿和交通工具的问题，建立了政府接待制度。由各地的地方官府设立"驿站"，为公文传递和官员出差提供了方便。免费使用车船马匹等交通工具和免费供应食宿，所需物资、经费由中央或地方政府负担。
⑤ 叱：指呵斥。
⑥ 腴田：指肥沃的田地。
⑦ 厝：这里指把棺材停放待葬，或浅埋以待改葬。亦被用来表示具体的居住地。
⑧ 间岁：亦作"闲岁"。隔一年。
⑨ 他徙：迁移到其他地方。
⑩ 立之：意为制定规矩。
⑪ 俗革：同"移风革俗"，意思是改变旧的风俗习惯。

国学生吴名鼎,即进士吴本之父,邑庠生,后以子宬①贵赠文林郎。

二、著作名录

《文渊会课》·卷数不详
《诗古文集》·卷数不详

三、著作简介

《文渊会课》(资料暂缺)
《诗古文集》(资料暂缺)

---

① 宬:音 yǐ,古代庙堂户牖之间绣有斧形的屏风。借指有身份地位。

（清）刘庠麟

一、人物简介

刘庠麟[1]（约 1775—约 1825），字浴香，一字佛生，县城西里（今属巴山镇）人，刘庆鳞弟，嘉庆十五年庚午（1810）恩科。

庠麟性端严纯，悫外[2]，介特[3]，内实，和易[4]，非礼[5]事未尝一出口，亦未尝以悻直[6]忤物[7]。

八岁失恃[8]，哀痛躃踊[9]如成人。见者嗟叹，事继母李氏敬而能顺，母亦钟爱之。一兄两弟终生雍睦[10]，内外无间言[11]。

兄庆麟宰[12]直隶盐山，庠麟会试报罢，往省[13]兄，兄适病，留盐[14]不归，兄卒，庠麟痛念双亲老矣，何当此重忧，侄又幼，昕夕[15]抚侄，泣泣失声。居半月，须发斑白，时年才四十许耳。

----

① 刘庠麟：人物简介参考清同治十二年版《崇仁县志》。

② 悫：音 què；悫外，意思是看上去诚实，厚道，朴实，恭谨。

③ 介特：孤高，不随流俗。

④ 和易：温和平静；温和平易。

⑤ 非礼：指不合礼仪制度。亦指违礼之事。

⑥ 悻直：音 xìng zhí，意思是刚直。也指刚愎或固执。

⑦ 忤物：触犯人；与人不合。

⑧ 失恃：指母亲过世。

⑨ 躃踊，音 bì yǒng；出自《晋书·慕容熙载记》，解释为捶胸顿足、极度哀痛的样子。

⑩ 雍睦，音 yōng mù；指团结、和谐的意思。

⑪ 间言：非议，异议，私下谈话，无关紧要的话。

⑫ 宰：主管，主持。

⑬ 省：看望。

⑭ 盐：指盐山。

⑮ 昕夕：意思为朝暮，谓终日。

阅数岁,复遭父艰①,毁伤之甚几于减性②,母氏李又以痛父故而病,病气③逆时哑哑作声或呱呱如婴儿啼,医莫能测何症,庠麟惶惑失措,往来蹀躞④,每夕十余起,母悯其劳,谕令寝,不听则谯诃⑤。

及之⑥,嗣⑦是潜脱⑧户,蹑足至窗下,谛听声息,戒家人勿使母知何期⑨。母病绵缀近十年,不少减亦不少增,而庠麟因忧思、悚惧⑩,心与力已隐隐惧伤矣,数年竟卒。

生平学业,宗尚紫阳⑪,家居训子弟淳淳以"主敬"为入德之门,友教⑫四方,多所成就,就如淮南之万应新⑬、孔继镕⑭,乐邑之游闳⑮、邹峄贤⑯辈,或为名宦,或为忠臣,其次犹不失为通儒。

著有《内自讼斋集》数卷,兵燹后无存,惟手录《三传摘要》藏于家。

---

① 父艰:父亲过世。

② 减性:这里的"性"指人的生命力。减性,意为衰弱了生命力。

③ 病气:民间理解中医现象的一种说词。是一种病人在进行有效治疗期间或自我康复过程中从体内通过体表向体外排放的一种含有疾病信息的能量流。它是一种能穿透各类服装、棉被、毛毯和鞋帽的一种不可见的类似光线透射的能量场。其他人被这种类似"光线"照射后的感觉是一阵风(或者一束风)吹透衣物进入肌肤(或者骨关节),如果在近距离接受这种病人排放的信息流后会产生一系列的身体不适,或者出现与病人症状相似的疾病。病气不是迷信,真真实实存在。凡有气者,必有其象。就像天气,各种各样的天气,各种各样气象。晴朗、清风、暖流,或雷雨,狂风,火山,暴雪。人也一样,正气正色,恶气恶象。五脏主藏了精气,气由脏发,色随气华,当五脏不定时,自然正气不足,因此恶色之人,多带病气。尤其久病的人,神散精弱又怠滞,向外投射的不再是令人舒服的情绪,往往多是染性极重的浊气。"病气"以上其性质和现象只是简介。

④ 蹀躞:音 dié xiè。是唐代出现的一种功能型腰带。称为蹀躞带,简称蹀躞。引申为颤动、行走十分困难且重心不稳的现象。

⑤ 谯诃,音 qiáo hē,意思是喝骂,申斥;亦作"谯呵"。

⑥ 及之:接触了实际。

⑦ 嗣:子孙。这里应指其同母异父的兄弟。

⑧ 潜脱户:户籍没有任何记录的人。

⑨ 何期:意如"岂料",表示没有想到(什么时候)。

⑩ 悚惧:害怕,悚惧不安。

⑪ 紫阳:代指朱熹。

⑫ 友教:意思是指不执师徒之礼,以朋友的身份教授。

⑬ 万应新:未找到其资料。

⑭ 孔继镕:镕,音 héng。清代经学家。字宥函,孔子六十九世孙,曲阜人。后迁居江苏清河县。道光十六年(1836)进士,官刑部主事,改南河同知。为学属潘德兴四农学派。治学不名一家。诗宗汉魏、杜甫,其文浑厚奥衍。著有《心向往斋集》12卷,

⑮ 游闳:乐安人,著有《诗义序说合抄四卷首一卷》。

⑯ 邹峄贤:号敬斋,道光壬辰举人,官新城教谕。有《坡砚山房烬余集》。

二、著作名录

《内自讼斋诗文集》·四卷
《三传摘要》·卷数不详

三、著作简介

《内自讼斋诗文集》·四卷、《三传摘要》

庠麟生平学业宗尚紫阳,以主敬①为入德门径,以克去己私为主,敬功夫,命其斋曰:"内自讼"②,盖终身凛如③也。

集内有书四十余篇,乃师友往来商榷及训示子弟者,多自道心得语,山阳汪廷珍④、罗山黎世序⑤亟加契赏⑥。

----

① 主敬:中国宋代理学家程颐提出的一种道德修养方法。以敬作为修养方法。意思是指恪守诚敬。宋儒以此为律身之本。
② 内自讼:亦称"自讼"。是指对待自己的错误能自觉反省、认真检查,并立即加以改正。孔子倡导的一种道德修养方法。
③ 凛如:犹凛然。令人敬畏、严肃。
④ 汪廷珍:字玉粲,号瑟庵,江苏山阳人。乾隆己酉进士,授编修,官至礼部尚书,协办大学士,加太子太保,赠太子太师。谥文端。有《实事求是斋诗文集》。
⑤ 黎世序(1772—1824),初名承德,字景和,号湛溪,河南罗山人。嘉庆元年进士,授江西星子知县,调南昌。擢江苏镇江知府。十六年,迁淮海道。与河督陈凤翔争堵倪家滩漫口,由是知名。道光元年,加太子少保。四年,卒于官,优诏褒恤,加尚书衔,赠太子太保,谥襄勤,入祀贤良祠。
⑥ 契赏:赏识投合,倾慕知心。

（清）章大倌

一、人物简介

章大倌①（约 1780 年前后在世，生卒年不详），号星园，文瑗仲子。崇仁人。以应例②官潜山县丞。乾隆戊子(1768)署本县知县。

时传有妖术剪人发辫，能至人死，大府檄③各属捕之急，黠吏④或缘以邀功，民颇骚动。试使者过潜⑤，家人索规礼⑥，如不得，遂剪发陷之，遭白简⑦，特旨许复任访捕。忽村人百十人告妖又害以童子，倌命童至，令群儿与嬉⑧，饵⑨以果，徐⑩问之，假以⑪逃学耳，发辫犹藏某处。既得实⑫，上之当道⑬，督捕之，令⑭稍弛⑮。

平生记诵宏博，撰述淹雅⑯，晚号"淹雅"。

---

① 章大倌：人物简介参考清道光元年版《崇仁县志》人物志。
② 应例：清朝最主要的法律形式是例，例是统称，可分为条例、则例、事例、成例等名目。应例，或是其中的一种，具体内容待考。
③ 檄：是中国古代官府往来文书的下行文种名称之一(详见前释)。
④ 黠吏：黠音 xiá，意思是奸猾之吏。
⑤ 过潜：意为私底下打听。
⑥ 规礼：亦称"常例""陋规"。清各级政府机构及官吏凭借行政权力向所属机关和人员索取的献金和礼物。这里指差役凭借便利，巧立名目所需索的陋规。
⑦ 白简：这里指古人弹劾官员的奏章。
⑧ 与嬉：在一起玩耍。
⑨ 饵：指用来引诱的食物。
⑩ 徐：缓慢、耐心。
⑪ 假以：借故……。
⑫ 实：指实情。
⑬ 当道：旧时指掌握政权的大官。这里应指当时的上级官员。
⑭ 令：应指县令及所属官员。
⑮ 稍弛：局势、气氛等变和缓。这里意为略微放松了。
⑯ 淹雅：渊博、高雅；宽宏儒雅。

著有《叱驭草》十卷。又旁通数学①,能奇中。

二、著作名录

《叱叙草》·十卷(一名《叱驭草》)

三、著作简介

《叱叙草》·十卷(资料暂缺)

---

① 数学:这里指数术,也写作术数,是中华古代易学文化的主干内容之一。数术的特征是以数行方术;基础是阴阳五行、天干地支、河图洛书、太玄甲子数等。"术",指方术;"数",指气数、数理;即阴阳五行生克制化的数理。

（清）袁文郁

一、人物简介

袁文郁[1]（约 1780 年前后在世，生卒年不详），字汉辉，县城东耆（今属巴山镇）人。

乾隆三十三年戊子(1768)岁贡生。邑侯曹公苊[2]聘主讲义学[3]，历无私谒[4]。嗣司训[5]武宁，教诸生，以品行为先，旋致仕。

著有《闲家彝训》《小草》。

二、著作名录

《闲家彝训》·卷数不详
《小草》·卷数不详

三、著作简介

《闲家彝训》

袁氏素重家范，文郁谓：治家乃修身之要。故反复发明其义，洵足[6]主持风化也。

《小草》（资料暂缺）

---

[1] 袁文郁：人物简介参考清道光元年版、同治十二年版《崇仁县志》人物志。
[2] 曹苊：山东汶上人，举人；乾隆三十八年(1773)任崇仁知县。
[3] 义学：也称义塾，指旧时靠官款、地方公款或地租设立的蒙学。招生对象多为贫寒子弟，免费上学。义学由范仲淹于北宋创立。
[4] 私谒：指因私事而干谒请托。
[5] 司训：指县学训导。
[6] 洵足：实在，确实。

（清）袁文邵

一、人物简介

袁文邵①（约 1785 年前后在世，生卒年不详），字楚材，县城东耆（今属巴山镇）人。

乾隆十七年（1752）恩科乡举，以举人累官至内阁中书。力求经济实学，曹尚书秀先②题其小照，有"己饥己溺"③语。

兄弟六人，友爱无间，蒋太史士铨④赠诗云：

"一花作莲屋，众佛得所安。

凤凰散竹实，鹡鸰⑤急其难。

孝弟古之人，为君发三叹。"

乾隆甲午（1774）派办武英殿《四库全书》。丙申（1776）监督裕丰仓务，三年报满⑥，恩赏福字及荷包。辛丑（1781）告归。

著有《策义通解》。

---

① 袁文邵：人物简介参考清道光元年版《崇仁县志》人物志。
② 曹秀先（1708—1784），字恒听，又字芝田，冰持，号地山，江西南昌新建县人。清朝翰林，文学家，书法家。为官清廉，人称"诚敬勤慎"。为《四库全书》馆总裁，有《赐书堂稿》《移晴堂四六》《依光集》《使星集》《地山初稿》《省耕诗图》《衍琵琶行》等问世。参考《清史稿·列传》卷九六。
③ 己溺己饥：成语，意思是指视人民的疾苦是由自己所造成，因此解除他们的痛苦是自己不可推卸的责任。出自《孟子·离娄下》。
④ 蒋士铨（1725—1785），字心馀，苕生，蕖生，号藏园，又号清容居士，晚号定甫。江西铅山人，祖籍浙江长兴。清代戏曲家、文学家。乾隆二十二年（1757）进士，官翰林院编修。乾隆二十九年（1764）辞官后主持蕺山、崇文、安定三书院讲席。著有《忠雅堂集》43 卷，与赵翼、袁枚合称"乾隆三大家"。参考《清史稿·列传·卷二五四·蒋士铨传》。
⑤ 鹡鸰：鸟类的一属。最常见的一种，身体小，头顶黑色，前额纯白色，嘴细长，尾和翅膀都很长，黑色，有白斑，腹部白色。因为形状有点像舞台上张飞的脸谱，所以浙东一带人称张飞鸟。
⑥ 报满：指官员任期（历俸）已满，由所在部院堂官或所在地方督抚咨报吏部、兵部或相关之部院，等候升转或调补。

二、著作名录

《策义通解》·卷数不详

三、著作简介

《策义通解》（资料暂缺）

(清)陈　章

一、人物简介

陈章①（约 1790 年前后在世，生卒年不详），字丰来，县城北耆（今属巴山镇）人。

诸生时以家讼干议②，遣戍③豫，援例捐④，复官铅山教谕。

乾隆丙午（1786），岁大歉⑤，有石塘村民聚众千余，政令不能禁止，陈章急急赶来开导，劝富户捐赈米粮，众悦服。

著有《窥观诗草》《四书合解》《唐宋诗参解》藏家。

二、著作名录

《四书合解》·卷数不详

《窥观诗草》（卷数不详；又名《规规诗草》，疑误）

《唐宋诗参解》·卷数不详

三、著作简介

《四书合解》

丰来认为高头讲章⑥最误初学，乃别编是书，疏明大义，仍列题解供科举

---

① 陈章：人物简介参考清道光元年版《崇仁县志》人物志。

② 家讼干议：因家庭成员的官司干预朝政。

③ 戍豫：戍，队伍守卫的意思。被派到豫（河南）当兵。

④ 援例捐：清代科举制度中贡入国子监的生员之一种。因为不由考选而由生员援例捐纳，故称例贡，不算正途。

⑤ 岁大歉：此年份收成非常差。

⑥ 高头讲章：成语，意思是经书正文上端留有较宽空白，刊印讲解文字，后来泛指这类格式的经书。出自徐灵胎《刺时文》。

之用。①

《窥观诗草》《唐宋诗参解》

陈章有干济才,尤熟于农田水利,与乡人讲究、推行,颇着功效,所著均有特见②,匪③仅以文章名者。④

---

① 见同治十二年版《崇仁县志》。

② 特见:独特的见解。

③ 匪:通"非"。

④ 见同治十二年版《崇仁县志》。

（清）陈开第

一、人物简介

陈开第①（约1790—?），字小庄，县城北耆（今属巴山镇）人。

幼时聪颖，日诵数千言犹能记，韶年②补博士，弱冠③后授徒为业，邑中英才游其门下者多破壁飞去④。开第年逾四十屡荐不售⑤，乃寄情诗酒，博览诸子百家.

不甚攻制举业⑥，将及艾⑦，始举乙亥（1839）乡魁⑧。未几，道光二十一年（1841）登进士第，选授国子监丞。

初选官职时，有慰⑨笑其不去做知县，却去教书，开第笑应曰："此正吾尽职所也。昔人云：好官不过多得钱耳，即作知县，庸讵⑩为好官乎哉?"识量⑪高远如此。

---

① 陈开第：人物简介参考清道光、同治各版《崇仁县志》。
② 韶年：男孩7岁称韶年；幼年泛称总角。15岁至20岁称舞象之年。这里借指青年时期。有夸赞年少才华出众的意思。
③ 弱冠：古时汉族男子20岁称弱冠。这时行冠礼，即戴上表示已成人的帽子，以示成年，但体犹未壮，还比较年少，故称"弱"。冠，帽子，指代成年。
④ 破壁飞去：指画龙点睛之典故。唐张彦远《历代名画记》卷七："金陵安乐寺四白龙不点眼睛，每云：'点睛即飞去。'人以为妄诞，因请点之。须臾，雷电破壁，两龙乘云腾去上天，二龙未点眼者见在。"用此典故赞陈开第教学方法得当，学生多有出息。
⑤ 不售：代指考试不中。
⑥ 制举业：指八股文。
⑦ 及艾：艾年，古指年五十岁。及艾，年近五十岁。
⑧ 乡魁：即五经魁。明清科举制度，考生于五经试题里各认考一经，录取时，取各经之第一名合为前五名，称五经魁（因分房关系，实际不止五名）。会试中之五经魁亦称"会魁"，乡试则称"乡魁"。
⑨ 慰：谓。
⑩ 庸讵：意思是岂；何以；怎么。又作"庸遽"。
⑪ 识量：识见与度量。

为诸生时,邑令某催科,酷虐男子,或逋逃则折,辱及妇女,邑人苦之。开第"戏集四书"文一篇,以寓规讽时学使,按临抚郡试,士麕①集见是文,靡不竞赏②,三数日间传诵几遍,有以文示令者,大怵③,汗如雨下,虐焰④顿息⑤,盖合邑已潜受其赐⑥云。

开第至性过人,事父母敬爱,兼尽待诸昆弟,极其友恭,乡里悉称之。

著有《辑熙堂时文稿》,总宪万藕舲⑦为之序;又著有《桂轩随笔》若干卷藏于家,因乱散失,偶传一、二篇,至今脍炙人口。

弟子员,文名已着。

二、著作名录

《辑熙堂时文稿》·卷数不详

《桂轩随笔》·卷数不详

三、著作简介

《辑熙堂时文稿》(资料暂缺)

《桂轩随笔》(资料暂缺)

---

① 麕:此字注明字形为(鹿下田),然找不到此字。

② 靡不竞赏:大家无不争相观阅、夸奖。

③ 大怵:怵音 xì;意:很忧愁的样子。

④ 虐焰:意思是残暴的气焰。

⑤ 顿息:很短时间的停止、停顿。

⑥ 潜受其赐:原文出自《论语》:子曰:"管仲相桓公……民度到于今受其赐。"潜:"隐藏"意;不露在表面。表示其德泽施以人不露声色,且入人心之深。

⑦ 万青藜(1821—1883),字文甫,号照斋,亦号藕舲,清江西九江府德化县人。道光十九年(1839)举于乡,二十年联捷成进士。署国子监祭酒。并兼任浙江、顺天学政,充玉牒馆大总裁、经筵讲官等。光绪四年(1878)改任吏部尚书。工诗文,善行草,有诗和书丹行于邑。参考《维基百科》。

(清)徐　澄

一、人物简介

徐澄①(约 1795 年前后在世,生卒年不详),字泾川,号镜亭,县城东耆(今属巴山镇)人。

乾隆十七年(1752)以举人任宜春教谕,嗣②官湖北东湖知县。

县境险滩六,渣波③为最,石巉削④,高十余丈,当西北陡下⑤之水,岁为舟患,泾川凿平之。年五十余,带着病体归还乡里,笑称所居之屋曰"剩榻⑥",种花自适二十余年。

卒时有《所以堂时文》及诗古文稿藏于家。

二、著作名录

《所以堂诗文集》·十六卷(亦名《所以堂时文》)

三、著作简介

《所以堂诗文集》·十六卷

徐澄天资超迈而范于平实,归田后筑"剩塌"一区,与诸名人殇咏⑦其间,所著亦卓然大雅。

---

① 徐澄:人物简介参考清道光元年版《崇仁县志》人物志。
② 嗣:本义(经皇上恩准)父亲传位或传业给嫡长子。或通"司"。主持、掌管之意。
③ 渣波:地名。
④ 巉削:音 chán xuē,形容山势险峻陡峭。
⑤ 陡下:水流湍急之意。
⑥ 剩榻:本意是指狭长而较矮的床形坐具。意为自己余年居住之处。
⑦ 殇咏:谓饮酒赋诗。

（清）陈　立

一、人物简介

陈立①（约1800年前后在世，生卒年不详），号醉轩，崇仁乡三十八都浯漳（今属相山镇）人。

豪于诗酒，每带经樵采②，族兄元管家有藏书，立以延课子弟③得遍丹黄④之学，诗书益进。然终艰一遇⑤。

至晚年精于岐黄⑥，救活乡人无数，谢之⑦钱不计多寡。

年七十余，每早起必读书数遍，过无虚日，待后辈以直道⑧。

卒后，败簏⑨中所存儒书并各家《医论辩疑》，皆手墨成帙⑩。

---

① 陈立：人物简介参考清同治十二年版《崇仁县志》。
② 带经樵采：樵采，即砍柴、刈山草、扫树叶等，堆积储藏起来，以备岁末天寒或来年梅雨季节烧用，否则就有断炊之忧。意思是带着经书去砍柴。
③ 延课子弟：这里的延课指课程的延伸形式，相对于校内课程文化；指学习校内课程以外的书籍。子弟，这里是同学之意。
④ 丹黄：出自《周髀算经》，义为赤黄色、圈点书册所用的颜料。旧时点校书籍用朱笔书写，遇误字，涂以雌黄，故称点校文字的丹砂和雌黄为丹黄。清黎庶昌《序》："宋元明以来，品藻诗文，或加丹黄，判别高下，於是有评点之学。"
⑤ 终艰一遇：大意为一直都没能遇到过哪怕一次合适的机会。
⑥ 岐黄：指中医，中医古称为"岐黄之术"，岐黄之术又称岐黄医术，黄指的是轩辕黄帝，岐是他的臣子岐伯。相传黄帝常与岐伯坐而论道，探讨医学问题，对疾病的病因、诊断以及治疗等原理设问作答，予以阐明，其中的很多内容都记载于《黄帝内经》这部医学著作中。后世出于对黄帝、岐伯的尊崇，遂将岐黄之术指代中医医术，并认为《黄帝内经》是中医药学理论的渊源、最权威的中医经典著作。岐伯被誉为中医学的鼻祖，而且其不但是黄帝的臣子，还被誉为黄帝的老师，所以后世将其名放于黄帝之前，方有"岐黄"之称。
⑦ 谢之：在对方知道的情况下对对方的感谢，或在某个事情某个状况发生后再补谢对方。
⑧ 直道：这里指正道。指确当的道理、准则。
⑨ 簏：音lù，用竹篾编制的盛物器，形状、大小不一。
⑩ 手墨成帙："帙"音zhì，本意是指帛书用囊盛放，整理书籍，用于装套的线装书，后来帙指书画外面包着的套子，书一套叫作一帙。意指皆是自己动手编辑成套（册）。

二、著作名录

《医论辩疑》·四卷

三、著作简介

《医论辩疑》·四卷

陈立早岁工制①、举文②,晚以医家论狐不一③,因着辩疑,畅言偏重之弊,确有见解。

---

① 工制:"工"同"功";"制"指"制艺";即八股文。
② 举文:举,用力的意思,文,指古文。意为在古文上勤勉用力。
③ 论狐不一:狐,通"孤"。这里应指独特的方子。不一:指不一致;不一样;不相同。意为与各医家讨论独特的药方,阐述自己的看法并吸纳不同观点。

（清）谢兰生

一、人物简介

谢兰生①(1805—1845)，字子湘，廷恩次子，礼贤乡十三都段溪村（今河上镇段家谢村）人。

幼怀异苕②发颖③，竖④过目成诵，七岁时诸经皆以学毕，兼及子史百家，见解超隽⑤，警悟非常。

年十七县试冠军，旋⑥食饩⑦，官铅山训导，却⑧生徒贽⑨，既收亦捐奉与学校，铅人士咸⑩歌诵之。道光十四年甲午(1834)举于乡，十八年戊戌(1838)进士，授山东即墨知县、官工部郎中。改翰林院庶吉士。

不汲汲⑪仕进，以父母亲老假归⑫，承欢养志，视膳⑬暇，兼肆力于古，凡历代创制、沿革，以至名物象数⑭考据精详，曾校刊《太平寰宇记》。

---

① 谢兰生：人物简介参考清道光元年版、同治十二年版《崇仁县志》、康芬、龙晨红《江西历代著作考》。

② 苕：音 tiáo(方言另有读音 sháo)，本义：草。是新春最先萌芽冒头的植物。

③ 发颖：脱颖。喻露出头角，才能显现出来。

④ 竖：同"竖"。

⑤ 超隽：高超隽永。远超出同龄人水平。

⑥ 旋：快速之意。这里是"紧接着"的意思。

⑦ 食饩：明清时经考试取得廪生资格的生员享受廪膳补贴。

⑧ 却：推辞、拒绝。

⑨ 贽：本意是指古时初次求见人时所送的礼物、见面礼，引申义是持物以求见，赠送。这里指求学"束修"。

⑩ 咸：假借来表全部、普遍。

⑪ 汲汲：形容急切的样子，表示急于得到的意思。

⑫ 假归：告假回家。

⑬ 视膳：每餐必在左。指古代诸侯、王室子弟侍奉父母的孝礼。

⑭ 名物象数：象数，是《易》的组成要素。在《易经》中"象"指卦象、爻象，即卦爻所象之事物及其时位关系；"数"指阴阳数、爻数。象和数是《易经》的基础，所有变化皆由此出。后发展为象数之学。名物象数，易之义理与象数相互依存而互相影响，即"名物为象数所依，象数为义理而设"。

丁外艰①哀毁致疾，丧礼如制②。

家藏书甚富，其己刻者《鹅湖客话》《鹅湖游草》《救荒策评》及本邑《黄洲桥图志》共若干卷，见三通《太平寰宇记》未有善本，同诸弟校刊之。

嘉惠③来学，服阕后与季弟兰迟并为部郎④。旧疴时发，不二年卒于京，年四十有一。

著有《纲鉴洞观评略》《历代帝王陵寝考》《种香山馆诗文集》若干卷藏于家。

二、著作名录

《种香山馆集》·九卷（县志记载为《香山馆诗文集》·四卷）

《潜东堂文集》·十二卷（疑误：《潜东堂文集》）

《鹅湖客话》·四卷

《鹅湖游草》·二卷

《重修黄洲桥志》·六卷（与谢兰墀合作）

《咏梅轩丛书》·四种八卷

《咏梅轩方舆纪略》·一卷，《续编》一卷附《舆图总论注释》·一卷

校刊《太平寰宇记》（合作）·卷数不详

《纲鉴洞观评略》·卷数不详

《历代帝王陵寝考》·卷数不详

《救荒策评》（卷数不详，县志记载为《救荒策平略》）

三、著作简介

《鹅湖游草》二卷、《种香山馆集》九卷、《鹅湖客话》四卷

李灵年、杨忠《清人别集总目》、柯愈春《清人诗文集总目提要》着录：

《鹅湖游草》二卷、《种香山馆集》九卷均为诗文集（《种香山馆集》县志记载为《香山馆诗文集》·四卷）。

---

① 丁外艰：丧制名，同"丁父忧"。凡子遭父丧或承重孙遭祖父丧，称丁外艰；凡遇母丧，则称"丁内艰"。

② 如制：按礼俗规矩来办。

③ 嘉惠，对他人所给予的恩惠的敬称。亦指施予恩惠。

④ 部郎：指吏、户、礼、兵、刑、工等六部里的中下级的官员。这里指谢兰生为"后补郎中"。

光绪《抚州府志》载谢兰生撰有《鹅湖游草》不分卷、《种香山馆文集》十二卷。今存《鹅湖游草》二卷,有道光十六年镜水楼刻本,藏湖南省图书馆。

《种香山馆集》九卷,内有诗草四卷、补遗一卷、文集四卷,有咸丰十年刻本,又有光绪十二年谢氏家塾刻本,均藏上海图书馆。

另有《兰生全集三种》,包括《鹅湖客话》四卷,记其二十五岁时,摄铅山司约一年中随笔;《鹅湖游草》二卷,与《客话》相表里;《音律指迷》二卷,分上、下卷,上卷记律吕器色图说,乃崇仁周知所撰,卷下《季子乐问四十二则》,乃从周知问乐所记。此集有道光十七年刻本,计四册,藏江西省图书馆。又有光绪二十三年崇仁种香山馆刻本。

资料图片:《鹅湖游草》道光十六年(1836)镜水楼刻本

单行本《鹅湖客话》四卷,有清刻本,计一册,藏江西省图书馆。

《潜东堂文集》·十二卷

光绪《江西通志》载:

兰生诗文才气富赡,亦善骈体;文章恢奇[①]雄健而不矜,才使气动合规矩;诗则秀隽中独见风力,盖学问、天资兼擅其胜[②];"客话"[③]"游戏三昧"[④],颇具浩瀚之势,乃少时任铅山学官所作也。

《重修黄洲桥志》·六卷

此书为图志,与谢兰墀合作编纂。有清道光二十年庚子(1840)刻本。

《江西地方文献所引》(上编)着录。

---

① 恢奇:杰出,不平常。

② 兼擅其胜:指天赋与学问兼而有之且成就俱佳。

③ 客话:指《鹅湖客话》。

④ 游戏三昧:原为佛家语,意思是排除杂念,使心神平静,也比喻事物的精义、诀窍。亦指自在无碍却不失定意。

《咏梅轩丛书》四种八卷

《中国丛书综录》①中"汇编独撰类"着录：

此书属个人著作汇编。主要收录谢氏三种著作：

《咏梅轩思忠录》二卷；

《军兴纪略》一卷；

《咏梅轩杂记》一卷《补遗》一卷；

另附录清姚怀祥②《姚公遗迹诗钞》三卷。有清道光二十九至三十年咏梅轩刊本，藏中国科学院图书馆、北京大学图书馆、上海图书馆、甘肃省图书馆、河南省图书馆。

资料图片：《重修黄洲桥志》清道光二十年庚子（1840）刻本封面

《咏梅轩方舆纪略》一卷《续编》一卷附《舆图总论注释》一卷

《中国古籍总目》③"地理类总志之属"着录：

《咏梅轩方舆纪略》一卷《续编》一卷附《舆图总论注释》一卷，有清咸丰间刻本，藏国家图书馆。

又《舆图总论注释》二卷，有清同治间刻本，藏上海图书馆。《舆图总论注释》一卷又有《酌古怀今》丛书本。今修《四库未收书辑刊》④收影印清同治间刻本，

---

① 《中国丛书综录》：上海图书馆编，中华书局1959—1962年出版，上海古籍出版社1982年新一版。共分三册。第一册《总目》，分"汇编""类编"两部分。第二册《子目》，将丛书中的38891种单独著作按经、史、子、集编排，并注明其被哪些丛书收录。第三册《索引》，分"子目著者索引"和"子目书名索引"两种。

② 姚怀祥（1783—1840），字斯征，号履堂。福建闽侯人。清嘉庆二十三年（1818）举人。道光十五年（1835）起，历任象山、龙游、嵊县知县。二十年五月调任定海知县。鸦片战争中殉国，梵宫池边立"姚公殉难处"石碑以纪。

③ 《中国古籍总目》：中华书局、上海古籍出版社2009—2013年出版，由中国古籍总目编纂委员会联合编写，是目前收录最多的古籍目录，虽有不少错误，但瑕不掩瑜，可称世纪工程、惠泽学林。经部2册，史部8册，子部7册，集部7册，丛部2册，共26册。《中国古籍总目》以古代至民国初人撰著并经写抄、印刷的历代汉文书籍为收集范围。

④ 《四库未收书辑刊》：主要根据二十世纪二十年代末三十余位国学大师编订的《四库未收书分类目录》所收录的清乾隆四库馆臣未见和清乾隆以降至清末问世的书籍，几乎网罗了当时存世《四库全书》以外的优秀书籍，共收录典籍近2000种，分十辑精装影印出版，每辑据所收部类按经、史、子、集排序，版本均力遵"分类目录"着录的版本征访，每种书前均加书名页，其中着录书名、卷数、作者、版本等。

名为《军兴本末纪略》四卷,卷首有左智拜①序,卷末有同治十一年庄忠械②题跋。

    校刊《太平寰宇记》(合作)(资料暂缺)

    《纲鉴洞观评略》(资料暂缺)

    《历代帝王陵寝考》(资料暂缺)

    《救荒策评》(资料暂缺)

---

① 左智拜:(待考)。

② 庄忠械(约1827—1878),字希祖,号中白。性玄穆,好深湛之思。少治易,通张惠官、焦循之学。又好读纬,以为微言大义,非纬不能通经。世业盐笑,醢纲改,家中落。及忠械好读书,益尽废生产,贫甚。走京师应京兆试,数被斥。偶以文学见知乔侍郎,荐为府同知,雅弗愿。兵间有所自试,至卒无成。

（清）黄甲元

一、人物简介

黄甲元①（约 1810 年前后在世，生卒年不详），字龟山，长安乡二都鼓楼冈人（现属巴山镇光明村）。

乾隆五十九年甲寅（1794）恩科，官福建宁德、仙游、惠安、莆田等县知县。

为诸生时，母亲患有风痹②病，饮食起居须人扶掖，甲元不肯假手他人，夜起五六次为常，逾八年如一日，家亦因此而贫。为生计入籍馆③穀④以养一日，在馆夜梦母咯血急急赶回，果然是如此，后亦屡梦屡符⑤，人皆言他的纯孝感动了神灵。

甲寅（1794）中乡试，大挑⑥分发至福建任知县，每到一县都施以惠政。任莆田知县时，有南安、木兰尔陂⑦，共长八千余丈，俱倾圮⑧，甲元与莆绅⑨谋新⑩，为之⑪估勘⑫

---

① 黄甲元：人物简介参考清道光元年、同治十二年各版《崇仁县志》。

② 风痹：痹音 bì，亦作"风痹"。中医学指因风寒湿侵袭而引起的肢节疼痛或麻木的病症。称"行痹"或"周痹"俗称"走注"，风痹为痹证类型之一。临床表现肢体酸痛，痛而游走无定处。病因风寒湿三邪中以风邪偏胜，而风邪易于游走所致。故《素问·痹论》说："其风气胜者，为行痹。"

③ 籍馆：或指以抄录、登记古典经籍书册并可招待宾客食宿的场所。

④ 穀：养也。

⑤ 屡梦屡符：每次梦见的都与真实相符。

⑥ 大挑：清朝乾隆年间制定下的一种科考制度，为的是让已经有举人身份但又没有官职的人有一个晋身的机会。

⑦ 陂：山坡；斜坡。古为阻水、蓄水、防水等用途的多为人工筑成的堤坝。

⑧ 倾圮：圮（音 pǐ），坍毁、倒塌的意思。

⑨ 莆绅：指其任职地莆田的绅士。

⑩ 谋新：出谋划策，谋求更新。谋：计划，计策，主意，计谋。

⑪ 之：代词。代称这件事。

⑫ 估勘：初步的勘察。

筹费,每必躬必亲,赀省①工力,固荫②田地有万余顷,莆田民众勒碑③以颂德。摄④惠安境内,有朱蔡二逆余党祸发,因条陈弥⑤盗四则,上宪多所实行,盗风遂息。

丁父艰,庐墓数月,不再出山,衣履朴质如斋民。居家日以课孙莳花⑥为乐,遇济人、利物事,引为己任,尝悯⑦贫乏新进诸生艰于饭食费,倡首捐多赀生息资助,士林赖⑧之。

著有《修齐纂要》《教读金针》共六卷。

二、著作名录

《修齐纂要》·四卷
《教读金针》·二卷

三、著作简介

《修齐纂要》四卷、《教读金针》二卷

甲元未仕时,家贫授徒养亲,乡里共称其孝,后令闽,亦多惠政。二书虽辑前人旧论,寔⑨为自道甘苦之言。

---

① 赀省:赀,本义为"就餐""就食"。这里指计算物品的价格或数量,合理用工而省下来的工和时。
② 荫:本意是指林木遮住日光所成的阴影。这里借指受益。
③ 勒碑:指在碑石上刻字。
④ 摄:借指主管。
⑤ 弥:古同"弭",平息,消灭。
⑥ 课孙莳花:课孙,教孙子学习;莳花又称为时花,泛指花期不久、花朵繁盛的鲜花,意指种花。
⑦ 悯:同情。
⑧ 赖:依靠、依恃、凭藉。
⑨ 寔:通"实",确实、实在之意。

（清）陈伯适

一、人物简介

陈伯适①（1820年前后在世，生卒年不详），号械亭，崇仁人。

幼小聪颖，八岁即能文，九岁应童子试②、府试③，招覆冠军，太守陈烺④目为神童，年十三领府批⑤，入县庠⑥，十六食饩⑦，乡试屡荐不售⑧，意廓如也⑨。

年及壮，由选贡考取实录馆誊录官，议叙监大使，分发两淮，补石港场大使，莅任十余日，数千饥民閧堂几⑩滋事，伯适设法安慰地方，赖以安；又石港、金沙、余西三场有肥田若干顷，素无国课监院⑪，奏准升科⑫。伯适素以民洽，故皆踊跃输将⑬，又指陈盐务利弊二十三条，呈于长官，盐政颁饬⑭各场通行。

---

① 陈伯适：人物简介参考清同治十二年《崇仁县志》。
② 童子试：即科举时代参加科考的资格考试。科举制度包括四部分，分别是童试、乡试、会试、殿试。童试是第一部分，也是科举必走一步，童试包括县试、府试和院试三个阶段，是读书士子的晋升之始，应试者不论年龄大小都称"童生"。这里的"童子试"或是指"童试"中的"县试"阶段。
③ 府试：明、清两朝科举考试程序中"童试"的其中一关。通过县试后的考生有资格参加府试。由知府主持。府试考试的场次、内容同县试差不多，府试通过后就可参加院试。
④ 陈烺：未找到资料（待考）。
⑤ 府批：应指抚州府的公文。
⑥ 县庠：指县官学。
⑦ 食饩：明清时经考试取得廪生资格的生员享受廪膳补贴。亦即成为廪生。
⑧ 不售：这里指考试不中。
⑨ 廓如也：澄清，明白。
⑩ 閧堂几：閧（音hòng），解释为斗争、喧闹。堂几，指公堂案台。
⑪ 国课监院：应指当时的官府税收管理部门。
⑫ 升科：建立并征收赋税。
⑬ 输将：释义为捐赠、运送。这里指缴纳赋税。
⑭ 颁饬：饬，古同"敕"。有整顿，整治，告诫，命令；旧指上级给下级下达的命令。

归田后,主讲"相山书院"①,英才多赖成就,平素②、局度③浑涵④,不露圭角⑤。

　　壮年留京,与同郡纪大奎⑥同寓,与论经史,大奎亟称"大有根底"。晚年学养益精粹,粥粥若无能⑦也。好岐黄,救活人无数,并工书法,力追二王⑧。得年七十有四。

二、著作名录

《诊家索隐》·八卷

三、著作简介

《诊家索隐》·八卷

　　《诊家索隐》条例二十八脉,分脉象,主病参变为三门,悉依前人体例,唯加以阐发参伍错综曲尽,其变考义精微,辨类明晰,俾医家阅之,了如指掌。亦救世之书也。

---

① 相山书院:城南院址在大东门外皂阁树下(今螺蛳巷外),清乾隆四十三年(1778)知县曹葘建,山长陈伯适;道光十年(1830)停办。道光二十六年(1846)进士陈开第,教职陈彤燮等九人再创办北城相山书院,设于城北坪头上相山别墅,道光三十年开课。
② 平素:平常、平时的日子。
③ 局度:才干气度。格局。
④ 浑涵:意为博大深沉。
⑤ 不露圭角:成语,圭角,圭玉的棱角。指才干不外露。
⑥ 纪大奎(1756—1825),字向辰,号慎斋,江西临川龙溪人。清代史学家、文学家、理学名家。历任山东商河县、丘县、昌乐知县,后升重庆府合州(今四川合川)知州。著有《观易外编》6卷,《易问》6卷,《周易附义·老子约说》4卷、《地理末学》6卷等二十多种。
⑦ 粥粥若无能:是成语"粥粥无能"的运用。形容谦卑,显得柔弱而没有能力。出自《礼记·儒行》:"其难进而易退也,粥粥若无能也。"意谓就像很无能的样子。
⑧ 二王:东晋大书法家王羲之和王献之父子,并称为"二王"。

（清）甘启华（女）

一、人物简介

甘启华[①]（约 1820 年前后在世，生卒年不详），女，字韵仙，长安乡十一都袁坊（今属桃源乡）人。

许州知州甘扬声第五女，嫁与同邑诸生谢兰馥[②]，通经史，工诗词，撰有《焚余小草》。

二、著作名录

《焚余小草》·二卷

三、著作简介

《焚余小草》·二卷

李灵华、杨忠《清人别集总目》、柯愈春《清人诗文集总目提要》着录；《清人别集总目》着一卷。

诗集，多写闺中生活。此集有道光十二年刻本，计一册，藏湖南省图书馆。另有光绪刻本，藏江西省图书馆。

又选其诗十四首，编成一卷，辑入《国朝闺阁诗钞》[③]中，有道光二十四年"嫏嬛别馆"刻本，藏南京图书馆。

---

① 甘启华：人物、著作简介参考康芬、龙晨红《江西历代著作考》。
② 谢兰馥：谢廷恩幼子。
③ 《国朝闺阁诗钞》：不分卷；清道光年间的进士蔡殿齐编清甘晋辑传；清道光二十四年（1844）嫏嬛别馆刻本，计 10 册。是一部带有选本性质的清代女性诗歌总集。

（清）华廷杰

一、人物简介

华廷杰[1]（1822—1872）字樵云，别署"琴阁主人"。邑之惠安乡五十五都吴坊渡（今白路乡华家村）人。官至布政使[2]。

自幼聪颖好学，不释卷，夜分稍倦，以冷水湿两目，读不辍。15岁入府学郡庠[3]，文名已噪。

道光二十四年（1844）考取第三名举人，二十五年中进士，以知县分发广东，初署东莞知县。

莞民俗强悍，到任后，针对该地讼棍[4]往往凭空捏造、诬告善良懦弱平民为盗贼、县吏乘机敲诈勒索的歪风邪气，进行大力整顿，惩治作恶者，使民风得以改善。

后调香山，不到两月，东莞发生暴动，朝廷又调华廷杰回任镇压。回到东莞，贼踞城南之黄旗峰[5]，势张甚[6]。廷杰曰：若待贼临城下，则人心动摇，谁与守，不

---

① 华廷杰：人物简介参考一九九〇年版《崇仁县志》《华氏九支十二修族谱》。

② 布政使：指承宣布政使，官名。掌管一省的财政、民政。明初，沿元制，于各地置行中书省。明洪武九年（1376）撤销行中书省，以后陆续分为十三个承宣布政使司，全国府、州、县分属之，每司设左、右"布政使"各1人，与按察使同为一省的行政长官。宣德以后因军事需要，专设总督、巡抚等官，都较布政使为高。清代始正式定为督、抚的属官，专管一省的财赋和人事，与专管刑名的按察使并称两司。康熙六年（1667）后，每省设布政使一员，不分左右，均为从二品。

③ 郡庠：科举时代称府官学为郡庠。

④ 讼棍，指旧社会专门唆使别人打官司自己从中取利的人，在英语中指卑鄙的、吹毛求疵的、不讲道德的律师。在现代社会，人们通常将通过不合法、不道德手段，只为追求个人金钱和权力欲望，披着法律外衣的律师也称为讼棍。

⑤ 黄旗峰：指东莞黄旗山，又名祖山、主山、镇山、文笔峰、朝山。唐以前曾是岭南第一名山。明以后为东莞八景之一。

⑥ 势张甚：大势张扬其势力巨大。

如先往剿之。乃招募勇士守城池以安,并亲率官军出城督战,毙贼数百,擒数十,夺获器械无算,莞城以安。

余贼后复聚龙江①,密约其党于中堂墟②,以谋同时并起,廷杰兵佯往聚龙,中途猝向中堂墟进发,贼接战,大败,生擒首逆,置极刑。是年冬,博罗③失守,廷杰往援,设计再败贼寇,余贼逃出海外,不再回。

事平后,论功赏领带花翎④,调任南海知县。

南海⑤是广东首府首邑,任重事繁。廷杰仍以治莞者⑥治之。

县内有颜氏兄弟争财产,诉讼多年未结案,华廷杰召其至县衙,委婉训导,兄弟感动泪下,撤回诉状。

有一年,南海发生严重饥荒,米价飞涨,有人建议责令米行减价供应,华廷杰认为荒年只怕无米出售,若令减价,恐怕米商有米也不会出售。于是他动员富户设粥厂施粥给饥民,并带头捐银 2000 两。不久,米船多艘开到,民心安定。

同治六年(1867)冬,英国驻广州领事巴夏礼⑦,以粤督叶名琛⑧不准英人入城居留为由,命英船沿河开炮,轰塌城墙 10 余丈。华廷杰亲率民工,冒着炮火,用沙土堵塞城墙缺口,保住了县城。

第二年,英法联军再来攻,粤督叶名琛误听谍报人员之言,事先不加防备,华廷杰请增兵防守,又不予采纳,县城遂被攻陷。广州陷落后,华廷杰将县署搬至

---

① 聚龙江:东莞辖区内的地名。
② 中堂墟:指中堂村(旧中堂墟镇的大部分),位于中堂镇中部,在莞城西北 10 千米处,自宋朝以来,是中堂地区历届政府的驻地。
③ 博罗:现博罗县,隶属惠州市,位于广东省中东部。
④ 花翎:是清代皇帝特赐的插在帽上的装饰品,一般是赏给有功的人或对朝廷有特殊贡献的人。"花翎"也分两种,一是蓝翎,一是花翎。
⑤ 南海县,为广东省旧行政区名,即广州府附郭县,今佛山市南海区。至今已有二千余年历史,曾是广东省的首县,古代更是岭南地区一大都会。(附注)"附郭县":古代行政术语,专指中国古代没有独立县城而将县治与州、府、省等上级政府机构治所设置于同一城池内的特殊形态。
⑥ 莞者:指东莞。
⑦ 巴夏礼:音译全名"哈里·斯密·巴夏礼",1828 年生于英格兰施他佛郡布洛克斯威奇。1856 年,巴夏礼领导的谈判团因拒绝行跪礼而被清政府扣押,这就是巴夏礼事件。有不少学者认为,巴夏礼事件就是诱发火烧圆明园的直接原因。1841 年 10 月,担任英国驻华全权公使与商务总监砵甸乍爵士的翻译、秘书。担任广州领事期间,他再次与钦差大臣、两广总督叶名琛打交道。他们之间的矛盾在不久后引发了第二次鸦片战争。
⑧ 叶名琛(1807—1859),湖北汉阳人,近代著名历史人物,清朝中后期著名封疆大吏,官至两广总督,体仁阁大学士。第二次鸦片战争中被俘,自诩"海上苏武"。人称六不总督:不战、不和、不守、不死、不降、不走。

石井乡①,筹划收复之策。因当局一意议和,他的谋划受阻,未能实现。

华廷杰后调升南雄直隶州知州,署广州通判、潮州知府,擢署惠潮道台。

潮州所属关税,历来被一些人操纵把持,私抽②比正额税还多。海阳县有所谓"澳甲"③者,用钱买得海关差役,借此滥索船户规费④,船户深受其害。华廷杰到任后一概严令禁绝。

同治九年(1870),华廷杰前往广西帮办龙州军务,因镇压边民暴动有功,加布政使衔,成为从二品大员。但不久受瘴气⑤,请假归粤东,复因差便回里⑥,卒于家,终年50岁。

他居官20余年,在东莞任职时间最久,颇受民众拥戴,百姓对他很有感情。离任时,民众涕泪烧香跪送,恋恋不舍。有的人为他在县衙旁建立生祠,岁时奉祀。

华廷杰还通医术,凡来求治者,立往诊视,从不延误。

咸丰六年至九年(1856—1859年),华廷杰任广东南海县知县,正值第二次鸦片战争时期。廷杰以亲身经历,写下《触藩始末》三卷。

其子华辉(1859—1931),字再云,晚年号凡叟。年轻时有才名。光绪九年(1883)中进士,殿试一等,授翰林院庶吉士。就是民间所说的"钦点翰林"。

资料图片:《触藩始末》光绪十一年华氏家刻本

二、著作名录

《触藩始末》·三卷(亦名《华廷杰日记》)

---

① 石井乡:现为石井镇,位于广州市白云区西部。

② 私抽:指合法衣下非法抽取。

③ 澳甲:清代管理沿海船民的一种户口编制。亦指澳甲的甲长。

④ 规费:指政府机关在为特定人履行了一定行为或者在特定人要求使用公有物时,依法向其征收的行政手续费。这里指额外征取的费用。

⑤ 瘴气:是热带原始森林里动植物腐烂后生成的毒气,是古代南方多种疾病的总称,可包括疟疾、痢疾、脚气(维生素 B1 缺乏症)、沙虱病、中毒、喉科病、出血热、黄疸等一种或多种疾病。

⑥ 回里:回归故里。

三、著作简介

《触藩始末》·三卷

此为《触藩始末》1885 年（光绪十一年）刻本。按日记述第二次鸦片战争期间英法联军侵占广州的经过。

作者当时为广东南海知县，身历其境，所记以目睹者居多。对于叶名琛不战不守不和，以及柏贵傀儡政权卑躬屈膝的丑态均有翔实描述。本书实为有关第二次鸦片战争的较有价值的资料。

卡尔·马克思写于 1857 年 1 月 7 日，作为社论载于 1857 年 1 月 23 日"纽约每日论坛报"的文章中，引用华廷杰《触藩始末》文字有四节之多。

此书原亦有光绪乙酉年(1885)家刻本，但流传不多。

资料图片:《触藩始末》光绪十一年乙酉崇仁华氏刊本首页

知堂①录入:（2009 年 10 月刊《文献》季刊第 4 期，谢冬荣、石光明《周作人藏书题记辑录》)

《触藩始末》三卷，琴阁主人记英人占据广州、掳叶名琛事，其时任南海县知县，姓名俟考(崇仁华廷杰也)。

自鸦片事变以至焚圆明园，英人行事原系一致，叶相之胡涂乃不可及。掳赴印度时，需要衣物，其单中尚有《吕祖经》一本，可见一斑。

此书记载颇详，可资查考。民国甲申六月十日，药堂。

著者华廷杰，崇仁人，见《仰视千七百二十九鹤斋丛书》本七弦河上钓叟《英吉利广东入城始末》。民国三十四年二月十日，知堂记于油灯下。

---

① 知堂:周作人(1885—1967)，原名周櫆寿，又名周奎绶，后改名周作人，字星杓，又名启明、启孟、起孟，笔名遐寿、仲密、岂明，号知堂、药堂、独应等，浙江绍兴人。是鲁迅(周树人)之弟，周建人之兄。中国现代著名散文家、文学理论家、评论家、诗人、翻译家、思想家，中国民俗学开拓人，新文化运动的杰出代表。

（清）吕肇堂

一、人物简介

吕肇堂①（约 1825 年前后在世，生卒年不详），字朗山，青云乡二十九都吕坊（今属马鞍镇）人。

举人出身。幼慧贡制②，艺古文，邑令曹公盖③县试，拔冠军。乾隆四十四年乙亥（1779）中乡榜七名，以大挑④分发四川知县。

先是川楚教匪⑤滋事，上宪⑥派入⑦军需，总局一切支应⑧，悉协机宜制军⑨倚重之嗣⑩，是凡散赈⑪、平狱⑫诸大端⑬，肇堂虽隔千里必调赴⑭焉。

历署⑮十余邑，皆以兴学校、务农桑为要。嘉庆十九年（1814）、二十五年（1820）两次任四川省蓬溪县知县，然川民但知⑯苎麻⑰高原固获其利，而卑湿之

---

① 吕肇堂：人物简介参考清道光元年、同治十二年各版《崇仁县志》。
② 贡制：贡制是古代臣民或属国把物品献给朝廷的一种贡献制度，分"贡生制""土贡制""人贡制""进贡制"等，
③ "曹盖"：疑误，或指乾隆四十六年（1781）回任崇仁知县曹芨。
④ 大挑：清乾隆以后定制，三科以上会试不中的举人，挑取其中一等的以知县用，二等的以教职用。六年举行一次，意在使举人出身的有较宽的出路，名为大挑。
⑤ 教匪：指带有宗教性质的匪患。
⑥ 上宪：指上司。
⑦ 派入：派通"孤"。
⑧ 支应：供应，指供应之物。
⑨ 制军：明、清时期总督的称呼。这里指编制军队。
⑩ 嗣：接续。
⑪ 散赈：指为赈济灾民而分发粮食、财物。
⑫ 平狱：谓公正判案。
⑬ 大端：端，项目；事情的重要方面。
⑭ 调赴：调动物资赶赴到某个地方。
⑮ 历署：先后担任。
⑯ 但知：意思是只知道事情的一个方面，不知道另一个方面。
⑰ 苎麻：为我国特产，被誉为"中国草"，是世界公认的"天然纤维之王"。茎皮纤维洁白有光泽，坚韧，是纺织工业"夏布"的重要原料。

地每致荒芜,肇堂以种桑至今,蚕丝之利更倍于麻。

二十年(1815)在蓬莱镇①建"蓬山书院"②,补蓬溪于城乡分立大小义学,广为教导,二十三年(1818)在县城西门内建文昌宫③。二十五年(1820),将嘉庆六年(1801)知县李炘④购城西王姓民房七间而创建的"环溪书院"⑤迁建于县城北门外学署(宫)之右并加以扩建。公余轮课馆中,生童多取科第以去归田。

后蓬人德之,共建"吕公书院"⑥,致书求画像奉祀,其中以当生祠,故晚年有自挽联曰:

"身愧无文成进士,心惭未死立生祠。"

家居恬淡,自适⑦友出于天性。兄弟前以析产,后取廉俸多寡,均分乡人,共高其谊⑧。

吕肇堂为蓬溪县衙撰写的对联⑨:

此地无万顷良田,看若辈脑满肠肥,全把乡民作鱼肉;

斯民非十分要事,劝大家声吞气忍,莫将资产饱狼牙。

著述有《劝民歌》等及编辑《曹南坡拟作试题文》传世。《蓬溪县志》有记载。

父吕扬获赠奉直大夫。

二、著作名录

《曹南坡拟作试题文》·卷数不详

三、著作简介

《曹南坡拟作试题文》(资料暂缺)

---

① 蓬莱镇:1997 年 10 月 31 日,民政部批准调整蓬溪县行政区域,设立大英县。蓬莱镇为县政府所在地。
② 蓬山书院:位于四川蓬州(今属蓬安)。旧有"玉环书院"。建置无考。
③ 《蓬溪县》志记载:"文昌宫,县西门内,清嘉庆二十三年(1818)知县吕肇堂建"。位于现蓬溪县中学校内。
④ 李炘:北京宛平(今北京市丰台区)人。出生于官宦世家。
⑤ 环溪书院:位于四川蓬溪,非崇仁之"环溪书院"。清嘉庆六年(1801)知县李炘原捐俸建于城西门内。有斋舍 7 间,并置水田以束修膏火。二十二年废为文昌宫。次年知县吕肇堂重建于北门外学署右侧,有讲堂、内外厅堂、厢房共 26 间,规模蔚为壮观。清末废。
⑥ 吕公书院:实际上是吕肇堂的"生祠"。
⑦ 自适:意思是悠然闲适而自得其乐。
⑧ 共高其谊:彼此都具有、使用或承受;不要差距太大,才会有合宜的交情。
⑨ 载《中国对联集成·蓬溪卷》。

（清）王及鸿

一、人物简介

王及鸿①（约 1828 年前后在世，生卒年不详），崇仁乡五十二都山心（现属乐安县）人，道光五年乙酉（1825）恩科进士，选授太和县教谕。

二、著作名录

《养拙斋诗存》·四卷

三、著作简介

《养拙斋诗存》·四卷

及鸿诗笔超迈，困于诸生中数十年，集中咏古之什②，格古论高低，体不拘拘③于声韵，而安贫乐道之怀，时流露于意言之表④，故自可传。

---

① 王及鸿：人物简介参考清同治十二年版《崇仁县志》卷七。
② 之什：指篇章。
③ 拘拘：拘泥的样子。
④ 意言之表：庄子认为"言"是传情达意的，但"意"所依随的"道"却是不可言传的。因为"道"是没有"形色名声"的东西，要理解"道"只有以神遇而不以目视。意只能"自闻""自见"。

（清）王　谦

一、人物简介

王谦①（约 1830—?），字补园，号益斋，学者称"补园先生"，崇仁人。同治六年(1867)岁贡，即选教谕。

撰有《补园诗钞》十八卷。

二、著作名录

《补园诗钞》·十八卷

三、著作简介

《补园诗钞》·十八卷

李灵年、杨忠《清人别集总目》、柯愈春《清人诗文集总目提要》着录：

其诗内容丰富，涉及现实生活各个方面。其作诗主张性情自然，诗风沉郁，亦显忧国忧民之心，绝句亦见功力。

此集有光绪十三年刻本，计四册，收诗一千二百首，藏江西省图书馆。

---

① 王谦：人物简介参考清同治十二年版《崇仁县志》、道光版《抚州府志》、康芬、龙晨红《江西历代著作考》。

（清）甘　霖

一、人物简介

甘霖①（生卒年不详），字时若，号畏庵，崇仁人。

二、著作名录

《吟香书屋诗抄》·一卷

三、著作简介

《吟香书屋诗抄》·一卷

柯愈春《清人诗文集总目提要》②着录：

诗集，据光绪《抚州府志·艺文》载，其所著《吟香书屋诗抄》一卷，此集辑入《章门萍约诗选》③中，严晖言编，道光二年文寿堂刻本。藏南京图书馆。

霖时文趋向极高，诗则其余事耳，而一种严毅风致往往流露于音节间，都昌刘梦莲④评霖诗谓如"万籁俱寂，月明欲语。"信不诬⑤也。

---

① 甘霖：人物简介参考康芬、龙晨红《江西历代著作考》。
② 《清人诗文集总目提要（上中下）》：2001 年北京古籍出版社出版，作者柯愈春。对现存清人诗文集进行了全面清理，着录 19700 余人的 40000 余种别集。所收录的每一部诗文集，均说明其卷数、版本、作者小传、主要内容及收藏单位或私家收藏者。
③ 《章门萍约诗选》：(清)黄凤题撰，清道光二年(1822)文寿斋刻本。
④ 刘梦莲(1781 年生)，字香亭，都昌人，清副贡生，善画工诗，且精于文。曾游吴越荆襄名胜，每到留题，著作甚丰，有《史会断要录》《史经类考》《醉月楼诗文集》《词曲杂着》，均刻刊行。
⑤ 不诬：指不妄，不假。

（清）杨开泰

一、人物简介

杨开泰①（生卒年不详），礼贤乡十四都山里（今属巴山镇）人，道光二十四年（1844）甲辰副贡。

二、著作名录

《爱日堂诗抄》·一卷

三、著作简介

《爱日堂诗抄》·一卷

开泰性恬淡，生平酷嗜靖节诗②，故所作悉本性灵③，全无粉饰雕琢之迹。

---

① 杨开泰：人物简介参考清道光元年、同治十二年版《崇仁县志》。
② 靖节诗：指陶渊明的诗。
③ 悉本性灵：这本集子全本反映的都是他本来的性情、情感。

（清）杨开泰　孙枝秀　甘　霖　刘梦莲

一、人物简介

杨开泰[①]，礼贤乡十四都山里（今属巴山镇）人，道光二十四年（1844）甲辰副贡。

孙枝秀，惠安乡五十五都徐埠（今属孙坊镇）人，道光二年（1822）恩科进士[②]，官江苏震泽知县、候补知府。（见"孙枝秀"节）

甘霖（见"甘霖"节）。

刘梦莲[③]（1781—?），字香亭，都昌人。

清副贡生，善画工诗，且精于文。资性明敏，纵览经史百家，动笔万言立就，曾游吴越荆襄名胜，每到留题，著作甚丰，有《史会断要录》《史经类考》《醉月楼诗文集》《词曲杂着》，均刻刊行。

时人称南城吴白庵、东乡吴兰、永丰张鹤舫、南昌龚可欣、都昌刘香亭为"江西五大家"。现存有1835年道光豫章行馆刻本《浙游草》。

二、著作名录

《章门萍约诗册》·十卷

---

① 杨开泰等：人物简介参考清道光元年、同治十二年版《崇仁县志》。
② 道光二年恩科进士：同治版《崇仁县志》载为道光元年。
③ 刘梦莲：人物简介参考董晋《鄱阳湖诗派近现代都昌籍诗坛十杰》文。

三、著作简介

《章门萍约诗册》·十卷

开泰性恬淡,生平酷嗜靖节诗①,故所作悉本性灵②,全无粉饰雕琢之迹;与一时名宿结联诗社,如都昌之刘梦莲、邑中之孙秀枝③、甘霖④等朝夕倡和,共着《章门萍约诗册》十卷余。

---

① 靖节诗:指陶渊明的诗。
② 悉本性灵:这本集子全本反映的都是他本来的性情、情感。
③ 孙秀枝:见"孙秀枝"节。
④ 甘霖:见"甘霖"节。

(清)孙枝秀

一、人物简介

孙枝秀①(生卒年不详),惠安乡五十五都徐埠(今属孙坊镇)人。

嘉庆二十年(1819)优贡生,道光元年(1821)举人,二年壬午恩科戴兰芬榜进士。官江苏震泽知县,候补知府。

著有《红藕香村诗》二卷。

二、著作名录

《红藕香村诗》·二卷(一作《红藕香村诗抄》)

三、著作简介

《红藕香村诗》·二卷

诗集,柯愈春《清人诗文集总目提要》着录:

此集由严晖言选辑入《章门萍约诗选》。道光二年文寿堂刻本,藏南京图书馆。

孙枝秀才华艳发②而能以清气往来,故婉丽风流之中,亦有动合自然之致,此抄未通经籍时所作,后虽格律屡变,而遗稿不复梓存③矣。

---

① 孙枝秀:人物简介参考清同治十二年《崇仁县志》、康芬、龙晨红《江西历代著作考》。
② 艳发:鲜明焕发,谓人的才华横溢、作品文采华美。
③ 梓存:梓,用木头雕刻成印刷用的版。意未刊印保存。

（清）周　知

一、人物简介

周知①（约 1842 年前后在世，生卒年不详），字诚斋，崇仁人。

深究《美人揉碎梅花回文图》二十余年始得精妙，着读法，自序，谢子湘校刊并为之跋。

二、著作名录

《音律指迷》·二卷

《美人揉碎梅花回文图读法》·卷数不详

三、著作简介

《美人揉碎梅花回文图读法》

道光庚寅春种香山馆藏板本。

读得七律 1288 首，七绝 786 首。谢兰生子湘甫校刊②。

周知覃思③妙悟④，独有心得，谓：古人但求审音⑤，不事⑥辨器⑦，故音律每有

---

① 周知：人物简介参考清道光元年、同治十二年各版《崇仁县志》。
② 谢兰生子湘甫校刊：谢兰生校刊《美人揉碎梅花回文图》，为回文奇图做出贡献，该在临川文化的回文诗中留下一笔。
③ 覃思：深思。
④ 妙悟：犹如神悟的感觉。
⑤ 审音：有辨别音调、通晓诗的音韵、审定字的读音或谓识别清议之声诸种意思。
⑥ 不事：不注重。
⑦ 辨器：这里应指乐器的辨别。

错误。

《音律指迷》,是作备列诸图,详注尺寸,颇极精审;卷末,附与谢兰生^①问答乐理,大有发明。

《美人揉碎梅花回文图读法》序^②

余杭沈虚谷^③制《美人揉碎梅花回文图》^④;

以五十六字三用之,布为"梅瓣""梅蕋""梅须"之形,云内藏七言律诗六首,绝句二十四首,标举读法十种名目,而不明言起止,以为韵人百出,定有知音,盖君子引而不发之意。

向于檀几丛书中读之,揣摹流水回风二法,三复得律诗六章,而绝句一首不得,解人难索,问难无从,蓄疑^⑤日久。项以谢子湘^⑥好学深思,举以相质^⑦,仍视为闭而以思则得之勖^⑧我。

爰^⑨又反复推寻,彷徨终日,至附会^⑩搏捂^⑪之俱穷^⑫,如薄暮^⑬临歧^⑭,迷闷莫适,嗒然掩卷,自惭不敏已。

乙夜^⑮灯前,偶绎连环之义,突如触发,披图循览,遂若重门洞开,所谓参互读之都成韵语者,有云容水态^⑯之观,无失粘^⑰出韵之弊,不禁顾影喟然叹曰:

虚谷之知音不在兹乎?按图中可得七律二百八十八首,七绝七百八十六首,

---

① 谢兰生,字子湘,道光十八年(1838)进士,官工部郎中,著有《香山馆诗文集》四卷。见"谢兰生"节。
② 源自谢兰生子湘甫校刊。道光庚寅春种香山馆藏板本。
③ 余杭沈虚谷:指杭州沈士瑛,生平不详。
④ 《美人揉碎梅花回文图》:是回文图诗四大奇图之一(苏蕙《璇玑图》、吴宗爱《同心栀子图》、金礼嬴《拟赵阳台回文诗》、沈士瑛《美人揉碎梅花回文图》),这些图读法多样、读出的诗至今无定数,因此研究者甚多。
⑤ 蓄疑:指积疑。
⑥ 谢子湘:指谢兰生。
⑦ 举以相质:或指唐律中的"轻重相举"法。
⑧ 勖:本意指勉励。
⑨ 爰:于是。
⑩ 附会:指把不相联系的事物说成有联系。意思很牵强。
⑪ 捂:遮盖住或封闭起来。
⑫ 俱穷:意思是把所有能力都用尽了。
⑬ 薄暮:指傍晚,太阳快落山的时候。
⑭ 临歧:与"临别"同;指古人送别在岔路口处分手。
⑮ 乙夜:二更时候,约为夜间十时。
⑯ 云容水态:景诗名;水态,犹言水上景色。这里喻一种感觉和状态。
⑰ 失粘:为作近体诗(也称格律诗)术语。写作律诗、绝句时平仄失误,声韵不相粘之谓。

较诗成三十之云推广多矣。

兹徇①子湘之请,绘读法之图附后,先录顺逆诗句,数以纪之,为读法图纲张本,寻章摘句之思,和盘托出,凡皆为读此图而求通未得者启也。

耿耿自负,欲渡而不问津②,漫托于以不解解之者,将毋笑为琐屑③欤。

道光九年己丑十月崇仁周知。

资料图片:美人揉碎梅花回文图

《美人揉碎梅花回文图读法》跋④

事有难易,当其未得,而愤则无易之非难臆度越思,即累月穷年,卒不能通其故;及其得之,则易易耳。然不必以事在易,而求诸难解也。

诚斋先生天资卓绝,于兰生为童子师,侍几席数载。见其阅书,必穷底蕴,多发古人之覆;屡闵于有司,胸次简淡,避俗自爱,外间人从不置臧否,独深契兰生。

今年复授从子辈经,时相过从。偶示以沈虚谷梅花回文图,相与反复数四,未能悉读。越旬日,先生告予曰:"得之矣,读诗千有余首,盖二十余年之疑,今始析也。"予复读之,泅然,因请录所读诸诗传诸世。

先生哂曰,子欲予为笨伯作导师哉,既念抄诗而读,诚不如按图而索之有味,且恐世之读诗者,将以图为赘疣。遂以读法为图请,先生笑而颔之。旋绘读法图百七十有九,前揭梅花诗句,记之以数,用正字马字别其顺逆,以作图纲,图中圈发起句,引以乌丝,循所引而次第读之,千余首诗,靡不章妥句适。

明窗净几,展玩生欢,叹体例之奇而创,隐而跃,可与沈制并传不朽,于是乎梓之以行。谢兰生。

《音律指迷》·二卷(资料暂缺)

---

① 徇:依从。
② 欲渡而不问津:想渡河却不问渡口何处。
③ 琐屑:指细小、琐碎的事情。
④ 此为周知撰《美人揉碎梅花回文图读法》之后谢兰生跋文。

（清）沈　凤（女）

一、人物简介

沈凤[①]（？—1852），女，字香卿。崇仁人。清代诗人。

通经史，工诗词，善书画。其夫陈偕灿[②]，字少香，号咄咄斋居士、咄翁、苏翁、鸥汀渔隐。江西宜黄人。清代诗文家。

沈凤学诗从夫，互为师友。诗多灵性。著有《琴韵阁诗》9400余首。沈凤死于偕灿罢官归乡途中，偕灿悲痛欲绝，一气写就《悼亡诗》1卷。

后将《琴韵阁遗草》合梓于《鸥汀渔隐诗集》[③]。

二、著作名录

《琴韵阁遗草》·一卷

三、著作简介

《琴韵阁遗草》·一卷

胡文楷《历代妇女著作考》[④]着录。

---

① 沈凤：人物简介参考清同治十二年版《崇仁县志》、康芬、龙晨红《江西历代著作考》。

② 陈偕灿（1789—1861），字少香，号苏翁，一号鸥汀渔隐，宜黄人。道光元年（1821）举人，后屡试不第，留京任教三年，历任福建长泰、惠安县令。著有《鸥汀渔隐诗集》《春雨楼诗集》。

③ 《鸥汀渔隐诗集》：总6卷，后附其妻沈凤《琴韵阁遗草》1卷。

④ 《历代妇女著作考》：作者胡文楷，张宏生等增订。本书是专门着录中国历代妇女著作的目录书。它以朝代为序，共着录从汉代至近代共4000余种妇女作品。每种著作列书名、作者、出处、亲见否，再列作者小传。本书初版于1957年，嗣后又加增订，1985年由上海古籍出版社出版。此次重予影印，特邀南京大学张宏生教授再加修订和增补。

诗集,此集有诗四百余首,沈凤卒后,陈偕灿悲痛欲绝,此卷一气写成,后合梓于《鸥汀渔隐诗集》中。

有咸丰三年刻本,藏上海图书馆、江西省图书馆。

(清)袁章华　刘庠麟　陈一鸿　陈廷贲
乐金三　方　镜　曹虎拜　陈　翰

一、人物简介

袁章华①,县城东耆(今属巴山镇)人。文观从侄。
登嘉庆十三年戊辰(1808)恩科,官山东城武知县。

刘庠麟(见"刘庠麟"节)

陈廷贲,县城北耆(今属巴山镇)人。
嘉庆二十三年戊寅(1818)岁贡。

曹虎拜,长安乡五都石背(今属桃源乡)人。
道光二十五年乙巳(1845)岁贡.

陈一鸿(见"陈一鸿"节)

乐金三(待考)

方镜(待考)

陈翰(待考)

---

① 本节人物简介有限资料参考清同治十二年版《崇仁县志》,乐金三等三人资料暂缺。

二、著作名录

《道光元年（1821）·崇仁县志》·二十七卷

三、著作简介

《崇仁县志》·二十七卷·道光元年（1821）

资料图片：《崇仁县志》道光元年"尊经阁"藏版

清道光元年《崇仁县志》·李红①·叙：

史家称作志为难，盖以琐屑繁碎、逐一考实之难也。

县邑方隅之书，亦以志名者，何独不然。而吾崇之志更有难之难者。余家寓临川，逮余三世矣，志旷②若干年未修，先献旧闻茫如③也，其无能为役也，固宜为是。

乾隆四十八九年间，余因主相山书院讲席，时晤诸前辈如陈明经、肯堂徐明府镜亭，皆邑文献也。每欲举此事不果，旋余亦宦游四方，闻彭秋帆、陈东庭、罗屏山先生，先后治崇公余之暇，皆欲于此事奋发有为；卒因循以去，盖旧志之讹，阙曼漶猝④，难动手无论矣，加以世家故族，星罗密布甲于他邑，往往筑室道谋⑤兼又艰费，则其不果也；始亦势使之，然也甚矣其难哉。

嘉庆二十三年（1818）春，县大夫原招余议修时，搜访讨论，则乐茂才金三、曹

---

① 李红：字森及，号杏林。清乾隆丁酉（1777）举人，戊戌年（1778）进士。参见清同治十二年版《崇仁县志》卷八。

② 旷：本意指光明、明朗，又指心情开朗。引申为空旷，特指心境宽广。又由空间的广大引申为时间的久远。

③ 茫如：茫然。谓无所知。

④ 阙曼漶猝：意为时间久远而模糊不可辨别，犹迷茫不清。

⑤ 筑室道谋：比喻做事自己没有主见，缺乏计划，一会儿听这个，一会儿听那个，终于一事无成。出自《诗经·小雅·小旻》。

茂才虎拜、方茂才镜、陈茂才翰诸君之力为多。诸君者,皆能以资识亮拔①始终,其事又得杨茂才逢本于此事留心,有年相互考校。

其家有藏书,承先人遗训,则陈明经廷赍至若首膺②其难操觚③也;而复经费务使此编详而不失之陋,严而不失之刻,宽而不失之滥者,则则④陈明经一鸿之力而为之,饮助者有若刘孝廉庠麟、袁明府章华焉。

呜呼!是编也,余固不敢信其有得而无失,有功而无过,但较之旧志,当亦有公论也。

余耄矣,虽无能为役其所以难,成此书之由,恶得⑤无一言以告我邑后人,或谓何以见其难?

曰:和而不同,周而不比。此其所以为难也,邑公事尽如此,其何事不济独修志也。

乎哉!是为叙。

道光元年岁在辛巳季冬之初。

赐进士出身,诰授奉直大夫原任山西碛口运判邑人李红敬撰时年七十有七。

---

① 资识亮拔:意为无论年龄、资历如何都能相互欣赏、信任。
② 首膺:意为第一次。
③ 操觚:古代作书写用的木简。借指写作。
④ 则则:意思是赞叹的声音。出自《祭妹文》。今作啧啧。
⑤ 恶得:方言。意为"怎能够?"

（清）李一清

一、人物简介

李一清（待考）

二、著作名录

《地理浅说》·一卷①

三、著作简介

《地理浅说》·一卷（资料暂缺）

---

① 李一清：著作名资料来自清同治十二年版《崇仁县志》，人物简介、著作简介待考。

（清）方景福

一、人物简介

方景福（待考）

二、著作名录

《六壬集腋大全》·十卷①

三、著作简介

《六壬集腋大全》·十卷

景福因饶观嵩②所著《六壬集腋》而增益之，故名《六壬集腋大全》，卜断颇验，习"六壬"③者往往奉为指南。

---

① 方景福：著作及简介资料来自清同治十二年版《崇仁县志》，人物简介待考。
② 饶观嵩：未找到资料（待考）。
③ 六壬：是中国古代宫廷占术的一种。与太乙、遁甲合称为三式。而六壬被称为三式之首，通常所说的六壬一般通指大六壬。六壬学比起其他占卜术是较为合理和合法的。

（清）杨伟才

一、人物简介

杨伟才[1]（待考）

二、著作名录

《医方纂要》（张九钺[2]序·卷数不详）

三、著作简介

《医方纂要》（资料暂缺）

---

① 杨伟才：著作资料来自清同治十二年版《崇仁县志》，人物简介、著作简介待考。
② 张九钺（1721—1803），字度西，号紫岘，湖南湘潭人。乾隆二十七年（1762）顺天乡试举人。历宰南丰、峡江、南昌，以母忧归。服阕，历保昌、海阳等县，所至有治声。著有《陶园文集》《诗集》《诗余》等。参考《湘潭县人物》。

(清)陈熙载

一、人物简介

陈熙载①(生卒年不详),原名浚,字巨庸,县城北耆(今属巴山镇)人。

优贡生②,美丰容③诗、古文词、书画、图印、琴棋杂艺皆擅,能名至以一④,诸生得刮目⑤,朝士大夫多喜与之游。且慷慨任侠⑥,尝鬻⑦田以赈贫交⑧,中年后卒京师九门提督府署。

著有《菊庄诗稿》。

二、著作名录

《菊庄诗稿》·卷数不详

三、著作简介

《菊庄诗稿》

熙载博通杂艺,屡游名公卿幕中,诗尤有奇气。

---

① 陈熙载:人物简介参考清道光元年版《崇仁县志》补遗。
② 优贡生:指"优贡",科举制度中由地方贡入国子监的生员之一种。清制,每三年由各省学政从儒学生员中考选一次,每省不过数名,亦无录用条例。同治中规定,优贡经廷试后可按知县、教职分别任用。
③ 美丰容诗:丰容,出自谢灵运《于南山往北山经湖中瞻眺》诗:"解作竟何感,升长皆丰容。"李善注:"丰容,悦茂貌。"或指丰满美好的姿容之主题诗。
④ 名至以一:以"实至名归"赞语类似。
⑤ 刮目:指另眼看待,用新眼光看人。
⑥ 任侠:就是"附带意气,以侠义自任"的意思。
⑦ 鬻:音:yù;本义:粥。引申为"卖"。
⑧ 贫交:指贫贱时交往的朋友。

（清）裴　植

一、人物简介

裴植①（生卒年不详），号立亭，邑诸生，县城东耆（今属巴山镇）人。

性傲岸②，不受人怜③，四壁萧然④以读书吟咏自娱，为文清隽雄伟。早年见许哲匠，以社稿⑤，禁不得行，尝以二、三侪⑥辈杯酒谈论。

著有《待删草》若干卷。邑贡士侯献琛⑦为之序。

二、著作名录

《待删草》·卷数不详

三、著作简介

《待删草》

植性傲岸，惟以吟咏为乐，邑贡士侯献琛序其集，谓为"清隽雄伟，不减盛唐"。

---

① 裴植：人物简介参考清道光元年版《崇仁县志·补遗》、清同治十二年版《崇仁县志·人物志》。
② 傲岸：高傲自负，自高自大，不屑随俗。
③ 怜：在古代表示可爱、怜爱。
④ 四壁萧然：意思是屋里空荡荡的，没什么东西。形容生活非常贫困。
⑤ 社稿：古代生员会课之作。
⑥ 侪：音：chái；同辈或同类的人。
⑦ 侯献琛：未找到资料（待考）。

（清）曹虎拜

一、人物简介

曹虎拜（待考）

二、著作名录

《红叶山房诗稿》·四卷①

三、著作简介

《红叶山房诗稿》·四卷
虎拜工诗及骈体文，虽无大力包举②而清俊挺拔，有"味外味"③。

---

① 曹虎拜：著作名及简介资料来自清同治十二年版《崇仁县志》，人物简介待考。
② 包举：是指全部占有。出处贾谊《过秦论》。
③ 味外味：有文字言辞之外的意境、情味。

（清）陈　翰

一、人物简介

陈翰（待考）

二、著作名录

《停云诗稿》·四卷①

三、著作简介

《停云诗稿》·四卷

　　翰天资颖敏，时文杂作、篆、隶、行、草，俱无俗态，诗则追慕《唐音》②，犹存典则，邑令原步颜③聘修县志，亦多考订之功。

---

① 陈翰：著作及简介资料来自清同治十二年版《崇仁县志》，人物简介待考。
② 《唐音》：是元代杨士宏编撰的唐代诗歌总集。始自元元统三年（1335），成于至正四年（1344），"积十年之力而成，去取颇为不苟"（《四库全书总目》）。全书15卷，分为"始音""正音""遗响"三部分，共收唐诗1341首。《凡例》说"李、杜、韩诗世多全集"，所以不收李、杜、韩三家诗。
③ 原步颜：山西典县人，举人，清嘉庆十九年甲戌（1814）任崇仁县知县。

(清)陈如虹

一、人物简介

陈如虹（待考）

二、著作名录

《晴川诗稿》·四卷①

三、著作简介

《晴川诗稿》·四卷

《晴川诗稿》中五古②风格高爽，七古③奇宕雄健，自是天才英妙，故笔之所至，触手生新，皆成逸响④，近体诗音节亦雅。

---

① 陈如虹：著作及简介资料来自清同治十二年版《崇仁县志》，人物简介待考。
② 五古：指五言诗，古代中国诗歌体裁之一。《唐诗三百首》的编者把诗分为古诗、律诗、绝句三类，又在这三类中都附有乐府一类；古诗、律诗、绝句又各分为五言、七言。这是一种分法。
③ 七古：指七言诗。
④ 逸响：不同凡响。

（清）杨　翱

一、人物简介

杨翱（待考）

二、著作名录

《余闲草》·四卷①

三、著作简介

《余闲草》·四卷

翱仕历燕赵，游踪极广，所为诗，无意求工而随事寄咏，具见性灵。其裔孙林芬亦能诗，著有《伴花山房诗稿》。

---

① 杨翱：著作及简介资料来自清同治十二年版《崇仁县志》，人物简介待考。

（清）黄世勋

一、人物简介

黄世勋①（生卒年不详），崇仁（崇仁乡五十三都）古冈（或为"谷冈"现属乐安县）人，咸丰间岁贡。（其他资料待考）

二、著作名录

《棣华楼诗稿》·八卷

三、著作简介

《棣华楼诗稿》·八卷

世勋早得俊誉，为邑令赵仁基②所赏拔，诗笔韶秀③，有晓风残月之致，不必刻意求工，而清隽处耐人寻释④。

---

① 黄世勋：人物简介参考清同治十二年版《崇仁县志》。县志所记"黄世勋"，"勋"为"勋"的古体字。
② 赵仁基（1789—1841），清学者、诗人。字厚子，一字厚祉，号梅庐。阳湖（今常州市区）人。赵凤诏四世孙。道光五年（1825）举人，次年联捷成进士，以知县分发江西崇仁。官江西南赣兵备道。著有《九叠山房诗存》《幽栖集》《登楼集》《九叠山房和陶诗》《九叠山房词》等。
③ 韶秀，释义为美好秀丽。
④ 耐人寻释：同"耐人寻味"。

（清）黄士元

一、人物简介

黄士元①（生卒年不详），县城北耆文巷（今属巴山镇）人。

清道光十七年（1837）丁酉拔贡，就职州判。（其他资料待考）

二、著作名录

《荷花山庄诗稿》·四卷

《湘中吟草》·二卷

三、著作简介

《荷花山庄诗稿》·四卷

柯愈春《清人诗文集总目提要》着录：

光绪版《抚州府志》载其撰有《荷花山庄诗稿》四卷、《湘中吟草》二卷，今存《荷花山庄诗稿》部分失佚，计二册，同治八年刻本，藏中国科学院文学研究所。

士元性情豪迈，才气不羁，所作诗及骈体文，多寓慷慨悲愤之意，盖数奇不偶②，自写平生，集唐五、七律③，每题至二三十首不竭，亦征④淹博⑤。

《湘中吟草》·二卷（资料暂缺）

---

① 黄士元：人物简介参考清同治十二年版《崇仁县志》。
② 数奇不偶：奇：单数；不偶：不遇。指命运不好，事多不顺利。用以形容人的经历坎坷，潦倒失意。
③ 唐五、七律：指唐代五言、七言律诗。
④ 征：行于微而文达者，即征之。
⑤ 淹博：渊博，广博。

（清）黄伟人

一、人物简介

黄伟人（待考）

二、著作名录

《廋苍山馆遗稿》·四卷①

三、著作简介

《廋苍山馆遗稿》·四卷

伟人宗仰东坡，于《文忠集》②用力最深，适学使翁邃庵③先生案临，诗、赋题多出藕句④，故独蒙契赏⑤，待以国士黄月樵⑥明经为刻，遗集传世。

---

① 黄伟人：著作及简介资料来自清同治十二年版《崇仁县志》，人物简介待考。
② 《文忠集》：指《东坡集》，这里记《文忠集》是因为苏东坡谥号"文忠"。
③ 翁心存(1791—1862)，"翁氏藏书"始祖。字二铭，号邃庵，江苏常熟人，道光(1822)壬午进士，改庶吉士，授编修，官至体仁阁大学士。赠太保，谥文端。有《知止斋诗集》。
④ 藕句：同"偶句"，指的是对偶的句子。
⑤ 契赏：赏识投合，倾慕知心。
⑥ 黄月樵：字焕章，既能行医，又善堪舆之术。清末时人，继承岳父方秀水万安罗盘家业，在国内外罗盘界享有盛名后，罗经店即由黄氏承袭。

（清）李舒英

一、人物简介

李舒英（待考）

二、著作名录

《坐春山房诗集》[①]·卷数不详

三、著作简介

《坐春山房诗集》
舒英天才秀逸，深得唐贤三昧[②]，为时所称；同邑谢子湘[③]进士尤所契赏。

[①] 李舒英：著作及简介资料来自清同治十二年版《崇仁县志》，人物简介待考。
[②] 三昧：来源于梵语 samadhi 的音译，佛教修行用语。意思是止息杂念，使心神平静。这里借指事物的要领、真谛。这里指前人对读书感受的一种比喻，"读经味如稻粱，读史味如肴馔，读诸子百家味如醯醢。"三种体验合称为"三昧"。
[③] 谢子湘：指谢兰生。

（清）谢　赞

一、人物简介

谢赞（待考）。

子士睿，得其诗学，著有《兰畹诗草》。

二、著作名录

《青峰诗抄》①·卷数不详

三、著作简介

《青峰诗抄》

赞诗清真古淡，绝远时蹊，同邑陈举人际会谓"兼康乐②之宏大，元晖③之清新。颇有家法。"陈解元元澄比以"宋时之方山子④。"足见人品之仿佛。

---

① 谢赞：著作名及简介资料来自清同治十二年版《崇仁县志》，人物简介待考。
② 康乐：指南朝宋文学家谢灵运。晋安帝元兴二年（403），谢灵运继承了祖父的爵位，被封为康乐公。
③ 元晖：指谢朓（464—499），字符晖，陈郡阳夏（今河南太康）人，南齐诗人，出身陈郡谢氏，与"大谢"谢灵运同族，世称"小谢"。
④ 方山子：指陈慥（生卒年不详），字季常，北宋眉州（今四川青神）人，陈希亮第四子。居于黄州之龙丘（今湖北武汉市新洲区三店街），晚年隐于黄州歧亭（今麻城歧亭），常信佛，饱参禅学，自称龙丘先生，又曰方山子，与苏东坡是好友，常与苏轼论兵及古今成败，喜好宾客，蓄纳声妓。

（清）谢士睿

一、人物简介

谢士睿^①，得其父谢赞诗学。

著有《兰畹诗草》。（其他待考）

二、著作名录

《兰畹诗草》·卷数不详

三、著作简介

《兰畹诗草》（资料暂缺）

---

① 谢士睿：著作名及简介资料来自清同治十二年版《崇仁县志》，人物简介待考。

（清）陈之榛

一、人物简介

陈之榛①（生卒年不详），县城北耆（今属巴山镇）人。

由廪贡②入监③，肄业期满，议叙④辟为训导，历任安逸、湖口等县教谕，召集诸生正常读习，完成课程，膏火⑤不继者，陈之榛即以自己的俸禄帮助之，去任⑥诸生皆不忍与之分别。

著有《槐荫堂诗草》。

二、著作名录

《槐荫堂诗草》·卷数不详

三、著作简介

《槐荫堂诗草》（资料暂缺）

---

① 陈之榛：人物简介参考清同治十二年版《崇仁县志》卷八。
② 廪贡：指府、州、县的廪生被选拔为贡生。亦用以称以廪生的资格而被选拔为贡生者。
③ 入监：进入国子监读书。
④ 议叙：清制对考绩优异的官员，交部核议，奏请给予加级、记录等奖励，谓之"议叙"。
⑤ 膏火：膏：灯油；火：饮食。指维持书院等运行的费用。
⑥ 去任：意思是离职。

（清）刘元煦

一、人物简介

刘元煦①（生卒年不详），字太初，号旭楼，本邑诸生②，县城西耆（今属巴山镇）人。

学如璧子③，笃实有志，勤勉好学，潜心经史及诸子百家。

著有《旭楼时文稿》。

二、著作名录

《旭楼时文稿》·卷数不详

三、著作简介

《旭楼时文稿》

山阳汪相国廷珍④为之序，称其"高古精奥"。诗、古文未刻遭兵燹⑤悉毁。

---

① 刘元煦：人物简介参考清同治十二年版《崇仁县志》卷八。
② 邑诸生：通过童生试，合格后取得生员（秀才）资格，才能进入县学学习。成为邑诸生之后，才可以参加乡试、会试、殿试，寻求功名。"诸生"：明清时期经考试录取而进入府、州、县各级学校学习的生员。生员有增生、附生、廪生、例生等，统称"诸生"。"邑"：旧时县的别称。
③ 璧子：璧人，如玉般纯净，喻其学之专心。
④ 山阳汪相国廷珍：汪廷珍（1757—1827），字玉粲，号瑟庵，江苏山阳人。清乾隆己酉（1789）一甲二名进士，授编修，官至礼部尚书，协办大学士，加太子太保，赠太子太师。谥文端。有《实事求是斋诗文集》。
⑤ 兵燹：指的是因战乱而遭受焚烧破坏的灾祸。

（清）周永寿（道）

一、人物简介

周永寿①（生卒年不详），法名"弥阳子"，崇仁沧溪②人。

周姓，名永寿。少贫失怙③，年仅十三岁，得疯哑病。遇云济④黄三阳⑤，授《樵阳经》⑥，教以修心炼性。数年，疯哑渐愈。

母乐氏患废疾⑦，六七年不起，哀痛迫切，焚香吁天，愿以身代，卜吉默祷，割股煎汤奉母，母病得愈。后十余年，无疾终。

弥阳性朴讷⑧，幼未读书，从道教通悟，颇解数学。又注有《忠经》《孝经》《易林元义》各书。

其师三阳，闻⑨能出阳神⑩，已化省会西山⑪。

二、著作名录

《易林元义》·卷数不详

《錬气说》·卷数不详

---

① 周永寿：人物简介参考清同治十二年《崇仁县志》。

② 沧溪：县域无"沧溪"地名，疑为礼贤乡二十七都"沧源"古名（待考）。

③ 失怙：指死了父亲。

④ 云济：应为今桃源乡云际村。

⑤ 黄三阳：暂未找到资料（待考）。

⑥ 《樵阳经》：全称《三天金简秘旨五陵升仙至宝真空寂镇玉液大还丹樵阳经》，省称《樵阳经》，分下手功夫、炼药神功、女丹修炼三节，并附有周身关窍图。其言丹法，专在清静之功，于清静丹道全盘功夫。

⑦ 废疾：指有残疾而不能做事。

⑧ 朴讷：质朴而不善言辞，有时用为谦词。

⑨ 闻：听说。

⑩ 阳神：本意是道家丹道修行的最高层次。最早见于春秋战国时期的《列子》。据典相关籍记载，所谓"出神"，是有基础的，比如要"精足气满"才可以。用现代语言说，阳神在人大脑的遗传系统的密码中，阳神所代表的是活动形的物质，因此阳神所携带的是父系遗传密码。

⑪ 省会西山：指今江西省南昌市西山万寿宫。

《忠经》·卷数不详

《孝经》·卷数不详

三、著作简介

《易林元义》《鍊气说》

弥阳子幼未读书,遇云济黄道人,授以服气之法①,遂得通悟,其书均有妙解。

《忠经》（资料暂缺）

《孝经》（资料暂缺）

---

① 服气之法:道家修仙的方法,还多与咽津、吐纳、闭息、存思、守窍等术相配合,大体而言,可以分为服体内之气和服体外之气两大类。服体内之气,其法一般是先将体内浊气吐出,在吐气欲止时,带动体内元气上升至喉间,然后一口咽下,此体内随呼气上升欲出之气,即称为内元气。服体外之气,则讲究以多入少出为要,又常常和存思相结合,离开呼吸及消化系统,直接以经脉、关窍等学说为基础。

(清)陈一鸿

一、人物简介

陈一鸿①（约 1850 年前后在世，生卒年不详），号芦村，县城北耆（今属巴山镇）人。

嘉庆二十一年(1816)丙子岁贡生。七岁能文，一日避雨，学宫侧朗诵贴墙告示，学师见之，试以题，顷刻立就，大器之②，赠以笔砚茶食，令门斗③张尽送归。

食饩④后，学使⑤王文正⑥公重其品行，悬牌奖为超等⑦。道光辛巳(1821)改元，邑举孝廉方正⑧，辞不就。修县志⑨，世称善本.

着《格致补传说》三十三条.

临川纪大奎⑩暨李培谦⑪叹其"有功于紫阳⑫不小"并为序，稿藏于家，咸丰丙

---

① 陈一鸿：人物简介参考清道光元年、同治十二年各版《崇仁县志》。
② 大器之：非常看重。
③ 门斗：建筑物或房间出入口设置的一个必经的小厅间称为门斗。这里借指门卫。
④ 食饩：指明、清时经考试取得廪生资格的生员享受廪膳补贴。亦即成为廪生。
⑤ 学使：即学政。所谓学政，是提督学政的简称。又叫督学使者。清中叶以后，派往各省，按期至所属各府、厅考试童生及生员。均从翰林院或进士出身的官吏中指派，三年一任。不问本人官阶大小，在充任学政时，与巡抚、巡按等平行，都是三品衙门。
⑥ 王文正：未找到其资料。
⑦ 超等：越出等级，超过一般。《管子·法禁》："莫敢超等逾官，渔利苏功，以取顺其君。"《后汉书·左雄传》："踊跃升腾，超等逾匹。"
⑧ 孝廉方正：亦称"孝廉方正科"。清特设的制科之一。依汉代"孝廉""贤良方正"合为一科。雍正元年(1723)，诏直省每府州县卫各举孝廉方正，赐六品服备用，并规定以后每逢皇帝即位即荐举一次。乾隆五年(1740)，定荐举后赴礼部验看考试，授以知县等官。道光间改于保和殿考试。此科历朝荐举多有冒滥，至晚清尤甚。
⑨ 修县志：即指道光元年版《崇仁县志》的编撰。
⑩ 纪大奎(1756—1825)，字向辰，号慎斋，江西临川龙溪人。清代史学家、文学家、理学名家。历任山东商河县、丘县、昌乐知县，后升重庆府合州(今四川合川)知州。著有《观易外编》6 卷、《易问》6 卷、《周易附义·老子约说》4 卷、《地理末学》6 卷等二十种。
⑪ 李培谦：字榆村，江西临川人。清道光二年(1822)进士，九年(1829)任阳曲县知县。后升任忻州直隶州知州。
⑫ 紫阳：代指朱熹。

481

辰毁于兵燹①,间有为戚友所珍藏者亦千百中什一②而已。

子树森,道光壬辰恩科举人。

二、著作名录

《格致传补说》·二卷

三、著作简介

《格致传补说》二卷

一鸿精于考据,旧修县志皆出其手,多所订正。以朱子格致补传,论者谓其僭③经乃着三十三篇,反复明朱子之意,临川纪大奎常跋其后,谓泄④前贤不传之秘。⑤

---

① 兵燹:因战乱而遭受焚烧破坏的灾祸。

② 什一:十分之一。

③ 僭,音 jiàn;超越本分,古代指地位在下的冒用在上的名义、礼仪和器物等。

④ 泄:音 xiè。意为挑明了一些鲜为人知的事。

⑤ 见清同治十二年版《崇仁县志》。

（清）黄廷绅

一、人物简介

黄廷绅①（1855 年左右在世，生卒年不详），长安乡一都（现属巴山镇）人。

清嘉庆十八年癸酉（1813）副贡生，就职教谕。

七岁失怙②，哀痛如成人。长兄远官甘肃，仲兄壮岁去世，母享年最高；绅曲意承欢，至老弥笃。母偶占微疾，侍辄终夜，药必亲尝，及母患痰疾，顷刻不离左右，劳瘁惊忧，寝食俱废。

两兄没时肝肠寸裂，又恐老母过哀，加意调护，待嫂益恭，于犹子侄孙视如己出。母年九十二卒，绅哭踊至极，水浆不入口者数日，岁时生忌泣涕如新丧③。

先年所建合邑考棚④，道光年间墙屋倾圮者两次，不以归公听其湮废，亲督修理，费数千金。

道光辛卯、壬辰（1831—1832）连岁邑中大祲，买谷三千石于一都龙岗庙设局平曜⑤，以济乡邻；本族义仓，屡捐谷石；附近陂港，出赀修整；待族戚疴痒⑥、相关扶持不遗余力，常施送药饵，不惜重金。

著有《地理撼余》待梓。

---

① 黄廷绅：人物简介参考清同治十二年《崇仁县志》。
② 失怙：《诗·小雅·蓼莪》中有记载"无父何怙？"故后称父亲死去为"失怙"。
③ 生忌：去世人的生日。新丧：刚发生的丧事。
④ 考棚：指校士馆，民间称考棚。学生参加科举考试的场所。
⑤ 平曜：音 yào；同"平粜"，指荒年用平价出售积粟，以抑粮价。
⑥ 疴痒：喻事之紧要者，指遇到难事。

二、著作名录

《地理撼余》·卷数不详

三、著作简介

《地理撼余》（资料暂缺）

(清)王及鸿

一、人物简介

王及鸿①(约1855年前后在世,生卒年不详),字羽仪,崇仁乡五十二都山心(今属乐安县)人。

以子兼仕,敕封承德郎。清道光五年乙酉(1825)选授太和县教谕,候选光禄寺署正②。

性刚介,不谐流俗,慎交游,端取与③。凡读书论争,持身处世,一尊先贤闲检④。

兄弟四人,鸿居仲,分多润寡,数十年无垢碎声⑤。

其授徒一以敦孝友、端品行为先,务文、艺次之,其贫者并不取束修⑥,以故成就者多。殁后人咸哀之。

二、著作名录

《香雪山房诗抄》·八卷

---

① 王及鸿:人物简介参考清同治十二年《崇仁县志》。
② 光禄寺署正:光禄寺属官有四署,即大官、珍羞、良酝、掌醢,每署置署正一人,为从六品,为一署之长。四署署正通称光禄署正。
③ 端取与:端,人的品行端正;取与即"取予";拿取、收受和给予。这里指处事有自己的原则。
④ 闲检:约束检点。
⑤ 无诟碎声:意为没有闲言杂语。
⑥ 束修:古代学生与教师初见面时,必先奉赠礼物,表示敬意,被称为"束修"。

三、著作简介

《香雪山房诗抄》·八卷

鸿老于经师立身,俱有法度,诗学尤深。

粤东冯大令①恂为一时宗主,称作者"原本性灵自出机杼②,色香、韵味无一不佳,当于古人中求之。"可谓知言。

---

① 粤东:指岭东(今广东东部潮汕地区);冯大令恂:指冯恂。未找到其资料(待考)。
② 机杼:指织布机。比喻诗文创作中的新巧构思和布局。

（清）黄炳奎　甘启祥　刘常心
陈藻翔　陈兆奎

一、人物简介①

黄炳奎（约 1875 年前后在世），县城北耆文巷（今属巴山镇）人。

举人，分发云南知县，改就教职。道光八年戊子（1828）、咸丰二年（1852）壬子以"孝廉方正"举。时公榜名为"奏勲"。

甘启祥，甘扬声子，道光二十六年丙午（1846）浙江即补知县。（见"甘启祥"节）

刘常心，刘庠麟子，榜名"叔惝②"，道光二十九年己酉（1849）保举教谕。

陈藻翔，县城北耆（今属巴山镇）人，
咸丰元年辛亥（1851）恩科，是科广额三十名，官峡江县教谕。

陈兆奎，县城北耆（今属巴山镇）人，
同治元年壬戌（1862）恩科，并补行戊午科。

二、著作名录

《同治十二年（1873）·崇仁县志》·十卷

---

① 本节人物为"同治十二年版《崇仁县志》"的编撰人物，简介亦参考清同治十二年版《崇仁县志》卷七。
② 惝：音 cháng。通"常"。

三、著作简介

《崇仁县志》·十卷·同治十二年（1873）

资料图片：《崇仁县志》清同治十二年刻本，《江苏古籍出版社》影印

续修《崇仁县志·序》俞致中[①]：

有一代之政治，斯一代之著作以重修史，然修志，何莫不然。今大中丞刘公续修《江西通志》，奉所属郡县皆纂辑方志以献意，谓大乱甫平士民之忠义、闺阃之节烈，毋令而弗传且收，以揽属邑形胜，周咨闾阎疾苦，兴诚钜如悗，惟是奉行故事以塞，乃责而于吏治民风之要缺焉。不举报称之为何？

守土者能舞剧欤？[②] 崇志旧名《罗山志》为史家所称善，宋元而降叠次增修，凡山川、城郭、疆域之胜、户口阡陌之数，前人之述备矣。没有作者将何所挟以为重乎？

同治八年前任盛君铨，只承宪榭重辑斯编，采访忠烈、发微阐幽，虽梗概略具而校刊之责尚留以有待。余不敏，承之于兹，下车伊始，则见影壁颓垣，荒榛[③]弥漫，凋瘵[④]仳杂之状，比屋皆然。

嗟夫，鲤石玉田[⑤]非所称西江望邑也乎。乃兵燹以还颓废，若新也，不世之举奚以志为。乃商寅僚集绅耆于追而谕之，皆踊跃称第，既以邑志付诸梓，退而董事兴役重修，崇圣殿次武庙壹是废坠之端，皆得次第兴复，以为一邑光，则是书与有重焉。

虽然崇之为县，临川绕其北，华盖峙其西南，山水胚孕，代锺贤哲，草庐、康斋之遗风，宛然如昨，安在古今人不相及也。

---

① 摘自清同治十二年版《崇仁县志》。

② 能舞剧欤：舞剧，这里借指"耍弄"；欤，表示疑问或反问，跟"吗"或"呢"相同。意为：这样的事情"能作儿戏耍弄吗？"

③ 荒榛：意思是杂乱丛生的草木，引申为荒芜。

④ 凋瘵：音 diāo zhài，指困穷之民或衰败之象。

⑤ 鲤石玉田：借喻，意为山清水秀、物产丰富。参考（清）陆应阳撰，蔡方炳编《增订广舆记》。

窃愿与二三君子型仁讲让①,无惑于异端无锺乎,未俗怀忠革薄②翕然成风,有以副大吏求治之思,备家辀轩③之采,而沐浴教泽于不衰,又不独是书之增重也已。

　　同治十二年岁次癸酉嘉平月下浣。署崇仁知县北平俞致中撰。

---

① 型仁讲让:出自《礼记·礼运》:"刑仁讲让,示民有常。"刑:通"型",式样,以为准则。以仁爱为准则,讲求礼让。
② 革薄:革除薄俗。
③ 辀轩:古代使臣乘坐的一种轻车。古代使臣的代称。

（清）甘启祥

一、人物简介

甘启祥①（生卒年不详），甘扬声子②，长安乡十一都袁坊（今属桃源乡）人。道光二十六年丙午（1846）浙江即补知县。

二、著作名录

《华盖山志》·十二卷（增订）

三、著作简介

《华盖山志》·十二卷（增订）

华盖山，在崇仁县南一百一十里，一名"宝盖山"，修广③跨宜黄、乐安二县境。有明天启七年崇仁县知县崔世召④辑《华盖山志》八卷，同治八年（1869）甘启祥增订后为十二卷，分序言、胜迹志、建置志、灵异志、栖贤志、崇祀志、艺文志和纪咏志等八部分。对华盖山道教文化的发生发展和沿革、胜迹、建置等均有详细记载，并完整地保存了历代有关名人的碑文、志序和诗赋。尤其以颜真卿、白

---

① 甘启祥：人物简介参考清同治十二年版《崇仁县志》、2004年余式高等编注《华盖山志》。详细资料待考。
② 甘扬声子：或为其孙。疑误，待考。
③ 修广：长度和宽度。这里指华盖山的范围。
④ 崔世召（1567—1642），字征仲，号霍霞，别号西叟。宁德一都（今蕉城城区城关下井堂）人，出身诗礼世家，自幼好学聪慧。万历三十七年（1609）举人，历任江西崇仁知县、湖广桂东知县、浙江盐运副使、广东连州知州。为官清正，为人耿直，一生喜好诗文与游乐，广交文友，著作等身，备受世人推崇。生前任所百姓曾祀之于州城的四贤祠、名宦祠。

玉蟾、吴澄、虞集、揭傒斯、张宇初[①]、吴道南、汤显祖等历代名人留下的宝贵墨迹、诗词，很是珍贵。邑人谢希帧[②]参与编辑。

有民国十七年（1928）南城复丰石印所石印[③]本。藏江西省博物馆。

《华盖山志（增订）》·十二卷·序

资料图片：《华盖山志》2010年《长春出版社》出版

天地灵秀之气，必有所泄，以显其轮圆挺拔之奇，福地名山，指不胜屈[④]，类皆仙真之所栖息。不以尘世为伍，呼吸潜通[⑤]，桴鼓相应[⑥]。盖所凭者高，斯所被者远也。吾崇华盖山发脉于衡岳[⑦]，磅沛蜿蜒数千里而团结于此，排列三峰，高入云表，其地不占通都大邑，无游人旅客之往来，孤旷寒冽，宜弃之榛莽[⑧]矣。然每岁秋月朝拜者，金鼓箫管之声，奔赴不绝。盖自晋至今，有走数百里而至者，非以仙灵之所栖息与山之灵异欤。凡旱潦[⑨]疾病，求无不应，虽妇人孺子皆能踊跃道之，使不必之于书，则鲁公、道园、草庐诸先生之著作，每虞[⑩]其散而无统，非所以信今而传后也。明天启丁卯，邑令崔世召曾刻山记，细绎卷首，备列永乐、万历原叙，知此书仅为崔公之所编辑，非始创也，其中体例颇有出入，又板经[⑪]二百年，久已散佚，惟存印本寥寥，倘不及时校刻，几何不同广陵散[⑫]乎。姻党[⑬]谢小湘若

---

① 张宇初（1359—1410），字子璇，别号耆山，明代正一派天师，是历代天师中最博学者之一，有道门硕儒之称。四十二代天师张正常长子，明洪武十年（1377年）嗣教，为第四十三代天师。

② 谢希帧：暂未找到资料（待考）。

③ 石印：是根据石材吸墨及油水不相容的原理创制的一种平版印刷的方法。

④ 指不胜屈：用手指弯曲数不过来。形容数量多。

⑤ 潜通：隐形相通。

⑥ 桴鼓相应：桴鼓指鼓槌和鼓。意为响应迅速、协调。

⑦ 衡岳：衡山。指与衡山一脉相承。

⑧ 榛莽：喻杂芜丛生的荒地。

⑨ 旱潦：指干旱、水涝灾害，

⑩ 每虞：意为时常贻误。

⑪ 板经二百年：刊刻的印版（木板）经历了二百年。

⑫ 《广陵散》：据《晋书》记载，此曲乃嵇康游玩洛西时，为一古人所赠。《太平广记》说的是嵇康好琴，有一次，嵇康夜宿月华亭，夜不能寝，起坐抚琴，琴声优雅，打动一幽灵，那幽灵遂传《广陵散》于嵇康，更与嵇康约定：此曲不得传教于人。公元263年，嵇康为司马昭所害。临死前，嵇康俱不伤感，唯叹惋："袁孝尼尝请学此散，吾靳固不与，《广陵散》于今绝矣！"

⑬ 姻党：指有婚姻关系的亲戚。

贴昆仲①,发愿重刊,属为订正,而小湘不肯付之钞胥②手写,心维多所裁定。夫徼福③之说,儒者所不言,然循是书而玩索之,不必身在山中觉飘飘有仙意,知非寻常地,志山径所可同日语也。刻成,爱乐而为之序。

同治己巳秋月,里人④甘启祥敬撰。

---

① 若贴昆仲:若贴,意为紧紧依靠。昆仲,对他人兄弟的尊称。
② 钞胥:亦称"抄胥";指专门誊写的小吏。
③ 徼福:即求福。
④ 里人:古行政区域分为乡、里、都、村,这里指甘启祥是华盖山周边的乡里人。

(清)华 焯

一、人物简介

华焯①(1869—1925),字澜石,号瞻如,一号持庵。惠安乡五十五都吴坊渡(今白路乡华家村)人。华廷杰子。

光绪二十年(1894)考取优贡第一名,光绪二十四年(1898)进士,授翰林院庶吉士。当时其兄华辉由翰林院编修改任御史。人们见他们兄弟相继成为翰林,认为是一件盛事,称他们为"平舆二龙"。

三十一年(1905)被派往日本留学。归国后授翰林院编修加侍讲衔,后充②国史、实录二馆协修。宣统元年(1909)上书言事,议国家安危大计,主张革除内监,请掌院学士代奏,但未被采纳。

辛亥革命后,他离开北京前往天津居住。不满袁世凯称帝,民国二年(1913)寓居南昌,潜心著述。与当时同光体派诗人陈三立③、魏元旷等交游甚厚,为清末同光派后继者。

诗宗黄山谷④,作品不乏忧国之情,但刻意求工,言奥意浅,晚年之作较佳。与宜丰胡思敬⑤创办"退庐图书馆",收藏古籍、碑版,从事研究,晚年选定毕生诗

---

① 华焯:人物简介参考 1990 年版《崇仁县志》《清诗纪事》(光绪宣统朝卷)、康芬、龙晨红《江西历代著作考》、胡迎建《近代江西诗话》等。

② 充:担任。

③ 陈三立(1853—1937),字伯严,号散原,江西义宁(今修水)人,近代同光体诗派重要代表人物。出身名门世家,为晚清维新派名臣陈宝箴长子,国学大师、历史学家陈寅恪、著名画家陈衡恪之父。与谭延闿、谭嗣同并称"湖湘三公子";与谭嗣同、徐仁铸、陶菊存并称"维新四公子",有"中国最后一位传统诗人"之誉。曾刊行《散原精舍诗》及其《续集》《别集》,死后有《散原精舍文集》十七卷出版。参见胡迎建著《同光体诗派研究》。

④ 黄庭坚:见"吴沆"节。

⑤ 胡思敬:见"欧阳澈"节。

作 600 首,辑为《持庵诗集》4 卷,魏元旷①序之。

二、著作名录

《持庵诗》·四卷
《海粟楼丛书》九种·四十一卷

三、著作简介

《持庵诗》·四卷

此集为著作晚年自定,存诗六百首,魏元旷为之序。

华焯与当时同光体诗人陈三立、魏元旷交游甚契,为清末同光体②诗人后继者。诗宗黄庭坚,作品不乏忧国之情,但趋刻意求工,然言奥意浅,晚年之作较佳。魏元旷序称:

"持庵之诗得四至焉。劲者,骨至;泽者,肤至;沉渊而俊利者,气至;皆有物焉,则性至也。"

李灵年、杨忠《清人别集总目》、柯愈春《清人诗文集总目提要》、胡迎建③《近代江西诗人诗集经眼录》着录:

《持庵诗》有民国十二年海粟庵刻本,计二册,页十行,行二十字,藏上海图书馆、南京图书馆、江西省图书馆。

《海粟楼丛书》九种·四十一卷

此书为华焯编辑丛书。

---

① 魏元旷:见"陈郁"节。
② 同光体:是近代学古诗派之一。"同光"指清代"同治""光绪"两个年号合称。光绪九年(1883)至十二年间,郑孝胥、陈衍开始标榜此诗派之名,宣称指"同、光以来诗人不墨守盛唐者",随着后期大批文人等追捧,"同光体"逐渐成为一种成型的诗风。同光体作者是宣称"不墨守盛唐"的,其主要特点是主体学宋,同时也学唐,但后者则主要趋向于在中唐的韩愈、孟郊、柳宗元,而不是盛唐的李白、杜甫。同光体诗,分闽派、赣派、浙派三大支。三派都学宋,而宗尚也有不同。
③ 胡迎建:1953 年生,祖籍江西都昌,出生于江西星子。1988 年毕业于江西师大,获文学硕士学位。江西省社科院首席研究员,赣都文化研究所所长,著有《近代江西诗话》《帆影集》《湖星集》等。并校注《庐山志》,选注《江西古文精华·游记卷》等。

所收均为清人作品,有:

黄宗羲①《明夷待访录》一卷;

顾炎武②《菰中随笔》一卷;

王夫之③《噩梦》一卷和《黄书》一卷;

魏禧④《日录》三卷与《救荒策》一卷;

陆耀⑤《甘薯录》一卷;

林则徐⑥《畿辅水利议》一卷;

陈澧⑦《东塾读书记》一卷。

《中国丛书综录》⑧中"汇编杂纂类"着录。此丛书有清崇仁华氏刻本,藏北京大学图书馆、福建省图书馆、吉林省图书馆。

---

① 黄宗羲(1610—1695),浙江余姚人,字太冲,号南雷,学者称"梨洲先生"。一生著述大致依史学、经学、地理、律历、数学、诗文杂着为类,多至50余种,300多卷,重要著作有《明儒学案》《宋元学案》《明夷待访录》《孟子师说》等。参考《清史稿·黄宗羲传》。

② 顾炎武(1613—1682),南直隶昆山(今江苏昆山)人,本名绛,乳名藩汉,别名继坤,亦自署蒋山佣;南都败后,因为仰慕文天祥学生王炎午的为人,改名炎武。与黄宗羲、王夫之并称为明末清初"三大儒"。著有《肇域志》等。参考《清史稿·顾炎武传》。

③ 王夫之(1619—1692),字而农,号姜斋,又号夕堂,湖广衡阳(今湖南衡阳)人,明崇祯十五年(1642)中湖广乡试。十六年(1643)春会试,因李自成军克承天,张献忠军攻陷蕲水,道路被阻,自南昌而返。晚年隐居于石船山,自署船山病叟,学者称之为船山先生。著有《周易外传》《尚书引义》《春秋世论》《读通鉴论》等书。参考《清史稿·王夫之》。

④ 魏禧(1624—1680),字冰叔,一字凝叔,号裕斋,亦号勺庭先生。宁都人。明末清初著名的散文家。文章多颂扬民族气节人事,表现出浓烈的民族意识。著有《魏叔子文集》《诗集》《日录》《左传经世》。参考《清史稿·列传二百七十一文苑一》。

⑤ 陆耀(1723—1785),字青来,号朗夫。吴江芦墟镇人。清乾隆十七年(1752年)中举人,累官至湖南巡抚。著有《切问斋文集》《朗夫诗集》等。参考《吴江人物》。

⑥ 林则徐(1785—1850),字符抚,晚号俟村老人,福建侯官县人,清朝思想家和诗人,历史治水名人。官至一品,曾任湖广总督、陕甘总督和云贵总督,两次受命钦差大臣;因其主张严禁鸦片,有"民族英雄"之誉。著有《试帖诗稿》《使滇吟草》《拜石山房诗草》《黑头公集》等。参考《清史稿·林则徐传》。

⑦ 陈澧(1810—1882),字兰森。学者称东塾先生,番禺(今广州)人。钱穆评陈澧:晚清次于曾国藩的第二号人物,学术史上主汉宋兼采,力主新式学风。著有《东塾读书记》《摹印述》《忆江南馆词》等。参考《清史稿·儒林传》。

⑧ 《中国丛书综录》:见"谢兰生"节。

（清）陈夔龙

一、人物简介

资料图片：陈夔龙像

陈夔龙[1]（1857—1948），又名陈夔鳞，字筱石、小石，晚号庸庵、庸叟，祖籍崇仁，约十二岁时落籍贵州；历同治[2]、光绪[3]、宣统[4]三朝。

其父陈忻煜为崇仁县城北耆人，举人出身，道光甲辰年（1844）以大挑[5]知县选任贵州，历清溪、龙里、普安知县，同治壬戌（1862）春"引疾解组"[6]，两年后病逝。

---

① 陈夔龙：人物简介参考《崇仁北耆陈氏族谱》、柯劭忞等《清史稿·列传二百六十》、《贵阳近现代人物》等。

② 同治：是清朝第十位、清军入关后第八位皇帝清穆宗爱新觉罗·载淳的年号，共使用十三年。自1862年1月30日（同治元年正月初一）开始使用，至1875年1月12日（同治十三年十二月初五）同治帝驾崩为止。

③ 光绪：清德宗景皇帝爱新觉罗·载湉，又称光绪，光绪三十四年（1908）暴崩，享年37岁。同治、光绪两朝，常被合称为"同光"，如同光体、同光中兴。光绪是清朝第十一位皇帝、清军入关后第九位皇帝清德宗爱新觉罗·载湉的年号，起止时间为光绪元年（1875年）至光绪三十四年（1908年），期间发生的重大事件有甲午战争、戊戌变法、戊戌政变、庚子国变等。

④ 宣统：时间为1909年至1912年2月；为清朝第十二位、清军入关后的第十位皇帝爱新觉罗·溥仪的年号，也是中国王朝政治历史上最后一个年号。光绪三十四年（1908年）溥仪登基，次年（1909年）改元"宣统"。宣统三年（1911年）武昌起义爆发，中华民国临时政府与清政府代表经过南北议和后，于1912年2月9日向清政府递送了有关清帝退位优待条件的修正案；隆裕太后代表清廷认可了这一条件，并于2月12日以太后名义颁布了《退位诏书》，溥仪退位。根据优待条例，"宣统"年号停止使用。1917年6月底，在张勋的拥戴下溥仪于1917年7月1日第二次登基，通电全国改民国六年为宣统九年。清廷改元宣统，寓意"宣宗之统绪"，指亲缘血统来自清宣宗（道光帝）。

⑤ 大挑：清乾隆以后定制，三科以上会试不中的举人，挑取其中一等的以知县用，二等的以教职用。六年举行一次，意在使举人出身的有较宽的出路，名为大挑。

⑥ 引疾解组：引疾，托病辞官。解组，解下印绶，谓辞去官职。

夒龙家在贵阳铁局巷①,父卒时大兄夒麟十岁,二兄夒麒九岁,夒龙仅八岁,家境日贫,其生母姜夫人辛勤劳苦,夜织伴读,将兄弟三人抚养成人。大兄夒麟(少石)十三岁即考中秀才,自此兄弟三人占籍②贵州。

　　陈夒龙同治十一年(1872)进学,光绪元年(1875)中举,十二年(1886)中进士,历任兵部主事、员外郎、郎中、总理各国事务衙门章京、内阁侍读学士、顺天府丞兼署府尹、太仆寺卿③。

　　1900年"庚子事变"④,八国联军攻占北京,两宫⑤出走,夒龙受命协助庆王奕劻⑥和大学士李鸿章⑦处理危机,并与张百熙⑧等主持修复北京城⑨有功,光绪

---

① 铁局巷:今贵阳市中华中路省府路附近。
② 占籍:意思是指上报户口,入籍定居。
③ 太仆寺卿:古代太仆寺的主要职能是管理全国的马政,太仆寺卿是太仆寺的长官,从三品。因为马是古代军队的重要装备,所以这个职位还是比较重要的。
④ 庚子事变:清朝末期,由于列强欺凌过甚,激起中国百姓普遍的愤恨,造成义和团的兴起,以"扶清灭洋"为号召,杀洋人和教民。清政府听信义和团能够刀枪不入,杀光洋人,便于光绪二十六年(1900)五月二十五日对八国宣战。为扩大对中国的侵略,英、美、法、俄、德、日、意、奥八国组成的侵略联军,于1900年6月,由英国海军中将西摩尔率领,从天津租界出发,向北京进犯。称为"庚子国变""庚子国难"。
⑤ 两宫:东宫和上台的合称。指太后和皇帝或皇帝和皇后。亦指太上皇和皇帝或两后。因其各居一宫,故称两宫。
⑥ 庆王奕劻:指爱新觉罗·奕劻,字辅廷,号淡如斋。乾隆第十七子永瑆孙,为清末三大世袭罔替的"铁帽子王"之一。光绪十年(1884)起管理总理衙门。
⑦ 李鸿章(1823—1901),晚清名臣,洋务运动的主要领导人之一,安徽省合肥人,世人多称"李中堂"。本名章铜,字渐甫或子黻,号少荃(泉)。李鸿章是淮军、北洋水师的创始人和统帅、洋务运动的领袖、晚清重臣,建立了中国第一支西式海军北洋水师。官至东宫三师、文华殿大学士、北洋通商大臣、直隶总督,爵位一等肃毅伯。其一生中参与一系列重大历史事件,包括镇压太平天国运动、镇压捻军起义、洋务运动、甲午战争等,代表清政府签订了《越南条约》《马关条约》《中法简明条约》《辛丑条约》等一系列不平等条约。
⑧ 张百熙(1847—1907),字埜秋,一作冶秋,号潜斋。出生湖南长沙沙坪,著名教育家。清同治十三年(1874年)进士,改翰林院庶吉士,历任广东学政、内阁学士兼礼部侍郎、工部尚书、吏部尚书、京师大学堂管学大臣、户部尚书、邮传部尚书等职。有《张百熙奏议》四卷、《退思轩诗集》六卷、《补遗》一卷传世。
⑨ 修复北京城:1900年八国联军攻占北京后,各国特意纵兵抢劫和破坏达三日之久,全城一派狼藉,到处烈焰冲天。次年,逃亡到西安的慈禧决定十月借同光绪帝返回北京都城。为迎接太后和皇帝返京,急需对残垣断壁的北京城进行大规模整修,本拟定由尚书张百熙、侍郎桂春两人负责承修各项工程。但奏报到慈禧太后时,慈禧道:"此次工程,须由在京大员中拣派。情形熟悉,较为得力,我意中已有两人:一兵部侍郎景沣,一顺天府尹陈夒龙。不如一并派充四人合办。"由于桂春、张百熙因故不能马上参加筹办修建工作,所以,实际上由陈夒龙和景沣主持各项工程。天安门、正阳门等众多的北京著名古建筑,就是在陈夒龙主持下和带头捐资修复的。老北京人知道,没有这个贵州人,就没有现在的北京城。

二十七年(1901)十二月,擢河南布政使,未上任即升漕运总督,到任一年,捐"廉银"①一万两,重修、倡修北京天安门、正阳门城楼。

　　光绪二十九年(1903)春调任河南巡抚。光绪三十一年(1905)又调任江苏巡抚,重修姑苏(即苏州)城外寒山寺。

　　光绪三十三年(1907)升任四川总督,顺道回贵阳扫墓,面见贵州巡抚庞鸿书②,谓自治学社张百麟③、周培艺④等"确系罪魁,宗旨极不纯正"主张加害,并捐银4000两以助唐尔镛⑤、任可澄⑥、华之鸿⑦所办贵州通省公立中学,未上任忽接令改调任湖广总督。

　　宣统元年(1909)复调任直隶总督兼北洋大臣。在清廷任官期间,态度守旧,坚守"祖宗成法",自以为有三件事可以自慰:"一不联络新学家⑧,二不敷衍留学生,三不延纳假名士⑨",对变法极为反感,认为"科举一废,士气浮嚣,自由革命,遂成今日无父无君之变局"。至于辛亥革命更视为"大逆不道","作乱犯上,自取

---

① 廉银:指养廉银,为清朝特有的官员之薪给制度。创建自1723年的该薪给制度,本意是想藉由高薪,来培养鼓励官员廉洁性,并避免贪污情事发生,因此取名为"养廉"。

② 庞鸿书:字劬庵,号郦亭,常熟人。清光绪庚辰(1880)中进士,改庶吉士,授编修。在当翰林的十年中,与其兄庞鸿文,留心时务,对于兵刑、盐漕、河渠诸书,无不考究。后迭署天津道按察使,升湖南按察使,晋布政使,授巡抚。

③ 张百麟(1878—1919),出生于贵州贵阳,原籍湖南长沙,中国近代民主革命家。1907年入贵州法政学堂。后组织"自治学社",与东京的中国同盟会联络,代行中国同盟会分会职责。1910年筹备武装起义,任军事委员会委员长。"二次革命"时,随黄兴在南京组织讨袁军,任秘书长。后追随孙中山参加护法运动,任广州护法军政府司法部长,因病未赴任。在上海撰成《约法战争纪要》。1919年10月,病逝于上海。

④ 周素园(1879—1958),原名培艺,别字树元、澍元,清末秀才,是辛亥革命时期贵州反清举义的领导人,担任过贵州军政府行政总理、云贵川总司令部秘书长。1925年退出军界。在西南地区声望很高。红军攻下毕节后,被贺龙请出来,当了贵州救国军总司令员。与贺龙一起长征到陕北,抗战时期,他担任了八路军高级参议。全国解放后,他担任贵州省人民政府副主席、副省长。毛泽东在延安多次与他畅谈,称他是:"我们的一个十分亲切而又可敬的朋友与革命同志。"

⑤ 唐尔镛(? —1912)字慰慈,贵州贵阳府人士,乃贵阳"唐、高、华"三大家族的唐家家主,贵州清末宪政党派"宪政预备会"的代表人物。

⑥ 任可澄(1878—1946),贵州普定人。1903年中举人,1904年受聘为贵州学务处参议,1909年,与唐尔镛、华之鸿等组织宪政预备会,并继唐尔镛之后,为宪政派首领。任贵州教育总会会长,与自治学社对立。

⑦ 华之鸿(1871—1934),贵州省杰出的实业家。字延厘(延仪),汉族,祖籍江西临川,1871年生于贵阳。他与唐尔镛、任可澄创办了规模、设备在清末领先全黔的贵州通省中学堂;1907年又出资参与创办了《黔报》。同年,被推为商务总会会长。辛亥贵州光复后,他由谘议局议员被推为新政权的财政部部长兼官钱局总办。1913年,任财政司长兼贵州银行总理。1917年以后,退出政界,专门经营商业。

⑧ 新学家:泛指清末到"五四"以前受西方资产阶级新文化影响的人。

⑨ 假名士:因八股取士而成此功名,并不重视学问的人。

屠戮之戚"。

宣统三年(1911)秋武昌起义爆发,夔龙尽总督之责勉力维持畿辅①治安数月,终知时局不可为,乃在清帝逊位诏②下之前数日告病辞职。

陈夔龙在 1912 年秋由天津南迁上海。在遗老诗歌组织"超社"解体后,前清协办大学士瞿鸿礼③召集"逸社"④继武⑤,瞿去世后,陈夔龙成为逸社召集者。社员们定期聚会,切磋诗艺,饮酒赋诗,排遣忧思。但始终关心桑梓,在上海刊印杨龙友《山水移》,又刻《洵美堂诗集》,重印郑珍的《巢经巢诗集》。

陈夔龙效法东晋陶渊明入宋后只书甲子先例,宣统三年后之作品一律以干支纪年。

他对清帝逊位后连年战乱、百姓涂炭的时局极为不满,并屡屡以"后凋有松柏,各保岁寒身"为诗歌意象与朋辈互勉。不过他始终不忘家乡父老,曾捐款赈灾,并出资刊印乡邦文献。抗战军兴,一度避居香港数月,旋返沪,直至病逝,葬于杭州其妻许氏墓旁。

陈夔龙传世作品有:

《松寿堂诗钞》十卷(1877—1911);

《花近楼诗存》八编十七卷(1912—1927);

《鸣原集诗存》十卷(1928—1937);

《把芬庐存稿》四编(1938—1941);

《庸庵尚书奏议》十六卷;

《水流云在图记》二册;

《梦蕉亭杂记》二卷等。

1948 年 8 月 18 日,陈夔龙以 92 岁高龄在上海辞世,其乡人向义⑥撰挽《陈

---

① 畿辅:指国都所在的地方,泛指京城附近的地区,亦称"京畿"。
② 逊位诏:清朝历史上最后一位皇帝,同时也是自秦始皇创立皇帝制度以来的最后一位皇帝——爱新觉罗·溥仪,于宣统三年(1911)十二月二十五日(夏历),颁布退位诏书,作统治之最后结束。
③ 瞿鸿礼(1850—1918),湖南善化(今长沙)人。字子玖,号止庵,晚号西岩老人。晚清曾任军机大臣。清同治十年(1871)进士,授编修。光绪初年,大考名列第一,擢为侍讲学士。光绪二十三年(1897)升为内阁学士。
④ 超社、逸社:民国初年,在上海租界之中出现的一批遗民诗社,其中超社和逸社最著名。超社,原名"超然吟社",成立于 1913 年 2 月,主要成员有陈三立、沈曾植、郑孝胥、樊增祥和陈曾寿等 12 人;逸社成立于 1914 年正月,由原超社成员加陈夔龙、王乃征等 15 人,大多是清末民初宋诗派诗人。
⑤ 继武:接上前人的脚印。武,足迹。比喻继续前人的事业,亦比喻事物相继而至。
⑥ 向义(1892—1970),字知方,别号六碑,贵阳人。1907 年,肄业于贵州省立中学堂。1908 年,选送考入贵州优级师范选科学堂,入文科。

筱石丈》联云：

文章勋业，邈焉寡俦①，慨频年浩劫经过，身隐海滨观世变；

富贵寿考，夫复何憾，只此日万方多难，花近高楼伤客心。

此联以凝练文字概括出逝者前清一品大员、民国遗老的沧桑一生。

下联末尾"花近高楼伤客心"七字，集自诗圣杜甫《登楼》名诗，又包含逝者寓宅②名、诗集名于内，系画龙点睛之笔，揭示出这位封建社会最后的士大夫内心的隐痛。

二、著作名录

《花近楼诗存》八编·十七卷

《梦蕉亭杂记》·二卷

《陈夔龙全集》·卷数不详

《水流云在图记》·二册

《庸庵诗钞》一册

《鸣原集诗存》·十卷

《把芬庐存稿》·四编·卷数不详

资料图片：民国刻本《花近楼诗存》初编三卷白纸精刻初印本

《庸庵尚书奏议》·十六卷

《松寿堂诗钞》·十卷

三、著作简介

《花近楼诗存》八编十七卷

《花近楼诗存》是陈夔龙辞去直隶总督职务后在津沪租界十六年间创作并自编的系列诗集。

时代虽已进入民国，但他秉持忠于前朝的封建道统，坚守士大夫的文

---

① 邈焉：远远超出同辈人。寡俦：缺少同伴。

② 寓宅：居住的屋宅。

化立场,并与同光体①的代表诗人一起探索古典诗歌的各种形态,获得了同时代传统诗人和文学史家的尊重和认可。

《梦蕉亭杂记》·二卷

《梦蕉亭杂记》,该篇自述其一生的经历和耳闻目睹之事,后由其儿整理成书。

该书展现了陈夔龙自身的性格和政治立场,有助于后人对晚清重要政治事件和政治人物的认识,也反映了清朝晚期的诸多弊病,对研究近代史具有较高的史料价值。

由胡思敬②、陈夔龙合编的《国闻备乘》四卷,记述清末掌故、逸事,翔实有据,为研究清末政治有价值的参考资料。

资料图片:《梦蕉亭杂记》清代历史资料丛刊,上海古籍出版社木刻影印本馆藏

《梦蕉亭杂记》记述了作者一生的经历和耳闻目睹之事。其中叙述戊戌变法、六君子被害、义和团运动、慈禧西巡、参与《辛丑条约》等事件,都有比较详细的记录,对于研究近代史有相当的参考价值。

资料图片:《陈夔龙全集》,贵州民族出版社出版

《陈夔龙全集》

2013年,贵州民族出版社出版了由李立朴,徐君辉,李然编校的《陈夔龙全集》,150万字,将陈夔龙一生之著述囊括其中。此集列入国家古籍整理出版"十五"(2001—2005年)重点规划,原定2003年出版,因编校原因不能如期完成,延至2013年。北京大学图书馆收藏。

---

① 同光体:晚清以来直至民国初年一个影响极大的诗歌流派。是近代学古诗派之一。"同光"指清代"同治""光绪"两个年号合称。光绪九年(1883)至十二年间,郑孝胥、陈衍开始标榜此诗派之名,宣称指"同、光以来诗人不墨守盛唐者",随着后期大批文人等追捧,"同光体"逐渐成为一种成型的诗风。
② 胡思敬:见"欧阳澍"节。

《水流云在图记》·二册

《庸庵诗钞》一册

《鸣原集诗存》·十卷（资料暂缺）

《把芬庐存稿》·四编（资料暂缺）

《庸庵尚书奏议》·十六卷（资料暂缺）

《松寿堂诗钞》·十卷（资料暂缺）

资料图片：《水流云在图记》，宣统年石板刻印本（内页）

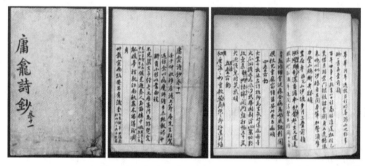

资料图片：陈夔龙书稿《庸庵诗钞》一册

（清）黄维翰

一、人物简介

黄维翰[1]（1867—1930），字申甫，号稼溪。崇仁县颖秀乡三十三都舍头村（今属临川区连城乡）人。

自幼习文诵诗，博览群书。稍长，通经史，工诗文。

光绪二十年（1894）乡试中举，次年中进士，任兵部职方司主事，候补直隶州知州。

三十二年（1906），随直隶总督袁世凯[2]检阅北洋新军。

三十三年，内阁协办大学士徐世昌[3]总督东三省（今辽宁、吉林、黑龙江）时，乃奏调黄维翰到沈阳，委为署[4]陆军督练公所参议。

不久，黑龙江巡抚又将其调任呼兰知府兼办呼兰税局。到任后，在其任职不足三年的时间里，他以兵法训练约束巡警，迅速肃清境内盗匪，稳定社会治安。又废苛捐，减租赋，鼓励人民屯垦[5]开荒，注重对土地、河流的开发和利用，使呼

---

① 黄维翰：人物简介参考《江西省人物志·黄维翰传》《江西通志》《江西近代乡贤列传·黄维翰传》（一九四七年一卷四期）、一九九〇年版《崇仁县志》。

② 袁世凯（1859—1916），字慰亭，号容庵，河南项城人，故人称"袁项城"。早年发迹于朝鲜，归国后在天津小站训练新军。清末新政期间积极推动近代化改革。辛亥革命期间逼清帝溥仪退位，以和平的方式推翻清朝，成为中华民国临时大总统。1915年12月宣布自称皇帝，改国号为中华帝国，建元洪宪，史称"洪宪帝制"。此举遭到各方反对，引发护国运动，袁世凯不得不在做了83天皇帝之后宣布取消帝制。参考李宗一《袁世凯传》。

③ 徐世昌（1855—1939），字卜五，号菊人。直隶（今河北）天津人。早年中举人，后中进士。自小站练兵时就为袁世凯的谋士，并为盟友，互为同道；光绪三十一年（1905）曾任军机大臣。在袁世凯称帝时以沉默远离之。民国五年（1916）3月袁世凯被迫取消帝制，起用他为国务卿。民国七年（1918）10月，徐世昌被国会选为民国大总统。工于山水松竹，如《石门山临图帖》等。一生编书、刻书30余种，如《清儒学案》《退耕堂集》《水竹村人集》等。被后人称为"文治总统"。参考郭剑林《翰林总统徐世昌》。

④ 署：即署理，代理职务。

⑤ 屯垦：指聚居垦荒。

兰地区经济得到了迅速发展。建习艺①、厚生②诸局,创设中学 1 所、小学 20 余所,男女学生多达 1300 余人。另设宏文学社,常亲授生徒,捐俸奖励优秀生。

呼兰府滨临松花江,南接哈尔滨,日本和沙俄侨民以及倚仗外人势力的教徒,在境内胡作非为。

沙俄船只公然违背条约,闯入松花江和呼兰内河,寻衅闹事。为维护国家尊严和民族利益,黄维翰不顾个人安危,顶住压力,依法严惩肇事的侨民和教民,禁止国人出入日本浪人开设的赌馆,毅然断绝鸦片,拒绝洋人入境测量矿产、禁止外船在内河航行等,处理涉外事件不失国格人格,讲究策略,措施得当,"东北舆论,交相称许",因政绩受到清廷嘉奖。

宣统二年(1910),调任署龙江府③,兼省会警务公所总办。呼兰士民吁留不得,念其家境清贫,馈赠数千金,被他拒绝。离任时,送行者甚众,有的一直送到哈尔滨。后将赠别诗文汇刻为《兰河惜别集》,今已难得。

到任后,他与民政司使赵渊通力合作,严厉打击赌博、吸食鸦片等劣行,措施有力,成果显著。时嫩江洪灾,他创办常平仓,平粜④数万石米赈灾;饥民中流行鼠疫,他自任省城防疫会长,集中医务人员救治,使疫情及时得到控制。黄维翰再次受到清廷嘉奖。

三年,他的房考师⑤、顶头上司巡抚周树模⑥的弟弟触犯警律,他依法给予惩处。周树模大怒,将他参劾罢官。

民国三年(1914),应黑龙江督军朱子樵聘,黄维翰主持《黑龙江通志》纂修局务,纂修已停顿多年的《黑龙江通志》。不二年,修志因故又告中辍。黄复去北京,读书自遣。

---

① 习艺:清末"新政"期间,受"振兴实业"思潮的影响,各省都开始设立习艺局,以收养游民,教以工艺。

② 厚生:指地方上设的厚生局,负责国民健康、医疗服务提供、药品和食品安全、社会保险和社会保障、劳动就业、弱势群体社会救助等职责。

③ 龙江府:清置。明属朵颜、拜苦、兀剌忽等卫地;清初属索伦、达斡尔二部地。清光绪三十年(1905)于置黑水直隶厅(今齐齐哈尔市区),属黑龙江将军和黑龙江分巡道管辖。光绪三十四年(1908)升龙江府。属黑龙江省并为省城所。其辖境大体包括今齐齐哈尔市区,龙江县、甘南县全境,1913 年废府为龙江县。1936 年,建立伪齐齐哈尔市公署,隶属伪满龙江省公署。

④ 平粜:粜音 tiào;旧时遇到荒年,官府按平常价格卖出粮食。

⑤ 房考师:指房考官,简称"房官",又称"同考官"。科举时代乡试、会试中协同主考或总裁阅卷的官员。因在闱中各居一房,故称。试卷由房官先阅,加批荐给主考或总裁。

⑥ 周树模(1860—1925),湖北天门人,字少朴,号沈观,室名沈观斋。清光绪十五年(1889)进士,官至黑龙江巡抚,兼任中俄勘界大臣。曾与俄国谈判勘测边界,订立《中俄满洲里界约》。辛亥革命后任民国中央政府平政院院长,后屡请其出任国务院总理,均为其婉谢。著有《谏垣奏稿》《周中丞(少朴)抚江奏稿》等。参考《民国人物大辞典上》。

1919 年,被聘为国史编纂处编纂主任。被礼制编纂会、国立编译馆和《东三省盐法新志》《江西通志》《吉林县志》诸局聘为编修。

1929 年,万福麟①任黑龙江省政府主席,重设黑龙江通志局,再聘他为纂修。黄维翰负责纂修《地理志》,仅成唐代的前部分,突而中风,延至次年 6 月,不治而殁。

黄家家道窘困,无以成殓,龙江志局旧友涂子厚②为之经理后事,并筹资送其家眷归里。

黄维翰文章笔力雄健,论证严密;诗歌关注现实,动人心弦。著述颇丰,先后编纂成:

《统纪》29 册;

《政府年表》;

《各省军政、民政长官表》共 3 册,列传若干篇;

《武昌起义纪事始末》1 册;

《黑水先民传》25 卷;

《蒙服志》1 卷;

《渤海国记》3 卷;

《呼兰府志》12 卷;

《吉林县志》目录 1 卷;

《历代名人生年表》2 卷;

《稼溪诗草》4 卷;

《稼溪文存》2 卷等。

另有未完稿:

《豫章姓系》;

《江西历代地理志》;

《江西疆域志》;

《江西名人传略》;

---

① 万福麟(1880—1951),字寿山,吉林农安人。祖籍直隶宁河(今天津市宁河县)官庄,出身靖威军列兵,东北军张学良的部下,曾任黑龙江省督办、辽宁省主席、二十集团军副总司令等职。官至东北军陆军上将,沈阳解放前夕去台湾。参考《民国人物大辞典上》。
② 涂子厚,名起敦,风书或为其号,四川云阳人。清光绪二十九年(1903)举人,三十二年(1906)任黑龙江龙江府知府。辛亥革命后,先后担任黑龙江教育司司长、政务厅厅长。有《厚庵文稿》传世。参考《民国人物大辞典上》。

《豫章大事记》；

《抚州先贤传略》等不下数十万字。

《呼兰府志》《黑水先民传》与《渤海国记》三部著作中的开创性、注重调查研究的方法及经世致用思想，奠定了黄维翰在学术界的地位，从而使他成为继曹廷杰之后官员兼学者的典型代表。此三部著作，上承曹廷杰①之作，下启《黑龙江志稿》等省府州县志诸作，至今仍是研究黑龙江历史、民族与文化不可或缺的珍贵文献。

二、著作名录

《黑水先民传》·二十四卷

《呼兰府志》·十二卷

《渤海国记》·三卷附校录一卷（亦有记为《渤海国志》）

《稼溪集》·五卷

《武昌起义纪事本末》·一册

《统纪》·二十九册

《蒙服志》·一卷

《历代名人生年表》·二卷

《稼溪文存》·二卷

《稼溪诗草》·四卷（亦名《稼溪诗集》）

《政府年表》《各省军政、民政长官表》·共三册

《吉林县志》·卷数不详《目录》·一卷

《豫章姓系》（未完成稿）

《江西疆域志》（未完成稿）

《江西历代地理志》（未完成稿）

《江西名人传略》（未完成稿）

《豫章大事记》（未完成稿）

---

① 曹廷杰(1850—1926)字彝卿。湖北枝江人。地理学家。少年时期有较好的家庭教育，20岁左右，已熟读了四书五经，兼读史地书籍。清同治十三年(1874)，由廪贡生考取汉文誊录，到国史馆当差，议叙双月选用州判。光绪十二年(1886)六月升为知县。二十二年任呼兰木税总局总理。二十三年去都鲁河试办矿务。1907年补吉林知府并兼理府学。1910年代理蒙务处协理。1919年返回湖北枝江县家居。著《东北边防辑要》《西伯利亚东偏纪要》《东三省舆地图说》等。

《抚州先贤传略》(未完成稿)

三、著作简介

《黑水先民传》·二十五卷

人物传记类著作。

黄维翰以十余年之力,采择史籍近百种,于民国十一年(1922年)撰成《黑水先民传》二十四卷。

全书约二十余万言,专记黑龙江古代人物。按照汉魏、北魏、唐五代、辽、金、元、明、清代之序,共四百多人的人物传,其中清代的最详,多为正史所不备载,计有二十五卷。

虽以记人为主,然对于黑龙江乃至整个东北设官制,垦地拓荒,设防实边,增土成赋①,整军经武,部族盛衰等均有记载,亦不失为一部地方志。

书内有史学家王树楠②的序、作者的自叙,后有后序、跋及张朝墉③写的"书申甫先生黑水先民传后"。

资料图片:黄维翰《黑水先民传》黑龙江人民出版社

他在自叙中说:"余之为是书也,于旧史先释其地,得其主名矣,乃求其人之实之。于当世先举其人,知为土著矣,乃求其事以实之。或一人而二三其名,或同一名而二三其人。考异稽同,有疑则阙④。稗说⑤、旗档⑥皆文世;驵卒⑦、闾胥⑧皆献也。积十余年,而书始成。"

---

① 成赋:指各种税收。
② 王树楠(1851—1936),字晋卿,号陶庐老人。新城(今高碑店)邓庄村人。清同治十年(1871)取拔贡,被聘为光绪《畿辅通志》分纂。光绪二年(1876)中举人,曾在冀州信都书院任主讲。光绪十二年(1886)中进士,光绪三十三年(1907),调任新疆布政使。1914年被清史馆馆长赵尔巽聘为总纂。著有《孔子大戴礼校正补注》《欧洲族类源流考》《新疆图志》,诗文集有《陶庐文集》《文莫室诗集》等,一生著述53种,680余卷。
③ 张朝墉(1860—1942年),字北墙,晚号半园老人。以蓄长须,又被称为张髯。奉节县永安镇人。工诗文,精书法。光绪年间中拔贡。考取拔贡后,先后到蓬溪、宜宾、成都等地任教。
④ 阙:同"缺"。
⑤ 稗说,指野史和民间传说。
⑥ 旗档:指旗籍。
⑦ 驵卒:掌管车马的差役。亦泛指一般仆役。
⑧ 闾胥:原为周代乡官名。指掌管一闾政事的小吏。古代二十五家为一闾。

王树楠序云:"美哉焕乎,与中原文献争光比烈矣……先生之文有功于黑水先民者远也。"

《中国方志大辞典》着录:

《黑水先民传》有民国十二年崇仁黄氏刻本,计二册,藏上海图书馆。另有黑龙江人民出版社一九八六年排印版。

宣统《呼兰府志》·十二卷

资料图片:黄维翰《呼兰府志》宣统(铅印本)民国四年[1915]十二卷

《中国地方志联合目录》《中国古籍总目》中"方志类地志之属"着录:

全书约二十八万言,分地理、政治、财赋、交通、外交、祠祀、学务、务使、武事、人物、礼俗、物产、艺文等十二略,卷首有徐世昌、朱庆澜①等人所作序。

每一略前,有作者本人所撰小序,说明设置该略的缘由及本略所记之事。其资料来源,得之父老传说十分之三四,实地调查十之四,摘自旧志、地方文献、档册者十之二三,又有译自满文的档案史料。

其中关于松花江航行权文件,尤为珍贵。是研究呼兰地区政治、文化、经济、交通的重要参考著作。亦是研究中俄关系史第一手资料。人称"为江省郡邑之权舆"。

此书始辑于光绪三十四年,迄宣统二年脱稿,民国二年又重新补成之。首刻

---

① 朱庆澜(1874—1941),字子桥,原籍浙江绍兴钱清镇秦望村,出生于山东济南历城县(今山东省济南市历城区)。自幼孤贫力学。17岁,为治理黄河河工。后随友赴东北,投东三省总督赵尔巽部下,深受赏识,历任三营统领、凤凰、安东知县,东三省营务处会办,1907年(光绪三十三年)任陆军步队第二标标统。同年入陆军将校研究所,充督练公所参议。是国歌《义勇军进行曲》的命名者。参考《民国人物大辞典上》。

于一九〇九年，又有民国四年铅印本，藏国家图书馆、首都图书馆、北京大学图书馆、辽宁省图书馆、哈尔滨图书馆、天津图书馆、上海图书馆、湖北省图书馆。还有油印本藏清华大学图书馆、吉林省图书馆、黑龙江省图书馆。

《呼兰府志》（编纂于 1908 年），是哈尔滨地区最早的一部地方志，它不仅弥补了"黑龙江省旧无省府县志"之空白，而且开创了全省编纂府县志之先河，对黑龙江及东北后来方志的编纂产生较大影响。

《渤海国记》·三卷附校录一卷

《贩书偶记》[①]中"史部载记类"，《中国古籍总目》[②]史部"杂史类事实之属"着录：

《渤海国记》亦称《渤海国志》，是地理历史类著作。黄维翰撰，金毓黻[③]校录。

渤海国是唐时我国靺鞨族所建地方政权，最鼎盛时全境包括松花江以北，南至日本海，有五京、十五府、六十二州，后被辽所灭，改称"东丹"，以辽太子倍为东丹王。

黄维翰网罗群籍，旁及海外，尤大量采用日本有关渤海国史料，编纂此书。卷首有作者自序，

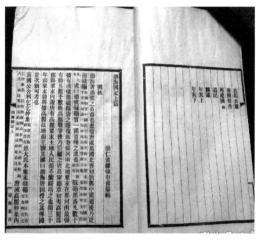

资料图片：《渤海国记》民国线装，16 开 3 卷 2 册全，据稿本编印；辽海丛书第一集，桐城张延厚题签

全书分上、中、下三编三卷；上编有国统、种族、礼俗三题；中编有地理、职官、人物、物产四目；下编为朝贡中国、交聘日本、比邻新罗、契丹、遗民、杂识、年表等

---

① 《贩书偶记》：原名《见书偷闲录》，一部主要收录清代著作的目录。为孙殿起编，1936 年出版，1982 年重印。收录清代著作及 1911—1935 年间的有关古代中国文化的著作，共约万余种。其特点在于，凡见于《四库全书总目》者概不收录，录者必卷数不同的；非单刻本不录，间有在丛书者，必系初刻的单行本或抽印本。

② 《中国古籍总目》：见"谢兰生"节。

③ 金毓黻（1887—1962），字静庵，灯塔市八家子村汉军正红旗人。1943 年发起成立中国史学会。1947 年任国史馆纂修。1949 年任北京大学和辅仁大学教授。1952 年起任中科院历史所研究员。有《渤海国志长编》《东北通史》《中国史学史》等著作。参考《民国人物大辞典上》。

十节。

一九二九年撰成词书。有民国二十四年北平文华斋本,一九三四年《辽海丛书》①第一集本,《丛书集成续编》②本等。

《渤海国记》·自序

渤海,位青营二州间。汉于其西南陆置渤海郡,唐于其北陆建渤海国。海旁出为勃作"渤",非正文,然后世沿用之渤海。

唐东荒大国也,地方五千里,置五京,为府十五,为州六十又二,州各领县数当倍蓰于州。始唐武后圣历二年己亥(699),讫后唐明宗天成二年丁亥(927),

传世十五六,阅年二百二十有九。典章制度规橅诸夏③,何其蔚然文也。

东荒诸国,魋结蛮夷,服土苴政教不能变其国俗,自夫余以下皆然,处僻陋有大国风,惟渤海耳。

渤海宜有史,国既覆于契丹④,史遂亡,契丹亦自安于夷者也。唐志太和中幽州判官张建章有《渤海国记》⑤三卷,王应麟《玉海·纪渤海事》⑥转引衹一则,

---

① 《辽海丛书》:初名《东北丛书》,创意于 20 世纪 20 年代,由金毓绂主编,1933—1936 年刊行于沈阳。全书包括正集与附集两部分。正集为十集,每集一函十册,共收集珍贵的文史资料 83 种,计 380 卷。其有关辽海之载籍而流传于朝鲜、日本者,亦收有多种,可补前史之不足,校史之异同,为考证之资,其辑佚校补,保存文献之功自不可灭。

② 《丛书集成初编》:商务印书馆出版,凡 4107 种,4000 册,王云五主编。于 1935—1937 年陆续印出。已出 3467 册。未出者 533 册。1985 年起中华书局用上海商务印书馆本影印,未出者亦补齐,共 4000 册。

③ 规橅诸夏:规橅,规模,法度。亦谓以之为法度。橅,同"模"。诸夏,周代分封的"王之支子母弟甥舅"诸侯国。泛指中原地区。

④ 契丹:指辽朝(907—1125),是中国历史上由契丹族建立的朝代,共传九帝,享国二百一十八年。

⑤ 《渤海国记》:又称《渤海记》;作者张建章(806—866),字会主,中山北平(今河北省完县)人。公元 832 年(唐文宗太和六年大彝震咸和三)大彝震派遣司宾卿贺守谦到幽州聘问,幽州节度派张建章以赢州司马(从五品下)的职衔去渤海回访,这是渤海和唐地方政府往来的直接记录。年仅二十八岁的张建章,于 833 年从幽州(今北京)出发,陆行到河南道登州,再从登州"方舟而东",经过鸭绿朝贡道,于 834 年的秋杪到达忽汗州(渤海上京龙泉府),受到大彝震的隆重礼遇和热情款待。张建章在渤海住了一年,离别的前夕,大彝震举行盛大宴会为他饯行,赠给张建章"丰货、宝器、名马、文革",唐文宗太和九年(835)八月他回到幽州。张建章在渤海写的笺、启、赋、诗装满了行囊,又著《渤海记》,详细地记载了渤海的风俗、宫殿、官品,成为传诵一时的名著。《渤海记》后来失传。但《新唐书·渤海传》取材自《渤海记》,收录了诸王谥号、年号、官制、品秩、地理、交通、物产等,所以我们可以从《新唐书·渤海传》中窥见《渤海记》的概貌。

⑥ 《玉海·纪渤海事》:《玉海》为王应麟所撰一部规模宏大的类书,200 卷。分天文、地理、官制、食货等 21 门。其中一则为"纪渤海事"。

疑其书已亡。近世满洲震钧有《渤海国志》[①],朝鲜徐相雨有《渤海疆域考》[②]。震氏取材隘,徐氏遗辽东地,各有得失焉。

今网罗群籍,旁及海外史为书三篇,仍名曰《渤海国记》,以示偏方。霸国多历年,所盖亦有不拔之道云。己巳夏五月崇仁黄维翰。

《呼兰府志》《黑水先民传》与《渤海国记》三部是实具开创性的边疆史志类著作。黄维翰注重调查研究的方法及经世致用思想,奠定了他在学术界的地位,他由是而成为继曹廷杰之后官员兼学者的典型代表。三部著作承上启下,上承曹廷杰,下启《黑龙江志稿》等省府州县志诸作。至今仍是研究黑龙江历史、民族与文化不可或缺的珍贵文献。

《中华书局》《商务印书馆》列入《丛书集成》:
《渤海国记》三卷,附校录一卷,黄维翰撰。金毓黻撰校录。

《稼溪集》·五卷
李灵年、杨忠《清人别集总目》、柯愈春《清人诗文集总目提要》着录:
黄维翰诗文集。维翰文章笔力雄劲,论证严谨。

其诗早期有"沉雄瑰玮,其悲处可登少陵[③]之堂,其怪丽处可闯昌黎[④]之室"之评。而其诗实多直抒胸臆,明白如话,但耐人寻味。

此集计诗草三卷、文存二卷,前有民国九年自序,黄大埙[⑤]、陈浏[⑥]序,有华

---

① 《渤海国志》:作者是清末民初学者唐晏(1857—1920)。唐晏,满族,瓜尔佳氏,原名震钧,字在廷(亭),号涉江。清光绪八年(1882)举人。官甘泉知县,宣统二年(1910)执教于京师大学堂。著有《庚子西行记事》《两汉三国学案》等。

② 《渤海疆域考》:作者是朝鲜的徐相雨,字秋堂,朝鲜人。清光绪十三年(1887)充贡使。

③ 少陵:代指杜甫。

④ 昌黎:代指韩愈。

⑤ 黄大埙(1861—1930),字伯音,号棣斋,石城古樟桅杆下人。清光绪二十四年(1898)进士。入翰林院,为庶吉士,授编修。后任江西省农工商局坐办。他亲率学生若干名东渡日本,悉心考察教育、实业、人情、风土诸事,著成《东游琐记》一书。返国后,创办江西高等学堂。另著《梓桑管见》《经说札记》《说文解字集注》等。参考《赣州市人物》。

⑥ 陈浏:字湘涛,别署寂园叟,江苏江浦县人,拔贡,清光绪二十八年(1902)曾任外务部榷算司员外郎。作《陶雅》一书,为古陶瓷研究的重要参考史料。有《陈浏集》传世。参考《民国人物大辞典上》。

焯①、程炎震②、王树枏③、高树④等题辞,末有魏元旷⑤跋。

存诗一百六十七首,自光绪二十一年迄民国九年。

有民国十年南昌刻本,计四册,藏首都图书馆、上海图书馆。

《稼溪诗草》·四卷(亦名《稼溪诗集》)

有《稼溪诗草》三卷,民国十四年崇仁黄氏刻本,计二册,藏江西省图书馆。

《稼溪文存》·二卷

《稼溪文存》二卷,民国十六年崇仁黄氏刻本,藏国家图书馆、上海图书馆、江西省图书馆。

《武昌起义纪事本末》·一册(资料暂缺)

《统纪》·二十九册(资料暂缺)

《蒙服志》·一卷(资料暂缺)

《历代名人生年表》·二卷(资料暂缺)

《政府年表》《各省军政、民政长官表》·共三册(资料暂缺)

《吉林县志》·卷数不详《目录》·一卷(资料暂缺)

《豫章姓系》(未完成稿)(资料暂缺)

《江西疆域志》(未完成稿)(资料暂缺)

《江西历代地理志》(未完成稿)(资料暂缺)

《江西名人传略》(未完成稿)(资料暂缺)

《豫章大事记》(未完成稿)(资料暂缺)

《抚州先贤传略》(未完成稿)(资料暂缺)

---

① 华焯:见"华焯"节。
② 程炎震(1886—1938),字笃原,号顿迟。安徽歙县槐塘人。清光绪二十八年(1902)贡生,入民国后客居北京,屡任要职。著有《世说新语笺证》。参考《民国人物大辞典上》。
③ 王树枏(1852—1936),清末民国间学者、文学家。字晋卿,号陶庐,直隶新城(今河北高碑店东南)人。参考《民国人物大辞典上》。
④ 高树(1848—1931),字蔚然,号珠岩。四川泸州人。清光绪十五年(1889)与弟高楠同中进士。十八年任职兵部郎中,后历任军机章京、兵部司员、御史、锦州知府等职务。著有《金銮琐记》《鸽原录》等。参考《民国人物大辞典上》。
⑤ 魏元旷:见"陈郁"节。

（清）彭祖寿

一、人物简介

彭祖寿①(1871—1936)字琢云，号觉云，别号"巴山铁汉"。县城西耆(今属巴山镇)人。

清宣统元年(1909)授文林郎，分发湖北省候用知县，未履任。

1912年，任崇仁县教育会会长兼振坤女子学校校长。

1914年，考入江西省澄清吏治研究所，奉派为26个县的吏治调查员。到进贤县密查私访时，当场查获县知事吸食鸦片。该知事贿送银圆400元，祈求包涵②，彭当即拒绝，并赋诗一首：

"多谢明公一片心，交友何必赠黄金，

应知我是贞操者，决不食利染泥尘。"

随即焚毁烟具烟料，并上报查办。

1915年春，考取候用县知事，在武昌候缺时，奉湖北省督临时委派，到夏口厅③监焚英商价值银圆200余万元的鸦片烟2100余箱。英商企图以银圆4万元贿通夏口厅长，以假换真，但被彭祖寿严词拒绝，并当众焚毁。

彭祖寿为人爽直刚毅，勤奋好学，工诗善文，尤对古典文学较有研究。他喜爱梅花，曾作对联曰：

"百炼此身成铁汉，一生知己是梅花。"

"布衣常自足，多金复何为。"

晚年致力于国学研究，并联络本县爱好国学之士，于1923年创办国学研究

---

① 彭祖寿：人物简介参考一九九〇年版《崇仁县志》。
② 包涵：指宽容、原谅，包容。客套话。
③ 夏口厅：清光绪二十四年(1898)析汉阳县汉水以北地置，治今湖北省武汉市汉口。属汉阳府。以位于汉水入江之口(一称夏口)得名。1912年改夏口县。

社,自任社长,共同研究国学经史,潜心写作。

著有《读史随笔》《鄂中宦游录》《觉芸轩笺》等遗稿,惜被毁。

二、著作名录

《读史随笔》·卷数不详

《鄂中宦游录》·卷数不详

《觉芸轩笺》·卷数不详

三、著作简介

《读史随笔》(资料暂缺)

《鄂中宦游录》(资料暂缺)

《觉芸轩笺》(资料暂缺)

（清）黄励刚

一、人物简介

黄励刚[①]（1886—1958），字病侠，县城东耆文溪桥（现属巴山镇）人；出生于书香之家，幼即熟读经史，父兄皆廪生。

光绪三十年（1904）抚州中学肄业，是年加入同盟会；

三十二年（1906）毕业于江西高等学堂文科。职南昌《晨钟报》记者两年，继而任职模范、射步亭、契家塘诸小学教员、校长。

民国十三年（1924），以国民党左派身份回崇，选为县总工会执委。北伐及南昌起义后被排挤，到冀鲁战委会工作，离开部队后辗转各地任文史教员十余年。

民国三十四年回崇，任教县立中学。

1950年受聘县文化馆馆员，1954年江西省人民政府主席邵式平[②]荐为省文史馆馆员。

有《梅江唱和诗集》《人类平等》《昔时贤文·评注》著稿，惜未刊印。

二、著作名录

《梅江唱和诗集》·卷数不详

《人类平等》·卷数不详

《昔时贤文·评注》·卷数不详

---

① 黄励刚：人物简介参考一九九〇年版《崇仁县志》。

② 邵式平（1900—1965），江西弋阳县邵家坂人，著名的农民运动领袖。是弋横暴动的主要领导人之一，是闽浙赣苏区和红十军的创建者与领导者之一，也是闽赣苏区的创建人和主要领导人之一，是我党我军早期的无产阶级革命家、军事家。

三、著作简介

《梅江唱和诗集》（资料暂缺）

《人类平等》（资料暂缺）

《昔时贤文·评注》（资料暂缺）

第五编　补编

一、待考著作

《临川名士录》·唐·甘伯宗

清同治十二年版《崇仁县志》卷八载：

《宋史·艺文志》有唐甘伯宗《临川名士录》一书，则晋、唐未尝无人；惜其书已失传……

《论群经略要》·唐·僧·绍修

清雍正十二年版《崇仁县志·杂传》卷四载：

唐僧绍修①，初与法眼②同参地藏，法眼住临川崇寿，大展宗风。绍修居崇仁龙济山，不务聚徒，而学者奔至。著偈颂六十余首及诔铭，著《论群经略要》并行于世。

《皇王兴化十论》(无卷数)

清道光元年版《崇仁县志·人物志·隐逸》卷十六载：

陈睿③(南唐时，生卒年不详)，字公圣(府、省志字彦明)，梁山④城源人。献《皇王兴化十论》，后主⑤欲官之，辞不受，归隐于乡，赐号华盖白衣处士。与乐侍郎为物外⑥友人。八世孙康国，建炎中登进士。(府志记临川人)

明崔世召辑《华盖山志·栖贤志》载。

---

① 绍修：绍修，嗣桂琛，住抚州龙济院。无何处人氏资料。根据法眼资料，绍修与法眼同为后唐桂琛禅师之徒。

② 法眼：文益禅师(885—958)，唐末五代禅僧，法眼宗之开祖。俗姓鲁，浙江余杭人。七岁时依新定智通院全伟禅师出家，二十岁在越州(今浙江绍兴、余姚等地)开元寺受具足戒。先后到明州鄮山育王寺从希觉律师学律，赴福州参谒长庆慧棱禅师，又到各处参学，在城西地藏院参谒罗汉桂琛禅师。桂琛禅师示寂后，文益禅师历览长江以南的丛林，临川州牧请禅师住持崇寿院。晚年受南唐国主之邀，住持金陵清凉院，又被称为清凉文益禅师。南唐中主李璟追谥他为"大法眼禅师"，因此被称为法眼文益禅师，后世称其所开创的宗派为"法眼宗"。现抚州崇寿禅院是为"法眼祖庭"，是中国佛教禅宗法眼宗发源地。

③ 陈睿：清康熙十二年版《崇仁县志》卷四载为"陈献"；或有误，待考。

④ 梁山：指今白陂乡。

⑤ 后主：历史上称一个王朝的末代君主。这里指南唐的李煜。

⑥ 物外：意指超越世俗，无利益关联的交往。

《三谢逸事编》(无卷数)

《三谢逸事编》:(佚名)

《吴文正公集》有吴澄为《三谢逸事编》序。

《抚州罗山志》·佚名

崇仁县《抚州罗山志》,元·佚名纂修,明·佚名辑,今佚,有蒲圻张氏《永乐大典》辑本。

张国淦《中国古方志考》,江西省府县志类《永乐大典》辑本。

志中有至治元年(1321)吴澄撰《善堂记》一文,故知《抚州罗山志》当系至治元年(1321)以后所修。

《虞侍书金陵诗讲》①·卷数不详

旧题虞集撰。此篇最早见于诗法汇编《傅与砺诗法》中,题《诗法正宗》,揭曼硕②述。王用章《诗法源流》、朱绂《名家诗法汇编》、胡文焕《格致丛书》亦载,皆题《诗法正宗》,揭曼硕述。然在明正统间史潜所刊《新编名贤诗法》中,题《虞侍书金陵诗讲》,其真正撰者,待考。

史潜本题作《虞侍书金陵诗讲》,顾名思义,即虞集在金陵的诗学讲义,文中有"诸君方学诗,姑且言其概"之语,似为教导童梦学诗入门之课。据本书(罗鹭《虞集年谱》)编年事迹,虞集在大德二年(1298)游金陵,授馆于江南行台御史中丞董士选家,殆因此而附会也。

《宝唐大闲志》(无卷数)明·熊悦古

作者为熊悦古。清道光元年版《崇仁县志·艺文志》卷二十三载:邑人、明嘉靖二年进士、官福建按察司佥事刘案作"跋熊悦古《宝唐大闲志》后"原文。

据清康熙十二年版《崇仁县志》卷四载"熊铦"条,著作《宝唐大闲志》已列入熊铦所著目录。

然,康熙十二年版《崇仁县志》卷四"孝友传""熊翱"条与雍正十二年版《崇仁县志》卷四"孝友传""熊翱"条,同附有刘案原文,文名皆为《友爱议》,而内容与道光元年版《崇仁县志》卷二十三所载"跋熊悦古《宝唐大闲志》后"几近相同,只是

---

① 资料来源于罗鹭著《虞集年谱》,凤凰出版社,2010.3。

② 揭曼硕:指揭傒斯。

"雍正"版所载更为详细。

熊铦与熊悦古同为县城西耆人，且生年时期相近；至此，《宝唐大闲志》作者是熊铦抑或是熊悦古？熊铦与熊悦古两人是何关系？待考。

《崇城中兴录》（无卷数）

明天启乙丑年任崇仁知县崔世召①

《崇城②中兴录》：书名载清康熙十二年版《崇仁县志·创设志（上）》，无作者标注。

自明嘉靖四十五年（1565）南北两城城桓修建完成，至天启五年（1626）崔世召上任，已时有 61 年，城墙已有破损，天启六年崔世召③号召修缮并捐俸薪二百两，从此每任皆如此行。

《华盖山志》·八卷

明天启丁卯年崇仁知县崔世召辑

清道光元年版《崇仁县志》卷二载：

华盖山，县南一百二十里……宋熙宁八年（1075），敕赐名华盖山及崇仁观额（又名"崇仙观"，旧名"乔仙观"），三仙屡加封号……山麓有黄茅冈，虞邵庵置精舍于此。明天启七年丁卯（1627），邑侯崔世召辑《华盖山志》八卷。

《宝塘语略》·李登

《宝塘语略》书名载《江西通志》卷六十二，清康熙十二年版《崇仁县志·名宦传》。

李登，字士龙，上元（今南京市江宁县）人。万历四年（1576）为崇仁教谕。李登道宇冲深（冲深：幽深、深奥），神标峻耸，五经子史，旁及稗官小说，真草篆隶，靡不精贯。立课文，讲学二會。课则手自点评，讲则随机导引，要在使人默识心通，油然自得，以故游其门者类若悾侗，而不敢侈性命之谭，莅官甫半载，士风丕

---

① 崔世召为修城者，是否为《崇城中兴录》之作者，待考。

② 崇城：崇仁县城的简称。

③ 崔世召（1567—1642），字征仲，号霍霞，别号西叟。宁德一都（今蕉城城区城关下井堂）人，出身诗礼世家，自幼好学聪慧。万历三十七年（1609）举人，历任江西崇仁知县、湖广桂东知县、浙江盐运副使、广东连州知州。为官清正，为人耿直，一生喜好诗文与游乐，广交文友，著作等身，备受世人推崇。生前任所百姓曾祀之于州城的四贤祠、名宦祠。

变。邑有蠹胥肆，侮贫士，走诉于令，令庇胥，登以闻，于直指（直指：监察御史的别称）执蠹胥（蠹 dù 蛀蚀器物的虫子：蠹虫。蠹蛀。蠹害。指害民的胥吏）惩之，自是士气稍振。著有《颜学编》及《宝塘语略》。

吴道南为之作"宝塘语略·叙"（清道光元年版《崇仁县志》卷二十三）

《文华大训箴辩》·三卷（亦名《文华大训箴解》）

《四库全书总目提要》·卷九十六·子部六[①]：

《残本文华大训箴解》[②]·三卷（浙江巡抚采进本）明吴道南撰。道南有《河渠志》，已着录。

初，宪宗成化十八年（1482）十二月，以御制《文华大训》二十八卷赐皇太子。

嘉靖八年（1529），世宗御制序文颁行。道南因按其篇章，前为之序，次为之解，次为之箴，以嘉靖十四年（1535）正月表上。

此本仅存三卷，已非完书。[①]

余嘉锡《四库提要辩证》考证，此书作者应为廖道南。

《陈、刘四先生靖难》（无卷数）

陈国柱，湖北武汉汉阳人，清康熙三十六至四十年（1697—1701）任崇仁知县。"陈、刘四先生"指陈怀忠、陈吉、刘应钦、刘调鼎。

陈怀忠，字荣浣，北耆人，邑诸生。陈吉，字聚躬，北耆人，邑诸生。刘应钦，字敬之，西里人，禀监生。刘调鼎，字应台，北耆人，邑诸生。明崇祯甲申之变而引起地方各种势力及其贼寇肆掠，百姓为避寇乱四处躲藏；"陈、刘四先生"皆因不屈、不从贼寇而死。[②]

---

① 《四库全书总目提要》·卷九十六载《文华大训箴解》为吴道南著作，然各版县志未载，查湖北咸宁人廖道南有著作《文华大训箴解》且时间上亦相，或为同名所误。但《文华大训箴辩》是否为另一著作或版本，待考。

② 《残本文华大训箴解》：廖道南（？—1547），字鸣吾，咸宁市赤壁市小柏山芙蓉山人。明代诗人、学者。与张治、童承叙并称"楚中三才"。正德十六年辛巳（1521）进士。嘉靖改元，赐进士出身二甲第一名，改庶吉士，授翰林院编修。嘉靖四年参与纂修《明伦大典》成，升右春坊太子中允，六年充日讲官，讲解《洪范》《大学》。由编修累官至侍讲学士。嘉靖十五年八月忧归，嘉靖二十六年卒于家。廖道南在当时颇负文名，一生著述甚丰，著有《明伦大典》二十四卷、《殿阁词林记》二十二卷、《楚纪》六十卷、《文华大训箴解》六卷、《玄素子集》。

① 以上为《四库全书总目提要》对《文华大训箴解》著作的表述，全文录此，以待再考。

② 事载清道光元年《崇仁县志》卷十四。

这部书或已失佚,内容不得而知。康熙四十年(1701),也就是陈国柱在崇仁任知县的最后一年,为《崇仁圆溪章氏重修家谱》撰序,他借此序,这样评论崇仁的子弟:"其名子也,皆以仁其名;孙也,皆以文。始恍然,于章氏之子孙其贤而多君子者,盖有由也。惟仁则积厚而流远,惟文则淑性而陶情;惟仁则入可以孝,出可以忠,惟文则穷可以擅著述,达可以光邦家。吾将见其子姓日蕃,阀阅日高,而绝非世俗所谓故家巨族者比也。"

清雍正十二年版《崇仁县志》载有陈国柱为《陈、刘四先生靖难》所作序。

《伐蛟说》·罗攀桂

道光元年版《崇仁县志·杂志》卷二十六载:

(嘉庆)十年春,蛟①害,山多蹦裂,邑令罗公(攀桂)著有《伐蛟说》。

《政和姓氏志》载:罗攀桂,福建政和人,清嘉庆七年至十二年任崇仁知县。

罗攀桂,字枝一,号屏山,东平罗东常市(今东平镇)人,约生于乾隆初,卒于嘉庆末。乾隆四十二年(1777)拔贡,乾隆六十年(1795)举进士,授江西抚州府崇仁县知县。为官清廉宽厚,政声著闻。在任期间,抑豪梁,扶贫困,奖掖后进,发现人才,出其房而科甲登贤者颇众。崇仁有一富户,因其未婚女婿家道中落欲悔婚,以千金贿之,以求县宰判准。攀桂伪受之,当登堂审案时,攀桂当庭斥之富户曰:"汝嫌贫爱富,千金贿官,欲毁婚约,心术不正,行径不良,本当重责,令权且罚汝所送之下.金,本官转赠汝婿,以作婚嫁,与生理之资。"即令完婚,此事在当地一直成为美谈。晚年罢官家居,啸歌自娱。又倡设预备仓于东平,以备荒欠,民多得益。邑令袁鸿、谭文藻雅重其人,先后延主云根书院讲席。著有《都门写怀集》二卷。

《广区生传》·邑士

道光元年版《崇仁县志·补遗》卷二十七载:

黄天庆,字景星,邑诸生,北耆文巷人。躯干伟然,劲捷有勇力。崇祯五年壬申,流寇猖獗至崇,围城急。官民震怖,缒景星城下,孤身入贼营,说以大义,稍溃之金。贼感其言,拔营去,城赖以安。邑士德之,共为著《广区生传》行于世,以纪退寇事。

---

① 蛟:古代传说中一种能发洪水的龙。这里指的是洪涝灾害,故也称蛟害。

《吴氏两大儒语录》·四卷

作者:清吴敬丞编。

明吴与弼吴悌述。

光绪十八年《崇仁县志》

清光绪十八年(1892)补、刻同治十二年(1873)刻本。仅加一序。

吴沆《易礼图说》《或问》《图说》

此三部书皆言为宋吴沆所作。

宋婺源人胡一桂(1247—?),字庭芳,精于易学。南宋景定五年(1264)十八岁时乡荐礼部不第,退而讲学于乡里,远近师之,号"双湖先生"。他说吴沆有《易礼图说》《或问》《图说》三部书,只是散佚了。

赵与峕撰《宾退录》亦言有《易礼图说》等书。

现有清顺治、康熙、道光、同治各版《崇仁县志》及《府志》、《通志》都未言及这几部著作。故而待考。

陈瀚《停云诗稿》·四卷

1990年版《崇仁县志》第五篇·文化,第四章·艺文载:《停云诗稿》四卷,著作者是清代陈瀚。

因清代各版《崇仁县志》并未有"陈瀚"及"《停云诗稿》"著作的记载,其他文献中查有"陈瀚"其人,然非"崇仁人",著作亦不是"《停云诗稿》"。

待考。

《南乡沸湖书院主位谱》民国元年(1912)刻本·一册

发现地点:桃源乡塘边村。

上书"南乡沸湖书院主位谱",扉页为浅红色纸,除书名外,有"民国元年壬子冬月镌"字样;约为现行大32开本,内页无目录,每页八行,每行十七字,有字内页72面;四周粗细双边,设中缝,中缝上而下为书名、页面文体提示、页码;除封面略有破损外,全书完整无残,然刻本质量稍欠。

首篇是书院发起人之一黄金鑑作的序,编著者待考。

《御选唐宋文醇》《御选唐宋诗醇》

江西崇仁谢氏刊印的活字套印本《御选唐宋文醇》，每页面九行，每行 22 字，粗细双边，设中缝；卷之一第一页为昌黎韩愈《原毁》文。

江西崇仁谢氏刊印的活字套印本《御选唐宋诗醇》，卷之一第一页为陇西李白诗，前有序言，每页面九行，每行 22 字，粗细双边，设中缝；有竖长方型圆边"北京图书馆藏"印。

此二书显示于某拍卖网，具体刊印时间不知。

二、著作暂无考的先贤

宋

吴有隣①

吴有隣,字几道,崇仁人。十岁能诗,与兄宗简齐名。宋咸平五年壬寅(1002)左丞陈恕②知贡举考校,峻江以西③唯举几道一人,同年召试登王曾榜探花,历知郁林、南雄、新、道四州,所至有声。累官通奉大夫、尚书都官、员外郎分司南京、殿中丞。庆历中寓居鄱阳湖,卒归葬邑西。绍兴中有发其墓者,面如生。县令韩晓具衣冠殓葬。县尉林栗记其事。

吴山甫④

吴山甫,崇仁人。宋皇佑五年癸巳(1053)进士(郑獬榜),官龙岩令。精通中医脉理,所著论著缺失。工词韵。有诗人陈著作《次前韵吴山甫解嘲》。

曾 怀⑤

曾怀,崇仁人。宋元佑三年戊辰(1088)进士(李常宁榜)。工诗文,旧志从府志,逸见省志。

黄 倚⑥

黄倚,崇仁北耆涓桥(文巷)人。宋元符三年庚辰(1100)进士(李釜榜)第四名,官著作郎。府志误载东乡,时东乡未建县。

王 耕⑦

王耕,崇仁人。宋大观三年己丑(1109)进士(贾安宅榜)。诗数百。两优

---

① 见《南京人物志》卷八十,四库版《江西通志》卷四十九,四库版《安阳集》卷四十,道光元年版《崇仁县志》卷十五,同治十二年《崇仁县志》卷八。县志有时亦记为"吴有邻"。

② 陈恕:(945—1004),字仲言,洪州南昌(今江西南昌市)人。宋太宗太平兴国二年(977)中进士,淳化二年(991),升为参知政事,位居副相。景德元年去世,年仅五十九岁。宋真宗之废朝举哀,追赠吏部尚书,《宋史》赞其"能吏之首"。参见《宋史》卷二六七本传。

③ 峻江以西:这里的峻江或代指长江。长江中下游在古时分长江东岸,即江东地区(江左)和长江西岸,即江西地区(江右);《晋书—地理志》明确记载,"江西"就是指庐江郡、九江郡,和现在的江西省没有关系。唐朝设江南西道观察使,简称江西,亦称"江右"。这时的"江西",在地理概念上,和现在的江西省已差不多重合了。故"峻江以西"所指,或超出江西省范畴了。参见《江西省人民政府官网—历史渊源》。

④ 见四库版《江西通志》卷四十九·同治十二年版《崇仁县志》卷八。

⑤ 同上。

⑥ 同上。

⑦ 同上。

释褐①。

乐黄裳②

乐黄裳,宋淳化三年壬辰(992)进士(孙何榜),崇仁人。乐史子。太常博士。文稿失。

程时翼③

程时翼(约1069—约1137),字勤道,县城北耆人。家贫以授徒为生,或累年食无盐却不告诉别人,叶公夏卿④闻其名,叹曰:邑有一君子,我独未得见,岂吾为政有不善耶?又宰陈公⑤请记"平政桥",欲因此馈之,时翼曰:"毋污我,绝不与通。"卒不可。累举进士不第,以晚科为始典尉,时交广多盗,单骑往贼垒谕祸福,使之皆复为平民。在官六年,下不敢欺。绍兴七年归,沐浴更衣,跌坐而逝,年六十八。里人邓牴⑥为立卓行传。

吴涛⑦

吴涛,生卒年不详,字德邵,崇仁(今属江西)人。是宋高宗绍兴年间著名隐士环溪先生吴沆的大哥。曾在杭州作过官。事见《环溪诗话》卷下。吴沆的《环溪诗话》存录了吴涛的《绝句》。全宋诗收入其诗四首:《绝句》《山居》《在杭日作》《仲春》。其中以《绝句》广为流传。

易伯寿⑧

易伯寿(1221—1305),抚州崇仁人。与隐居崇仁东门之外、种瓜植菊以终的忠宋儒宦李进两人亲如兄弟,两人每月聚会唱和,未尝间断。伯寿"儒而逃于医",似蕴有忠宋之意。

吴 湜⑨

吴湜,字持正,临汝门外人。宋端平二年(1235)进士,授泰和尉,改昭州司户参军、四司制司干官,迁太常簿丞。持节湖南北,以清白为吏师。受之理宗,擢广

---

① 释褐:褐音 hè,脱去平民衣服。喻始任官职。
② 资料来源:四库版《江西通志》卷四十九。
③ 清同治十二年版《崇仁县志》卷八。
④ 叶夏卿:南宋初建炎间直秘阁官员。
⑤ 指建炎四年任崇仁县令陈大任。
⑥ 邓牴:见"邓牴"节。
⑦ 吴涛:其资料县志缺载,目前只能从吴沆《环溪诗话》及《全宋诗》中了解。
⑧ 资料参考周鑫论文《治生与行道:元初科举停废与南方儒士之易业》。
⑨ 见清同治十二年版《崇仁县志》卷八。

东庚使①,召为都官郎中,未上,卒。为文清淡典雅,学者称自有先生。

罗標②

罗標(椿),字章夫,文恭公(罗点)弟,端重纯正,师陆象山③主静不妄语,象山示曰:"着是去非,改过迁善,此经语也。非不去安然着是,过不改安然迁善。自谓知非而不能去,非是不知非也;自谓知过而不能改,过是不知过也。真知非则无不能去其非,真知过则无不能改其过。人之患,患不知其非,不知其过而已;所贵乎学者,在致其知以去其非、改其过也。"標三复置之座壁,与陆子门人陆持之④辈相琢磨,而学日进。干道己丑补入太学,三试两优,除国子正,文恭以告,登宝位使金,辟充笺奏官,正义相事,金人不能夺,转大博通判,襄阳府兼荆湖制司机宜。未几,转江东运管,值兵兴制,置邱崇牒,给馈饷粮,道不绝。晋直秘阁阶朝奉大夫,提点广东路刑狱,洗冤行(刑)部,不避权贵浚、桂庐二人。永修张九龄⑤武陵墓,茶寇薄岭,将郡兵,击却,民赖以安。

旧无传,见江西罗氏世征集,集编于宋德佑中,合豫章通属各郡,自汉晋来罗氏人物无不备载,时参知政事陈文龙为叙。

罗愚⑥

罗愚,字季能,文恭公(罗点)子。以荫授丹阳簿,转铅山丞。真文忠、魏文靖、洪忠文、杜清献诸公先后交焉。除籍田合补外,得兴国军陛辞陈,三说以讲正学,亲忠贤为根本以尊道,揆重严责为纲领,以劝忠直,显静退褒,介洁示节,俭省浮冗为规模,上嘉纳。抵郡值,岁饥赈恤有方,迁湖南宪兼楚雄军以弥寇,改广西运判,除盐法害民者,作"清勤堂"高定。卒年五十七。

杨承翁⑦

杨承翁,号西溪,崇仁人。其先蜀中宦族。西溪游江南,与师氏世渊,遂寓居邑普安寺右,咸淳初官瑞州司理参军,复宰新城兼弓手寨兵军政,严保伍,清狱讼,均赋役,惩奸恶,士民敬畏。乙亥春,黄万石开阃抚州,西溪兼干办公事,冬阃,帅自闽趋杭,与寺簿黄丙炎从至邵武,得旨(知)以和议将成,止阃,帅兵仍檄

---

① 庚使:未找到此官职解释。

② 见清同治十二年版《崇仁县志》卷八。

③ 陆象山:指陆九渊。

④ 陆持之:陆九渊之子。

⑤ 张九龄(673—740),字子寿,号博物,韶州曲江(今广东韶关市)人。唐朝开元名相、政治家、文学家、诗人,西汉留侯张良之后,著有《曲江集》,誉为"岭南第一人"。参见《旧唐书·张九龄传》。

⑥ 见清同治十二年版《崇仁县志》卷八。

⑦ 同上。

知建宁县。明年闰三月,三宫北迁,偕丙炎还乡,寓相山广教寺。

吴易直①

吴易直(康熙十二年版县志载:吴易真),字子谅,惠安乡三十一都东坪人,以《书》义擅长,场屋学者称:"谅斋先生";登淳佑七年进士,历知南安军、江西制置司参议官,有政声,宋亡不仕。

赵嗣诏②

赵嗣诏,字信道,赵若流子,崇仁人。咸淳元年进士,初主嘉鱼簿,再任绍兴司法参军。宋亡归隐,与李粹斋、黄思梅、吴留耕辈为诗酒交并(bìng),与何德翁晋共构别墅,躬耕以食,日杂樵夫牧竖中,裋褐③行歌,夜则一灯,相对讲论不缀。

何晋④

何晋,字德翁,崇仁人。与兄桂发同登咸淳元年进士,授清江尉,未任而宋亡,敛迹韬光,与黄思梅、赵明斋、吴留耕、赵愿学诸人寄怀唱和,以抒故国旧君之思。

饶延年⑤

饶延年,字伯永,号正翁,县北古道堂岭(又:四十四都彭原)人。魁岸倜傥,尤好学经史百家,靡不淹贯,游复斋(陆九龄)、象山(陆九渊)之门⑥,象山称其开豁有力量;真西山、何月湖皆推服之。岁歉,正翁将平粜,乃祷于天,杂钱米中以斗量之,即以米中钱定价,时斗米百钱,所量仅六十有五,乡人德之;郡守傅公雍欲荐于朝,固辞。绍定三年,寇乱,赴金陵得疾,屏药饵焚香趺坐而逝,年八十有一。寇靖子扶柩归葬,魏了翁题其石曰:有宋长者正翁之墓。孙应子、应龙列仕绩传。

陈规⑦

陈规,字公式,青云乡四十一都白陂梁山人。九岁能属文,天圣中以童子召

① 见清康熙十二年版《崇仁县志》卷四、同治十二年版《崇仁县志》卷八。
② 见清同治十二年版《崇仁县志》卷八。
③ 裋褐:音 shùhè。汉服的一种款式,是对古代穷苦人穿的一种衣服的称呼,又称"竖褐""裋打""短褐"。以劳作方便为目的,是中国几千年来农民百姓最常穿着的衣服款式之一。与常服和礼服相区别。
④ 见清同治十二年版《崇仁县志》卷八。
⑤ 同上。
⑥ 饶延年:是南宋陆九渊之兄陆九韶、陆九龄所创学派梭山复斋学派(亦称金溪学派)著名弟子。
⑦ 见清道光元年版《崇仁县志》卷十五、同治十二年版《崇仁县志》卷八。

见，上亲试"大明生于东赋"，且命小珰①伺其左右，得即以闻，其首句云："日之出也，北斗埋光，南箕失色。"上大喜，赐同进士出身，官至太平州司法参军。有传。

吴铎②

吴铎，号观澜，文正公大父。工进士诗赋，精通天文星历之学，宽厚不屑细务。文正公幼贫，不能从师，观澜训迪之。

吴泰③

吴泰，吴镒孙，宋淳佑十年（1250）庚戌进士（方逢辰榜）。

黄居仁④

黄居仁，字得广，青云乡界下源人。生而能言，凡书一历耳即成诵，不脱一字。元丰中以童子召试⑤，赐同进士出身，历长沙丞、江东提刑、□干，卒于官。有传。

杜抑之⑥

杜抑之，字伯阳，号带溪，崇仁人。官教授，李梅亭高弟，为文信国（文天祥）友，书问无间，尝与信国及萧敬夫五月登文山观涨（观洪水），信国诗曰："风雨移三峡，雷霆擘两山。"敬夫诗曰："八风卷地翻，雷雨万甲从。天骤雪鬃⑦伯阳诗曰："雷霆真自地中出，河汉莫从天上翻。"

黄兴孙⑧

黄兴孙，字祖烈，县城东耆人，黄丙炎子。十岁读经史，通"韩柳"⑨业。宋亡不仕，仍主洪都学诗，宗甘东溪并工书画，尤善琴，作"长江秋风""樵歌"等操。亲疾不解带，既丧，哀慕终身，年四十卒。人咸惜之。弟凤孙、晖孙皆有学，能诗。

李朋⑩

李朋，字寿甫，颖秀乡四十四都彭原人。貌魁杰，经传子史一览不遗，尤熟《周礼》，常曰：使吾得志当以《周礼》佐天下。崖山失守，愤甚，会诸路起义兵，寿

---

① 小珰：指年轻的内监。
② 见清道光元年版《崇仁县志》卷十五。
③ 见清同治十二年版《崇仁县志》卷八。
④ 见清道光元年版《崇仁县志》卷十五、同治十二年版《崇仁县志》卷八。
⑤ 按唐有童子科，宋因之，史称仁宗初以童子召试，赐进士出身者十人，旧志有传，不列选举，殆未考耳。
⑥ 旧志逸。见《文山集》及《西江诗话》；同治十二年版《崇仁县志》卷八。
⑦ 鬃：音：zōng。
⑧ 见清同治十二年版《崇仁县志》卷八。
⑨ 韩柳：韩愈与柳宗元并称"韩柳"，有"文章巨公"和"百代文宗"之名。通"韩柳"即是通古文。
⑩ 见清同治十二年版《崇仁县志》卷八。

甫密受蜡檄①,时行朝且有除命,以众阻不得往,扁所居,日闭隐庵,取古义士列书于壁,自号林泉隐求子,人称林泉先生。

吴泳②

吴泳,字克东,(旧志作子克),文正公之从兄,旧志作东坪人。精(易)理,兼通天文,谙练兵法。初本州岛③岛解额④,《易》义止取一卷,克东连三举,人服其精。德祐乙亥,文信国起义赣州,克东以兵应之,授赣州总把。御寇有功,授湖南招讨使,奔母丧归。元兵至,不屈,遂遇害。

缪小六⑤

缪小六,太学生,以上书论丁相,黜沙溪塞巡检,文丞相跋其书后曰:"读缪言词案,世故有如此冤事哉?掩卷为之太息。"(旧志逸,见《文文山集》)

按《文山集》亦未载何处人,据缪氏《宋元以来历修家谱录》俟考。

元
虞汲⑥

虞汲,字子及,长安乡二都石庄人,虞集父。宋丞相允文元孙⑦,曾祖公亮祖刚简,父玨⑧历知永、连二州,自永移连,道经临川,邑管安抚陈元晋为玨妹婿,邀玨寓居邑二都南门,玨无子,育汲为嗣,汲实玨从弟从龙子,宋咸淳间荫补黄冈尉,至元间檄为隆兴⑨东湖书院山长,改端潭二路教谕,升翰林院编修官,吴文正公称其文清而醇,李木、鲁翀、欧阳元皆出其门。子五,采、叶、集、盘、菜皆优于学问,采,任临江路税务提领;叶,任云南路儒学提举;集,列名臣传;盘,列仕绩传。

---

① 蜡檄:用蜡封好的文件。
② 见清道光元年版《崇仁县志·人物志》卷十四。
③ 本州岛:现为日本国最大岛屿。《宋会要辑稿》记录:"密州范锷言,欲于本州岛置市舶司,于板桥镇置抽解务,笼贾人专利之权归之公上"。是否为此"市舶司"职,待考。
④ 解额:为科举时各地方解送入试之名额,亦即各地方准许解送举子参加省试之名额。关于解额的制定,宋朝是采取比例制,而明、清则是定额制。解状:唐铨选之制,符合规定的选人报名后,府州对选人出具解送状文,称为解状或选状。
⑤ 见清道光元年版《崇仁县志·人物志》卷十四。
⑥ 见清道光元年版《崇仁县志·人物志》卷十五。
⑦ 元孙:同玄孙。指本人以下的第五代。
⑧ 玨:音 zhàn。
⑨ 隆兴:亦作"龙兴"。指南昌。

吴文①

吴文,号个山,咸口村人(吴澄长子),以荫授同知柳州路总管府事,州有怪蟒藏古树中,噬②人畜无算,就是每年用童男童女祭之,祸害也未能减轻,个山到任后,居民到府上哭诉。知居民信神甚笃,乃斋戒祷神祇,请为民除害,继令于众,曰:神许我矣。即命众人绕树积薪以焚之。须臾,蟒出,势甚猛,以(符)印照之,伏火死。在官四载,多惠政,既卒,州人庙祀之。县志存其为《罗山志》所作跋。子:当,列名臣传。

陈尧③

陈尧,字伯高,二十二都人。父升可。吴文正公记其闲静斋,伯高之冠,文正公为字说,及卒,志其墓曰:"生长素封④之家而无膏粱纨绮之态。既成童诣,余读书每日谈辩,悉能悟解,退而与同辈共论,虽年在其上者辄为之屈,泰定丁卯余出访友,尧从及秋,父促之归,将为毕娶,其意殊不欲,余曰:父命安可违?遂归而娶,明年竟殁,父母哀之,余亦哀之。"

余钰⑤

余钰,字玉甫,五十六都朱坑人。累应乡贡不利,迨至元间,提举司授贵溪教谕,不赴;复授宜黄县儒学,就职一月而归。以诗词自乐。草庐先生外舅也,先生表其墓。

吴安国⑥

吴安国,字静先,崇仁人。诸生,明鼎草弃⑦,隐居课耕。有县令请见,再三不可,一日瞰⑧安国在家,单骑抵门,踰垣⑨避之;又,陈启吉,名智济,弃诸生,放浪江湖不归,谢一臣,名士,鹗⑩不事举业,甘贫贱,作诗自娱。三人者皆与周旦若、吴孟千、陈蜚英辈同时奕社⑪中知名士。

---

① 见清同治十二年版《崇仁县志》卷八。
② 噬:读音 shì。意撕咬、吞吃。
③ 见清同治十二年版《崇仁县志》卷八。
④ 素封:语出《史记·卷一二九·货殖传》:"今有无秩禄之奉,爵邑之入,而乐与之比者,命曰'素封'"。
⑤ 见清同治十二年版《崇仁县志》卷八。
⑥ 见阮亭《分甘余话》,同治十二年版《崇仁县志》卷八。
⑦ 明鼎草弃:好东西被埋没了。
⑧ 瞰:同"看"。
⑨ 踰垣亦作"逾垣"。翻越墙头。
⑩ 鸟名,俗称"鱼鹰"。一种大型无害的鹰,世界许多国家都有。比喻有才能的人。
⑪ 奕社:"奕"义积累、重复。"社"义团体。"奕社":喻有相同志向或趣情的人聚合一起组成的团体。

陈仲山①

陈仲山,号南隐,世居苦竹(崇仁乡三十八都),后迁浯漳双溪港口,生世家,席(享受)文章科第之荣,独有志圣贤,于德性问学功夫深相契合,惟自乐肥遯②,每叹曰:"太上无名知希我贵在山而远,志出山,而小草甚,无谓也。"草庐先生以为苏云卿③之流。

游应斗④

游应斗,字建叔,崇仁乡三十七都罕浒人。少习进士诗赋,宋亡科废,元初南土,初附官府,数有重难之役,豪横吞噬又乘间而出。建叔佐父兄,历危险,理纷纠,彻底安全清平以后,日与宾朋诗酒谈笑,周急(周济)惠困睦宗恤邻同产,虽别籍友,恭弗弛。吴文正铭其墓曰:富而文才而良吾里之善人也。

杨用安⑤

杨用安,字存心,邑人。武昌路医学教授,用药治疴外,善疹太素脉。预定前程休咎⑥,年数修短⑦。吴草庐赠诗,有"期君还旧里,共启内元经"之句。

陈君璋⑧

陈君璋,字伯琬,吴草庐先生为作字说云:"璋涉书通务,习国字,谙国音"。尝观光于天京,达人乐与其进。内事亲长,外事尊贵,又能始终逊顺而无违。(旧志逸,见《吴文正公集》)

明

戴时中⑨

戴时中,崇仁四十六都人。诗魁。元后至正十年(1350)中乡试,明洪武三年庚戌(1370)中举。官本邑训导。

---

① 见清同治十二年版《崇仁县志》卷八。
② 肥遯,音 féi dùn,义:退隐;出自《易·遯》。
③ 苏云卿(生卒年不详),广汉人,绍兴年间来到豫章东湖,因为对待邻居都很有礼貌,所有人都尊其为"苏翁"。他的布衣之交张浚当上宰相后,派人带着书信和礼物给他,希望他能出仕,苏云卿拒绝后便云游四海,不知所踪。(旧志逸,见文正公集)
④ 见清同治十二年版《崇仁县志》卷八。
⑤ 同上。
⑥ 休咎:意思是吉与凶,善与恶。出自《汉书·刘向传》。
⑦ 修短:长与短。指物的长度或人的年岁。出自《抱朴子·外篇·清鉴》。
⑧ 见清道光元年版《崇仁县志》卷十五。
⑨ 见清同治十二年版《崇仁县志》卷八。

黄季恒①

黄季恒,惠安乡四十五都石源人,邑庠生。敦行力学,不求仕进,与吴康斋、胡凤仪为道义交,里中称"三逸"。《康斋集》中赠恒诗最多,恒没,哭之云:"高谊真情三十年,老怀何忍诀终天;茫茫石马江头路,冻雨寒云倍黯然。"恒葬十四都石马山,故云。

袁珙②

袁珙,县城东耆人。邑庠生,力学不倦,师事博士谢公济,与吴聘君、侯仲纶为友。成化初,奉恩例入国子监,以省亲回,母卒,哀毁③亦卒,邑人怜之。

侯圭④

侯圭,字孟桓,县城东耆塔下人。九岁而孤,母姜教育成人。永乐初以才谞⑤征诣京师,畀⑥以职,辞不就。归筑别墅于桐冈,人号"桐冈征士"。吴古崖志其墓并撰"茅屋记",康斋有诗。

饶彝⑦

饶彝,字任中,饶安之兄。少豪迈,负气节。读书不数,过辄成诵,诗文力追古作者,作诗缀文皆有法;精六经,尤善写简⑧。士大夫咸诗歌以咏之并成帙,邑令时公季照弁⑨其端。

刘绍

刘绍(约1376—约1450)字子恕,长安乡十一都河川人。永乐二年甲申(1404)登甲申甲科曾棨榜,官翰林庶吉士,预修《永乐大典》,升工部都水司员外。牵僚友罪系狱,逾年,无几微怼,见词色间,久之得雪。丁艰服除,调官刑部主事。绍夙夜奉,公须发为之尽白,以平反悉当升礼部精膳司郎中,年七十四屡疏乞求致仕,不允,遂卒于京;至无以为殓柩,旋邑侯赵为资,葬于本里下山之阳,招邑检讨谢济为撰碑表。

---

① 旧志逸,见《吴康斋集》。

② 见清康熙十二年版《崇仁县志》卷四、同治十二年版《崇仁县志》卷八。

③ 哀毁:因悲伤过度而身亡。

④ 旧志逸,见《吴康斋集》卷八。

⑤ 才谞:意为才智、才识。

⑥ 畀:给,给予。本义:准备把田地分给人们。

⑦ 见清道光元年版《崇仁县志》卷十五。

⑧ 简:古代用来书写文字的竹片,后来引申泛指书籍,又转指书信。

⑨ 弁:放在前面。这里指作序。

吴侃①

吴侃,字彦直,号栗庵,崇仁乡五十一都咸口村人(吴澄曾孙)。父里元,南台御史。彦直颖悟绝人,洪武初为邑诸生,做事黜益励于学。二十七(1394)年,诏以事故生员,赴部执簿书之役,彦直耻之,诉前枉,谪隶,戍籍运漕海道,遇风舟覆,得木板浮以达岸,嗣以荐授合浦知县,县杂猺俗,莫知乡学,彦直劝之,学校以兴。有土神曰:北府令,公祭必用牛。贫民至鬻②子女以购,彦直革之。郡军卫势凌,县官每过门必令下,彦直不可,体制肃卒,以诬构谪任邱。

吴英③

吴英,字邦俊,崇仁人,季沂孙。天顺四年庚辰王一夔榜以二甲第一进士授南缮司主事,条设科例积弊,尽除,擢司城大夫。时石亨、曹吉祥余孽未靖,逻城见二人偶语,诘得其谋,置之法。袁彬被诬,廷士噤,不敢言,邦俊白于④李阁老,且上书论,救之。出守夔州。苗民为患,邦俊至,悉戡。夔民立碑记德。

杨祖⑤

杨祖,字自新,县城西耆人。宣德五年(1430)进士,授刑部广东司主事,讯狱明决,升本司郎中,条奏开浚天下陂池颗计⑥,移文钤印。继母义子借端告讦,必勘实定罪,言多见用,又除本县田粮九等则例,止分早晚二则,正统中出知凤阳府,迁河南按察副使,未任,卒。

吴衡⑦

吴衡,字时璨,颖秀乡四十四都马岭村人。正统初(1436—1440)以明医荐翰林院典籍,升处州丞,平巨盗药宗之乱。丁艰服阙,改任徽州,原官会其长入觐,时璨权之,筑水堤,定徭赋,决滞狱,清军册。旱蝗恳当道,减赋十之四,工部派买物料,岁糜数千金,并酌减之。郡有私规,买谷备赈。官徽九年(在徽州任职九年),民立遗爱碑。子,孜、彻;孙,钺。

吴孜⑧

吴孜,字景贤,号草亭,衡第三子,邑人世称草亭先生。性严峻,不苟悦人,博

---

① 见清同治十二年版《崇仁县志》卷八。

② 至鬻:鬻,本义为粥;引申义,卖。意为到了要卖……

③ 见清同治十二年版《崇仁县志》卷八。

④ 白于:意同说与、告诉。

⑤ 见清同治十二年版《崇仁县志》卷八。

⑥ 颗计:逐条逐条的计划。

⑦ 见清同治十二年版《崇仁县志》卷八。

⑧ 同上。

学多能。成化中（1474年左右）以荐翰林院秀才，循例官鸿胪班①，直事内阁诰敕房，预修文华大训通鉴纲目暨宪庙实录，擢翰林院典籍，阁臣某误读"扎"为"北"，景贤曰："扎"为"轧"，询其义则数百言不休。秘府藏书书万卷，标目亦数佚，问之矢口如注。在告家居，为私憾者诬，贬义乌主簿。同时如邱文庄、张东白，深感器之。以子钺获赠中宪大夫、陕西道御史。

方矩②

方矩，字器成，号此峰，县城东耆鄙巷人。幼好学，小学四书暨各经史，各有师承，而一归于草庐之笃实，由诸生入监。正统丙寅（1446），授山东茌平司训，仍仿草庐立教条目，以经学行实、文艺治事课，诸生多所成就。母老告归，祀茌平名宦。弟，棨。

方棨③

方棨，字器镛，幼癖于学，淹贯书史。以举人授浙江云和知县。民有冤狱，自外台达内部，不得直④，器镛平反之。三载考最，大吏荐可超用，遽乞归。

吴汝载⑤

吴汝载，号纳斋，吴澄六世孙，吴当曾孙。以荐尹浙之淳安巡按，虞公每语僚属曰：吴尹不愧文正公后人。继调安庆潜山，捕巨盗，寅之法大旱故事，祈祷，悉敛民财，纳斋曰：格天当以诚，僧道何为？且民将乏食，忍敛其财耶？虔祷一昼夜，雨如注。又江上有大役，役夫触暑，多瘴，历捐奉给药，全活无算。

方嵩⑥

方嵩（1414—1512），字器清，东耆人。补邑学生，古崖吴公雅重之，语其子康斋曰：器清学可淑身，才能经世。景泰庚午（1450），以岁荐入国学，授广东阳江知县，不携妻子，一仆一书记自随邑界，粤西猺丑不时出没，居民流徙。器清给牛种招徕⑦之，人庆更生⑧，考满。升荆州同知，有献荆簟⑨灵龟花蛇者，欲之曰：某不致荆，亦求此物耶。旋致政家居二十八年，卒，寿九十八。嘉靖中，邑人廖轾任肇庆通判，行邑阳江，民感公德，请重构去思亭，公为记，缀以三诗，今记其一，曰：人

---

① 鸿胪班：鸿胪寺序班。鸿胪寺属官之一，从九品。

② 见清同治十二年版《崇仁县志》卷八。

③ 见清道光元年版《崇仁县志》卷十五。

④ 不得直：意为不顺利或行不通。

⑤ 见清同治十二年版《崇仁县志》卷八。

⑥ 见清康熙十二年版《崇仁县志》卷四、同治十二年版《崇仁县志》卷八。

⑦ 招徕，汉语词汇，拼音 zhāo lái，指的是招揽，招引到自己面前来，有时比喻招揽客人。

⑧ 更生：新生，重新获得生命。

⑨ 簟，音 diàn，本意是指蕲竹所制竹席，凉席。

爱黄金公爱民,两朝官满一家贫。黄金会尽人何在? 公自年年俎豆新。

刘案①

刘案,字振文,号南峰,刘崇三子,刘璲孙,刘寓弟。以进士任兵部武库司主事,转员外郎。风格峻整,不屈权要,临川汝明章公尝叹曰:使南峰得居言路,风节当不让乃兄也。时闽有盗贼充斥,特擢为按察佥事巡视,年余,盗止。将大用,以终养乞归家,居二十余年,兄弟唱和无虚日。

吴廷鉴②

吴廷鉴,字宗明,号熙庵,吴澄七世孙。性至孝,儿时割股疗父。后以岁贡知兴化县,有馈金者,却以诗曰:"不是黄金浑不爱,恐污先子庙庭闲"。邑故瘠民苦追逋赋③,多流徙,宗明力陈宽之,来归者罗拜为父母。

黄敖④

黄敖,号石冈,县城北耆文巷人。博究群书兼精书画,以举人授广东电白知县,电为镇,蛮獠设参军,官势颇重,麾下卒多骄恣,民苦之,石冈绳以法,卒怒诅⑤于神雷殛⑥之,人以为神怒所使,始帖然。丁艰,服阕,改宝应属官,着政声,历二邑共三载,章凡五荐,升守沂州,躬遍封畛⑦,问民疾苦,省重役,减赋税,兴学劝农。蝗飞蔽天,过境不落,献麦两穗者,络绎于路。士大夫绘图歌诗,有四月三祥之咏。晋秩南京兵部车驾司员外郎,卒于官,年四十有八。

洪钟⑧

洪钟,字季和,崇仁人。幼号神童,六岁随父入京,有以其书进者,宪宗见其字画端楷,召见,赐绣衣并诗,送入翰林院读书,宏志(弘治三年)庚戌(1490)登进士,除中书舍人,时年十八,升礼部员外郎,卒年二十七。

杨应云⑨

杨应云,字秉龙,礼贤乡十四都竹山人。邑庠生,父注,从邹泗山学,得《春

---

① 旧志无传,见《抚州府志》。
② 见清同治十二年版《崇仁县志》卷八。
③ 逋赋:意思是未交的赋税。
④ 见清同治十二年版《崇仁县志》卷八。
⑤ 诅:求神嫁祸于别人,现泛指咒骂。
⑥ 殛:表示杀死。
⑦ 封畛,音 fēng zhěn,意思是封地的边界。
⑧ 旧志无传,见《江西通志》《抚州府志》。
⑨ 见清道光元年版、同治十二年版《崇仁县志》。

秋》秘旨一帙，云每读遗书，辄泣下。年老避乱犹置箧①中，遇贼马上呼，启箧得
书掷之，云一手拾书，一手取腰金以献，贼矜其愿，舍之。临卒，无他语，嘱儿辈无
忘马上掷还箧中物而已。岁饥，奉父命粜榖②乡庄时斗米钱二百，云不忍取值，
悉所有赈之。孝廉周君廷赞为撰家传。

吴之屏③

吴之屏，号在吾，文恪公长子。下帷读书，寝食俱废，受业罗近溪、李真如两
先生，力求实践之学。文恪公已登台辅，在吾刻苦自励。冬月至有乏絮时，事继
母曲尽孝爱。以荫官中翰，未数月，卒。

周儒④

周儒，字时重，县城东耆人，父宣，琼山知县，祀名宦。儒以德行着于庠，督学
林公见素榜其学行，以励诸士。正德初，当岁荐以友邻时用年长让之。三年，领
贡任乐昌教谕，辞归，抚兄子无异己子，族有绝户粮，累里排者，时重出俸余
畀⑤族人，权子母以供岁纳。年八十终，祀乐昌名宦。子岷，由岁贡训导平阳，迁
漳平教谕，《浙江通志》称其雅志、修谨。笃信象山、文山二先生讲义，镂板以训诸
生，贫生不能娶者，偿鬻婢资之。祀名宦。三世仕虽不显，而皆祀名宦亦良可
风云。

吴言⑥

吴言，字一信，号守默，县城小东门人。性至孝，幼即有怀橘故事，长居丧未尝
一履私室，为吴文恪公友，文恪公尝训子弟曰：吾家居，一日不见守默，觉鄙吝复生
尔，曹当师事之。万历时尝荐修邑志，言详慎、勤苦，多所订正。先以起家拔贡，官
河南开封府教授，力讲天常为诸生劝，时诸生以得沐周⑦赠，赴掇科第者居多。

游武⑧

游武，字绍文，崇仁乡三十七都罕浒人。幼读书，通大义，及长，乡誉所共推
为邑，侯时季照辟充从事，不分毫渔猎于民，朝廷方与营建武以海舟之役，出私赀
助成之，事继母至孝。名流硕彦赠诗文甚多，历橼雨考当得官，以哭母成疾，死年

---

① 箧：音 qie。
② "粜榖"简写为粜谷：本意为卖米。引申开来是卖出之意。
③ 见清道光元年《崇仁县志》卷十六、同治十二年版《崇仁县志》卷八。
④ 见清同治十二年版《崇仁县志》卷八。
⑤ 畀：音 bì，义：给予。
⑥ 见清道光元年《崇仁县志》卷十六、同治十二年版《崇仁县志》卷八。
⑦ 沐周：或为蒙恩之意，待考。
⑧ 见清道光元年《崇仁县志》卷十六、同治十二年版《崇仁县志》卷八。

三十六。

清

陈石麟①

陈石麟(约 1621—1690),字及陵,邑四都罗溪人。顺治十八辛丑(1661)进士,是科有《十驳傅》②稿,及陵其一也。初授河间献县令,嗣补西安澄城,调鄞县,俱以善政闻。官澄城时,总镇王辅臣叛,大兵进剿,办应军需,民不告病。康熙丙寅(1686)升户部山西司主事,嗣迁吏部考功司正郎,尝言贪、酷、惰、荒、娇、奢、纵、徇、亵、吝为官箴,编作"十勿戒",自号"勿斋"。年六十九,致仕。卒之日,箧中得旧朝服一袭,诗文稿数卷。

刘敬③

刘敬,字诚甫,号畏崖,县城西耆人。明运副鳌孙,父应铉,学博,行方敬与兄尊(列行笃传)。同禀家训尊举乡,敬以岁贡官新淦训导,邑令有无礼辱士者,会府考合郡,愤激不就试,敬开谕之众帖,然次日,太守命两县论题,一曰敬德之聚也;一曰可以观德行矣,为诚甫言也。任七年,士习丕变,告归,绅士勒石记德,年七十九卒。幼子,彤。

刘彤④

刘彤,字赤若,号培先,刘敬幼子,西耆人。康熙五十七年(1718)进士,以进士知广西武宣县,惩猾吏,刑乱民,期年风气一变。寻丁艰,上官欲奏留,不可,径归。起复补福建龙岩邑,故瘠,大府檄各属报垦升科,赤若力陈民困得免。未几,邑改州,有欲为寅禄得坐升者⑤,不许,遂调崇安,清通赋,决滞狱,三年告归。民勒石记德。纂修郡志有诗、古文集。

陈逢盛⑥

陈逢盛,字时见,号省广,明忠臣陈其赤从子。康熙乙亥(1695)以明经任万载司训,出所学,与诸生讨论文风,丕振学风。学宫圮(pǐ),捐俸创建,设义馆赈贫士。年七十二卒于官,合邑勒碑记德。弟远盛。

---

① 旧志无传,见《抚州府志》。
② 《十驳傅》:议,汉兴始立。驳议、杂议,不纯故谓之驳。论列是非,亦谓之驳。
③ 见清道光元年《崇仁县志》卷十六、同治十二年版《崇仁县志》卷八、《抚州府志》。
④ 见清道光元年《崇仁县志》卷十六、同治十二年版《崇仁县志》卷八。
⑤ 为寅禄得坐升者:寅禄,命理学名词。或意为寻机升职者。待考。
⑥ 旧志无传,见《抚州府志》。

侯慎思[①]

侯慎思,字戒三,东耆塔下人,邑庠生。博学能文,性高介,不受人怜贫,至无床辄卧书橱中,日市一、二饼饵自活。然终不废书,属纩[②]时,犹与子讲说经义,至舌缩不能伸乃止。

陈政[③]

陈政,字布在,崇仁人。以拔贡知山西壶关、浮山等县,继因罣悮[④]开,复补甘肃之靖远县,靖远邑素无科名,布在厚礼士人,以作其气,连提乡举。国家平定伊犁,兵差络绎,屡奉檄赴口外,支备京兵兼派办军需,叙功当超擢,竟挂冠归家故贫居,官二十余年,肃然四壁如洗如诸生时。孙承祖,举人。

杨杰[⑤]

杨杰,字亦凡,礼贤乡十四都竹山人。邑庠生,守贫力学,尝作送穷诗云:伯夷已逝,颜渊死,天下何人肯受君?着古文百余篇、各体诗百七十余首。

黄益韵[⑥]

黄益韵,字声先,号华麓,崇仁人。敦尚孝友,潜心书史,历寒暑昼夜不辍,既举于乡,五上春,官不第。时少宗伯兴国王公、副宪金溪江公率弟子师事之,初拣知县,改庐陵教谕,以年老辞,卒年八十四。

刘曰栋[⑦]

刘曰栋,字建侯,号介亭,西里人,进士芳远子。以岁贡官兴国司训,性高旷,与宜邑蓝长青先生游,以道义相切磋,邑士有窘辱[⑧]于吏者,建侯慷慨陈当,道雪其耻而后快,然与士(邑士)初不相知,官兴国各上游皆敬礼之,称“介亭先生”。

袁文观[⑨]

袁文观,号海门,县城东耆人。乾隆十九年进士,初以进士知铜官县,捐奉购民地建学署、书院,并(并)拨官地数十亩充学田,铜邑志百数十年不修,海门选绅

---

① 见清道光元年《崇仁县志》卷十六。
② 属纩:即病人临终之前,要用新的丝絮(纩)放在其口鼻上,试看是否还有气息。用为“临终”的代称。《礼记·丧大记》:“属纩以俟绝气。”
③ 见清道光元年《崇仁县志》卷十六、同治十二年版《崇仁县志》卷八。
④ 罣悮:也作诖误。被别人牵连而受到处分或损害。
⑤ 见清道光元年《崇仁县志》卷十六、同治十二年版《崇仁县志》卷八。
⑥ 旧志无传,见《抚州府志》。
⑦ 见清道光元年《崇仁县志》卷十六、同治十二年版《崇仁县志》卷八。
⑧ 窘辱:困迫凌辱。
⑨ 见清道光元年《崇仁县志》卷十六、同治十二年版《崇仁县志》卷八。

士博为采辑,而自总其成。二年迁礼部郎中,升鸿胪寺少卿;乾隆辛卯典试,福建称得人,癸巳出任湖北施楠知府。海门性至勤敏,勇于有为,惜守甫一年即以失察谪戍贵州,掌教武阳书院,文风大振,壬子特旨省释归。从弟文涣。

杨步麟①

杨步麟(榜名步青),号丹亭,礼贤乡十四都竹山人。初以举人司训南昌,继铨河南阌②乡知县,阌地不满百里而赋役繁重,差务络绎③,非干练不办,丹亭书生,理之裕如④。某制军过境,兼从勒索横甚,丹亭叱曰:制府廉明重天下,肯为尔辈累耶?令笞⑤之,皆叩头谢。制军转以此重之,去官之日,行李萧然,阌人士赠以诗云:四知清白宏农守,三首甘棠召伯诗。

刘如璜⑥

刘如璜,字起滨,号浣园,崇仁人,刘敬曾孙。诸生天秩,官南城教谕,迁吉安教授,建(见)郡士多尚气(重气节,重义气)。某学使按郡士有无辜被辱者,众哄⑦集使署不散,游府某不胜其愤,将击以兵,起滨力止之,谕士利害,皆感服。邓生桂林被诬讦,在县已革矣,申救再三,与令大忤,得白生,以是科隽⑧吉郡鹭洲书院监院,岁获膏火数百金,守欲委之,辞曰:我得如人失何⑨。学使刘清园先生尝目之曰:善气迎人,后福殆不可量裁。选至,辞不起。年七十卒于家。

刘元熙⑩

刘元熙,字勉斋,西里人,刘如璜长子。学博如璜,子性真挚,与弟元勋白首同居数十载,怡怡如也。乾隆癸卯举于乡,官四川,历署庐山、夹江、綦江、名山、双流、宜宾等县事,治双久,双民驯甚,二年后狱囚无存击者,将受代,双人陈竹筐于门,命过者投钱其中,三日计二百缗,强于署侧立生祠焉。元熙回省省(亲),距双仅六十里时,有双民携只鸡斗酒或果饵来寓,投送不受,不乐也,受而慰遣之乃欢欣鼓舞去。继署宜宾,宜为叙州,附郭邑,有无赖子假神道蛊惑乡愚事,故未露

---

① 见清道光元年《崇仁县志》卷十六、同治十二年版《崇仁县志》卷八。

② 阌:音:wén。

③ 络绎:不间断的意思。

④ 裕如:形容从容不费力,应付裕如。

⑤ 笞:音 chī。

⑥ 见清道光元年《崇仁县志》卷十六、同治十二年版《崇仁县志》卷八。

⑦ 哄:音 hǒng。

⑧ 同隽:拼音是 jùn,通"俊"。优秀,才智出众,

⑨ 失何:意思就是失去有什么可惜,得到有什么值得炫耀呢。

⑩ 见清道光元年《崇仁县志》卷十六、同治十二年版《崇仁县志》卷八。

也,太守仆某在党中挟一册为太守窥见,守召元熙至署,出册示,元熙曰,此教匪必严办。元熙视册多妖妄语,卷首罗列姓名则皆一邑民望也,中外官暨庠序士约数十人,元熙默念此端人正士奚,至此,然书在守处,而守方锐意邀功,株连之祸将何所底止,徉向守致贺且谢提挈(qiè)之力,请持此册去彻底根究,守欣然付之,至署,遣隶役亟拘为首五人,论以祸福,曰,尔犯弥天罪,法应死,尔能尽一夜之力缴书及书板(版)无留一字在外,余贳(释)尔,否则杀无赦,五人感泣听命,二日,书版毕至阖署门,焚之净尽,五人者科以他轻罪而已。事毕白守,守愕然,徐知事已无据乃强为谈笑而罢。

刘庆鳞①

刘庆鳞,字赞侯,号蕉林,西耆人,元熙子,刘如瑝孙。嘉庆十年进士,以进士官直隶盐山知县,谓盐俗近醇,专以德化,凡受牒必面阅,可矫者矫之,可劝者止者止之,否则,书片纸晓以是非,令原告持示告人,事往往得止,内署西偏小屋数楹,阅卷处也,墙及肩民可呼而诉,每隔墙,开谕数语,辄唯唯去。有八人者,以罹天津抢劫案在逃贡生姜某谓所识,曰,吾官爱民如子,尔辈忍贻官以咎耶;八人者竟同日投案,又尝覆定久悬命案数种人服其明。莅盐五载,官民成一体,上官异之,拟调繁邑,病忽作,将不起,百姓走祷无虚日。既卒,箬笠草履无远近,老幼哀号,于庭者日数百人,人惊为仅事,枢归嫠②,妇幼孤萧然行李。见者惜之。

按蕉林诸生时,每谓其同怀,弟庠麟曰:读书与应务,非两事也,慎毋作自了,漠见邑学宫坏,秋然不安,谋无所出,乃邀其族人聚金改创崇圣祠,致邑各着姓相观而起,各自分修。

杨翱③

杨翱,字图南,青云乡六都西坑人。以应例官河南阳武主簿,继权县纂修、水利储社、督修河堤,尤着劳绩。既去,阳人立碑记德。

袁学濂④

袁学濂,号连亭,县城东耆人。乾隆三十六年辛卯(1771)以举人官瑞昌教谕,士贫而力学者资以金。乾隆五十七年丁未(1787),兵差过境,太守檄之襄事,规画得宜,将保荐大府,力辞。嘉庆七年壬戌(1802)俸满,升南安府教授,称职如瑞昌。子传箕,四川邛(qióng)州直隶州知州;子传裴,县丞;孙诗焘,长芦运判;

---

① 见清道光元年《崇仁县志》卷十六、同治十二年版《崇仁县志》卷八。
② 嫠:音 lí。指寡妇。
③ 见清道光元年《崇仁县志》卷十六、同治十二年版《崇仁县志》卷八。
④ 同上。

孙诗燕,四川西充知县。

陈一章[①]

陈一章,号静山,县城北耆人,读书知体要,尤精书学,博览精思,独臻绝诣,初以监生试北,闱不利,充四库馆誊录,董文恪、曹文恪、裘文达并器重之,而受知文达公尤深。乾隆三十七年,从文达公赴盛京,自山海关至辽阳,所历风景图成长卷,文达击以诗复,命进,呈特邀,睿赏文达,公病革命[②],画扇以殉馆[③],蒲以议叙补无为州州同,州濒江静山,督瀰工甚力,民赖以安。嘉庆四年乞休,时子凤翔官永定河道差次。召见屡蒙,垂询既卒,特旨赐金治丧,子,凤翔。

陈凤翔[④]

陈凤翔,字竹香,县城北耆人,陈一章子。幼读书村塾,旁有露矿,群儿争投石穴中,竹香每日负土填之,逾月,成大墓。既冠,省父京师,从铅山蒋心馀太史游,太史器之。嗣充国史馆誊录,书成,议叙补直隶新城县丞,署蠡(lǐ)县知县,嘉庆六年,特旨补授永平府,差次召见奏对得大体,上自是有意向用莅永平,未一月,永定河决,即擢补永定河道。初,河南三工河身狭小,不能容水,竹香请将南下头迤上之堤三百余丈悉行展宽,水得畅流。在任六年,凡十八汛,皆告安澜。十四年擢河东河道总督,时微山湖水短绌重,运不敷浮送,又入秋,无陂水可收,议导引江镜苏家山闸以黄济运,监司以下不敢与议。竹香以为借黄固非正办,然舍此无可为计,奏上得允行。十六年调任南河河道总督,南河各工敝坏,钱粮短绌,工员少实心之人,竹香力为振刷,次第,奏请疏通引渠修砌临湖,石工砖工四千二百七十余,丈补砌腰洞,海漫补筑掣,刷土、堤挑,挖运河,修造浚柳,船只于御黄填下。是年秋间,李家楼疏防,十七年二月合龙时,风雨驰骤,奇寒彻骨,东西坝台陡垫猛浪,冲击坝身动摇,人夫股栗[⑤]不敢上,危在呼吸,竹香奋身上坝,大声狂呼,曰:万生灵在此一举,犹臣子顾性命时也!众骇且服,各率兵夫蜂拥而前,无不握拳透爪,一以当十,万力辘轳[⑥],卒臻稳固;自二十二至二十七,口呼手指,寝食俱废,以死为邻者,凡四昼夜鬓发尽白,遂病咯血。礼坝为五坝之一,所以宣泄湖水也,先是曾经奏明泄尺度,具有定志。是年,照志开放无异。会制府

---

① 见清道光元年《崇仁县志》卷十六、同治十二年版《崇仁县志》卷八。

② 病革命:议论皇家换代事宜。

③ 画扇以殉馆:殉馆,殉葬。古代殉葬分死殉和生殉,画扇以殉,视为生殉。

④ 见清道光元年《崇仁县志》卷十六、同治十二年版《崇仁县志》卷八。

⑤ 股栗:意思是大腿发抖,形容恐惧之甚。出自《史记·酷吏列传》。

⑥ 辘轳:也可指机械上的绞盘。这里喻形成合力。出自《齐民要术·种葵》。

百奏,准增采苇荡柴束,承办者不力,凤翔有据实参奏之语,而制府即以不应急开礼坝及堵闭迟延先行严恭奉,旨枷号遣戍,凤翔以大臣义不当自明,而河务重大,又不敢畏罪不言,乃揭其事于都察院,奏上,钦差大臣往江南查办,得日奉,疏枷,仍发往新疆效力赎罪,将行,病作,遂不起,得年六十有二。

陈子员①

县城北耆人。陈开第之弟。清同治十二年版《崇仁县志》记载子员:文名已著。

陈辅②

陈辅,号星垣,县城北耆人。幼聪颖,十岁能文,群书毕览,弱冠后屡荐未售,由廪贡援例官训导,历署义宁、万年、瑞昌等州县谋士,以实所至,皆有声,嗣授瑞州府学训导。享寿八十有四。

陈兆鼎③

陈兆鼎,字五贞,晚号肯堂老人,县城北耆人,学使陈象枢子。廪贡生,颖敏嗜学,经史诸子,旁及象纬形家言,靡不淹贯。父官部曹,时以省侍游太学,获交当世知名士。归乃绝意仕进,肆力古文学年八十余,手一编不辍;尝慨邑乘废缺,博征文献,有得辄批录旧本几十余万言,以邑侯江公启澄借阅,轶去时五贞已老,仍默忆大概,取别本重录、补缺、订伪,多可依据,然较原稿十仅三四云。年九十卒。县志存留其《邑侯曹公去思碑》一文。

邓时④

邓时,字苏洲,一字香枬(zhān),沙池(疑误:崇仁乡二十都沙洲)人。寄居郡城,由选拔官议宁州学正,工诗,嗜古作,各体字得晋人笔意,摹仿秦汉隶尤神似焉,北平翁覃溪先生督学江右,广览人才,尤雅重苏洲,几有国士之目,受之陈抚军亦如之。官六载,以事落职,归年未满四十卒。

威凤⑤

威凤,字天圃,县城东耆人。邑诸生,幼负才气,下笔纵恣自喜,后乃就范五言古律诗,尤澹合体。家奇穷,然性寡合。又,氏族单微⑥者,与同里王秀才

---

① 见清同治十二年版《崇仁县志》卷八。

② 同上。

③ 同上。

④ 见清道光元年《崇仁县志》卷十六、同治十二年版《崇仁县志》卷八。

⑤ 见清同治十二年版《崇仁县志》卷八。

⑥ 单微:音 dān wēi,出处《韩非子·有度》。指微贱的人或寒微。少引手,伸手。多指援助。

珏①以文艺相师友,王亦奇穷士也,人多姗笑(同:讪笑),然卒,皆有所成就。

黄甲榜②

黄甲榜,县城北耆人。郡增生。兄弟六人,皆早丧。甲榜抚诸孤且教之多成名者。母中年多病,甲榜持斋数十年为母祈祷,果延年。开馆授徒,从学者岁常数十辈,然不受人束修,曰:吾饘③粥粗给,无需此也。尤精针灸、治疗毒,活人无算。子五皆邑庠生,二贡成均④庠。

廖谟⑤

廖谟,字皋陈,邑诸生,四十三都老缪人。学之博,守之固,遇之艰,与陈鉴不相上下。

夏仕佐⑥

夏仕佐,字介夫,二十一都城冈人。邑诸生,假馆咸口,得吴文正公遗书读之,即奉为准的。里有贫甚鬻妻者,予之金,俾生殖,妻赖以全;或窘于索债将自经,佐代偿之。年八十九端坐而逝。

周之翰⑦

周之翰,字崧臣,别号仲山,铁溪人。与兄之冕、弟之命,皆邑名诸生,时有"金溪三冯""崇仁三周"之誉。家贫力学,虽屡困乡,闱守益贞固,应兴鲁书院课文,题为吴文正公复祀议,时主讲李穆堂先生许为"世间不可少之文"。父死,数日不食,哀毁过礼成疾,哭兄得血症,哭兄遗孤又患哽咽,见者怜之。子浩,邑庠生,友爱有父风,薄产让之兄,唯取父书数帙。进士方凌翰为作墓志。

杨化⑧

杨化,字作人,邑诸生,崇仁人。进升长子,杰兄,淹贯经史,力攻诗、古文、词,尤精书法,授徒数十,俱早成名。时有周之冕、周之翰、周之命兄弟三人,家赤贫,无赀为从师计,化招其来学,历十有数年不受修金,周兄弟相继入泮⑨又余,县佐佩

---

① 珏:音 jué,合在一起的两块玉。喻关系密切。
② 见清道光元年《崇仁县志》卷十六、同治十二年版《崇仁县志》卷八。
③ 饘:音 zhān。
④ 成均:相传为远古尧舜时的学校,泛称官设的最高学府。
⑤ 见清道光元年《崇仁县志》卷十六。
⑥ 见清道光元年《崇仁县志》卷十六、同治十二年版《崇仁县志》卷八。
⑦ 见清同治十二年版《崇仁县志》卷八。
⑧ 见清道光元年《崇仁县志》卷十六、同治十二年版《崇仁县志》卷八。
⑨ 入泮:古时学生的入学大礼。在古代,凡是新入学的生员,都需进行称为"入泮"的入学仪式。《礼记·王制》记载:"学童首先换上学服,拜笔、入泮池、跨壁桥,然后上大成殿,拜孔子,行入学礼。"

延,化教其子,赠联有:"写尽绘缣推翰墨,养成声价重璠玙①"之句。见家乘。

吴立②

吴立,字未权,号云庐,崇仁人。经史外天文地理皆精热,补弟子员试必冠军,游学京师,被荐入世宗潜邸③,赏以"树滋堂"亲笔匾额与归,还家即领乡荐。及宪庙登极,特授内阁中书,曾有卜兆寿陵之命,召使相度(音 duó),云庐素精"青乌家言"④,毅然主之,力排众议,乃得有成。

天语叹赏谓:能不惑众论。赐币金克食,有意向用,而云庐遭丧驰归服阕,不复入京补官。性情恬淡,惟以游山染翰为乐;尝用大幅巨纸作径尺字,笔势雄伟,人争装潢藏袭。乾隆初,例起旧臣,云庐再以疾辞,然念及先帝辄涕泗交颐也,后以寿终。李穆堂⑤作传,称其"天性孝友"云。

华辉⑥

华辉(1859—1931),字再云,晚年号凡叟。年轻时有才名。光绪九年(1883)中进士,殿试一等,授翰林院庶吉士。就是民间所说的"钦点翰林"。历任湖北乡试副考官、会试磨勘试卷官、会试同考官、河南道监察御史、江南道监察御史、甘肃庆阳府知府、河南省卫辉府知府。

---

① 璠玙:美玉名。后泛指珠宝,引申比喻美德贤才。
② 见清道光元年《崇仁县志》卷十六、同治十二年版《崇仁县志》卷八。
③ 潜邸:又称潜龙邸,指皇帝即位前的住所。
④ 青乌家言:青乌为古代专司相冢、相墓的一代著名堪舆家青乌子,以人名隐指风水。家言,可理解为青乌子留下的教导、告诫后人的名言,应该是指导后人相墓看风水的书。
⑤ 李穆堂:即临川李绂。
⑥ 见一九九〇年版《崇仁县志》。

附　录

附一　著作者、著作目录表

朝	作者	著作	卷数	册	藏本(版本)	备注
宋	乐史	太平寰宇记	200		清朱彝尊原抄本、四库全书本等	存197卷半
宋	乐史	广卓异志	20		浙江鲍士恭家藏本,等	
宋	乐史	续卓异志	3		不详	
宋	乐史	孝悌录	20		天一阁钞本,等	
宋	乐史	唐孝悌录	15		天一阁钞本	
宋	乐史	孝悌赞	5		不详	
宋	乐史	登科记	30		宋刻本	唐武德至天佑末
宋	乐史	唐登科文选	50		不详	
宋	乐史	登科记题解	20		不详	
宋	乐史	江南登科记	1		天一阁钞本	
宋	乐史	宋朝登科记	3		宋刻本	一名《圣朝登科记》
宋	乐史	复位科第录	10		天一阁钞本	
宋	乐史	广孝传	50		不详	
宋	乐史	广孝□新书	50		天一阁钞本	
宋	乐史	《总仙记》(含《目录》四卷)	141		不详	
宋	乐史	上清文苑	40		不详	
宋	乐史	总记传	130		不详	
宋	乐史	总仙秘录	130		《崇文总目》着录	

朝	作者	著作	卷数	册	藏本（版本）	备注
宋	乐史	杏园集	10		不详	
宋	乐史	坐知天下记	40		不详	
宋	乐史	辑《李翰林集》	20		不详	
宋	乐史	辑《李翰林别集》	10		不详	
宋	乐史	商颜杂录	20		不详	
宋	乐史	诸仙传	25		不详	
宋	乐史	宋齐丘文传	13		不详	
宋	乐史	神仙宫殿窟宅记	10		不详	
宋	乐史	掌上华夷图	1		不详	
宋	乐史	仙洞集	100		不详	
宋	乐史	贡举故事	20		不详	考宋史艺文志编
宋	乐史	柘枝集	1		不详	
宋	乐史	小名录	3		不详	
宋	乐史	洞仙集	1		不详	
宋	乐史	唐滕王外传	1		不详	
宋	乐史	李白外传	1		不详	
宋	乐史	许迈传	1		不详	
宋	乐史	杂编	490		不详	
宋	乐史	文集	100		不详	亦名《乐侍郎文集》
宋	乐史	杨太真外传	2		明·刻本	
宋	乐史	绿珠传	1		清·四库全书本	
宋	乐史	李白别集	10		明·玉几山人刊本	
宋	乐史	广卓异记	3		不详	

朝	作者	著作	卷数	册	藏本（版本）	备注
宋	乐黄目	学海搜奇	40		不详	亦名《学海搜奇录》失佚
宋	乐黄目	文集疑为《公礼先生文集》	50		不详	《县志》同治版载30卷道光版载30卷
宋	乐黄目	乐太傅文集	50		不详	
宋	乐黄目	圣朝郡国志	20		不详	
宋	乐黄目	杂编	60		不详	
宋	乐黄目	皇览总论	10		不详	
宋	李阳孙	挂冠集	无		不详	亦名《挂冠诗集》
宋	黄裳	演山先生文集	60		明·影宋抄本清《四库全书》本	亦名《演山文集》《演山集》
宋	黄裳	演山词	2		小山堂抄本	一名《演山先生词》
宋	黄裳	言意文集	无		不详	
宋	黄裳	长乐诗集	无		不详	
宋	黄裳	演山居士新词	无		家集	
宋	陈正宗	愚邨诗集	无		不详	
宋	陈迁	续《传灯录》	无		不详	
宋	欧阳澈	欧阳修撰集亦名《欧阳德明先生集》	7		四库全书本等	含《飘然集》三卷
宋	欧阳澈	飘然集	3	2	《栋亭书目》收录	
宋	吴曾	春秋考异	4		《直斋书录解题》等着录	
宋	吴曾	左传发挥	6		《直斋书录解题》等着录	
宋	吴曾	南征北伐编年	23		《读书附志》著录	

朝	作者	著作	卷数	册	藏本（版本）	备注
宋	吴曾	南北事类	12			一名《南北分门事类》
宋	吴曾	能改斋漫录	18		《武英殿聚珍版丛书》本等	
宋	吴曾	医学方书	500			
宋	吴曾	君臣论	无			
宋	吴曾	负暄策	无			
宋	吴曾	能改斋词话	2		《词话丛编》着录	
宋	吴曾	辨误录	3		《学海类编》着录	
宋	吴曾	毛诗辨疑	无		不详	
宋	吴曾	新唐书纠谬	无		编入《钦定四库全书荟要》	
宋	吴曾	得闲文集	无		不详	亦名《得闲斋文集》
宋	吴曾	待试词学	无		不详	
宋	吴曾	千一策	无		不详	
宋	吴沆	易璇玑	3		四库全书本等	
宋	吴沆	环溪诗话	1		四库全书本等	
宋	吴沆	论语发微	4		不详	
宋	吴沆	老子集	4		不详	亦名《老子解》
宋	吴沆	周礼本志图论	无		不详	
宋	吴沆	群经正论	无		不详	
宋	吴沆	环溪集 亦名《环溪文集》	8	3	《文渊阁书目》等着录	又称《环溪大全业》
宋	吴沆	通言	1		四库全书本等	
宋	吴沆	三坟训义	无		不详	
宋	刘振	竹轩集	无		不详	

朝	作者	著作	卷数	册	藏本(版本)	备注
宋	何異	中兴百官题名	50		《文渊阁书目》等着录	
宋	何異	月湖信笔	3			
宋	何異	何氏山庄次第本末	2		《直斋书录解题》等着录	
宋	何異	月湖诗集	12			一名《月湖集》
宋	何異	崇仁义本	1			
宋	吴澥	历代疆域志	10		《直斋书录解题》等著录	宋名《宇内辩历代疆域志》
宋	吴澥	宇内辩	10		不详	散存《至大金陵新志》等
宋	吴澥	受命符图	无		不详	
宋	吴澥	罪言	2		不详	
宋	吴镒	敬斋集	32		失佚	
宋	吴镒	云岩集	无			或为《敬斋集》之别名。待考
宋	吴镒	敬斋词	1		《直斋书录解题》等着录	
宋	吴镒	文献通考	无		不详	
宋	罗点	罗文恭公奏议	46			又名《奏议》失佚
宋	罗点	书春秋孟子讲义	无			
宋	罗点	清勤堂法帖	6			
宋	罗点	见闻录	1	1	《文渊阁书目》录	
宋	罗点	鉴古录	无			
宋	罗点	罗文恭公笔记	无	1	《文渊阁书目》等著录	
宋	罗点	中兴四朝国史·艺文志	无		《国史经籍志》着录	
宋	李刘	梅亭四六	40		《四库全书》本等	又名《四六标准》

朝	作者	著作	卷数	册	藏本(版本)	备注
宋	李刘	四六标准四一作(二)	10		不详	
宋	李刘	梅亭类稿	30		宋刻本等	
宋	李刘	续梅亭类稿	30		不详	虞集序
宋	李刘	语纂	无		不详	
宋	李刘	闭户录	无		不详	
宋	李刘	理语	无		不详	
宋	李刘	内外制讲义	无		不详	
宋	李刘	诗文类稿	无		不详	一名《故事诗文类稿》
宋	李刘	梅婷先生四六	1		《中国善本书提要》着录	
宋	邓䣛	邓国骖文集	20			亦名《陋室文集》
宋	陈郁	藏一话腴	4		《四库全书》本等	又名《话腴》
宋	陈郁	谩录	10		不详	
宋	谢公旦	奏稿	6		不详	
宋	谢公旦	野航类稿	10		不详	
宋	林彦掞	时议	无		不详	
宋	林彦掞	史评	无		不详	
宋	林彦掞	选锋集长	无		不详	
宋	林彦掞	汉官考节	无		不详	
宋	邓虎	清轩诗文集	无		不详	
宋	邓虎	治国要语	无		不详	
宋	饶应子	南麓集	30		不详	
宋	饶应龙	诗文类稿	60		不详	亦名《翔夫诗文汇编》

朝	作者	著作	卷数	册	藏本(版本)	备注
宋	饶应龙	史讨	30		不详	
宋	饶应龙	尽心录	30		不详	
宋	饶应龙	奏稿	3		不详	又名《翔夫奏稿》
宋	罗鉴	罗山志	10		《中国古方志考》等着录	崇仁第一部县志
宋	罗鉴	磐沼集	1		不详	
宋	李进	涧谷居愧稿	8		不详	
宋	黄元	续罗山志	1		不详	
宋	甘泳	东溪集	无		鳌溪刊本	
宋	黄丙炎	黄纯宗遗诗	无		不详	虞集序
宋	曾柬之	辕歌集	无		不详	又名《石辕歌集》
宋	缪穆	书经漫抄	无		不详	亦名《书语漫抄》
宋	缪穆	缪舜宾诗	无		不详	亦名《舜宾诗文集》吴澄序
宋	陈世崇	随隐漫录	12		《四库全书》本等	
宋	陈元晋	渔墅类稿	10	4	《文渊阁书目》等着录	
宋	陈元晋	国史经籍志	5		不详	
宋	胡以逊	庄子补剧	10		不详	
宋	胡以逊	诗文	50		不详	亦名《幼谦诗文集》
宋	胡以逊	千金裘	2		不详	
宋	胡以逊	齐瑟	2		不详	
宋	胡以逊	待问	2		不详	
宋	胡以逊	时文	10		不详	
宋	胡以逊	口义	2		不详	

朝	作者	著作	卷数	册	藏本（版本）	备注
宋	元淮	水镜集	1		不详	又名《金囤集》《溧阳路总管水镜元公诗集》
元	吴澄	易纂言	12		《四库全书》本等	
元	吴澄	易纂言外翼	8		永乐大典本等	
元	吴澄	易叙录	无		《千顷堂书目》着录	
元	吴澄	书纂言	4		内府藏本等	亦名《尚书纂言》
元	吴澄	仪礼逸经传	2		两江总督采进本等	
元	吴澄	礼记纂言	36		两淮马裕家藏本等	
元	吴澄	春秋纂言	12		两淮盐政采进本等	总例二卷
元	吴澄	诗纂言	无			失佚
元	吴澄	孝经定本	1		两江总督采进本等	另名《草庐校定古今文孝经》
元	吴澄	道德真经注	4		两淮盐政采进本等	
元	吴澄	吴文正集	100		明永乐四年刻本等	亦名《吴文正公集》
元	吴澄	私录	2			
元	吴澄	三礼考注	64		两淮马裕家藏本等	
元	吴澄	三礼叙说	无		不详	
元	吴澄	周礼经传	10		不详	
元	吴澄	周礼考注	15		不详	
元	吴澄	大戴礼叙录	1		不详	
元	吴澄	四书序论	1		不详	
元	吴澄	中庸合注定本	1		不详	
元	吴澄	老子叙说	无		不详	
元	吴澄	老子校本	无		不详	
元	吴澄	庄子校本	无		不详	

朝	作者	著作	卷数	册	藏本(版本)	备注
元	吴澄	太元经校本	无		不详	
元	吴澄	乐律校本	无		不详	
元	吴澄	八阵图校本	无		不详	又名《校正八阵图》
元	吴澄	郭璞葬书(经)校本	2		不详	亦名《校正郭璞葬书》
元	吴澄	学基学统私录	无		《四库全书》本等	
元	吴澄	琴言十则	2		《学海类编》著录	一名《琴言》
元	吴澄	月令七十二侯集解	1		通行本等	
元	吴澄	草庐先生原理	2		《栋亭书目》等收录	
元	吴澄	庄子内篇订正	2		《道书集成》等着录	一名《订正南华内篇》
元	吴澄	草庐词	1		《观古堂藏书目》等著录	
元	吴澄	草庐吴先生文粹	5		浙江范懋柱家天一阁藏本	一名《草庐吴先生辑粹》
元	吴澄	校补礼记纂言	36		江西巡抚采进本等	
元	吴澄	吴草庐文抄	无		副都御史黄登贤家藏本	
元	虞集	道园学古录	50		江巡抚采进本等	
元	虞集	道园类稿	50		元刻本等	亦名《雍虞先生道园类稿》
元	虞集	道园遗稿	6		江西巡抚采进本等	
元	虞集	道园集	无		江苏巡抚采进本	亦名《虞文靖公道园全集》《雍虞公文集》
元	虞集	虞道园集	无	4	永怀堂评选本	评选本
元	虞集	翰林珠玉	6			亦名《新编翰林珠玉》

朝	作者	著作	卷数	册	藏本（版本）	备注
元	虞集	杜律注	2		内府藏本	又名《杜七律诗注》
元	虞集	平猺记	1		浙江吴玉墀家藏本	
元	虞集	就日录	无		《文渊阁书目》著录	
元	虞集	古字便览	1		《格致丛书》本	
元	虞集	经世大典	894			其所撰卷数待考
元	虞集	鸣鹤余音	1		函海本	
元	虞集	道园乐府	无		《景刊宋金元明本词四十种》着录	
元	虞集	道园学古录诗集	无		不详	
元	虞集	虞文靖公诗集	无		不详	又曰《虞伯生诗》
元	虞集	伯生诗续编	3		浙江范懋柱家天一阁藏本	一名《虞伯生诗续编》
元	虞集	虞文靖诗集	8		《栋亭书目》收录	
元	虞集	虞伯生文	无	6	《文渊阁书目》着录	
元	虞集	虞邵庵批点文选心诀	1		不详	
元	虞集	居山稿	无		入《唐音》	已佚
元	虞集	渔樵问对	无			已佚
元	虞集	道园天藻小稿	无			已佚
元	虞集	芝亭永言		1	《文渊阁书目》着录	
元	虞集	虞侍书金陵诗讲	无		入《诗法正宗》	
元	虞集	虞侍书诗法	无		《新编名贤诗法》卷下	
元	虞槃	诗论	无		不详	
元	虞槃	虞仲常集	无		不详	
元	虞槃	非〈非国语〉	3		《千顷堂书目》着录	

朝	作者	著作	卷数	册	藏本（版本）	备注
元	虞槃	尚书论	无		不详	
元	虞槃	春秋论	无		不详	
元	周昂霄	栖筼集	无		不详	又名《楼筼集》吴澄序
元	李衡	中山文集	无		不详	
元	李衡	春秋释例集说	3		《千顷堂书目》着录	亦名《春秋集说》
元	李衡	例言	无		不详	
元	彭致中	鸣鹤余音	9		内府藏本	虞集序
元	吴当	学言诗稿	6		《四库全书》本等	
元	吴当	周礼纂言	无		《千顷堂书目》着录	
元	吴宝翁	罗山志补	4		不详	续宋嘉定十六年至景炎元年志书失佚
元	吴宝翁	山泉文集	无		不详	
元	陈景瑞	东溪诗集	12		不详	
元	熊景先	伤寒（药）生意	4		医书不详	吴澄序失佚
元	吴景南	南窗吟稿	4		《千顷堂书目》着录	吴澄序
元	彭寿卿	宝塘拾遗	无		《中国古方志考》着录	失佚
元	宗泐	全室外集	9		《四库全书》收录	
元	宗泐	续集	1		《四库全书》收录	
元	宗泐	西游集	1		《四库全书》收录	
元	宗泐	《赞佛乐章》·八曲	无		《四库全书》收录	
元	邓启	求志集	4		《中华古籍资源库》收录	
元	邓启	万忧集	无		不详	一名《百忧集》
元	邓启	无可奈何集	无		不详	

朝	作者	著作	卷数	册	藏本（版本）	备注
元	李晞范	难经注解	4		《千顷堂书目》着录	医书
元	李晞范	脉髓	1		《千顷堂书目》着录	医书
元	李季安	内经指要	无			医书
元	周阳凤	山堂文集	4		不详	
元	黄志茂	云窗文集	4		不详	
元	黄志茂	云窗诗集	4		不详	
元	吴里	一华集	无			
明	吴溥	太祖实录				
明	吴溥	古崖集	8		《千顷堂书目》着录	亦名《古崖文集》
明	虞堪	鼓枻稿	1		《邵亭知见传本书目》着录	
明	虞堪	希澹园诗	3		编修汪如藻家藏本	
明	虞堪	虞山人诗	4		列入《丛书集成》	含补遗一卷
明	虞堪	编辑《道园遗稿》	6		江西巡抚采进本	
明	虞堪	编辑《虞文靖公道园全集》	60		古棠书屋刊本	
明	虞堪	编辑《雍虞先生道园类稿》	6		善本金元编集部	
明	李镐	冰壑集	无			
明	李镐	学余堂诗稿	14		明刊本	全名《温泉李太史冰壑公学余堂诗稿全集》
明	刘濬	草庵集	无			
明	吴与弼	康斋文集	12		《四库全书》本等	
明	吴与弼	康斋日录	1		清钞本	
明	黄宽□	乐分集	无		不详	
明	黄昂	湖山集	无		不详	

朝	作者	著作	卷数	册	藏本（版本）	备注
明	胡九韶	凤仪堂文集	无		不详	
明	陈其赤	宦游随笔	无		不详	
明	饶安	中庵集	无		不详	
明	黄温	雪窗诗稿	无		不详	
明	黄中	崇仁县志	无		不详	永乐十年
明	吴璪	芸雪集	无		不详	
明	吴余庆	斯白文集	无		不详	
明	吴余庆	流芳集	无		不详	
明	谢济	静庵集	无		不详	
明	徐霖	剔斋诗集	无		不详	或名《怀柏先生诗集》
明	徐霖	绣襦记	4		列入《丛书集成》	
明	饶莅	小学辑训	无			
明	饶莅	四书辑训	无			
明	吴宣	野庵集	16		江西巡抚采进本	亦称《野庵文集》
明	杨宗道 陈雅言	崇仁县志	10		不详	成化四年
明	廖简	介庵文集	8		不详	
明	廖简	小学解	4		不详	
明	廖简	孝经解	2		不详	
明	徐澄	憨夫集	10		不详	
明	黄元杰	晓窗诗集	无		不详	
明	元章	学余稿	无		不详	亦名《学余集稿》
明	罗瑄	事文类萃	无		不详	
明	吴一龙	书经解	无		不详	

朝	作者	著作	卷数	册	藏本(版本)	备注
明	吴一龙	公余漫兴	无		不详	
明	吴一龙	谕俗要语	无		不详	
明	慧经	无明慧经禅师语录	4			
明	吴道南	河渠志	1		《四库全书》本等	名《国史河渠志》二卷
明	吴道南	秘籍新书	13		山西巡抚采进本	
明	吴道南	吴文恪公文集	33		吴氏家刻本等	含《附录》一卷亦名《曙谷集》
明	吴道南	别集	3		山西巡抚采进本	
明	吴道南	文华大训箴辩亦名《文华大训箴解》	3		浙江巡抚采进本	(待考)
明	吴道南	启蒙金璧	4		不详	
明	吴道南	日讲录	无		不详	
明	吴道南	巴山草	无		不详	
明	吴道南	奏议	无		不详	
明	吴道南	语录	无		不详	
明	刘铖	孟斋公奏议	2		不详	
明	刘铖	选择类编	8		不详	
明	刘寓	一班集	无		不详	
明	刘寓	剩语	无		不详	
明	杨记	乡饮	无		不详	
明	杨记	会真	无		不详	
明	杨记	率引	无		不详	
明	杨记	节奢	无		不详	
明	杨记	吉礼	无		不详	
明	杨记	凶礼	无		不详	

朝	作者	著作	卷数	册	藏本（版本）	备注
明	杨记	公约	无		不详	
明	杨记	学规	无		不详	亦名《六经学规》
明	熊铦	古今忠孝节义辑略	无		不详	
明	熊铦	宝塘大闲志	无		不详	
明	熊铦	孝友遗音	无		不详	
明	熊铦	言行录	无		不详	
明	熊铦	永思家范	无		不详	
明	熊铦	童蒙须知	无		不详	
明	熊铦	女训	无		不详	又名《女训言行录集》
明	熊铦	颐年雅会	无		不详	又名《愿年雅会》
明	熊铦	古句百首	无		不详	
明	黄宸	崇仁县志	8			万历三十年
明	吴学周	希龄室言集	无		不详	
明	吴学周	象山县志	16		不详	重修
明	周廷赞	历代人表	无		不详	
明	周廷赞	孝传	无		不详	
明	周廷赞	钱谱	无		不详	
明	周廷赞	律陶	无		不详	
明	周廷赞	字杜	无		不详	
明	周廷赞	律苏	无		不详	
明	吴世英	耐公诗集	3		不详	
明	陈蚩英	五经博义	无		不详	
明	陈蚩英	玉峰集	无		不详	亦名《玉峰诗文集》

朝	作者	著作	卷数	册	藏本（版本）	备注
明	陈蜚英	周礼释义	无		不详	
明	邹征	项山文集	28			
明	周鼐	纲目补注	无		不详	
明	周鼐	拟古乐府	无		不详	亦名《拟古乐府后语》
明	周鼐	昭穆辩	无		不详	
明	黄钺	不肖集	无		不详	
清	杨汝良 刘寿祺 陈蜚英	崇仁县志	4			顺治十六年
清	饶崇秩	鳌阳汇记	无		不详	一名《鳌阳舫游》
清	饶崇秩	康城治略	无		不详	
清	饶崇秩	三溯严集	无		不详	
清	饶崇秩	康州剿抚诗	无		不详	
清	詹贤	詹铁牛集	42		《清人诗文集总目提要》着录	乾隆间刻本
清	詹贤	诗集	15		康熙间刻本	
清	詹贤	詹铁牛文集	15		康熙间刻本	
清	朱东升 刘寿祺	崇仁县志	4		康熙间刻本	增订康熙十二年
清	庸庸道人	雪窗醒语	无		不详	
清	庸庸道人	不二心宗	无		不详	
清	庸庸道人	三教同源论	无		不详	
清	庸庸道人	道原论	无		不详	
清	庸庸道人	必果喻	无		不详	
清	庸庸道人	修士宜知前后集	无		不详	
清	庸庸道人	正义	无		不详	

朝	作者	著作	卷数	册	藏本(版本)	备注
清	陈象枢	易经发蒙	6		不详	
清	陈象枢	仪礼补笺	20		不详	
清	陈象枢	五经渊源录	1		不详	
清	陈象枢	经解补	4		不详	
清	陈象枢	学庸定解	5		不详	
清	陈象枢	读史一得	5		不详	
清	陈象枢	复斋文集	10		不详	
清	陈象枢	书院讲义	3		不详	
清	陈象枢	诗集	8		不详	
清	陈象枢	复斋诗文集	18		不详	为《文集》《诗集》两部合集
清	陈鉴	易义	8		不详	
清	邓其文	牧瓯纪略	12		不详	
清	刘廷冠	敬业堂稿	无		不详	
清	刘廷冠	三余漫言	无		不详	
清	章元科	诗经纂要	无		不详	一名《赋诗经纂要》
清	章元科	茶香园集	无		不详	
清	章元科	宦游词	无		不详	
清	刘柄	存液稿	无		不详	
清	甘棠	四书精义	8		不详	
清	甘棠	检身录	10		不详	
清	甘棠	训子随笔	2		不详	
清	甘棠	寄情轩诗稿节钞	无		不详	《清人诗文集总目提要》着录
清	陈嵩龄	后轩文集	无		不详	
清	黄含章	读书则	2		不详	

朝	作者	著作	卷数	册	藏本（版本）	备注
清	黄含章	虚斋诗古文集	4		不详	
清	刘芳远	草庐文集	无		不详	校刊
清	张六鳌	四书文稿	无		不详	
清	张六鳌	昭武文集	无		不详	
清	张六鳌	诗策	无		不详	
清	章文瑗	滥竽草	无		不详	
清	章文瑗	归山草	无		不详	
清	陈素履	春秋握要	17		不详	
清	陈素履	静存堂稿	10		不详	
清	陈素履	策略诗文稿	无		不详	
清	甘汝霖	五经正义	无		不详	
清	甘汝霖	四子精义	无		不详	
清	陈元澄	陈解元文稿	无		不详	
清	阮兆麒	西田放翁稿	无		不详	
清	王钰	尚书补义	4		不详	
清	王钰	史论	2		不详	
清	王钰	自评草时文	1		不详	
清	甘扬声	四书存液	无		不详	
清	甘扬声	论语翼	无		不详	
清	甘扬声	金石碎跋	12		不详	
清	甘扬声	勤约堂文集	12		道光十九年刻本	
清	甘扬声	汉奈异同	12		《勤约堂》刻本	亦名《汉隶异同》
清	甘扬声	嘉庆《渑池县志》	16		嘉庆十五年刻本	《中国地方志联合目录》着录
清	陈际会	月亭小草	无		不详	
清	章大佾	叱叙草	无		不详	一名《叱驭草》

朝	作者	著作	卷数	册	藏本（版本）	备注
清	阮克恭	梅花道人诗稿	无		不详	
清	吴本	文渊会课	无		不详	
清	吴本	诗古文集	无		不详	
清	刘庠麟	内自讼斋诗文集	4		不详	
清	刘庠麟	三传摘要	无		不详	
清	袁文郁	闲家彝训	无		不详	
清	袁文郁	小草	无		不详	
清	徐澄	所以堂诗文集	无		不详	
清	袁文邵	策义通解	无		不详	
清	陈章	四书合解	无		不详	
清	陈章	窥观诗草	无		不详	
清	陈章	唐宋诗参解	无		不详	
清	陈开第	辑熙堂时文稿	无		不详	
清	陈开第	桂轩随笔	无		不详	
清	陈立	医论辩疑	4		不详	医书
清	谢兰生	纲鉴洞观评略	无		不详	
清	谢兰生	历代帝王陵寝考	无		不详	
清	谢兰生	咏梅轩丛书	8		咏梅轩刊本	四种八卷
清	谢兰生	救荒策评	无		不详	
清	谢兰生	种香山馆集	9		镜水楼刻本	一名《香山馆诗文集》
清	谢兰生	潜东堂文集	12		种香山馆刻本	
清	谢兰生	鹅湖客话	4		镜水楼刻本	
清	谢兰生	鹅湖游草	2		镜水楼刻本	

朝	作者	著作	卷数	册	藏本（版本）	备注
清	谢兰生	重修黄洲桥图志			种香山馆刻本	
清	谢兰生	咏梅轩方舆纪略	3		咸丰间刻本	含《续编》一卷附《舆图总论注释》一卷
清	黄甲元	修齐纂要	4		不详	
清	黄甲元	教读金针	2		不详	
清	陈伯适	诊家索隐	8		不详	医书
清	甘启华（女）	焚余小草	2		道光十二年刻本	《清人诗文集总目提要》着录
清	华廷杰	触藩始末	3		家刻本知堂着录	亦名《华廷杰日记》
清	吕肇堂	曹南坡拟作试题文	无		不详	
清	王及鹑	养拙斋诗存	4		不详	
清	王谦	补园诗钞	18		《清人别集总目》着录	
清	甘霖	吟香书屋诗抄	1		《清人诗文集总目提要》着录	
清	杨开泰	爱日堂诗抄	1		不详	
清	杨开泰 孙枝秀 甘霖 刘梦莲	章门萍约诗册	10		不详	
清	孙枝秀	红藕香村诗	2		《清人诗文集总目提要》着录	一作《红藕香村诗抄》
清	周知	音律指迷	2		不详	
清	周知	美人揉碎梅花回文图读法	无		种香山馆藏板本	
清	沈凤（女）	琴韵阁遗草	1		咸丰三年刻本	

朝	作者	著作	卷数	册	藏本（版本）	备注
清	袁章华 刘庠麟 陈廷赉 曹虎拜 陈一鸿 乐金三 方镜 陈翰	崇仁县志	27		道光元年本	
清	李一清	地理浅说	1		不详	
清	方景福	六壬集腋大全	10		不详	
清	杨伟才	医方纂要	无		不详	医书
清	陈熙载	菊庄诗稿	无		不详	
清	裴植	待删草	无		不详	
清	曹虎拜	红叶山房诗稿	4		不详	
清	陈翰	停云诗稿	4		不详	
清	陈如虹	晴川诗稿	4		不详	
清	杨翱	余闲草	4		不详	
清	黄世勲	棣华楼诗稿	8		不详	
清	黄士元	荷花山庄诗稿	4		《清人诗文集总目提要》着录	
清	黄士元	湘中吟草	2		不详	
清	黄伟人	庾苍山馆遗稿	4		不详	
清	李舒英	坐春山房诗集	无		不详	
清	谢赞	青峰诗抄	无		不详	
清	谢士睿	兰畹诗草	无		不详	
清	陈之榛	槐荫堂诗草	无		不详	
清	刘元煦	旭楼时文稿	无		不详	
清	周永寿	易林元义	无		不详	
清	周永寿	錬气说	无		不详	

朝	作者	著作	卷数	册	藏本（版本）	备注
清	周永寿	忠经	无		不详	
清	周永寿	孝经	无		不详	
清	陈一鸿	格致传补说	2		不详	
清	黄廷绅	地理撼余	无			
清	王及鸿	香雪山房诗抄	8			
清	黄炳奎 甘启祥 刘常心 陈藻翔 陈兆奎	崇仁县志	10		同治十二年本	
清	甘启祥	华盖山志（续）	12		复丰石印所	
清	华焞	持庵诗	4		《清人别集总目》	
清	华焞	海粟楼丛书	41		崇仁华氏刻本	
清	彭祖寿	读史随笔	无		不详	
清	彭祖寿	鄂中宦游录	无		不详	
清	彭祖寿	觉芸轩笺	无		不详	
清	陈夔龙	松寿堂诗钞	10		不详	
清	陈夔龙	花近楼诗存	17		不详	
清	陈夔龙	鸣原集诗存	10		不详	
清	陈夔龙	把芬庐存稿	无		不详	四编
清	陈夔龙	庸庵尚书奏议	16		不详	
清	陈夔龙	水流云在图记	无	2	不详	
清	陈夔龙	梦蕉亭杂记	2		不详	
清	陈夔龙	陈夔龙全集	无		贵州民族出版社	
	甘启祥	华盖山志	12		民国十七年铅印本	增修
	黄维翰	武昌起义纪事本末		1	不详	
	黄维翰	统纪		29	不详	

朝	作者	著作	卷数	册	藏本(版本)	备注
	黄维翰	黑水先民传	24		《中国方志大辞典》着录	
	黄维翰	蒙服志	1		不详	
	黄维翰	渤海国记	3		北平文华斋本	附校录一卷
	黄维翰	呼兰府志	12		民国四年铅印本	
	黄维翰	历代名人生年表	2		不详	
	黄维翰	稼溪集	5		《清人别集总目》	
	黄维翰	稼溪文存	2		崇仁黄氏刻本	
	黄维翰	稼溪诗草	4		崇仁黄氏刻本	亦名《稼溪诗集》
	黄维翰	政府年表		3	不详	
	黄维翰	吉林县志	1		不详	
	黄维翰	豫章姓系	无		不详	未完成稿
	黄维翰	江西疆域志	无		不详	未完成稿
	黄维翰	江西历代地理志	无		不详	未完成稿
	黄维翰	江西名人传略	无		不详	未完成稿
	黄维翰	豫章大事记	无		不详	未完成稿
	黄维翰	抚州先贤传略	无		不详	未完成稿
	黄励刚	梅江唱和诗集	无		不详	
	黄励刚	人类平等	无		不详	
	黄励刚	昔时贤文·评注	无		不详	

附二　部分先贤诗文选摘

宋·乐史·慈竹

蜀中何物灵，有竹慈为名。一丛阔娈处，森森数十茎。

长茎复短茎，枝叶不峥嵘。去年笋已长，今年笋又生。

高低相倚赖，浑如长幼情。孝子侍父立，顺孙随祖行。

慈爱必孝顺，根枝信天成。吾闻唐之人，孝行常忻忻。

郓州张公艺，九世同一门。大帝闻其名，衡茅降至尊。

冯宿印岁时，随父庐祖坟。父子相随孝，灵芝特地春。

北海吕元简，四世为家主。以至牛马羊，异母皆相乳。

虞乡董恭直，鞠养诸孤遗。鸲鹆与鸦鹊，同巢而共枝。

孝行动天地，鸟兽皆随时。又闻猳然兽，死不相弃离。

暾蝤与鲛鱼，子母长相随。兽面而人心，此兽信有之。

兽心而人面，其人诚可悲。

李钧为侍御，弃母在温州，母因殍饿死，甘旨何悠悠。

光禄李玗者，亦是斯人流。有母不侍养，异居经千秋。

唐家法网宽，贷死流遐陬。崔湜为侍郎，天子赐瓜香。

携归与爱妾，老母不得尝。一旦恶贯盈，杀之於路傍。

越公钟绍京，至孝何殊常。少时得果瓜，先解进高堂。

长大遇玄宗，荣华不可当。孝者名常新，逆者污人伦。

人既不如竹，乃是一埃尘。夫为人子者，莫若事尊亲。

夫为人父者，莫若教儿孙。积善与行孝，可以立其身。

我愿移此竹，栽於率土滨。使彼行人见，皆为慈孝人。

宋·欧阳澈·醉中食鲙歌

君不见秋风未发鲈正肥，张翰思归心欲飞。又不见田文有客歌弹铁，为叹无
鱼声激烈。

水晶细鲙落金盘，须信江南味中绝。山谷曾名醒酒冰，一箸未尝延俗客。

助盘橙橘荐甘酸，入口琼瑶碎牙颊。扶起嵇康颓玉山，涤破乐天醉吟魄。

烹龙炮凤未云珍，策勋终是愧霜鳞。江湖散人兴不浅，为美此品常垂纶。

有时举竿获锦鲤，玉屑花中拚烂醉。笑他大嚼市廛流，浪说屠门能快意。

灵运池中蓄颇多，扬鬐鼓鬣戏清波。知我平生嗜此癖，霜刀细缕红玉搓。

典衣沽酒试轰饮,缬纹入面春风和。男儿大抵皆忼慨,功名未必常蹉跎。
醉来击剑歌白雪,闲愁万斛俱消磨。杯盘虽冷落,风月输吟哦。
逸气射斗牛,无人识太阿。俗态翻云仍覆雨,世情炙手扰张罗。
丈夫富贵当自致,耻傍权门效女萝。雄图自许羞俯仰,请看毫端食鲙歌。

宋·黄裳·减字木兰花

红旗高举,飞出深深杨柳渚。鼓击春雷,直破烟波远远回。
欢声震地,惊退万人争战气。金碧楼西,衔得锦标第一归。

宋·吴曾·罗山

儿时闻罗山,窟穴居神仙。念念每欲往,终为俗累牵。
兹晨复何夕,风日媚晴暄。偶与二三子,径来践前言。
崎岖涉冈涧,峭茜凌云烟。崖断或如泻,坡平俄若川。
有泉何自来,但觉声涓涓。萦纡若蛇走,往注山腹田。
徘徊一濯足,入袖风翩翩。俄登最高岭,中观屋数椽。
嶙峋老石像,摩挲不记年。桃花破丛菅,一笑为嫣然。
石屏与翠壁,拥从相后先。物色恣观览,万界满眼前。
适问同游人,兹为第几天。不然何秀拔,不与众峰连。
长安在何许,无乃落日边。十年苦抢攘,战血腥戈鋋。
谁知尘外客,一壑能自专。徜徉得此乐,疑已飘飘然。
兹游恐难再,迟留不能前。如何林间月,弄影明娟娟。
催归犹恨早,正恐陵谷迁。到家追悔甚,誓将世务捐。
却寻向来路,迹断难攀援。春雨正濛密,涧水鸣潺湲。
徘徊不可上,愧尔无仙缘。

宋·吴沆·野外

野外望中阔,遥山宛转随。小溪芳草合,高树古藤垂。
鸟过惊风疾,云行度岭迟。回头失归路,还问老农知。

宋·吴涛·暮春

游子春衫已试单,桃花飞尽野梅酸。怪来一夜蛙声歇,又作东风十日寒。

宋·吴澥·辩论
（节选自《宇内辩》）

卓哉！陶士行之独立也。方魏晋之际，浮虚之俗摇荡，朝野一时，闻人达士名卿才大夫莫不陷于末流，罔知攸济，惟士行深疾时弊，慨然有作，蓄其刚毅沈厚之气，秉其忠悫正固之节，以与流俗争衡。虽动而见，尤所向白眼，一人仕途，荆棘万状，而方寸耿耿者，未始少渝，终日运百甓于竹头木屑间，纤悉经营，虽一束之襫劬劳不怠。

当时名士观之，宜若老农俗吏，无足比数，而士行确然为之不屑也，卒能恢廓才猷，立功立事，以大庇斯民。当晋室横流之中，屹为底柱，自非明智独立，安能臻此哉？

然览庾亮之传，应詹之书，则疑侃有跋扈之心。观温峤之举，毛宝之谋，则见侃有顾望之迹，比至洒血成文，登天折翼，动可疑怪。岂有是事也哉！此盖行高于人众，必非之。加以苏峻之珠，瘦亮耻为之屈，既士行溢先朝露后嗣零落，而庾氏世总朝权，其志一逞，遂从而诬谤之耳。

秉史笔者，既有所畏，何所求而不得哉。是其旁见曲出，乃所以证成其罪也。然观士行义旗既建，一麾东下，子丧不临，直趋蔡洲，一时勤王之师蔑有先者。

宋·罗点·喜雨望巴罗二山

叔元不冠椎两髻，萦青绾绿如堆鸦。鬈鬈远望毛发古，日日惟闻餐暮霞。
吾家公远更清绝，带眼不穿衣不结。好风吹袂任飘摇，夜夜惟闻弄明月。
餐霞弄月固不恶，不道农田布龟灼。令君盛服道民苦，偓然袒裼犹不怍。
敬持此意款浮丘，浮丘乃与令同忧。急呼风马驾云车，二仙方觉裸裎羞。
旋加冠巾更束带，一见浮丘望尘拜。便将凶岁变丰年，谈知之间作滂霈。
油云虽出南北峰，开端实自浮丘翁。浮丘诗家老仙伯，故知忧国愿年丰。
邦人一饱谁所赐，父应诏子兄诏弟。若还此雨后五日，将见索汝枯鱼肆。

宋·李刘·送甥回崇仁

万里七年艰险同，我车西去子舟东。教儿强学先循理，嫁女随宜莫讳穷。
注就欧诗勤琢削，续成汉纪更磨砻。乡人借问碧鸡使，万卷书中一老翁。

宋·陈郁·《念奴娇·雪》

没巴没鼻，霎时间、做出漫天漫地。不论高低并上下，并白都教一例。鼓动膝六,招邀巽二,一任张威势。识他不破,只今道是祥瑞。

　　却恨鹅鸭池边,三更半夜,误了吴元济。东郭先生都不管,关上门儿稳睡。一夜东风,三竿暖日,万事随流水。东皇笑道,山河原是我底。

宋·罗鉴·题吴氏四贤堂

《其一》

河汾续经罢,洙泗还清风。深衣大带垂,身退道则丰。

一编通言在,万古无盲聋。遗像今伟然,吾敬环溪公。

《其二》

经济学有用,宁与占毕同。集英晨唱第,夕对蓬莱宫。

儒林急渊源,不遣朔庭空。遗像今伟然,吾敬国子公。

《其三》

中兴洪韩吕,文章之巨工。密年偏参请,一镞直箭锋。

锦帐与画戟,稽古似不蒙。遗像今伟然,吾敬吏部公。

《其四》

敬斋一则话,传自南轩翁。于湖金玉之,诸老归下风。

不使掌帝制,嗟哉吾道穷。遗像今伟然,吾敬司封公。

宋·陈元晋·雨后

忽雨乾坤变,将秋气候宽。林亭欣濯濯,柳岸渺漫漫。

一饭饱无那,连村枕可安。举觞属明月,急雨放云端。

一雨郊原足,神功不作难。向知天道迩,今幸特情安。

童稚沾衣走,人家傍户看。翻令五六月,春意转江干。

宋·邓耨·明琴阁记

　　天下事有至难,非常才所可办者,惟将百万之师与宰剧邑,必聪明有余,而智谋出等侪之上乃刊焉。然攻吾者既众,而日敌以一心,则精神易耗,智虑易竭;物得从而乘之,其弊岂胜计哉? 夫此者,必先为游观燕息高明之具,澄心养气,奠智怡神以待之,则理达而事虚。故轻裘缓带,雅歌投壶,然后能制勍敌于笑谈;垂帘弦歌,种花植柳,然后能以约而治繁。

　　爰知游观燕息高明之具,政之本也。崇仁广袤数百里,见版籍者六万家;东北接豫章,临川县治在焉,民乃率循西南,薄虞吉俗习。建炎兵火后,盗贼继踵,牒诉日滋,作邑者虽时有高才特达,皆始勤而终息,暂张而旋弛,犹难其人。

绍兴十四年,大梁郑侯为令尹。侯华腴大族,练达政体,莅事严明,剖决是非,叱咤而辩,人服平允,下罔敢欺。明年,大作学舍,收其美材为阁于台门之西,题曰:"鸣琴"。下瞰巴水东注,极目如练,南眺巴山隐隐,若在画图中。邑之山水,于此绝为佳胜。当其休沐,与僚友宾佐娱游笑咏,弹琴举白于其间,舒怀涤烦,示以闲暇,而县务益理。先是,有猾贼冒唐干符中大盗姓名,以恐动遐迩,往来为数邑患,帅司屡遣将,合数十县讨之,弥年不获一级。侯伺其隙,择数骑往取之,尽函其首,上送所司,如探囊中物。其它发摘奸伏,盘根错节,迎刃而解,皆此类也。于是邑人号称神明。此无他,以静制动,以逸驭劳,而精神智虑,不渫汩困惫于簿领米盐间耳。然则名阁之意,岂慕言偃在武城,宓不齐在单父而徒设哉。

按图经,唐县令元子暂有遗爱亭,今亡而迹不可寻。皇宋太常博士苏侯缄为县时,创浮梁以跨巴江,有善政,至今民指为"遗爱",而无碑识。岁月将来,事与时迁,有志者徒惜其将遂湮没焉。今吾侯有善政惠此邦,愿以是阁,托"遗爱"于将来,而书其梗概,亦俾来者知阁之深意,不在彼而在此也。

宋·甘泳·晚立黄洲

今度阑干倚,苍茫入暮天。碧溪分市井,华屋乱云烟。

钟隔春来树,灯流夜去船。惜哉题柱壮,琴动凤凰弦。

宋·黄丙炎·戒石亭记

戒石铭之立其来尚矣,崇仁公宇旧植碑有亭。岁丁丑(1277)毁,弗克修;越八岁,新郑韩令君实来与同僚协议,建置以朝夕鉴观焉,书曰:"天聪明自我,民聪明天明;天明畏自我,民明威达于上下敬哉。"有士传曰:"无君子莫治野人,无野人莫养君子,通古今一理也。"朝廷设官制禄,所以代天养民,郡县承流宣化,所以忠君报国食焉,而怠其事,犹有天殃。况仇视蚩蚩之氓,临之以威,怵之以祸,诬之以罪,蹒籍而椎剥之甚矣,其不知天命而不畏也。嗟乎!簿书期会,弦急丝棼、效能结知,岂无他事?而吾邦抚字之官旦旦焉,惟民瘼是求,有亭翼然炯戒,森列朝夕,对越施及,方来非识,其大者能之欤,恺悌君子,神所劳矣。邑人黄丙炎书,至元乙酉(1285)八月达鲁花赤麻合谋,县尹韩廷玉等立。

元·吴澄《登抚州新谯楼》

至顺壬申十有一月下弦之后,登新谯楼,缅怀王丞相、陆先生之流风,成古诗一章,奉呈同志诸友:

吾邦山水秀,雄丽冠江右;魏接横中天,阔视纳宇宙。
怀哉二前闻,吸料得醇酎;身操冬雪明,心由秋月彀。
运转八弦钧,继缵百圣胄;纯气古难齐,卓卓尚徽疢。
嗟予二三友,高举第一手;杅糜无色石,密补九天漏。

元·吴澄·劝学

三十年前好用工,男儿何者谓英雄? 世间有事皆当做,天下无坚不可攻;
万里行方由足下,一毫非莫入胸中。拳拳相勉无他意,三十年前好用工。
三十年前好用工,日间莫只恁从容。养成骄习皆因富,蹉过流光只为慵;
人不修为何异兽,蛇能变化即成龙。拳拳相勉无他意,三十年前好用工。
三十年前好用工,为师不过发其蒙。十分底蕴从人说,百倍功夫自己充;
旧学要加新学养,今朝不与昨朝同。拳拳相勉无他意,三十年前好用工。
三十年前好用工,过时学力强求通。从头莫枉青春日,丱角俄成白发翁;
既冠当除婴孺态,居今贵有古人风。拳拳相勉无他意,三十年前好用工。

元·虞集·《风入松·寄柯敬仲》

画堂红袖倚清酣。华发不胜簪。几回晚直金銮殿,东风软、花里停骖。书诏许传宫烛,香罗初翦朝衫。

御沟冰泮水挼蓝。飞燕又呢喃。重重帘幕寒犹在,凭谁寄、银字泥缄。为报先生归也,杏花春雨江南。

元·虞集·《南乡一剪梅·招熊少府》

南阜小亭台,薄有山花取次开。寄语多情熊少府;晴也须来,雨也须来。
随意且衔怀,莫惜春衣坐绿苔。若待明朝风雨过,人在天涯! 春在天涯!

元·吴当·凤冈隐居

凤凰千仞冈,中有隐者庐;流水绕屋下,青山当座隅。

邻曲不在多,聊可共耕锄;种菊秋露重,鬭花春雨余。
松下挥鸣弦,凉风满庭除;振衣红尘表,濯缨清水渠。
虚名果何益,此乐将焉如;伊人幸同姓,行矣巾吾车。

元·吴景南·芙蓉山

万仞苍苍架碧岑,强追健步寄登临。青林疏瘦秋云淡,红树通明夕照深。
瓜削断崖缘鸟道,松号空谷作龙吟。山灵欲换诗人骨,尘外天风洗客襟。

元·邓启·沸湖山

竹石飘飘雪作衣,沸湖务与莫相违。青天云自海上出,白昼雨从山下飞。
峡角双厓西面削,石梯一径北来微。百神长获蛟龙剑,时斩群妖奉国威。

明·吴溥·春日雨中示友人

二月已过三月临,茅堂寂寥常雨阴。梅花白白落已尽,杨柳青青浑未深。
何日新晴出山郭,及时行乐称春心。应须载酒穷幽赏,烂醉扶肩过竹林。

明·吴与弼·春日

物我悠悠付两忘,暮春天气体平康。奇花杂映阶前烂,佳木频分户牖香。
童冠芳盟六七辈,圣贤名教两三行。呼儿杖策嬉游罢,又复高眠向北窗。

明·吴与弼·日录(两则)

南轩读《孟子》甚乐,湛然虚明,平旦之气略无所挠。绿阴清昼,熏风徐来,而山林阒寂,天地自阔,日月自长。邵子所谓"心静方能知白日,眼明始会识青天",于斯可验。

枕上默诵《中庸》,至"大德必受命",惕然而思:舜有大德,既受命矣;夫子之德,虽未受命,却为万世帝王师,是亦同矣。嗟乎!知有德者之应,则宜知无德者之应矣,何修而可厚吾德哉!

明·徐霖·爆竹

捣罢玄霜束缚成,街衢联袂恣横行。凿开混沌微通窍,钻破诗书遂有声。

用火策攻因见弃,与雷争敌恐动勃。见童无赖偏怜汝,岁晚江湖处处惊。

明·吴宣·吴文正公祠

道契山中访友初,草庐祠下扫寒芜。六经日月浑无夜,万古贞元自此符。
黄阁梦回空北极,紫元云净小东吾。补天功果谁能就,密炼元精依太虚。

明·吴道南·秋日有怀

万壑清秋雾不封,悠悠溪渚淡芙蓉。迢关寒逼来征雁,旷野风高度远钟。
只自斗瞻祈向往,不妨道阻隔游从。行行堤路樵歌晚,木落天空立数峰。

明·周蕭·惠民仓记(摘选)

大哉! 君侯之用心也。先民谓:"仓廪实,知礼节;衣食足,知荣辱。"夫食,民之天也,国家以之昌炽,士女以之姣好,礼义以之行,而民以之安也。苟慢不理,百病交作。惟我朝太平日久,监古视今,安危之机,殆不出此,此君子所以思患,而预防之也。群生赖之,四方则之元气,固而风俗美,用世之心,不其大哉?

然侯之心,独不惟是,雨化芹庠,风动草野,环封钧诵弦声,秋榜得人之盛,足征也。兹简在,为舟楫,为盐梅,霖雨八荒,扩此心而已矣。

崇勋茂德,将铭彝鼎,被笔弦,琐琐瞽说,能形容万一哉。第辱侯忘势之遇,诸君克成人之美,故强颜觍缕,又从而歌之。

清·威凤·龙严寺访友

三年经旧路,二月小桃红;看遍山原色,言归烟水空。
春天随意雨,溪口自来风;薄暮荆扉启,寒灯竹影中。

清·陈一鸿·重修黄洲桥记(道光元年)

黄洲桥跨南北两城,唐以前无考。宋嘉佑中,邑令苏缄作浮梁,建炎四年春正月坏于寇;移下流不利,绍兴九年姜邦光复建于旧所,邑人邓辅记。淳祐八年,邑人议刱(创)石梁,越十五载,景定三年邑令史百之成其事,未几燬。咸淳庚午岁,署令赵若溍更新之,费万余缗文,文山先生书榜曰:黄洲桥;知州事黄震记。明成化辛丑岁夏燬,知县陈翱督邑人重新之,历五载功竣,邑人吴宣记并书"黄洲桥"额。正德辛巳岁圮于水,相沿四十七载至隆庆丁卯岁义妇王德平妻陈氏,承故夫志,独力修之,经始于丁卯岁夏,落成于庚午岁春,费两千余金,署县张起潜命改名曰"德平桥",郡守杨世华记。万历四年五月,大水坏墩石,王陈氏复捐三百金加修,罗汝芳记,万历十八年煅;义士刘天启独力修之,期年葳事,费二千余金,知县裴彬命改名曰"天启桥",邑人吴道南记。崇祯五年煅于寇,十一年邑廪生吴道立捐金劝修,经营三载,共费缙三千有奇。国朝顺治十三年及十五年大水损墩,知县谢胤璜两次修补记之。雍正十年、十一年叠被大水摧毁,邑绅士等募化石墩,上架于木,乾隆三十年知县沈梦龙劝捐重修石墩下七门,上屋八十楹,中建阁,祀关帝,约费四千余金。五十二年七月灾,石墩俱坏,邑绅士聚金数百,暂架浮梁,节年修补。嘉庆七年,知县罗攀桂偕邑宦陈凤翔劝集绅士四十人,各捐银二百两,将旧墩悉改造,又劝谕合邑四民乐轮襄事,仍旧上架竖木,并造屋四十八楹,中建阁,祀许真君,南北合竖牌额,旧观音阁建于桥北,旧关帝阁建于桥南,共费白金壹万捌仟两有奇,经始嘉庆十一年至二十一年落成。道光元年岁辛巳四月五日,煅于桥上油火店。以桥存产息成浮桥,费千缙有奇,内短费二百,署令王荣发商于职员谢廷恩,将所捐育婴堂银两挪用,桥始告成。

清·陈夔龙·梦蕉亭杂记
摘自《梦蕉亭杂记》卷一

虫声四壁,皓月在天,庸庵居士与儿辈纳凉于梦蕉亭。花阴深处,默数年华,忽忽已六十八甲子矣。后此之岁月如何,天公主之,诚不敢自料。而前此一生之经历,暨耳所闻,目所见,虽无可述,亦有足资记忆者。爰成随笔若干条,命儿子昌豫录之,名曰《梦蕉亭杂记》。宣统三年后甲子年七月十三日也。

余生平百无一长,所堪自信者,律身惟一"俭"字,治事惟一"勤"字,待人惟一"恕"字。克勤克俭,大禹所以传心。"恕"字,终身可行,又吾夫子自勖,并以勖弟子者。圣贤功业非所敢期,但得其绪余,亦可以饬躬行而经世变。小子识之。

自惟由少而壮,由壮而老,无日不在怵惕惟厉中。甫届八龄,严亲见背,茕茕在疚,惟孀母是依。是为余孤苦时代。弱冠幸登贤书,南宫累次报罢。幸而获售,已近中年。埋首郎潜又十余载。自分冯唐白首,巷遇无期。是为余沉滞时代。厥后遭际时会,擢授京尹。督漕一稔,遂抚汴吴。未绾蜀符,旋移湖广。今上初元,复拜北洋之命。不知者群诧官符如火,实则受恩愈重,报称愈难。夫变每生于不测,而祸旋中于所忽。积薪厝火,岂敢谓安?是为余忧患时代。国变以来,侨居沪渎,乡关万里,欲归不得。末疾纠缠,已逾十载。桐悲半死,杨岂生稊。是为余衰病时代。自兹以往,未之或知。佛法谈过去身与未来身,究不若现在身迹象可寻,非同向壁虚造也。

附三　部分官名身份名称注释检索

（对正文部分人物简介所涉及的部分官职或身份名称作出简约注释。为查阅方便，以音节字母顺序分类，有重复不再列举。因资料来源不一，加之古代官职设置繁杂，遗漏、误差难免，乃作读者参考之用。）

B

1. 拔贡：选举名目。科举制度中由地方贡入国子监的生员之一种。明朝泛指增拔贡生之制。清顺治元年（1644）沿明选贡之制，令学臣补足廪生以选拔其优秀者。将优越者以知县、教职用，其余以教职轮班序选。准贡不授官。

2. 兵部尚书：官名。魏晋南北朝置五兵尚书、七兵尚书，掌军事枢务。隋、唐置此为尚书省兵部长官。唐朝多由宰相兼任或为外官带职，神宗元丰（1078—1085）改制后，始成为职事官，从二品。南宋与侍郎往往不并置。熙宗天眷三年（1140）始分置，正三品。元初或与刑、工部合署，员额不等，后分置，定置三员，正三品。明太祖洪武十三年（1380）罢中书省，遂直隶皇帝，管理军政，职权颇重。天顺（1457—1464）初罢。清朝顺治元年（1644）改承政置，满、汉各一员，满员正一品，汉员正二品。光绪三十二年（1906）兵部改名陆军部，遂废。

3. 宝章阁直学士：宋官名。宝庆二年（1226）置，掌佐学士保存好阁藏宁宗御制。置学士、直学士、待制等官。掌校理图籍，六品以下称直学士，宋龙图、天章、宝文等各阁皆有学士、直学士。直学士：官名。唐置。凡官资较浅者，初入直馆阁，为直学士，班在学士下，待制上。

4. 编修：官名。①历朝掌奉敕编修有关书籍的官员，又称编修官。宋朝始置，分设于国史院、实录院、枢密院，随事而设，无定员。明、清沿置。凡有编纂任务时则选任，事竣则罢。②翰林院官员。元朝置为翰林院国史馆属官。明、清沿置，为翰林院史官，地位低于修撰。一般以殿试一甲第二、三名，及二甲进士留馆者充任。

5. 宝章阁待制：宋官名。宝章阁，宝庆二年（1226）置，藏宁宗作品，置学士、直学士、待制等官。参考"宝章阁学士"条。

6. 布政使：官名。明初，沿元制。亦称"藩司"，或称"方伯"。明清各直省承宣布政使司之主官。掌一省之政令与财赋之事。明洪武九年（1376）设，秩正二品。宣德三年（1428）定十三布政使司之制。初置藩司，为一省最高行政长官，与六部均重。后专设总督、巡抚等官，其权渐轻。清顺治（1644—1661）中沿设。康熙六年（1667）去左、右系衔，止设一人，为从二品。全国十八个直省，共设十九人，唯江苏设二人。台湾省亦曾设一人。自乾隆（1736—1795）以后，督抚成为固定之封疆大吏，布政使遂为属官，与按察使合称两司。

7. 榜眼:榜眼是中国科举制度中在殿试中,取得进士第二名的名称,与第一名状元、第三名探花合称"三鼎甲"。

C

8. 丞相:古代辅佐君主的最高行政长官。战国秦悼武王二年始置左右丞相。秦以后各朝,时废时设。明洪武十三年革去中书省,权归六部,至此,丞相之制遂废。(丞相制度于明太祖朱元璋在杀了丞相胡惟庸后废除,同时还废除中书省,大权均集中于皇帝)

9. 漕运使:官名。明洪武元年(1368)沿元制置京畿都漕运司,设漕运使,秩正四品,掌漕运之事。办理衙门内部事务的属官有知事,正八品,提控案牍,从九品;办理漕运事务的属官有监运,正九品;洪武十四年(1381)罢。漕运是利用水道(河道和海道)调运粮食(主要是公粮)等物质的一种专业运输。漕运使是管理漕政部门的官员。

10. 崇政殿说书:官名。北宋景祐元年(1034)置,为皇帝讲解经书史传,并备顾问应对,以士人官秩低、资历浅而学识可备讲说者充任。一说宋初曾置此官,其后废罢,景祐元年复置。四年,改为天章阁侍讲。庆历二年(1042),复为崇政殿说书。元丰改制,定为从七品。南宋侍从以上兼经筵称侍讲,庶官则称崇政殿说书。

11. 参知政事:官名。唐太宗贞观十三年(639),始以尚书左丞刘洎为黄门侍郎、参知政事。其后,非三省长官而加此衔者为宰相。宋太祖乾德二年(964),置为副宰相,辅助宰相处理政事。元朝置为执政官,从二品,职位次于左、右丞,为副宰相,参议政务,同署中书省事。明初沿置于中书省,从二品,洪武九年(1376)废。

12. 参议:官名。参与谋议之意。《后汉书·班固传下》:"永元初,大将军窦宪出征匈奴,以固为中护军,与参议。"金军中、元、明中书省属官,明布政司、通政司,清各部,民国初高级军事机关,均置"参议"。明于布政使下设左、右参议,无定员,分守各道,并分管粮储、屯田、清军、驿传、水利等事。清末改革官制,各部于左、右丞下设左、右参议,掌审议有关部务法令。

13. 承事郎:散官名号。北宋始置。前期为正八品下文散官。神宗元丰三年(1080)后改置为新寄禄官,正九品。取代旧寄禄官大理评事。金再置为文散官,以授正八品下文官。元朝沿置,改文官正七品,敕授。明为文官正七品,初授。

14. 朝奉郎：官名。北宋前期，为正六品上文散官。神宗元丰三年(1080)废文散官，用为文臣新寄禄官，取代旧寄禄官后行员外郎、左右司谏，正七品。

D

15. 达鲁花赤：官名。蒙古语，意为镇守者。汉译宣差。蒙古征服许多民族、国家，在中原、中亚、西南亚、东欧各主要地区、城镇，皆设达鲁花赤监治，掌实权。元朝建立后，路、府、州、县录事司及南方少数民族地区长官司皆设此职。军队中除蒙古军、蒙古探马赤军外，其他各族军队在元帅府、万户府、千户所皆设此职，以监军务。亦设于宝钞库、运粮提举司等重要官署，各大寺院总管府、营缮司，皇室及各投下所属人匠总管府等官衙。达鲁花赤由各该诸王驸马以陪臣充任。世祖至元二年(1265)规定，各路达鲁花赤必须由蒙古人或个别出身高贵的色目人担任，汉人、南人一律不得任此职。县达鲁花赤通常为六品，地位、权力都凌驾于县令之上。

16. 都大司检踏官：是比外都水监低一级的河道管理机构，名"修河司"，全称"都大提举修河司"，简称"都大司"，先后隶属于河渠司和都水监。暂无"检踏官"资料。

17. 东宫讲堂掌书：古代太子府职掌符节及文史记载的官。

18. 大都路儒学教授：学官名。宋代除宗学、律学、医学、武学等置教授传授学业外，各路的州、县学均置教授，掌管学校课试等事，位居提督学事司之下。元代诸路散府及中州学校和明清的府学亦设教授掌教授所属生员。

19. 东厂太监：东厂，官署名。即东缉事厂，中国明代的特权监察机构。明成祖于永乐十八年(1420年)设立东缉事厂(简称东厂)。由大内宦官担任首领太监"总督东厂"。主要侦查以反叛乱、捕拿异议分子为主。东厂是世界历史上最早设立的国家特务情报机关，其分支机构远达朝鲜半岛。明中叶后期锦衣卫与东西厂并列，活动加强，常合称为"厂卫"。东厂权力在锦衣卫之上，只对皇帝负责，不经司法机关批准，可随意监督缉拿臣民，从而开明朝宦官干政之端。

20. 东宫直讲学士：官名，亦称"东宫学士"。南朝梁、陈置，此职为左春坊下辖崇文馆，为太子的学馆，任者皆为才学之士，由学士、直学士主之，内设学士、校书、令史等官，学士掌东宫经籍图书，教授诸生。

21. 东阁大学士：官名。明朝置。掌献替可否，奉陈规海，点检题奏，票拟批答，以平允庶政。凡上之达下，皆起草进画，以下之诸司。下之达上，皆审署申覆而修画，平允乃行之。凡车驾郊祀、巡幸则扈从。御经筵，则知经筵或同知经筵事。东宫出阁讲读,则领其事,叙其官,而授之职业。冠婚,则充宾赞及纳征等使。修实录、史志诸书,则充总裁官。春秋上丁释奠先师,则摄行祭事。会试充考试官,殿试充读卷官。宗室请名请封,诸臣请谥,并拟上。因其授餐大内,常侍天子殿阁之下,避宰相之名,又名内阁大学士。(《明史·职官一》)

22. 督学:明、清派驻各省督导视察教育行政及主持考试的专职官员。督学又称"视学"。视察、监督及指导学校、教育行政机构及其他教育部门工作的教育专业人员。中国清代提督学政的别称。从行政层面划分,督学包括国家督学和地方督学。从职业属性划分,督学又分为专职督学、兼职督学、特邀督学。

23. 督军:中国古时地方军政长官。汉代曾设督军御史。三国时尚有,为监军之官。北洋军阀时期将地方的军政长官都督改称督军(如省督军)。

24. 道台:根据清代的官阶制度:道员(道台)是省(巡抚、总督)与府(知府)之间的地方长官。清初的道员官阶不定,乾隆十八年(1753年),道员一律定为正四品。清代各省设道员,或有专责,或作为布、按副使。专责者有督粮道或粮储道,简称粮道;又有管河道和河工道,简称河道。官则有的单设,多数为兼任。其他如驿传道、海关道、屯田道、茶马道等,一般由当地同品级官员兼道员。作为布、按副使,有分守道和分巡道。初设只辖一府,或数道同辖一府,后来有的统辖全省,有的分辖三四府之地。为此,守、巡二道由原来临时性差使变为固定的地方长官。而且前此守道主管钱谷,巡道侧重刑名,久之两者各加兵备衔,所掌渐趋一致。

25. 大理寺丞:官名,北齐于大理寺卿、少卿之外置大理寺丞,为卿的佐官。隋初沿置。唐代复为大理寺丞,掌分判寺事,正刑之轻重。其断罪不当,则由大理寺正纠正之。所以大理寺正是大理寺的高级法官,大理寺丞是次级法官,与别的寺丞为衙署内部事务官的性质不同。明大理寺自少卿以下寺丞、寺正等官都分左右两职,其用意在便于分区任事和互相稽察。寺丞正五品,其地位高于寺正(正六品)。清代以左右寺丞分掌左右二寺。

26. 殿中丞:官名。殿中省佐贰官。唐高祖武德三年(620)改殿内丞置,员二人,从五品上协助殿中监、少监处理本省日常事务,兼勾检稽失,省署抄目。北宋前期为五品寄禄官,神宗元丰(1078—1085)改制后罢,徽宗崇宁二年(1103)复置,员一人。辽朝亦置,为南面朝官,隶殿中司。

27. 端明殿学士:官名。五代后唐明宗天成元年(926)置,掌四方书奏,多由翰林学士充任,班在翰林学士之上。北宋初沿置,太宗太平兴国五年(980)改文明殿学士,后不复除授。仁宗明道二年(1033)复置,与文明殿学士并存。徽宗政和四年(1114)改为延康殿学士,南宋高宗建炎二年(1128)复旧名。后签书枢密院者多带此职。与诸殿学士同掌出入侍从,以备顾问。

28. 迪功郎:官名。宋朝始置。徽宗政和六年(1116)改原将仕郎置,为从九品寄禄官。明朝沿置为文散官,文官正八品,初授。

F

29. 奉政大夫:文散官名。金朝设此官,为文职正六品封阶,上称奉政大夫,下称奉议大夫。元代升为正五品。明朝正五品初授为奉议大夫,升授为奉政大夫。清朝沿用明制。

30. 副榜贡生:简称副贡,科举制度中,贡入国子监的生员之一种。清制,在乡试录取名额外列入备取,可入国子监读书,称为"副榜贡生",故简称副贡。

G

31. 国子监祭酒:官名。隋始置,为国子监的长官,掌儒学训导之政。唐国子监祭酒为从三品,宋改为从四品,元升为从三品,明又改为从四品,员额均为一人。清制品秩同明,员额为满、汉各一人。辖下有监丞等辅佐官职。

32. 国子司业:参考"司业"条。

33. 国子监丞:官名。隋炀帝大业三年(607)国子监置三员,从六品。唐朝国子监沿置,一员,从六品下,掌判本监事务。北宋仁宗景祐二年(1035)置一员,以现任学官充任,或以京朝官、选人充;神宗元丰(1078—1085)改制,置一员,正八品,参领监事。元世祖至元二十四年(1287)于集贤院国子监置一员,正六品,专领监务。明洪武十五年(1382)改学为监。清朝国子监置满、汉各一员,初满员五品,汉员八品,后并改正七品;光绪三十一年(1905)省入学部,嗣以文庙、辟雍典礼隆重,仍置以分治其事。

34. 国子监:中国古代最高学府和教育管理机构。晋武帝司马炎始设国子学,至隋炀帝时,改为国子监。唐、宋时期,国子监作为国家教育管理机构,统辖其下设的国子学、太学、四门学等,各学皆立博士,设祭酒一人负责管理。元代初设国子监,属集贤院,下辖国子学,设置祭酒、司业,掌管教令;此外另设蒙古国子学、回回国子学,亦称国子监,以示与汉人、南人之区别。明清两代,国子监兼有国家教育管理机构和最高学府的双重性质。明代国子监规模宏大,分南、北两监,各设在南京与北京。清沿袭明制,国子监总管全国各类官学(宗学等除外),设置管理监事大臣一员;祭酒满、汉各一员;司业满、蒙、汉各一员。另外还设监丞、博士、典簿、典籍等学官。

35. 国子助教：学官名。协助博士教授国子学生徒儒学。唐朝国子监国子学置五员，从六品上，佐博士分经教授。北宋沿置，神宗元丰（1078—1085）改制罢。元朝集贤院国子监国子学置四员，分教各斋生员，蒙古翰林院国子学亦置二员，与教授并为正八品。元惠宗至正二十五年（1365）朱元璋置国子学，亦设，吴元年（1367）定置一员，从八品，明洪武十五年（1382）改国子监助教，直隶国子监，分属六堂。

36. 国史院编修：官署名。掌修国史。宋初于门下省置编修院掌修国史，事毕即罢。神宗元丰（1078—1085）改制后，每修前朝国史则置。绍圣二年（1095）改隶秘书省。南宋时，每置即以宰相提举。其属有修撰、同修撰、检讨、编修等，皆以他官兼充。元朝置翰林兼国史院。编修。明清翰林院设编修，并无实质职务详细解释官名。明、清属翰林院，位次修撰，与修撰、检讨同为史官。

37. 国子生：指在国子学或国子监肄业的学生。一般为官员子弟，晋代规定五品以上官子弟方许为国子生；唐代规定为文武官三品以上及国公子孙，从二品以上官曾孙；宋代为京官七品以上子孙；元代随朝蒙古、汉人百官及怯薛歹（禁卫军）官员子弟，可入选蒙古国子学。明清入国子监肄业者称"监生""贡生"。

38. 国子博士：学官名。西晋武帝咸宁（275—280）中立国子学，置一员，以教授生徒儒学，取履行清淳、通明典义者为之，隶国子祭酒。地位高于太学博士。隋朝国子寺国子学置五员，正五品上，文帝仁寿元年（601）罢，唯置太学博士；炀帝大业三年（607）改置国子监，国子学置一员，正五品。唐朝国子监国子学置五员，正五品上，掌教三品以上及国公子孙、从二品以上曾孙为学生者，分掌《周礼》《仪礼》《礼记》《毛诗》《春秋左氏传》五经，求仕者上于监。北宋初为五品寄禄官，神宗元丰（1078—1035）改制罢，徽宗大观元年（1107）复置四员；南宋高宗绍兴三年（1133）改置二员，正八品。元朝集贤院国子学置二员，正七品，掌教授生徒、考较儒人著述、教官所业文字；蒙古国子监亦置二员，正七品，掌教习诸生。元末乙己（1365）朱元璋置国子学而设，吴元年（1367）定制，置一员，正七品，明洪武十五年（1382）改置"五经博士"。

39. 给事中：官名，秦朝始置，汉因之。为列侯、将军、九卿、谒者、博士、议郎等之加官。无论其官位高低，有了这个加衔，就可出入宫廷禁中。给事，原义为"供职"；中，指宫廷禁中，故名给事中。其职责是侍从皇帝左右，备顾问应对等事。

40. 国史馆誊录：誊录就是抄写员。清代史馆要求很严，按规定，凡誊录缮写不工,要驳回重写,甚至罚令赔写,"誊录多系贫苦书生,既恐误公,又惧赔累,不得不出赀雇请好手缮写。"

H

41. 翰林学士:官名。唐玄宗开元初以张九龄、张说、陆坚等掌四方表疏批答、应和文章,号"翰林供奉",与集贤院学士分司起草诏书及应承皇帝的各种文字。德宗以后,翰林学士成为皇帝的亲近顾问兼秘书官,常值宿内廷,承命撰拟有关任免将相和册后立太子等事的文告,有"内相"之称。唐代后期,往往即以翰林学士升任宰相。北宋翰林学士仍掌制诰。清代以翰林掌院学士为翰林院长官,其下有侍读学士、侍讲学士。清末复置翰林学士,仅备侍读学士的升迁。

42. 翰林直学士:翰林院正四品学士。

43. 翰林修撰:官名。金置,属翰林学士院,秩从六品,员额不限,掌与翰林待制同。

44. 翰林侍讲学士:官名。掌侍讲经史。唐始设,初属集贤殿书院,职司撰集文章、校理经籍。宋时由他官之有文学者兼任,如邢昺以国子祭酒为侍讲学士。属翰林学士院。元明清翰林院均置此职,品等为从四品,讲论文史,甚为清闲。

45. 翰林待制:官名。唐置。文明元年(684),诏京官五品以上清官,日一人待制于章善、明福门,备皇帝顾问,称为待制。后人数渐多,设立官署,渐成官名。宋因其制,于殿、阁均设待制之官,如"保和殿待制""龙图阁待制"之类,典守文物,位在学士、直学士之下。翰林院亦是。

46. 翰林院检讨:官名。掌修国史,唐宋均曾设置,位次编修。明清属翰林院,从七品,常以三甲进士出身之庶吉士留馆者担任。

47. 翰林院庶吉士:庶吉士介于官与非官之间,等于候补翰林官。每届从新进士中挑选文章、书法都好的进翰林院学习,以侍读、侍讲为教习(教师),以督其课业。三年期满再经考试(散馆考试),入选者,按等第分别授职。原二甲进士授翰林院编修(原一甲三人,不经庶吉士学习阶段已授修撰、编修,但得经散馆考试),原三甲授翰林院检讨。不入选者,内用为六部主事、内阁中书,外用为知县(县长)。清朝沿用明制。

48. 会试磨勘试卷官:官名,简称"磨勘官"。科举制度中负责磨勘试卷之官员。清制,乡、会试磨勘官,于揭晓前由礼部请旨派出。

J

49. 进士:本指地方贡举的人才。后来逐渐成科举进士科及第者的名称。其称始见于《礼记·王制》:"大乐正论造士之秀者,以告于王,而升诸司马,曰进士。"郑玄注:"进士,可进受爵禄也。"唐代作为经州县考试后解送朝廷考生之通称,意为由地方"进"给中央之士,亦称举人、贡士。史传常有"举进士"之语,此"进士"即指应试之人。考试后录取者称"赐进士及第"。宋沿唐制,进士科举人殿试合格,按五甲等级,授予进士及第、进士出身、同进士出身后,方为"登科"。辽、金、元亦作为对殿试录取者之通称,凡中进士,即得授官。明、清沿前制。

50. 举人:举人是本谓被荐举之人。汉代取士,无考试之法,朝廷令郡国守相荐举贤才,因以"举人"称所举之人。唐、宋时有进士科,凡应科目经有司贡举者,通谓之举人。至明、清时,则称乡试中试的人为举人,亦称为大会状、大春元。中了举人叫"发解""发达",简称"发"。习惯上举人俗称为"老爷",雅称则为孝廉。

51. 经筵讲官:官名。为帝王讲解经史的官员。宋代始设此官,为皇帝讲解经义,但无经筵名。宋凡侍读、侍讲学士及侍读、侍讲、崇政殿说书皆称经筵官,遂有经筵之称。元有奎章阁学士院兼经筵官。明、清侍读、侍讲学士等为翰林院官员,而实际为皇帝进讲官员为经筵讲官,由翰林出身大臣兼充,但进讲渐成具文。清又有日讲起居注官,掌侍直起居,记皇帝言行,由翰林官兼充,实际亦为虚衔。

52. 监察御史:官名。亦称监察侍御史,简称御史、侍御。唐朝置于御史台下属之察院,常从京畿县尉中选任,颇为朝官所惮。北宋初常用作加官,御史台亦置。神宗元丰(1078—1085)改制后,置为正员职事官,分察六部、百司政务,纠其谬误,监祠祭、定谥之事,官卑而为之者,称里行。南宋亦置,掌外出纠察铸监等。元朝复隶御史台察院。明初为御史台属官,太祖洪武十三年(1380)废,十五年置都察院,唯置监察御史为其属官,其外出巡按者号为代天子巡狩,考察藩服大臣、府州县官,举劾之权尤重,大事奏议,小事立断。清朝大体沿置,光绪三十二年(1906)改设掌道御史、协道御史,其名遂废。

53. 集贤院修撰:官名。唐宋置集贤殿修撰,掌撰集文章。元亦置集贤院修撰一人,秩从六品。

54. 军师:《史记·孙子吴起列传》中叙述了"军师"一职的最早记载。它不但说明了"军师"作为统帅助手,"坐为计谋"的行事特点,还特别表明了国君平时对其"遂以为师"的特殊尊重态度。换言之,平时为"君师",作战时则为"军师"。

这就是军师的地位和这一职务的来历。

55. 井田科：官署名。清朝户部所属机构。雍正十二年(1734)置，以福建司选缺满洲郎中领其事。下设郎中、员外郎、主事无定额，由本部堂官酌派，唯有经承二人乃定制。掌核八旗土田、内府庄户，管理入官房宅地亩及征纳岁租之事。光绪三十二年(1906)裁。

56. 江南河道总督：官名。又称南河河道总督。清朝督理江南河道之最高长官。总督江南河道，掌理黄、淮汇流入海，南北运河泄水行漕及瓜州江工，支河湖港疏浚、堤防之事。雍正七年(1729)改总河设，驻清江浦，并设副总河一人襄理河务。十二年移驻兖州。乾隆二年(1737)省副总河，其后省置无恒。咸丰十年(1860)南河事务归漕运总督兼管，遂裁。

57. 经筵日讲：经筵日讲是汉唐以来帝王为讲论经史而特设的御前讲席。宋代始称经筵，置讲官以翰林学士或其他官员充任或兼任。宋代以每年二月至端午节、八月至冬至节为讲期，逢单日入侍，轮流讲读。元、明、清三代沿袭此制，而明代尤为重视。除皇帝外，太子出阁后，亦有讲筵之设。清制，经筵讲官，为大臣兼衔，于仲秋仲春之日进讲。

58. 谏议大夫：官名。秦置，专掌论议。唐初置。高宗龙朔二年(662)改正谏大夫。宋初为寄禄官，多别领其他职任而不专言职。神宗元丰(1078—1085)改制，左隶门下省，右隶中书省，复专掌讽谕规谏，凡朝政阙失，大臣至百官任非其人，三省至百司事有失当，皆得谏正。南宋高宗建炎二年(1128)兼领登闻检、鼓院。李自成于崇祯十七年(1644)进入北京后，改六科给事中置，职掌如故。

59. 将仕郎：官名。隋炀帝大业三年(607)始置，属谒者台，掌出使。唐朝定为文散官。宋初因之。神宗元丰三年(1080)废。徽宗崇宁二年(1103)置为选人新阶官，取代旧阶、官军巡判官，司理、司户、司法参军，县主簿、尉。政和六年(1116)改为迪功郎，同时改假将仕郎为将仕郎。金朝置为文散官。元朝改敕授。明朝为文散官，初授。

K

60. 奎章阁：全称"奎章阁学士院"，官署名。元朝置。秩正二品，设于文宗天历二年(1329)，掌聚集文人学士，鉴赏文籍，兼备皇帝咨询。置大学士二员，正二品；侍书学士二员，从二品；承制学士二员，正三品；供奉学士二员，正四品。下辖群玉内司。顺帝至元六年(1340)罢。

L

61. 郎官:官名,其义同"郎",古代盖为议郎、中郎、侍郎、郎中等官员的统称。战国始有。秦汉属郎中令。除议郎外,凡郎官皆掌持戟值班,宿卫诸殿门,出充车骑或侍从左右。亦随时备帝王顾问差遣。武帝从董仲舒议,始使郡国每年保荐孝廉为郎中。两汉郎官常有出任地方长吏的机会,时人视为出仕的重要途径。

62. 礼部侍郎:官名。为礼部主官,地位仅次于尚书。隋炀帝大业三年(607)始置,一人,佐礼部尚书掌部事。唐高祖武德七年(624)罢,太宗贞观二年(628)复置。中唐以后,诸部尚书多为外官兼职,礼部事务实由侍郎主之。五代沿置。北宋前期为四品寄禄官,神宗元丰(1078—1085)改制后,始领本职,与尚书共掌礼部事。元世祖中统元年(1260),礼部与吏、户二部为左三部,共置侍郎二人;后礼部自立,定设侍郎二人。明初沿元制。清沿明制,宣统三年(1911),礼部改典礼院,其称遂废。

63. 礼部郎官:参见"郎官"条。

64. 郎中:郎中属员外级,就是分掌各司事务,其职位仅次于侍郎的高级官员。郎中本是官名,即帝王侍从官的通称。其职责原为护卫、陪从、随时建议,备顾问及差遣。秦汉治置。后世遂以侍郎、郎中、员外郎为各部要职。侍郎是汉代郎官的一种,本为宫廷的近侍。东汉以后,尚书的属官,初任称郎中,满一年称尚书郎,三年称侍郎。

郎中作为医生的称呼始自宋代。尊称医生为郎中是南方方言,由唐末五代后官衔泛滥所致。

65. 礼部郎中:参见"郎官"条。

66. 礼部尚书:官名。北魏始置,为中央行政机构六部之一礼部的最高行政长官,掌礼仪、祭祀、宴享及学校之政令,总判部属各司事。唐朝置一人,正三品,高宗龙朔二年(662)改称司礼太常伯。唐中叶以后,诸部尚书多为外官兼官。北宋前期为三品寄禄官,不任本职。神宗元丰(1078—1085)改制后,始实领礼部事,升为从二品。元朝改属中书省,初设二员,成宗元贞元年(1295)增一员,共三员,正三品。明初以废中书省,六部尚书直隶于皇帝,事权提高,升为正二品,额一员。清沿明制,初以承政为礼部长官,顺治元年(1644)改承政为尚书。初制,满员一品,汉人二品。至雍正八年(1730),满、汉尚书俱定为从一品。宣统三年(1911),礼部改典礼院,遂废。

67. 两江总督:正式官衔为总督两江等处地方提督军务、粮饷、操江、统辖南河事务,是清朝九位最高级的封疆大臣之一。驻江宁(今南京),总管江苏、安徽和江西三省的军民政务。由于清初江苏和安徽两省辖地同属江南省,因此初时该总督管辖的是江南和江西的政务,因此号两江总督。正二品,加兵部尚书或都察院右都御史衔者为从一品。

68. 礼部郎官:礼部郎中、员外郎通称。隋文帝开皇年间,于尚书省各司置员外郎 1 人,为各司之次官。唐宋沿置,与郎中通称郎官。明清各部仍沿此制,以郎中、员外郎、主事为三级司官,得以递升。员外郎简称外郎或员外,通称副郎。清代除六部外,其他官署如理藩院、太仆寺、内务府均设员外郎。

M

69. 秘书郎:官名。三国魏始置,属秘书省,掌管图书经籍,或称"秘书郎中"。唐代一度改称"兰台郎"。明初并其职于翰林院。清末复设秘书郎,位在翰林院检讨之下。

70. 秘阁修撰:宋官名。北宋徽宗政和六年(1116 年)置为贴职,用以待馆阁之资深者,多由直龙图阁迁任。

71. 秘书少监:官名。隋炀帝大业三年(607)置,员一人,为秘书省次官,从四品。佐秘书监掌图书典籍。旋改称秘书少令。高宗龙朔二年(662)改称兰台侍郎,咸亨元年(670)复旧。北宋前期为四品寄禄官,南宋初不置,高宗绍兴元年(1131)复置。元朝秘书监以卿为长官,太监为次官,少监位在太监下。

72. 磨勘司:官署名。西夏置,称"赤剋罗"。主持官吏考核升迁,属中等司。明太祖洪武三年(1370)亦置,设司令,司丞。凡诸司刑名、钱粮,有冤滥隐匿者,稽其功过以闻。唐宋官员考绩升迁的制度。唐时文武官吏由州府和百司官长考核,分九等注入考状,期满根据考绩决定升降,并经吏部和各道观察使等复验,称"磨勘"。宋代设审官院主持此事。

N

73. 内阁大学士:官名。唐代有宏文馆学士、集贤院学士,为掌文学著作之官,尝以宰相兼领、知馆、院事,称大学士。宋沿之,对学士中资望特高者,加"大"字。明代仿宋制置大学士若干人,以殿阁为名,初设华盖、文华、武英三殿及东阁、文渊阁二阁大学士。大学士以所系殿阁衔为正式官名,因其在宫城内的内阁中办事,通称内阁大学士。他们替皇帝批答奏章,商承政务。其加官常至一品,成为事实上的宰相。一般称为辅臣,俗称阁老。首席辅臣称为首辅,即当首相之任。清初在内三院,即内国史院、内秘书院、内弘文院各设大学士一人,以后将内三院改为内阁,大学士即成为内阁的主官。在公私礼节上都以中堂为称呼,不直称其名,至乾隆五十八年(1793)始完全取消大学士兼尚书虚衔。自军机处成立后,大学士本身处理机要的任务亦移归军机处,任大学士之职遂等于空的荣典。

74. 内阁协办大学士:官名。协办大学士是大学士的副职,于乾隆四年最终确立为常设职务,品级为从一品;内阁学士均兼任部侍郎衔,作为大学士的工作助手,品级为从二品。(参考"内阁大学士"条)

P

75. 平章事:官号。贞观十七年(643),李绩为太子詹事同中书门下三品,是此号第一次出现。其后,以此衔为参政标志,虽本官品级高于三品者也要加此衔才得为宰相。"平章"意为评议辨别,引申为断决处理。受此衔者,即有在中书门下处理政事的职责。唐永淳元年(682)始为外司四品以下知政事者加号,有同中书门下平章事、中书门下平章事等名称,为宰相职衔。宋代为中书门下平章事、平章军国重事、平章军国事等官省称。辽代中书省置,又有同中书门下平章事、同政事门下平章事。

76. 判官:隋使府始置判官。唐制,特派担任临时职务的大臣可自选中级官员奏请充任判官,以资佐理。五代州府亦置判官,权位渐重。宋代于各州府沿置,选派京官充任称签书判官厅公事,省称"签判";各路经略、宣抚、转运和中央的三央、群牧等使府及州。元各路总管府、散府及州皆有判官。明府州有通州,清代改为州判。

Q

77. 佥事:官名。明清时提刑按察使司属官。朱元璋吴元年(1367)始置,为按察使司正官,正五品。洪武十三年(1380)革,次年复置,分领提学、驿传、清军、分巡、兵备等道。清初沿置,为道员兼衔,与守道、巡道共同辅佐藩、臬二司办理地方政务,由郎中、员外郎、主事、同知补授者充,正五品。民国北洋政府各部设佥事,荐任,分掌各厅、司事务,常兼任科长,地位则略高于科长。如鲁迅曾任教育部佥事。

78. 起居舍人:官名。隋炀帝时始置,属内史省。唐贞观初于门下省置起居郎,废舍人,掌记录皇帝日常行动与国家大事。季终送史馆,宋、辽亦置。

79. 签书枢密院事:官名。宋太宗太平兴国四年(979),枢密使曹彬随太宗征太原,始以枢密直学士石熙载签署枢密院事,为枢密院代理长官,后用为次官。辽朝北、南枢密院分设签书北、南院枢密使事,位在同知枢密使事下。金置于枢密副使下,员一人,正三品。元世祖中统四年(1263)设枢密院,始置一员,后定置二员,正三品。

80. 山长:山长是历代对书院管理者的称谓。宋代将南唐在庐山白鹿洞所建国学,改成白鹿洞书院,作为藏书讲学之所。元代于各路、州、府都设书院,设山长。明清沿袭元制,乾隆时曾一度改称院长,清末仍叫山长。废除科举之后,书院改称学校,山长的称呼废止。

81. 司业:官名。隋大业三年(607)始置,取《礼祀》"乐正司业"之义,为国子监的副长官,员额一人。掌国子监及各学的教法、政令。唐制员额二人,从四品下。北宋改设一人,正六品。南宋隆兴间,并有司业,不与祭酒同时任命。明设一人,改为正六品;清设三人,满、蒙、汉各一人。国子监全部官员:祭酒一人,从三品;司业二人,从四品下。掌儒学训导之政,总国子、太学、广文、四门、律、书、算凡七学。丞一人,从六品下,掌判监事。每岁,七学生业成,与司业、祭酒莅试,登第者上于礼部。主簿一人,从七品下。掌印,句督监事。

82. 市舶司:官署名。负责对外(海上)贸易之事。唐时对外开放,外商来货贸易,广州等城市就成了重要通商口岸,国家在此设市舶司,或特派,或由所在节度使兼任。其职掌检查进出船舶蓄货、征榷、贸易诸事。

83. 史部侍郎:参见"礼部侍郎"条。

84. 授万亿四库照磨:官职,属户部,管钱粮出纳。

85. 少保:参见"太子太保"条。

86. 侍讲:官名。唐开元十三年(725)置集贤院侍讲学士与侍读直学士,讨论文史,整理经籍,备皇帝顾问。宋咸平二年(999)置翰林侍读学士与侍讲学士,后又置侍读、侍讲,掌读经史,释疑义,备顾问应对。明、清翰林院另有侍读、侍讲,合称讲读。清并于内阁置侍读学士与侍读,掌典领奏章,勘对公文,不用翰林出身人担任,与翰林官不同。

87. 司农少卿:官名。北魏为"大司农少卿"省称。北齐为司农寺次官,员一人,四品上。历代沿置,亦称"司农寺少卿"。北宋初为四品寄禄官,神宗元丰(1078—1085)改制后,始成为职事官,置一员,正六品。南宋初省,高宗绍兴四年(1134)复置。元末朱元璋吴元年(1367)复置,为司农司次官,明洪武元年(1368)

罢,三年复置二员,正四品。四年复罢。

88. 水部职方员外郎:水部员外郎,官名。魏晋南北朝尚书水部曹长官称郎,其资深者可转侍郎。隋初定名侍郎,炀帝大业三年(607)改名水部郎。隋初正六品,文帝开皇三年(583)加为从五品。

89. 尚书右丞:官名。东汉始置,为尚书台佐贰官,居尚书左丞下。掌授廪假钱谷,假署印绶,管理尚书台专用文具及诸财用库藏,并与左丞通掌台内庶务,保管文书章奏。与左丞共掌尚书都省庶务,率诸都令史监督稽核诸尚书曹、郎曹政务,纠举弹劾百官。右丞又掌本省库藏庐舍,督录远道州郡文书章奏,凡兵士百工名籍、内外库藏谷帛、刑狱诉讼、军械、田地、州郡租布、户籍、行政区划,州郡县长官免赠收捕等文书奏事皆属之。

T

90. 提举:原意是"管理"。宋代以后设主管专门事务的职官,即以"提举"命名。有"提举常平""提举市舶""提举学事"(宋)、"医学提举"(元)、"宝钞提举"(元、明)、"盐课提举"(元、明、清)等官号,其官署称"司"。宋代另有"提举宫观"之名,为安置老病无能的大臣及高级冗官闲员而设,坐食俸禄而不管事,称为"祠禄之官"。

91. 太学生:太学是国子监的俗称。在国子监就读的学生即被称作"太学生"。学生多由省、府、州、县学生员中选拔,亦有由捐纳而得者,入监就学者有贡生、监生之分,然通谓之国子监生。

92. 太子侍读:官名。北周置为东宫官属,选用文学之士,侍奉太子读书。唐太宗时晋王府置,后时有废置。无常员,掌讲导经学。宋英宗治平三年(1066),神宗升储,置一人。南宋沿置,正七品,宋亡遂废。

93. 太常少卿:官名。北魏始置,为太常副贰,位在丞上。唐、五代沿置,正四品上,协助太常卿管理礼乐宗庙祭祀事务,分领诸署。北宋初为四品寄禄官,神宗元丰(1078—1085)改制后,始为职事官。南宋初,兼宗正少卿。元朝或置或罢。明初称太常司少卿,弘治七年(1494)以后,增设一员,提督四夷馆,掌翻译事务。清朝设满、汉各一员,协助寺卿管理祭祀礼仪,至祭期可任赞礼官。光绪(1875—1908)中省。

94. 太常寺:官署名。北齐置。掌宗庙陵寝祭祀、礼乐仪制、天文术数、衣冠等,设卿、少卿为长,领诸陵、太庙、太乐、衣冠、鼓吹、太祝、太史、太医、廪牺、太宰等署。隋唐沿置。唐龙朔二年(662)改称奉常寺。北宋初唯掌社稷及武成王庙诸坛斋习乐事务。南宋隆兴元年(1163)，光禄寺并归本寺。元世祖中统元年(1260)置，唯设寺丞一人主寺务。至大元年(1308)改称太常礼仪院。明洪武三十年(1397)改太常司置，专掌祭祀礼乐。永乐以后，分置南、北京太常寺。清初隶礼部，顺治十六年(1659)独立，乾隆十四年(1749)由礼部满洲尚书兼领。本寺仍设卿、少卿为长贰。

95. 提刑：官名。宋置，又称"提点刑狱公事"，简称"提刑"，宋置于各路，主管所属各州司法、刑狱、监察地方官吏并劝课农桑。掌察所辖狱讼而平其曲直，所到审问囚徒，详覆案牍，凡禁系淹延而不决，盗窃逋窜而不获，皆劾闻，兼掌举刺官吏之事。时公文用语称"选"，其官署称宪司。宋神宗熙宁十年(1077)又置提点京畿刑狱。明、清皆于各省置提刑按察使。

96. 太常博士：官名。秦、汉有博士，名义上隶太常，备咨询顾问，参议朝政礼仪典章。西汉中期以后，分掌经学传授，称五经博士。隋、唐沿置，唐掌辨五礼仪式。北宋初为寄禄官，神宗元丰(1078—1085)改制后掌议定五礼仪式，有改革则据经审议，拟议谥号，撰定谥文，祭祀时监视仪物，掌赞导之事。元初为太常寺属官，寺改升院后，为太常礼仪院属官。明、清本职仅掌缮写文牍，考查祝文礼节，岁核祀赋等事，拟谥、议礼不得与闻，位望较唐远逊。

97. 太学博士：学官名。汉、魏置五经博士，分经教授弟子员。东晋不复分经，统称太学博士，亦备咨询，参议礼仪，隶太常。又别置国子博士教授国子生。北宋前期未置，神宗元丰三年(1080)，改置国子监直讲，掌分经教授，考校程文，以德行道艺训导学生。学生称为"博士弟子"或"太学弟子"。

98. 通奉大夫：散官名号。北宋前期为正四品下阶文散官。神宗元丰三年(1080)废。徽宗大观二年(1108)，以寄禄官右正议大夫改置，从三品。元朝改从二品，宣授。明朝为从二品，升授。清为从二品封赠。

99. 太子太保：东宫官职，均负责教习太子照管太子身体、负责太子体育。古代称太师、太傅、太保为"三公"，正一品衔；称太子太师、太子太傅、太子太保为"三师"，从一品衔；称少师、少傅、少保为"三孤"，从一品衔；称太子少师、太子少傅、太子少保为"三少"，正二品。宋、清等朝也置。清代中叶以后虽无太子，但有太子三师三少，作为加衔，且视为荣典。

100. 太史：官名。西周、春秋时太史掌管起草文书，策命诸侯卿大夫，记载史事，编写史书，兼管国家典籍、天文历法、祭祀等，为朝廷大臣。唐改称太史局，肃宗时又改为司天台。宋代有太史局、司天监、天文院等名称。元代改称为太史院，与司天监并立，但推步测算之事都归太史院。明、清两代，均称钦天监；至于修史之事则归于翰林院,所以对翰林亦有"太史"之称。

101. 通判:官名。宋朝置。又称"半刺",俗称"倅"。州郡之政皆需通判与长吏签议连署方许行下,且所部官吏有善否及职事修废得刺举上闻,即握有监察官吏之实权,故又号称"监州"。南宋亦置,元朝不置。明朝于地方各府置,为府之副职,与同知分掌清军、巡捕、管粮、治农、水利、屯田、牧马等事。清沿明制,设于各府。与府同知分掌粮盐、督捕、河工、水利、职事修废、清军、理事诸务。另设有专管河道之通判及海防通判。因通判之职类似汉之别驾从事史,故又别称"别驾"。

W

102. 武成军书记:正七品,类似汉代至南北朝时期的记室参军,为掌管一路军政、民政机关之机要秘书。

103. 文选司主事:吏部掌管全国官吏的任免、考课、升降、调动等事务。下设四司:明清为文选清吏司、验封司、稽勋司和考功司。司的长官为郎中,副长官为员外郎,其属官有主事、令史、书令史等。文选司主管选拔文官。

X

104. 县学教谕:官名。宋朝始置于太学附属小学,一至二人,掌训导、考校、责罚学生。徽宗崇宁四年(1105)各州武学亦置。政和五年(1115)各路医学又置。南宋初,州学不置教授者亦置一人,掌学事。元朝于县儒学及医学置。儒学由任满并考试合格之直学选充,任满后考查合格者再升学正、山长。明朝置为县学正官。每县一人,掌学政,教诲生徒。清朝沿置。

105. 洗马:官名,即太子洗马。本作"先马"。汉沿秦置,为东宫官属,太子出则为前导。唐高宗时,一度改称司经大夫。清虽不设太子官署,仍存此名,属于詹事府,为从五品官,实仅为翰林官迁转阶转梯。清末废。"洗"音 xiǎn。

106. 巡抚:官名。宋朝巡视安抚地方之特遣官员。宋制,地方诸州遇有灾伤,则遣廉访民瘼之官员,有巡抚大使、副大使、安抚使、副使等,其官卑者不加使名,只称巡抚。以其职责为巡视安抚,故名。为临时性设置,事毕则解。非地方专任之官,遇事则遣,事毕复命,即或停遣。自宣德五年(1430)始,各省专设,遂为地方长官定员。清初沿明制。

107. 巡按:唐天宝五年(746),派官巡按天下风俗黜陟官吏,巡按之名始此。明永乐元年(1403)后,以一省为一道。派监察御史分赴各道巡视,考察吏治,每年八月出巡,称巡按御史,又称按台。巡按御史品级虽低(监察御史为正七品官),但号称代天子巡狩,各省及府、州、县行政长官皆其考察对象,大事奏请皇帝裁决,小事即时处理,事权颇重。清初亦有巡按御史,顺治十七年(1660)废。

108. 显谟阁:专藏神宗御制、御书。徽宗建中靖国元年(1101),显谟阁改名为"熙明阁",置学士、直学士、待制职,其序位在宝文阁学士、直学士、待制下。崇宁元年(1102),恢复原名。

109. 胥吏:"胥"指的是一种基层的办事人员,即政府将平民按户口加以控制,并从中选拔出"有才智者"加以管理。"吏"本是指替天子管理臣民、处理政务的人,即"官"。一般认为,汉代以后"吏"逐渐专指小吏和差役,即没有官位的官府工作人员。

110. 宣教郎:官名。宋政和四年改宣德郎为宣教郎,文散官,正七品。

Y

111. 御史:官名。亦简称"御史""侍御"。西汉为御史大夫属官,由御史中丞统领,入侍禁中兰台,给事殿中,故名。掌受公卿奏事,举劾按章,监察文武官员,分令、印、供、尉马、乘五曹,监领律令、刻印、斋祀、厩马、护驾等事宜,或供临时差遣,出监郡国,持节典护大臣丧事,收捕、审讯有罪官吏等。唐朝重宪职(御史台之职),由吏部与本台长官、宰相共议除授,或由皇帝直接选用。御史台分台、殿、察三院,侍御史所居称台院,居三院之首,掌纠弹百官、入阁承诏、受制出使、分判台事,又轮直朝堂,与给事中、中书舍人共同受理词讼,遇重大案件,则与刑部、大理寺会审,时号"台端",尊称"端公",权位重于殿中侍御史、监察御史。宋神宗元丰(1078—1085)改制后,罢知杂,置侍御史一员,为御史台副长官,参掌台政。金、元置为御史台属官。元末朱元璋吴元年(1367)亦置,职甚清要,从二品。

112. 员外郎:官名。员外为定员外增置之意。原指设于正额以外的郎官。三国魏末始置员外散骑常侍,晋以后所称之员外郎指员外散骑侍郎(皇帝近侍官之一)。南北朝时,又有殿中员外将军、员外司马督等,都在官名上加"员外"。隋开皇六年(568),于尚书省二十四司置员外郎 1 人,为各司之次官。唐、宋、辽、金、元、明、清沿其制。

113. 右迪功郎:古代官职名,始见宋代。宋神宗元丰年间改制,定迪功郎为文官职第 37 阶(最末一阶)。明代定为正八品。

114. 玉牒所:官署名。掌修皇族谱牒。唐后期有修玉牒官。宋仿唐制,淳化六年(995)设局,置修玉牒官,以学士典领,属宗正寺。

115. 右正言:宋代官职名,中书省的属官。中书省又称"右省",其长官名为中书令,副长官为中书侍郎。又另委派一名中书舍人任"判中书省事",真正掌管本省职权。其属官有右散骑常侍、中书舍人、右谏议大夫、起居舍人、右司谏、右正言等。门下和中书两省的左、右散骑常侍,左、右谏议大夫,左、右司谏,左、右正言,通称"两省官"。

116. 御史大夫:官名。秦代始置,负责监察百官,代表皇帝接受百官奏事,管理国家重要图册、典籍,代朝廷起草诏命文书等。西汉沿置,御史大夫与丞相、太尉合称三公。通常谓御史职掌监察,然主管非御史大夫,而是其下的御史中丞。成帝绥和元年(前8),仿古制设三公,改大夫为大司空。东汉又改为司空。大司空(司空)不在御史台。"侍御史之率"的名义改属中丞。晋以后多不置御史大夫。唐复置,专掌监察执法。宋不除大夫,以中丞为台长。明洪武中改御史台为都察院,御史大夫之官遂废。

117. 运判:古代官名。宋代始于转运使、发运使下设判官,职位略低于副使,称转运判官、发运判官,简称"运判"。

118. 言官:监官和谏官,并称台谏,通称言官。明代言官主要由都察院御史和六科给事中组成,大部分品秩不高,甚至很低,但其政治地位却极为突出。

119. 盐铁判官:盐铁判官即为三部(盐铁、度支、户部)即"三部判官"。北宋三司主要属官,即盐铁判官、度支判官、户部判官的合称。当三司分置三使时,各设判官三人,分掌各案,以朝官充任。

Z

120. 知县:官名。秦汉以来县令为一县的主官。唐称佐官代理县令为知县事。宋常派遣朝官为县的长官,管理一县行政,称"知县事",简称知县,如当地驻有戍兵,并兼兵马都监或监押,兼管军事。元代县的主官改称县尹,明、清以知县为一县的正式长官,正七品。

121. 左丞:官名。汉成帝建始四年(前29)置尚书,员五人,丞四人,光武帝减二人,始分左右丞。尚书左丞佐尚书令,总领纲纪;右丞佐仆射,掌钱谷等事,秩均四百石。历代沿置,为尚书令及仆射的属官,品级逐渐提高,隋、唐时至正四品。宋、辽、金亦置。元以中书省总政和,于中书省设右丞、左丞,正二品。副宰相裁成庶务,号"左右丞"明初置,先左后右。洪武十三年(1380),废中书省时罢。

122. 知府:官名。宋代至清代地方行政区域"府"的最高长官。唐以建都之地为府,以府尹为行政长官。宋升大郡为府,以朝臣充各府长官,称以某官知(主管)某府事,简称知府。明以知府为正式官名,为府的行政长官,管辖所属州县。清沿明制不改。知府又尊称太守、府尊,亦称黄堂。

123. 左春坊左谕德:明朝詹事府官职,是掌管皇后、太子家族(东宫)事务的机构。从五品。詹事掌统府、坊、局之政事,以辅导太子。明太祖对太子的教育很重视,既不随便付之以重任,又特设一套较前代完备的东宫官,以训导太子。

124. 主簿:官名。掌置。各级主官属下掌管文书的佐吏。《文献通考》卷六十三:"盖古者官府皆有主簿一官,上自三公及御史府,下至九寺五监以至郡县皆有之。"隋、唐以前,主簿常参机要,总领府事。隋、唐以后,主簿是部分官署与地方政府的事务官。隋、唐三省六部不设主簿,惟御史台、诸寺等署有之。唐诸州以录事参军取代主簿。南宋中叶后,御史台也不设主簿。元诸寺、监、院有关人员,或称主簿,或改称典簿,县主簿简称为簿。明、清太仆、鸿胪二寺及钦天监称主簿,太常、光禄二寺及国子监称典簿,县署则仍称主簿。

125. 著作佐郎:官名。三国魏始置,属中书省,掌编撰国史。晋代改属秘书省,号称大著作。南朝末期为贵族子弟出身之管。至唐代主管著作局,掌撰拟文字,曾一度改称司文郎中。

126. 知州:官名。宋以朝臣充任各州长官,称"权知某军州事",简称知州。"权知"意为暂时主管,"军"指该地厢军,"州"指民政。明、清以知州为官名,为各州行政长官,直隶州知州地位与知府平行,散州知州地位相当于知县。

127. 赡军酒库:由于筹措战争经费的需要,官酒库中有些是为军队筹资而设立的,所以酒库就有所谓"赡军库""犒赏库""激赏库"等名称。

128. 中书舍人:官名。舍人始于先秦,本为国君、太子亲近属官,魏晋时于中书省内置中书通事舍人,掌传宣诏命。南朝沿置,至梁,除通事二字,称中书舍人,任起草诏令之职,参与机密,权力日重。隋唐时,中书舍人在中书省掌制诰。宋初亦设此官,实不任职,另置知制诰及直舍人院起草诏令。元丰改制后,始仍掌其事。明清时于内阁中的中书科,亦设有中书舍人,掌书写诰敕、制诏、银册、铁券等,非前代可比。明代时,中书舍人已为从七品,清沿置。

129. 直院:学士院,即翰林学士院。其职务为"掌制、诰、诏、令撰述之事"。其职官为翰林学士、知制诰。长官为"翰林学士承旨"。"承旨,不常置,以学士久次者为之。凡他官人院未除学士,谓之直院。

130. 中丞:中丞是御史中丞的简称。明清时用作巡抚的别称。明朝都察院副都御史职位相当于御史中丞,常用作巡抚的加衔,故有此称。

131. 总兵：官名。镇守边区的统兵官有总兵和副总兵，无定员。总兵官本为差遣的名称，无品级，遇有战事，总兵佩将印出战，事毕缴还，后渐成常驻武官。

132. 总管："总管"含义颇多，①地方高级军政官员。上总管视从二品，中总管视正三品，下总管视从三品。边镇大州或置大总管。唐高祖武德七年（624）改名都督、大都督。元朝诸路设都总管、总管，位次达鲁花赤，管理民政。清朝顺治十七年（1660）定驻防江南、浙江两处的"昂邦章京"汉名为总管，为总领当地驻防八旗军政事务的最高长官。②军事统帅。北周、隋及唐初有行军大总管、行军总管，为军队出征时临时委派的统帅。唐高祖武德七年（624）诸州总管改名都督后，出征将帅仍称总管。北宋初期军队出征置行营都部署、副都部署为统帅，南宋初、中期仍为闲职，后期在一部分地区复为统兵官。元朝宫廷、兵部工部和各位下皆设，为诸总管府长官。清朝内务府、理藩院宗人府、太仆寺、步军统领衙门等署皆置为属官。③管理专门事务的官员。清朝内务府、理藩院宗人府、太仆寺、步军统领衙门等署皆置为属官。④元朝后期僧官。文宗至顺二年（1331）立诸广教总管府，置为长官，以僧人充任，分领各地僧尼之政。顺帝元统二年罢。⑤清朝管理少数民族事务的官员。满名"乌赫哩达"。设正、副，选各族上层人物充任，在各地驻防将军、都统、大臣统辖节制下，管本族事务。⑥"总管大臣""总管太监"的简称。

133. 中奉大夫：参见"通奉大夫"条。

134. 知经筵日讲："日讲"，它是皇帝的讲官每天所讲，日讲主要在皇宫的文华殿举行，不用侍卫、侍仪、执事等官，只用讲读官、内阁学士待班。与"日讲"不同，"经筵"无论是它的场面，还是在典礼、仪式的隆重程度都远远高于前者。根据宋代制度：每年的二月至五月，八月至冬至，每逢单日举行经筵，由讲官轮流入侍讲读，名曰春讲和秋讲。明承宋制，万历元年，内阁首辅兼帝师张居正规定：每年春讲以二月十二日起，至五月初二日止；秋讲以八月十二日起，至十月初二日止，不必题请。简单说，就是上学期九讲，下学期九讲，都有固定的日期。

135. 直隶总督：正式官衔为"总督直隶等处地方提督军务、粮饷、管理河道兼巡抚事"，是清朝九位最高级的封疆大臣之一，总管直隶、河南和山东的军民政务。而由于直隶省地处京畿要地，因此直隶总督被称为疆臣之首。

136. 职方司主事：职方司属兵部，参见"文选司主事"条。

137. 著作左郎：官名。三国魏明帝太和（227—233）中置佐著作郎，唐高祖武德四年（621），改著作曹为著作局。高宗龙朔二年（662），改称司文郎，唐朝职掌协助著作郎撰写碑志、祝文、祭文等，国史的修撰则改由史馆担任。北宋前期为八品寄禄官，神宗元丰（1078—1085）改制后，以宣德郎代之，于秘书省置此职为职事官。掌修日历及祭祀祝辞。南宋时减为一员。元朝属秘书监。

138. 制司：指制置司。官署名。北齐置，属集书省，掌起居注的修撰。置散骑常侍、通直散骑常侍、散骑侍郎、通直散骑侍郎各一人，校书郎二人。官署名。北齐置，掌近侍。

139. 宗正寺簿：宗正寺主簿简称。官名。南朝梁武帝天监十年(511)始置，唐初沿置，员一人，玄宗开元二十五年(737)增置一人，负责掌印及勾检稽失。北宋前期，置一人，以京朝官充任。南宋初不置，高宗绍兴十年(1140)复置。孝宗隆兴元年(1163)省并，二年复旧制。参见"主簿"。

引用参考著述：

元·脱脱、阿鲁图等《宋史》

明·宋濂、王祎《元史》

清·张廷玉等《明史》

民国·柯劭忞等《清史稿》

民国·柯劭忞《新元史》

《太平寰宇记》(点校本·《中华书局》)

清雍正《江西通志·抚州府·人物》

清光绪《江西通志·抚州府·人物》

明崇祯七年版《抚州府志》

明弘治十五年版《抚州府志》

清康熙四年版《抚州府志》

清顺治十六年版《崇仁县志》(补修版。有雍正十二年增刻本)

清康熙十二年版《崇仁县志》(增修版)

清道光元年版《崇仁县志》

清同治十二年版《崇仁县志》

1990年版《崇仁县志》

民国十四年版《乐氏重修族谱》

《四库全书总目提要》

《钦定四库全书荟要》

《四库禁毁丛刊·集部》

宋晁公武《郡斋读书志》

宋陈振孙《直斋书录解题》

宋王尧臣等编《崇文总目》

明代杨士奇《文渊阁书目》

明黄虞稷《千顷堂书目》

明王圻《续文献通考》

明毛晋《六十种曲目录》

明徐㶿家藏书目《徐氏红雨楼书目》

乾隆四十年钦定《天禄琳琅书目》

清嘉庆帝顺琰撰《清代诗文集汇编》

清黎庶昌辑《古逸丛书》

清莫友芝撰《邵亭知见传本书目》

清江标辑《宋元名家词》

清朱学勤撰《别本结一庐书目》

清彭元瑞撰《知圣道斋书目》

民国叶德辉撰《观古堂藏书目》

清吴昌绶撰《宋金元词集见存卷目》

清曹寅《栋亭书目》

清彭元瑞撰《知圣道斋书目》

清李调元《函海》

清彭元瑞撰《知圣道斋书目》

清朱孝臧辑《彊村丛书》

清丁丙撰《善本书室藏书志》

清瞿镛撰《铁琴铜剑楼藏书目录》

清陆心源编《皕宋楼藏书志》

清蔡殿齐编《国朝闺阁诗钞》

民国傅增湘撰《藏园群书经眼录》

四库馆臣《历代职官表》卷二三

民国王文进撰《文禄堂访书记》

近人周叔弢藏,冀淑英辑《自庄严堪善本书目》

近代学者缪荃孙、吴昌绶、董康等《嘉业堂藏书志》

康芬、龙晨红《江西历代著作考》,江西人民出版社,2015

罗鹭《虞集年谱》,凤凰出版社,2010 年

余嘉锡撰《四库提要辨证》,中华书局,2008

《中国丛书综录》,上海古籍出版社,1982

《中国方志大辞典》,浙江人民出版社,1988

王重民撰《中国善本书目提要·集部》,上海古籍出版社,1983

唐圭璋编《词话丛编》，中华书局，2005

湯一介主编《道书集成》，九州出版社，1999

张国淦《中国古方志考》，上海古籍出版社，2019

黎传纪、易平撰《江西古志考》，南海出版社，1989.10

清丁立中撰《八千卷楼书目》，北京图书馆出版社，2009.1

吴昌绥辑、陶湘续辑《景刊宋金元明本词四十种》

李灵年、杨忠《清人别集总目》，安徽教育出版社，2000.7

柯愈春《清人诗文集总目提要》，北京古籍出版社，2001

胡文楷《历代妇女著作考》，上海古籍出版社，2008.9

王文楚《〈太平寰宇记〉成书年代及版本问题》《复旦学报》（社会科学版），1996年第二期

张保见《乐史〈太平寰宇记〉的文献学价值与地位研究——以引书考索为中心》，四川大学出版社

张撝之、沈起炜、刘德重主编《中国历代人名大辞典》，上海古籍出版社，1999

李玉安、黄正雨《中国藏书家通典》，中国国际文化出版社

《江西地方志文献索引》（上编，江西省社会科学院情报资料研究所）

刘奉文、王春伟撰《〈道园学古录〉成书及元明刻本考》

罗国威撰《文选研究文献辑刊》序（附目录及书影）

后　记

　　崇仁自隋文帝开皇九年(589)立县始,已 1430 年余;如自巴山立县、立郡算,则近 1500 年。而府、县有志,已是南宋后期,距今不过 800 年的嘉定年间了,之前 600 余年间史记无处可寻。也就是说,隋、唐、五代十国期间空缺,甚至于北宋至南宋的中前期这一段,现在看到的志书与记载,也是简略的。

　　在之前文史资料的收集和写作过程中,因考证的需要,查阅了部分书目类的著作,发觉即使只算 1000 年,崇仁的文献著作亦是丰富,而朝代的更替、战乱、外侵、自然灾害等天灾人祸,其有著无版(本)、著作散佚、阙失等等,所存纪录亦是惊人。尽力综合地整理、介绍一下这些古籍文献,似乎到了必须要做的时候。想寻找一本此类的书籍来作范本参考,发现只是部分省一级的有著作考,但从量来看,应该不全面;地市一级没找到,或许有人做了这项事而未出版,以县一级来做本邑文献考的书籍也没找到,这让我有点失望——真的"冷门"。但我认为值得去做,这件事,或许,能填补一项空白。亦或许能勾起大家对自己家乡历史文化的兴趣。若如此,也算有功了。所以,从 2017 年始,便开始搜集本邑先贤著作,日复一日,始终如是,历近三年,初有成效。再历一年,再考、再核、再校,才有读者看到的模样。

　　从著作者看,隋、唐等朝代数百年间,崇仁的文献著作应该不是空白。乐史是南唐到北宋初期间的,且宋史无传,因《太平寰宇记》这部巨著而得以重点记载,北宋的著作者记载到的,也就陈正宗、黄裳、欧阳澈、吴曾几个;即便已收录的这几位,抑或还有著作漏记,更有无记载的著作者湮于历史;且清代以前的县志缺失,这以前的历史信息自然也无法获得,故今编"崇仁先贤暨文献"难以"全览";又因宋以来著作所涉学业众多和历史记载的简略及许多著作的失佚,尤其明后期到清代这个时期,在全国较有影响的著作偏少,刊刻的著作相对也较少,对这一部分的作者和著作的介绍亦难以详细。

　　现有清康熙、雍正、道光、同治各版《崇仁县志》,人物及其著作的记载方式不一,惟道光十二年版《崇仁县志·艺文志》卷十九辟"书目"专节,记有人物 51 人、著作 163 部,这一节,成了本书的基础。事实上,各版县志中"隐逸""孝友""忠义""方技"及"外志""杂志"等等,都有著作人的存在,哪怕有一句话,资料都会收录进来,因为难得;故"部分著作简介"中的内容有些只是对著作者的接近议论,因此或有牵强感。资料的欠缺,是本书编纂中最大的困难,所以,本书只能是区域文献著作一个历史阶段信息的收集与说明。故称之为崇仁先贤暨文献的"览略"。

《崇仁先贤暨文献览略》涉及宋初至清末著作者 185 位(含合著者),著作共 498 部,其中 287 部总 5672 卷另 55 册,210 部无卷数记载;其中亦显示这些著作被收录于《永乐大典》276 卷,部数不详;收录于《四库全书》39 部 848 卷,另收录到皇室"文渊阁"的有 473 卷,收录于《崇文书目》中的有 1668 卷,等等。另有 21 部暂时难以考证的著作列入第五编"待考著作"中。

鉴于只是一个县域的范围,著作者和著作毕竟有限,这也使得不仅可以将著作的目录和著作简介展示出来,也可以将著作者的个人简介一并展示。作这种安排,是为了让读者可以从人物的简约生平中,得到对著作者人物的初步了解,形成对其著作写作时代背景的有机联系,亦可更进一步理解后学者和收藏者刊刻、收藏、评价这些著作的意义以及他们为此而作出的贡献。

人物简介和著作的简介,除少数现代白话文外,多为文献记载的原文(现在称其为古文)摘引;亦有文友提出全部使用白话文更利于现代人阅读,自然也就利于推广;但我认为,没有全部改用白话文来叙说,尽量给予阅读者文献记载的原貌,让其了解历史的时候带有一点历史的氛围,应该有所助益;虽然有些读者在阅读的开始并不会顺畅,但会有较大的意象空间。注释主要是对人物简介及其著作版本的字、词、人物、事件及文献等注明出处,亦时有解释和辨析;采用本页底注,就是供读者参考、查阅方便。

江西省政府文史馆研究员胡青教授早年曾下放在崇仁,现在与下放点的村民还保持着联系,他是 1949 年后大陆第一位出版吴澄研究著作的学者,并言"崇仁是个了不起的地方";大约 2020 年春,也就是初样基本出来的时候,我把本书的编纂过程先向胡老师作了汇报,并专门请教了体例和架构等诸多问题。胡老师对我就崇仁先贤的著作进行文献和目录方面的收集工作很认可、支持。

2021 年,我将文稿的基本情况告知给了部分文友,他们十分热情地帮助搜寻。县作家协会主席杨志海是个诗人,记忆力极好,阅读量巨大且领域甚广,在看了先贤著作者名单后即告知,"你漏了宋代的元淮。"经查,元淮,诗人,官至溧阳路(江苏)总管,幼时即迁居福建邵武,崇仁各县志确实也漏记了"元淮"这个人。原县交通局书记华建人对文史兴趣盎然，"明代高僧宗泐是明太祖极推崇的人物，有著作。"宗泐，县志是有记载的，俗姓饶，但未提及他的著作。后来在抚州市文史委张志坚主编的《抚州宗教集要》和 2013 年版《抚州市志》上才得到稍详资料。

还有，宋末元初的李駉，号晞范子，史料记载为临川人，而元代有个崇仁人叫李晞范，两者都是医家，都有著作，且主要著作名或同名或个别字差别，只是李駉的资料来源丰富些，著作也多出两部；两人虽隔朝代，时间却非常接近，史料记载是否存误？两人有没有直接关联？类似这些，还有待后来者继续考证。

鉴于手头资料的欠缺和书籍阅读量的局限，未能编入本书的先贤和著作，抑或已编入的著作的不同版本等等，定会有漏记；类似于"元淮""宗泐"及"李駉"这样的情况，应该还有。

另有历史上出现的假借大儒名宿的伪作，也被历代藏家收藏、刻印，同时也被历代学者、方家评判、指明。如元吴澄的《三礼考注》一书，就被疑视为庐陵（吉安）一个叫晏璧的人的伪作或篡改之作，但刻本仍署"吴澄"名，这种情况下，本书只能照录，当然，历代学者、方家之评判与考证的文字一并展示。这是历史问题的遗留，只能交还于时间。

去年底，县委宣传部常务副部长陈来昌知晓本书初稿已成，极其热情地多次向到任不久的县委常委、宣传部张春明部长作详细汇报，力荐出版。张部长在黎川任副县长期间，是新城历史街区及黎川诸多传统文化项目打造的主导者，十分重视传统文化的成果转化和创新性发展。在看到本书的打印本后，张春明部长给予了充分肯定，并将其作为本年度重点出版书籍之一。

得同邑乡贤宁波大学邹建锋博士推荐，书稿进入上海三联书店，有幸遇责任编辑郑秀艳老师及同仁细心编校，进展顺利。

酝酿数年，终于面世。做了这件事，也算对被誉为"文献之邦"的家乡一个交代吧。对本书提供过支持、帮助的领导、学者、文友有很多，难以一一言尽，在此，勇辉顿首叩谢！

将先贤人物传和他们的文献（目录）资料综合起来，这样的工作是第一次做，错误与纰漏在所难免，故虽付梓，亦怀忐忑，期待方家暨诸文友指正！

黄勇辉

2022 年 12 月 26 日于磨盘山

图书在版编目(CIP)数据

崇仁先贤暨文献览略/黄勇辉编著.—上海:上海三联书店,
2023.8
(崇仁文化丛书)
ISBN 978 - 7 - 5426 - 8231 - 4

Ⅰ.①崇… Ⅱ.①黄… Ⅲ.①历史人物-列传-崇仁县-古
代 Ⅳ.①K820.856.4

中国国家版本馆 CIP 数据核字(2023)第 167599 号

崇仁先贤暨文献览略

编 著 者 / 黄勇辉

责任编辑 / 郑秀艳
特约编辑 / 陈来昌　李海华
装帧设计 / 一本好书
监　　制 / 姚　军
责任校对 / 王凌霄　杨志海

出版发行 / 上海三联书店
　　　　　(200030)中国上海市漕溪北路 331 号 A 座 6 楼
邮　　箱 / sdxsanlian@sina.com
邮购电话 / 021 - 22895540
印　　刷 / 上海颛辉印刷厂有限公司

版　　次 / 2023 年 8 月第 1 版
印　　次 / 2023 年 8 月第 1 次印刷
开　　本 / 710 mm × 1000 mm　1/16
字　　数 / 660 千字
印　　张 / 39.75
书　　号 / ISBN 978 - 7 - 5426 - 8231 - 4/K・739
定　　价 / 158.00 元

敬启读者,如发现本书有印装质量问题,请与印刷厂联系 021 - 56152633